Carroll Quigley

Katastrophe und Hoffnung

Eine Geschichte der Welt in unserer Zeit

Carroll Quigley

Katastrophe und Hoffnung

Eine Geschichte der Welt in unserer Zeit

Tragedy and Hope (deutsch)
Eine Auswahlausgabe

Übersetzt, eingeleitet
und kommentiert von **Andreas Bracher**

PERSEUS VERLAG BASEL

CIP-Kurztitelaufnahme der Deutschen Bibliothek
Carroll Quigley
Andreas Bracher (Hg.)
Katastrophe und Hoffnung.
Eine Geschichte der Welt in unserer Zeit
Carroll Quigley. –
Basel: Perseus Verlag 2007
ISBN 3-907564-42-1

© Copyright 2006 by Perseus Verlag Basel
3. Auflage, Januar 2011

Layout: Zimmermann Gisin Grafik, Basel
Korrektorat: Urs Pablo Meyer, Jávea
Druck: fgb · freiburger graphische betriebe, Freiburg i.B.

Inhaltsverzeichnis

Einleitung des Herausgebers	**9**
Quigleys Biographie	12
Georgetown und die Verbindung von Katholizismus und Amerikanismus	17
Die rätselhafte Rezeption von *Tragedy and Hope*	19
Die katholische Kirche und die «Entlarvung» der Freimaurerei	22
Editorische Bemerkungen	25

Katastrophe und Hoffnung
Eine Geschichte der Welt in unserer Zeit

Vorwort	**31**
Die westliche Zivilisation bis 1914	**37**
Das Muster des Wandels	39
Wirtschaftliche Entwicklungsmuster in Europa	48
Der Handelskapitalismus	48
Der Industriekapitalismus (1770–1850)	55
Der Finanzkapitalismus (1850–1931)	58
Finanzpraktiken im eigenen Land	62
Internationale Finanzpraktiken	71
Die Situation vor 1914	75
Die Vereinigten Staaten bis 1917	78

Das Britische Weltreich — 87

Die Grundlagen der britischen Macht und der Imperialismus
im Vorfeld des Ersten Weltkriegs — 89

Die Schaffung des Commonwealth (1910–1926) — 98

Die Diplomatie vor und während des Ersten Weltkriegs — 105

Die orientalische Frage bis 1914 — 107
- Das Osmanische Reich im Niedergang und das Erwachen der Balkanvölker — 107
- Der Berliner Kongress 1878 und seine Folgen — 115
- Das Bagdadbahnprojekt — 118

Das Anwachsen der internationalen Spannungen (1871–1914) — 122
- Einführung — 122
- Die Schaffung des Dreibundes (1871–1890) — 124
- Die Schaffung der Dreierentente (1890–1907) — 125
- Bemühungen, den Graben zwischen den beiden Koalitionen zu überbrücken (1890–1914) — 128
- Die internationalen Krisen (1905–1914) — 130

Die diplomatische Geschichte des Ersten Weltkriegs (1914–1918) — 138
- Der Charakter des modernen Kriegs und seine Rückwirkungen — 138
- Verhandlungen um Kriegsein- und -austritte (Türkei, Bulgarien, Rumänien, Griechenland, Italien, Russland, Japan) — 142
- Die Verteilung des Osmanischen Reiches — 148
- Der Kriegseintritt Amerikas — 152
- Friedensverhandlungen — 155

Das Versailler System und die Rückkehr zur «Normalität» — 161

Die Friedensregelungen (1919–1923) — 163
- Die Aushandlung der Verträge — 164
- Die Bestimmungen der Verträge — 173

Sicherheit (1919–1935) — 181
- Frankreich und Großbritannien — 181
- Der Völkerbund und die Systeme kollektiver Sicherheit — 188

Die Regelung der Reparationen (1919–1932) — 194

Der Untergang des Finanzkapitalismus: internationale Finanzen, Handelspolitik und Wirtschaftsleben in der Zeit zwischen den Weltkriegen	**205**
Reflation und Inflation (1897–1925)	207
Die Stabilisierungsperiode (1922–1930)	212
Die Deflationsperiode (1927–1936)	231
Der Crash von 1929	235
Die Krise von 1931	238
Die Krise in den Vereinigten Staaten 1933	243
Die Weltwirtschaftskonferenz 1933	244
Die Krise im Goldblock (1934–1936)	247
Deutschland vom Kaiser bis Hitler (1913–1945)	**255**
Einführung	257
Die Weimarer Republik	267
Das Regime der Nazis	283
Die Machtergreifung (1933–1934)	283
Die Herrscher und die Beherrschten (1934–1945)	293
Landadel	295
Beamtenschaft	297
Armee	298
Industrie	299
Partei	307
Großbritannien: der Hintergrund zur Appeasementpolitik (1900–1939)	**309**
Der Hintergrund der sozialen Verhältnisse und der britischen Regierungsweise	311
Die politische Geschichte bis 1939	332
Wirtschaftliche Organisationsformen im Wandel vom 19. Jahrhundert bis zur Mitte des 20. Jahrhunderts	**347**
Einführung	349
Großbritannien	351
Deutschland	359
Frankreich	368

Die Vereinigten Staaten von Amerika	383
Die wirtschaftlichen Faktoren	390
Die Folgen der Wirtschaftskrise	401
Die pluralistische Wirtschaft und die Weltblöcke	406

Die Appeasementpolitik   **413**

Einführung	415
Die Attacke Italiens (1934–1936)	417
Einkreisungen und Gegeneinkreisungen (1935–1939)	424
Die Einkreisung Deutschlands und die Einkreisung Frankreichs	424
Träger und Motive der britischen Appeasementpolitik	428
Austria infelix (1933–1938)	434
Die innere Entwicklung Österreichs (1919–1936)	434
Die Diplomatie des Anschlusses	445
Die Krise um die Tschechoslowakei (1937–1938)	454
Das Jahr der Betrogenen: 1939	469
Von München 1938 bis zur endgültigen Besetzung der Tschechoslowakei im März 1939	469
Die polnische Frage	478
Die beiderseitigen Verhandlungen mit der Sowjetunion 1939	483

McCarthy, der Mythos der kommunistischen Verschwörung und die Realität des Wall-Street-Einflusses in der Epoche der Weltkriege   **491**

McCarthy und der McCarthyismus	493
«Wer hat China verloren?»	500
Wall Street und die Linke	502
Die Round-Table-Gruppen	516

Anhang   **525**

Quigleys Credo	527
Gesamtinhaltsverzeichnis von *Tragedy and Hope*	529
Personenregister	533

Einleitung des Herausgebers

Carroll Quigley (1910–1977)

Einleitung des Herausgebers

Wenn man die (Teil-)Übersetzung eines historiographischen Buches vierzig Jahre nach seinem Ersterscheinen veröffentlicht, so mag es wohl angezeigt sein, den Sinn eines solchen Unternehmens vorab zu rechtfertigen. Die Historie versteht sich ja sonst als eine kumulative Wissenschaft, deren neuere Werke ihre älteren alleine schon durch einen Informationsvorsprung (neu bekannt gewordene Akten und andere Hinterlassenschaften) überholen. Wenn dieses Buch – und jener Teil daraus, der übersetzt wurde – sich zudem mit der wohl meistbehandelten historischen Epoche überhaupt befasst – nämlich dem Weltkriegszeitalter in Europa, der Zeit von etwa 1900 bis 1939 –, so mag eine solche Rechtfertigung zusätzlich nötig sein und vielleicht auch als tollkühn oder aussichtslos erscheinen.

Das vorliegende, teilweise übersetzte Werk Carroll Quigleys (1910–1977), eines amerikanischen Professors, erscheint als in mindestens doppelter Hinsicht bemerkenswert: Zum einen bietet das Buch in stofflicher Hinsicht manches sehr Ungewöhnliche. Es durchleuchtet die Aktivitäten, Intentionen und Verflechtungen von Teilen der angelsächsischen (englischen und amerikanischen) Eliten im Weltkriegszeitalter in einer Art, die so nirgendwo anders zu lesen ist. Quigley, der selbst tief mit diesen Kreisen verbunden war, hat hier geradezu einen verschütteten (oder eher zugedeckten) historischen Kontinent freigelegt, der die Geschichte dieser Zeit erst einigermaßen verständlich, verstehbar macht. Es ist dieser stoffliche Aspekt, der Quigley vor allem zu einem außerakademischen Kultstatus verholfen hat, der in den Jahren seit Erscheinen dieses Buches, *Tragedy and Hope* (1966), stetig angewachsen ist. Er ist damit auch – aus einer Art Missverständnis heraus – zum Stichwortgeber und Inspirator des meisten von dem geworden, was seit den siebziger Jahren von der akademischen Geschichtswissenschaft mit tiefer Missbilligung unter dem Etikett «Verschwörungstheorien» abgelegt wird. Die Darstellung der angelsächsischen Eliten wird bei Quigley ergänzt und verwoben mit einer des internationalen Wirtschafts- und Finanzsystems von etwa Mitte des 19. Jahrhunderts bis in die dreißiger Jahre, welche die wirklichen Machthierarchien und die politische Relevanz dieses Systems auf eine ebenfalls ungewöhnliche, erhellende und so nie gelesene Art vorstellt.

Zum anderen erscheint das Buch in «methodischer» Hinsicht, in seiner Art der Herangehensweise bemerkenswert. Nirgendwo dominiert in ihm ein rein stoffliches, kumulatives Interesse, überall zeigt sich Quigleys Drang nach einer gedanklichen Durchleuchtung und Durchdringung der stofflichen Massen. Seine Lektüre bietet in dieser Hinsicht eine Leseerfahrung, die mehr Ähnlichkeit etwa mit der hat, die einem die Werke eines Max Weber bieten, als mit typischen Geschichtsbüchern. Quigley hat zu Lebzeiten in seinem Verhältnis zu dieser üblichen, sich in additiv aneinander gereihten «Fakten» verlierenden akademischen Historiographie zwischen Verachtung (ihrer Kleingeistigkeit) und Verzweiflung (über ihre Übermacht) geschwankt. Im Gegensatz zu einer Auffassung, die in Gedanken bloß willkürliche, potentiell korrumpierende, subjektive Zutaten zu den «Fakten» sieht, hat er eher in den «Fakten» Symptome und Anzeichen von Tiefengesetzmäßigkeiten gesehen, deren Wahrnehmung in Form von Gedanken möglich ist. Sein Buch ist von einer unendlichen Fülle an «Fakten», aber seinen eigentlichen Ehrgeiz hat er darein gesetzt, historische Tiefenstrukturen zu erfassen. Jedenfalls scheint dem Herausgeber, dass seine Darstellung in ihrer Art, die Vorgänge in ihren Zusammenhängen transparent zu machen und Gesellschaften auf ihre tragenden Machtstrukturen und Wesenselemente hin zu sezieren, eine außergewöhnliche und faszinierende Lektüre bietet.

Quigleys Biographie

Quigley stammte aus einer irisch-amerikanischen Familie aus Boston. Geboren wurde er 1910 ausgerechnet am 9. November, dem – von Peter Sloterdijk so genannten – «Termin der Deutschen mit ihrem Schicksal»[1]. Mit den Deutschen war Quigley durch das Weltkriegszeitalter, seinen eigentlichen Stoff, tatsächlich unlöslich verbunden. Als Ire und Katholik stand er zunächst in einer gewissen Außenseiterstellung zu den englisch-protestantisch geprägten Führungsschichten der amerikanischen Ostküste (die zugleich führend in den USA als Ganzen waren). In Boston besuchte Quigley die Lateinschule. Als Hochbegabter studierte er danach mit Stipendium in Harvard, der renommiertesten Universität in den USA in dem mit Boston zusammengewachsenen Cambridge auf der anderen Seite des Charles River. Zunächst richtete sich sein Blick auf die Naturwissenschaften, später konzentrierte er sich zunehmend auf Geschichte und Politik. Quigley durchlief dort in außergewöhnlicher Geschwindigkeit seine Studien: 1933 machte er seinen Bachelor (BA), 1934 seinen Master (MA) und 1938 seinen Doktor (Ph.D.). Dazwischen lag eine erste Lehrtätigkeit als «Instructor for History» an der Universität Princeton in New Jersey (1935–1937) und 1937/38 ein Jahr in Europa, zur Zeit der Appeasementpolitik, kurz vor dem Ausbruch des Zweiten Weltkriegs. Dort lebte Quigley mit seiner zukünftigen, damals neunzehnjährigen Frau Lilian zuerst einige Monate in Paris, danach in Mailand. Er beendete eine Doktorarbeit über die napoleonische Verwaltung im besetzten Italien der Jahre 1805–1814. Nach seiner Rückkehr 1938 wurde er von Harvard als Tutor in der Division für History, Law and Politics (Geschichte, Recht und Politik) eingestellt. Im September 1941 schließlich holte ihn Edmund A. Walsh, der Leiter der School of Foreign Service (Hochschule für den Auswärtigen Dienst), an der Georgetown-Universität in Washington D.C. als Professor

---

1 S. Peter Sloterdijk, *Der starke Grund zusammen zu sein*, Frankfurt/ Main 1998, S. 7.

an diese noch junge Institution, die 1919 gegründet worden war, um in den USA nach dem Ersten Weltkrieg Studenten auf neue internationale Aufgaben hin auszubilden. Quigley wurde dort Professor für Geschichte. Er hielt jedes Semester Vorlesungen für einige hundert Undergraduate-Studenten.

Es hat etwas geradezu Symbolisches, dass Quigley seine Stellung in Georgetown im September 1941 antrat, zwei Monate bevor mit dem japanischen Überfall auf Pearl Harbour und dem amerikanischen Eintritt in den Zweiten Weltkrieg das amerikanische Imperium aus seinem Latenz- in einen Aktualzustand überging. Quigleys ganze Lehrtätigkeit war darauf ausgerichtet, seinen amerikanischen Studenten ein zeitlich und geographisch umfassendes Menschheitsbewusstsein zu vermitteln, sie gewissermaßen für ihren Beruf als Herren der Welt mit einem dafür geeigneten Verständnis dieser Welt auszustatten. Seine regelmäßigen Kurse umfassten einen über die Entwicklung der Zivilisationen, eine Art Gesamtüberblick über die Menschheitsgeschichte und ihre Gesetzmäßigkeiten, und einen über die Geschichte des 20. Jahrhunderts, die von Quigley erdumspannend behandelt wurde. Zu seinen besonderen Interessensfeldern und Spezialgebieten gehörte über den euroatlantischen Raum hinaus beispielsweise auch das moderne Afrika, über das er regelmäßig auch vor außeruniversitärem Publikum, besonders vor Armeeangehörigen, Vorträge hielt.

Von 1943 bis 1945 dozierte Quigley vor Soldaten über die historische Entwicklung in Europa in den Jahrzehnten vor dem Ausbruch des Zweiten Weltkriegs. Er sollte diese Hörer auf ihre kommende Rolle als Mitglieder der Besatzungsmacht in einem Europa nach dem Ende des Krieges vorbereiten. Diese Vorträge waren der Keim von *Tragedy and Hope. A History of the World in our Time*, Quigleys 1966 veröffentlichtem, umfangreichstem Buch. Es war die im Zweiten Weltkrieg herrschende Stimmung, die auch in *Tragedy and Hope* zwanzig Jahre später eingegangen ist: zum einen das Gefühl, im Weltkrieg der Kulmination einer ungeheuren Katastrophe beizuwohnen, zum anderen gegensätzlich dazu eine Art Euphorie, die wuchs, je weiter der Krieg fortschritt, eine Stimmung, in der die Welt als ein bearbeitbarer Steinblock vor einer zukünftigen amerikanischen Politik zu liegen schien. Das Buch zeigt eine nie erlahmende Freude an der analytisch-intellektuellen Durchdringung und Sezierung anderer Gesellschaften, einen Enthusiasmus des Urteilens, eine Begeisterung für unbegrenzte Mengen an Stoff, wie sie so nur denkbar waren in einer Situation und von einer Warte aus, von der die Welt zugleich in einem unerhörten, neuen Maße als formbar erschien.

Neben seiner Lehrtätigkeit in Georgetown entfaltete Quigley ab den fünfziger Jahren auch recht umfangreiche Aktivitäten als ein weit gefragter Experte. Er hielt Vorträge bei Seminaren, die von den amerikanischen Streitkräften veranstaltet wurden, beriet Komitees des Kongresses als Experte (u.a. dasjenige, das die Gründung der NASA zur Inauguration einer amerikanischen Raumfahrt beschloss), war Berater der Marine und half Museen dabei, ihre Ausstellungskonzepte zu entwickeln. Dazu kamen Vorträge vor einer Vielzahl weiterer Institutionen. Ein Freund zeichnete 1961 ein Bild seiner weit gefächerten Tätigkeit: «Professor Quigleys Vielseitigkeit mag man daraus ersehen, dass er für die letzte Woche im Oktober 1961 plante, bei einer Regierungsstelle einen Vortrag über russische Geschichte zu halten, bei einer anderen örtlichen Universität über afrikanische Geschichte zu sprechen, vor dem Senatskomitee, das sich mit Antitrust- und Monopolfragen befasst, über amerikanische Geschäftspraktiken auszusagen und fünf Tage in Boston als eingeladener Delegierter der UNESCO-Konferenz zu Afrika beizuwohnen.»[2]

Ab den sechziger Jahren trat dazu zunehmend eine publizistische Tätigkeit. Quigley veröffentlichte zu Lebzeiten zwei Bücher: 1961 *The Evolution of Civilizations*, eine Darstellung der Entwicklungsgesetze der menschheitlichen Zivilisationen auf etwa 400 Seiten und 1966 *Tragedy and Hope*, eine Geschichte der Welt im Zeitraum von etwa 1895 bis 1965 auf etwa 1350 Seiten. Beide Bücher waren Früchte der entsprechenden Kurse, die er über Jahrzehnte hinweg in Georgetown gegeben hatte. Frühere Manuskriptversionen der *Evolution of Civilizations* waren 1934 und 1942 geschrieben worden, *Tragedy and Hope* soll zunächst als Vorlesungsmanuskript für Studenten geplant gewesen sein. Von 1958 bis 1975 schrieb Quigley außerdem Beiträge in der Zeitschrift *Current History*, einer akademischen Monatszeitschrift für internationale Angelegenheiten, deren Herausgebergremium er von 1961 bis zu seinem Tode 1977 angehörte. Zusätzlich schrieb er, besonders in der zweiten Hälfte der sechziger Jahre, regelmäßig Buchkritiken für die Zeitung *The Washington Star*, in denen die ganze Weite seiner historischen Interessen zum Tragen kam.

Quigleys Kurs über die Geschichte der Zivilisationen war von 1941 bis 1969 von den Undergraduates der SFS (School of Foreign Service) regelmäßig zum einflussreichsten des gesamten Curriculums gewählt worden. Quigley hat das Lehren nicht nur als lästige Pflicht, die eine akademische Anstellung mit sich brachte, sondern durchaus als ihren Hauptinhalt betrachtet und hatte einen hohen Begriff von der Weltbedeutung des Unterrichtens. Sein Unterrichtsstil muss dramatisch, teilweise theatralisch gewesen sein, seine Wirkung auf die Studenten sehr groß und nachhaltig. «Absolventen der School of Foreign Service würden noch Jahre später, wenn sie irgendwo in der Welt in ihren Laufbahnen in Berührung miteinander kamen, sich gegenseitig damit vorstellen, dass sie einander von ihren Erfahrungen in seinen Kursen erzählten.» Bill Clinton, der spätere amerikanische Präsident, der Mitte der sechziger Jahre bei Quigley in Georgetown studierte, hat die Atmosphäre von Quigleys Vorlesung in seinen Memoiren beschrieben: «Die legendärste Vorlesung in Georgetown hielt Professor Carroll Quigley über die Entwicklung der Zivilisationen; sie war im ersten Studienjahr verpflichtend und wurde von mehr als 200 Studenten besucht. Obwohl anspruchsvoll, war sie wegen Quigleys intellektueller Schärfe, seiner Kommentare und Späße sehr beliebt. Zu den Highlights zählte dabei sein Diskurs über paranormale Phänomene – unter anderem behauptete er, in einer Séance gesehen zu haben, wie sich ein Tisch

---

2 Austin Hyde, «The Improbable Dr. Quigley», in: *Courier*, Vol. X, Nr. 2, October 1961. Heute in: http://www.tboyle.net/University/Quigley_Bio.html.

vom Boden erhob und eine Frau durch die Luft flog. Und natürlich der Vortrag über Plato, mit dem er jedes Jahr seine Vorlesung abschloss. Quigley verurteilte Platos Erhebung der absoluten Vernunft über die beobachtete Erfahrung, zerriss jedes Mal einer Taschenbuchausgabe von Platos *Republik* und schleuderte sie mit den Worten ‹Plato ist ein Faschist› durch den Saal.»[3]

Später aber wurden Quigleys intellektuelle Ansprüche in Georgetown zum Problem. Obwohl seine Artikel durchaus eine gewisse Annäherung an die Anti-Vietnam-Bewegung der Jahre um 1968 zeigen, wurde er 1970 von der Studentenbewegung in Georgetown als Musterbeispiel eines autoritären Lehrers behandelt. In der Studentenzeitung erschienen Artikel über seine Willkür und seine Arroganz gegenüber Studenten, im Hörsaal wurde er attackiert und behindert. Es scheint, dass diese Attacken und das aus ihnen hervorgegangene Klima Quigleys Enthusiasmus und seine Freude am Lehren teilweise gebrochen und einen pessimistischen Zug in viele seiner Äußerungen gebracht haben. Die Studentengeneration der siebziger Jahre erschien ihm als intellektuell geradezu minderwertig, als unfähig, im eigentlichen Sinne zu denken.

Sein Sinn entfernte sich in dieser Zeit offenbar stärker von seinen Studenten und richtete sich auf eine Reihe von Buchprojekten, die er noch nach seiner Emeritierung beenden wollte. Zugleich verbrachte er zunehmend weniger Zeit in seinem Georgetowner Stadtdomizil und mehr auf einer Farm in West Virginia, die in seinen Besitz gekommen war. Als Quigley im Sommer 1976 in den Ruhestand ging, wollte er, wie Zeitungen berichteten, noch zwanzig Jahre in intensiver Arbeit verbringen. Tatsächlich war ihm nur noch ein halbes gegönnt. Er starb überraschend am 3. Januar 1977.

Posthum erschienen tatsächlich noch zwei Bücher: Unter dem Titel *The Anglo-American Establishment – From Rhodes to Cliveden* («Das angloamerikanische Establishment von Rhodes bis Cliveden»)[4] wurde ein abgeschlossenes Buch veröffentlicht, das sich mit jenem Gruppenzusammenhang in der englischen Geschichte zwischen 1880 und 1940 beschäftigte, der auch in *Tragedy and Hope* immer wieder auftaucht und dort meist als «Milner Group»[5] beschrieben wird. Das *Anglo-American Establishment* ist eine frühere, ausführlichere Studie der gleichen Zusammenhänge, geschrieben schon in den vierziger Jahren, die damals aber nicht veröffentlicht wurde. Als politisch-historische Detailstudie der Ausbreitung und Wirkung eines bestimmten Gruppenimpulses gehört das Buch wohl zum Interessantesten in der historischen Literatur des letzten Jahrhunderts. Als zweites Buch wurde ein sehr umfangreiches, etwa 1.000 Seiten starkes, nicht abgeschlossenes Manuskript aus dem Nachlass unter dem Titel *Weapons Systems and Political Stability – A History*

---

3 Bill Clinton, *Mein Leben*, Berlin 2004, S. 113.
4 Carroll Quigley, *The Anglo-American Establishment. From Rhodes to Cliveden*, New York 1981. Der Titel ist insofern missverständlich, als das Buch sich praktisch ausschließlich mit einer englischen Gruppe befasst.
5 In der hiesigen Ausgabe finden sich Darstellungen der Milner Group und ihrer Aktivitäten besonders im Kapitel «Die Grundlagen der britischen Macht und der Imperialismus im Vorfeld des Ersten Weltkriegs». Siehe auch Personenregister.

(«Waffensysteme und politische Stabilität – eine Geschichte») veröffentlicht[6], das sich mit dem Zusammenhang zwischen den Entwicklungen der Waffentechnik und der Entwicklung der Regierungsformen seit der Antike beschäftigt und dabei unter anderem zu dem Schluss kommt, dass die modernen Waffenentwicklungen mit Notwendigkeit wiederum auf autoritäre Regierungsformen hindrängen.

Quigleys ganze Geschichtsphilosophie war gedacht als eine Rechtfertigung und Selbstvergewisserung des «Westens», der westlichen Zivilisation, die er zugleich als «christlich» verstehen wollte und als deren Zentrum er Westeuropa, besonders Großbritannien und Frankreich, ansah. Sein Blick auf die Gegenwart dieses Westens war durchaus pessimistisch oder zumindest besorgt, er verstand das eigene Zeitalter als «irrational» und als von einem falschen Dualismus beherrscht, der Geist und Natur, spirituelle und materielle Welt in einen unversöhnlichen Gegensatz auseinander riss und überall das Denken beherrschte. Diesen Dualismus führte Quigley auf das spätere Judentum und insbesondere die griechische Philosophie zurück; die Philosophie Platos wurde in diesem Zusammenhang, wie schon von Clinton beschrieben, zu seiner bête noire. Tatsächlich betrachtete Quigley die moderne Zivilisation unter einem Blickwinkel, wie er sich bei anderen Denkern im gleichen Zeitalter, beispielsweise bei Eric Voegelin, mit dem Begriff der «Gnosis» verknüpfte. Quigleys eigentlicher philosophischer Bezugspunkt war dagegen die scholastische Philosophie des christlichen Mittelalters und besonders des Thomas von Aquin. «Quigley betrachtet den Sieg des gemäßigten Realismus des Aquinaten über den dualistischen extremen Realismus, der vom Platonismus herstammte, als den wichtigsten epistemologischen Durchbruch, der die Bahn zur westlichen Zivilisation eröffnet hatte»[7], hat ein enger Bekannter posthum über ihn geschrieben. Er selbst hat es in einem Aufsatz über die ökologische Krise folgendermaßen formuliert: «Nur kurz, in der Periode von 1150 bis 1300 entwickelte die westliche Kultur eine Philosophie, die mit der christlichen Offenbarung vereinbar war. In dieser mittelalterlichen scholastischen Synthese erschien alles, vom Wurm bis hin zu Gott, als eine kontinuierliche

---

6 Carroll Quigley, *Weapons Systems and Political Stability – A History*, Washington D.C. 1983.
7 Harry J. Hogan, «Foreword», in: Carroll Quigley, *The Evolution of Civilizations. An Introduction to Historical Analysis*, 2nd edition, Indianapolis 1979, S. 18.
8 Carroll Quigley, «Our Ecological Crisis», in: *Current History*, Vol. 59, No. 347 (July 1970), S. 1–12 + 49, hier S. 8. Mit seiner antignostischen (obwohl von ihm nicht so genannten) Philosophie bewegte sich Quigley im 20. Jahrhundert im Fahrwasser einer vorwiegend katholischen Philosophie, welche die politischen Probleme des 20. Jahrhunderts auf eine Selbstüberhebung des Menschen zurückführte und besonders den deutschen Idealismus als Quelle dieser Verfehlung ansah. Quigley, der ohne positives Verständnis für die deutsche Kultur war, bewegt sich am Rande dieser Strömung, zu der man so unterschiedliche Denker wie Eric Voegelin und auch Karl Popper (mit seinem Antiplatonismus und Antiidealismus) rechnen kann. Eine wesentliche Quelle war der katholische Philosoph und zeitweilige Jesuit Hans-Urs von Balthasar. Bei einem tieferen Verständnis des Idealismus von Fichte, Schelling und Hegel hätte Quigley nicht behaupten können, dass die Philosophie von 1150 bis 1300 die einzige im Westen gewesen sei, «die mit der christlichen Offenbarung vereinbar war».

hierarchische pluralistische Pyramide, in der nichts an sich böse war, sondern alles in unterschiedlichen Graden gut, von einem Überhaupt-nicht-Guten ganz unten auf der Stufenleiter bis zur höchsten und vollkommenen Güte Gottes an der Spitze. In dieser Synthese hörte das Böse auf eine positive Entität zu sein und wurde einfach zu einem negativen Zustand, der relativen Abwesenheit des Guten.»[8] Gegen den kurzzeitigen Durchbruch dieser Philosophie im Mittelalter wurde die Moderne nach Quigley aber wieder weitgehend vom Dualismus beherrscht: «Es kamen religiöse, philosophische und ideologische Konflikte, in denen die gemäßigten Hierarchiker weitgehend von den Anhängern dualistischer spiritueller Werte auf der Rechten und den Propagatoren säkularisierter materialistischer Praktiken auf der Linken zerrieben wurden. Diese beiden Extreme stimmten in ihrem grundlegenden Dualismus überein. Beide betrachteten Gott als außerhalb des Universums stehend; und sahen ebenso den Menschen als außerhalb stehend und als der Natur entgegengesetzt; stimmten darin überein, dass die Natur vom Menschen ausgebeutet oder sogar geplündert werden sollte; und fanden keine Schwierigkeit dabei, gleichzeitig spirituelle Reden zu halten und materielle Raubzüge zu unternehmen.»[9]

Georgetown und die Verbindung von Katholizismus und Amerikanismus

Quigleys Philosophie hat, wie oben angedeutet, eine katholische Prägung, sofern man den Ausdruck in einem sehr weiten Sinne versteht. Das lässt es angezeigt erscheinen, den Blick auch auf die Institution zu lenken, an der er die meiste Zeit seines Lebens gewirkt hat: die Georgetown University mit ihrer School of Foreign Service (Hochschule für den Auswärtigen Dienst). Quigley wurde in Nachrufen als die Verkörperung Georgetowns und des Geistes der Schule angesprochen. «Die Schule und Carroll waren nicht nur vereinbar, man konnte sie geradezu nicht voneinander trennen»[10], hat der damalige Leiter der Schule, Peter Krogh, bei einer Gedenkveranstaltung nach Quigleys Tod gesagt. Quigley war mit seiner Universität in einem Maße verbunden, das weit über gewöhnliche Professorenkarrieren hinausgeht. Diese

---

9 Ebd. In *Tragedy and Hope* hat Quigley in einer in diese Ausgabe nicht aufgenommenen Passage (S. 1239) den Puritanismus des 17. Jahrhunderts solcherart als eine dualistische Philosophie in der Tradition des Platonismus, als Abweichung von der eigentlichen westlichen Orthodoxie beschrieben. Dieser Puritanismus war ja der entscheidende Hintergrund der in Neuengland, wo Quigley in Boston aufgewachsen war, vorherrschenden Geistesart, zu der Quigley mit seinem katholisch-irischen Hintergrund in Widerspruch stand.

10 Zitiert nach dem Nachruf auf Carroll Quigley durch Jules Davids im *American Historical Review*, Vol. 82, No. 4, October 1977, S. 1114.

Universität wiederum verkörpert auf eine geradezu symbolhafte Weise eine Verbindung von Katholizismus und Amerikanismus.

Die Gründung der Georgetown-Universität als erster katholischer Hochschule in den und für die neu entstandenen Vereinigten Staaten war 1786/87 beschlossen worden und wurde 1789 vollzogen. Ihren Lehrbetrieb nahm die neue Institution 1791 auf. Sie wurde und wird bis heute von Jesuiten betrieben, steht aber unabhängig von der Religion jedem Studenten offen. Universitätsrektor ist bis heute immer ein Mitglied des Ordens. Ihre Gründungszeit fällt in die Jahre zwischen 1774 und 1814, in denen der Jesuitenorden in Europa verboten beziehungsweise aufgehoben war, und ebenso unmittelbar in die Gründungsjahre der USA, deren erste Präsidentenwahl 1788 stattfand. Die Gründung der Stadt Washington erfolgte 1790 und platzierte die Universität in die unmittelbare Nähe der zukünftigen Hauptstadt.

Die School of Foreign Service (SFS) als zusätzliche, an die Universität angeschlossene Einrichtung wiederum wurde 1919 gegründet. Ihr eigentlicher Initiator war offenbar ein Mann namens Constantine McGuire (1890–1965), der die ersten Pläne dafür 1916 entwarf. McGuire, eine weitgehend anonyme Figur mit schwer auslotbaren, weitgespannten Verbindungen, war ein internationaler Finanzberater, der zugleich als «einer der einflussreichsten katholischen Laien in den USA» beschrieben wurde. Er war in den zwanziger Jahren ein Experte für die Probleme der deutschen Reparationen und war schon seit dem Jahrzehnt davor dem Vatikan als finanzieller Berater verbunden. Seine Pläne für eine Institution, die sich mit internationalen Fragen beschäftigen sollte, wurden aufgegriffen und der Jesuitenpater Edmund A. Walsh (1885–1957), wie Quigley aus Boston stammend, wurde zur Gründung und Führung der Schule bestimmt. Während McGuire mehr eine hochkarätige, exklusive Forschungsinstitution im Auge hatte, nahm die Schule unter Walsh mehr den Charakter einer inklusiven Ausbildungsstätte an.[11] Sie war das erste universitäre Ausbildungsinstitut in den USA für internationale Studien beziehungsweise für die Erfordernisse des diplomatischen Dienstes. Die Schule war zunächst relativ eigenständig und nur lose mit der Universität verbunden. Sie hatte bis in die fünfziger Jahre ihren eigenen Haushalt, von dieser Zeit an wurde sie aber zunehmend enger an die Universität angebunden.

Die Georgetown-Universität war also ein Ort einer engen Verbindung von Katholizismus und Amerikanismus, symbolisiert in Gründungszeit (1786–1791) und Ort (Washington D.C.; Georgetown ist heute ein Stadtteil Washingtons). Mit der Inschrift auf seiner Statue auf dem heutigen Georgetown-Campus wird der Universitätsgründer John Carroll, zugleich erster Erzbischof von Baltimore, als «Priest, Patriot and Prelate» (Priester, Patriot und

---

11 Siehe zu McGuire und Walsh auch zwei Artikel Quigleys: «Father Walsh as I Knew Him», in: *Protocol. Yearbook of the School of Foreign Service, School of Business Administration and Institute of Languages and Linguistics*, 1959; und «Constantine McGuire: Man of Mystery», in: *Courier*, December 1965, S. 16–20. Beide finden sich auf der Georgetown gewidmeten Webseite von Pater Boyle: http://www.tboyle.net/University.

Prälat) angesprochen, womit die Verbindung von katholischem Amt und amerikanischem Patriotismus ausgesprochen ist. Die School of Foreign Service erneuerte und ergänzte diese Verbindung für den Eintritt der USA in eine globale internationale Machtstellung, wie er in den Jahren um den Ersten Weltkrieg herum liegt. Die beiden Gründer der Schule, McGuire und Walsh agierten zugleich als bedeutende internationale Experten des Vatikans. McGuire bewegte sich im internationalen Finanzleben, Walsh galt in den zwanziger und dreißiger Jahren als bedeutendster Experte des Vatikans für das kommunistische Russland, wohin er zu diplomatischen Missionen entsandt wurde und wo er nach einigen Jahren von den kommunistischen Machthabern mit Einreiseverbot belegt wurde. Walsh war auch im Zweiten Weltkrieg im Dienste der amerikanischen Außenpolitik tätig. Er sammelte Material über Karl Haushofer und die deutsche Geopolitik. Nach Kriegsende besuchte und befragte er Haushofer in Deutschland und bereitete das Material für eine Anklage Haushofers vor dem Nürnberger Gericht über Kriegsverbrechen vor.[12] Später veröffentlichte er ein Buch über Deutschland und die deutsche Geopolitik.[13]

Das war der Hintergrund, vor dem Quigley, der tief mit der Schule verbunden war und während seiner Lehrzeit dort zu einer Institution wurde, verstanden werden muss. Es ist ein Hintergrund, der mitbedacht werden muss, wenn man Quigleys Sicht auf die internationale Welt des 20. Jahrhunderts verstehen will.

Die rätselhafte Rezeption von *Tragedy and Hope*

Dieser Hintergrund muss auch mitbedacht werden, wenn man sich mit dem Rätsel von Quigleys Rezeption und mit seinem stofflichen Blick beschäftigt. *Tragedy and Hope* erhielt nach der Veröffentlichung 1966 einige sehr freundliche und einige weniger freundliche Rezensionen, scheint in den USA in der zweiten Hälfte der sechziger Jahre durchaus wahrgenommen worden zu sein (zumal Quigley ein durch Vorträge und Artikel weit über seine Universität hinaus präsenter Historiker war), wurde aber kein wirklicher Erfolg, weder in seiner akademischen Wirkung noch in seinen Verkaufsziffern. Anfang der siebziger Jahre waren etwa 8.000 Exemplare verkauft und der Verlag, der keine weitere Auflage mehr beabsichtigte, wollte die Druckplatten für das Buch ein-

---

12 Zu diesem Prozess kam es nicht mehr, da Haushofer zusammen mit seiner Frau sich vorher selbst das Leben nahm. Siehe zu Walsh die neuere, materialreiche Studie: Patrick McNamara, *A Catholic Cold War. Edmund A. Walsh, S. J., and the Politics of American Anticommunism*, New York 2005.
13 Edmund A. Walsh, *Total Power. A Footnote to History*, New York 1948.

stampfen. Quigley konnte diese nur mit Mühe und unter persönlichem Einsatz für eventuelle zukünftige Auflagen retten.

Gleichzeitig mit dieser äußerst verhaltenen öffentlichen Rezeption, die für Quigley zweifellos enttäuschend gewesen sein muss, wurde *Tragedy and Hope* aber mehr und mehr zum Klassiker und Inspirator für Anti-Establishment-Kreise und -Gruppen, die sich politisch mehr auf der Rechten bewegten. Das reichte von einem Buch wie *The Naked Capitalist. A review and commentary on Dr. Carroll Quigley's book* Tragedy and Hope (Salt Lake City 1970) von W.Cleon Skousen über *None dare call it Conspiracy* (zuerst 1971, deutsch unter dem Titel *Die Insider)* von Gary Allen bis heute ein Klassiker der Verschwörungsliteratur, bis hin zu den Wall-Street-Büchern von Anthony Sutton, für die Quigley einen entscheidenden Anstoß gegeben zu haben scheint.[14] Selbst eine Persönlichkeit wie Phyllis Schlafly, die mit ihrem *Phyllis-Schlafly-Report* in den USA seit den fünfziger Jahren gegen den Feminismus und für die Ehre der nichtemanzipierten Frauen kämpft, hat sich für ihre Kritik am wertezerstörenden liberalen Ostküstenestablishment auf Quigley berufen. Quigley selbst muss nach Erscheinen von *Tragedy and Hope* von derartigen Gruppen mit Telefonanrufen und anderem geradezu belästigt worden sein. Gary Allens Buch wurde von der – meist als «ultrakonservativ» beschriebenen – John Birch Society vertrieben und von ihr 1971 auch auf dem Campus von Georgetown beworben. Die Gesellschaft sah *Tragedy and Hope* einerseits als Entlarvung des Ostküstenestablishments, andererseits zählte sie auch Quigley selbst zu diesem Establishment. Die Georgetowner Studentenschaft, die gerade erst Quigley als Erzreaktionär bekämpft und abgetan hatte, sah sich nun überraschend damit konfrontiert, dass er von anderer Seite als Kommunist dargestellt wurde. In der Studentenzeitschrift erschien die verwirrte Überschrift: «Is Professor Quigley a Commie?» («Ist Professor Quigley ein Kommunist?») – Erst später, etwa seit den achtziger Jahren, wurde Quigley dann auch wirklich auf der Linken rezipiert und sein Material auch einer marxistischen Kapitalismuskritik zugeführt (zum Beispiel von dem niederländischen Historiker Kees van der Pijl[15] oder in der britischen Zeitschrift *Lobster*).

Quigleys Rezeption auf der Rechten erfolgte aus Kreisen, deren Tradition im Widerstand zu Roosevelts New-Deal-Politik in den dreißiger Jahren und dann besonders im McCarthyismus der Jahre 1950–1955 lag. Es war eine Tradition, in der sich ein Misstrauen des Westens und des Südens gegen die das Land dominierende Ostküste (und ihre europäischen Verbindungen und europäischen Vorlieben) mit einem gegen die Zentralregierung in Washington verband. Nach dem Zweiten Weltkrieg konzentrierte sich diese Politik auf das Thema des Kommunismus: die liberalen Ostküstenkreise wurden als

---

14 Gemeint sind die Bücher von Anthony Sutton: *Wall Street and the Bolshevik Revolution* (1974), *Wall Street and FDR* (1975) und *Wall Street and the Rise of Hitler* (1976).
15 Zum Beispiel Kees van der Pijl, *The Making of an Atlantic Ruling Class*, London 1984, und ders., *Transnational Classes and International Relations*, London 1998.

Kryptokommunisten, als Leute, die mit der Sowjetunion unter einer Decke steckten und die USA kommunistisch (und europäisch) machen wollten, angeklagt. Nach dem Niedergang und dem bald darauffolgenden Tod McCarthys 1956 blieb diese Bewegung lange Zeit marginal, aber unter der Präsidentschaft Reagans (1981–1989) und dann besonders George W. Bushs (seit 2001) wurde sie zu einer dominierenden Strömung im Land. Unter George W. Bush hat sich diese (Anti-Ostküsten-)Strömung mit einem Teil des Ostküstenestablishments zu einem besonders explosiven Gemisch verbunden.

Quigley selbst war durchaus kein Anhänger dieser Strömung. Er war kein Verehrer McCarthys und kein Vertreter des McCarthyismus und des intellektuell-politischen Milieus, das ihn umgab. Seine ganze Geistesart unterschied sich fundamental von derjenigen der McCarthyisten. So schätzte er beispielsweise Eisenhowers Außenminister John Foster Dulles, einen Vertreter eines Antikommunismus nach dem Geschmack der McCarthyisten, in keiner Weise. Von McCarthy selbst zeichnete er in *Tragedy and Hope* ein brillantes, vernichtendes Porträt eines Psychopathen. In den sechziger Jahren setzte sich Quigley für Abrüstung und Entspannung gegenüber der Sowjetunion ein, zwei Anliegen, die jene Rechte, die sich aus den Resten des McCarthyismus gesammelt hatte, verabscheute. Quigley fürchtete die manipulative Macht der großen Konzerne und den Einfluss jenes militärisch-industriellen Komplexes, vor dem Eisenhower 1961 in seiner präsidialen Abschiedsbotschaft gewarnt hatte. Er geriet dabei durchaus in die Nähe einer fundamentalen Kapitalismuskritik.[16] In seinem letzten Lebensjahrzehnt setzte er sich für Naturschutz und Energiesparen ein. Außenpolitisch verstand er sich in Übereinstimmung mit den herrschenden Kreisen als Internationalist, im Unterschied zu jener Kombination aus Isolationismus und unilateralem Interventionismus, wie sie meist in der nachmccarthyistischen Rechten bis hin zu Reagan und George W. Bush vertreten wurde. All das verknüpfte ihn eher mit den liberalen Teilen des amerikanischen Establishments, einiges sogar mit einer systemkritischen Linken.

In *Tragedy and Hope* hat Quigley ein verachtungsvolles Bild jener Rechten gezeichnet, deren Vertreter später seine ersten und eifrigsten Rezipienten wurden: «Im Ganzen war die neo-isolationistische Unruhe eine Revolte der Ignoranten gegen die Wohlinformierten und Gebildeten, eine des 19. Jahrhunderts gegen die unlösbaren Probleme des 20., des mittleren Westens à la Tom Sawyer gegen den kosmopolitischen Osten von J.P. Morgan and Company, von Siwash gegen Harvard, der *Chicago Tribune* gegen die *Washington Post* oder *die New York Times*, von einfachen Absolutheiten gegen Komplexitäten und Relativitäten, von sofortigen endgültigen Lösungen gegen langfristige teilweise Anpassungen, von einer Grenzermentalität gegen ein europäisches

---

16 In einem Aufsatz von 1970, «Our Ecological Crisis» (*Current History*, Vol. 59, Nr. 347, Juli 1970), findet sich eine schneidende Erörterung der katastrophalen sozialen Kosten der wirtschaftlichen Organisationsformen der «Firma» und der «Aktiengesellschaft», wie sie seit dem 19. Jahrhundert das Wirtschaftsleben der westlichen Menschheit bestimmen.

Denken; sie war eine gedankenlose Zurückweisung all der Komplexitäten des Lebens, die ab 1915 entstanden waren, zugunsten einer nostalgischen Rückkehr zu den Einfachheiten von 1905, und vor allem war sie der Wunsch nach einer Rückkehr zu der kostengünstigen, gedankenlosen und unverantwortlichen Haltung in Bezug auf die internationale Sicherheit, wie sie 1880 bestanden hatte.»[17]

Die katholische Kirche und die «Entlarvung» der Freimaurerei

Wenn Quigleys Überzeugungen so in fast allem den Überzeugungen dieser Rechten widersprachen, so bleibt es erstaunlich, dass sein Buch dennoch für diese Leute in so hohem Maße zu einer Quelle werden konnte, aus der sie sich Nährstoff für die Bestätigung und Erhärtung ihrer eigenen Überzeugungen holten.[18] Etwas von diesem Widerspruch wird möglicherweise verständlich, wenn man noch einmal auf Quigleys katholischen Hintergrund eingeht.

In Quigleys Geschichtsschreibung und besonders in sein Material ist etwas eingegangen von dem alten katholischen Krieg gegen die Freimaurerei, wie er seit dem 18. Jahrhundert eine gewisse Hintergrundschicht der politisch-historischen Wirklichkeit in der europäisch-atlantischen Welt darstellte. In diesem Krieg war besonders seit der Französischen Revolution eine Art Verschwörungsliteratur entstanden, welche die Drahtzieher der revolutionären Ereignisse in Europa in allen möglichen Geheimzirkeln, und besonders solchen freimaurerischer Natur zu verorten versuchte. Die Drahtzieher wurden in ihrem geistigen Hintergrund oft als Diener «Satans», «Luzifers» oder des «Antichrist» dargestellt und «entlarvt». Diese Verschwörungsliteratur hatte ihr eigentliches Herkunftszentrum in einem antimodernistischen katholischen Milieu, wenn sie sich auch im 20. Jahrhundert weit zerstreute. Zum Teil, zum Beispiel im deutschen völkischen Milieu der ersten Jahrhunderthälfte, hat sie sich später in eine antisemitische Betrachtungsweise umgewandelt. Diese Literatur war meist mit wilden Ressentiments durchsetzt, schreckte keineswegs vor Lügen und Erfindungen zurück und war ihrerseits propagandistisch-instrumentell: sie sollte Gruppenloyalitäten herstellen, indem sie einen mächtigen, halb unsichtbaren Feind demarkierte. Andererseits wird man ihr das Verdienst nicht völlig absprechen wollen, den Blick in einer gewissen Schärfe auf die geistig-spirituelle Prägung führender politischer

---

17 Carroll Quigley, *Tragedy and Hope*, New York 1965, S. 979f. (In diese Ausgabe nicht mit aufgenommen.)
18 Vgl. zum Beispiel Rudy Maxa, «The Professor who knew too much. Borrowing a few crucial pages from a Georgetown University professor's book, the ultra-right made a scholar an unwilling hero», in: *The Washington Post*, 23.3.1975.

Persönlichkeiten im 19. und 20. Jahrhundert eingestellt zu haben, das Interesse daran geweckt zu haben.

Quigleys Darstellung der Milner- und Round-Table-Kreise und der Verbindungen um die J.P..-Morgan-Bank stammt stofflich wohl aus dieser Tradition. Sie hat andererseits, könnte man sagen, vielleicht erstmals, diese Tradition auf ein volles wissenschaftliches Niveau gehoben. Hinter ihr steht nicht mehr ein Ressentiment als erkenntnisleitender Auslöser, sondern das Interesse und die Neugier eines wissenschaftlichen Historikers.

Der katholische Krieg gegen die Freimaurerei, der in der Verschwörungsliteratur zum Ausdruck kam, war im Amerika des 20. Jahrhunderts keineswegs ein absoluter: in Wirklichkeit hatte eine Institution wie die katholisch-jesuitische Georgetown School of Foreign Service, gegründet unmittelbar nach dem Ende des Ersten Weltkriegs 1919, genauso Amerikas zukünftige Weltmission propagiert und vorbereitet, wie dies für das anglophile, freimaurernahe Ostküstenestablishment der USA galt. Der eigentliche Gründer der School, Constantine McGuire, eine Art Verbindungsmann des Vatikans zur internationalen Finanzwelt, war zugleich ein Gründungsmitglied des New Yorker *Council on Foreign Relations* und damit einer Institution, die seit ihrer Gründung 1919 ein Herzstück des amerikanischen Establishments darstellte und eine zentrale Rolle bei Amerikas Aufstieg zur weltbeherrschenden Macht spielte.

Es gab also im Grundlegenden eine Zusammenarbeit zwischen diesen katholisch-jesuitischen Gruppen und dem in Amerika dominierenden anglophil-protestantisch-freimaurerischen Element darin, Amerika zur Übernahme einer Rolle als führende Weltmacht vorzubereiten. Die Symbolfigur dieser Konstellation in der Mitte des 20. Jahrhunderts war Kardinal Francis Spellman (1889–1967), der unter Pius' XII. Pontifikat (1939–1958) zum mächtigsten katholischen Kirchenfürsten der USA und nach dem Papst der weltweit mächtigsten Figur der Kirche überhaupt aufstieg. Nie zuvor hatte ein katholischer Kirchenfürst eine vergleichbare Rolle in der amerikanischen Politik gespielt, zumal sich in den USA ja ursprünglich ein protestantisches, dezidiert antipapistisches Milieu von Einwanderern zusammengefunden hatte. Spellman war von den dreißiger bis in die sechziger Jahre auch in den USA selbst eine mächtige, einflussreiche politische Figur, ein Befürworter einer amerikanischen Führungsrolle in der Welt und einer aggressiven kriegerischen amerikanischen Außenpolitik, in deren Mittelpunkt für ihn der Antikommunismus stehen sollte. Spellman war in die amerikanische interventionistische Außenpolitik von Guatemala (1954) bis Vietnam und andere Kriege tief verstrickt. In Lateinamerika versuchte er die gesamte kirchliche Hierarchie im Sinne der amerikanischen Politik, die sich auf Diktatoren und oligarchische Schichten stützte, zu beeinflussen. In den USA pflegte er freundschaftliche und enge Kontakte zu allen Präsidenten seit Franklin Delano Roosevelt, war aber doch am meisten einem rechten Republikanertum, wie es etwa vom zeitweiligen Außenminister John Foster Dulles (1953–1959) vertreten wurde, verbunden. Als 1960 John F. Kennedy als erster Katholik zum Präsidenten der USA gewählt wurde, hatte Spellman für seinen Gegenkandidaten Richard Nixon votiert, der, obwohl Protestant, doch Spellmans reaktionären Sympathien und seinem obsessionsartigen Antikommunismus näher stand.

Wenn es so in der weltpolitischen Konstellation des 20. Jahrhunderts eine Kooperation zwischen den Ostküstenkreisen der USA und der katholischen Kirche gab (und gibt), so gab es doch offenbar auch eine gewisse Schicht des fortdauernden Krieges zwischen beiden. Ein Feldzug dieses Krieges war zum Beispiel der McCarthyismus, die vom Senator Joe McCarthy von etwa 1950 bis 1954 entfesselte Kampagne zur Entlarvung wirklicher oder vermeintlicher Kommunisten im öffentlichen Leben Amerikas. McCarthy war selbst Katholik und hatte die nachdrückliche Unterstützung eines großen Teils der katholischen Hierarchie und die besondere Spellmans. In McCarthys Vorstellung von der Unterwanderung des amerikanischen Lebens durch Kommunisten mischte sich ein Ressentiment des amerikanischen mittleren Westens und des Südens gegen die «Ostküste», das heißt die WASP-Elite, die eigentlich das Land lenkte und deren «Liberalismus» (im amerikanischen Sinne) und Europabezogenheit als anrüchig erschienen. In der Art, wie McCarthys Verdächtigungen gegen die führenden Ostküstenkreise gerichtet wurden, enthielten sie zugleich in verwandelter (und verschleierter) Weise ein Element der traditionellen katholischen Anklage gegen die Freimaurerei und ihre Diener, wie sie in Europa seit der Französischen Revolution eine so große Rolle gespielt hatte.

In diesen Zusammenhängen ist es höchst bemerkenswert, dass Quigleys Mentor in Georgetown, der Gründungsleiter der SFS, Edmund A. Walsh S.J. (1885–1957), selbst eine entscheidende inspiratorische Rolle bei der Auslösung von McCarthys Hexenjagd gespielt hatte: «Am 7. Januar 1950 hatte McCarthy im Restaurant Colony in Washington diniert. Mit am Tisch saßen William A. Roberts, ein bekannter Washingtoner Anwalt; Charles Kraus, ein Professor für politische Wissenschaften an der Georgetown-Universität; und Pater Edmund Walsh, ab 1919 der Leiter von Georgetowns Schule für den Auswärtigen Dienst. McCarthy erwähnte, dass er ein Thema für seine Wiederwahl bräuchte. Einige Ideen wurden aufgebracht und wieder verworfen, darunter das Projekt für einen Seeweg durch den St.-Lorenz-Strom, das als zu langweilig angesehen wurde, und ein umfassender Rentenplan für die ältere Bevölkerung, der als zu kostspielig abgelegt wurde. – Walsh, der sich lange bemüht hatte, die Haltung der amerikanischen Regierung zum kommunistischen Russland mitzubestimmen, kam schließlich mit der Lösung. Wäh-rend der dreißiger und vierziger Jahre hatte er versucht, Roosevelts Avancen gegenüber der Sowjetunion zu formen. Jetzt schlug der Priester vor, dass McCarthy das Thema der kommunistischen Unterwanderung in den Vereinigten Staaten aufbringen sollte. (...) McCarthy griff diese Idee auf. (...)»[19]

Quigley bewegte sich also in einer Umgebung, von der aus durchaus tiefe Verbindungen zu jener Rechten bestanden, die ihn am nachhaltigsten, wenn

---

19 John Cooney, *The American Pope. The Life and Times of Francis Cardinal Spellman*, New York 1984, S. 219f. Siehe zum Ganzen auch das Buch von Patrick McNamara, a.a.O.

auch ohne eigentliches Verständnis, rezipierte. Diese Umgebung hat zweifellos die Art seines Blicks auf die amerikanischen Ostküsteneliten und das Beziehungsnetzwerk zwischen Großbritannien und den USA mitgeformt. Wenn er jemals in den Überzeugungen dieser Umgebung verhaftet war, so hat sich Quigley doch im Laufe seines Lebens daraus herausgearbeitet und hat sich eher jenen weltbeherrschenden und weltenlenkenden Schichten angenähert, deren Aktivitäten er mit so neugierigem Blick verfolgte.

Sein Stoff jedoch konnte auch wieder den Überzeugungen beziehungsweise dem Ressentiment dienstbar gemacht werden, aus dem das Interesse daran ursprünglich stammte und wo dieses Interesse fast allein gepflegt wurde. Das geschah seit den siebziger Jahren mit Quigley; es hat seine Rezeption in anderen Kreisen und bei anderen Überzeugungen zweifellos lange blockiert und beeinträchtigt.

Editorische Bemerkungen

Die vorliegende Ausgabe umfasst etwa ein Drittel des Gesamttextes von *Tragedy and Hope*. Dabei beschränkt sie sich bis auf das (hiesige) Schlusskapitel auf Teile aus der ersten Hälfte des Buches; diese erste Hälfte umfasst die Zeit bis 1939. Quigley hatte *Tragedy and Hope* ursprünglich unter dem Titel «Twentieth Century Europe» geplant, wobei Europa nicht als geographischer Begriff, sondern als Name einer Zivilisation gemeint war. Dieser ursprüngliche Plan umfasste die Geschichte des Westens von den Ursprüngen des Ersten Weltkriegs bis zum Zweiten. Das Buch sollte damals 1945 mit dem Ende des Zweiten Weltkriegs enden, die Konzentration lag auf Vorgeschichte, (Fehl-) Konstruktion und Zusammenbruch des Versailler Friedenssystems.[20] Nach der Fertigstellung von *Tragedy and Hope* und der Publikation 1966 wurde die bis 1939 reichende Hälfte des Buches von Quigley nach der Veröffentlichung des Ganzen als gesonderter Band herausgegeben. Von diesem bis 1939 reichenden Teil des Buches wurden etwa zwei Drittel übersetzt. Mit dieser Konzentration auf Teile bis 1939 nähert sich die hiesige Übersetzungsauswahl einer früheren Schicht der Quigleyschen Intention an.

20 Diese Entwicklung zeigen die Manuskripte in der Carroll Quigley-John F. Parr Collection in den Georgetown University Library Archives, die Kapitel zu einem früheren Konzeptionsstadium des Buches enthalten. Der damalige – zeitlich nicht genau zu fixierende – Plan enthielt u.a. ein (ausgeführtes, später aber nicht mehr verwendetes) Kapitel über die Agrargeschichte Europas im 20. Jahrhundert sowie zwei Kapitel über die Entwicklung Frankreichs zwischen 1919 und 1940 und eines über die Entwicklung Italiens von 1918 bis 1934. Man muss es bedauern, dass diese letzteren Kapitel anscheinend nicht geschrieben wurden. Leider ist der Nachlass Quigleys insgesamt dem Herausgeber von den Georgetown University Library Archives nicht zugänglich gemacht worden.

Zusätzlich wurde lediglich ein längerer Ausschnitt aus einem weiteren Kapitel des Buches übersetzt, in dem Quigley über den McCarthyismus der Jahre 1950–1954 schreibt. Dabei expliziert er die reelle Haltung der amerikanischen Ostküstenkreise, um sie von jenem Zerrbild abzuheben, das der McCarthyismus davon entworfen hatte. Quigley beschreibt, dass diese Kreise eigentlich die amerikanische Linke und die Kommunisten dirigierten und kontrollierten, während McCarthy sie für Steigbügelhalter der Kommunisten gehalten hatte. Diese Passagen sind die berühmtesten des Buches geworden und vor allem für seine Rezeption auf der Rechten seit den siebziger Jahren verantwortlich gewesen. Sie sind es wohl auch gewesen, die für Quigleys Nicht-Rezeption in den etablierten Kreisen verantwortlich waren: mit diesen Erörterungen hatte Quigley wohl ein ungeschriebenes Gesetz übertreten, das in den Instinkten etwa der meisten akademischen Kreise tief verankert war.[21] Sie wurden in diese Ausgabe einmal dieser Berühmtheit wegen aufgenommen (das heißt gewissermaßen zur Dokumentation), andererseits weil sie sich auf die Zwischenkriegszeit zurückbeziehen und Wesentliches zum Verständnis der amerikanischen herrschenden Kreise und ihrer internationalen Verflechtungen in dieser Zeit leisten.

Ansonsten konzentriert sich die Ausgabe geographisch auf einen Kernbereich der Ereignisse in der Weltkriegszeit, der den euroatlantischen Raum umfasst. Ausgelassen wurden Kapitel, die sich mit Asien und Afrika, aber auch Russland und zum Beispiel Spanien beschäftigen. Mit aufgenommen wurde das Kapitel über die Krise des Osmanischen Reichs bis 1914, das für das Verständnis des Heraufkommens des Ersten Weltkriegs wesentlich erschien. Aufgenommen wurden im Wesentlichen die Kapitel zur diplomatischen und Wirtschaftsgeschichte des entsprechenden Zeitraums, ausgelassen wurden militärgeschichtliche Kapitel. – Insgesamt ist *Tragedy and Hope* ein Füllhorn an Kenntnissen und Einsichten, aber es ist kein «vollständiges» Buch über die Geschichte des 20. Jahrhunderts bis 1965: Quigley hat nicht über alles geschrieben, was zu seinem Thema hätte dazu gehören können. Kapitel über die politische Entwicklung Italiens und Frankreichs in der ersten Hälfte des 20. Jahrhunderts waren ursprünglich geplant, wurden aber von Quigley dann nicht mehr geschrieben. Ein Kapitel über die europäische Agrargeschichte im 20. Jahrhundert wurde geschrieben, aber in die veröffentlichte Fassung nicht mit aufgenommen. Skandinavien kommt bei Quigley kaum vor, ebenso wenig Griechenland, die Türkei nach 1922, Polen und manches andere. Diese Unvollständigkeit ist einerseits unglücklich: Quigleys größte

---

21 Wie tief eine durch *Tragedy and Hope* hervorgerufene Beunruhigung und Verunsicherung gegangen sein muss, wird noch in dem Nachruf auf Quigley sichtbar, der 1977 in der *American Historical Review*, dem Hausorgan der amerikanischen Historiker, erschien. Dort heißt es, neben vielem Lob auf Quigley, über *Tragedy and Hope* unter anderem, es sei «durch [Quigleys] Voreingenommenheiten und Vorurteile beeinträchtigt ...», eine für einen Nachruf in ihrer Schärfe höchst ungewöhnliche, und – im Vergleich mit anderen historischen Werken – kaum berechtigte Kritik. S. *American Historical Review*, Vol. 82, No. 4, October 1977, S. 1114.

Stärke in *Tragedy and Hope* zeigt sich in der Durchleuchtung der Entwicklung europäischer Gesellschaften in der ersten Hälfte des 20.Jahrhunderts und Kapitel über Frankreich und Italien, Gesellschaften, in denen sich Quigley sehr gut auskannte, hätten sicherlich zu den Glanzstücken des Buches gehört; insgesamt aber sollte diese Unvollständigkeit nicht als ein Manko des Buches verstanden werden: sie bürgt dafür, dass darin Dinge nicht bloß aus Gründen der Vollständigkeit mit aufgenommen wurden, sondern dass alles, was darin enthalten ist, auch vom vollen Interesse des Autors mitgetragen wird. *Tragedy and Hope* ist nirgendwo bloß kompiliert. Dieses Prinzip der Unvollständigkeit hat auch die Auswahl der Übersetzung in einem gewissen Maße mitgeprägt: diese Auswahl folgt dem, was dem subjektiven Instinkt und Interesse des Übersetzers als maßgeblich und wichtig erschien. Dabei ging es nicht darum, in Quigley Dinge herauszupicken, die irgendeine vorgefasste eigene Weltsicht bestätigen könnten: zum Beispiel ist Quigleys Sicht auf Deutschland in vielem von der Propaganda des Weltkriegszeitalters gefärbt geblieben und insofern im Kern durchaus fragwürdig; Deutschland erscheint bei ihm als das «Hauptproblem» des 20.Jahrhunderts. Dennoch ist andererseits seine soziologische Analyse der deutschen Gesellschaft zwischen 1890 und 1945 überragend und auch seine Analyse der Imponderabilien der internationalen Lage Deutschlands erscheint als bedeutsam.

An wenigen Stellen hat der Herausgeber die Abfolge und Einreihung der Kapitel gegenüber dem Original leicht verändert. Ebenso wurden in einigen Kapiteln um der leichteren Lesbarkeit willen zusätzliche Zwischenüberschriften eingefügt. Die Auswahl und Stellung der übersetzten Kapitel im ursprünglichen Gesamtwerk möge der Leser dem hinten angefügten Gesamtinhaltsverzeichnis von *Tragedy and Hope* (in dem die übersetzten Kapitel ausgewiesen sind) entnehmen.

Noch etwas zum Titel: *Tragedy and Hope* war in der Sicht Quigleys einerseits allgemein gemeint als eine immerwährende Duplizität der menschheitlichen geschichtlichen Ereignisse. Andererseits bezog es sich für ihn auch zeitlich auf zwei Teile, in die das 20.Jahrhundert auseinander fiel: jene Zeit der «Tragödie» – oder vielleicht eher Katastrophe –, die zum Ersten Weltkrieg führte, sich im illusionären Friedenssystem von Versailles fortsetzte und dann in der Herrschaft des Nationalsozialismus und der Zerstörung Europas im Zweiten Weltkrieg Gestalt annahm und also bis 1945 reicht; eine Zeit, die Quigley manchmal auch als Übergangszeitraum zwischen dem 19. und dem 20. Jahrhundert bezeichnete. Die Zeit der «Hoffnung» dagegen reichte für ihn wohl etwa vom Kriegseintritt der USA 1941 bis in Quigleys schreibende Gegenwart. Das eigentliche 20. Jahrhundert ließ er in dieser Sichtweise erst 1945 beginnen. Die Hoffnung bestand unter anderem darin, dass «man» – das hieß für ihn die westlichen Eliten – es besser machen könnte als zwischen 1919 und 1939. Die hier übersetzten Kapitel fallen also fast alle in die Zeit der «Tragödie» oder «Katastrophe». Wie es manche von Dante behauptet haben, hat auch Quigley seine Stärken wahrscheinlich eher in diesem Teil, während seine Darstellung der Zeit nach 1945 bei allem Bedeutenden doch auch

Schwächen hat, zu sehr auf die USA fixiert bleibt und sich manchmal zu sehr in Details verliert. Man spürt hier nicht mehr überall die gleiche Fähigkeit, mit der Analyse unmittelbar zu einem Wesentlichen durchzustoßen, wie in den früheren Teilen.

In der Übersetzung wurde versucht, einerseits etwas von der Eigenart von Quigleys Stil, der lange Perioden liebt und an das Denkvermögen des Lesers große Forderungen stellt, beizubehalten und wiederzugeben; und andererseits sollte ein flüssiger und lesbarer deutscher Text erstellt werden, der nicht auf den ersten Stolperer hin sofort als «bloße» Übersetzung zu empfinden ist.

Zusätzlich in den Band aufgenommen wurde noch eine kleine Schrift, die nach seinem Tode unter Quigleys Papieren gefunden und unter dem Titel «Quigley's Credo» veröffentlicht wurde. Sie bietet eine Art komprimiertes Glaubensbekenntnis Quigleys, eine Darstellung der Grundlagen seines Weltverständnisses.

Carroll Quigley

Katastrophe und Hoffnung

Eine Geschichte der Welt in unserer Zeit

Gewidmet allen, die Anteil nehmen
und versuchen zu helfen.

Vorwort

Der Ausdruck «Gegenwartsgeschichte» [contemporary history] ist wohl in sich widersprüchlich, weil das, was gegenwärtig ist, nicht Geschichte, und was Geschichte ist, nicht gegenwärtig ist. Vernünftige Historiker unterlassen es normalerweise, schriftliche Berichte über Ereignisse der allerjüngsten Vergangenheit zu geben, weil sie verstehen, dass das Quellenmaterial für solche Ereignisse, das heißt insbesondere die unerlässlichen offiziellen Dokumente, nicht zugänglich ist und dass es selbst mit diesem Material sehr schwierig ist, die richtige Perspektive auf Ereignisse zu finden, die innerhalb der Zeit des eigenen erwachsenen Lebens liegen. Ich bin ganz offenbar kein vernünftiger oder zumindest kein gewöhnlicher Historiker. Denn nachdem ich in einem früheren Buch die gesamte Geschichte der Menschheit auf 271 Seiten abgehandelt habe, brauche ich jetzt mehr als 1.300 Seiten für Ereignisse, die sich innerhalb einer einzigen Lebensspanne abgespielt haben. Es gibt aber hier doch einen Zusammenhang. Jedem aufmerksamen Leser dieses Buches wird deutlich werden, dass ich viele Jahre des Studiums und viel eigenständige Forschungsarbeit dafür aufgewendet habe, auch wo keine adäquate Dokumentation der Quellen zugänglich war. Es sollte aber ebenso deutlich sein, dass der Wert dieses Werkes – worin auch immer er besteht – auf seiner weiten Perspektive beruht. Ich habe mich bemüht, das, was an Material fehlt, durch Perspektive auszugleichen, nicht nur indem ich Muster der früheren Geschichte auf Gegenwart und Zukunft angewandt habe, sondern auch durch den Versuch, die Ereignisse der Gegenwart in ihren vollständigen Kontext zu stellen. Ich habe all die verschiedenen Aspekte dieser Ereignisse untersucht, und zwar nicht nur die politischen und wirtschaftlichen, wie es so häufig geschieht, sondern ich habe mich auch bemüht, die militärischen, technologischen, sozialen und intellektuellen Komponenten ins Bild zu rücken.

Das Ergebnis all dessen ist, wie ich hoffe, eine Interpretation der Gegenwart wie auch der unmittelbaren Vergangenheit und der nahen Zukunft, die frei von den üblichen Clichés, Phrasen und Selbstrechtfertigungen ist, die so große Teil der «Zeitgeschichte» verunstalten. Ein großer Teil meines erwachsenen Lebens war der Aufgabe gewidmet, Studenten in Techniken der historischen Analyse zu unterweisen, die ihnen helfen können, ihr Verstehen der Geschichte von den üblichen Kategorien und kognitiven Klassifikationen der Gesellschaft, in der wir leben, zu befreien. So notwendig diese zwar für den Ablauf unserer Gedanken und für die Konzepte und Symbole, mithilfe deren wir uns über die Realität verständigen, sein mögen, bilden sie doch oft auch Barrieren, die uns von der Erkenntnis der wirklich zugrunde liegenden Realitäten abschotten. Das gegenwärtige Buch ist das Ergebnis eines solchen Versuchs, die wirklichen Situationen, die jenseits der konzeptuellen und verbalen Symbole liegen, ins Auge zu fassen. Ich glaube, dass es als Folge dieser Bemühung, eine frischere, etwas andere und – wie ich hoffe – befriedigendere Erklärung davon vermittelt, wie wir in die Situation gekommen sind, in der wir uns jetzt befinden.

Die Arbeit an diesem Werk umfasste mehr als zwanzig Jahre. Das meiste davon beruht auf den üblichen Berichten über die darin behandelten Ereignisse, Teile beruhen aber auch auf ziemlich intensiven persönlichen Forschungen (einschließlich der Erforschung privater Aktenbestände). Zu diesen Teilen gehören die folgenden: Natur und Technik des Finanzkapitalismus, die wirtschaftliche Struktur Frankreichs unter der Dritten Republik, die Sozialgeschichte der Vereinigten Staaten und die Mitgliedschaft und Aktivitäten des englischen Establishments. Für die anderen Themen habe ich so weitgefächert gelesen, wie ich gekonnt habe, und ich habe immer versucht, alle Themen von so weiten und verschiedenartigen Gesichtspunkten aus anzuschauen, als mir möglich gewesen ist. Obwohl ich mich, wenn man klassifizieren möchte, als Historiker betrachte, habe ich ausgedehnte Studien in politischer Wissenschaft in Harvard betrieben, habe über mehr als dreißig Jahre hinweg private Studien der modernen psychologischen Theorien betrieben und bin seit vielen Jahren Mitglied des amerikanischen Verbandes für anthropologische Studien (American Anthropological Association), der amerikanischen Gesellschaft für Ökonomie (American Economic Association) und der amerikanischen Gesellschaft für den Fortschritt der Wissenschaften (American Association for the Advancement of Sciences) ebenso wie der amerikanischen historischen Gesellschaft (American Historical Association).

Meine hauptsächliche Rechtfertigung dafür, ein langes Buch über die Zeitgeschichte trotz der notwendigerweise begrenzten Möglichkeiten der Quellendokumentation zu schreiben, sind also meine Bemühungen, diese unvermeidliche Schwäche auszugleichen, indem ich eine historische Perspektive gebrauche, die es mir ermöglicht, die Tendenzen der Vergangenheit in die Gegenwart und sogar die Zukunft hinein zu verlängern. Außerdem muss die Rechtfertigung dafür auch auf meinen Bemühungen ruhen, diesem Versuch dadurch eine festere Grundlage zu geben, dass ich Material und Indizien aus einer weiten Bandbreite akademischer Disziplinen heranziehe.

Als Folge dieses Bemühens um eine breitgefächerte und vielleicht komplexe Methode ist dieses Buch fast unentschuldbar lang geworden. Dafür muss ich Abbitte tun. Meine Entschuldigung besteht darin, dass ich keine Zeit hatte, es kürzer zu machen, und dass ein zugegebenermaßen tastendes und interpretierendes Werk notwendigerweise länger sein muss als eine mehr definitive und dogmatische Präsentation. All jenen, die seine Länge für übertrieben halten, kann ich nur sagen, dass ich Kapitel zu drei Themen, die bereits geschrieben waren, wieder herausgenommen habe: über die Geschichte der Landwirtschaft in Europa, über die innere Geschichte Frankreichs und Italiens und über die Geistesgeschichte des 20. Jahrhunderts im Allgemeinen. Dafür habe ich ausreichende Passagen über diese Themen anderen Kapiteln eingefügt.

Zwar projiziere ich meine Interpretation an einigen Stellen bis in die nahe Zukunft, die eigentliche historische Erzählung endet aber 1964. Das nicht des-

Vorwort 35

halb, weil zu diesem Zeitpunkt mein Schreiben und die historischen Ereignissen zufällig aufeinander getroffen wären, sondern weil die Periode 1962–1964 mir das Ende einer Ära historischer Entwicklungen zu sein scheint und eine Zwischenperiode, die vor einer ziemlich anderen Ära mit ziemlich veränderten Problemen liegt. Diese Veränderung zeigt sich an einer Reihe offen daliegender Ereignisse, beispielsweise daran, dass die Führer aller maßgebenden Länder (außer dem kommunistischen China und Frankreich) und von vielen weniger wichtigen (wie Kanada, Indien, Westdeutschland, dem Vatikan, Brasilien und Israel) in dieser Periode gewechselt haben. Viel wichtiger ist die Tatsache, dass der Kalte Krieg, der seinen Höhepunkt in der Kubakrise vom Oktober 1962 erlebte, in den zwei darauffolgenden Jahren eine Richtung auf sein Ende hin einschlug. Dieser Prozess zeigte sich in einer Reihe von Ereignissen wie dem schnellen Ersetzen des Kalten Krieges durch «kompetitive Koexistenz», der Desintegration der Großblöcke, die sich im Kalten Krieg gegenüberstanden, dem Aufstieg des Neutralismus, sowohl innerhalb der Blöcke als auch in der Pufferzone der Mächte des Dritten Blocks dazwischen, der Überschwemmung der Generalversammlung der Vereinten Nationen durch eine Flut neu unabhängig gewordener, manchmal mikroskopischer Pseudomächte, den zunehmenden Parallelen zwischen der Sowjetunion und den Vereinigten Staaten und der zunehmenden Betonung von Problemen des Lebensstandards, sozialer Missstände und der geistigen Gesundheit, welche die vorherige Betonung von Rüstung, nuklearer Spannung und Schwerindustrialisierung in allen Teilen der Welt ablösen. Eine solche Zeit, in der eine Ära zu enden scheint und eine andere, wenn auch noch unbestimmte, Zeit heraufkommt, schien mir passend, die Vergangenheit in ihrer Bedeutung abzuschätzen und eine Erklärung zu suchen, wie wir dorthin gekommen sind, wo wir jetzt stehen.

In jedem derartigen Vorwort ist es üblich, mit der Abstattung persönlicher Denkbezeugungen zu schließen. Mein Verständnis davon, wem ich Dank schulde, ist so weit, dass es mir unfair erscheint, Einzelne herauszugreifen und dafür Andere zu vergessen. Vier muss ich aber erwähnen. Ein großer Teil des Buches wurde in ihrer gewohnt fehlerlosen Weise von meiner Frau getippt. Das geschah bei der ursprünglichen wie auch bei späteren, veränderten Fassungen und trotz ständiger Ablenkungen durch häusliche Verpflichtungen, durch ihre eigene berufliche Karriere in einer anderen Universität und durch ihr eigenes Schreiben und Veröffentlichen. Für die freudevolle Übernahme dieser schweren Last bin ich ihr sehr dankbar.

Ähnlich dankbar bin ich der Geduld, dem Enthusiasmus und den erstaunlich breiten Kenntnissen meines Herausgebers bei der Macmillan Company, Peter V. Ritner.

Ich möchte dem Universitätsdotationenkomitee der Georgetown-Universität meinen Dank aussprechen für die Gelder, die es zweimal für sommerliche Forschungen zur Verfügung gestellt hat.

Schließlich muss ich meinen Studenten aus vielen Jahren ein Wort des Dankes sagen. Sie haben mich gezwungen, mit den rapide wechselnden

Gewohnheiten und der Weltsicht unserer jungen Menschen Schritt zu halten. Manchmal haben sie mich auch gezwungen, zu erkennen, dass mein eigener Blick auf die Welt nicht notwendigerweise die einzige oder auch nur die beste Art ist, diese anzuschauen. Viele dieser Studenten aus Vergangenheit, Gegenwart und Zukunft sind in der Widmung dieses Buches mit enthalten.

CARROLL QUIGLEY,
Washington, D.C., 8. März 1965

Die westliche Zivilisation bis 1914

Das Muster des Wandels

Um Gesichtspunkte zu gewinnen, teilen wir die Kultur einer Gesellschaft manchmal, in etwas willkürlicher Weise, in verschiedene Sphären auf. Zum Beispiel kann man Gesellschaften nach sechs verschiedenen Gesichtspunkten betrachten: militärisch, politisch, wirtschaftlich, sozial, religiös, intellektuell. Natürlich gibt es enge Zusammenhänge zwischen diesen verschiedenen Aspekten; und bei jedem Aspekt gibt es enge Zusammenhänge zwischen dem, was heute existiert, und dem, was es früher gab. Zum Beispiel wollen wir vielleicht in der politischen Sphäre (im politischen Aspekt) über Demokratie sprechen. Um darüber intelligent reden zu können, müssten wir nicht nur wissen, was das heute ist, sondern wir müssten auch betrachten, in welcher Beziehung diese Formation zu früheren Formen in der politischen Sphäre steht und welche Beziehungen davon zu einer Vielzahl von Phänomenen in den fünf anderen Sphären der Gesellschaft bestehen. Selbstverständlich kann man nicht intelligent über etwas sprechen, solange man keine klare Idee hat, was man eigentlich mit den Worten sagen möchte, die man benutzt. Deshalb werden wir häufiger die Begriffe, mit denen wir diese Themen diskutieren, zu definieren versuchen.

Die militärische Sphäre beschäftigt sich mit der Organisation von Zwangsmitteln, die politische mit der Organisation von Macht und die wirtschaftliche mit der Organisation von Reichtum. Mit «Organisation von Macht» in einer Gesellschaft meinen wir die Wege, wie hier Gehorsam und Zustimmung (oder Duldung) erreicht werden. Die engen Beziehungen zwischen verschiedenen Sphären kann man an der Tatsache sehen, dass es drei Arten gibt, Gehorsam zu erlangen: durch Zwang, durch den Kauf von Zustimmung mittels Reichtum und durch Überredung. Jede dieser drei Arten führt uns in eine andere Sphäre (militärisch, wirtschaftlich oder intellektuell) außerhalb der politischen. Und gleichzeitig ist die heutige Organisation von Macht (das heißt der Methoden, in einer Gesellschaft Gehorsam zu erlangen) eine Weiterentwicklung von Methoden, die in einer früheren Periode angewandt wurden, um Gehorsam in der Gesellschaft zu erlangen.

Diese Beziehungen sind deshalb wichtig, weil in der westlichen Zivilisation des 20. Jahrhunderts alle sechs Sphären sich mit einer erstaunlichen Geschwindigkeit wandeln und weil sich auch die Beziehungen zwischen den Sphären mit großer Geschwindigkeit verschieben. Wenn wir diesem verwirrenden Bild der westlichen Zivilisation dann noch hinzufügen, dass auch andere Gesellschaften sie beeinflussen und von ihr beeinflusst werden, dann könnte es scheinen, dass die Welt im 20. Jahrhundert fast zu kompliziert ist, um sie verstehen zu können. Das ist auch wahr und wir müssen diese Komplexitäten vereinfachen (und vielleicht sogar übertrieben vereinfachen), um auch nur ein geringes Verständnisniveau zu erreichen. Wenn wir ein solches geringes Verständnisniveau erreicht haben, werden wir unser Verständnisniveau vielleicht mit der Zeit heben können, indem wir, eine nach der anderen, einige der Komplexitäten, die in der Welt wirklich existieren, unserem Verstand dann doch wieder nahe bringen.

Innerhalb der militärischen Sphäre der westlichen Zivilisation im 20. Jahrhundert war die Hauptentwicklung ein ständiger Anstieg der Komplexität und der Kosten der Waffen. Wenn die Waffen billig und so einfach zu benutzen sind, dass praktisch jeder nach einer kurzen Ausbildungszeit damit umgehen kann, dann bestehen die Armeen normalerweise aus großen Massen von Amateursoldaten. Derartige Waffen nennen wir «Amateurwaffen» und die dazugehörigen Armeen könnten wir als «Massenarmeen von Bürger-Soldaten» bezeichnen. Das Zeitalter des Perikles im klassischen Griechenland und das 19. Jahrhundert in der westlichen Zivilisation waren solche Perioden mit Amateurwaffen und Bürgersoldaten. Aber dem 19. Jahrhundert (wie auch dem Zeitalter des Perikles) ging eine Epoche voraus, in der Waffen teuer waren und ihr Gebrauch ein langes vorheriges Training erforderte. Solche Waffen können wir «Spezialistenwaffen» nennen. Zeitalter von Spezialistenwaffen sind gewöhnlicherweise auch Zeitalter von kleinen Armeen professioneller Soldaten (meistens Söldner). In einem Zeitalter der Spezialistenwaffen kann normalerweise eine Minderheit, die über die Waffen verfügt, einer Mehrheit, der sie fehlen, ihren Willen aufzwingen; deshalb führt ein Zeitalter der Spezialistenwaffen normalerweise auch zu einem Zeitalter der Herrschaft von Minderheiten und der autoritären Regierungen. Ein Zeitalter von Amateurwaffen dagegen ist eine Zeit, in der alle Menschen ihren militärischen Machtmitteln nach etwa gleich sind: daher kann dann eine Mehrheit eine Minderheit zum Nachgeben zwingen und das führt dann meistens zu einer Ausbreitung von Mehrheitsherrschaft oder sogar von demokratischen Regierungsformen. Das Mittelalter, als die wirkungsvollste Waffe ein Ritter auf einem Pferd war (was eindeutig eine Spezialistenwaffe ist), war eine Zeit der Herrschaft einer Minderheit und einer autoritären Regierung. Auch als der mittelalterliche Ritter (zusammen mit seiner steinernen Burg) durch die Erfindung des Schießpulvers und das Auftauchen von Feuerwaffen abgelöst wurde, waren diese neuen Waffen doch (bis 1800) so teuer und so schwer zu gebrauchen, dass es weiterhin bei der Herrschaft einer Minderheit und einer autoritären Regierungsweise blieb. Die Regierungen versuchten jetzt, ihre Herrschaft zu festigen, indem sie von bewaffneten Rittern auf professionelle Pikenträger und Musketenschützen umstellten. Nach 1800 aber wurden die Gewehre billiger und ihr Gebrauch einfacher. 1840 kostete ein Colt 27 Dollar und eine Springfield-Muskete nicht viel mehr, und das waren so ziemlich die besten Waffen, die man kriegen konnte. So ersetzten Massenarmeen von Bürgern, die mit diesen billigen und leicht zu handhabenden Waffen ausgerüstet waren, die Armeen professioneller Soldaten. Das begann in Europa etwa um 1800 und in Nordamerika noch etwas früher. Gleichzeitig begannen demokratische Regierungen die autoritären abzulösen (allerdings hauptsächlich nur dort, wo die billigen neuen Waffen erhältlich waren und wo der Lebensstandard hoch genug war, dass die Menschen sie sich leisten konnten).

Das Muster des Wandels

Die Heraufkunft der Massenarmee von Bürgersoldaten im 19. Jahrhundert erzeugte ein schwieriges Lenkungsproblem, weil die Techniken von Transport und Massenkommunikation noch keinen Standard erreicht hatten, der eine flexible Lenkung solcher Massenarmeen möglicht gemacht hätte. Eine solche Armee konnte entweder marschierenderweise oder mit Eisenbahnen bewegt werden; die Regierung konnte mit ihren verschiedenen Einheiten nur über die Briefpost oder den Telegraphen in Verbindung treten. Das Problem der Lenkung einer Massenarmee mit solchen Instrumenten wurde teilweise im amerikanischen Bürgerkrieg 1861–1865 und dann vollständig durch Helmuth von Moltke für das Königreich Preußen im österreichisch-preußischen Krieg von 1866 gelöst. Diese Lösung war eine sehr starre: es wurde im Vorhinein ein Feldzugsplan gegen einen spezifischen Gegner mit einem festen Zeitplan und genauen Anweisungen für jede militärische Einheit ausgearbeitet; die Mitteilungen wurden schon im Vorhinein vorbereitet und sogar ausgegeben, um dann entsprechend dem Zeitplan eingesetzt werden zu können. Ein solcher Plan war so unflexibel, dass das Zeichen zur Mobilmachung praktisch auch schon das Zeichen zum Angriff auf einen bestimmten Nachbarstaat darstellte, weil der Plan, einmal in Gang gesetzt, nicht mehr verändert und auch kaum mehr verlangsamt werden konnte. Mit dieser starren Methode schuf Preußen das Deutsche Reich, indem es 1866 Österreich und 1871 Frankreich zertrümmerte. Um 1900 hatten alle europäischen Länder diese gleiche Methode übernommen und hatten starre Pläne, bei denen das Signal für die Mobilmachung bereits den Angriff auf irgendeinen Nachbarn bedeutete – was (wie bei der deutschen Invasion Belgiens) ein Nachbar sein konnte, mit dem eigentlich gar kein Konflikt bestand. So kam es, dass, als 1914 der Befehl zur Mobilmachung kam, die Staaten Europas übereinander herfielen.

Im 20. Jahrhundert änderte sich die militärische Situation grundlegend in doppelter Weise. Zum einen wurden die Kommunikations- und Transportmöglichkeiten durch die Erfindung von Radio und Verbrennungsmotor so weit verbessert, dass die Lenkung und die Beweglichkeit der Truppen und sogar von einzelnen Soldaten sehr flexibel wurden; die Mobilmachung hörte damit auf, einem Angriff gleichzukommen, und ein Angriff bedeutet nicht gleich schon einen totalen Krieg. Und andererseits wurden Spezialistenwaffen den Amateurwaffen wieder überlegen: das begann mit dem ersten Einsatz von Panzern, Gas, hochexplosiven Granaten und taktischen Luftbombardements 1915–1918 und ging dann mit all den Waffenentwicklungen bis zur Atombombe 1945 weiter. Das hatte eine doppelte Folge, die sich in der Jahrhundertmitte immer noch erst langsam zeigte: die Wehrpflichtarmee von Bürgersoldaten wurde zunehmend durch eine kleinere Armee professioneller Spezialistensoldaten abgelöst und eine autoritäre Regierungsweise begann, die demokratische Regierungsweise abzulösen.

In der politischen Sphäre fanden im 20. Jahrhundert nicht weniger tiefe Veränderungen statt. Diese Veränderungen hingen mit der Grundlage zusammen, auf der ein Appell an Gefolgschaft gemacht werden konnte, und zwar besonders mit der Notwendigkeit, eine Grundlage für Gefolgschaft zu finden, mit der die Loyalität immer größerer Gebiete und immer zahlreicherer Gruppen erlangt werden konnte. Im frühen Mittelalter, als es noch keinen Staat und keine öffentliche Gewalt gab, war die politische Organisationsform das Feudalsystem gewesen, das durch persönliche Gefolgschaftspflichten einer kleinen Zahl von Menschen zusammengehalten wurde. Mit dem Wiedererscheinen des Staates und der öffentlichen Gewalt erschienen neue Muster politischen Verhaltens, die in jener Struktur organisiert waren, die man «feudale Monarchie» genannt hat. Das ließ zum ersten Mal seit dem Zusammenbruch des Reichs Karls des Großen im 9. Jahrhundert eine Staatsorganisation wieder auftauchen, allerdings nur mit beschränkter Gefolgschaft einer relativ kleinen Anzahl Menschen in einem relativ kleinen Gebiet. Die Entwicklung neuer Waffen und die kontinuierlichen Verbesserungen im Transport- und Kommunikationswesen ermöglichten es dann, Gehorsam über immer größere Gebiete zu erzwingen, und ließen es notwendig werden, die Basis für Gefolgschaft in etwas umfassenderem zu suchen als im feudalen Dienstverhältnis zu einem feudalen Monarchen. Dementsprechend wurde die Feudalmonarchie durch die dynastische Monarchie ersetzt. In diesem System schuldeten die Untertanen einer königlichen Familie (Dynastie) ihre Gefolgschaft, wobei allerdings die wirkliche Grundlage der Dynastie die Loyalität einer Berufsarmee von Pikenieren und Musketenschützen darstellte.

Die Verschiebung von Berufs- und Söldnerarmeen hin zu Volksarmeen von Bürgersoldaten ließ es, zusammen mit anderen Faktoren auf verschiedenen Ebenen der Kultur, nötig werden, die Grundlage für Zusammenhang und Gefolgschaft der Gesellschaften nach 1800 nochmals zu erweitern. Die neue Grundlage war der Nationalismus und führte zum Nationalstaat als der typischen politischen Einheit des 19. Jahrhunderts. Diese Verschiebung war jenen großen dynastischen Staaten, die sich über mehrere Sprach- und Nationalitätengebiete hinweg erstreckten, nicht möglich. Um 1900 waren drei alte dynastische Monarchien durch die anwachsende Flut des Nationalismus vom Auseinanderbrechen bedroht. Diese drei, das Österreichisch-Ungarische Reich, das Osmanische Reich und das Russische Reich der Romanows, brachen in der Folge von Niederlagen im Ersten Weltkrieg auseinander. Aber die kleineren territorialen Einheiten, von denen sie abgelöst wurden, Staaten wie Polen, die Tschechoslowakei oder Litauen, die hauptsächlich auf der Grundlage gemeinsamer Sprache organisiert waren, mögen zwar die nationalistischen Empfindungen des 19. Jahrhunderts ganz angemessen widergespiegelt haben, sie reflektierten dagegen nur ungenügend die Entwicklungen des 20. Jahrhunderts in der Waffentechnik, im Kommunikationswesen, im Transportsystem und in der Wirtschaft. Um die Mitte dieses Jahrhunderts waren diese Entwicklungen an einem Punkt angelangt, an dem Staaten, die fähig waren, die neuesten Zwangsmittel herzustellen, in eine Position kamen, in der sie Gehorsam über viel größere Gebiete als nur diejenigen von Menschen gleicher Sprache oder mit einem gemeinsamen Nationalempfinden erzwingen konnten. Schon um 1940 wurde eigentlich deutlich, dass man für die neuen

Superstaaten, die sich abzuzeichnen begannen, eine neue Grundlage finden musste, die, über die bestehenden Nationalidentitäten hinaus, eine mehr kontinentale Ausrichtung haben musste. Es wurde klar, dass die Gefolgschaftsgrundlage dieser neuen Superstaaten von kontinentalem Ausmaß eher ideologisch als national sein musste. Der Nationalstaat des 19. Jahrhunderts wurde durch den ideologischen Block des 20. ersetzt. Gleichzeitig machte es die Verschiebung von Amateur- zu Spezialistenwaffen wahrscheinlich, dass die neue Organisationsform eher autoritär als demokratisch, wie der frühere Nationalstaat, sein würde. Allerdings waren das Prestige von Englands Macht und Einfluss im 19. Jahrhundert so gewaltig, dass auch im 20. Jahrhundert noch überall, wo Menschen eine neue Regierungsform installieren wollten, das britische parlamentarische System kopiert wurde. Das geschah in Russland 1917, in der Türkei 1908, 1918–1919 in der Tschechoslowakei und Polen und auch in den meisten Ländern Asiens (etwa 1911 in China).

Wenn wir uns der wirtschaftlichen Sphäre zuwenden, so treffen wir auf eine Reihe komplexer Entwicklungen. Es wäre schön, wenn wir die einfach ignorieren könnten, aber das geht ganz offensichtlich nicht, weil wirtschaftliche Fragen im 20. Jahrhundert eine überragende Bedeutung gehabt haben und weil ohne ein wenigstens rudimentäres Verständnis der wirtschaftlichen Fragen diese Zeit nicht verstanden werden kann. Um hier etwas zu vereinfachen, können wir diese Fragen in vier Aspekte aufteilen: a) Energie, b) Materialien, Rohstoffe, c) Organisation und d) Kontrollmacht.

Es ist eine einfache Wahrheit, dass keine wirtschaftliche Ware ohne den Einsatz von Energie und von Rohstoffen hergestellt werden kann. Die Geschichte der Ersteren zerfällt in zwei Hauptteile, die jeweils noch in zwei Unterteile geteilt sind. Die Haupttrennlinie um 1830 teilt eine frühere Zeit, in der die Produktion hauptsächlich Energie von lebenden Körpern verwandte, und eine spätere, in der die Produktion auf der Energie von Flüssigbrennstoffen, vermittelt durch Maschinen, beruht. Die erste Hälfte ist noch mal unterteilt in eine frühere Periode der Anwendung von Menschenkraft (zum Teil mittels Sklaverei) und eine spätere der Verwendung von Arbeitstieren. Diese Trennlinie liegt ungefähr um 1000. Die zweite Haupthälfte teilt sich noch einmal in eine Zeit, in der Kohle über Dampfmaschinen verwandt wurde, und eine, die Benzin in Verbrennungsmotoren verwendete. Diese Trennlinie lag etwa um 1900 oder etwas später.

Die Entwicklungen bei der Materialverwendung sind jedem bekannt. Man kann von einem Eisenzeitalter (vor 1830), einem Stahlzeitalter (1830–1910) und einem Zeitalter der Metalllegierungen, Leichtmetalle und Kunststoffe (seit 1910) sprechen. Natürlich sind alle diese Daten willkürlich und annähernd gegeben, weil die verschiedenen Zeiträume in verschiedenen Gebieten zu verschiedenen Zeitpunkten einsetzten und sich von ihrem Kerngebiet im nordwestlichen Europa nach außen verbreiteten.

Wenn wir uns den Entwicklungen in der Organisation der Wirtschaft zuwenden, so kommen wir zu einem Gebiet großer Bedeutung. Auch hier können wir wieder eine Abfolge verschiedener Perioden entdecken. Es gab sechs solche Perioden, jede mit ihrer typischen eigenen Form wirtschaftlicher Organisation. Zu ihrem Anfang im frühen Mittelalter hatte die westliche Zivilisation ein wirtschaftliches System, das fast ausschließlich landwirtschaftlich war, um sich selbst versorgende Herrengüter herum organisiert war und fast keinen Handel oder Industrie kannte. Diesem agrarischen Herrengüter-System wurde um etwa 1050 ein zweites hinzugefügt, das auf dem Handel mit Luxuswaren fernen Ursprungs um des Profits willen beruhte. Das könnten wir als Handelskapitalismus bezeichnen. Dieses System hatte zwei Expansionszeiträume, einen von 1050 bis 1270 und einen anderen von 1440 bis 1690. Die typische Organisationsform dieser zwei Perioden war die Handelskompanie (bei der zweiten können wir sagen, die *staatlich privilegierte* Kompanie wie die Massachusetts Bay Company, die Hudson's Bay Company oder die verschiedenen Ostindischen Kompanien). Die nächste Periode wirtschaftlicher Organisation war das Stadium des Industriekapitalismus, beginnend um etwa 1770 und charakterisiert durch ein Eigner-Managertum in Form eines Einzeleigentümers oder einer Partner-Eigentümerschaft. Die vierte Periode könnten wir als Finanzkapitalismus bezeichnen. Er begann etwa 1850, erreichte seinen Höhepunkt um 1914 und endete etwa 1932. Seine typischen Formen der Organisation wirtschaftlicher Aktivitäten waren die Gesellschaft mit beschränkter Haftung und die Holdinggesellschaft. Es war eine Periode mit einem Management durch Finanz- oder Bankinteressen eher als dem Eignermanagement in der früheren Periode des Industriekapitalismus. Diese Periode des Finanzkapitalismus wurde von einer Periode des Monopolkapitalismus gefolgt. In dieser fünften Periode waren die typischen wirtschaftlichen Organisationsformen Kartelle und Handelsassoziationen. Diese Periode fing etwa um 1890 an, übernahm etwa um 1932 die Kontrolle des Wirtschaftssystems von den Bankern und stellt sich als eine Periode der Managerherrschaft im Kontrast mit dem Eignermanagement und dem Finanzmanagement der zwei ihr unmittelbar vorhergehenden Perioden dar. Viele ihrer charakteristischen Züge bestehen auch heute noch, aber die dramatischen Ereignisse des Zweiten Weltkriegs und der Nachkriegszeit haben sie in einen so neuartigen sozialen und politischen Kontext gestellt, dass daraus eine sechste, neue Periode wirtschaftlicher Organisation hervorgegangen ist, die man «die pluralistische Wirtschaft» nennen könnte. Die Züge dieser sechsten Periode werden wir später beschreiben.

Das ungefähre Verhältnis dieser verschiedenen Stadien kann man der Tabelle auf Seite 45 entnehmen.

Zwei Dinge sind zu bemerken. Erstens sind diese verschiedenen Stadien in einem gewissen Sinne aufeinander aufbauend und es gibt vieles, was von früheren Stadien in späteren weiterlebt. Noch 1925 gab es ein funktionierendes Gutshaus in Großbritannien und Cecil Rhodes' staatlich privilegierte Handelsgesellschaft zur Erschließung Rhodesiens (die British South Africa Company) wurde erst 1889 eingetragen. Ebenso können auch heute noch eigentümergemanagte private Firmen, die sich industriell betätigen, und Aktiengesellschaften oder Holdings, die in Finanzgeschäften tätig sind, ge-

Das Muster des Wandels

Bezeichnung	Zeitraum	Typische Organisationsform	Art des Managements
Herrengüter	670–	Herrengut	Sitte
Handelskapitalismus	a) 1050–1270	Handelsgesellschaft	Städtischer Merkantilismus
	b) 1440–1690	staatlich privilegierte Handelsgesellschaft	Staatsmerkantilismus
Industriekapitalismus	1770–1870	private Firma oder Partnerschaft	Eigentümer
Finanzkapitalismus	1850–1932	Aktiengesellschaft oder Holding	Banker
Monopolkapitalismus	1890–1950	Kartelle oder Handelsassoziationen	Manager
Pluralistische Wirtschaft	1934 bis heute [1966]	Lobbygruppen	Technokraten

gründet werden. Zweitens werden alle späteren Stadien als Kapitalismus bezeichnet. Dieser Begriff bedeutet: «ein Wirtschaftssystem, das durch die Suche nach Profiten innerhalb eines Preissystems angetrieben wird». Der Handelskapitalist verfolgte seine Profite durch den Austausch von Waren; der Industriekapitalist suchte seine Profite durch die Herstellung von Waren; der Finanzkapitalist verfolgte seine Profite durch die Manipulation von Geldansprüchen; und der Monopolkapitalist suchte seine Profite durch die Manipulation des Marktes über Marktpreis und Verkaufsmenge zu maximieren.

Es ist interessant, sich klarzumachen, dass die westliche Zivilisation als Konsequenz dieser verschiedenen Stadien wirtschaftlicher Organisation durch vier Hauptstadien wirtschaftlicher Expansion hindurchgegangen ist, die der Zeitspanne nach etwa 970–1270, 1440–1690, 1770–1928 und seit 1950 liegen. Drei dieser Expansionsstadien endeten in einem Ausbruch imperialistischer Kriege, als die Expansionsphase an ihrem Ende angelangt war. Das waren der Hundertjährige Krieg und die italienischen Kriege (1338–1445, 1449–1559), der zweite Hundertjährige Krieg (1667–1815) und die Weltkriege (1914–1945). Der wirtschaftliche Hintergrund des dritten von diesen wird später in diesem Kapitel untersucht werden, jetzt aber müssen wir unseren allgemeinen Überblick über den Charakter der westlichen Zivilisation im Blick auf andere Aspekte der Kultur fortsetzen. Einer davon ist der vierte und letzte Teil der wirtschaftlichen Sphäre, der sich mit der wirtschaftlichen Kontrollmacht beschäftigt.

Die wirtschaftliche Kontrolle hat innerhalb der westlichen Zivilisation vier Stadien durchlaufen. Davon waren das erste und dritte Stadien «automatischer Kontrolle» in dem Sinne, dass es keine bewusste Bemühung gab, ein zentralisiertes System wirtschaftlicher Kontrolle aufzubauen, während das zweite und vierte Stadium Perioden waren, in denen eine bewusste Kontrolle versucht wurde. Diese Stadien lagen, mit ihren ungefähren Zeiträumen, etwa folgendermaßen:

1 automatische Kontrolle: Gutswirtschaft aus Sitte und Gewohnheit, 650–1150,
2 bewusste Kontrolle:
 a städtischer Merkantilismus, 1150–1450,
 b Staatsmerkantilismus, 1450–1815,
1 automatische Kontrolle: Laissez-faire im wettbewerbsorientierten Markt, 1815–1934,
2 bewusste Kontrolle: Planung (sowohl öffentlich als auch privat), seit 1934.

Es sollte deutlich sein, dass diese fünf Stadien wirtschaftlicher Kontrolle eng zusammenhängen mit den früher erwähnten Stadien in Bezug auf Waffen auf der militärischen Ebene oder Regierungsformen auf der politischen Ebene. Dieselben fünf Stadien wirtschaftlicher Kontrolle haben eine komplexe Beziehung zu den sechs Stadien wirtschaftlicher Organisation, die bereits erwähnt wurden, wobei das wichtige Stadium des Industriekapitalismus den Übergang vom Staatsmerkantilismus zum Laissez-faire überlappte.

Wenn wir uns der sozialen Sphäre einer Kultur zuwenden, können wir eine Reihe verschiedener Phänomene bemerken, wie etwa Veränderungen im Wachstum einer Bevölkerung, Veränderungen in der Zusammenballung dieser Bevölkerung (wie der Aufstieg oder Niedergang von Städten) und Veränderungen bei den sozialen Klassen. Die meisten dieser Dinge sind viel zu komplex, als dass wir versuchen könnten, sie hier in einer durchdringenden Weise zu behandeln. Wir haben die verschiedenen Stadien des Bevölkerungswachstums schon besprochen[1] und wir haben gezeigt, dass Europa um 1900 von einem Stadium des Bevölkerungswachstums mit vielen Menschen in der Lebensblüte (Typ B) in ein Stadium einer stabilen Bevölkerung mit einer größeren Prozentzahl von Menschen mittleren Alters (Typ C) überging. Die Verschiebung von einer Bevölkerung des Typs B zu einer des Typs C in Europa kann man ganz ungefähr in die Wende vom 19. zum 20. Jahrhundert setzen. Ungefähr gleichzeitig oder kurz danach – und eng verbunden mit dem Aufstieg des Monopolkapitalismus (mit seiner Akzentuierung von Autos, Telefonen, Radio und anderem) – gab es eine Verschiebung in der Aggregation der Bevölkerung. Diese Verschiebung ging von einem Zeitalter des «Aufstiegs der Stadt» (in dem von Jahr zu Jahr ein höherer Menschenanteil in den Städten lebte) zu etwas, was man den «Aufstieg der Vorstädte» oder sogar «die Zeit der Megastädte» nennen könnte (wo sich das Wachstum der Gebiete zu höherer Bevölkerungsdichte aus der Stadt heraus in die ihr vorgelagerten Gebiete verlagerte).

1 Das entsprechende Kapitel wurde in diese Ausgabe nicht mit aufgenommen.

Der dritte Aspekt der sozialen Sphäre, auf den wir unsere Aufmerksamkeit richten können, beschäftigt sich mit Veränderungen in der sozialen Klassenstruktur. Jedes Entwicklungsstadium der Organisationsform der Wirtschaft war mit dem Aufstieg einer neuen sozialen Klasse verknüpft. Das mittelalterliche System hatte das feudale Rittertum nach oben gebracht, das auf dem landwirtschaftlichen Gutssystem beruhte. Das Wachstum des Handelskapitalismus (in zwei Phasen) schuf eine neue Klasse einer Handelsbourgeoisie. Das Wachstum des Industriekapitalismus schuf zwei neue Klassen, nämlich die industrielle Bourgeoisie und die Industriearbeiter (oder das Proletariat, wie diese Leute manchmal in Europa genannt wurden). Die Entwicklung von Finanz- und Monopolkapitalismus führte zu einer neuen Gruppe von Manager-Technikern. Die Unterscheidung zwischen der Industriebourgeoisie und Managern liegt darin, dass die Erstere Kontrolle über die Industrie und Macht besitzt, weil sie Eigentümerin ist, während die Manager die Industrie (und ebenso Regierung und Gewerkschaften oder die öffentliche Meinung) kontrollieren, weil sie bestimmte Techniken beherrschen oder darin ausgebildet wurden. Wie wir sehen werden, war die Verschiebung von den einen zu den anderen verbunden mit der Separierung von Kontrollmacht und Eigentümerschaft im Wirtschaftsleben. Diese Verschiebung war außerdem verbunden mit einer von einer Zwei-Klassen-Gesellschaft zu einer Mittelklasse-Gesellschaft. Unter dem Industriekapitalismus und dem frühen Finanzkapitalismus entwickelte sich die Gesellschaft in eine polarisierte Zwei-Klassen-Gesellschaft, in der sich eine fest eingegrabene Bourgeoisie und ein Massenproletariat gegenüber standen. Auf der Grundlage dieser Entwicklung formte Karl Marx um 1850 seine Ideen über einen unvermeidlichen Klassenkampf, bei dem die Gruppe der Eigentümer immer kleiner und immer reicher und die Massen immer ärmer und immer zahlreicher würden, bis diese Massen sich schließlich erheben und Eigentümerschaft und Kontrollmacht von der privilegierten Minderheit übernehmen würden. Um 1900 nahmen aber die sozialen Entwicklungen Formen an, die sich so weit von den von Marx erwarteten entfernten, dass seine soziale Analyse fast wertlos wurde und sein System schließlich in einem industriell ganz rückständigen Land (Russland) mit Zwang eingerichtet werden musste, anstatt dass es unvermeidlicherweise im industriell fortgeschrittensten Land aufgetaucht wäre, wie er eigentlich erwartet hatte.

Die sozialen Entwicklungen, die Marx' Theorien obsolet werden ließen, waren die Folge technologischer und wirtschaftlicher Entwicklungen, die Marx nicht vorhergesehen hatte. Die Energie für die Produktion kam mehr und mehr aus unbelebten Quellen und immer weniger von der menschlichen Arbeit. Als Folge davon erforderte die Massenproduktion immer weniger menschliche Arbeitskraft. Aber zugleich brauchte eine Massenproduktion einen Massenkonsum, was hieß, dass die mit der neuen Technologie hergestellten Waren ebenso wohl an die Arbeiterschaft wie an die anderen verteilt werden mussten, was dazu führte, dass ein wachsender Lebensstandard der Massen das Proletariat immer kleiner und immer reicher machte. Gleichzeitig stieg die Nachfrage nach Arbeitern des Manager- und Angestelltentypus auf der mittleren Ebene des Wirtschaftsystems und machte Proletarier in großer Zahl zu Angehörigen der Mittelschicht. Die Verbreitung der Aktiengesellschaft als Form für Industrieunternehmen ermöglichte eine Trennung von Kontrollmacht und Eigentümerschaft, wobei die Letztere sich viel weiter ausbreitete, so dass letztlich immer mehr Eigentümer immer ärmer wurden. Und schließlich verschob sich die Kontrollmacht von den Eigentümern zu den Managern. Die Folge davon war, dass die polarisierte Zwei-Klassen-Gesellschaft, wie sie Marx nach 1900 vorhersah, durch eine Mittelschicht-Massengesellschaft ersetzt wurde. Es gab weniger Arme und, wenn auch nicht weniger Reiche, so doch eine größere Gruppe von Reichen, die, relativ gesehen, weniger reich waren als in früheren Zeiten. Dieser Prozess der Aufnivellierung der Armen und der Herunternivellierung der Reichen nahm seinen Ausgang bei wirtschaftlichen Prozessen, wurde aber durch Regierungspolitiken bezüglich Besteuerung und Wohlfahrt nach 1945 beschleunigt und erweitert.

Wenn wir uns dann den höheren Ebenen der Kultur zuwenden, wie der religiösen und intellektuellen Sphäre, so können wir auch hier eine Abfolge von Stadien beobachten, die denen auf den eher materiellen Ebenen ähnlich sind. Wir werden jetzt keine größere Untersuchung dazu anstellen und sagen nur, dass die religiöse Sphäre von einer im Wesentlichen säkularistischen, materialistischen und antireligiösen Blickweise im späten 19. Jahrhundert im Laufe des 20. Jahrhunderts zu einer viel spirituelleren und religiöseren übergegangen ist. Gleichzeitig hat eine komplexe Entwicklung auf der intellektuellen Ebene eine tiefgreifende Verschiebung der Sichtweise von einem wissenschaftlichen und optimistischen Gesichtspunkt in den Jahren 1860–1890 zu einem mehr pessimistischen und irrationalistischen in den Jahren nach 1890. Diese Verschiebung der Sichtweise begann unter einer relativ kleinen intellektuellen Avantgarde-Gruppe, die Figuren wie Freud, Sorel, Bergson und Proust umfasste, um 1890 und verbreitete sich im Lauf des neuen Jahrhunderts als Folge der niederschmetternden Erfahrung von zwei Weltkriegen und der großen Krise. Die Folgen dieses Prozesses kann man in dem starken Kontrast zwischen dem typischen Aussehen Europas im 19. und dem im 20. Jahrhundert sehen.

Wirtschaftliche Entwicklungsmuster in Europa

Der Handelskapitalismus
Die westliche Zivilisation bildet die reichste und mächtigste Gesellschaftsform, die der Mensch jemals geschaffen hat. Ein Grund dieses Erfolges ist ihre wirtschaftliche Organisation gewesen. Diese ging [wie wir gezeigt haben]

durch sechs verschiedene Stadien hindurch, von denen wenigstens vier als
«Kapitalismus» bezeichnet werden. Drei Merkmale verdienen bei dieser Entwicklung besonders herausgehoben zu werden.

Zunächst brachte jedes Stadium Verhältnisse hervor, die dann dazu tendierten, das nächste Stadium hervorzurufen; also könnten wir in einem gewissen Sinn sagen, dass jedes Stadium Selbstmord verübt hat. Die ursprüngliche wirtschaftliche Organisationsform selbstversorgender agrarischer Einheiten (Landgüter) war Bestandteil einer Gesellschaft, in der die oberen Stände – die Feudalherren, weltlich oder kirchlich – ihre Bedürfnisse so gut befriedigt sahen, dass sie ihre Überschüsse an Waren zur Befriedigung der Grundbedürfnisse eintauschten gegen Luxusgüter fernen Ursprungs. Das ließ einen Handel mit fremdländischen Luxuswaren (Gewürze, Textilien, Metalle) aufblühen, in dem sich die Anfänge des Stadiums des Handelskapitalismus zeigten. In diesem zweiten Stadium schufen die Profite aus dem Handel und die sich erweiternden Märkte eine Nachfrage nach Textilien und anderen Gütern, die nur durch die Anwendung von Energie in der Produktion befriedigt werden konnte. Das führte zum dritten Stadium: dem Industriekapitalismus. Das Stadium des Industriekapitalismus führte bald zu einer so unersättlichen Nachfrage nach schweren, festen Anlagen, wie Eisenbahnschienen, Stahlwerken, Schiffswerften usw., dass diese Investitionen nicht mehr nur aus den Profiten und dem privaten Vermögen einzelner Eigentümer bezahlt werden konnten. Neue Instrumente der Industriefinanzierung entstanden in Form der Gesellschaften mit beschränkter Haftung und der Investmentbanken. Diese kamen bald in eine Position, von der aus sie die wesentlichen Teile des industriellen Systems kontrollieren konnten, da sie ihnen das Kapital zur Verfügung stellten. Damit kam die Periode des Finanzkapitalismus. Die Herrschaft des Finanzkapitalismus wurde dazu benutzt, das industrielle System in immer größere Einheiten mit einer überlappenden finanziellen Kontrolle zu integrieren. Das führte zu einem Rückgang des Wettbewerbs und einem entsprechenden Anstieg der Profite. Das Resultat hiervon war, dass das industrielle System bald wieder fähig wurde, seine eigene Expansion mithilfe seiner eigenen Profite zu finanzieren. Damit waren die finanziellen Kontrollmöglichkeiten geschwächt und das Stadium des Monopolkapitalismus begann. In diesem fünften Stadium waren gewaltige industrielle Einheiten, die entweder direkt oder über Kartelle oder Handelsorganisationen zusammenarbeiteten, in einer Position, die es ihnen ermöglichte, die Mehrheit der Menschen auszubeuten. Das führte zu einer großen Wirtschaftskrise, die bald in einen Kampf um die Kontrolle der Staatsmacht umschlug – wobei die Minderheit hoffte, die Staatsmacht dafür benutzen zu können, ihre Privilegien zu verteidigen, während die Mehrheit hoffte, den Staat dazu benutzen zu können, die Macht und die Privilegien der Minderheit zu beschneiden. Beide hofften darauf, die Staatsmacht dafür benutzen zu können, irgendeine Lösung für die wirtschaftlichen Aspekte der Krise zu finden. Dieser Zweikampf trat dann mit dem Aufstieg eines wirtschaftlichen und sozialen Pluralismus nach 1945 in den Hintergrund.

Der zweite bemerkenswerte Zug der ganzen Entwicklung ist der, dass der Übergang von einem Stadium in ein nächstes immer mit einer Periode der Depression oder geringerer Wirtschaftstätigkeit einherging. Das lag daran, dass jedes Stadium, nach einer anfänglichen expansiven Phase, später, in seiner Endphase, zu einer Interessenklüngelei verkam, wo man mehr damit beschäftigt war, alteingesessene Handlungsroutinen zu schützen, als weiter Veränderungen durch die Anwendung von Ressourcen auf neue, verbesserte Verfahren zu fördern. Diese Entwicklungstendenz wohnt jeder sozialen Organisationsform inne, in besonderem Maße aber dem Kapitalismus.

Der dritte wichtige Zug der ganzen Entwicklung steht in engem Zusammenhang mit der spezifischen Natur des Kapitalismus. Der Kapitalismus bietet sehr starke Antriebe für die wirtschaftliche Aktivität, weil er die wirtschaftlichen Antriebskräfte eng mit dem Eigeninteresse verknüpft. Aber ebendieser selbe Zug, der als wirtschaftlicher Antrieb eine Quelle der Stärke infolge des Profitmotivs darstellt, ist zugleich eine Quelle der Schwäche, indem eine so selbstbezogene Motivation sehr leicht zu einem Verlust der wirtschaftlichen Koordination beitragen kann. Gerade weil jeder Einzelne so mächtig durch das Eigeninteresse motiviert ist, verliert er sehr leicht aus dem Auge, welche Rolle seine eigenen Aktivitäten innerhalb des gesamten Wirtschaftssystems spielen. Er tendiert dazu, so zu handeln, als ob seine Aktivitäten die ganzen *wären* – mit allen unvermeidlichen negativen Folgen für diese ganzen. Man könnte das zeigen, indem man darauf hinweist, dass der Kapitalismus, dessen zentrales Handlungsziel der Profit darstellt, niemals hauptsächlich auf Wohlstand, Höhe der Produktion, Höhe des Konsums, politische Macht, Steigerung der patriotischen Gesinnung oder moralische Besserung ausgeht. Jedes dieser Ziele kann unter dem Kapitalismus erreicht werden oder alle können unter ihm verloren gehen – immer sind sie abhängig von ihrem Verhältnis zum vordringlichen Ziel der kapitalistischen Aktivitäten: der Suche nach Profiten. Während der neunhundertjährigen Geschichte des Kapitalismus hat dieses Motiv zu verschiedenen Zeiten sowohl zur Erfüllung als auch zur Verhinderung dieser anderen sozialen Ziele geführt.

In seinen verschiedenen Stadien hat der Kapitalismus Profite durch unterschiedliche Arten wirtschaftlicher Aktivitäten zu erzielen gesucht. Das anfängliche Stadium, das wir als Handelskapitalismus bezeichnen, suchte seine Profite, indem es Güter von einem Ort zu einem anderen brachte. Dabei wanderten die Güter von einem Ort, wo sie weniger wert waren, zu einem anderen, wo sie mehr wert waren, während das Geld das Gleiche tat, aber in der umgekehrten Richtung. Diese Bewertung, die über die Bewegung der Güter und Gelder entschied und die dazu führte, dass beide in *entgegengesetzte Richtungen* gingen, wurde gemessen durch das Verhältnis zwischen diesen beiden Dingen. Der Wert der Güter wurde in Geld ausgedrückt und der Wert des Geldes in Gütern. Die Güter bewegten sich von Orten, wo sie niedrige Preise erzielten, zu Orten, wo sie höhere Preise erzielten, und das Geld bewegte sich von Orten hoher Preise zu solchen niedrigerer Preise. Die Güter waren dort mehr wert, wo die Preise hoch waren, *während das Geld dort mehr wert war, wo die Preise niedrig waren*.

Das heißt also, Geld und Güter sind nicht das Gleiche, sondern sind im Gegenteil sogar entgegengesetzte Dinge. Die meiste Verwirrung im wirtschaftlichen Denken rührt von der Unfähigkeit her, das zu erkennen. Güter sind Reichtum, den man besitzt, während Geld einen *Anspruch auf Reichtum* darstellt, den man nicht besitzt. Güter sind ein Guthaben, Geld eine ausstehende Schuld. Wenn Güter Reichtum darstellen, dann ist Geld ein Nicht-Reichtum oder negativer Reichtum oder sogar Antireichtum. Beide benehmen sich immer entgegengesetzt, so wie sie normalerweise in entgegengesetzte Richtungen wandern. Wenn der Wert des einen steigt, so sinkt der Wert des anderen, und zwar im proportionalen Verhältnis. Der Wert der Güter heißt ausgedrückt in Geld «Preis», während der Wert des Geldes, ausgedrückt in Gütern, «Wert» heißt.

Der Handelskapitalismus kam auf, als die Kaufleute, die Güter von einem Ort zu einem anderen transportierten, fähig wurden, diese Güter an ihrem Bestimmungsort zu einem Preis zu verkaufen, der die Einkaufskosten, die Kosten für den Transport inklusive der Ausgaben des Kaufmanns *und einen Profit* abdeckte. Diese Entwicklung begann als Bewegung von Luxusgütern. Sie schuf Reichtum, weil sie zu einer Spezialisierung der Aktivitäten sowohl im Handwerk als auch in der Landwirtschaft beitrug, wodurch Fertigkeiten gebildet und der Ausstoß erhöht wurden und weil sie neue Waren auf den Markt brachte.

Mit der Zeit wurde dieses Stadium des Handelskapitalismus in einer restriktiven Ordnung institutionalisiert, die manchmal «Merkantilismus» genannt wurde. Darin suchten die Kaufleute ihren Profit nicht mehr dadurch, dass sie die Güter bewegten, sondern dadurch, dass die Güterbewegungen eingeschränkt wurden. Auf diese Weise wurde die Suche nach Profiten, die zunächst zu einem höheren Wohlstand geführt hatte, indem sie Handel und Produktion erhöhte, jetzt zu einem Hemmnis für Handel und Produktion, weil der Profit zu einem selbstzweckhaften Ziel geworden war, anstatt nur zu einem Hilfsmechanismus im Wirtschaftssystem als Ganzem.

Die Art, wie zweimal in der historischen Vergangenheit der Handelskapitalismus (eine expandierende wirtschaftliche Organisationsform) sich in einen Merkantilismus (eine restriktive wirtschaftliche Organisationsform) verwandelte, verrät sehr viel nicht nur über die Natur des Wirtschaftssystems und des Menschen, sondern auch über das Wesen der Wirtschaftskrisen und was dabei getan werden kann.

Im Handelskapitalismus entdeckten die Kaufleute sehr schnell, dass der zunehmende Fluss von Gütern von einem Gebiet niedriger Preise in eines von hohen Preisen dazu führte, die Preise im ersten zu heben und im zweiten zu senken. Jedes Mal, wenn ein Schiff mit Gewürzen in London ankam, fielen dort die Gewürzpreise, während die Ankunft von Käufern und Schiffen in Malakka dort die Preise nach oben trieb. Dieser Trend zu einem Ausgleich des Preisniveaus zwischen den beiden Gebieten aufgrund des doppelten, reziproken Flusses von Gütern und Geld torpedierte die Profite der Kaufleute, wie sehr er andererseits auch Produzenten und Konsumenten an beiden Enden befriedigt haben mag. Er führte zu diesem Ergebnis, indem er die Differenz der Preise zwischen den beiden Gebieten reduzierte und damit die Spanne, die dem Kaufmann zur Verfügung stand, um seinen Profit daraus zu ziehen. Scharfsinnige Kaufleute brauchten nicht lange, bis sie erkannten, dass sie die Preisdifferenz und dementsprechend ihre Profite aufrechterhalten könnten, wenn sie den Fluss der Güter einschränkten, so dass ein gleiches Volumen an Geld für eine reduzierte Menge an Gütern floss. Auf diese Art gingen die Verschiffungen zurück, die Kosten sanken, aber die Profite blieben oben.

Zwei Dinge sind an diesem merkantilistischen System bemerkenswert. Zum einen war es so, dass der Kaufmann durch seine restriktiven Praktiken im Kern seinen eigenen Nutzen erhöhte, indem er denjenigen der Produzenten und der Konsumenten an den beiden Enden herabsetzte. Weil er die Position in der Mitte zwischen beiden hatte, konnte er das tun. Zum anderen war es so, dass der Kaufmann ein Interesse daran hatte, dass die Preise für die Güter möglichst hoch blieben, solange er in seinem Heimathafen mit den Gütern umging.

Im Lauf der Zeit allerdings verlagerten manche Kaufleute ihre Aufmerksamkeit von der Güterseite des Handelsaustauschs zur anderen, monetären Seite des Austauschs. Sie begannen damit, die Profite dieser Transaktionen zu akkumulieren, und kümmerten sich immer stärker nicht mehr um die Verschiffung und den Austausch der Güter, sondern um Verschiffung und Austausch von Zahlungsmitteln. Mit der Zeit befassten sie sich mit dem Leihen von Geld an Kaufleute, die davon ihre Schiffe und ihre Aktivitäten finanzierten. Sie stellten ihnen für beides Geld mit hohen Zinsen zur Verfügung, wobei ihnen Ansprüche auf Schiffe oder Güter als Nebensicherheiten für die Rückzahlung zustanden.

So gerieten die Verhaltensweisen und Interessen dieser neuen Bankiers in völligen Gegensatz zu denen der Kaufleute (obwohl nur wenige auf beiden Seiten diese Situation klar erkannten). Während der Kaufmann zunehmend nach hohen Preisen und möglichst niedrigen Zinsen verlangte, verlangte der Bankier nach einem möglichst hohen Geldwert (das heißt niedrigen Preisen) und hohen Zinssätzen. Jeder von beiden war damit befasst, den Wert jener Hälfte der Transaktion (Güter gegen Geld), die ihn direkt betraf, unter relativer Vernachlässigung des eigentlichen Austausches (der natürlich das Interesse der Produzenten und Konsumenten bildete) aufrecht zu erhalten und zu steigern.

Das heißt, die Spezialisierung der wirtschaftlichen Aktivitäten, die den wirtschaftlichen Prozess in Einzelteile aufbrach, ermöglichte es Menschen, sich auf einen Teil des Prozesses zu konzentrieren und, indem sie diesen Teil bestmöglich organisierten, den Rest des Prozesses in Gefahr zu bringen. Der Prozess wurde nicht nur zwischen Produzenten, Zwischenhändlern und Konsumenten aufgeteilt, sondern es gab auch zwei Arten von Zwischenhändlern (von denen sich die einen mit Gütern, die anderen mit Geld beschäftigten) mit fast entgegenstehenden *kurzfristigen* Zielsetzungen. Die Probleme, die unvermeidlicherweise daraus hervorgingen, konnten nur gelöst und das System nur reformiert werden, indem man das System als Ganzes betrachtete. Es war aber so, dass drei Teile des Systems – diejenigen, die sich mit Produktion, Transport und Konsum der Güter befassten – konkret und leicht sichtbar waren. Jeder konnte sie verstehen, wenn er sie nur anschaute. Dagegen waren unglücklicherweise die Operationen der Banken und Finanzierungsformen versteckt, verstreut und abstrakt, so dass sie vielen undurchsichtig erschienen. Außerdem taten auch die Banker selbst alles, um ihre Aktivitäten geheimer und esoterischer werden zu lassen. Ihre Aktivitäten schlugen sich in mysteriösen Zeichen in Rechenbüchern nieder, die neugierigen Außenstehenden niemals vor Augen kamen.

Im Laufe der Zeit wurde das grundlegende Faktum des sich entwickelnden Wirtschaftssystems, die Beziehung zwischen Gütern und Geld wenigstens für die Banker selbst klar. Diese Beziehung, das System der Preise, basierte auf fünf Grundlagen: dem Angebot an und der Nachfrage nach Gütern, dem Angebot an und der Nachfrage nach Geld und der Geschwindigkeit, mit der Geld und Güter ineinander umgetauscht wurden. Ein Anwachsen von dreien dieser Faktoren (der Nachfrage nach Gütern, dem Angebot an Geld und der Zirkulationsgeschwindigkeit) würde die Preise der Güter heraufsetzen und den Wert des Geldes herab. Diese Inflation war unerwünscht für die Banker, wünschenswert allerdings für Produzenten und Kaufleute. Auf der anderen Seite würde ein Sinken der gleichen drei Faktoren zu Deflation führen, etwas, was die Banker wünschten, was Produzenten und Kaufleute fürchteten und was die Konsumenten (die dann mehr Güter für weniger Geld bekamen) erfreute. Die anderen Faktoren arbeiteten in der entgegengesetzten Richtung, so dass ihr Anwachsen (beim Angebot an Gütern und der Nachfrage nach Geld) beziehungsweise die Verlangsamung des Geldumlaufs deflationäre Wirkung haben würde.

Solche Preisänderungen, seien sie nun inflationär oder deflationär, waren wenigstens in den letzten sechs Jahrhunderten wichtige Kräfte im historischen Prozess. Über diesen langen Zeitraum hin ist ihre Macht, die Lebensbedingungen der Menschen zu ändern und die menschliche Geschichte zu beeinflussen, stetig gewachsen. Das zeigt sich auf zweierlei Art. Auf der einen Seite haben Preissteigerungen normalerweise eine größere wirtschaftliche Aktivität ermutigt, insbesondere was die Güterproduktion angeht, während andererseits Änderungen der Preise dazu geführt haben, dass der Reichtum innerhalb eines Wirtschaftssystems umverteilt wurde. Inflation, insbesondere ein langsamer stetiger Anstieg der Preise, ermutigt die Produzenten, weil es bedeutet, dass ihre Produktionskosten auf einem Preisniveau liegen, während sie später das Endprodukt auf einem anderen (höheren) Preisniveau verkaufen können. Diese Situation regt die Produktion an, weil sie die Produzenten auf eine fast gesicherte Profitspanne vertrauen lässt. Auf der anderen Seite wird die Produktion in einer Periode fallender Preise entmutigt, es sei denn, der Produzent befindet sich in der sehr ungewöhnlichen Situation, dass seine Kosten schneller fallen als die Preise seiner Produkte.

Die Umverteilung des Reichtums durch Preisänderungen ist genauso wichtig, erfährt aber sehr viel weniger Aufmerksamkeit. Steigende Preise kommen Schuldnern zugute und schaden Gläubigern, während es bei fallenden Preisen genau umgekehrt ist. Ein Schuldner, der seine Schuld zu einem Zeitpunkt bezahlen muss, zu dem die Preise höher sind als zum Zeitpunkt des Vertragsabschlusses, muss dafür weniger Güter und Dienstleistungen aufbringen, als er selbst zum früheren Zeitpunkt erhalten hat, als er das Geld auf einem niedrigeren Preisniveau lieh. Ein Gläubiger, also beispielsweise eine Bank, die Geld – entsprechend einer bestimmten Menge an Gütern und Dienstleistungen – auf einem bestimmten Preisniveau verliehen hat, erhält dieselbe Geldmenge – aber nur entsprechend einer geringeren Menge an Gütern und Dienstleistungen – zurück, wenn das Preisniveau zur Zeit der Rückzahlung gestiegen ist, weil das Geld dann weniger wert ist. Das ist der Grund, warum Banker als Geldgläubiger so besessen davon sind, den Geldwert stabil zu halten. Die traditionelle Begründung für diese Obsession – dass eine stabile Währung Vertrauen schafft – ist immer eher propagandistisch als zutreffend gewesen.

Vor Hunderten von Jahren begannen die Banker damit, sich zu spezialisieren – wobei die reicheren und einflussreicheren sich insbesondere in Außenhandel und Devisengeschäften betätigten. Diese Banker waren reicher und kosmopolitischer als die anderen und beschäftigten sich zunehmend mit Fragen von politischer Bedeutung, wie Stabilität oder Abwertung von Währungen, Krieg und Frieden, dynastische Heiraten und weltweite Handelsmonopole. Im Zuge dieser Aktivitäten wurden sie zu Finanziers und finanziellen Ratgebern von Regierungen. Da ihre Beziehungen zu den Regierungen darüber hinaus immer in Geldform (und nicht in Form wirklicher Dinge) stattfanden und da sie besessen waren von der Stabilität des Währungstauschs (der Devisenkurse) zwischen verschiedenen Ländern, benutzten sie ihre Macht und ihren Einfluss für zwei Dinge: 1) dafür, dass alles Geld und alle Schulden in Form einer streng begrenzten Ware ausgedrückt werden sollten – dem Gold; und 2) dafür, alle monetären Angelegenheiten der Kontrolle der Regierungen und der politischen Autorität zu entziehen, mit dem Argument, dass sie bei den Privatbankern besser aufgehoben seien, und zwar in Form eines so stabilen Wertes wie eben Gold.

Diese Anstrengungen schlugen mit dem Übergang des Handelskapitalismus in den Merkantilismus und mit dem Untergang dieser gesamten sozialen Organisationsform, die auf dynastischen Monarchien, Söldner-Berufsarmeen und dem Merkantilismus beruhte, fehl. Diese Gesellschaftsform starb in der Serie von Kriegen, die Europa von der Mitte des 17. Jahrhunderts bis 1815 erschütterten. Der Handelskapitalismus durchlief zwei Phasen der Expansion, die dann beide in eine Phase von Kriegen, Klassenkämpfen und Schrumpfungsprozessen ausliefen. Das erste Stadium hatte sein Zentrum im Mittelmeer und wurde von Norditalienern und Kataloniern beherrscht. Es endete in einer Krisenphase nach 1300, die erst im Jahre 1558 endgültig zu Ende war. Das zweite Stadium des Handelskapitalismus spielte im Atlantischen Ozean und wurde von den Westiberern, den Holländern und den Engländern dominiert. Seine Expansion begann etwa 1440, war um 1600 auf voller Höhe und war dann aber am Ende des 17. Jahrhunderts gefangen im Netz der Kämpfe des Staatsmerkantilismus um Restriktionen und der Serie von Kriegen, die Europa zwischen 1667 und 1815 heimsuchten.

Der Handelskapitalismus der Periode von 1440 bis 1815 war gekennzeichnet durch die Vorherrschaft der privilegierten Handelsgesellschaften, wie der Hudsonbaikompanie, der niederländischen und britischen Ostindiengesellschaft, der Handelsgesellschaft für Virginia und der Gemeinschaft von Abenteurer-Kaufleuten (Moskauer Handelsgesellschaft). Englands bedeutendste Rivalen in all diesen Aktivitäten wurden durch seine größere Macht und besonders durch seine sicherere geographische Position, die aus seiner insularen Lage resultierte, besiegt.

Der Industriekapitalismus (1770–1850)
Großbritanniens Siege über Ludwig XIV. im Zeitraum von 1667 bis 1715 und über die revolutionären französischen Regierungen und Napoleon von 1792 bis 1815 hatten viele Ursachen. Dazu gehörten seine insulare Lage, seine Fähigkeit, die Herrschaft über die Meere aufrecht zu erhalten, und seine Fähigkeit, sich der Welt als Verteidiger der Freiheiten und Rechte kleiner Nationen und unterschiedlicher sozialer und religiöser Gruppen zu präsentieren. Unter diesen vielen Gründen gab es auch einen finanziellen und einen wirtschaftlichen. Im Finanzwesen hatte England das Geheimnis des Kredits entdeckt. Wirtschaftlich hatte in England die industrielle Revolution begonnen.

Der Kredit war Italienern und Holländern längst bekannt, bevor er zu einem der Mittel der englischen Weltoberhoheit wurde. Nichtsdestotrotz ist die Gründung der Bank von England durch William Paterson und seine Freunde 1694 eines der großen Daten der Weltgeschichte. Über Generationen hinweg hatten die Menschen versucht, jenen einen Nachteil des Goldes, seine Schwere, zu umgehen, indem sie Papierschnitzel dazu bestimmten, spezifische Goldstücke zu repräsentieren. Heute nennen wir solche Papierschnitzel Goldzertifikate. Ein solches Zertifikat berechtigt seinen Besitzer, es auf Verlangen in Gold umtauschen zu können. Da aber Papier so viel praktischer ist, haben das im Lauf der Zeit nur wenige der Besitzer getan. Es wurde schnell klar, dass man nur so viel Gold auf Vorrat halten musste, als der geringen Teilmenge der Zertifikate entsprach, die wahrscheinlicherweise zur Auszahlung vorgelegt werden würden; den Rest des Goldes könnte man dementsprechend zu Geschäftszwecken verwenden. Das heißt anders ausgedrückt, dass ein Volumen an Zertifikaten ausgegeben werden konnte, das größer als die Goldreserven war, die für Auszahlungsforderungen bereitgehalten wurden. Ein solches Überschussvolumen von papierenen Ansprüchen auf Reserven nennt man heute Banknoten.

Diese Kreierung von papierenen Ansprüchen in einem höheren Maße als den erreichbaren Reserven bedeutete in Wirklichkeit, dass die Banker aus nichts Geld machten. Dasselbe konnten auf eine andere Art als die Notenbanken auch die Depositenbanken machen. Die Depositbanker entdeckten, dass

Zahlungsanweisungen und Schecks auf Einlagen von Einlegern, die an Dritte weitergegeben wurden, häufig von den Letzteren nicht eingelöst, sondern ihren eigenen Konten gutgeschrieben wurden. So gab es keine reellen Bewegungen von Geldern, sondern die Zahlungen fanden nur in Form von Buchungen zwischen den Konten statt. Deshalb war es für den Banker nur mehr nötig, tatsächliches Geld (Gold, Zertifikate und Banknoten) in der Menge in Reichweite zu halten, in der Einlagen beansprucht und *zu Bargeld* gemacht werden würden. Der Rest konnte für Anleihen verwendet werden, und wenn diese Anleihen dazu genutzt wurden, eine Einlage für den Leihnehmer zu errichten, der davon wiederum eher in Form von Schecks als in Form von Bargeld abheben würde, so konnten auch solche «neugeschaffenen Einlagen» oder Anleihen ausreichend gedeckt werden, wenn man nur Reserven für einen Teil ihres Wertes einbehielt. Solche neugeschaffenen Einlagen waren ebenfalls eine Geldschöpfung aus dem Nichts, auch wenn es Banker normalerweise ablehnten, ihre Vorgehensweise, sei es bei der Notenausgabe, sei es bei Verleihen von Einlagen, in solchen Begriffen auszudrücken. William Patterson erhielt 1694 in der Gründungsurkunde der Bank von England die Erlaubnis, mit den Geldern zu operieren, die er aus der Piraterie erworben hatte, und bestimmte: «Der Bank stehen Zinsen für alle Gelder, die sie aus dem Nichts kreiert, zu.» Das wiederholte auch Sir Edward Holden, der Gründer der Midland Bank, am 18. Dezember 1907. Dieses Prinzip ist heute allgemein akzeptiert.

Die organisatorische Struktur dafür, Zahlungsmittel aus dem Nichts zu kreieren, die wir als Kredit bezeichnen, wurde nicht von England erfunden, aber wurde von ihm so weiterentwickelt, dass daraus eine seiner Hauptwaffen beim Sieg über Napoleon 1815 wurde. Der Kaiser, der letzte große Merkantilist, konnte Geld nur in konkreten Begriffen denken. Er war überzeugt davon, dass seine Anstrengungen, Kriege mit einer «harten Währung» zu führen, indem er die Kreierung von Krediten vermied, ihm letztendlich den Sieg durch den Bankrott Englands eintragen würde. Er lag falsch, wobei diese Lektion von modernen Finanziers im 20. Jahrhundert noch einmal neu gelernt werden musste.

Großbritanniens Sieg über Napoleon wurde außerdem von zwei wirtschaftlichen Neuentwicklungen unterstützt: von der Revolution in der Landwirtschaft, die dort bereits um 1720 festen Fuß gefasst hatte, und von der industriellen Revolution, die 1776, als James Watt seine Dampfmaschine patentierte, bereits ebenso fest etabliert war. Die industrielle Revolution ist ebenso sehr missverstanden worden wie die Revolution im Kreditwesen, und zwar sowohl damals als auch seitdem und bis heute. Das ist insofern ein Unglück, als beide auch im 20. Jahrhundert sowohl für hochentwickelte als auch für unterentwickelte Länder ihre große Bedeutung besitzen. Die industrielle Revolution wurde von einigen Nebenumständen begleitet, wie dem Wachstum der Städte als Folge des Fabriksystems, dem starken Anwachsen eines Angebots an unausgebildeten Arbeitskräften (dem Proletariat), der Reduzierung der Arbeitskraft auf den Charakter einer Ware im Markt und der

Verlagerung der Eigentümerschaft an Werkzeugen und Ausrüstungsgütern von denen, die mit ihnen arbeiteten, auf eine neu entstehende soziale Klasse von Unternehmern. Keiner dieser Züge kennzeichnet das Wesen des Industrialismus, das eigentlich im Einsatz nicht lebender Kraftquellen im Produktionsprozess besteht. Diese Anwendung, symbolisiert durch Dampfmaschine und Wasserrad, führte auf lange Sicht dazu, die Bedeutung unausgebildeter Arbeiter und die Verwendung menschlicher oder tierischer Energie im Produktionsprozess zurückzudrängen (durch Automation). Sie führte auf lange Sicht auch dazu, den Produktionsprozess wieder aus den Städten zu verlagern, und sie tat das, indem der eigentlich treibende, wesentliche Zug des Systems, der Einsatz von Energie aus anderen Quellen als der von lebenden Körpern, immer weiter intensiviert wurde.

In diesem fortlaufenden Prozess verschaffte der frühe Eintritt ins industrielle Stadium Großbritannien sehr große Profite. Diese flossen mit den Profiten zusammen, die früher im Handelskapitalismus angesammelt worden waren, und mit Profiten, die der Anstieg des Wertes von Grund und Boden in neuen Städten und Minenanlagen mit sich brachte, und führten dazu, dass Englands frühe industrielle Unternehmungen großenteils selbst finanziert oder zumindest lokal finanziert wurden. Sie waren als Eigentümerunternehmen und zum Teil in Form von Partnerschaften organisiert. Sie stützten sich für kurzfristige Anleihen zwar auf lokale Depositenbanken, hatten aber nur wenig mit internationalen Bankern, Investmentbanken, Regierungen oder korporativen Formen der Geschäftsorganisation zu tun.

Dieses frühe Stadium des Industriekapitalismus dauerte in England von ungefähr 1770 bis 1850. Es hatte ähnliche Züge in Belgien und auch Frankreich, nahm aber in den Vereinigten Staaten, Deutschland und Italien davon ziemlich abweichende und in Russland oder Asien vollkommen andere Formen an. Der Hauptgrund dieser Unterschiede lag in der Notwendigkeit, Mittel aufzutun (Kapital), mit denen das neue Arrangement der Produktionsfaktoren (Land, Arbeit, Rohstoffe, Fähigkeiten, Ausrüstung usw.), das der Industrialismus verlangte, bezahlt werden konnte. Nordwesteuropa und insbesondere England verfügten über große Ersparnisse für solche neuen Unternehmungen. Mitteleuropa und Nordamerika hatten schon viel weniger davon, während sich in Ost- und Südeuropa nur sehr geringe Mittel in privaten Händen befanden.

Je schwieriger es für eine Region war, Kapital für die Industrialisierung aufzutreiben, umso bedeutsamer wurde die Rolle von Investmentbankern und von Regierungen im industriellen Prozess. Tatsächlich verbreiteten sich die frühen Formen des Industrialismus, die auf Textilien, Eisen, Kohle und Dampf beruhten, so langsam von England aus nach Europa, dass England selbst bereits zum nächsten Stadium, dem Finanzkapitalismus, überging, als Deutschland und die Vereinigten Staaten (um 1850) erst damit begannen, sich zu industrialisieren. Dieses neue Stadium, der Finanzkapitalismus, der in England, Frankreich und den Vereinigten Staaten noch um 1930 herrschend war, wurde durch die gewaltigen Mengen von Kapitalaufwendungen, die für den Eisenbahnbau nach 1830 gebraucht wurden, nötig. Das Kapital, das für die Eisenbahnen mit ihren enormen Aufwendungen an Schienen und Maschinen benötigt wurde, konnte nicht von einzelnen Eigentümern, Partnerschaften oder lokal aufgebracht werden. Es verlangte nach einer neuen Form der Unternehmung – der Aktiengesellschaft mit ihrer Einschränkung der Haftung – und nach neuen Finanzquellen –die jetzt von jenen Investmentbankern verschafft wurden, die bis dahin ihre Aufmerksamkeit fast nur dem internationalen Auflegen von Regierungsanleihen gewidmet hatten. Die Ausrüstungsbedürfnisse des Eisenbahnbaus führten dazu, dass diese Entwicklung dann fast unmittelbar auch auf die Stahlindustrie und den Kohlebergbau übergriff.

Der Finanzkapitalismus (1850–1931)
Das dritte Stadium des Kapitalismus ist von einer so überwältigenden Bedeutung in der Geschichte des 20. Jahrhunderts und seine Verästelungen und Einflüsse waren so verdeckt und sogar okkult, dass entschuldigt werden möge, wenn wir seinen Organisationsformen und seinen Methoden beträchtliche Aufmerksamkeit widmen. Was es im Kern leistete, war, die früheren, schlecht organisierten und lokalen Formen des Umgangs mit Geld und Kredit in einem integrierten System auf internationaler Basis zu organisieren. Dieses System funktionierte mit unglaublicher Gewandtheit wohlgeölt über viele Jahrzehnte hinweg. Sein Zentrum lag in London, wichtige Nebenzentren waren New York und Paris. Als größte Errungenschaft hinterließ es ein vernetztes Bankensystem und eine hochkapitalisierte – inzwischen allerdings weitgehend obsolet gewordene – Struktur der Schwerindustrie, zum Beispiel in Form von Eisenbahnnetzen, Stahlwerken, Kohlebergwerken und Elektrizitätswerken.

Dieses System hatte aus vier Gründen sein Zentrum in London. Der erste bestand in der großen Menge an Ersparnissen in England, die auf Englands frühen Erfolgen in Handelskapitalismus und Industriekapitalismus beruhten. Der zweite bestand in Englands oligarchischer Sozialstruktur (wie sie besonders deutlich wird in der starken Konzentration des Landbesitzes und dem begrenzten Zugang zu Bildungsmöglichkeiten), die für eine sehr ungleiche Einkommensverteilung sorgte, wobei eine kleine, energische Oberschicht sehr große Überschüsse unter ihre Kontrolle brachte. Der dritte Grund lag darin, dass diese Oberschicht zwar aristokratisch, aber kein bloßer Geburtsadel war, sondern eher auf Traditionen als auf Geburtsrechten beruhte. Sie zeigte ziemlich viel Bereitschaft, sowohl Geld als auch Fähigkeiten aus den niederen Rängen der Gesellschaft und auch von außerhalb Englands zu rekrutieren. Sie hieß amerikanische Erbinnen und mitteleuropäische Juden fast ebenso willkommen in ihren Reihen wie vermögende, fähige und anpassungsbereite Rekruten aus den unteren Schichten der englischen Gesellschaft selbst, die Mangel an Bildungsmöglichkeiten, Provinzialismus und nonkonformistischer (das heißt nichtanglikanischer) religiöser Hintergrund sonst normalerweise von den Privilegien der Aristokratie ausschlossen. Der vierte, aber keineswegs unwichtigste Grund lag in den Fähigkeiten finanzieller Manipulation insbesondere auf der internationalen Szene, die sich die kleine Gruppe Londoner Handelsbankiers (Merchant Bankers) in den Zeitaltern des Handels- und Industriekapitalismus angeeignet hatte und die bereit lagen, als das Bedürfnis nach finanzkapitalistischen Innovationen drängend wurde.

Die Handelsbankiers von London kontrollierten von 1810 bis 1850 bereits die Börse, die Bank von England und den Londoner Geldmarkt. Die Bedürfnisse der voranschreitenden Industrialisierung riefen alle diese Institutionen in die industrielle Welt, die sie bis dahin ignoriert hatten. Mit der Zeit verwoben diese Banker in ihr finanzielles Netz auch die Bankenzentren der Provinzen, die als Handelsbanken und Sparkassen organisiert wurden, und ebenso die Versicherungsgesellschaften. All das formten sie zu einem einzigen finanziellen System in internationalem Maßstab, wobei Menge und Fließgeschwindigkeit des Geldes so manipuliert wurden, dass es möglich wurde, die Regierungen auf der einen und die Industrien auf der anderen Seite zu beeinflussen oder sogar zu kontrollieren. Die Männer, die das vollbrachten, blickten in das Zeitalter der dynastischen Monarchien, in dem sie ihre eigenen Wurzeln hatten, zurück und hatten den Ehrgeiz, Dynastien internationaler Banker zu errichten. Darin hatten sie keinen geringeren Erfolg als viele der dynastischen politischen Herrscher. Die größte dieser Dynastien war die der Nachkommen Meyer Amschel Rothschilds (1743–1812) aus Frankfurt, dessen männliche Nachkommen zumindest in den nächsten zwei Generationen Kusinen ersten Grades oder sogar Nichten heirateten. Rothschilds fünf Söhne, die neben Frankfurt als Familienhauptsitz Filialen in Wien, London, Neapel und Paris hatten, arbeiteten in einer Weise zusammen, die andere Bankendynastien zwar nachahmten, aber wohl niemals übertrafen.

Wenn wir unser Hauptaugenmerk auch auf die finanziellen oder wirtschaftlichen Aktivitäten der internationalen Banker richten müssen, dürfen wir doch andere ihrer Attribute nicht gänzlich übersehen. Besonders in den späteren Generationen waren sie eher kosmopolitisch als nationalistisch ausgerichtet; sie bildeten beständig einen Einfluss, der für den Frieden arbeitete, wenn sich dieser Zug auch mit der Zeit abschwächte. Das war ein Muster, das sich um 1830 und 1840 herausbildete, als die Rothschilds ihren ganzen gewaltigen Einfluss erfolgreich gegen europäische Kriege geltend machten. Sie waren in der Regel hoch kultivierte Ehrenmänner, Schutzherren der Künste und von Bildungsinstitutionen, so dass heute Colleges, Lehrstühle, Opernhäuser, Konzertsäle, Bibliotheken und Museen an ihre Freigiebigkeit erinnern. Zu diesen Zwecken gründeten sie ein Netzwerk von wohlausgestatteten Stiftungen, die oftmals noch heute bestehen.

Die Namen so mancher dieser Bankiersfamilien sind uns wohlvertraut oder sollten es zumindest sein. Dazu gehören Baring, Lazard, Erlanger, Warburg, Schröder, Seligman, die Speyers, Mirabaud, Mallet, Fould und, als die bedeutendsten, Rothschild und Morgan. Auch nachdem diese Bankiersfamilien beim Aufkommen des Finanzkapitalismus stark in einheimische Industrien involviert wurden, unterschieden sie sich doch weiterhin in wichtigen

Merkmalen von gewöhnlichen Bankern: 1) waren sie kosmopolitisch und international ausgerichtet; 2) standen sie den Regierungen nahe und beschäftigten sich besonders mit allen Fragen von Staatsschulden, auch Schulden ausländischer Staaten, und zwar sogar in Regionen, die auf den ersten Blick allzu riskant erscheinen mussten, etwa Ägypten, Persien, der osmanischen Türkei, China und Lateinamerika; 3) waren ihre Interessen fast ausschließlich in Wertpapieren und kaum in Gütern angelegt, weil sie «Liquidität» bevorzugten und Verbindlichkeiten in Form von Waren oder sogar Landbesitz als ersten Schritt in Richtung Bankrott betrachteten; 4) waren sie, ebendeshalb, fanatische Anhänger der Deflation (die sie wegen ihrer Assoziation mit hohen Zinssätzen und einem hohen Geldwert als «solides» Geld bezeichneten) und ebenso des Goldstandards, der in ihren Augen ihre Werte symbolisierte und sicherstellte; und 5) hatten sie alle eine ähnliche große Neigung zur Geheimhaltung und zu geheimer finanzieller Einflussnahme auf das politische Leben. Diese Banker wurden mit der Zeit «internationale Banker» genannt. Spezieller waren sie in England als «Handelsbankiers» (Merchant Bankers), in Frankreich als «Privatbankiers» und in den Vereinigten Staaten als «Investmentbanker» bekannt. In allen Ländern gingen sie verschiedenen Formen von Finanz- und Devisentransaktionen nach, blieben aber überall markant unterschieden von anderen, offener sichtbaren Banken wie den Sparkassen oder den Geschäftsbanken.

Ein weniger offensichtliches Charakteristikum von ihnen war es, dass ihre Banken private, nicht als Aktiengesellschaften eingetragene Firmen, gewöhnlicherweise Partnerschaften, blieben. Bis vor kurzem gaben sie keine Aktien aus, veröffentlichten keine Jahresberichte und betrieben keine öffentliche Werbung. Dieser riskante Status, der sie von der Haftungsbeschränkung ausnahm, wurde in den meisten Fällen beibehalten, bis die modernen Erbschaftssteuern sie zwangen, diesen Familienreichtum mit der Unsterblichkeit eines Körperschaftsstatus zu sichern und dadurch Steuern zu vermeiden. Die Form der Privatfirma wurde beibehalten, weil sie diesen Personen, die einen sehr großen öffentlichen Einfluss hatten, ein Maximum an Anonymität und Geheimhaltung verschaffte. Eine öffentliche Einsicht in ihre Aktivitäten fürchteten sie als ein beinahe ebenso großes Übel wie Inflation. Infolgedessen konnten gewöhnliche Menschen den Reichtum oder die Operationsfelder solcher Firmen nicht kennen und hatten oft nur eine vage Vorstellung, wer dazugehörte. Deshalb bringen viele, darunter oft auch Menschen von beträchtlicher politischer Einsicht, die Namen von Walter Burns, Clinton Dawkins, Edward Grenfell, Willard Straight, Thomas Lamont, Dwight Morrow, Nelson Perkins, Russell Leffingwell, Elihu Root, John W. Davis, John Foster Dulles und S. Parker Gilbert nicht mit den Namen «Morgan» in Verbindung, obwohl alle diese und noch viele andere Teile jenes Einflusssystems darstellten, das sein Zentrum im Büro von J.P. Morgan in Wall Street 23 hatte. Diese Firma, wie auch andere aus der internationalen Brüderschaft der Banker, handelte dauernd mithilfe von Konzernen und Regierungen, blieb aber selbst ein obskures privates Partnerunternehmen, bis zum Zeitpunkt, als der Finanzkapitalismus nach einer Phase des Siechtums auf dem Totenbett schließlich zu

Grabe getragen wurde. J. P. Morgan and Company, 1838 in London gegründet als George Peabody and Company, war bis zum 21. März 1940 keine Aktiengesellschaft und hörte als selbständige Einheit am 24. April 1959 zu bestehen auf, als sie mit ihrer wichtigsten angeschlossenen Handelsbank, Guaranty Trust Company, fusionierte. Ihre Londoner Schwesterfirma, Morgan Grenfell, wurde 1934 zu einer Aktiengesellschaft und besteht unverändert fort.

Der Einfluss des Finanzkapitalismus und der internationalen Banker, die ihn kreiert hatten, erstreckte sich ebenso auf die Geschäftswelt wie auf die Regierungen. Das wäre nicht möglich gewesen, wenn er nicht beide hätte überreden können, zwei «Axiome» seiner Ideologie zu übernehmen. Diese waren beide verbunden mit der Annahme, dass Politiker zu schwach und zu sehr dem Druck der Schwankungen der öffentlichen Meinung unterworfen seien, als dass man ihnen die Kontrolle des Geldsystems anvertrauen dürfe. Deshalb müsse man die Heiligkeit der obersten Werte und die Solidität des Geldes auf zwei Arten schützen: einerseits indem der Geldwert auf Gold basiert wurde, andererseits indem den Bankern anvertraut wurde, die Geldmenge zu kontrollieren. Um das zu erreichen, war es notwendig, sowohl die Regierungen als auch die Völker über die Natur des Geldes und seine Verwendungsweisen im Unklaren zu lassen oder sogar zu täuschen.

Beispielsweise nannten die Banker den Prozess der Etablierung eines Geldsystems, das auf Goldreserven basiert, «Stabilisierung» und implizierten, dass damit als eine unmittelbare Folge gleichzeitig Stabilisierung der Devisenkurse und Stabilisierung der Preise einhergingen. In Wirklichkeit konnte damit nur eine Stabilisierung der Devisenkurse erreicht werden, während ihr Einfluss auf die Preise davon ziemlich unabhängig und zufällig war und sogar destabilisierend wirken konnte (durch die gewöhnliche Tendenz dieser Maßnahme, die Preise nach unten zu drücken, indem die Geldversorgung limitiert wurde). Als Folge davon waren viele Personen im 20. Jahrhundert, sogar Finanziers und Ökonomen selbst, überrascht, als sie entdeckten, dass der Goldstandard zwar stabile Austauschverhältnisse, aber unstabile Preise mit sich brachte. Er hatte allerdings schon über weite Teile des 19. Jahrhunderts zu einer ähnlichen, wenn auch damals weniger krassen Situation beigetragen.

Die Währungen stabilisierten sich mittels des Goldstandards in ihrem Verhältnis zueinander, weil in verschiedenen Ländern per Gesetz die Währungseinheit einer bestimmten Quantität an Gold gleichgesetzt wurde und zwei Währungen zu diesem gesetzlich garantierten Satz ineinander umgetauscht werden konnten. In der Zeit vor 1914 wurde die Währung in verschiedenen Ländern wie folgt festgesetzt:

Großbritannien:	77s. 10½ d. entsprechen einer Standardunze (11/12 reines Gold)
In den Vereinigten Staaten:	20,67 Dollar entsprechen einer Feinunze (12/12 reines Gold)
In Frankreich:	3.447,74 Franc entsprechen einem Kilogramm Feingold
In Deutschland:	2.790 Mark entsprechen einem Kilogramm Feingold

Diese Relationen wurden durch gesetzliche Erfordernis abgesichert; danach konnte jeder ihnen entsprechend Gold, Goldmünzen oder Geldscheine (Zertifikate) zum Schatzamt (oder anderen bezeichneten Orten) bringen und jedes davon als Zahlungsmittel in beliebiger Höhe und ohne Gebühr in jedes andere umwechseln. Dadurch hatte bei einem voll durchgeführten Goldstandard das Gold eine einzigartige Stellung: es war gleichzeitig Geld und reeller Reichtum. In der Sphäre des Geldes wurde der Wert aller anderen Geldsorten in Gold ausgedrückt: und in der Sphäre des Realreichtums wurde der Wert aller anderen Güter in Gold als Geld ausgedrückt. Wenn wir die Beziehung zwischen Gütern und Geld als eine Wippe betrachten, in der beide die verschiedenen Enden bildeten, so dass der Wert des einen anstieg, wenn der Wert des anderen sank, dann müssen wir das Gold als das Scharnier dieser Wippe betrachten, auf dem diese Beziehung balanciert, das aber selbst nicht mit hoch oder herunter ging.

Da es unmöglich ist, die Geschichte des 20. Jahrhunderts ohne die Rolle, die das Geld in der Innen- wie Außenpolitik gespielt hat, und andererseits diejenige, welche die Banker im wirtschaftlichen und politischen Leben gespielt haben, zu verstehen, müssen wir auf jedes dieser vier Felder wenigstens einen kurzen Blick werfen.

Finanzpraktiken im eigenen Land
In allen Ländern nahm die Versorgung mit Geld die Form einer auf der Spitze stehenden Pyramide oder eines Kegels, der auf seiner Spitze balancierte, an. Der Punkt der Spitze ganz unten entsprach den Goldreserven und den ihnen entsprechenden Zertifikaten; in den mittleren Etagen befanden sich sehr viel größere Mengen an Banknoten; ganz oben, mit einer offenen, weiter ausdehnungsfähigen Oberfläche, eine noch sehr viel größere Menge an Giralgeld. Jede Ebene nutzte die darunter liegende Ebene als ihre Reserve und da die jeweils tiefer liegenden Ebenen geringere Quantitäten an Geld beherbergten, waren sie «solider». Jeder, der Ansprüche auf der mittleren oder oberen Ebene hatte, konnte sein Vertrauen in diese Ansprüche erhöhen, wenn er sie auf eine niedrigere Ebene verlagerte, wobei natürlich das Volumen der Reserven völlig unzulänglich gewesen wäre, wenn jeder oder eine beträchtliche Anzahl von Menschen das zu gleicher Zeit zu tun versuchte. Geldscheine wurden von «Emissionsbanken» oder «Notenbanken» ausgegeben und von Goldreserven oder von Zertifikaten, die in den Tresoren dieser Banken oder in einem zentralen Reservedepot lagerten, abgesichert. Der Prozentsatz einer solchen Notenausgabe, der als Reserve gehalten wurde, hing von Gewohnheit, Bankregulierungen (inklusive der Verfassung einer Bank) oder von gesetztem Recht ab. Früher gab es viele solcher Banken, die Geld emittierten, aber diese Funktion wird jetzt im Allgemeinen nur noch einigen oder sogar nur einer «Zentralbank» in jedem Land zugestanden. Solche Banken, auch die Zentralbanken, waren Privatbanken, die Aktionären gehörten, die von ihren Operationen profitierten. In der Zeit von 1914 bis 1939 wurden in den Vereinigten Staaten die Noten der Federal Reserve zu 40% von Goldzertifikaten

abgedeckt. Das wurde 1945 auf 25% herabgesetzt. Die Bank von England gab nach einem Erlass von 1928 Noten bis zu 250 Mio. Pfd. ohne Deckung heraus; für alles darüber galt eine Golddeckung von 100%. Die Bank von Frankreich setzte im selben Jahr den Satz, zu dem ihre Noten gedeckt waren, auf 35% fest. Diese Vorschriften konnten jedoch im Notfall, also beispielsweise im Krieg, beiseite geschoben oder geändert werden.

Einlagen auf der obersten Ebene der Pyramide wurden mit der typischen Zweideutigkeit der Banker mit diesem einen Wort benannt, trotz der Tatsache, dass damit zwei vollkommen verschiedene Dinge gemeint waren: 1) «hinterlegte Einlagen», die reelle Ansprüche darstellten, die ein Depositär in einer Bank eingelagert hatte und auf die der Depositär Zinsen erhielt, weil es sich um Schulden der Bank diesem Depositär gegenüber handelte, und 2) «erschaffene Einlagen», die Ansprüche darstellten, welche die Bank aus dem Nichts als Anleihen an Kunden geschaffen hatte. Diese mussten der Bank dafür Zinsen zahlen, da es sich um Schulden ihrerseits gegenüber der Bank handelte. In beiden Fällen konnte man natürlich Schecks für Zahlungen an Drittparteien auf solche Einlagen ziehen, weshalb beide unter gleicher Bezeichnung liefen und Teile der Geldmenge bildeten. Einbezahlte Einlagen wirken als Ersparnisse deflationär, erschaffene Einlagen als zusätzlich kreierte Geldmenge dagegen inflationär. Das Volumen der Letzteren hängt von einer Reihe von Faktoren ab, deren wichtigste der Zinssatz und die Nachfrage nach solchen Krediten darstellen. Beide bilden einen sehr bedeutsamen Teil der Gesamtgeldmenge einer Währungsgemeinschaft, da ein großer Teil dieses Volumens in einer avancierten wirtschaftlichen Formation in Schecks besteht, die auf solche Einlagen gezogen werden. Wie viel an Einlagen Banken jeweils erschaffen können, hängt ebenso wie die Menge an Noten, die sie ausgeben können, davon ab, wie viel sie zur Verfügung halten müssen, um jene Ansprüche zu befriedigen, die als Bargeld eingefordert werden, anstatt sie als Einlagen zu verbuchen. Das kann durch Gesetze geregelt sein, aber auch durch interne Regeln der Banken oder auch nur aus jeweiligen Gewohnheiten heraus. In den Vereinigten Staaten war die Höhe von Buchgeld gewöhnlich begrenzt auf das Zehnfache der Bargeld- und Goldreserven. In Großbritannien war es eher das Zwanzigfache. In allen Ländern waren die Nachfrage danach und das Volumen solcher Kredite in Zeiten eines Aufschwungs höher und bei einer Depression geringer. Das erklärt zu einem beträchtlichen Ausmaß den inflationären Aspekt einer Depression. Die Kombination von beidem führt dann zu den sogenannten Konjunkturzyklen.

Im Laufe des 19. Jahrhunderts entstand, im Zuge der vollen Etablierung des Goldstandards und des modernen Bankensystems, um die fluktuierende, auf der Spitze stehende Pyramide der Geldmenge, ein Strahlenkranz einer Vielzahl von Finanzinstituten, der die Konstellation eines Sonnensystems annahm; in der Mitte war eine Zentralbank, die von Finanzinstitutionen als Satelliten umkreist wurde. In den meisten Ländern war die Zentralbank eng umgeben von den fast unsichtbaren privaten Investmentbanken. Ähnlich wie der Planet Merkur waren auch sie wegen des blendenden Glanzes, der von der Zentralbank ausstrahlte, kaum zu sehen, obwohl sie die Zentralbank in Wirklichkeit oftmals dominierten. Nur einem scharfen Beobachter konnten die engen *Privatverbindungen* zwischen diesen privaten internationalen Bankern und der Zentralbank selbst nicht entgehen. In Frankreich zum Beispiel wurde der Vorstand der Zentralbank 1936, als sie reformiert wurde, immer noch von Namen derselben Familien beherrscht, die sie ursprünglich 1800 gegründet hatten. Dazu kamen dann noch einige jüngere Namensträger wie etwa Rothschild (der 1819 dazukam). In einigen Fällen konnte man die Namen nicht sofort erkennen, weil es die von Schwiegersöhnen und nicht von Söhnen waren. Jedenfalls waren 1914 die Namen ziemlich dieselben wie ein Jahrhundert zuvor, häufig solche von Protestanten schweizerischer Herkunft (die im 18. Jahrhundert nach Frankreich gekommen waren) und von Juden deutscher Herkunft (die im 19. Jahrhundert gekommen waren).

In England existierte eine ähnliche Situation, so dass noch in der Mitte des 20. Jahrhunderts die Mitglieder des Vorstands der Bank von England hauptsächlich Mitglieder der alten Merchant-Banking-Firmen waren wie Baring Brothers, Morgan Grenfell, Lazard Brothers und andere.

In einer Sekundärposition außerhalb des engsten Kreises befinden sich die Geschäftsbanken, in England auch «Joint Stock Banken» genannt, auf dem Kontinent häufig bekannt als Depositenbanken. Dazu gehören solch bekannte Namen wie die Midland Bank, die Lloyd´s Bank und Barclays Bank in England, die National City Bank in den USA, Crédit Lyonnais in Frankreich und die Darmstädter Bank in Deutschland.

Außerhalb dieses zweiten Rings gibt es eine dritte, mehr peripherische, Ansammlung von Institutionen, die nur über wenig finanzielle Macht verfügen, aber die bedeutsame Funktion haben, Mittel von der Öffentlichkeit zu mobilisieren. Dazu gehört eine große Bandbreite an Sparkassen, Versicherungen und Treuhandgesellschaften.

Die Arrangements sind je nach Ort sehr verschieden, und zwar insbesondere deshalb, weil die Aufteilung der Bankenfunktionen und Machtmittel in unterschiedlichen Ländern unterschiedlich gehandhabt wird. In Frankreich und England haben die Privatbankiers ihre Macht über die Zentralbank ausgeübt und hatten mehr Einfluss auf die Außenpolitik und die Regierungsgeschäfte als auf die einheimische Industrie, weil in diesen beiden Ländern im Unterschied zu Deutschland, Italien, den Vereinigten Staaten und Russland die privaten Ersparnisse so hoch waren, dass es der Industrie in der Regel möglich war, ihren Finanzbedarf ohne Rekurs auf Banken oder Regierungen zu decken. In den Vereinigten Staaten wurde ein Großteil der Industrie von den Investmentbankern finanziert, deren Macht sowohl in Bezug auf die Industrie als auch die Regierung beträchtlich war. Dagegen wurde die Zentralbank (die New Yorker Federal Reserve Bank) erst spät (1913) gegründet und erst noch später wirklich einflussreich (zu einer Zeit, als der Finanzkapitalismus von der Bühne abtrat). In Deutschland wurde die Industriefinanzierung von den Diskontobanken übernommen, während die Zentralbank vor 1914 kaum eine Bedeutung hatte. In Russland beherrschte die Rolle der Regierung das wirtschaftliche Leben, während die Situation in Italien rückständig und kompliziert war.

Wir haben gesagt, dass zwei der fünf Faktoren, die den Geldwert bestimmen (und damit das Preisniveau der Güter), das Angebot an und die Nachfrage nach Geld sind. Die Geldmenge (das heißt das Angebot an Geld) war in den meisten Ländern in den letzten Jahrhunderten kein Gegenstand einer zentralisierten, voll rechenschaftspflichtigen Kontrolle. Stattdessen gab es eine Reihe von Kontrollmechanismen, von denen einige von den Bankern, einige von der Regierung, manche jedoch von keinem der beiden beeinflusst werden konnten. Auf diese Art waren die verschiedenen Ebenen der Geldpyramide nur lose miteinander verknüpft. Darüber hing die Lockerheit dieser Mechanismen damit zusammen, dass die Regulierungen in deflationärer Hinsicht verbindlich, in inflationärer Hinsicht aber nur fakultativ waren.

Diesen letzten Punkt kann man daran sehen, dass das Angebot an Gold in einem Währungsgebiet zwar reduziert, aber kaum erhöht werden konnte. Wenn in einem System, bei dem Gesetz und Gewohnheit 10% Reserven auf jeder Ebene vorsahen, der Pyramidenspitze eine Goldunze hinzugefügt wurde, so *ermöglichte* das einen Anstieg von Giralgeld, der auf der allerhöchsten Ebene 2.067,00 Dollar entsprach. Wenn dagegen eine solche Unze Gold aus einer voll expandierten Geldpyramide zurückgezogen wurde, so *erzwang* das eine Reduktion der Depositen um mindestens diesen Betrag, was am ehesten durch eine Weigerung zur Erneuerung von Krediten geschah.

In der neueren Geschichte hatte der Goldstandard in der Regel eine deflationierende Wirkung, weil die natürliche Gewinnung von Gold, von sehr ungewöhnlichen Perioden abgesehen, nicht mit der Vermehrung des Güterausstoßes Schritt halten konnte. Nur zusätzliche Mengen an Gold, die Aussetzung des Goldstandards zu Kriegszeiten und die Entwicklung neuer Arten von Geld (wie Banknoten und Schecks), welche die unmittelbare Verwendung von Gold ersparen, haben unsere Zivilisation in den letzten Jahrhunderten vor einer beständigen Preisdeflation gerettet. Zwei lange Perioden einer solchen Deflation dauerten von 1818–1850 und von 1872 bis etwa 1897. Die drei sie flankierenden Inflationsperioden (1790–1817, 1850–1872, 1897–1921) hatten als Ursachen 1) die Kriege der Französischen Revolution und Napoleons, als die meisten Länder die Golddeckung ihrer Währungen außer Kraft setzten; 2) die neuen Goldfunde in Kalifornien und Alaska 1849–1850, denen eine Serie von Kriegen folgte; dazu gehörten der Krimkrieg 1854–1856, der Krieg zwischen Österreich und Frankreich 1859, der amerikanische Bürgerkrieg 1861–1865, der preußisch-österreichische Krieg von 1866 und der preußisch-französische von 1870, und auch noch der russisch-türkische Krieg 1877; und 3) die Goldfunde am Klondike und in Transvaal in den späten neunziger Jahren des 19. Jahrhunderts, ergänzt von der neuen Methode der Goldraffinierung mithilfe von Zyanid (etwa 1897), gefolgt von den Kriegen, die vom spanisch-amerikanischen Krieg von 1898 bis 1899, dem Burenkrieg 1899–1902, dem russisch-japanischen Krieg 1904–1905, bis zu der fast ununterbrochenen Serie von Kriegen im Jahrzehnt von 1911 bis 1921 reicht. Jede dieser drei großen Epochen von Kriegen endete mit einer extremen deflationären Krise (1819, 1873, 1921), als die Geldmacht mithilfe ihren Einflusses die Regierungen dazu überredete, wieder eine deflationäre Währungseinheit mit hoher Golddeckung einzuführen.

Die Versessenheit der Geldmacht auf Deflation war, wie gesagt, teilweise eine Folge dessen, dass ihre Aufmerksamkeit mehr dem Geld als Sachgütern galt. Sie beruhte aber auch auf anderen Faktoren, von denen einer paradox war. Das Paradox rührte daher, dass zwar die wirtschaftlichen Grundkonditionen des 19. Jahrhunderts deflationär waren, indem das Geldsystem auf dem Gold basierte und das industrielle System immer größere Mengen an Gütern produzierte, dass aber trotz der fallenden Preise (und der damit verbundenen Erhöhung des Geldwertes) der Zinssatz dazu tendierte, eher zu fallen als zu steigen. Das kam daher, dass die relativ begrenzte Geldversorgung der Geschäftswelt im Finanzsektor nicht reflektiert wurde. Dort hatten exzessive Profite sehr große Mittel für Anleihen verfügbar gemacht. Darüber hinaus hielten die alten Traditionen des *merchant banking* im Finanzkapitalismus noch bis zu seinem Ende 1931 an. Diese Traditionen legten mehr Wert auf Schuldverschreibungen als auf (Aktien-)Anteile, favorisierten eher Regierungsanleihen als solche von Privaten und schauten eher nach Auslands- als nach einheimischen Investitionen aus. Bis 1825 waren fast die gesamten Wertpapiere an der Londoner Börse Regierungsanleihen. 1843 machten solche, gewöhnlich ausländische Anleihen 80% der registrierten Wertpapiere aus und 1875 immer noch 68%. Die Geldmittel, die für solche Anleihen zur Verfügung standen, waren so groß, dass es im 19. Jahrhundert manchmal zu Ausschreitungen von Subskribenten kam, die nach Möglichkeiten suchten, solche neuaufgelegten Wertpapiere zu kaufen; auch Angebote von fernen Orten und obskuren Aktivitäten fanden sehr bereitwillige Käufer. Der Überschuss an Ersparnissen führte zu einem Verfall der Kosten fürs Geldleihen. So fiel der Zinssatz für englische Regierungsanleihen von 4,42% 1820 auf 3,11% 1850 und 2,76% 1900. Das lenkte die Ersparnisse ins Ausland, wo sie nach Regierungspapieren und festverzinslichen Anlagen Ausschau hielten. All das trug dazu bei, die Versessenheit der Merchant Banker auf Einfluss bei den Regierungen und auf Deflation (die Geldwert und Zinssatz zu erhöhen pflegte) nur noch zu verstärken.

Ein anderes Paradox rührte daher, dass die Banker, die doch die Deflation liebten, in ihrem Eifer, Geld für Zinsen zu verleihen, oftmals inflationstreibend handelten. Da sie aus Ausleihungen Geld verdienen, sind sie erpicht darauf, das Quantum ihrer Kredite ständig aufzustocken. Aber das erzeugt Inflation. Der Konflikt zwischen den deflationären Vorstellungen und der inflationären Praxis der Banker hatte tiefgehende Rückwirkungen auf die Geschäftswelt. Die Banker gaben Firmen in einem solchen Ausmaß Anleihen, dass das Geldvolumen schneller wuchs als der Güterausstoß. Daraus resultierte Inflation. Sobald das offen zutage trat, flohen die Banker in Noten oder Metalle, beschnitten den Kredit und erhöhten den Diskontsatz. Kurzfristig war das für die Banker zwar einträglich (weil es ihnen erlaubte, Pfandverwertungen vorzunehmen), langfristig konnte es aber desaströs sein (indem es den Wert dieser Pfänder unter die Höhe der Kredite, für die sie standen, drückte). Für Geschäftswelt und Industrie war diese Deflation der Banker sowohl kurz- als auch langfristig desaströs.

Die daraus resultierende Fluktuation in der Geldversorgung besonders beim Buchgeld war ein wichtiger Aspekt des «Konjunkturzyklus». Die Geldmenge konnte verändert werden, indem man die Reservehinterlegung oder den Diskont-(das heißt Zins-)satz änderte. In den Vereinigten Staaten beispielsweise wurde eine Obergrenze an Giralgeldkonten festgelegt, indem von Mitgliedsbanken des Federal Reserve verlangt wurde, einen bestimmten Prozentsatz von ihrem Giralgeld als Reserve bei der Federal Reserve Bank aufzubewahren. Dieser Prozentsatz (der meist von 7 bis 26% reicht) variiert je nach Lokalität und Entscheidungen der Vorstandsmitglieder des Federal Reserve Systems.

Die Möglichkeit der Zentralbanken zur Änderung der zirkulierenden Geldmenge besteht normalerweise entweder in «Offenmarktoperationen» oder indem sie die Diskontsätze der untergeordneten Banken beeinflusst. In Offenmarktoperationen kauft oder verkauft eine Zentralbank Regierungsanleihen am Markt. Wenn sie kauft, injiziert sie der Wirtschaft Geld; wenn sie verkauft, verringert sie die Geldmenge innerhalb des Währungsgebietes. Diese Veränderung ist größer als der Kaufpreis für die Wertpapiere. Wenn beispielsweise die Federal Reserve Bank Regierungspapiere auf dem offenen Markt kauft, zahlt sie dafür mit einem Scheck, der bald auf einer Bank deponiert wird. Auf diese Weise erhöht sie die Reserven dieser Bank bei der Federal Reserve Bank. Da Banken die Erlaubnis haben, Kredite zu einem bestimmten Vielfachen ihrer Reserven bei der Federal Reserve Bank auszugeben, ermöglicht ihnen eine solche Transaktion, viel mehr Kredite ausgeben zu können.

Zentralbanken können die Geldmenge auch regulieren, indem sie die Kreditpolitik der Banken beeinflussen. Dafür gibt es mehrere Methoden, wie die Veränderung des Rediskontierungssatzes oder die Veränderung der Bestimmungen über Mindestreserven. Mit der Veränderung des Rediskontierungssatzes meinen wir den Zinssatz, welchen die Zentralbanken untergeordneten Banken, die sich bei ihnen refinanzieren, für Kredite abverlangen, die von Schuldverschreibungen oder anderen Wertpapieren abgesichert werden, welche diese untergeordneten Banken als Sicherheit für ihrerseits erteilte Kredite entgegengenommen haben. Indem sie den Rediskontierungssatz erhöht, *zwingt* die Zentralbank die untergeordneten Banken, ihre eigenen Diskontsätze zu erhöhen, um noch profitabel wirtschaften zu können; eine solche Erhöhung der Diskontsätze führt normalerweise dazu, dass die Nachfrage nach Krediten sinkt und dementsprechend das Volumen der Buchgeldmenge. Das Heruntersetzen des Rediskontierungssatzes *kann* zu dem umgekehrten Ergebnis führen.

Die Veränderung der Mindestreservebestimmungen als eine Methode, durch die Zentralbanken die Kreditpolitiken anderer Banken beeinflussen können, ist nur in Territorien (wie den Vereinigten Staaten) möglich, in denen gesetzmäßige Vorschriften für Reserven existieren. Wenn man die Bestimmungen für die Haltung von Reserven heraufsetzt, so wird damit die Fähigkeit der untergeordneten Banken zur Kreditgewährung eingeschränkt, während eine Herabsetzung diese Fähigkeiten ausweitet.

Man muss bemerken, dass die Kontrolle der Zentralbank über die Kreditpolitiken der lokalen Banken in der einen Richtung eine Kann-Form hat, während sie in der anderen Richtung zwingend ist. Sie kann diese lokalen Banken zwingen, ihre Kreditausgabe einzuschränken, sie kann es ihnen aber nur ermöglichen, sie auszuweiten. Das bedeutet, dass sie eine Kontrollmacht gegenüber Inflation, aber keine gegenüber Deflation hat – ein Spiegel der alten Bankeridee, dass Inflation schlecht und Deflation gut ist.

Die Machtbefugnisse der Regierungen über die Geldmenge sind von verschiedener Art. Sie beinhalten: a) die Kontrolle über die Zentralbank, b) die Kontrolle über die Besteuerung und c) die Kontrolle über die öffentlichen Ausgaben. Die Kontrolle der Regierungen über die Zentralbanken unterscheidet sich von einem zu einem anderen Land sehr stark, ist aber insgesamt gewachsen. Da die meisten Zentralbanken technisch gesehen private Institutionen gewesen sind, basiert diese Kontrolle häufig eher auf Gewohnheit als auf Gesetzen. Die Einflussnahme auf die Geldmenge, die Regierungen via Zentralbanken ausüben können, wird durch jene regulären Bankoperationen ausgeübt, welche wir erörtert haben. Weitgehend unabhängig von irgendeiner Kontrolle der Banken sind die Möglichkeiten der Regierung für die Geldmengenregulierung in ihrem Währungsgebiet mittels Besteuerung und öffentlichen Ausgaben. Besteuerung tendiert dazu, die Geldmenge in einem Staat herabzusetzen, sie wirkt also normalerweise deflationierend; Regierungsausgaben tendieren dazu, die Geldmenge im Staat zu erhöhen und wirken also normalerweise inflationierend. Die Gesamtauswirkung einer Regierungspolitik wird davon abhängen, welcher von beiden Faktoren bedeutender ist. Ein unausgeglichener Haushalt wirkt inflationierend, ein Haushaltsüberschuss dagegen deflationierend.

Eine Regierung kann die Geldmenge innerhalb ihres Staatsgebietes auch durch andere, drastischere Methoden verändern. Indem sie die Golddeckung einer Währungseinheit ändert, kann sie die Geldmenge noch in einem viel höheren Maße verändern. Wenn beispielsweise die Golddeckung des Dollars halbiert wird, kann die Menge der Goldzertifikate verdoppelt werden und die Menge der Banknoten und Einlagen sich um ein Vielfaches erhöhen, je nach den Mindestreserveanforderungen, die in der jeweiligen Währungsgemeinschaft üblich sind. Darüber hinaus kann eine Regierung den Goldstandard auch ganz verlassen, das heißt, sie weigert sich, Zertifikate und Banknoten in Gold umzuwandeln. Dann kann man die Menge an Banknoten und Buch-/Giralgeld ins Unendliche erhöhen, weil sie jetzt nicht mehr länger durch begrenzte Mengen von Goldreserven limitiert werden.

Bei den verschiedenen Handlungen, mit denen die Geldmenge vermehrt oder vermindert wird, sind Regierungen, Banker und Industrielle nicht immer Hand in Hand gegangen. Insgesamt waren bis 1931 die Banker – und zwar insbesondere die Geldmacht, die von den internationalen Investmentbankern kontrolliert wurde – fähig, sowohl die Geschäftswelt als auch die Regierung zu beherrschen. Ihre Dominanz über die Geschäftswelt bestand besonders in jenen Bereichen und Aktivitäten, wo die Industrie selbst ihre Kapitalbedürfnisse nicht befriedigen konnte und dadurch die Investmentbanker die Möglichkeiten hatten, die Versorgung beziehungsweise Nichtversorgung mit solchem Kapital zu steuern. Auf diese Art kamen die Rothschilds in eine Position, in der sie viele europäische Eisenbahnlinien dominierten, während Morgan wenigstens 26.000 Meilen amerikanischer Eisenbahnstrecken kontrollierte. Diese Bankiers gingen aber noch weiter. Als Ausgleich für die Ausgabe von Industrieanleihen übernahmen sie Sitze in den Aufsichtsräten von industriellen Unternehmen, so wie sie es bereits bei den Geschäftsbanken, Sparkassen, Versicherungen und Finanzierungsgesellschaften gemacht hatten. Von diesen untergeordneten Gesellschaften aus leiteten sie Kapital zu den Gesellschaften, die ihnen Kontrollrechte einräumten, und von solchen weg, die sie ihnen verweigerten. Die Firmen wurden durch übergreifende Direktorensitze, Holdinggesellschaften[2] und untergeordnete Banken kontrolliert. Sie deichselten Fusionen und wirkten im Allgemeinen darauf hin, den Wettbewerb einzuschränken. Das führte dazu, dass im frühen 20.Jahrhundert viele Felder wirtschaftlicher Aktivität so weit monopolisiert waren, dass die nicht mehr vom Wettbewerb kontrollierten Preise bis zu dem Punkt über die Kosten erhoben werden konnten, wo man Profite erzielen konnte, die ausreichten, um sich selbst zu finanzieren und sich damit der Kontrolle der Banker wieder zu entziehen. Aber bevor es dazu kam, hatte eine relativ kleine Gruppe von Bankern im europäischen und amerikanischen Wirtschaftsleben eine Stellung enormen Einflusses inne. Schon 1909 sagte Walter Rathenau, der es wissen musste (weil er von seinem Vater die Kontrolle über die deutsche Allgemeine Elektrizitätsgesellschaft geerbt hatte und in Dutzenden von Aufsichtsräten saß): «Dreihundert Männer, die sich gegenseitig kennen, bestimmen über das wirtschaftliche Schicksal Europas und wählen ihre Nachfolger aus ihren eigenen Reihen.»

Die Macht der Investmentbanker über die Regierungen beruht auf einer Reihe von Faktoren. Der wichtigste davon ist der Bedarf der Regierungen an der Platzierung von sowohl kurzfristigen Schatzwechseln als auch langfristigen Regierungsanleihen. So wie Geschäftsleute zu Geschäftsbanken gehen, um Kapitalvorschüsse zu erhalten, um damit das Missverhältnis zwischen ihren schubweisen und unregelmäßigen Einkommensquellen und ihren festen und gleichmäßigen Ausgaben (wie monatliche Mieten, jährliche Hypothekenabzahlungen und wöchentliche Löhne) zu glätten, so muss eine Regierung zu Investmentbankern (oder von ihnen kontrollierten Einrichtungen) gehen, um die durch ungleichmäßige Steuereinnahmen entstehenden Löcher wieder zu

---

2   Für Deutschland müsste man hier von Aufsichtsratsmandaten, für die Schweiz von Verwaltungsratssitzen sprechen.

stopfen. Als Experten für Regierungsanleihen haben die internationalen Banker nicht nur für die notwendigen Zuflüsse gesorgt, sondern haben auch Regierungsmitgliedern als Berater gedient und haben zu verschiedenen Zeiten eigene Leute in Staatsämter gehievt, um spezielle Probleme zu traktieren. Das ist noch heute ein so weit herum akzeptiertes Verfahren, dass 1961 ein republikanischer Investmentbanker Finanzminister in einer demokratischen Regierung in Washington wurde, ohne dass das von irgendeiner Seite sonderlich kommentiert worden wäre.

Selbstverständlich war der Einfluss von Bankern auf die Regierungen während des Zeitalters des Finanzkapitalismus (etwa von 1850 bis 1931) nichts, worüber man frei gesprochen hätte, aber er wurde doch, insbesondere in England, oft genug von Insidern erwähnt. 1852 erklärte Gladstone, der damals Schatzkanzler war: «Das entscheidende Scharnier der ganzen Situation war das: die Regierung durfte in finanziellen Angelegenheiten keine bedeutende Macht sein, sondern musste die Geldmacht souverän und unbestritten belassen.» Am 26. September 1921 schrieb *The Financial Times*: «Ein halbes Dutzend Männer an der Spitze der fünf großen Banken könnte die gesamte Situation der Regierungsfinanzen außer Kontrolle bringen, wenn sie davon abstehen würden, die Schatzwechsel zu erneuern.» 1924 erklärte Sir Drummond Fraser, der Vizepräsident des Institute of Bankers: «Der Gouverneur der Bank von England muss der Alleinherrscher sein, der darüber bestimmt, zu welchen Bedingungen die Regierung Geld leihen kann.»

Zusätzlich zu jener Macht über die Regierungen, die auf deren Finanzierung und auf persönlichem Einfluss beruhte, hatten die Banker noch weitere Druckmittel, um Regierungen zu beeinflussen und zu lenken. Da die meisten Regierungsmitglieder sich für unwissend in finanziellen Angelegenheiten hielten, suchten sie Rat bei den Bankern, die sie für Experten auf diesem Feld hielten. Die Geschichte des letzten Jahrhunderts zeigt, wie wir später sehen werden, dass die Ratschläge, die Banker den Regierungen erteilten, ebenso wie jene für die Industriellen, zwar für die Banker selbst immer vorteilhaft, aber für Regierungen, Geschäftsleute und Öffentlichkeit oftmals sehr schädlich waren. Solche Ratschläge konnten nötigenfalls auch durch die Manipulation der Devisenkurse, Goldflüsse, Diskontsätze und sogar die Steuerung der Konjunktur durchgedrückt werden. Auf diese Art kontrollierte Morgan die zweite Administration Clevelands durch Zurückziehen von Gold, während 1936–1938 Manipulatoren des französischen Wechselkurses die Volksfrontregierung paralysierten. Wie wir sehen werden, erreichte die Macht dieser internationalen Banker ihren Höhepunkt im letzten Jahrzehnt ihrer Vorherrschaft, 1919–1931, als Montagu Norman und J.P. Morgan nicht nur die Finanzwelt beherrschten, sondern auch die internationalen Beziehungen und noch weitere Handlungsfelder. Am 11. November 1927 nannte das *Wall Street Journal* Norman den «Währungsdiktator Europas». Das wurde von Norman selbst vor dem Vorstand der Bank am 21. März 1930 zugegeben und fünf Tage später auch vor dem Macmillan-Komitee des House of Commons. Bei einer Gelegenheit, kurz bevor der internationale Finanzkapitalismus mit voller Geschwindigkeit auf den Felsen auflief, der ihn zum Sinken brachte, soll Norman sogar gesagt haben: «Ich halte die Hegemonie der Welt in meinen Händen.» Zu der Zeit sprachen manche Engländer von «der zweiten norman(ni)schen Eroberung Englands», was eine Anspielung darauf enthielt, dass Normans Bruder Chef der British Broadcasting Corporation (BBC) war. Man muss noch hinzufügen, dass Gouverneur Norman bei wesentlichen Weltproblemen selten handelte, ohne sich vorher mit Repräsentanten von J.P. Morgan beraten zu haben. Als Folge davon war er einer der reisefreudigsten Männer seiner Zeit.

Dieser Interessenskonflikt zwischen Bankern und Industriellen hat in den meisten europäischen Ländern (nach 1931) schließlich zur Unterordnung der Ersteren entweder unter die Letzteren oder unter die Regierung geführt. Diese Unterordnung wurde durch «unorthodoxe finanzielle Politiken» herbeigeführt – das heißt durch Finanzpolitiken, die nicht im Einklang mit den kurzfristigen Interessen der Banker waren. Dieser Wechsel, der zur Unterordnung der Banker führte, spiegelte eine grundlegende Entwicklung in der modernen Wirtschaftsgeschichte wider – eine Entwicklung, die man als Wandel vom Finanz- zum Monopolkapitalismus bezeichnen könnte. Er geschah am frühesten in Deutschland und war dort schon 1926 weit fortgeschritten. In Großbritannien erfolgte er nach 1931 und in Italien erst 1934. In Frankreich hat dieser Wandel überhaupt nicht in einem bedeutenden Ausmaß stattgefunden und das erklärt in einem beträchtlichen Maße die wirtschaftliche Schwäche Frankreichs von 1938 bis 1940.

Internationale Finanzpraktiken
Die finanziellen Prinzipien, welche die Beziehungen zwischen verschiedenen Ländern prägen, sind eine Erweiterung derjenigen, die im jeweils eigenen Land zur Anwendung kommen. Wenn Güter zwischen Ländern ausgetauscht werden, muss dafür entweder mit Waren oder mit Gold bezahlt werden. Sie können nicht einfach mit den Banknoten, Zertifikaten oder Schecks des Käuferlandes bezahlt werden, da diese nur im Ausgabeland ihren Wert besitzen. Um zu vermeiden, dass mit jedem Kauf zugleich Gold verschifft werden müsste, werden Wechsel ausgestellt. Das sind Ansprüche an eine Person in einem anderen Land, die einer Person im gleichen Land verkauft werden. Diese letztere Person wird einen solchen Anspruch kaufen, wenn sie zugleich einen Anspruch befriedigen will, den eine Person in dem anderen Land gegen sie ausstehen hat. Sie kann diesen Anspruch befriedigen, indem sie ihrem Gläubiger in dem anderen Land den erworbenen Anspruch gegen eine Drittperson dort zukommen lässt. Zur Befriedigung des Anspruches gegen ihn überlässt sie ihrem Gläubiger diesen Anspruch gegenüber einem Dritten. Anstatt dass Importeure aus einem Land den Exporteuren aus einem anderen Geld schicken, zahlen Importeure im einen Land ihre Schulden an Exporteure im gleichen Land, und ihre Gläubiger im anderen Land erhalten die Bezahlung für die Güter, die sie exportiert haben, durch Importeure ihres eigenen Landes. So werden die Zahlungen für Güter im internationalen Handel bewerkstelligt, indem eine einfache Transaktion, die zwei Personen einschließt,

in eine doppelte, die vier Personen einschließt, verwandelt wird. Oftmals involviert die Bezahlung sogar eine Vielzahl von Transaktionen, häufig sogar in mehreren Ländern. Diese Transaktionen finden im sogenannten Devisenmarkt statt. Ein Güterexporteur verkauft Wechsel auf diesem Markt und erhält dafür Geld in der Währungseinheit seines eigenen Landes. Ein Importeur kauft solche Wechsel, um sie seinem Gläubiger zu schicken, und wirft damit Währung aus seinem Land auf den Markt. Weil die auf jedem Devisenmarkt erhältlichen Wechsel in den Währungseinheiten vieler verschiedener Länder gezogen werden, entstehen Relationen zwischen der Geldmenge, die in der Landeswährung erhältlich ist (und dort von Importeuren eingespeist wird), und der Anzahl von Wechseln in anderen Währungen, die von Exporteuren in den Markt gelangen. Angebot und Nachfrage nach Wechseln (oder Geld) eines jeweiligen Landes im Verhältnis zu Angebot und Nachfrage nach der eigenen Landeswährung auf dem Devisenmarkt bestimmten den Wert der Währung eines fremden Landes zu der des eigenen. Diese Werte konnten fluktuieren – sehr stark unter Ländern, die sich nicht nach dem Goldstandard richteten, nur wenig (wie wir sehen werden) bei solchen, die Golddeckung garantierten.

Unter normalen Bedingungen dient ein Devisenmarkt dazu, Güter und Dienstleistungen von Fremden ohne irgendwelche Verschiffungen von Geld (Gold) bezahlen zu können. Er dient auch als Regulator des internationalen Handels. Falls die Importe irgendeines Landes beständig seine Exporte in ein anderes Land übertreffen, so kommen viele Importeure auf den Markt, die einheimisches Geld für Wechsel auf die Währung ihres ausländischen Gläubigers anbieten. Damit kommt es zu einem wachsenden Angebot an Geld in Landeswährung und zu einer wachsenden Nachfrage nach dieser fremden Währung. Infolgedessen müssen dann die Importeure mehr ihres inländischen Geldes für diese ausländischen Wechsel anbieten und der Wert des eigenen Geldes sinkt, der des fremden dagegen steigt im Devisenmarkt an. Dieser Anstieg (oder Fall) kann in Relation zum fixierten Goldkurs in Begriffen von «Pari» (das genaue Golddeckungs-Äquivalent der beiden Währungen) gemessen werden.

Wenn der Wert der einheimischen Währung in Relation zu irgendeiner Fremdwährung unter Pari fällt, so werden einheimische Exporteure ihre Verkäufe in dieses Land erhöhen, weil sie die Wechsel, die sie von dort als Bezahlung erhalten, mit Gewinn werden verkaufen und damit ihre Profite erhöhen können. Ein Importüberschuss verringert den Devisenwert der Währung des importierenden Landes und wird deshalb irgendwann zu einer Erhöhung der Exporte führen, die mehr Fremdwährungswechsel in den Devisenmarkt bringen und dazu führen werden, das Austauschverhältnis der Währungen wieder Richtung Pari zu bringen. Solch eine Wiederherstellung der Parität im Wechselkurs spiegelt eine Wiederherstellung der Balance in den wechselseitigen internationalen Verbindlichkeiten und das wiederum spiegelt ein wiederhergestelltes Gleichgewicht im Austausch von Gütern und Dienstleistungen zwischen den beiden Ländern. Das bedeutet, dass unter normalen Umständen ein Handelsungleichgewicht die Bedingungen für den Handel erzeugt, die dann dazu führen, dass das Gleichgewicht wieder hergestellt wird.

Wenn Länder sich nicht nach dem Goldstandard richten, kann dieses Wechselkursungleichgewicht (das heißt, der Wertverlust der einen Währung in Relation zu der anderen) bis zu sehr weiten Schwankungen gehen. Es geht bis zu dem Grad, der notwendig ist, um das Handelsgleichgewicht wiederherzustellen, indem Importeure dazu ermutigt werden, im anderen Land zu kaufen, weil dessen Währung so tief steht, dass die Güterpreise in diesem Land für Importeure aus dem anderen Land unwiderstehlich werden.

Wenn sich aber Länder nach dem Goldstandard richten, so ist das Ergebnis ein anderes. In diesem Fall wird der Wert einer Währung niemals unter die Größe fallen, die den Kosten für die Verschiffung von Gold zwischen den beiden Ländern entspricht. Ein Importeur, der seinen Handelspartner im anderen Land bezahlen möchte, wird nicht unbegrenzt mehr und mehr seiner eigenen Währung für die Fremdwährungswechsel anbieten. Er wird den Preis dafür nur bis zu dem Punkt bezahlen, an dem es für ihn billiger wird, Gold bei einer Bank zu kaufen und die Kosten für Verschiffung und Versicherung dafür auf seinem Wege zum Gläubiger zu bezahlen. Das führt dazu, dass beim Goldstandard die Wechselkurse nicht sehr weit schwanken, sondern sich nur zwischen zwei Punkten hin- und herbewegen, die nur unwesentlich über (Goldexportwert) beziehungsweise unter (Goldimportwert) Parität (legales Goldverhältnis der beiden Währungen) liegen.

Da die Kosten für Verpackung, Verschiffung und Versicherung von Gold etwa 0,5% seines Wertes betrugen, waren der Goldexport- beziehungsweise der Goldimportwert ungefähr um diesen Betrag über beziehungsweise unter Parität. Im Falle des Dollar-Pfund-Kurses: als dessen Parität 1 Pfd. = 4,866 Dollar war, lag der Goldexportwert etwa bei 4,885 Dollar und der Goldimportwert etwa bei 4,845 Dollar. Also:

Goldexportwert	4,885 Dollar	(Überschussnachfrage nach Wechseln durch Importeure),
Parität	4,866 Dollar,	
Goldimportwert	4,845 Dollar	(Überschussangebot von Wechseln durch Exporteure).

Wir haben die Situation vereinfacht beschrieben. In der Praxis wird sie durch mehrere Faktoren verkompliziert. Darunter befinden sich die folgenden: 1) Mittelsmänner kaufen und verkaufen Devisen für gegenwärtige oder zukünftige Lieferung aus Spekulationsgründen; 2) das totale Angebot an Fremdwährungen auf dem Markt hängt von viel mehr ab als nur dem internationalen Warenaustausch. Es hängt von der Gesamtsumme aller internationalen Zahlungen ab, wie Zinsen, Bezahlung von Dienstleistungen, Tourismusausgaben, geliehenen Geldern, Verkauf von Wertpapieren, Überweisungen von Auswanderern usw.; 3) das Gesamtgleichgewicht zwischen den

Wechselkursen hängt von der Gesamtheit der Beziehungen aller Länder ab, nicht nur von der zwischen zwei.

Der Goldfluss von Land zu Land als Folge eines unausgeglichenen Handels tendiert dazu, eine Lage hervorzubringen, die diesem Fluss entgegenwirkt. Wenn ein Land mehr exportiert als importiert, so dass Gold fließt, um die Differenz auszugleichen, wird dieses Gold zur Grundlage für eine Ausweitung der Geldmenge und das wird in dem Land einen Preisanstieg verursachen, der ausreichend ist, um die Exporte zu verringern und die Importe zu steigern. Gleichzeitig wird in dem Land, aus dem das Gold ausfließt, die Geldmenge verringert und das wird zu einem Fallen der Preise in diesem Land führen. Diese Veränderungen der Preise werden zu Veränderungen im Güterfluss führen, wegen der ja offensichtlichen Tatsache, dass Güter dazu tendieren, in Hochpreisregionen einzufließen, und aufhören, in Niedrigpreisregionen zu fließen. Diese Veränderungen im Fluss der Güter werden dem ursprünglichen Handelsungleichgewicht, das zu den Goldflüssen führte, entgegenwirken. Als Folge davon wird dann der Goldfluss aufhören und es wird sich wieder ein internationales Handelsgleichgewicht mit leicht verschobenen Preisniveaus herausbilden. Der ganze Prozess illustriert die Abhängigkeit der internen Preisstabilität von der Stabilität der Wechselkursverhältnisse. Es war diese Abhängigkeit, aus der nach 1931 die meisten Ländern ausbrachen. Dieser Ausbruch zeigte sich an a) der wenigstens teilweisen Abschaffung des Goldstandards, b) den Bemühungen zur Kontrolle der inneren Preise und c) den Devisenkontrollen. All das geschah aus dem Bedürfnis heraus, die Wirtschaft von den beschränkenden Einflüssen eines aufs Gold ausgerichteten Finanzsystems zu befreien.

Dieser staunenswerte automatische Zahlungsmechanismus stellt eines der großartigsten sozialen Werkzeuge dar, die der Mensch jemals ersonnen hat. Er erfordert aber für sein effektives Funktionieren eine sehr spezifische Gruppe von Bedingungen, die, wie wir zeigen werden, um 1900 am Verschwinden waren und als Resultat der wirtschaftlichen Veränderungen, die durch den Ersten Weltkrieg hervorgebracht wurden, großenteils hinweggewischt wurden. Aufgrund dieser Veränderungen war es unmöglich, das Finanzsystem, das vor 1914 bestanden hatte, wieder herzustellen. Es gab zwar Bemühungen in Richtung seiner Wiederherstellung, die sogar mit sehr viel Entschiedenheit unternommen wurden, aber spätestens 1933 war ihr Scheitern offenkundig geworden und alle größeren Länder sahen sich gezwungen, den Goldstandard und den Wechselkursautomatismus aufzugeben.

Wenn der Goldstandard abgeschafft wird, fließt das Gold zwischen Ländern wie jede andere Ware hin und her und die Wechselkurse (die nicht mehr länger ans Gold gebunden sind) können sehr viel stärker schwanken. In der Theorie kann ein Ungleichgewicht internationaler Zahlungen entweder durch eine Veränderung der Wechselkursrate oder durch eine Veränderung der einheimischen Preisniveaus ausgeglichen werden. Beim Goldstandard wird der Ausgleich mittels Veränderungen im Wechselkurs nur zwischen den Goldbewertungen hervorgebracht. Wenn das Ungleichgewicht so groß wird, dass die Wechselkurse auf Raten jenseits der Goldkurse durchbrechen würden, dann findet der Ausgleich durch Veränderungen der internen Preisniveaus statt. Das rührt von der Tatsache her, dass Gold an den Goldwertraten zu- oder abfließt, anstatt dass die Wechselkurse die fixierten Goldwertraten überschreiten. Wenn jedoch eine Währung den Goldstandard verlässt, so ist das Schwanken der Wechselkurse nicht durch irgendeine Marge begrenzt, sondern kann in jeder Richtung bis ins Unendliche gehen. In einem solchen Fall wird das Ungleichgewicht der internationalen Zahlungen im Wesentlichen durch eine Veränderung der Wechselkurse, dagegen nur wenig durch Veränderungen der internen Preisniveaus ausgeglichen. Im Zeitraum von 1929 bis 1936 verließen die Länder der Welt den Goldstandard, weil sie ihren internationalen Austausch lieber durch das Mittel schwankender Wechselkurse als durch schwankende Preisniveaus ausgleichen wollten. Sie fürchteten die Letzteren, weil sich verändernde (besonders fallende) Preise zur Abschwächung der Konjunktur und zu Umschichtungen beim Einsatz wirtschaftlicher Ressourcen (wie Arbeit, Land und Kapital) aus einem Feld in ein anderes führen konnten.

Wie die Wiedererrichtung eines Gleichgewichts internationaler Zahlungen funktioniert, wenn eine Währung den Goldstandard verlassen hat, mag man aus einem Beispiel ersehen. Wenn zum Beispiel der Wert des Pfund Sterling auf 4,00 oder 3,00 Dollar fällt, so werden Amerikaner in England einkaufen, weil die englischen Preise billig für sie sind. Dagegen werden Engländer nur zögerlich in Amerika einkaufen, weil sie so viel für amerikanisches Geld bezahlen müssen. Das wird dazu dienen, den ursprünglichen amerikanischen Exportüberschuss nach England zu korrigieren. Dieser war die Ursache für das große Angebot an Pfund Sterling gewesen, das dessen Wert bis auf 3,00 Dollar abgesenkt hatte. Eine solche Entwertung des Außenwertes einer Währung muss schließlich als Resultat der steigenden Nachfrage nach den Gütern dieses Landes wieder zu einem Preisanstieg im Inneren führen.

Die Situation vor 1914

Der Schlüssel zum Verständnis der Weltsituation vor 1914 liegt in der beherrschenden Position Großbritanniens. Diese Position war mehr real als sichtbar. Auf vielen Feldern (etwa dem der Seemacht oder dem finanziellen) war die Überlegenheit Großbritanniens so gewaltig, dass sie fast niemals von ihm deklariert oder von anderen ausdrücklich anerkannt werden musste. Sie wurde von beiden Seiten stillschweigend vorausgesetzt. Als unbeschränkter Herrscher auf diesen Feldern konnte es sich Großbritannien erlauben, ein wohlwollender Herrscher zu sein. Seiner selbst und seiner Stellung sicher, konnte es sich mit der Substanz ohne die Form begnügen. Wenn andere seine Dominanz als Realität akzeptierten, so war es bereit, ihnen Autonomie und Unabhängigkeit im rechtlichen Status zu belassen.

Diese Überlegenheit Großbritanniens war nicht allein ein Ergebnis des 19. Jahrhunderts. Ihre Ursprünge gehen ins 16. Jahrhundert zurück – in die Zeit, in der durch die Entdeckung Amerikas der Atlantik das Mittelmeer als

Haupthandelsroute und wichtigsten Pfad zum Reichtum ablöste. Im Atlantik war Großbritanniens Stellung einzigartig, nicht nur wegen seiner westlich vorgeschobenen Lage, sondern mehr noch, weil es eine Insel war. Dieses Letztere gab ihm die Möglichkeit, Europa sich in internem Gerangel verzehren zu lassen, während es selbst frei dafür blieb, die neuen Welten jenseits des Meeres auszubeuten. Auf dieser Grundlage hatte Großbritannien eine überlegene Kriegsflotte aufgebaut, die es um 1900 zum Beherrscher der Meere machte. Dazu kam sein Vorrang auch in der Handelsschifffahrt, die ihm die Kontrolle über die Welttransportwege gab und es zum Besitzer von 39% der hochseetauglichen Schiffe in der Welt machte (das Dreifache seines nächsten Rivalen).

Zu ihrer Überlegenheit in diesen Sphären, die es schon vor 1815 erworben hatte, fügte Großbritannien nach 1815 neue Sphären der Dominanz hinzu – Folgen seines frühen Durchbruchs zur industriellen Revolution. Diese wirkte sich sowohl auf Transport- und Kommunikationsmittel wie auch auf die industrielle Produktion aus. Im ersten Bereich gab sie der Welt die Eisenbahnen und das Dampfschiff; im zweiten gab sie ihr den Telegrafen, das Kabel und das Telefon; im dritten schuf sie das Fabriksystem.

Die industrielle Revolution existierte in Großbritannien schon fast zwei Generationen, bevor sie sich anderswohin ausbreitete. Sie führte zu einer großen Steigerung im Ausstoß von Fabrikwaren und zu einer großen Nachfrage nach Rohstoffen und Nahrungsmitteln; sie brachte auch einen großen Anstieg an Reichtum und Ersparnissen. Als Resultat der ersten beiden Folgen und der verbesserten Transportmethoden entwickelte Großbritannien ein Welthandelsnetz, dessen Zentrum es selbst war und das hauptsächlich aus dem Export von Fabrikwaren und dem Import von Rohstoffen und Nahrungsmitteln bestand. Zur gleichen Zeit flossen die Ersparnisse Englands nach Nordamerika, Südamerika und Asien und waren in diesen Gebieten dazu bestimmt, den Ausstoß an Rohstoffen und Nahrungsmitteln zu erhöhen. 1914 waren diese Kapitalexporte so weit gewachsen, dass sie größer waren als die Auslandsinvestitionen aller anderen Länder zusammengenommen. 1914 betrugen die britischen Investitionen in Übersee etwa 20 Mrd. Dollar (oder etwa ein Viertel des britischen Nationalvermögens, aus dem etwa ein Zehntel des nationalen Gesamteinkommens kam). Die französischen Auslandsinvestitionen betrugen zur selben Zeit etwa 9 Mrd. Dollar (oder ein Sechstel des französischen Nationalvermögens, die 6% zum Nationaleinkommen beitrugen), während Deutschland etwa 5 Mrd. Dollar Überseeinvestitionen hatte (ein Fünfzehntel des Nationalvermögens, mit 3% beitragend zum Nationaleinkommen). Die Vereinigten Staaten waren damals ein Schuldner in großem Maßstab.

Die beherrschende Stellung Großbritanniens in der Welt von 1913 war, wie ich gesagt habe, mehr real als sichtbar. In allen Teilen der Welt schliefen die Menschen sicherer, arbeiteten produktiver und lebten erfüllter, weil Großbritannien existierte. Britische Kriegsschiffe im Indischen Ozean und im Fernen Osten unterdrückten Sklavenhändler, Piraten und Kopfjäger. Kleine Staaten wie Portugal, die Niederlande und Belgien konnten unter dem Schutz der britischen Marine ihre Überseebesitzungen behalten. Sogar die Vereinigten Staaten blieben, ohne es zu merken, sicher und hielten unter dem Schutz der britischen Marine die Monroe-Doktrin aufrecht. Kleine Nationen bewahrten ihre Unabhängigkeit in den Freiräumen, die zwischen den Großmächten bestehen blieben, die wiederum durch die abwartende Balance-of-Power-Politik des Foreign Office in einem unsicheren Gleichgewicht gehalten wurden. Die meisten der Weltwarenmärkte, selbst für Waren wie Baumwolle, Gummi und Zinn, die es selbst nicht in größeren Mengen herstellte, befanden sich in England. Der Weltpreis wurde dort in Auktionen von fähigen Spezialhändlern festgelegt. Wenn ein Mensch aus Peru einem Menschen in Afghanistan Geld schicken wollte, so fand die eigentliche Zahlung höchstwahrscheinlich durch eine Umbuchung in London statt. Das englische parlamentarische System und manche Aspekte des englischen Justizsystems, wie die Herrschaft des Rechts, wurden in allen Teilen der Welt, so gut es ging, nachgeahmt.

Der Profitabilität des Kapitals außerhalb von Großbritannien – die als Tatsache die Ursache für den großen Kapitalexport darstellte – wurde durch eine vergleichbare Profitabilität der Arbeit ergänzt. Das führte dazu, dass der Kapitalfluss aus Großbritannien und Europa von einem Fluss von Personen begleitet war. Beides diente dazu, außereuropäische Gebiete nach einem modifizierten europäischen Muster aufzubauen. Im Export von Menschen war Großbritannien ebenso deutlich Erster wie im Export von Kapital (über 20 Millionen Menschen emigrierten aus dem Vereinigten Königreich im Zeitraum von 1815 bis 1938). Als Folge von beidem wurde Großbritannien ebenso zum Zentrum der Weltfinanzströme wie des Welthandels. Das System internationaler finanzieller Beziehungen, das wir früher beschrieben haben, war gegründet auf dem System von industriellen, kommerziellen und Kreditbeziehungen, das wir gerade beschrieben haben. Das Erstere verlangte deshalb als Grundlage seiner Existenz eine sehr spezifische Reihe von Umständen, von der man nicht erwarten konnte, dass sie für immer fortbestehen würde. Außerdem verlangte es eine Reihe von zweitrangigen Charakteristika, die ebenfalls nicht dauerhaft waren. Dazu gehörten die folgenden: 1) alle beteiligten Länder mussten vollständig den Goldstandard einhalten; 2) Freiheit gegenüber privater oder öffentlicher Einflussnahme auf die einheimische Wirtschaft jedes Landes musste gewährleistet sein; das heißt, die Preise mussten in Übereinstimmung mit Angebot und Nachfrage nach sowohl Gütern als auch Geld schwanken können; 3) es musste ein freier Fluss internationalen Handels gewährleistet sein, damit sowohl Güter als auch Geld ohne Behinderung in diejenigen Gebiete gelangen könnten, wo sie ihren jeweilig größten Wert hatten; 4) die internationale Finanzwirtschaft musste um ein Zentrum mit einigen Unterzentren herum organisiert sein, so dass internationale Ansprüche gegeneinander in irgendeiner Clearingstelle aufgerechnet werden und dadurch die Goldflüsse auf ein Minimum reduziert werden könnten; 5) der Fluss von Gütern und Geldmitteln in internationalen Angelegenheiten musste von wirtschaftlichen Faktoren bestimmt werden und durfte nicht politischen, psychologischen oder ideologischen Einflüssen unterworfen sein.

Diese Vorbedingungen, die das internationale Finanz- und Handelssystem vor 1914 so ideal funktionieren ließen, hatten sich um 1890 zu ändern begonnen. Die grundlegenden wirtschaftlichen und kommerziellen Bedingungen änderten sich zuerst und waren schon um 1910 merkbar modifiziert; die Gruppe sekundärer Charakteristiken des Systems wurden durch die Ereignisse des Ersten Weltkrieges geändert. Als Folge davon ist das System des frühen internationalen Finanzkapitalismus heute nur noch eine verblasste Erinnerung. Man stelle sich eine Zeit ohne Pass und Visum vor und fast ohne Restriktionen, was Einwanderung oder Zölle angeht. Gewiss hatte das System auch manche nebensächlichen Schattenseiten, aber sie waren wirklich nebensächlich. Sozialisiert, wenn nicht sogar sozial, und zivilisiert, wenn nicht sogar kultiviert, erlaubte das System den Individuen, frei zu atmen und ihre individuellen Talente auf eine Art zu entfalten, die vorher unbekannt war und seitdem in Gefahr ist.

Die Vereinigten Staaten bis 1917

Wie sich die antike Kultur von den Griechen aus, die sie geschaffen hatten, nach Westen zu den Römern verbreitete, wo sie übernommen und verändert wurde, so breitete sich auch die europäische Kultur nach Westen in die Neue Welt aus, wo sie sich tief veränderte, aber doch in ihrer Grundlage europäisch blieb. Die zentrale Tatsache der amerikanischen Geschichte besteht darin, dass es Menschen europäischen Ursprungs und europäischer Kultur waren, die die unermesslich reiche Wildnis zwischen Atlantik und Pazifik in Besitz nahmen und darauf tätig wurden. In diesem Prozess wurde die Wildnis Stück für Stück in Besitz genommen und urbar gemacht: von den Küstenstreifen zum Vorgebirge, dann zu den Wäldern jenseits der Appalachen, den Prärien jenseits des Mississippi, der pazifischen Küste und zuletzt noch die großen Ebenen. Um 1900 war die Zeit der Inbesitznahme, die 1607 begonnen hatte, beendet, aber die Ära der Entwicklung ging auf eher intensiver als extensiver Grundlage weiter. Dieser Übergang von der extensiven zu einer intensiven Entwicklung, der häufig als das «Verschwinden der Grenze» bezeichnet wurde, verlangte eine Neuausrichtung des sozialen Verständnisses und Verhaltens. Bei dieser Neuausrichtung ging es um den Übergang von einer weitgehend individualistischen zu einer mehr kooperativen Grundhaltung, von einer Betonung physischer Stärke zu einer Betonung weniger leicht fasslicher Talente wie Organisationsfähigkeiten, wissenschaftliche Ausbildung und intellektuelle Beweglichkeit, mit denen die neu in Besitz genommenen Gebiete mit einer dichter zusammengedrängten Bevölkerung, die einen höheren Lebensstandard hervorbrachte und mehr Freizeitaktivitäten nutzte, gefüllt werden konnten.

Die Fähigkeit der Amerikaner, diese Neuausrichtung ihres sozialen Verständnisses und Verhaltens am Ende der Zeit der sich verschiebenden Grenze zu leisten, wurde durch eine Reihe von Faktoren aus ihrer früheren historischen Erfahrung behindert. Darunter erwähnen wir das Wachstum des Regionalismus, vergangene politische und verfassungsmäßige Erfahrungen, Isolationismus und die Betonung von physischer Stärke sowie ein unrealistischer Idealismus.

Die Inbesitznahme der Vereinigten Staaten hatte drei hauptsächliche geographische Zonen hervorgebracht: ein vom Handel und später von Finanzwirtschaft und Industrie bestimmter Osten, ein agrarischer und später industrieller Westen und ein agrarischer Süden. Unglücklicherweise waren die beiden Agrarzonen ziemlich unterschiedlich organisiert, der Süden auf der Grundlage von Sklavenarbeit, der Westen auf der freier Arbeit. Bezüglich dieser Frage verbündete sich der Osten mit dem Westen, um im Bürgerkrieg (1861–1865) den Süden zu besiegen und ihn einer verlängerten militärischen Besatzung als einem besetzten Territorium zu unterwerfen (1865–1877). Da der Krieg und die Besatzung unter der Kontrolle der neuen Republikanischen Partei standen, teilte sich die politische Organisation des Landes nach regionalen Gesichtspunkten: der Süden weigerte sich bis 1928, republikanisch zu wählen, und der Westen weigerte sich bis 1932, demokratisch zu wählen. Im Osten neigten die älteren Familien aufgrund des Bürgerkriegs den Republikanern zu, wurden aber überschwemmt von immer neuen Wellen von Immigranten aus Europa, beginnend mit Iren und Deutschen nach 1846 und sich fortsetzend mit noch größeren Mengen aus Osteuropa und dem europäischen Mittelmeerraum nach 1890. Diese neuen Immigranten der Oststädte wählten wegen ihrer religiösen, wirtschaftlichen und kulturellen Oppositionsstellung zu den Oberschichtrepublikanern des gleichen Ostens demokratisch. Die Grundlage sozialer Klassenschichtung beim Wahlverhalten im Osten und die regionale Grundlage des Wahlverhaltens im Westen und Süden waren nach 1880 von großer politischer Bedeutung.

Die Gründungsväter nahmen an, dass die politische Kontrolle des Landes von Männern mit Vermögen und Muße, die sich im Allgemeinen gegenseitig kennen, ausgeübt würde. Solange sie sich nicht unter unmittelbarem Handlungsdruck fühlen würden, würden sie die Regierung zum Handeln veranlassen, wenn sie übereinstimmten, und würden sie ohne größeren Schaden daran hindern, zu handeln, wenn sie nicht übereinstimmen konnten. Die amerikanische Verfassung spiegelte mit ihren Vorkehrungen für eine Gewaltenteilung und der Auswahl des Inhabers der höchsten Macht durch ein Wahlmännerkollegium diese Sichtweise wider. Das war auch der Fall bei dem allgemein üblichen Verfahren, die Nominierung für öffentliche Ämter und die Wahl der Senatoren durch Ausschüsse der jeweiligen Partei in den einzelnen Parlamenten vorzunehmen. Das Aufkommen der Massendemokratie ab 1830 änderte diese Situation, führte zum Aufkommen der Parteiversammlungen für Nominierungen und ließ die eingegrabenen politischen Parteimaschinen entstehen, die durch die Patronage öffentlicher Ämter unterhalten wurden und Stimmen mobilisieren sollten, um ihre Kandidaten durch die Wahl zu bringen.

Als Folge dieser Situation sah sich der gewählte Amtsträger zwischen 1840 und 1880 Druck aus drei verschiedenen Richtungen ausgesetzt: von der Masse der Wähler, aus der ihm die Stimmen zukommen mussten, die er für die Wahl benötigte, von der Parteimaschine, die ihm die Nominierung als Wahlkandidat verschaffte, und außerdem die Pfründenstellen, mit denen er seine Gefolgsleute belohnen konnte, und von den reichen Wirtschaftsinteressen, die ihm das Geld für die Wahlkampfausgaben und vielleicht auch noch etwas für die eigene Tasche gaben. Das war ein recht arbeitsfähiges System, da die drei Kräfte ungefähr im Gleichgewicht waren, wobei das Übergewicht am ehesten bei der Parteimaschinerie lag. Dieses Übergewicht wurde in der Zeit von 1865 bis 1880 so groß, dass die Kräfte von Finanzwirtschaft, Handel und Industrie gezwungen waren, den Parteimaschinen immer großzügigere Gelder zukommen zu lassen, um jene Dienste von der Regierung zu erhalten, die sie als ihr Recht betrachteten: etwa höhere Zolltarife, Landvergabe für den Eisenbahnbau, besserer Postservice und Konzessionen für Bergbau oder Holzschlagen. Die Tatsache, dass die Kräfte der Finanz- und Geschäftswelt selbst immer reicher und mächtiger wurden, machte sie zunehmend unruhiger über die Notwendigkeit, immer größere Beträge politischen Parteimaschinen ausliefern zu müssen. Darüber hinaus empfanden es diese wirtschaftlichen Schwergewichte immer mehr als unziemlich, dass sie unfähig sein sollten, einfach Befehle auszugeben, und stattdessen von Gleich zu Gleich verhandeln mussten, um Dienste oder Vergünstigungen von Parteibossen erhalten zu können.

In den späten siebziger Jahren des 19. Jahrhunderts beschlossen Wirtschaftsführer, diese Situation zu beenden, indem sie mit einem Schlag das System der Parteimaschinen von seiner Wurzel abschnitten, dem Patronagesystem. Dieses System, das sie abschätzig als «Futterkrippensystem» bezeichneten, war dem Big Business nicht so sehr deshalb ein Stein des Anstoßes, weil es zu Unehrlichkeit oder Ineffizienz führte, sondern weil es die Parteimaschinen unabhängig von der Kontrolle der Wirtschaft machte, indem es ihnen eine Einkommensquelle gab (Wahlkampfbeiträge von Regierungsangestellten), die nicht der Kontrolle der Wirtschaft unterlag. Wenn diese Quelle verstopft oder wenigstens verdünnt werden konnte, so würden die Politiker sehr viel abhängiger von Beiträgen der Wirtschaft für die Wahlkampfausgaben sein. Zu einer Zeit, als das Aufkommen einer Massenpresse und die Verwendung gemieteter Wahlkampfzüge für politische Kandidaten die Ausgaben für Wahlkämpfe stark erhöhten, musste jede Verringerung der Beiträge von Amtsinhabern die Politiker der Wirtschaft gegenüber unterwürfiger werden lassen. Das war das Ziel, das im Hintergrund lag, als die Bundesregierung 1883 mit der Pendleton Bill ihre Reform des Beamtenrechts einleitete. Als Folge davon wurde die Regierung von 1884 bis 1933 in unterschiedlichen Graden von Totalität von den Kräften des Investmentbanking und der Schwerindustrie kontrolliert.

Diese Zeit von 1884 bis 1933 war die Epoche des Finanzkapitalismus, in der Investmentbanker, die sich auf der einen Seite in die Handelsbanken und die Versicherungen und auf der anderen in Eisenbahnen und Schwerindustrie einschalteten, enorme Reichtümer mobilisieren konnten und sehr große wirtschaftliche, politische und soziale Macht auszuüben imstande waren. Im Volksmund bekannt als «die Gesellschaft» oder die «400», lebten sie ein Leben von unerhörtem Glanz. Sie befuhren die Ozeane in Privatjachten oder reisten in Privatzügen über Land und bewegten sich in einer zeremoniösen Prozession zwischen ihren spektakulären Landsitzen und Stadthäusern in Palm Beach, Long Island, den Berkshires, Newport und Bar Harbour; sie verließen ihre festungsartigen New Yorker Residenzen, um sich in der Metropolitan Opera unter den prüfenden Augen von Mrs. Astor zu versammeln, oder kamen zu Geschäftsbesprechungen auf höchster strategischer Ebene unter der Ehrfurcht gebietenden Präsenz J.P. Morgans höchstselbst zusammen.

Die Struktur der finanziellen Kontrollen, die von den Tycoons von «Big Banking» und «Big Business» in der Zeit 1880 bis 1933 geschaffen wurden, waren von außerordentlicher Komplexität. Ein Geschäftslehen wurde auf ein anderes aufgebaut, jeweils verbunden durch halb unabhängige Teilhaber, und das ganze System lief in zwei Spitzen wirtschaftlicher und finanzieller Macht aus, von denen die eine in New York unter der Führung von J.P. Morgan und Company stand und die andere in Ohio von der Rockefeller-Familie geführt wurde. Wenn diese beiden zusammenarbeiteten, was sie gewöhnlich taten, konnten sie das Wirtschaftsleben des Landes in einem hohen Maße beeinflussen und konnten das politische Leben, wenigstens auf Bundesebene, beinahe kontrollieren. Das Erste kann man durch ein paar Tatsachen verdeutlichen. In den Vereinigten Staaten stieg die Zahl der 1-Milliarde-Dollar-Unternehmen von einem im Jahr 1909 (United Steels, das Morgan kontrollierte) auf fünfzehn im Jahr 1930. Der Anteil am Unternehmensgesamtvermögen, der von den 200 größten Unternehmen gehalten wurde, stieg von 32% 1909 auf 49% 1930 und erreichte 1939 57%. 1930 gehörten diesen 200 größten Unternehmen 49,2% der Vermögenswerte aller 40.000 Unternehmen im Land (81 Mrd. von 165 Mrd. Dollar); sie hielten 38% des gesamten Geschäftsvermögens, ob eingetragen oder uneingetragen (81 Mrd. von 212 Mrd. Dollar); und sie besaßen 22% des gesamten Reichtums des Landes (81 Mrd. von 367 Mrd. Dollar). Tatsächlich hatte 1930 eine Gesellschaft (American Telephone and Telegraph, kontrolliert von Morgan) größere Vermögenswerte, als der gesamte Reichtum von einundzwanzig Staaten der Union betrug.

Der Einfluss dieser Wirtschaftsführer war so groß, dass die Morgan- und Rockefeller-Gruppen gemeinsam – oder sogar Morgan alleine – das Wirtschaftssystem des gesamten Landes zu Bruch hätten fahren können, wenn sie Wertpapiere zum Verkauf an die Börse geworfen hätten und dann später, nachdem sie eine Börsenpanik heraufbeschworen hätten, die Wertpapiere zu einem viel niedrigeren als dem Verkaufspreis wieder gekauft hätten. Natürlich waren sie nicht so unklug, so etwas zu tun, obwohl Morgan nicht weit davon war, als er die «Panik von 1907» heraufbeschwor, aber sie zögerten nicht, einzelne Unternehmen auf Kosten der normalen Aktienbesitzer zu zerstören, indem sie sie in den Bankrott trieben. Zwei Beispiele dafür: Vor 1914 zerstörte Morgan die New York-, New-Haven- und Hartford-Eisenbahnlinie, indem er ihr zu hohen Preisen die weitgehend wertlosen Wertpapiere von Myriaden neuenglischer Dampfschiff- und Buslinien verkaufte; und William Rockefeller und seine Freunde machten vor 1925 die Chicago-, Milwaukee-, St.-Paul- und Pacific-Eisenbahnlinie kaputt, indem sie ihr zu weit überhöhten Preisen Pläne für die Elektrifizierung bis hin zum Pazifik, Kupfer, Elektrizität und eine wertlose Nebeneisenbahnlinie (die Gary-Linie) verkauften. Das sind nur Beispiele für die Entdeckung der Finanzkapitalisten, dass sie Geld durch Ausgabe und Verkauf von Wertpapieren eher als durch Herstellung, Verteilung und Verbrauch von Gütern machen konnten. Das führte sie logischerweise bis zu dem Punkt, wo sie entdeckten, dass es nicht nur profitabel war, eine operierende Gesellschaft durch übermäßige Ausgabe von Wertpapieren oder die Ausgabe von Schuldscheinen eher als Anteilsscheinen auszubeuten, sondern dass sie auch ihre Profite durch den Bankrott einer solchen Firma erhöhen konnten. Das sorgte für Gebühren und Kommissionen für die Neuzulassung ebenso wie für Gelegenheiten, neue Wertpapiere auszugeben.

Als die Interessen der Wirtschaft unter Führung von William C. Whitney den ersten Schritt für die Reform des Beamtenrechts 1883 durchdrückten, erwarteten sie, dass sie beide politischen Parteien gleichermaßen würden kontrollieren können. Tatsächlich beabsichtigten manche, beiden Parteien Spenden zu geben und ein Alternieren der beiden Parteien in öffentlichen Ämtern zu erlauben, um ihren eigenen Einfluss zu verschleiern, jedes Aufkommen unabhängiger Politiker zu verhindern und dem Wahlvolk doch die Vorstellung zu belassen, dass es seine eigene freie Wahl traf. Ein solches Abwechseln der beiden Parteien auf der Bundesebene gab es in der Zeit von 1880 bis 1896, wobei der Einfluss der Wirtschaft (oder zumindest derjenige Morgans) in den demokratischen Regierungen genau so groß war wie in den republikanischen. Aber 1896 kam es zu einer schockierenden Erfahrung. Die Wirtschaftsinteressen entdeckten, dass sie zwar die Republikanische Partei in hohem Maße beherrschen konnten, dass sie sich aber ihrer Kontrolle der Demokratischen Partei nicht annähernd so sicher sein konnten. Der Grund dieser Differenz lag im tiefen Süden als einer demokratischen Region, in der es fast keine Wähler der Republikaner gab. Diese Region schickte ebenso Delegierte zum Republikanischen Nationalen Konvent wie der Rest des Landes, aber da diese Delegierten keine Wähler repräsentierten, repräsentierten sie schließlich jene, die ihre Ausgaben für den Nationalkonvent der Republikaner bezahlten. So wurden diese Delegierten zu Repräsentanten der Wirtschaftsinteressen aus dem Norden, deren Geld sie annahmen. Mark Hanna hat uns im Detail davon erzählt, wie er den Winter 1895/96 in Georgia verbrachte und über zweihundert Delegierte für McKinley für den republikanischen Nationalkonvent von 1896 einkaufte. Als Folge dieses Systems waren über ein Viertel der Stimmen in republikanischen Konventen «kontrollierte» Stimmen aus dem tiefen Süden, die kein Wahlvolk repräsentierten. Nach der Spaltung der Republikaner 1912 fiel dieser Delegiertenanteil auf etwa 17%.

Die Unfähigkeit der Investmentbanker und ihrer industriellen Verbündeten, den Demokratischen Konvent von 1896 zu kontrollieren, war eine Folge der agrarischen Unzufriedenheit der Jahre 1868–1896. Diese Unruhen lagen wiederum hauptsächlich an den Taktiken der Bankenoligarchie im Umgang mit Geld. Die Banker waren aus Gründen, die wir bereits erläutert haben, mit dem Goldstandard verheiratet. Deshalb überredeten sie zum Ende des Bürgerkrieges die Regierung Grant, die Nachkriegsinflation einzudämmen und zum Goldstandard zurückzukehren (Crash von 1873 und Wiederaufnahme der Zahlungen in natura 1875). Das verschaffte den Bankern die Kontrolle über die Geldmenge, die sie nicht zögerten, für ihre eigenen Zwecke auszunutzen. Morgan übte in den Jahren 1893–1896 rücksichtslosen Druck auf Cleveland aus. Die Liebe der Banker zu niedrigen Preisen wurde von den Farmern nicht geteilt, da jedes Mal, wenn die Preise der Farmprodukte nach unten gingen, die Schuldenlast (besonders von Hypotheken) für die Farmer drückender wurde. Da die Farmpreise viel stärker dem Wettbewerb unterlagen als die industriellen Preise und nicht von Zöllen geschützt waren, fielen sie viel schneller als die Preise für Industrieprodukte, während die Farmer nicht fähig waren, ähnlich schnell wie die Industriellen ihre Kosten zu reduzieren oder ihre Produktionspläne zu ändern. Die Folge war eine systematische Ausbeutung des agrarischen Sektors der Wirtschaft durch den finanziellen und den industriellen Sektor. Diese Ausbeutung hatte die Form hoher Industriepreise, hoher (und diskriminierender) Eisenbahnfrachtraten, hoher Zinsen, niedriger Farmpreise und eines sehr niedrigen Niveaus von Dienstleistungen für die Farmer durch Eisenbahnen und die Regierung. Da sie keine wirtschaftlichen Waffen zur Gegenwehr hatten, suchten die Farmer nach einem politischen Ausweg, waren aber durch ihre Hemmungen, demokratisch zu wählen (wegen der Erinnerungen an den Bürgerkrieg), stark behindert. Stattdessen versuchten sie es auf der politischen Ebene der Einzelstaaten durch die lokale Legislative (mit sogenannten Granger Laws) und gründeten Dritt-Partei-Bewegungen (wie die Greenback-Partei 1878 oder die Populistische Partei 1892). 1896 aber schlug die agrarische Unzufriedenheit so hohe Wellen, dass sie die Erinnerung an die demokratische Rolle im Bürgerkrieg zu überspielen begann. Die Eroberung der Demokraten durch diese Kräfte der Unzufriedenheit erfolgte unter William Jennings Bryan 1896. Er war entschlossen, höhere Preise durchzusetzen, indem er die Geldmenge durch Einführung eines Bimetall- anstatt des Goldstandards erhöhen wollte. Das verschaffte dem Wahlvolk zum ersten Mal im Verlauf einer Generation eine Wahl mit einem wirklichen sozialen und wirtschaftlichen Thema. Die Kräfte der Hochfinanz und des Big Business waren in einem Zustand kurz vor der Panik, schafften es aber durch eine gewaltige Anstrengung, die sehr großzügige Spenden beinhaltete, McKinley wählen zu lassen.

Die Unfähigkeit der Plutokratie, die Demokraten ebenso zu kontrollieren, wie sie die Republikaner kontrollierte, ließ es ihren Mitgliedern als ratsam erscheinen, in politischen Angelegenheiten eine Ein-Parteien-Strategie anzunehmen, obwohl sie damit fortfuhren, beiden Parteien zu spenden, und auch nicht aufhörten, zu versuchen, beide zu kontrollieren. Bei zwei Gelegenheiten, 1904 und 1924, konnte J. P. Morgan sich sogar genüsslich zurücklehnen und eine Präsidentenwahl verfolgen, in der die Kandidaten beider Parteien in seinem Einflussfeld waren. 1924 war der demokratische Kandidat einer seiner wichtigsten Rechtsanwälte, während der Republikaner ein Klassenkamerad und die handverlesene Wahl seines Partners Dwight Morrow war. Normalerweise musste Morgan seinen politischen Einfluss mit anderen Zweigen der Wirtschaftsoligarchie teilen, besonders mit den Rockefellerinteressen (das geschah beispielsweise, indem die Kandidaten für Präsidentschaft und Vizepräsidentschaft 1900 und 1920 zwischen ihnen aufgeteilt wurden).

Die agrarische Unruhe, das Wachstum der Monopole, die Unterdrückung der Arbeiterschaft und die Exzesse der Wall-Street-Finanziers ließen das Land in den Jahren 1890–1900 sehr ruhelos werden. All das hätte sehr einfach gelindert werden können, indem man die Geldmenge auf eine Höhe gebracht hätte, die ausreichend gewesen wäre, um die Preise etwas zu heben, aber die Finanzmänner waren damals ebenso entschlossen wie dreißig Jahre später, um jeden Preis den Goldstandard zu verteidigen. Was hätte es Besseres geben können, um die öffentliche Aufmerksamkeit von den heimischen Wirtschaftsthemen abzulenken, als eine außenpolitische Krise? Cleveland war über diese Alternative 1895 mehr oder weniger zufällig gestolpert, als er eine Kontroverse mit Großbritannien über Venezuela vom Zaun brach. Die große Gelegenheit eröffnete sich aber mit der Revolte Kubas gegen Spanien 1895. Während die Schundpresse, geführt von William Randolph Hearst, die öffentliche Meinung in Erregungszustand versetzte, spannen Henry Cabot Lodge und Theodore Roosevelt ihre Intrigen, wie sie am besten die Vereinigten Staaten in die Rebellion verwickeln konnten. Sie bekamen den Anlass, den sie brauchten, als das amerikanische Schlachtschiff *Maine* durch eine mysteriöse Explosion im Hafen von Havanna im Februar 1898 zum Sinken gebracht wurde. Zwei Monate später erklärten die Vereinigten Staaten Spanien den Krieg, um für die Unabhängigkeit Kubas zu kämpfen. Der resultierende Sieg offenbarte die Vereinigten Staaten als eine Weltseemacht, etablierte sie als imperialistische Macht mit Besitzungen in Puerto Rico, Guam und den Philippinen, weckte einigen Appetit auf imperialistischen Ruhm und überdeckte den Übergang von einem lange hingezogenen Zeitalter der Halbdepression zu einer neuen Periode des Aufschwungs. Diese neue Hochkonjunktur wurde in einem gewissen Ausmaß durch die infolge des Kriegs gestiegene Nachfrage nach Industriewaren angeheizt, mehr aber noch durch eine neue Periode steigender Preise, die mit einem beträchtlichen Anstieg der Weltgoldproduktion in Südafrika und Alaska nach 1895 zusammenhing.

Amerikas Auftauchen auf der Bühne der Weltmächte setzte sich mit der Annexion Hawaiis 1898, der Intervention beim Boxeraufstand 1900, der Eroberung Panamas 1903, der diplomatischen Intervention im russisch-japanischen Krieg 1905, der Weltumrundung der amerikanischen Marine 1908, der militärischen Besetzung Nicaraguas 1912, der Öffnung des Panamakanals 1914 und der militärischen Intervention in Mexiko 1916 fort.

Während dieser gleichen Periode tauchte eine neue Bewegung für wirtschaftliche und soziale Reform auf, die als Progressivismus bekannt wurde. Diese progressive Bewegung entstand aus einer Kombination von Kräften, von denen einige neu und einige alt waren. Ihre Grundlagen waren die Überreste der agrarischen und Arbeiterbewegung, die vor 1897 so vergebliche Kämpfe geführt hatten. Es gab auch als eine Art Nachgedanke auf der Seite der erfolgreichen Wirtschaftsführer eine Abschwächung des Erwerbsegoismus und eine Wiederbelebung eines älteren Sinnes sozialer Verpflichtung und von Idealismus. In einem gewissen Ausmaß war dieses Gefühl vermischt mit der Einsicht, dass die Stellung und die Privilegien der sehr Reichen besser bewahrt werden konnten, wenn man oberflächliche Konzessionen machte und den Unzufriedenen Gelegenheiten verschaffte, Dampf abzulassen, als durch irgendeine Politik des blinden Obstruktionismus von Seiten der Reichen. Als Beispiel eines eher idealistischen Impulses könnten wir die Gründung der verschiedenen Carnegie-Stiftungen zur Arbeit für den universellen Frieden oder zur Unterstützung wissenschaftlicher Arbeiten in den Natur- oder Sozialwissenschaften erwähnen. Als Beispiel eines mehr praktischen Gesichtspunkts könnten wir die Gründung von *The New Republic*, einer «liberalen Wochenzeitung», durch einen Vertreter Morgans und finanziert von Whitney-Geldern (1914) erwähnen. Diesem letzten Punkt einigermaßen ähnlich war das Aufkommen einer neuen «liberalen» Presse, die es profitabel fand, die Schreibereien von Enthüllungs- und Schmutzjournalisten zu drucken und damit dem öffentlichen Auge die Schattenseite des Big Business und der menschlichen Natur im Allgemeinen zu enthüllen. Die große Gelegenheit für die progressiven Kräfte erwuchs aber aus einer Spaltung innerhalb des Big Business zwischen den älteren Kräften des Finanzkapitalismus, die von Morgan geführt wurden, und den jüngeren Kräften des Monopolkapitalismus, die um den Rockefellerblock herum organisiert waren. Als Folge davon waren die Republikaner gespalten zwischen den Gefolgsleuten Theodore Roosevelts und denen von William Howard Taft, so dass die kombinierten Kräfte des liberalen Ostens und des agrarischen Westens mit Woodrow Wilson 1912 die Präsidentschaft erobern konnten.

Wilson erregte mit seinem Slogan von der «Neuen Freiheit» und den Rechten der Underdogs einen beträchtlichen allgemeinen Enthusiasmus. In Wirklichkeit war sein Programm wenig mehr als ein Versuch, jene Reformen, die die Unzufriedenheit der Farmer und der Arbeiterschaft bis dahin auf der Ebene der Einzelstaaten durchzusetzen versucht hatten, jetzt auf Bundesebene durchzuführen. Wilson war in keiner Weise ein Radikaler (er hatte immerhin während seiner Professur in Princeton Gelder für sein persönliches Einkommen von reichen Industriellen wie Cleveland Dodge und Cyrus Hall McCormick angenommen, und diese Dinge hörten auch keineswegs auf, als er 1910 in die Politik ging) und es gab eine ziemliche Portion unbewusster Heuchelei in vielen seiner wohlklingenden öffentlichen Reden. Wie dem auch sei, seine politischen und administrativen Reformen waren um einiges effektiver als seine wirtschaftlichen oder sozialen. Das Clayton-Antitrust-Gesetz und der Federal Trade Commission Act (1913) gingen bald in Rechtsstreitigkeiten und Belanglosigkeiten unter. Andererseits rechtfertigten die Direktwahl der Senatoren, die Einführung einer Einkommenssteuer und des Federal Reserve Systems sowie die Etablierung eines Bundessystems für Anleihen an Farmer (1916) und für die Belieferung mit Briefen und Paketen im ländlichen Raum die Unterstützung, die die Progressiven Wilson gegeben hatten, ebenso wie seine ersten Schritte in Richtung Gewerkschaftsrechte, wie Mindestlöhne für Seeleute in der Handelsschifffahrt, Begrenzung der Kinderarbeit und der Achtstundentag für Eisenbahnarbeiter.

Die erste Regierung Wilson (1913–1917) und die frühere Regierung Theodore Roosevelt (1901–1909) leisteten einen substanziellen Beitrag zu dem Prozess, durch den die Vereinigten Staaten ihr Ziel von einer extensiven Ausweitung der physisch-geographischen Grenzen zu einer intensiven Ausbeutung ihrer natürlichen und moralischen Ressourcen umstellten. Der frühe Roosevelt nutzte sein Genie als Showman, um die Notwendigkeit zur Bewahrung der natürlichen Ressourcen des Landes ins öffentliche Bewusstsein zu rücken, während Wilson in der ihm eigenen professoralen Art viel dafür tat, Chancengleichheit für größere Gruppen der amerikanischen Bevölkerung zu ermöglichen. Die Menschen waren von den Kontroversen, die durch diese Initiativen ausgelöst wurden, so gefangen genommen, dass sie die Erhitzung der internationalen Spannungen in Europa oder selbst den Kriegsausbruch im August 1914 kaum bemerkten. Das ging so fort, bis dann 1915 die lautstarke Kontroverse um einen drohenden Krieg die älteren innenpolitischen Kontroversen zu überschatten begann. Ende 1915 wurde Amerika auf eine wenig angenehme Art dazu aufgerufen, eine Rolle auf der Weltbühne zu spielen. Das ist eine Geschichte, zu der wir in einem späteren Kapitel zurückkehren müssen.

Das Britische Weltreich

Die Grundlagen der britischen Macht und der Imperialismus im Vorfeld des Ersten Weltkriegs

Der alte Ausspruch, England habe sein Empire in einem Zustand der Geistesabwesenheit erlangt, ist zwar amüsant, erklärt aber nicht allzu viel. Ein Körnchen Wahrheit enthält er allerdings: ein Großteil des Empire wurde tatsächlich ursprünglich von Privatleuten und Handelsfirmen erworben und erst später von der britischen Regierung übernommen. Die Motive, welche die Regierung dazu brachten, Gebiete zu annektieren, die ihre Bürger ausgebeutet hatten, waren verschiedenartig, sowohl was die Zeit als auch was die jeweiligen Orte angeht. Häufig unterschieden sich diese Motive sehr von denen, an die Außenstehende glaubten.

Großbritannien erwarb sich das größte aller Weltreiche, weil es gewisse Vorteile gegenüber anderen Ländern besaß. Erwähnen wir drei dieser Vorteile: 1) es war eine Insel, 2) es lag im Atlantik und 3) seine einheimischen sozialen Traditionen brachten die Willenskräfte und die Talente hervor, die zur Eroberung des Reiches notwendig waren.

Als Insel vor der Küste Europas war Großbritannien sicher, solange es über die Kontrolle der es umgebenden Meere verfügte. Es hatte diese Kontrolle seit der Niederlage der spanischen Armada 1588 bis zur Erfindung neuer Waffen, die durch die Luft gingen, in der Zeit nach 1935. Der Aufstieg der deutschen Luftwaffe unter Hitler, die Erfindung der Langstreckenraketenprojektile (V2-Waffen) 1944 und die Entwicklung der Atom- und Wasserstoffbomben 1945–1955 zerstörten Englands Sicherheit, indem sie den Verteidigungswert des Kanals verringerten. Aber in der Zeit von 1588 bis 1942, als Großbritannien die Meere beherrschte, verschaffte der Kanal England Sicherheit und gab ihm eine internationale Stellung, die sich von der jeder der kontinentalen Mächte grundlegend unterschied. Weil Großbritannien sicher war, war es in seinen Handlungen frei. Das heißt, es konnte wählen, ob es in den verschiedenartigen Konflikten, die auf dem europäischen Kontinent oder sonst wo auf der Welt aufkamen, intervenieren oder sich heraushalten sollte. Und wenn es intervenierte, so konnte es das darüber hinaus in einem frei begrenzten Maße tun. Es konnte so viel Männer, Energie und Geld dazu beisteuern, wie es wünschte. Auch wenn ein solches begrenztes Engagement sich erschöpfte oder verloren ging, so blieb doch Großbritannien weiterhin gesichert, solange die britische Flotte die Meere beherrschte. Es blieb dadurch weiterhin frei, die Intervention entweder abzubrechen oder seinen Einsatz zu erhöhen. Darüber hinaus konnte England auch mit einem nur begrenzten Einsatz entscheidende Wirkung erzielen, wenn es die zweitstärkste Macht auf dem Kontinent gegen die stärkste unterstützte. Es machte dadurch zeitweilig die zweitstärkste zur stärksten, solange sie in Übereinstimmung mit Großbritanniens Wünschen handelte. Indem es auf diese Art eine Balance-of-Power-Politik betrieb, konnte Großbritannien eine entscheidende Rolle auf dem Kontinent spielen und konnte den Kontinent spalten und in interne Streitereien verwickeln. Dazu brauchte es nur einen begrenzten Einsatz seiner eigenen Ressourcen zu verwenden, während noch ein beträchtlicher Überschuss an Energie, Menschen und Reichtum übrig blieb, um sich gleichzeitig ein Reich in Übersee zu verschaffen. Außerdem war Großbritanniens einzigartiger Vorteil, sich mithilfe eines begrenzten Ressourceneinsatzes Sicherheit durch Seemacht zu verschaffen, auch ein Faktor, der es ihm ermöglichte, seine einzigartige Sozialstruktur und sein parlamentarisches System zu entwickeln, eine große Bandbreite bürgerlicher Freiheiten zu etablieren und einen gewaltigen wirtschaftlichen Aufschwung ins Werk zu setzen.

Keine der Mächte auf dem Kontinent besaß diese Vorteile. Da jede jederzeit eine Invasion von ihren Nachbarn befürchten musste, gab es für sie nur seltene und kurze Phasen, in denen sie Sicherheit und damit eine Entscheidungsfreiheit im Handeln hatten. Wenn die Sicherheit einer kontinentalen Macht von einem Nachbarn bedroht war, gab es für jene keine Freiheit des Handelns, sondern sie musste sich unter Zuhilfenahme aller Ressourcen verteidigen. Es wäre etwa für Frankreich ganz unmöglich gewesen, sich zu sagen: «Wir werden die deutsche Hegemonie auf dem Kontinent nur bis zum Einsatz von 50.000 Mann oder von 10 Millionen Dollar bekämpfen.» Aber noch 1939 informierte Chamberlain Frankreich, dass Englands Einsatz auf dem Kontinent zu genau diesem Zweck zwei Divisionen nicht überschreiten würde.

Weil die kontinentalen Mächte weder Sicherheit noch Handlungsfreiheit besaßen, überlagerte ihre Stellung auf dem Kontinent immer ihre Ambitionen nach einem Weltreich. Wenn ein Konflikt kam, mussten diese Letzteren immer zugunsten der Ersteren geopfert werden. Frankreich konnte im 18. Jahrhundert seine Besitzungen in Indien oder in Nordamerika deshalb nicht halten, weil ein so großer Teil seiner Ressourcen für die Sicherung der Stellung gegenüber Preußen und Österreich verwendet werden musste. Napoleon verkaufte den Vereinigten Staaten 1803 Louisiana, weil er sich vordringlich um seine Position auf dem Kontinent kümmern musste. Bismarck versuchte Deutschland davon abzuhalten, sich in der Zeit nach 1871 auf irgendwelche überseeischen Abenteuer einzulassen, weil er sah, dass Deutschland nur entweder eine kontinentale Macht oder gar nichts sein könnte. Und wiederum musste Frankreich Großbritannien 1882 Ägypten und 1898 in der gleichen Weise den Sudan überlassen, weil es einsah, dass es sich nicht auf einen kolonialen Krieg mit Großbritannien einlassen konnte, während die deutsche Armee im Rheinland stand. Diese Situation war so eindeutig, dass alle geringfügigeren kolonialen Mächte mit überseeischen Besitzungen wie Portugal, Belgien oder die Niederlande mit Großbritannien zusammenarbeiten oder zumindest eine sehr vorsichtige Neutralität wahren mussten. Solange die Autobahn über die Weltmeere, die von diesen Ländern zu ihren überseeischen Besitzungen führte, von der englischen Flotte kontrolliert wurde, konnten sie es sich nicht leisten, eine gegen Großbritannien feindselige Politik einzuschlagen – und zwar ganz unabhängig von ihren persönlichen Gefühlen zum Thema. Es ist kein Zufall, dass die beständigste internationale Unterstützung für Großbritannien in den zwei Jahrhunderten nach dem Vertrag von Methuen 1703 von Portugal kam und dass Großbritannien sich frei fühlte, mit einer Drittmacht wie Deutschland über die portugiesischen Kolonien zu verhandeln, wie es das 1898 tat und von 1937 bis 1939 versuchte.

Großbritanniens Lage im Atlantik gab ihm in Kombination mit seiner Kontrolle über die Seewege einen großen Vorteil, als die neuen Länder im Westen dieses Ozeans in der Zeit nach 1588 zu einer Hauptquelle des Reichtums in Handel und Seefahrt wurden. Aus den amerikanischen Kolonien kamen Holz, Teer und Schiffe nach Großbritannien, und diese Schiffe trugen in der Zeit vor dem Bau eiserner Dampfschiffe (nach 1860) dazu bei, Großbritanniens merkantile Überlegenheit zu sichern. Zur gleichen Zeit gab es bei der insularen Lage für die britischen Könige keinen plausiblen Grund, eine große professionelle Söldnerarmee zu unterhalten, wie sie für die Könige des Kontinents das wichtigste Bollwerk des Absolutismus war. Aufgrund dieses Umstands wiederum konnten die englischen Könige, den Landadel nicht daran hindern, in der Zeit von 1642 bis 1690 die Kontrolle über die Regierungsgewalt in die eigenen Hände zu nehmen. Die Könige von England wurden daraufhin zu konstitutionellen Monarchen herabgestuft. Großbritanniens Sicherheit hinter dem Schild seiner Marine machte es möglich, dass dieser Kampf bis zur Entscheidung ohne irgendeine gewichtige Intervention von außen geführt wurde, und ermöglichte eine offene Rivalität zwischen dem König und dem Adel, wie sie auf dem unsicheren Boden des kontinentalen Europa selbstmörderisch gewesen wäre.

Großbritanniens Sicherheit und der politische Triumph der Landoligarchie verbanden sich dazu, eine soziale Tradition zu bilden, die sich vollständig von der auf dem Kontinent unterschied. Eine Folge dieser beiden Faktoren war es, dass in Großbritannien keine Beamtenschaft entstand wie auf dem Kontinent. Dieser Mangel an einer eigenständigen Bürokratie, die dem Monarchen loyal verpflichtet war, zeigt sich in der Schwäche der Berufsarmee (die schon erwähnt wurde) und auch im Mangel eines verbeamteten Justizsystems. In England studierten die Landadligen und die jüngeren Söhne der Landaristokratie Recht in den entsprechenden Stätten und entwickelten ein Gefühl für Tradition und für die Heiligkeit eines fairen Rechtsprozesses, während sie immer noch Teil der landbesitzenden Klasse blieben. Tatsächlich wurde diese Klasse gerade dadurch zur landbesitzenden, dass sie sich die Kontrolle über Richterstühle und Anwaltsstellen zu verschaffen wusste und dadurch in eine Position kam, in der sie alle Streitfälle über Eigentum an Grund und Boden zu ihren eigenen Gunsten entscheiden konnte. Die Kontrolle über die Gerichte und über das Parlament befähigte diese herrschende Gruppe in England, die Rechte der Bauern auf dem Lande zu übergehen, sie vom Land zu vertreiben, die offenen Felder des mittelalterlichen Systems einzuhegen, denjenigen, die das Land bebauten, alle Herrschaftsrechte zu nehmen und sie auf die Position von rechtlosen Landarbeitern oder von Pächtern herabzudrücken. Diese immer weiter gehende Einhegung des Landes in England ermöglichte die agrikulturelle Revolution, entvölkerte die ländlichen Gebiete Englands in großem Maßstab (wie beschrieben in Oliver Goldsmiths *Deserted Village*) und lieferte einen Bevölkerungsüberschuss für die Städte, für die Handels- und Militärmarine und für die Kolonisation in Übersee.

Die landbesitzende Oligarchie, die sich in England bildete, unterschied sich von der landbesitzenden Aristokratie Kontinentaleuropas in den drei bereits erwähnten Punkten: 1) erlangte sie die Kontrolle über die Regierungsgewalt; 2) hatte sie keine Berufsarmee, keine Beamtenschaft und kein professionalisiertes Justizsystem gegen sich, sondern übernahm sogar im Gegenteil selbst die Kontrolle über diese Attribute der Regierungsgewalt, wobei sie im Allgemeinen auf Bezahlung verzichtete und den Zugang zu diesen Positionen für Außenseiter erschwerte, indem dieser Zugang kostspielig wurde; und 3) erreichte sie eine vollständige Kontrolle des Grundbesitzes, ebenso wie eine politische, religiöse und soziale Kontrolle der Dörfer. Außerdem unterschied sich die landbesitzende Oligarchie Englands insofern von der auf dem Kontinent, als sie kein Adel war. Diese Defizienz spiegelte sich in drei wichtigen Umständen. Auf dem Kontinent konnte ein Adliger nicht außerhalb seiner Klasse heiraten oder sich kommerziell betätigen; darüber hinaus war der Aufstieg zum Adel für nichtadlig geborene Personen sehr schwierig und konnte kaum in weniger als drei Generationen erreicht werden. In England dagegen stand es der landbesitzenden Oligarchie frei, sich in jeder Art von Handel oder Geschäft zu betätigen und ohne Einspruch jede Frau zu heiraten (vorausgesetzt, sie war reich). Darüber hinaus war zwar der Zugang zum Landadel ein schwieriger Prozess, der Bemühungen von mehreren Generationen zum Erwerb von Landbesitz in einem einzelnen Gebiet erfordern konnte. Der Zugang zur Peerswürde über einen Regierungsakt aber geschah innerhalb eines Augenblicks und konnte entweder aufgrund von Reichtum oder wegen geleisteter Dienste erfolgen. Als Konsequenz all dieser Unterschiede war die landbesitzende Oberklasse in England offen für neue Talente, neues Geld und neues Blut, während der kontinentale Adel von diesen wertvollen Zuflüssen ausgeschlossen blieb.

Während die landbesitzende Oberschicht Englands es nicht schaffte, ein Adel zu werden (das heißt eine Kaste auf der Grundlage von Geburtsvorrechten), wurde sie doch eine Aristokratie (das heißt eine Oberschicht, die durch Traditionen und Umgangsformen abgesetzt war). Die Hauptattribute der aristokratischen Oberklasse Englands waren: 1) dass sie in einem sehr kostspieligen, exklusiven, männlichen und ziemlich spartanischen Erziehungssystem ausgebildet wurde, das um die großen Schulen für Jungen wie Eton, Harrow oder Winchester kreiste; 2) dass sie aus diesem Erziehungssystem bestimmte unterscheidende Fähigkeiten von Führungskraft, Mut, Sportsgeist, Teamgeist, Opferbereitschaft, Verachtung für physische Bequemlichkeit und Hingabe an Pflichten in sich aufnahm; 3) dass sie sich darauf vorbereitete, in ihrem Leben einen großen Anteil von Zeit und Energie auf unbezahlte Tätigkeiten von öffentlicher Bedeutung zu verwenden, wie als Friedensrichter, in der Regierung der lokalen Counties, in der Countymiliz oder in anderen

Diensten. Während alle Söhne der Oberschichten die gleiche Ausbildung erhielten, erbten doch nur die ältesten durch Erstgeburtsrecht das Grundeigentum, aus dem das Einkommen kam. Alle jüngeren Söhne mussten ihr Glück und Vermögen anderswo in der Welt suchen. Das geschah mit großer Wahrscheinlichkeit in Übersee. Gleichzeitig machte es das ereignislose Leben eines typischen englischen Dorfes oder Kreises, das vollständig von der Oberklassenoligarchie kontrolliert wurde, für die ehrgeizigeren Mitglieder der Unterschichten unerlässlich, die Verwirklichung ihrer Lebensansprüche außerhalb der Grafschaft und sogar außerhalb Englands zu suchen. Diesen beiden Quellen entstammten die Männer, die das englische Weltreich erwarben, und die Männer, die es kolonisierten.

Die Engländer waren sich nicht immer einig darin, das Weltreich als Quelle von Stolz und Wohlstand zu betrachten. Die mittlere Generation des 19. Jahrhunderts war sogar voll von Personen wie Gladstone, die auf das Empire mit einem tiefen Misstrauen blickten. Sie glaubten, dass es eine Ursache sehr großer Ausgaben war; sie waren überzeugt davon, dass es England in weit entfernte strategische Probleme verwickelte, die leicht zu Kriegen führen konnten, die England eigentlich nicht kämpfen musste; sie sahen keinen wirtschaftlichen Vorteil in dem Weltreich, da das Bestehen des Freihandels (den diese Generation als gegeben annahm) die Handelsflüsse frei lassen würde, egal, wer nun die kolonialen Gebiete unter sich hatte; sie waren überzeugt davon, dass alle Kolonialgebiete – und unabhängig davon, wie schwer und kostspielig ihre Erwerbung gewesen sein mochte – sich schließlich vom Mutterland lösen würden, entweder aus freier Willensbekundung, wenn man ihnen die Rechte von Engländern zugestehen würde, oder durch Rebellion wie die amerikanischen Kolonien, wenn man ihnen diese Rechte vorenthielt. Im Allgemeinen waren die «Little Englanders», wie sie genannt wurden, aus Kostengründen gegen jede Form von kolonialer Expansion.

Obwohl Leute, die den Gesichtspunkt von «Little England» hochhielten, wie Gladstone oder Sir William Harcourt, noch bis 1895 politische Prominenz hatten, befand sich der Gesichtspunkt selbst doch seit 1870 in ständigem Rückzug. In der Liberalen Partei gab es schon vor 1895 eine Opposition zu den Little Englander durch Imperialisten wie Lord Rosebery; später übernahm eine jüngere Gruppe von Imperialisten wie Asquith, Grey und Haldane die Partei. In der Konservativen Partei war die antiimperialistische Idee niemals stark gewesen. Hier wurden gemäßigte Imperialisten wie Lord Salisbury abgelöst durch aktivere Imperialisten wie Joseph Chamberlain oder Lord Curzon, Selborne und Milner. Es gab viele Faktoren, die zum Wachsen des Imperialismus nach 1870 beitrugen, und viele offensichtliche Manifestationen dieses Wachstums. 1868 wurde das Königliche Kolonialinstitut (Royal Colonial Institute) gegründet, um die «Little-England»-Idee zu bekämpfen; Disraeli als Premierminister (1874–1880) dramatisierte Profit und Glamour des Weltreiches durch Aktionen wie den Kauf des Suezkanals und durch die Verleihung des Titels einer Kaiserin von Indien an Königin Victoria; nach 1870 wurde es zunehmend deutlich, dass Kolonien zwar vielleicht sehr teuer für

Regierungen sein konnten, dass sie aber Individuen und Gesellschaften, die von der Regierung unterstützt wurden, fantastische Profitmöglichkeiten eröffneten; und mit der Ausbreitung der Demokratie, dem wachsenden Einfluss der Presse und dem wachsenden Bedarf nach Beiträgen zur Finanzierung von Wahlkämpfen konnten Individuen, die fantastische Profite in überseeischen Abenteuern gewonnen hatten, die Unterstützung ihrer Regierungen gewinnen, wenn sie einen Teil ihrer Profite als Beitrag für die Ausgaben von Politikern zur Verfügung stellten; die Aktivitäten König Leopolds II. von Belgien, der Henry Stanley dazu benutzte, das Kongogebiet von 1876 bis 1880 als sein eigenes Reich zu gewinnen, lösten ein ansteckendes Fieber von Kolonialgier aus, das mehr als dreißig Jahre andauerte; die Entdeckung von Diamanten (1869) und Gold (1886) in Südafrika, insbesondere in der Burenrepublik in Transvaal, intensivierte dieses Fieber.

Der neue Imperialismus nach 1870 unterschied sich sehr im Ton von dem, den die Little Englander früher bekämpft hatten. Die wichtigsten Veränderungen lagen darin, dass er jetzt mit Motiven von moralischer Verpflichtung und Sozialreformen begründet wurde und nicht mehr wie früher mit Missionierung und materiellen Vorteilen. Der Mann, der die meiste Verantwortung für diese Verschiebung trug, war John Ruskin.

Bis 1870 gab es keinen Lehrstuhl für die schönen Künste in Oxford. In dem Jahr ermöglichte eine Dotation, das Vermächtnis Slade, einen solchen Lehrstuhl zu errichten, auf den John Ruskin berufen wurde. Er traf Oxford wie ein Erdbeben, nicht so sehr, weil er über die schönen Künste sprach, sondern weil er auch über das Empire und über die heruntergekommenen Massen Englands sprach und insbesondere weil er über alle diese drei Dinge als moralische Fragen sprach. Bis zum Ende des 19. Jahrhunderts lebten die verarmten Massen in den englischen Städten in Not, Unwissenheit und Kriminalität, etwa so, wie es von Charles Dickens beschrieben worden war. Ruskin sprach zu den Oxforder Studenten als Mitgliedern der privilegierten Herrenschicht. Er erzählte ihnen, dass sie die Besitzer einer großartigen Tradition der Erziehung, Schönheit, der Herrschaft des Gesetzes, der Freiheit, Anständigkeit und Selbstdisziplin seien, dass aber diese Tradition nicht überleben könnte und auch nicht zu überleben verdienen würde, wenn sie nicht in den Unterschichten in England selbst und in den nichtenglischen Unterschichten überall auf der Welt verbreitet würde. Wenn diese kostbare Tradition nicht in diesen beiden gewaltigen Mehrheiten verbreitet würde, dann würde die Minderheit der englischen Oberschicht schließlich von diesen Mehrheiten überwältigt werden und die Tradition verloren gehen. Um das zu verhindern, müsste man diese Tradition auf die Massen und auf das Empire ausdehnen.

Ruskins Botschaft hinterließ einen sensationellen Eindruck. Einer seiner Studenten, der seine Antrittsvorlesung, sorgfältig abgeschrieben in Langschrift, über dreißig Jahre hinweg bei sich trug, war Cecil Rhodes. Rhodes (1853–1902) beutete fieberhaft die Gold- und Diamantenminen Südafrikas aus, wurde Premierminister der Kapkolonie (1890–1896), verschaffte politischen Parteien Geld, kontrollierte Parlamentssitze sowohl in England als auch

Die Grundlagen der britischen Macht 95

in Südafrika und hatte den Plan, einen Korridor britischen Territoriums durch ganz Afrika hindurch vom Kap der Guten Hoffnung bis Ägypten zu schaffen. Diese beiden Extrempunkte sollten dann sowohl durch eine Telegrafenlinie als auch als Endziel durch eine Eisenbahnstrecke vom Kap nach Kairo verbunden werden. Rhodes inspirierte Verehrung und eine loyale Unterstützung seiner Ziele bei anderen in Südafrika und in England. Mit der finanziellen Unterstützung von Lord Rothschild und Alfred Beit konnte er die Diamantenminen Südafrikas als De Beers Consolidated Mines monopolisieren und ein großes Unternehmen für den Goldbergbau unter dem Namen Consolidated Gold Mines aufbauen. Mitte der neunziger Jahre des 19. Jahrhunderts hatte Rhodes ein jährliches Einkommen von mindestens 1 Million Pfund Sterling (damals etwa fünf Millionen Dollar), das so freizügig für seine geheimnisvollen Zielsetzungen verwendet wurde, dass sein Konto gewöhnlicherweise überzogen war. Im Kern dieser Zielsetzungen lag sein Verlangen, die englischsprechenden Völker in einer föderalen Ordnung zu vereinen und alle bewohnbaren Teile der Welt unter ihre Kontrolle zu bringen. Im Sinne dieser Zielsetzung hinterließ Rhodes einen Teil seines großen Vermögens dafür, die Rhodes-Stipendien in Oxford zu errichten, um die Traditionen der englischen Herrenschicht in der ganzen englischsprachigen Welt zu verbreiten, so wie es Ruskin gewollt hatte.

Unter Ruskins hingebungsvollsten Studenten in Oxford war eine Gruppe enger Freunde, zu der Arnold Toynbee, Alfred (später Lord) Milner, Arthur Glazebrook, George (später Sir George) Parkin, Philipp Lyttelton Gell und Henry (später Sir Henry) Birchenough gehörten. Diese waren von Ruskins Botschaft so aufgewühlt, dass sie den Rest ihres Lebens dazu verwendeten, seine Ideen ins Werk umzusetzen. Eine ähnliche Gruppe von Männern aus Cambridge war ebenfalls von Ruskins Botschaft bewegt und widmete ihr Leben der Ausbreitung des Britischen Empire und der Verbesserung der Lebenssituation der städtischen englischen Massen als zwei Teilen eines einzigen Projektes, das sie «Ausbreitung der Idee» nannten. Dazu gehörten Reginald Baliol Brett (Lord Esher), Sir John B. Seeley, Albert (Lord) Grey und Edmund Garrett. Sie waren in diesen Zielsetzungen bemerkenswert erfolgreich, weil Englands größter Sensationsjournalist, William T. Stead (1849–1912), ein leidenschaftlicher Sozialreformer und Imperialist, sie in Verbindung mit Rhodes brachte. Diese Verbindung wurde am 5. Januar 1891 formalisiert, als Rhodes und Stead eine Geheimgesellschaft gründeten, von der Rhodes schon seit sechzehn Jahren geträumt hatte. In dieser Geheimgesellschaft sollte Rhodes der Führer sein; Stead, Brett (Esher) und Milner sollten ein Exekutivkomitee bilden; Arthur (Lord) Balfour, (Sir) Harry Johnston, Lord Rothschild, Albert (Lord) Grey und andere standen auf der Liste als potentielle Mitglieder eines «Kreises der Eingeweihten»; außerdem sollte es einen äußeren Kreis geben, der «Verbindung der Helfer» genannt wurde (er wurde später von Milner als die Round-Table-Organisation gegründet). Brett wurde am gleichen Tag eingeladen, der Verbindung beizutreten, Milner bei seiner Rückkehr aus Ägypten einige Wochen später. Beide akzeptierten voller

Enthusiasmus. Auf diese Art wurde der Kern der Geheimgesellschaft im März 1891 gegründet. Sie funktionierte dann in der Folge als formelle Verbindung, obwohl der äußere Kreis offenbar nicht vor 1909–1913 organisiert wurde. Diese Gruppe hatte nach Rhodes' Tod 1902 Zugang zu seinem Geld und auch zu den Geldern von loyalen Unterstützern von Rhodes wie Alfred Beit (1853–1906) und Sir Abe Bailey (1864–1940). Mit diesem Rückhalt versuchten sie, die Ideale, die Rhodes von Ruskin und Stead geerbt hatte, zu erweitern und auszuführen. Milner war der wichtigste Treuhänder des Rhodes-Fonds und Parkin organisierte als Sekretär nach 1902 den Rhodes Trust, während Gell und Birchenough, wie auch andere mit ähnlichen Ideen Vertreter der British South Africa Company wurden. Sie wurden in ihren Bemühungen unterstützt von anderen Ruskin-Anhängern und Freunden von Stead wie Lord Grey, Lord Esher und Flora Shaw (der späteren Lady Lugard). 1890 kam durch eine strategische Intrige, die zu kompliziert war, um sie hier zu beschreiben, Miss Shaw an die Spitze der Kolonialredaktion der *Times*, während sie gleichzeitig noch auf der Gehaltsliste von Steads *Pall Mall Gazette* blieb. Auf diesem Posten spielte sie in den nachfolgenden zehn Jahren eine Hauptrolle dabei, den imperialen Ideen von Cecil Rhodes, dem sie von Stead 1889 vorgestellt worden war, zur Ausführung zu verhelfen.

In der Zwischenzeit hatte 1884 unter der Inspiration Ruskins eine Gruppe junger Männer, zu der Arnold Toynbee, Milner, Gell, Grey, Seeley und Michael Glazebrook gehörten, das erste «Settlement House» gegründet, eine Organisation, die es gebildeten Menschen aus der Oberschicht ermöglichte, in den Slums zu leben, um den Armen zu helfen, sie zu unterrichten und ihnen Führung zu geben. Eine besondere Betonung lag dabei auf Sozialhilfe und Erwachsenenbildung. Diese neue Unternehmung, die im Londoner Osten unter dem Vorsitz von P. L. Gell eingerichtet wurde, wurde nach Arnold Toynbee, der 1883 im Alter von 31 Jahren gestorben war, Toynbee Hall genannt. Das war das Urmodell für die Tausenden von sozialen Hilfswerken wie etwa Hull House in Chicago, die es jetzt über die ganze Welt verstreut gibt, und es war einer der Keime, aus denen die moderne Bewegung für Erwachsenenbildung und Öffnung der Universitäten hervorging.

Als Generalgouverneur und Hochkommissar von Südafrika in der Zeit von 1897 bis 1905 rekrutierte Milner eine Gruppe junger Männer, hauptsächlich aus Oxford und Toynbee Hall, die ihm bei der Organisation der Verwaltung zur Hand gingen. Durch seinen Einfluss erlangten diese Männer einflussreiche Posten in Regierung und internationaler Finanzwelt und wurden zum in der Zeit bis 1939 beherrschenden Einfluss in der britischen Empirepolitik und der Außenpolitik. Unter Milner in Südafrika waren sie bis 1910 als Milners Kindergarten bekannt. Zwischen 1909 und 1913 organisierten sie halbgeheime Gruppen, bekannt als Round-Table-Gruppen, in den wichtigsten englischen abhängigen Gebieten und den Vereinigten Staaten. Diese bestehen auch heute noch in acht Ländern. Sie blieben miteinander durch persönliche Korrespondenz und häufige Besuche in Verbindung und hatten außerdem eine einflussreiche vierteljährliche Zeitschrift, *The Round Table*, die

1910 gegründet und hauptsächlich von den Geldern Sir Abe Baileys unterhalten wurde. 1919 gründeten sie das Royal Institute of International Affairs (Chatham House), dessen wichtigste finanzielle Unterstützer Sir Abe Bailey und die Astor-Familie (die Eigentümer der *Times*) waren. Ähnliche Institute für internationale Angelegenheiten wurden in den wichtigsten britischen Besitzungen und den Vereinigten Staaten (wo es als Rat für Auswärtige Angelegenheiten – Council on Foreign Relations – bekannt ist) in der Zeit von 1919 bis 1927 eingerichtet. Nach 1925 wurde eine vergleichbare Struktur von Organisationen unter dem Namen Institute of Pacific Relations in zwölf Ländern am Pazifik eingerichtet. Die Einrichtungen in den englischen Dominions überlappten sich dabei mit der Round-Table-Gruppe und dem Institut für Internationale Angelegenheiten in dem jeweiligen Land. In Kanada bestand der Kern dieser Gruppe aus Milners Freunden aus gemeinsamen Oxforder Studententagen (wie Arthur Glazebrook und George Parkin), während der Kern in Südafrika und in Indien aus ehemaligen Mitgliedern von Milners Kindergarten bestand. Dazu gehörten (Sir) Patrick Duncan, B.K. Long, Richard Feetham und (Sir) Dougal Malcolm in Südafrika und (Sir) William Marris, James (Lord) Meston und ihr Freund Malcolm (Lord) Hailey in Indien. Die Gruppen in Australien und Neuseeland waren von Stead (über seine Zeitschrift *The Review of Reviews*) schon 1890–1893 rekrutiert worden; außerdem von Parkin auf Anregung Milners in der Zeit von 1889 bis 1910 und von Lionel Curtis, ebenfalls auf Anregung Milners, von 1910 bis 1919. Die Macht und der Einfluss dieser Rhodes-Milner-Gruppe in britischen imperialen Dingen und in der Außenpolitik seit 1889 ist zwar nicht sehr bekannt, kann aber kaum überschätzt werden. Als Beispiel können wir erwähnen, dass diese Gruppe die *Times* von 1890 bis 1912 dominierte und seit 1912 vollständig unter Kontrolle hatte (mit Ausnahme der Jahre 1919–1922). Weil *The Times* seit 1922 der Astor-Familie gehörte, wurde die Rhodes-Milner-Gruppe nach dem Landsitz der Astors, wo sie sich manchmal trafen, auch als «Cliveden Set» bezeichnet. Auch zahlreiche andere Zeitungen und Zeitschriften standen seit 1889 unter dem Einfluss dieser Gruppe oder wurden von ihr kontrolliert. Ebenso haben sie zahlreiche Universitäts- und andere Lehrstühle für imperiale Angelegenheiten und internationale Beziehungen eingerichtet. Dazu gehören die Beit-Lehrstühle in Oxford, der Montagu-Burton-Lehrstuhl in Oxford, der Rhodes-Lehrstuhl in London, der Stevenson-Lehrstuhl in Chatham House, der Wilson-Lehrstuhl in Aberystwyth und noch weitere. Dazu kommen so wichtige Einflussquellen wie etwa Rhodes House in Oxford.

Von 1884 bis etwa 1915 arbeiteten die Mitglieder dieser Gruppe unermüdlich daran, das Britische Empire zu erweitern und es in einem föderalen System zu organisieren. Sie redeten dauernd über die Lehren, die aus dem Scheitern der amerikanischen Revolution wie auch aus dem Erfolg der kanadischen Föderation von 1867 gelernt werden müssten. Sie hofften, die verschiedenen einzelnen Teile des Empire, wie jeweils gerade möglich, bundesstaatlich zu organisieren, und dann das Ganze – inklusive des Vereinigten Königreichs – in einer einzigen Konföderation neu zu organisieren. Sie hofften auch darauf, die Vereinigten Staaten zum Mitglied dieser Organisation machen zu können – in welchem Maße auch immer das möglich sein würde. Stead brachte Rhodes dazu, eine Lösung zu akzeptieren, die Washington zur Hauptstadt der gesamten Organisation gemacht hätte oder die es Teilen des Empire erlaubt hätte, Bundesstaaten der amerikanischen Union zu werden. Die Verschiedenartigkeiten im Charakter der britischen imperialen Besitzungen, die Rückständigkeit vieler der betroffenen eingeborenen Völker, der Unabhängigkeitsdrang vieler der weißen Kolonisten in Übersee und die wachsende internationale Spannung, die schließlich zum Ersten Weltkrieg führte, machten es unmöglich, den Plan zur Reichsföderation auszuführen. Immerhin wurden die fünf Kolonien in Australien 1901 zum Commonwealth von Australien verbunden und die vier Kolonien in Südafrika wurden 1910 zur Südafrikanischen Union verbunden.

Die Schaffung des Commonwealth (1910–1926)

Sobald Südafrika 1910 vereinigt war, kehrte der Kindergarten nach London zurück, um das ganze Empire nach denselben Methoden, wie sie dort angewandt worden waren, in eine Föderation umzuwandeln. Sie waren in Eile, weil sie das vor dem Krieg gegen Deutschland, an dessen Kommen sie glaubten, erreichen wollten. Mit Geldern von Abe Bailey gründeten sie den *Round Table* mit Kerr (Lothian) als Herausgeber, trafen sich in formellen Konklaven unter der Präsidentschaft Milners, um die Zukunft des Empire zu behandeln, und rekrutierten neue Gruppenmitglieder, und zwar besonders aus New College, zu dessen Mitgliedern Milner gehörte. Zu den neuen Rekruten gehörten der Historiker F. S. Oliver, (Sir) Alfred Zimmern, (Sir) Reginald Coupland, Lord Lovat und Waldorf (Lord) Astor. Curtis und andere wurden in der Welt herumgeschickt, um in den wichtigsten britischen abhängigen Gebieten Round-Table-Gruppen zu organisieren.

Einige Jahre lang (1910–1916) arbeiteten die Round-Table-Gruppen verzweifelt daran, eine akzeptable Formel zu finden, auf deren Grundlage man das Empire in einen Bundesstaat hätte verwandeln können. Drei Bücher und viele Artikel gingen aus diesen Diskussionen hervor, aber allmählich wurde klar, dass eine bundesstaatliche Ordnung für die englischsprechenden abhängigen Gebiete nicht akzeptabel war. Schrittweise wurde entschieden, dass alle formellen Bindungen zwischen diesen abhängigen Gebieten, außer vielleicht einer Bindung an die Krone, aufgelöst werden sollten und dass man das Empire nur auf der Grundlage einer gemeinsamen Sichtweise aller englisch geprägten Völker zusammenhalten sollte. Das implizierte eine Namensänderung von «British Empire» zu «Commonwealth of Nations», wie im Titel eines Buches von Curtis von 1916. Es bedeutete, dass die wichtigsten abhängigen

Gebiete inklusive Indien und Irland alle ihre volle Unabhängigkeit (schrittweise und als Geschenk eher als unter Druck) erhalten und dass die Vereinigten Staaten näher an diese Orientierung herangebracht werden sollten. Es ging darum, die schwer greifbaren Gefühlsverbindungen zwischen den Ländern durch eine Propagandaarbeit unter den finanziellen, intellektuellen und politischen Führern eines jeden Landes zu festigen.

Bemühungen, die abhängigen Gebiete enger mit dem Mutterland zu verknüpfen, waren 1910 keine Neuheit mehr und wurden auch nicht nur von der Rhodes-Milner-Gruppe unterstützt. Trotzdem waren es ihre Aktivitäten, die durchdrangen. Die schlechte militärische Leistung der britischen Truppen im Burenkrieg führte zur Schaffung einer Kommission zur Untersuchung des südafrikanischen Kriegs unter Lord Esher als Vorsitzendem (1903). Unter anderem empfahl die Kommission die Schaffung eines ständigen Komitees zur Verteidigung des Reichs (Committee of Imperial Defence). Esher wurde der (inoffizielle) Vorsitzende dieses Komitees und behielt diese Stellung für den Rest seines Lebens (1905–1930). Er schaffte es, 1907 einen Empire-Generalstab einzurichten und eine vollständige Reorganisation der militärischen Kräfte von Neuseeland, Australien und Südafrika durchzusetzen, so dass diese in einem Notfall dem Militär des Empire eingefügt werden konnten (1909–1912). Im Komitee selbst setzte er ein fähiges Sekretariat ein, das später loyal mit der Rhodes-Milner-Gruppe zusammenarbeitete. Dazu gehörten (Sir) Maurice (Lord) Hankey und (Sir) Ernest Swinton (der 1915 den Panzer erfand). Als Milner und Esher 1916–1917 das Kabinett dazu überredeten, erstmals ein Sekretariat einzurichten, wurde diese Aufgabe weitgehend dem Sekretariat des Komitees für die Verteidigung des Empire übertragen. So wurde Hankey für dreißig Jahre zum Sekretär des Komitees (1908–1938), für zweiundzwanzig Jahre Sekretär des Kabinetts (1916–1938), für fünfzehn Jahre Protokollführer des Kronrats (1923–1938), Generalsekretär der fünf imperialen Konferenzen, die zwischen 1921 und 1937 stattfanden, Sekretär der britischen Delegation bei fast jeder wichtigen internationalen Konferenz zwischen Versailles 1919 und der Lausanner Konferenz 1932 und einer der führenden Berater konservativer Kabinette nach 1939.

Bis 1907 kommunizierten die überseeischen Teile des Empire (außer Indien) mit der Regierung durch den Staatssekretär für die Kolonien. Um diese Beziehung zu ergänzen, gab es in London 1887, 1897, 1902, 1907, 1911, 1917 und 1918 Konferenzen der Premierminister jener Kolonien, die sich selbst regierten, zur Diskussion gemeinsamer Probleme. 1907 wurde beschlossen, solche Konferenzen alle vier Jahre abzuhalten, die sich selbst regierenden Kolonien als «Dominions» zu bezeichnen und den Kolonialsekretär zu umgehen, indem ein neues Dominions-Ressort geschaffen wurde. Es war unter anderem der Einfluss Ruskins, der die Empire-Konferenz von 1911 dazu brachte, zu erklären, dass das Empire auf einer dreifachen Grundlage ruhe: 1) auf der Herrschaft des Rechts, 2) auf lokaler Autonomie und 3) auf der Treuhänderschaft für die Interessen und das Vermögen derjenigen Mituntertanen, die noch keinen Selbstregierungsstatus erreicht hatten.

Die Konferenz von 1915 konnte wegen des Krieges nicht stattfinden, aber sobald Milner 1915 eines der vier Mitglieder des Kriegskabinetts wurde, begann sein Einfluss überall spürbar zu werden. Wir haben schon erwähnt, dass es ihm 1916–1917 gelang, ein Sekretariat des Kabinetts einzurichten, das aus zwei Protégés von Esher (Hankey und Swinton) und zwei seiner eigenen (seinem eigenen Sekretär Leopold Amery und W.G.A. Ormsby-Gore, dem späteren Lord Harlech) bestand. Zur gleichen Zeit gab er auch dem Premierminister Lloyd George ein Sekretariat aus dem Round Table bei, dem Kerr (Lothian), Grigg (Lord Altrincham), W.G.S. Adams (Mitglied von All Souls College) und Astor angehörten. Er errichtete ein Empire-Kriegskabinett, das aus dem Kriegskabinett des Vereinigten Königreichs und den Premierministern der Dominions (besonders Smuts) bestand. Er berief auch die imperialen Konferenzen von 1917 und 1918 und lud die Dominions ein, feste Botschafter in London zu beschäftigen. Als sich der Krieg 1918 seinem Ende zuneigte, übernahm Milner das Amt des Ministers für die Kolonien mit Amery als seinem Assistenten, handelte ein Unabhängigkeitsabkommen für Ägypten aus, setzte eine neue Verfassung für die Selbstregierung in Malta ein, schickte Curtis nach Indien (wo dieser die Hauptbestimmungen des indischen Regierungsgesetzes von 1919 entwarf), ernannte Curtis zum Posten eines Beraters für irische Angelegenheiten (worin dieser eine wichtige Rolle dabei spielte, Südirland 1921 den Status eines Dominions zu gewähren), erlaubte Kanada, eigene diplomatische Beziehungen zu den Vereinigten Staaten aufzunehmen (wobei der erste Botschafter der Schwiegersohn von Milners engstem Mitarbeiter in der Verwaltung des Rhodes Trust war), und berief die imperiale Konferenz von 1921.

In diesem Jahrzehnt von 1919 bis 1929 gab die Rhodes-Milner-Gruppe den wichtigsten Anstoß zu einer Transformation des britischen Empire in ein Commonwealth unabhängiger Nationen und dazu, Indien auf den Weg einer verantwortlichen eigenen Regierung zu bringen. Die Errichtung der Round-Table-Gruppen durch Milners Kindergarten 1909–1913 brachte auf diesen beiden Feldern die Morgendämmerung eines neuen Tags, wobei allerdings die ganze Gruppe so geheimniskrämerisch war, dass auch heute noch viele Forscher über dieses Thema ihre Bedeutung nicht verstehen. Meilensteine für die intellektuelle Entwicklung dieser Männer in Oxford waren die Gedächtnisrede des Perikles, wie sie von einem Mitglied der Gruppe in einem Buch dargestellt wurde (in Sir Alfred Zimmerns *Greek Commonwealth* von 1911), dazu Edmund Burkes *On Conciliation with America*, Sir J.B. Seeleys *Growth of British Policy*, A.V. Diceys *Law and Custom of the Constitution* und die «Bergpredigt» aus dem *Neuen Testament*. Die Letztere hatte besonders auf Lionel Curtis Einfluss. Er hatte die fanatische Überzeugung, dass es möglich wäre, mit dem richtigen Geist und der richtigen Organisationsweise (lokale Selbstregierung und Föderalismus) Gottes Königreich auf Erden zu errichten. Wenn man Völkern nur ein wenig mehr vertrauen würde, als sie es verdienten, so war er überzeugt, dann würden sie sich dieses Vertrauens würdig erweisen. Wie er in *The Problem of a Commonwealth* (1916) schrieb: «Wenn politische Gruppen

Macht erhalten, bevor sie eigentlich bereit dafür sind, so werden sie den Anforderungen der Situation entgegenwachsen.» Dies war der Geist, den Milners Gruppe den Buren 1902–1910, Indien 1910–1947 und unglücklicherweise auch Hitler 1933–1939 entgegenbrachte. Diese Sichtweise findet sich auch in Curtis' drei Bänden über die Weltgeschichte, die unter dem Titel *Civitas Dei* 1938 veröffentlicht wurden. Im Falle Hitlers zumindest führten diese hohen Grundsätze in ein Desaster; das scheint ebenfalls in Südafrika der Fall zu sein; ob es dieser Gruppe nun gelungen ist, das Britische Weltreich in ein Commonwealth unabhängiger Nationen zu transformieren, oder ob es ihr nur gelungen ist, das Britische Weltreich zu zerstören, kann heute noch nicht mit Sicherheit gesagt werden, aber das Zweitere scheint ebenso wahrscheinlich wie das Erstere.

Dass dies nicht nur die Ideen von Curtis, sondern auch die der Gruppe als Ganzer waren, wird allen, die das erforschen, klar werden. Als Lord Lothian 1940 in Washington starb, edierte Curtis einen Band mit seinen Reden und fügte den Nachruf ein, den Grigg für *The Round Table* geschrieben hatte. Von Lothian wurde darin gesagt, «Er hatte die Überzeugung, dass die Menschen danach streben sollten, das Königreich des Himmels hier auf Erden zu errichten und dass die Führerschaft bei dieser Aufgabe zuallererst den englischsprechenden Völkern zufallen müsste.» Andere Elemente der Haltung dieser einflussreichen Gruppe kann man einigen Zitaten aus vier Büchern, die Curtis 1916–1920 veröffentlichte, entnehmen: «Die Herrschaft des Rechts, unterschieden von der Herrschaft eines Individuums, ist das auszeichnende Kennzeichen des Commonwealth. In despotischen Regimen beruht die Regierung auf der Autorität eines Herrschers oder der unsichtbaren und unkontrollierbaren Macht hinter ihm. In einem Commonwealth stammt die Autorität der Herrscher vom Recht ab und das Recht kommt von einer öffentlichen Meinung, die es ändern kann. (...) Die Vorstellung, dass das Prinzip des Commonwealth ein allgemeines Wahlrecht erforderte, zeigt eine Ignoranz bezüglich seiner wahren Natur. Dieses Prinzip ist einfach, dass die Regierung auf den gegenseitigen Pflichten der Bürger zueinander beruht und jenen übertragen werden muss, die fähig sind, das öffentliche Wohl über ihr eigenes zu stellen. (...) Die Aufgabe, jene Rassen und Völker, die sich jetzt noch nicht selbst regieren können, auf die Freiheit vorzubereiten, ist die vorzügliche Pflicht derer, die es können. Das ist das spirituelle Endziel, um dessentwillen das Commonwealth existiert, und die Ordnung im Materiellen ist einfach nur ein Mittel, es zu erreichen. (...) Die Völker Indiens und Ägyptens müssen nicht weniger als diejenigen der Britischen Inseln und der Dominions schrittweise herangeführt werden an die Regelung ihrer nationalen Belange. (...) Die ganze Wirkung des Krieges [von 1914 bis 1918] hat darin bestanden, Stürme, die sich seit langem zusammengezogen hatten, zu einer plötzlichen Entladung zu bringen. (...) Die Brüderschaft der Waffen (...) hat ein schon lange glimmendes Ressentiment gegen die Prätention, dass die Europäer dazu bestimmt seien, die Welt zu regieren, zu einem Feuer angefacht. Überall in Asien und Afrika lodern die diesbezüglichen Brände. (...). Ich persönlich erachte diese Herausforderung des so lange nicht hinterfragten Anspruchs des weißen Mannes zur Beherrschung der Welt für unausweichlich und heilsam, besonders für uns selbst. (...) Die Welt liegt in einem heftigen Kampf, wie er entweder dem Tode oder der Geburt vorhergeht. Unser ganzes Geschlecht hat den bloß nationalen Staat hinter sich gelassen und wird, so sicher wie der Tag der Nacht und die Nacht dem Tage folgt, entweder in ein Commonwealth der Nationen oder in ein Sklavenreich übergehen. Welcher Ausgang es sein wird, wird an uns liegen.»

In diesem Geiste versuchte die Rhodes-Milner-Gruppe 1909–1916 Pläne für eine Föderierung des britischen Weltreichs aufzustellen. Dieses Projekt wurde schrittweise ersetzt beziehungsweise hintangestellt zugunsten des Projektes für ein Commonwealth auf der Basis freiwilliger Zusammenarbeit. Milner scheint das geringere Ziel akzeptiert zu haben, nachdem auf einem von der parlamentarischen Vereinigung des Empire am 28. Juli 1916 veranstalteten Treffen kein anwesendes Mitglied aus den Dominions das Bundesstaatsprojekt, das er unter vielen Bezugnahmen auf die Schriften von Curtis vorgestellt hatte, akzeptieren wollte. Auf der imperialen Konferenz von 1917 wurde unter seiner Führung entschieden, dass «jede Neuausrichtung der konstitutionellen Beziehungen (...) auf einer vollen Anerkennung der Dominions als autonomer Nationen eines imperialen Commonwealth und von Indien als einem bedeutenden Teil desselben beruhen muss, dass sie die Rechte der Dominions und Indiens auf eine angemessene Stimme in der Außenpolitik und in den auswärtigen Beziehungen berücksichtigen muss und dass sie wirksame ständige Konsultationsmechanismen bei allen wichtigen Fragen von gemeinsamer Bedeutung für das gesamte Empire vorsehen sollte.» Eine weitere Resolution forderte eine volle Repräsentanz Indiens bei zukünftigen imperialen Konferenzen. Das kam 1918. Bei dieser zweiten imperialen Konferenz in Kriegszeiten wurde beschlossen, dass die Premierminister der Dominions direkt mit dem Premierminister des Vereinigten Königreichs in Kontakt treten konnten und dass alle Dominions (und Indien) ständige Botschaften in London einrichten konnten, deren Vertreter Sitz im Empire-Kriegskabinett haben würden. Milner war die wichtigste Triebkraft dieser Entwicklungen. Er hoffte darauf, dass das Empire-Kriegskabinett nach dem Krieg weiterhin jährlich zusammenkommen würde, was aber nicht geschah.

Während dieser Jahre 1917–1918 wurde eine Erklärung aufgesetzt, nach der die Dominions außer einer Bindung an die Krone vollständige Unabhängigkeit erhalten sollten. Sie wurde aber erst 1926 veröffentlicht. Stattdessen gab Milner am 9. Juli 1919 eine öffentliche Stellungnahme ab, in der es hieß: «Das Vereinigte Königreich und die Dominions sind Partnernationen; sie haben noch keine Gleichheit der Machtverteilung, aber einen Status als Gleiche. (...) Die einzige Zukunftsmöglichkeit des britischen Empire bietet nur die Basis einer absolut umfassenden Partnerschaft von Gleichen zwischen dem Vereinigten Königreich und den Dominions. Das sage ich ohne den allergeringsten Vorbehalt.» Diese Sichtweise wurde in der sogenannten Balfour-Erklärung von 1926 wiederholt und wurde im Statut von Westminster von

1931 Gesetz. B.K. Long von der südafrikanischen Round-Table-Gruppe (der von 1913 bis 1921 Herausgeber der *Times* für die Kolonien war und von 1922 bis 1935 Herausgeber von Rhodes' Zeitung *The Cape Times* in Südafrika) erzählt, dass die einzelnen Bestimmungen der Erklärung von 1926 auf der imperialen Konferenz, die 1917 von Milner einberufen worden war, beraten wurden. Sie wurden von John W. Dafoe formuliert, der dreiundvierzig Jahre lang Herausgeber der *Winnipeg Free Press* war und im größten Teil dieses Zeitraums der einflussreichste Journalist Kanadas war. Dafoe überredete den kanadischen Premierminister Sir Robert Bordon zu seinen Ideen und brachte dann Long und Dawson (den Herausgeber der *Times*) mit ins Boot. Dawson handelte das Abkommen mit Milner, Smuts und anderen dann aus. Obwohl Australien und Neuseeland überhaupt nicht zufrieden damit waren, sicherten der Einfluss von Kanada und Südafrika das Abkommen. Neun Jahre später wurde es unter dem Namen Balfours auf einer von Amery einberufenen Konferenz öffentlich gemacht.

Die Diplomatie vor und während des Ersten Weltkriegs

Die orientalische Frage bis 1914

Das Osmanische Reich im Niedergang und das Erwachen der Balkanvölker

Über den Zeitraum von mehr als einem Jahrhundert, von kurz nach dem Ende der napoleonischen Kriege 1815 bis 1922, wurden die Beziehungen der großen Mächte beeinträchtigt und vergiftet durch das, was man die «orientalische Frage» nannte. Dieses Problem erwuchs aus der zunehmenden Schwäche des Osmanischen Reiches und befasste sich mit der Frage, was mit den Ländern und Völkern geschehen sollte, die durch den Rückgang der türkischen Macht ohne Regierung zurückblieben. Das Problem wurde dadurch verkompliziert, dass die türkische Macht sich nicht zurückzog, sondern dort, wo sie saß, in sich zusammenfiel, so dass sie in vielen Regionen auf dem Papier noch weiter bestand, als sie wegen der Schwäche und Korruption der Regierung des Sultans in der Realität schon zu funktionieren aufgehört hatte. Die Türken selber versuchten, nicht dadurch ihre Stellung zu halten, indem sie durch Reformen ihre eigene Schwäche und Korruption heilten, sondern indem sie die europäischen Staaten gegeneinander ausspielten und indem sie grausam und willkürlich gegen jedes unterworfene Volk vorgingen, das es wagte, unter ihrer Herrschaft aufsässig zu werden.

Das Osmanische Reich erreichte seinen Höhepunkt in der Periode 1526–1533 mit der Eroberung Ungarns und der ersten Belagerung Wiens. Eine zweite, ebenso erfolglose Belagerung gab es 1683. Ab diesem Zeitpunkt wurde die türkische Macht schwächer und die türkische Oberherrschaft zog sich zurück. Unglücklicherweise vollzog sich der Machtniedergang viel schneller als der Rückzug mit der Folge, dass sich wegen der türkischen Schwäche in Gebieten, die formal noch der Oberhoheit des Sultans unterstanden, unterworfene Völker zur Revolte und ausländische Mächte zur Intervention ermutigt fühlten.

In seiner Blütezeit war das Osmanische Reich sowohl der Fläche als auch der Bevölkerung nach größer als irgendein zeitgleicher europäischer Staat. Im Süden des Mittelmeers erstreckte es sich von der Atlantikküste Marokkos bis zum Persischen Golf; nördlich des Mittelmeers erstreckte es sich von der Adria bis zum Kaspischen Meer, inklusive des Balkans bis nördlich nach Polen hin und des gesamten Nordufers des Schwarzen Meers. Dieses gewaltige Reich war in einundzwanzig Regierungseinheiten unterteilt und darunter in siebzig Vilayets, von denen jedes einem Pascha unterstand. Die ganze Struktur wurde als ein militärisches System, das auf dem Eintreiben von Tribut beruhte, dadurch zusammengehalten, dass die Herrscher in allen Teilen Muslime waren. Der oberste Herrscher in Konstantinopel war nicht nur Sultan (und damit Herr des Reiches), sondern auch Kalif (und damit der Verteidiger des muslimischen Glaubens). Im größeren Teil des Reiches war auch die Hauptmasse des Volkes ebenso muslimisch wie die Herrscher, aber es gab auch beträchtliche Teile des Reiches, in denen diese Hauptmasse des Volks aus Nichtmuslimen bestand: aus römischen Christen, orthodoxen Christen, Juden und Anhängern anderer Glaubensformen.

Die sprachliche Vielfalt war sogar noch bemerkenswerter als die religiösen Unterschiede. Nur die Menschen in Anatolien sprachen im Wesentlichen Türkisch, während diejenigen in Nordafrika und im Nahen Osten verschiedene semitische und hamitische Dialekte sprachen, deren vorherrschender Arabisch war. Von Syrien zum Kaspischen Meer über das armenische Hochland hinweg gab es mehrere Sprachen, von denen die wichtigsten Kurdisch und Armenisch waren. Die Küsten der Ägäis, besonders die westlichen, sprachen im Allgemeinen Griechisch. Am Nordufer herrschte ein verwirrendes Durcheinander von Türkisch, Griechisch und Bulgarisch sprechenden Völkern. Das östliche Ufer der Adria sprach bis zum 40. Breitengrad Griechisch, dann für fast drei Breitengrade Albanisch und ging dann schrittweise in verschiedene südslawische Sprachen wie Kroatisch, Slowenisch und (im Innern) Serbisch über. Die dalmatinische Küste und Istrien hatten viele Italienisch sprechende Bewohner. An der Küste des Schwarzen Meers bestand in Thrakien ein Durcheinander von Türkisch, Griechisch und Bulgarisch vom Bosporus bis zum 42. Breitengrad, ab wo es dann eine einheitliche Masse von Bulgaren gab. Der Zentralbalkan war ein Durcheinander, insbesondere Mazedonien, wo Türkisch, Griechisch, Albanisch, Serbisch und Bulgarisch zusammenstießen und sich vermischten. Nördlich der Bulgarisch sprechenden Gruppen und im Allgemeinen von ihnen durch die Donau getrennt, gab es Rumänen. Nördlich der Kroaten und Serben, und im Allgemeinen von ihnen durch die Drave getrennt, waren die Ungarn. Das Gebiet, wo sich Ungarn und Rumänen begegneten, Transsilvanien, war durcheinandergemischt. Große Blöcke der einen Sprache waren dort durch Blöcke der anderen von ihren Sprachgenossen getrennt, wobei die Verwirrung noch durch die Anwesenheit beträchtlicher Zahlen von Deutschen und Zigeunern gesteigert wurde.

Die religiösen und sprachlichen Unterteilungen im Osmanischen Reich wurden durch geographische, soziale und kulturelle Unterschiede insbesondere im Balkan noch verkompliziert. Diese letztere Region bot solche Kontraste wie die relativ fortgeschrittenen kommerziellen und merkantilen Aktivitäten der Griechen, primitive Landbevölkerungen wie die albanischen Ziegenhirten, selbstversorgende Bauern, die sich ihren Lebensunterhalt auf kleinen Äckern von den steinigen Böden Mazedoniens zusammenkratzten, Bauernhöfe auf den besseren Böden in Serbien und Rumänien, große reiche Landgüter, die für den Markt produzierten und von Leibeigenen bewirtschaftet wurden, in Ungarn und Rumänien. Eine solche Vielfalt machte es fast unmöglich, im Balkan auf eine politische Einheit durch Einigkeit oder durch eine Föderation zu hoffen. Tatsächlich war es fast unmöglich, politische Grenzen zu ziehen, die mit geographischen und sprachlichen oder religiösen Grenzen zusammengefallen wären, weil die sprachlichen und religiösen Unterschiede oftmals Klassenunterschiede anzeigten. So hatten Ober- und Unterschichten oder auch Handelsleute und Bauern sogar im selben Bezirk oftmals verschiedene Sprachen oder verschiedene Religionen. Ein solches Patchwork der Vielfalt konnte am einfachsten durch eine Zurschaustellung militärischer Macht zusammengehalten werden. Das war es, was die Türken zu bieten hatten.

Militarismus und Fiskalismus waren die beiden Hauptzüge der türkischen Herrschaft. Sie waren ausreichend, das Reich zusammenzuhalten, solange beide effektiv blieben und solange das Reich von ausländischer Intervention verschont blieb. Im Laufe des 18. Jahrhunderts aber wurde die türkische Verwaltung ineffizient und ausländische Interventionen wurden zu einem bedeutenden Faktor.

Der Sultan, der ein völlig unumschränkter Herrscher war, wurde sehr schnell auch zu einem völlig willkürlichen Herrscher. Diese Charakteristik erstreckte sich auf alle seine Lebensäußerungen. Ohne sich um irgendeine formelle Zeremonie zu kümmern, füllte er seinen Harem mit Frauen, die seinen Gefallen gefunden hatten. Aus solchen zahlreichen und zeitlich begrenzten Verbindungen gingen zahlreiche Kinder hervor, von denen viele vernachlässigt oder vergessen wurden. Dementsprechend wurde die Thronnachfolge niemals fest geregelt und beruhte niemals auf dem Erstgeburtsrecht. Als Folge dessen musste der Sultan eine Ermordung aus fast jeder Richtung befürchten. Um sie zu vermeiden, neigte er dazu, sich mit Menschen zu umgeben, die keine Möglichkeit haben konnten, sein Nachfolger zu werden: mit Frauen, Kindern, Negern, Eunuchen und Christen. Alle Sultane ab 1451 stammten von Sklavenmüttern ab und nur ein Sultan nach diesem Datum hielt es überhaupt für notwendig, eine formale Heirat einzugehen. Dieser Lebensstil isolierte den Sultan vollständig von seinen Untertanen.

Diese Isolation ergab sich im Regierungsprozess ganz gleichartig wie im Privatleben des Herrschers. Die meisten Sultane kümmerten sich nur wenig um die Regierungsgeschäfte und überließen das ihren Großwesiren und den lokalen Paschas. Die Ersteren hatten keinen Rückhalt, da sie je nach der Konjunktur der Intrigen im Harem ein- oder abgesetzt wurden. Die Paschas neigten zunehmend zur Unabhängigkeit, da sie die lokalen Steuern eintrieben und auch lokale Militäreinheiten aufstellten. Die Tatsache, dass der Sultan auch Kalif war (und damit religiöser Nachfolger Mohammeds) und der religiöse Glaube, dass die Regierung unter der Führung Gottes stünde und dass man ihr deshalb gehorchen musste, wie ungerecht und tyrannisch ihre Maßnahmen auch waren, ließ das ganze religiöse Denken über politische und soziale Fragen die Form einer Rechtfertigung des Status quo annehmen und machte Reformen irgendwelcher Art fast unmöglich. Eine Reform konnte nur vom Sultan ausgehen, aber dessen Unkenntnis und seine Isolation von der Gesellschaft ließen Reformen unwahrscheinlich werden. Als Folge dessen wurde das ganze System zunehmend geschwächt und korrumpiert. Die Verwaltung war chaotisch, ineffizient und willkürlich. Ohne Geschenke oder Bestechungen an Amtsträger konnte man fast nichts erreichen und man konnte nicht immer wissen, welcher Amtsträger oder welche Reihe von Amtsträgern belohnt werden mussten.

Das Chaos und die Schwächen, die wir beschrieben haben, standen im 17. Jahrhundert in voller Blüte und wurden während der nächsten zwei Jahrhunderte schlimmer. Schon 1699 verlor der Sultan Ungarn, Transsilvanien, Kroatien und Slawonien an die Habsburger, Teile des westlichen Balkans an

Venedig und Bezirke im Norden an Polen. Im Laufe des 18. Jahrhunderts erwarb sich Russland Gebiete im Norden des Schwarzen Meeres, besonders die Krim.

Im 19. Jahrhundert kam die orientalische Frage zunehmend auf die Tagesordnung. Russland ging aus den napoleonischen Kriegen als Großmacht hervor, die ihren Druck auf die Türkei verstärken konnte. Dieser Druck hatte drei Motive. Der russische Imperialismus suchte durch Beherrschung des Schwarzen Meeres und indem er sich durch den Erwerb der Meerengen und Konstantinopels Zugang in die Ägäis verschaffte, nach einem Ausgang ins offene Meer. Später wurde dieses Bemühen ergänzt durch wirtschaftlichen und diplomatischen Druck auf Persien, um dort zum Persischen Golf vorzudringen. Zur gleichen Zeit betrachtete sich Russland als Schutzherr der orthodoxen Christen im Osmanischen Reich und hatte schon 1774 dem Sultan sein Einverständnis zu dieser Schutzmachtrolle abgerungen. Außerdem hatte Russland als mächtigster Slawenstaat den Ehrgeiz, als Schutzmacht der Slawen in den Ländern des Sultans anerkannt zu werden.

Diese russische Ambition hätte vom Sultan allein niemals in Schach gehalten werden können, aber er stand in seinem Widerstand dagegen auch nicht allein. Er erhielt im Allgemeinen Unterstützung von Großbritannien und zunehmend auch von Frankreich. Großbritannien war besessen von der Notwendigkeit der Verteidigung Indiens, das ein Menschenreservoir und ein militärisches Aufmarschgebiet war, das für die Verteidigung des gesamten Empire lebensnotwendig war. Von 1840 bis 1907 sah es sich der alptraumartigen Möglichkeit gegenüber, dass Russland einen Durchmarsch durch Afghanistan und einen Durchbruch nach Nordwestindien versuchen oder Persien bis zum Persischen Golf besetzen könnte oder dass es durch die Dardanellen und die Ägäis hindurch im Mittelmeer in die britische «Lebenslinie nach Indien» einschneiden könnte. Die Öffnung des Suezkanals 1869 erhöhte die Bedeutung dieser Mittelmeerroute nach Osten in britischen Augen. Sie wurde von britischem Militär in Gibraltar, Malta (erworben 1800), Zypern (1878) und Ägypten (1882) geschützt. Trotz der englischen humanitären Sympathie für die der Tyrannei des Sultans unterworfenen Völker und trotz Englands Schätzung der Verdienste einer guten Regierung kam die britische Reichspolitik im Allgemeinen zum Schluss, dass ihren Interessen besser mit einer schwachen, korrupten Türkei im Nahen Osten gedient wäre als mit der Existenz einer Großmacht in dieser Region oder mit dem Auseinanderbrechen der Region in eine Vielzahl kleiner unabhängiger Staaten, die dann unter den Einfluss der Großmächte fallen würden.

Das französische Interesse am Nahen Osten lief dazu parallel, war aber schwächer als dasjenige Großbritanniens. Frankreich hatte Kultur- und Handelsbeziehungen zur Levante, die in manchen Fällen bis auf die Zeit der Kreuzzüge zurückgingen. Außerdem nährte Frankreich alte, 1854 wiederbelebte, Ansprüche darauf, als Schutzmacht der römischen Katholiken im Osmanischen Reich und der «heiligen Stätten» in Jerusalem anerkannt zu werden.

Drei andere Einflüsse, die zunehmende Bedeutung im Nahen Osten erlangten, waren der Aufstieg des Nationalismus und die wachsenden Interessen Österreichs (nach 1866) und Deutschlands (nach 1889). Das erste Lebenszeichen des Nationalismus im Balkan kann man in der Revolte der Serben 1804–1812 sehen. Indem es der Türkei 1812 Bessarabien wegnahm, setzte Russland für die Serben das Recht auf eine eigene lokale Regierung durch. Unglücklicherweise begann diese Letztere fast unmittelbar mit Kämpfen untereinander, wobei die Hauptspaltung die in eine russophile Gruppe, die von Milan Obrenovich geführt wurde, und in eine serbisch nationalistische Gruppe, die von Georgi Petrovich (genannt Karageorgevich) geführt wurde, war. Der serbische Staat, der formell 1830 errichtet wurde, wurde von den Flüssen Drina, Save, Donau und Timok begrenzt. Er hatte eine lokale Autonomie unter türkischer Oberhoheit und zahlte weiterhin dem Sultan Tribut und unterhielt Garnisonen mit türkischen Truppen. Die heimtückisch geführte Fehde zwischen den Obrenovich und den Karageorgevich ging auch weiter, nachdem Serbien 1878 die vollständige Unabhängigkeit erhalten hatte. Die Dynastie Obrenovich herrschte von 1817 bis 1842 und von 1858 bis 1903, während die Karageorgevichs 1842–1858 und 1903–1945 herrschten. Die Intrigen dieser beiden gegeneinander weiteten sich zu einem Verfassungskonflikt aus, bei dem die Obrenovich-Gruppe die etwas weniger liberale Verfassung von 1869 unterstützte, während die Gruppe um Karageorgevich die etwas liberalere Verfassung von 1889 unterstützte. Die erstere Verfassung war von 1869 bis 1889 und wiederum von 1894 bis 1903 in Kraft, während die Letztere 1889–1894 und dann wiederum 1903–1921 maßgebend war. Um Unterstützung aus dem Volk durch einen Appell an nationale Gefühle zu gewinnen, spannen beide Gruppen Intrigen gegen die Türkei und später gegen Österreich-Ungarn.

Ein zweites Beispiel für den Nationalismus auf dem Balkan findet man im Kampf der Griechen um Unabhängigkeit vom Sultan (1821–1830). Nachdem sich Griechen und Muslime gegenseitig zu Tausenden massakriert hatten, wurde Griechenland als konstitutionelle Monarchie unabhängig und von den drei Großmächten garantiert. Auf den Thron wurde ein bayrischer Prinz gesetzt, der einen zentralisierten, bürokratischen Verfassungsstaat einzurichten begann, der recht wenig geeignet war für ein Land mit so verfassungslosen Traditionen, schlechten Transport- und Kommunikationswegen, einem geringen Alphabetisierungsgrad und einem hohen Maß regionalen Eigensinns. Nach dreißig turbulenten Jahren (1832–1862) wurde Otto von Bayern abgesetzt und durch einen dänischen Prinzen und eine vollständig demokratische Einkammernregierung ersetzt, was nur unwesentlich besser funktionierte. Die dänische Dynastie regiert dort noch immer, wobei sie allerdings 1924–1935 durch eine Republik und bei verschiedenen Anlässen durch Militärdiktaturen, besonders diejenige von Joannes Metaxa (1936–1941) ersetzt wurde.

Man sollte die ersten Anfänge des Nationalismus auf dem Balkan nicht überbetonen. Die Einwohner dieser Region waren immer misstrauisch gegenüber Außenstehenden und nährten Ressentiments gegen Regierungen, die ihnen Lasten auferlegten, aber man sollte diese Empfindungen eher als Provinzialismus oder Regionalismus denn als Nationalismus betrachten. Solche Gefühle herrschen unter allen primitiven Völkern vor. Sie sollten erst dann als Nationalismus angesehen werden, wenn sie so weit gehen, eine Loyalität für alle Menschen gleicher Sprache und Kultur zu umfassen, und wenn sie so organisiert sind, dass das Ziel dieser Loyalität der Staat als Kern nationaler Ambitionen wird. Wenn man ihn so versteht, wurde der Nationalismus erst nach 1878 zu einem sehr wichtigen Faktor bei der Auflösung des Osmanischen Reiches.

In enger Beziehung zu den Anfängen des Nationalismus auf dem Balkan standen die Anfänge des Panslawismus und der verschiedenen Pan-Bewegungen, die in Reaktion darauf standen wie des Panislamismus. Diese bekamen erst am Ende des 19. Jahrhunderts eine herausragende Bedeutung. Kurz definiert war der Panslawismus eine Bewegung für die kulturelle Einheit der Slawen und vielleicht auf lange Frist auch für ihre politische Einheit. In der Praxis wurde daraus das Recht Russlands, die Rolle eines Beschützers der slawischen Völker außerhalb Russlands anzunehmen. Es war zu Zeiten für manche Völker schwierig – insbesondere für Russlands Feinde –, zwischen Panslawismus und russischem Imperialismus zu unterscheiden. Ähnlich kurz definiert war der Panislamismus eine Bewegung für Einheit oder wenigstens Zusammenarbeit aller muslimischen Völker im Widerstand gegen das Eindringen der europäischen Mächte in muslimische Territorien. Im Konkreten strebte er danach, dem Kalifen eine religiöse und vielleicht mit der Zeit auch eine politische Führerschaft, wie er sie in Wirklichkeit niemals besessen hatte, zu übertragen. Diese beiden Panbewegungen waren bis zum Ende des 19. Jahrhunderts ohne Bedeutung, während der Nationalismus auf dem Balkan nur wenig früher zu einem bedeutsamen Faktor aufstieg.

Diese Balkannationalisten hatten romantische Träume über die Vereinigung von Völkern einer Sprache und schauten im Allgemeinen mit einer etwas verzerrten historischen Perspektive auf irgendeine Epoche zurück, als ihre Sprachgenossen eine größere politische Rolle gespielt hatten. Die Griechen träumten von einem wiederbelebten Byzanz oder sogar vom athenischen Reich des Perikles. Die Serben träumten von den Tagen Stephan Duschans, während die Bulgaren weiter zurückgingen in die Tage des bulgarischen Reiches Simeons im frühen 10. Jahrhundert. Aber wir müssen bedenken, dass auch noch zu Beginn des 20. Jahrhunderts solche Träume nur unter den gebildeten Minderheiten der Balkanvölker genährt wurden. Im 19. Jahrhundert konnte eine Agitation auf dem Balkan viel leichter mit der schlechten türkischen Regierung als durch die Erregung nationaler Gefühle geführt werden. Als das nationale Gefühl dann auftauchte, zeigte es sich darüber hinaus mindestens mit gleicher Wahrscheinlichkeit als Gefühl der Animosität gegenüber andersartigen Nachbarn, wie als Gefühl der Zusammengehörigkeit mit Menschen derselben Kultur und Religion. Und zu allen Zeiten blieben lokale Eigensucht und Klassengegensätze (besonders die Feindschaft der Landbevölkerung gegen städtische Gruppen) wichtige Faktoren.

Russland führte im 19. Jahrhundert fünf Kriege gegen die Türkei. Bei den letzten beiden intervenierten die Großmächte, um Russland davon abzuhalten, dem Sultan seinen Willen aufzuzwingen. Die erste Intervention führte zum Krimkrieg (1854–1856) und zum Pariser Kongress (1856), während die zweite Intervention beim Berliner Kongress 1878 einen Friedensvertrag neu aushandelte, den der Zar zuvor dem Sultan aufgezwungen hatte (Vertrag von San Stefano 1877).

1853 besetzte der Zar als Schutzherr der orthodoxen Christen im Osmanischen Reich die Fürstentümer Moldau und die Walachei nördlich der Donau und östlich der Karpaten. Unter britischem Druck erklärte der Sultan Russland den Krieg und wurde im sich anschließenden «Krimkrieg» von Großbritannien, Frankreich und Sardinien unterstützt. Mit der Drohung eines Beitritts zur antirussischen Koalition zwang Österreich den Zaren dazu, die Fürstentümer freizugeben, und besetzte sie seinerseits. Es eröffnete damit eine österreichisch-russische Rivalität auf dem Balkan, die zwei Generationen weiterging und schließlich den Ersten Weltkrieg auslöste.

Der Pariser Kongress 1856 versuchte jede zukünftige russische Intervention in der Türkei unmöglich zu machen. Die Integrität der Türkei wurde garantiert, Russland musste seinen Anspruch als Schutzmacht der christlichen Untertanen des Sultans aufgeben, das Schwarze Meer wurde «neutralisiert», indem alle Kriegsschiffe und Marinelager auf See oder an seinen Küsten verboten wurden, es wurde eine internationale Kommission eingerichtet, um freie Schifffahrt auf der Donau zu garantieren, und 1862, nach mehreren Jahren der Unentschiedenheit, wurde den beiden Fürstentümern Moldau und Walachei gemeinsam mit Bessarabien gestattet, den Staat Rumänien zu bilden. Der neue Staat verblieb formal bis 1878 unter türkischer Oberhoheit. Es war der fortschrittlichste der Nachfolgestaaten des Osmanischen Reiches mit avancierten Erziehungs- und Justizsystemen, die auf denen des napoleonischen Frankreich beruhten und mit einer durchgreifenden Agrarreform. Diese letzte wurde in zwei Phasen durchgeführt (1863–1866 und 1918–1921), teilte die großen Güter der Kirche und des Adels auf und löschte alle Überbleibsel von Lehnspflichten oder Leibuntertänigkeit aus. Unter einer liberalen, aber nicht demokratischen Verfassung errichtete ein deutscher Prinz, Karl von Hohenzollern-Sigmaringen (1866–1914) eine neue Dynastie, die erst 1948 beendet wurde. Während dieser ganzen Zeit waren das kulturelle und das Erziehungssystem des Landes weiterhin nach Frankreich ausgerichtet, was in scharfem Kontrast zu den Sympathien der herrschenden Dynastie stand, die auf Seiten der Deutschen lagen. Der rumänische Besitz Bessarabiens wie auch der allgemeine Stolz auf das lateinische Erbe, wie er auch im Namen des Landes verkörpert ist, errichtete eine Barriere gegenüber guten Beziehungen zu Russland, obwohl die Mehrheit der Rumänen Mitglieder der orthodoxen Kirche waren.

Die politische und militärische Schwäche des Osmanischen Reichs im Angesicht russischen Drucks und der Nationalismen auf dem Balkan zeigten unmissverständlich, dass sich das Reich reformieren und verwestlichen musste, wenn es überleben wollte. Weitgehende rhetorische Versprechungen in diese Richtung wurden vom Sultan in der Zeit 1839–1877 abgegeben, und es gab sogar gewisse Bemühungen in Richtung dieser Versprechungen. Die Armee wurde auf europäischer Grundlage mit der Hilfe Preußens reorganisiert. Die lokalen Regierungen wurden reorganisiert und zentralisiert und das Fiskalsystem stark verbessert. Das geschah hauptsächlich, indem man die Einsetzung von Steuereintreibern unterband. Die Amtsträger wurden nicht mehr nach Gebühren, sondern mit einem festen Gehalt bezahlt. Der Sklavenmarkt wurde abgeschafft, auch wenn das eine starke Kürzung für das Einkommen des Sultans bedeutete. Das religiöse Erziehungsmonopol wurde beschränkt und ein beträchtlicher Anstoß für eine laizistische technisch-wissenschaftliche Erziehung gegeben. Schließlich gab es 1856 mittels eines Ediktes, das dem Sultan von den Großmächten aufgezwungen worden war, eine Bemühung, einen säkularen Staat in der Türkei einzurichten, indem alle Ungleichheiten bezüglich persönlicher Freiheit, Gesetze, Eigentum, Besteuerung und Wählbarkeit für öffentliche Ämter oder militärische Ränge, die auf dem Glauben beruhten, abgeschafft wurden.

In der Praxis war aber keine dieser papierenen Reformen sehr wirksam. Es war nicht möglich, die Sitten des türkischen Volks durch Papierdekrete zu ändern. Tatsächlich erregte jeder Versuch dazu den Ärger vieler Muslime bis zu dem Punkt, wo ihr persönliches Verhalten Nichtmuslimen gegenüber feindseliger wurde. Gleichzeitig führten diese Versprechungen dazu, dass die Nichtmuslime sich eine bessere Behandlung erwarteten, so dass sich die Beziehungen zwischen den verschiedenen Gruppen verschlimmerten. Auch wenn der Sultan wirklich die Absicht gehabt hätte, seine angekündigten Reformen durchzuführen, wäre das wegen der Struktur der türkischen Gesellschaft und dem vollständigen Fehlen eingeübten Verwaltungspersonals oder sogar eines alphabetisierten Volkes sehr schwierig gewesen. Der türkische Staat war eine Theokratie und die türkische Gesellschaft war eine patriarchalische oder sogar eine Stammesgesellschaft. Jede Bewegung Richtung Säkularisation oder Richtung sozialer Gleichheit konnte leicht nicht zu einer Reform, sondern zur vollständigen Zerstörung der Gesellschaft führen, indem die religiösen und autoritären Beziehungen, die sowohl Staat als auch Gesellschaft zusammenhielten, aufgelöst wurden. Aber die Reformbewegung hatte nicht die uneingeschränkte Unterstützung des Sultans; sie erregte den Widerstand der konservativeren und in mancher Hinsicht loyaleren Gruppen der Muslime; sie erregte auch den Widerstand vieler liberaler Türken, weil sie aus westlichem Druck auf die Türkei entstanden war; sie erregte den Widerstand vieler christlicher oder nichttürkischer Gruppen, die Furcht hatten, dass ein Erfolg der Reformen die Chancen, dass das Osmanische Reich auseinanderbrechen würde, abschwächen würden; und die Reformbemühungen, die auf den theokratischen Charakter des türkischen Staates zielten, liefen der Absicht des Sultans entgegen, sich selbst zum Führer des Panislamismus zu machen und seinen Kalifentitel dazu zu verwenden, nichtosmanische Muslime in Indien, Russland und dem Osten als Unterstützung für seinen Kampf gegen die europäischen Großmächte zu mobilisieren.

Andererseits war auch klar, dass die Türkei keinem europäischen Staat auf der Basis militärischer Gleichwertigkeit begegnen konnte, solange sie nicht verwestlicht war. Gleichzeitig begannen billige, maschinell gefertigte Industriewaren der westlichen Mächte den türkischen Markt zu überfluten und ruinierten das Lebensauskommen der türkischen Handwerker. Das konnte nicht durch Schutzzölle verhindert werden, weil der Sultan durch internationale Vereinbarungen verpflichtet war, seine Zölle niedrig zu halten. Zur gleichen Zeit begann bei manchen, die sie kennen gelernt hatten, die Attraktivität der westlichen Lebensweise zu wirken. Diese Leute begannen, sich für den Industrialismus oder den Bau von Eisenbahnen einzusetzen, ebenso für bessere Ausbildungsmöglichkeiten, besonders für technische Berufe, für Reformen der türkischen Sprache, für eine neue, weniger formale Art der türkischen Literatur, für ehrliche, unpersönliche Methoden der Verwaltung in Justiz und öffentlichen Finanzen und für all das, was die westlichen Mächte stark machte und damit zu einer Gefahr für die Türkei werden ließ.

Der Sultan machte schwache Ansätze in Richtung Reform in den Jahren 1838–1875, war aber zum letzteren Datum so vollständig desillusioniert über diese Versuche, dass er dann sogar zu einer Politik rücksichtsloser Zensur und Unterdrückung zurückkehrte. Die Unterdrückung führte schließlich 1908 zur Rebellion der «Jungtürken».

Der Berliner Kongress 1878 und seine Folgen
Der Wechsel von schwächlicher Reform zu unbarmherziger Unterdrückung fiel mit der Erneuerung der russischen Angriffe auf die Türkei zusammen. Diese Angriffe wurden durch das türkische Abschlachten bulgarischer Agitatoren in Mazedonien und durch einen erfolgreichen Krieg der Türkei in Serbien angefacht. Indem es sich mit der Doktrin des Panslawismus schmückte, kam Russland Serben und Bulgaren zu Hilfe, besiegte in kurzer Zeit die Türken und zwang ihnen den Vertrag von San Stefano auf, bevor irgendeine westliche Macht hätte intervenieren können (1877). Unter anderem sah dieser Vertrag die Schaffung eines großen bulgarischen Staates vor, der einen Hauptteil Mazedoniens mit umfassen, von der Türkei unabhängig sein und unter russischer Militärbesatzung stehen sollte.

Dieser Vertrag von San Stefano war für England und Österreich völlig unannehmbar. Insbesondere fürchtete man, dass der neugeschaffene große bulgarische Staat, den er vorsah, nur ein russisches Werkzeug sein würde. Indem sie sich mit Frankreich, Deutschland und Italien zusammentaten, zwangen England und Österreich Russland auf eine Konferenz nach Berlin, auf welcher der Vertrag vollständig umgeschrieben wurde (1878). Die Unabhängigkeiten Serbiens, Montenegros und Rumäniens wurden dort ebenso anerkannt wie die russischen Eroberungen von Kars und Batumi am Ostrand des Schwarzen Meeres. Rumänien musste Bessarabien an Russland abtreten, erhielt aber vom Sultan die Dobrudscha. Bulgarien, das entscheidende Thema der Konferenz, wurde in drei Teile aufgeteilt: a) der Streifen zwischen der Donau und dem Balkangebirge wurde als autonomer, aber tributpflichtiger

Staat unter türkischer Oberhoheit errichtet; b) das Stück Bulgariens südlich der Berge wurde als Provinz Ostrumelien dem Sultan wiedergegeben, sollte allerdings von einem christlichen Gouverneur regiert werden, dessen Ernennung der Zustimmung der Mächte bedurfte; und c) Mazedonien, noch weiter im Süden, wurde der Türkei im Austausch für das Versprechen von Verwaltungsreformen zurückgegeben. Österreich bekam das Recht, Bosnien-Herzegowina und den Sandschak von Novi Pazar (einen Streifen zwischen Serbien und Montenegro) zu besetzen. Die Engländer erhielten durch ein Separatabkommen mit der Türkei Zypern, das ihnen ebenso lang zustehen sollte wie den Russen Batumi und Kars. Die anderen Staaten erhielten nichts, obwohl Griechenland Ansprüche auf Kreta, Thessalien, Epirus und Mazedonien stellte, Frankreich über seine Interessen in Tunesien redete und Italien kein Hehl aus seinen Ambitionen in Libyen (Tripolis) und Albanien machte. Nur Deutschland stellte keine Forderungen und erhielt den Dank und die Freundschaft des Sultans für seine Zurückhaltung.

Der Vertrag von Berlin 1878 war fast aus jedem Blickwinkel gesehen ein Desaster, weil er außer Österreich bei jedem Staat den Appetit angeregt, den Hunger aber nicht gestillt hatte. Die Panslawisten, die Rumänen, die Bulgaren, die Südslawen, die Griechen und die Türken waren alle verärgert über die Regelungen. Der Vertrag machte den Balkan zu einem offenen Pulverfass, von dem der Funke nur mit großen Schwierigkeiten und nur für zwanzig Jahre ferngehalten werden konnte. Er öffnete auch die Aussicht auf die Liquidation der türkischen Besitzungen in Nordafrika und fachte dadurch eine Rivalität zwischen den Großmächten an, die in der Zeit von 1878 bis 1912 eine ständige Gefahr für den Frieden darstellte. Rumäniens Verlust von Bessarabien, der bulgarische Verlust Ostrumeliens, die Enttäuschung der Hoffnung der Südslawen, einen Zugang zur Adria oder nach Montenegro zu erhalten (durch die österreichische Okkupation Bosniens und des Sandschak von Novi Pazar), der Fehlschlag der Griechen, Kreta oder Thessalien zu erhalten, und das völlige Unglück der Türkei schufen eine Atmosphäre allgemeiner Unzufriedenheit. Inmitten all dessen erregte das Versprechen auf Reformen in Mazedonien, das gegeben worden war ohne irgendeine Vorkehrung, um es durchzusetzen, Hoffnungen und eine politische Unruhe, die weder befriedigt noch beruhigt werden konnten. Sogar Österreich, das, oberflächlich betrachtet, mehr erhalten hatte, als es erwarten konnte, hatte sich doch in Bosnien das Mittel eingehandelt, das schließlich zur völligen Zerstörung der Habsburgermonarchie führen sollte. Es war von Bismarck zu dieser Erwerbung ermutigt worden als einer Methode, die österreichischen Ambitionen nach Süden Richtung Adria und von Deutschland weg zu lenken. Aber indem Österreich in dieser Art zum Haupthindernis für den Einheitstraum der Südslawen gemacht wurde, schuf Bismarck auch den Anlass für die Zerstörung der Hohenzollernmonarchie. Es ist klar, dass die europäische Diplomatie der Jahre 1878–1919 wenig mehr als ein Kommentar zu den Fehlern des Berliner Kongresses gewesen ist.

Für Russland waren die Ereignisse von 1878 eine bittere Enttäuschung. Selbst der kleine bulgarische Staat, der durch die Regelungen geschaffen wurde, verschaffte ihm nur wenig Befriedigung. Obwohl ihre Verfassung von Russland diktiert worden war und sie einem Prinzen, Alexander von Battenberg, der ein Neffe des Zaren war, unterstanden, zeigten die Bulgaren einen wenig kooperativen Geist, was die Russen tief verärgerte. Die Folge davon war, dass, als 1885 Ostrumelien einen Aufstand machte und die Vereinigung mit Bulgarien forderte, diese Veränderung von Russland abgelehnt wurde, während Österreich ihr wohlwollend gegenüber stand. Serbien suchte in seiner Verbitterung den Krieg mit Bulgarien, wurde aber geschlagen und von Österreich gezwungen, Frieden zu schließen. Die Vereinigung Bulgariens und Ostrumeliens wurde vom Sultan unter Bedingungen anerkannt, die ihn das Gesicht wahren ließen. Russische Widerstände wurden durch die vereinte Macht von Österreich und England im Zaum gehalten, waren aber stark genug, um die Abdankung Alexander von Battenbergs zu erzwingen. Prinz Ferdinand von Sachsen-Coburg-Gotha wurde als Nachfolger Alexanders gewählt, war aber für Russland nicht annehmbar und wurde bis zu seiner Versöhnung mit Russland 1896 von keiner der Mächte anerkannt. Der Staat befand sich während dieser Zeit normalerweise in Unruhe, Putschpläne und Attentate folgten einander auf dem Fuße. Eine revolutionäre mazedonische Organisation, die IMRO, die um Unabhängigkeit für ihr Gebiet kämpfte, machte sich zunehmend eine terroristische Politik zu eigen und tötete jeden rumänischen oder bulgarischen Staatsmann, der nicht in jeder Hinsicht mit ihrem Handeln konform ging. Aufgehetzte Bulgaren bildeten aufständische Banden, die Einfälle nach Mazedonien machten. Der Aufstand wurde in der Provinz endemisch und brach 1902 mit voller Kraft aus. Zu diesem Zeitpunkt hatten serbische und griechische Banden sich ebenfalls eingemischt und die Verwirrung vervollständigt. An diesem Punkt intervenierten die Mächte, um ein Reformprogramm in Mazedonien unter österreichisch-russischer Überwachung einzusetzen.

Der Kongress von Berlin begann die Liquidation der türkischen Position in Nordafrika. Frankreich, das Algerien seit 1830 besetzt hielt, errichtete außerdem 1881 ein Protektorat über Tunesien. Das führte im darauffolgenden Jahr zur britischen Besetzung Ägyptens. Um nicht außen vor zu bleiben, meldete Italien Ansprüche auf Tripolis (Libyen) an, erreichte aber nur einen Austausch diplomatischer Noten, bekannt als das Mittelmeerabkommen von 1887, in dem England, Italien, Österreich, Spanien und Deutschland versprachen, im Mittelmeer, der Adria, der Ägäis und dem Schwarzen Meer den Status quo aufrecht zu erhalten, solange nicht alle Mächte einer Veränderung zustimmten. Der einzige konkrete Vorteil für Italien bei alledem war ein britisches Unterstützungsversprechen für die italienischen Interessen in Nordafrika im Austausch für eine italienische Unterstützung der britischen Position in Ägypten. Das bedeutete nur eine dürftige Befriedigung für die italienischen Gelüste auf Tripolis, wurde aber 1900 durch ein französisch-italienisches Abkommen verstärkt, in dem Italien Frankreich als Ausgleich für eine eigene freie Hand in Tripolis freie Hand in Marokko ließ.

Das Bagdadbahnprojekt

Um 1900 gewann ein vollständig neuer Faktor Einfluss in der orientalischen Frage. Unter Bismarck (1862–1890) hatte Deutschland alle nichteuropäischen Abenteuer vermieden. Unter Wilhelm II. (1888–1918) dagegen war jedes Abenteuer, besonders ein entferntes und riskantes, willkommen. In der früheren Periode hatte sich Deutschland mit der orientalischen Frage nur als Mitglied des europäischen «Mächtekonzerts» befasst und mit ein paar nebensächlichen Themen, wie der Verwendung deutscher Offiziere zur Ausbildung der türkischen Armee. Nach 1889 war die Lage anders. Wirtschaftlich begannen die Deutschen, in Anatolien mit der Einrichtung von Handelsagenturen und Bankenfilialen vorzudringen; politisch versuchte Deutschland, die internationale Position der Türkei in jeder Hinsicht zu stärken. Dieses Bemühen wurde durch die beiden Besuche des deutschen Kaisers beim Sultan 1889 und 1898 symbolisiert. Bei der letzteren Gelegenheit versicherte er «den Sultan Abdul Hamid und die dreihundert Millionen Muslime, die ihn als Kalifen verehren», feierlich seiner Freundschaft. Am wichtigsten war vielleicht das Projekt der Berlin-Bagdad-Eisenbahnlinie, die ihre Hauptteilstrecke von der Grenze Österreich-Ungarns bis nach Nusaybin im nördlichen Mesopotamien im September 1918 fertiggestellt hatte. Dieses Projekt war von größter wirtschaftlicher, strategischer und politischer Bedeutung – nicht nur für das Osmanische Reich und den Nahen Osten, sondern für Europa als Ganzes. Wirtschaftlich zapfte es eine Region an, die reich an Bodenschätzen und landwirtschaftlichen Ressourcen war, einschließlich der größten Ölreserven der Welt. Diese traten dadurch in eine Verbindung mit Konstantinopel und darüber hinaus mit Mittel- und Nordwesteuropa. Deutschland, das sich erst spät industrialisiert hatte, hatte eine große unbefriedigte Nachfrage nach Nahrungsmitteln und Rohstoffen und große Kapazitäten zur Herstellung industrieller Produkte, die man exportieren konnte, um für solche Nahrungsmittel und Rohstoffe zu bezahlen. Deutschland bemühte sich seit längerem, eine Lösung für dieses Problem zu finden, indem Handelsbeziehungen mit Südamerika, dem Fernen Osten und Nordamerika aufgenommen wurden. Bankverbindungen wurden eingerichtet und eine Handelsmarine aufgebaut, um diese Handelsbeziehungen zu fördern. Aber mit ihrem Sinn für strategische Fragen wussten die Deutschen sehr gut, dass die Beziehungen mit diesen Erdregionen dem Wohlwollen der britischen Flotte ausgeliefert waren, die im Falle eines Krieges fast widerstandslos die Kontrolle über die Meere ausüben würde. Die Berlin-Bagdad-Eisenbahn bot eine Lösung für dieses schwerwiegende Problem. Sie brachte die deutsche metallverarbeitende Industrie in Verbindung mit den großen Metallabbaugebieten Anatoliens; sie brachte die deutsche Textilindustrie in Verbindung mit dem Angebot an Wolle, Baumwolle und Hanf, das auf dem Balkan, in Anatolien und Mesopotamien bestand; tatsächlich brachte sie fast jedem deutschen Industriezweig eine Lösungsmöglichkeit für seine Absatzmarkt- und Rohstoffprobleme. Und am besten war es, dass diese Verbindungen, die fast ausschließlich auf dem Landweg verliefen, in Reichweite der deutschen Armee, aber außer Reichweite der britischen Flotte liegen würden.

Auch für die Türkei hatte die Eisenbahnlinie eine vergleichbare Bedeutung. Strategisch ermöglichte sie es der Türkei zum ersten Male, ihr volles Machtpotential im Balkan, in der Kaukasusregion, im Persischen Golf oder in der Levante zu mobilisieren. Sie vergrößerte den wirtschaftlichen Wohlstand des ganzen Landes erheblich; sie konnte mit Öl aus Mesopotamien betrieben werden (wie es nach 1911 geschah); sie schuf eine Verbindung zu neuen Märkten und damit Anreize zur Produktionserhöhung für landwirtschaftliche Produkte und Bodenschätze; in den Gebieten, die sie durchquerte, reduzierten sich die politischen Unruhen, die öffentliche Unordnung und das Banditenwesen beträchtlich; und obwohl die Regierung jede Meile, die gebaut wurde, subventionierte und bestimmte Einnahmen pro Meile und Jahr garantierte, erhöhte die Eisenbahnlinie auch die Einkünfte des osmanischen Schatzministeriums erheblich.

Die Großmächte zeigten bis etwa 1900 dem Bagdadbahnprojekt mildes Wohlwollen. Danach verhielten sich Russland, Großbritannien und Frankreich für mehr als zehn Jahre sehr ablehnend und warfen dem Projekt jeden nur möglichen Stolperstein in den Weg. Nach 1910 wurde diese Ablehnung zu großen Teilen durch eine Reihe von Abkommen, in denen das Osmanische Reich in exklusive Einflusssphären aufgeteilt wurde, ausgeräumt. Während der Zeit der Ablehnung veröffentlichten die beteiligten Großmächte ein solches Propagandasperrfeuer gegen den Plan, dass es auch heute noch notwendig ist, vor dem Einfluss dieser Propaganda zu warnen. Sie beschrieben die Bagdadbahn als Speerspitze deutscher imperialistischer Aggression, die das Osmanische Reich und die Interessen anderer Mächte in der Region schwächen und zerstören wollte. Die Tatsachen zeigen so ziemlich das Gegenteil. Deutschland war die einzige Großmacht, die das Osmanische Reich stark und intakt halten wollte. Großbritannien dagegen wollte es schwach und intakt. Frankreich teilte im Allgemeinen den britischen Blickwinkel, obwohl die Franzosen, die 500 Mio. Dollar in der Region investiert hatten, die Türkei zugleich wohlhabend sehen wollten. Russland wollte es schwach und aufgeteilt sehen, und diese Sichtweise wurde von den Italienern und bis zu einem gewissen Ausmaß auch von den Österreichern geteilt.

Die Deutschen waren der Türkei nicht nur gewogen; auch was die Verwaltung der Bagdadbahn selbst angeht, scheint ihr Verhalten vollständig fair gewesen zu sein. Zu einer Zeit, als amerikanische und andere Eisenbahngesellschaften weitgehende Diskriminierungen zwischen Kunden nach Preisen und Frachtbedingungen praktizierten, boten die Deutschen allen dieselben Preise und die gleiche Behandlung an, unabhängig davon, ob sie Deutsche oder Nichtdeutsche waren. Sie arbeiteten daran, die Eisenbahn effizient und profitabel zu machen, obwohl ihre Einnahmen daraus ohnehin von der türkischen Regierung garantiert wurden. Als Folge davon gingen die türkischen Zahlungen an die Eisenbahn ständig zurück und die Regierung konnte 1914 von den Profiten in Höhe von fast drei Millionen Franc mit profitieren. Darüber hinaus versuchten die Deutschen auch nicht, die Kontrolle der Eisenbahn zu monopolisieren, sondern boten an, sie gleichberechtigt mit England und

Frankreich und möglicherweise auch mit anderen Mächten zu teilen. Frankreich nahm dieses Angebot 1899 an, aber Großbritannien wies es zurück und warf dem Projekt jedes mögliche Hindernis in den Weg. Als die osmanische Regierung 1911 ihre Zollsätze von 11 auf 14% steigern wollte, um damit den weiteren Bau der Eisenbahn zu finanzieren, verhinderte Großbritannien das. Um mit dem Projekt fortzufahren, verkauften die Deutschen ihre Eisenbahninteressen im Balkan und verzichteten auf die osmanischen Subventionen für den Bau ich Höhe von 275.000 Dollar pro Kilometer. In scharfem Kontrast zu dieser Haltung zwangen die Russen die Türken, die ursprüngliche Linienführung vom nördlichen ins südliche Anatolien abzuändern, indem sie drohten, unmittelbare Maßnahmen zu ergreifen, um die Rückstände von mehr als 57 Mio. Franc, die dem Zar von der Türkei aus dem Vertrag von 1878 noch zustanden, einzutreiben. Die Russen betrachteten das Projekt als strategische Bedrohung ihrer Grenze in Armenien. 1900 schließlich zwangen sie den Sultan zu dem Versprechen, ohne russische Zustimmung keine Konzessionen für den Bau von Eisenbahnen im nördlichen Anatolien oder in Armenien zu erteilen. Die französische Regierung verbot trotz der französischen Investitionen in der Türkei in Höhe von 2,5 Mrd. Franc den Handel mit Wertpapieren der Bagdadbahn an der Pariser Börse. Um das Anwachsen der deutschen katholischen Mission im Osmanischen Reich zu blockieren, überredeten die Franzosen den Papst, eine Enzyklika zu erlassen, die allen Missionaren, die in dem Reich tätig waren, vorschrieb, ihre Kommunikation mit dem Vatikan über die französischen konsularischen Vertretungen zu führen. Der britische Widerstand wurde erst im April 1903 intensiv. Zu Beginn des Monats handelten Premierminister Arthur Balfour und Außenminister Lord Lansdowne ein Abkommen für eine gemeinsame deutsche, französische und britische Kontrolle der Eisenbahn aus. Innerhalb von drei Wochen wurde dieses Abkommen von der Regierung wegen der Proteste der Zeitungen dagegen wieder verworfen, obwohl es Deutschen und Türken gemeinsam nur 14 der 30 Stimmen im Vorstand der Eisenbahn zugestanden hätte. Als die türkische Regierung 1910 im Ausland 30 Mio. Dollar leihen wollte, wobei die Zolleinnahmen des Landes als Sicherheit dienen sollten, wurde sie in Paris und London ohne Umschweife zurückgewiesen, erhielt die Summe aber ohne Zögern in Berlin. Im Lichte dieser Tatsachen ist das Wachstum des deutschen Prestiges und das Schwinden der Gunst für die Westmächte am Hof des Sultans nicht überraschend. Das erklärt auch weitgehend die türkische Intervention auf Seiten der Mittelmächte im Krieg 1914–1918.

Die Bagdadbahn spielte keine wirkliche Rolle beim Ausbruch des Krieges von 1914, weil es den Deutschen in der Zeit 1910–1914 gelang, die Widerstände der Großmächte gegen das Projekt zu verringern. Das geschah mittels einer Reihe von Abkommen, welche die Türkei in ausländische Einflusssphären aufteilten. Im November 1910 gab ein deutsch-russisches Abkommen in Potsdam Russland freie Hand in Nordpersien, widerrief alle russischen Einwände gegen die Bagdadbahn und verpflichtete beide Parteien, in ihren jeweiligen Einflusssphären im Nahen Osten gleiche Handelsgelegenheiten für alle (eine Politik der offenen Tür) zu unterstützen. Die Franzosen erhielten 1910–1912 Konzessionen für 2000 Meilen Eisenbahnen in West- und Nordanatolien und in Syrien und unterzeichneten im Februar 1914 ein Geheimabkommen mit den Deutschen, in denen diese Gebiete als französische «Einflusssphäre» anerkannt wurden, während die Bagdadbahnroute als deutsche Einflusssphäre anerkannt wurde; beide Mächte versprachen, sich für eine Erhöhung der türkischen Steuereinnahmen einzusetzen; die Franzosen gaben ihren Widerstand gegen die Eisenbahn auf; und die Franzosen überschrieben den Deutschen die Investition von 70 Mio. Franc, die sie bereits in die Bagdadbahn getätigt hatten, im Austausch für eine gleiche Summe aus der türkischen Anleihe von 1911, die Frankreich damals zurückgewiesen hatte, plus einem lukrativen Diskont auf eine neue osmanische Ausgabe von Schuldverschreibungen 1914. Die Briten verhandelten sehr viel härter mit den Deutschen. In einem Abkommen im Juni 1914 zog Großbritannien seine Opposition gegen die Bagdadbahn zurück, erlaubte der Türkei, die Zölle von 11 auf 15% zu erhöhen, und akzeptierte eine deutsche Einflussphäre entlang der Eisenbahnlinie. Im Austausch versprach Deutschland, 1) dass die Bahnlinie nicht bis zum Persischen Golf geführt würde, sondern in Basra am Tigris enden würde; 2) dass britischen Kapitalisten ein Monopol auf die Schifffahrt auf Euphrat und Tigris zugestanden wurde und eine alleinige Kontrolle über Bewässerungsprojekte, die mit diesen Flüssen arbeiteten; 3) dass zwei britischen Staatsbürgern Sitze im Vorstand der Bagdadbahn gewährt würden, 4) dass Großbritannien alleinige Kontrolle über den Handel in Kuwait, dem einzigen guten Hafen am oberen Persischen Golf, erhielt; 5) dass für die Ölreserven des Gebietes von Modul bis Bagdad ein Monopol für eine neue Gesellschaft errichtet würde, an der britische Finanzkreise zur Hälfte, Royal Durch Shell zu einem Viertel und die Deutschen zu einem Viertel beteiligt sein sollten; und 6) dass beide Mächte sich auf die Politik der «offenen Tür» in der asiatischen Türkei verpflichteten. Unglücklicherweise verlor dieses Abkommen ebenso wie die anderen mit anderen Mächten mit dem Ausbruch des Ersten Weltkriegs 1914 seinen Wert. Trotzdem ist es immer noch bemerkenswert, dass die Mächte der Entente Deutschland eine Regelung aufzwangen, welche die Türkei in Einflusssphären aufteilte, während Deutschland eigentlich eine Regelung der internationalen Zusammenarbeit beim wirtschaftlichen Wiederaufbau der Region vorgeschwebt hatte.

Es konnte nicht ausbleiben, dass diese Kämpfe der Großmächte um Profit und Einfluss im Trümmerhaufen des Osmanischen Reiches tiefe Wirkungen in der türkischen Innenpolitik hinterließen. Wahrscheinlich blieb die große Masse der Untertanen des Sultans von diesen Ereignissen immer noch unberührt, aber eine unruhige Minderheit wurde davon tief aufgewühlt. Diese Minderheit erhielt keinerlei Ermunterung von dem despotischen Abdul Hamid II., der von 1876 bis 1909 Sultan war. Während er die Türkei wirtschaftlich stärken wollte, war Abdul Hamid II. gegen die Ausbreitung westlicher Ideen wie Liberalismus, Konstitutionalismus, Nationalismus oder Demokratie und tat alles, was er konnte, um mittels Zensur, Beschränkungen der

Reise- und Studienmöglichkeiten der Türken ins Ausland und mittels eines ausgeklügelten Systems von polizeilicher Willkür und Regierungsspionage ihre Ausbreitung zu verhindern. Als Folge davon musste sich die Minderheit liberaler, nationalistischer oder progressiver Türken im Ausland organisieren. Das tat sie im Jahre 1891 in Genf in einer Gruppe, die allgemein als «Jungtürken» bekannt geworden ist. Ihr Hauptproblem bestand darin, die Animositäten zu überbrücken, die zwischen den vielen unterschiedlichen Sprachgruppen unter den Untertanen des Sultans bestanden. Das geschah auf einer Reihe von Kongressen, die in Paris, besonders 1902 und 1907, abgehalten wurden. Beim letzteren Treffen gab es Vertreter der Türken, Armenier, Bulgaren, Juden, Araber und Albaner. In der Zwischenzeit hatte diese Geheimorganisation die Armee des Sultans, die vor Unzufriedenheit brodelte, durchsetzt. Die Putschisten waren so erfolgreich, dass sie Juli 1908 eine Revolte durchführen und den Sultan dazu zwingen konnten, die Verfassung von 1876 wieder einzuführen. Sofort wurden Spaltungen zwischen den Führern der Rebellion sichtbar, besonders zwischen denen, die einen zentralistischen Staat wünschten, und denen, die das Verlangen der unterworfenen Nationalitäten nach Dezentralisierung zu akzeptieren bereit waren. Außerdem formten die orthodoxen Muslime eine Liga des Widerstands gegen die Säkularisierung und die Armee erkannte schnell, dass ihre Hauptforderungen – höhere Bezahlung und bessere Lebensbedingungen – nicht erfüllt werden würden. Abdul-Hamid nutzte diese Spaltungen aus, um eine gewalttätige Konterrevolution zu organisieren (April 1909). Sie wurde niedergeschlagen, der Sultan wurde abgesetzt und die Jungtürken begannen mit rücksichtsloser Härte ihre Idee eines diktatorischen türkischen Nationalstaats ins Werk zu setzen. Das führte zu einer Widerstandswelle unter den nichttürkischen Gruppen und den orthodoxen Muslimen. Bei Ausbruch des Weltkriegs 1914 waren diese Konflikte noch nicht zur Ruhe gekommen. Tatsächlich ging die jungtürkische Revolution von 1908 einer Serie internationaler Krisen voran, deren späteste und katastrophalste der Kriegsausbruch 1914 war.

Das Anwachsen der internationalen Spannungen (1871–1914)

Einführung
Die Einigung Deutschlands in dem Jahrzehnt vor 1871 beendete ein Mächtegleichgewicht in Europa, das zweihundertfünfzig oder sogar dreihundert Jahre lang bestanden hatte. Während dieses langen Zeitraumes, der gut zehn Generationen umfasste, war Großbritannien relativ sicher gewesen und hatte seine Macht stetig vergrößert. Diese Macht war nur durch die Staaten des westlichen Europa in Frage gestellt worden. Solche Herausforderungen waren

Spanien unter Philipp II., Frankreich unter Ludwig XIV. und unter Napoleon und, im Wirtschaftlichen, während eines großen Teiles des 17. Jahrhunderts die Niederlande gewesen. Diese Herausforderungen konnten entstehen, weil diese Staaten genauso reich und fast genauso einig waren wie Großbritannien selbst, aber sie konnten vor allem deshalb entstehen, weil die Länder des Westens ihren Blick zum Meer richten und England herausfordern konnten, solange Mitteleuropa zersplittert und wirtschaftlich rückständig war.

Die Einigung Deutschlands durch Bismarck zerstörte diese Situation im Politischen, während die schnelle wirtschaftliche Entwicklung des Landes nach 1871 die Situation im Wirtschaftlichen veränderte. Über eine längere Zeit sah Großbritannien diese Veränderung nicht, sondern tendierte eher dazu, den Aufstieg Deutschlands gutzuheißen, weil er es zu großen Teilen von dem französischen Druck in politischen und kolonialen Angelegenheiten befreite. Diese Unfähigkeit, die veränderte Situation wahrzunehmen, hielt noch bis nach 1890 an. Das lag einerseits an Bismarcks diplomatischem Genie, andererseits an der generellen Unfähigkeit der Nichtdeutschen, die großartigen Fähigkeiten der Deutschen in der Organisation industrieller Unternehmungen anzuerkennen. Nach 1890 wurde Bismarcks meisterhafte Lenkung des Steuerruders abgelöst von den wankelmütigen Händen Kaiser Wilhelms II. und von einer Abfolge von Marionettenkanzlern. Diese unfähigen Figuren alarmierten und entfremdeten Großbritannien, indem sie es in Handel, Kolonialangelegenheiten und besonders in Flottenangelegenheiten herausforderten. Im Handel sahen sich die Briten mit deutschen Kaufleuten und ihren Vertretern konfrontiert, die besseren Service, bessere Bedingungen und niedrigere Preise für Güter von wenigstens gleicher Qualität und in metrischen anstatt angelsächsischen Größen und Maßen anboten. In Sachen Kolonien eroberte sich Deutschland nach 1884 afrikanische Kolonien, die den Kontinent von Osten nach Westen zu durchschneiden drohten und dadurch den britischen Ehrgeiz nach einer Eisenbahnlinie vom Kap nach Kairo durchkreuzten. Zu diesen Kolonien gehörten Ostafrika (Tanganjika), Südwestafrika, Kamerun und Togo. Diese deutsche Bedrohung vergrößerte sich als Resultat von deutschen Intrigen in den portugiesischen Kolonien Angola und Mosambik und vor allem durch die deutsche Ermutigung der Buren aus dem Transvaal und dem Oranje-Freistaat vor ihrem Krieg mit Großbritannien 1899–1902. Im pazifischen Raum erwarb Deutschland bis 1902 die Karolinen, die Marshall- und die Marianeninseln, Teile von Neuguinea und Samoa und einen wichtigen Stützpunkt für Flotte und Handel in Kiaouchou auf der Shandong-Halbinsel in China. In den Flottenangelegenheiten wurde Deutschland zur größten Gefahr durch die Flottenvorlagen von 1898, 1900 und 1902, die als ein Mittel gedacht waren, mit dem Großbritannien unter Druck gesetzt werden sollte. Vierzehn deutsche Kriegsschiffe liefen zwischen 1900 und 1905 vom Stapel. Als Folge dieser Aktivitäten war Großbritannien 1907 der gegen Deutschland gerichteten Koalition beigetreten. Die Mächte Europas spalteten sich in zwei einander gegenüberstehende Koalitionen und es begann eine Serie von Krisen, die, Schritt für Schritt, zur Katastrophe von 1914 führte.

Man kann die internationalen Beziehungen in der Zeit von 1871 bis 1914 unter vier Überschriften abhandeln: 1) die Entstehung des Dreibundes 1871–1890; 2) die Entstehung der Dreierentente 1890–1907; 3) die Bemühungen, die Kluft zwischen den beiden Koalitionen zu überbrücken, 1890–1914; und 4) die internationalen Krisen 1905–1914. Das sind die Überschriften, unter denen wir dieses Thema behandeln werden.

Die Schaffung des Dreibundes (1871–1890)

Die Errichtung eines deutschen Kaiserreiches, das vom Königreich Preußen beherrscht wurde, hatte Bismarck politisch befriedigt. Er hatte kein Verlangen, dem neuen Reich noch irgendwelche zusätzlichen Deutschen anzufügen, und die anderswo wachsende Gier nach Kolonien und einem Weltreich ließ ihn kalt. Als saturierter Diplomat konzentrierte er sich auf das, was er hatte, und realisierte, dass Frankreich, das von Furcht und Rachebedürfnis angetrieben wurde, die Hauptbedrohung der Status-quo-Situation darstellte. Sein Nahziel war es deshalb, Frankreich isoliert zu halten. Das beinhaltete zugleich das eher positive Ziel, Deutschland in freundlichen Beziehungen mit Russland und dem Habsburgerreich zu halten und sich die Freundschaft Großbritanniens zu erhalten, indem man von kolonialen oder Flottenabenteuern Abstand nahm. Als Teil dieser Politik schloss Bismarck zwei dreiseitige Abkommen mit Russland und Österreich-Ungarn: a) den Dreikaiserbund von 1873 und b) die Dreikaiserallianz von 1881. Beide wurden durch die Rivalität zwischen Österreich und Russland in Südosteuropa, besonders in Bulgarien, erschüttert. Der Dreikaiserbund brach 1878 auf dem Berliner Kongress wegen des Habsburgerwiderstandes gegen die russischen Pläne, in Bulgarien nach dem Sieg im russisch-türkischen Krieg von 1877 einen großen Satellitenstaat zu errichten, auseinander. Die Dreikaiserallianz von 1881 brach in der «bulgarischen Krise» von 1885 auseinander. Diese Krise entstand nach der bulgarischen Annexion von Ostrumelien, eine Verbindung, die diesmal Österreich unterstützte, während Russland dagegen opponierte, wodurch die Haltungen, welche diese Mächte 1878 in Berlin eingenommen hatten, auf den Kopf gestellt wurden.

Diese Rivalität zwischen Russland und Österreich auf dem Balkan macht Bismarck deutlich, dass seine Bemühungen um eine gemeinsame diplomatische Front der drei Reiche auf schwachen Fundamenten ruhten. Also fügte er seinem Bogen eine zweite Saite hinzu. Diese zweite Saite wurde der Dreibund. Zur Wahl zwischen Österreich und Russland gezwungen, nahm Bismarck das Erstere, weil es schwächer und deshalb leichter zu kontrollieren war. Er schloss 1879, nach der Auflösung des Dreikaiserbundes, eine deutsch-österreichische Allianz ab und erweiterte sie 1882 zu einem Dreibund zwischen Deutschland, Österreich und Italien. Dieser Bund, der ursprünglich für fünf Jahre abgeschlossen war, wurde in Intervallen bis 1915 erneuert. Nach der Auflösung der Dreikaiserallianz 1885 wurde der Dreibund zur wichtigsten Waffe in Deutschlands diplomatischer Rüstkammer. Allerdings erlaubte Bismarck, der Frankreich isoliert halten wollte, Russland nicht, völlig aus der deutschen Sphäre abzudriften, und versuchte, Russland und Deutschland durch einen geheimen Neutralitäts- und Freundschaftsvertrag, bekannt als Rückversicherungsvertrag (1887), zusammenzuhalten. Dieser Vertrag, der für drei Jahre galt, wurde 1890 nicht erneuert, nachdem der neue Kaiser Wilhelm II. Bismarck entlassen hatte. Der Kaiser argumentierte, dass der Rückversicherungsvertrag mit Russland nicht mit dem Dreibund mit Österreich und Italien vereinbar sei, da Österreich und Russland so unfreundlich zueinander stünden. Indem er den Vertrag nicht erneuerte, ließ Wilhelm sowohl Russland als auch Frankreich isoliert. In dieser Lage rückten sie natürlicherweise zusammen, um die Zweierallianz von 1894 zu bilden. Indem sie sich Großbritannien zum Feind machte, trug die deutsche Regierung dazu bei, diese Zweierallianz zur Dreierentente umzuwandeln. Einige der Gründe, warum Deutschland diese Irrtümer beging, werden in einem späteren Kapitel über die innere Geschichte Deutschlands besprochen werden.

Die Schaffung der Dreierentente (1890-1907)

Die diplomatische Isolierung Russlands und Frankreichs kam mit einer Reihe von eher positiven Faktoren zusammen, um den Zweibund von 1894 hervorzubringen. Der russische Gegensatz zu Österreich auf dem Balkan und die französischen Ängste vor Deutschlands Stellung am Rhein wurden gesteigert durch Deutschlands Weigerung, den Rückversicherungsvertrag zu erneuern, und durch die frühe Erneuerung des Dreibundes 1891. Beide Mächte waren durch wachsende Anzeichen englisch-deutscher Freundschaft zur Zeit des Vertrages von Helgoland (1890) und bei Gelegenheit des Besuches des Kaisers in London 1891 alarmiert. Schließlich brauchte Russland ausländische Anleihen für den Eisenbahnbau und die Errichtung von Industrieanlagen, und diese konnten am besten in Paris aufgenommen werden. Dementsprechend wurde die Vereinbarung während der Neujahrsfeiern 1894 in Form einer Militärkonvention abgeschlossen. Diese sah vor, dass Russland Deutschland angreifen würde, wenn Frankreich von Deutschland oder von einem von Deutschland unterstützten Italien angegriffen würde, während Frankreich Deutschland angreifen würde, wenn Russland von Deutschland oder von einem von Deutschland unterstützten Österreich angegriffen würde.

Diese Zweierallianz wurde die Basisachse eines Dreieckes, dessen andere Seiten «Ententen» waren, das heißt wohlwollende Vereinbarungen zwischen Frankreich und Großbritannien (1904) und zwischen Russland und Großbritannien (1907).

Wenn man heute darauf zurückschaut, erscheint die Entente cordiale zwischen Frankreich und Großbritannien unausweichlich, aber Zeitgenossen müssen sie noch zu einem so späten Zeitpunkt wie 1898 für sehr unwahrscheinlich gehalten haben. Viele Jahre lang war Großbritannien einer Politik der diplomatischen Isolation gefolgt. Es hielt das Mächtegleichgewicht auf dem Kontinent aufrecht, indem es sein eigenes Gewicht zu jener Seite der europäischen Konflikte hinzuschlug, die als schwächere erschien. Wegen seiner kolonialen Rivalitäten mit Frankreich in Afrika und Südwestasien und seiner Auseinandersetzungen mit Russland im Nahen, Mittleren und Fernen Osten war Großbritannien dem Dreibund im Allgemeinen freundlich gesinnt und stand dagegen der Zweierallianz noch 1902 entfremdet gegenüber. Seine Schwierigkeiten mit den Buren in Südafrika, die wachsende Stärke Russlands im Nahen und Fernen Osten und Deutschlands offensichtliche Sympathie mit den Buren brachten Großbritannien dazu, 1902 die englisch-japanische Allianz abzuschließen, um Unterstützung gegen Russland in China zu erhalten. Etwa zur selben Zeit überzeugte sich Großbritannien von der Notwendigkeit und Möglichkeit eines Abkommens mit Frankreich. Diese Notwendigkeit erwuchs aus Deutschlands direkter Bedrohung für Großbritanniens empfindlichster Stelle durch Tirpitz´ Flottenbauprogramm von 1898. Die Möglichkeit einer Vereinbarung mit Frankreich kam in den Nachwehen der akutesten englisch-französischen Krise in der modernen Zeit, der Faschoda-Krise von 1898. In Faschoda am Nil traf ein Trupp von Franzosen unter Oberst Jean Marchand, der die Sahara von Westen nach Osten durchquert hatte, auf eine britische Armee unter General Kitchener, der von Ägypten aus den Nil aufwärts zog, um die Stämme des Sudans zu unterwerfen. Jeder befahl dem anderen, sich zurückzuziehen. Die Erregung steigerte sich zu fiebriger Hitze, während beide Seiten in ihren Hauptstädten um Instruktionen ersuchten. Als Folge dieser Instruktionen zogen sich die Franzosen zurück. Als die Leidenschaften sich wieder abkühlten und der Staub sich gelegt hatte, wurde beiden Seiten klar, dass ihre Interessen vereinbar wären. Frankreichs vordringliches Interesse lag auf dem Kontinent, wo es Deutschland gegenüberstand, während Großbritanniens primäres Interesse in den Kolonialangelegenheiten lag, wo es zunehmend mit Deutschland zu tun bekam. Frankreichs Zurückschrecken davor, einen Kolonialkrieg mit Großbritannien zu führen, während die deutsche Armee auf der anderen Seite des Rheins stand, ließ klar werden, dass Frankreich zu einem kolonialen Ausgleich mit Großbritannien bereit wäre. Diese Vereinbarung wurde 1904 abgeschlossen, indem alle Konfliktherde auf den Verhandlungstisch gebracht und gegeneinander abgewogen wurden. Im Ausgleich für die diplomatische Unterstützung ihrer eigenen Ansprüche in Marokko durch Großbritannien erkannten die Franzosen die britische Besetzung Ägyptens an. Im Ausgleich für neue Gebiete in Gabun und entlang des Niger in Afrika verzichteten sie auf alte Rechte in Neufundland. Ihre Rechte in Madagaskar wurden im Ausgleich für eine britische «Interessensphäre» in Siam anerkannt. Auf diese Art wurde die alte englisch-französische Feindschaft im Angesicht der aufsteigenden Macht Deutschlands herabgestimmt. Diese Entente cordiale wurde in der Zeit von 1906 bis 1914 durch eine Reihe englisch-französischer «Militärgespräche» vertieft. Das waren zunächst inoffizielle Diskussionen für das Verhalten im Falle eines ziemlich hypothetischen Krieges mit Deutschland, aber sie verfestigten sich unwahrnehmbar im Laufe der Jahre zu einer moralisch verpflichtenden Vereinbarung, die ein britisches Expeditionsheer vorsah, das den französischen linken Flügel für den Fall eines französischen Krieges mit Deutschland verstärken sollte. Diese «Militärgespräche» wurden nach 1912 noch durch eine Flottenvereinbarung erweitert, in der sich Großbritannien verpflichtete, Frankreich von Seiten der Nordsee her zu beschützen, um die französische Flotte für Aktionen gegen die italienische Marine im Mittelmeer freizusetzen.

Die britische Vereinbarung mit Russland 1907 folgte einem Kurs, der nicht unähnlich dem bei der britischen Vereinbarung mit Frankreich 1904 gewesen war. Das britische Misstrauen gegenüber Russland war seit Jahren durch die Rivalität im Nahen Osten genährt worden. 1904 wurde dieses Misstrauen noch durch eine wachsende anglo-russische Rivalität in der Mandschurei und in Nordchina vertieft und wurde durch den russischen Bau der transsibirischen Eisenbahnlinie (beendet 1905) auf die Spitze getrieben. Eine schwere Krise erwuchs aus dem Doggerbank-Zwischenfall 1904, als die russische Flotte auf ihrem Weg von der Ostsee in den Fernen Osten auf britische Fischerboote in der Nordsee schoss, im Glauben, es seien japanische Torpedoboote. Die anschließende Vernichtung der russischen Flotte durch Japan und der folgende Sieg von Großbritanniens Alliiertem im russisch-japanischen Krieg von 1905 machte beiden Seiten deutlich, dass eine Vereinbarung zwischen ihnen möglich war. Die deutsche Flottenrivalität mit Großbritannien und die Einschränkung des russischen Ehrgeizes in Asien als Folge der Niederlage durch Japan ermöglichten die Vereinbarung von 1907. Durch diese Vereinbarung wurde Persien in drei Einflusszonen geteilt, von denen die nördliche russisch, die südliche britisch und die mittlere neutral war. Afghanistan wurde als britisches Einflussgebiet anerkannt; Tibet wurde als unter chinesischer Oberhoheit stehend betrachtet; und Großbritannien erklärte seine Bereitschaft, die Absprachen über die Meerengen (Bosporus und Dardanellen) zu Russlands Gunsten zu ändern.

Ein Einfluss, der daran mitarbeitete, die Dreierentente zu schaffen und zu festigen, war die internationale Brüderschaft der Banker. Diese waren von der deutschen wirtschaftlichen Entwicklung weitgehend ausgeschlossen, hatten aber wachsende Verbindungen mit Frankreich und Russland. Prosperierende Unternehmen wie die Suez Canal Company, die Kupferfirmen der Rothschilds, Rio Tinto, Unternehmen in Spanien und viele neuere gemeinsame Unternehmungen in Marokko schufen viele geräuschlose Verbindungsstücke, die der Dreierentente sowohl vorausgingen als auch sie festigten. Die Rothschilds waren enge Freunde von Edward VII. und der französischen Regierung und waren mit der französischen Investmentbank Banque de Paris et des Pays-Bas verbunden. Diese wiederum war federführend beim Verkauf von neun Milliarden Rubel russischer Regierungsanleihen im Frankreich vor 1914. Der einflussreichste Londoner Banker war Sir Ernest Cassell, eine großartige und geheimnisvolle Figur (1852–1921). Er war im Alter von siebzehn von Deutschland nach England gekommen, hatte sich ein enormes Vermögen erworben, das er mit freigiebiger Hand wieder weggab, und hatte enge Verbindungen nach Ägypten, Schweden, New York, Paris und Lateinamerika. Er wurde einer der engsten persönlichen Freunde König Edwards und Arbeitgeber des größten Strippenziehers des Zeitalters, des allgegenwärtigen Maulwurfes Lord Esher. Diese im Allgemeinen antipreußischen Einflüsse im Umkreis König Edwards hatten einen bedeutenden Anteil am Aufbau der Dreierentente und daran, sie weiter zu stärken, als Deutschland in seiner Dummheit ihre Projekte in Marokko in der Zeit von 1904 bis 1912 in Frage stellte.

Bemühungen, den Graben zwischen den beiden Koalitionen zu überbrücken (1890-1914)
Zu ihrem Anfang und selbst noch bis 1913 waren die beiden Koalitionen auf der internationalen Szene noch nicht verhärtet oder unversöhnlich voneinander entfremdet. Die Verbindungen zwischen den Mitgliedern jeder Gruppe waren Veränderungen unterworfen und problematisch. Die Dreierentente wurde deshalb Entente genannt, weil zwei ihrer drei Verbindungsstücke keine formalen Bündnisse waren. Der Dreibund war, insbesondere, was Italien anging, in keiner Weise gefestigt. Italien war ihm ursprünglich beigetreten, um Unterstützung in der römischen Frage gegen das Papsttum zu erhalten, versuchte aber bald, Unterstützung für eine aggressive italienische Politik im Mittelmeer und in Nordafrika zu erhalten. Da es keine spezifische deutsche Unterstützung in diesen Regionen erlangen konnte und da mit Österreich eine Feindschaft in der Adria andauerte, war die italienische Verbindung mit den Mittelmächten ziemlich brüchig.

Wir werden wenigstens ein Dutzend Bemühungen erwähnen, die gemacht wurden, um den Abgrund, der sich langsam im europäischen «Konzert der Mächte» auftat, zu überbrücken. Die erste in chronologischer Ordnung waren die Mittelmeerabkommen von 1887. In einer Reihe diplomatischer Noten kamen England, Italien, Österreich und Spanien darin überein, den Status quo im Mittelmeer und seinen Seitenmeeren zu erhalten oder ihn nur in gegenseitigem Übereinkommen zu verändern. Diese Vereinbarungen richteten sich gegen die französischen Ambitionen in Marokko und gegen die russischen Pläne in Bezug auf die kleinasiatischen Meerengen.[3]

Eine zweite Vereinbarung war der englisch-deutsche Kolonialvertrag von 1890, durch den die deutschen Ansprüche in Ostafrika, insbesondere Sansibar, gegen den englischen Anspruch auf die Insel Helgoland in der Nordsee ausgetauscht wurden. In der Folge gab es mehrere fehlgeschlagene Bemühungen des Kaisers und anderer auf deutscher Seite und von Joseph Chamberlain und anderen auf englischer Seite, zu irgendeiner Vereinbarung über eine gemeinsame Front in der Weltpolitik zu kommen. Das führte zu einigen geringfügigeren Abkommen, wie dem von 1898 über die portugiesischen Kolonien, der Teilung Samoas 1899 und einem von 1900 über die Beibehaltung der Politik der offenen Tür in China. Aber die Bemühungen, eine Allianz oder sogar eine Entente zustande zu bringen, brachen über dem deutschen Flottenbauprogramm, den deutschen Kolonialambitionen in Afrika (insbesondere in Marokko) und der deutschen wirtschaftlichen Durchdringung des Nahen Ostens entlang der Berlin-Bagdad-Eisenbahnstrecke zusammen. Die

---

3 Das heißt Bosporus und Dardanellen.

deutsche Eifersucht auf Englands Weltherrschaftsstellung, besonders das Ressentiment des Kaisers gegen seinen Onkel König Edward VII., schimmerte kaum verhüllt hindurch.

Ähnliche Verhandlungen mit nur mageren Resultaten wurden auch zwischen Deutschland und Russland geführt. Sehr zum Unwillen der deutschen Großgrundbesitzer, denen bis dahin bestehende Handelsbarrieren gegen das russische Getreide zugute gekommen waren, beendete 1894 eine Handelsvereinbarung zwischen Deutschland und Russland einen langen Zollkrieg. Die Bemühungen um irgendein substantielles politisches Abkommen schlugen aber wegen der deutschen Allianz mit Österreich (das Russland auf dem Balkan gegenüberstand) und der russischen mit Frankreich (das Deutschland am Rhein gegenüberstand) fehl. Diese Hindernisse ließen die sogenannte Konvention von Björko scheitern, eine persönliche Vereinbarung zwischen dem Kaiser und Zar Nikolaus II. bei einem gegenseitigen Besuch auf ihren Jachten 1905. Und das, obwohl die Deutschen sich russische Zustimmung zur Bagdadbahn zu verschaffen wussten, indem sie den Russen freie Hand in Nordpersien zugestanden (1910).

Vier andere Verhandlungsstränge eröffneten sich aus dem französischen Drang, Marokko für sich zu erwerben, dem italienischen Verlangen, Tripolis zu erobern, dem österreichischen Willen zur Annexion Bosniens und der russischen Entschlossenheit, die kleinasiatischen Meerengen für seine Kriegsschiffe zu öffnen. Alle diese vier hingen mit dem Niedergang der türkischen Macht zusammen und boten den europäischen Mächten Gelegenheit, ihre jeweiligen Ambitionen auf Kosten des Osmanischen Reiches zu unterstützen. 1898 unterzeichnete Italien einen Handelsvertrag mit Frankreich und ließ dem zwei Jahre später eine politische Vereinbarung folgen, die französische Unterstützung für die italienischen Gelüste auf Tripolis im Austausch für italienische Unterstützung für die französischen Pläne in Marokko versprach. Die Italiener schwächten den Dreibund noch weiter 1902, indem sie Frankreich zusicherten, neutral zu bleiben, falls Frankreich angegriffen würde oder falls es «in Verteidigung seiner Ehre oder seiner Sicherheit» kämpfen musste.

In einer ähnlichen Weise versuchten Russland und Österreich den Anspruch des Ersteren, eine Durchfahrt durch die Dardanellen in die Ägäis zu erlangen, mit dem Verlangen des Letzteren, den slawischen Nationalismus auf dem Balkan unter Kontrolle zu halten und bei Saloniki einen Zugang zur Ägäis zu erreichen, miteinander zu versöhnen. 1897 trafen sie eine Vereinbarung, den Status quo im Balkan zu erhalten oder, falls das unmöglich sein sollte, das Gebiet unter den existierenden Balkanstaaten plus einem neu zu gründenden Albanien aufzuteilen. 1903 einigten sich diese beiden Staaten auf ein Programm von Polizei- und Finanzreformen in der unruhigen türkischen Provinz Mazedonien. 1908 wurden Dissonanzen über den Bau einer österreichischen Eisenbahnlinie mit dem Zielpunkt Saloniki kurzzeitig überglänzt von einer informellen Vereinbarung zwischen den beiden Außenministern Aleksander Iswolskij und Lexa von Aehrenthal. Danach sollte Österreich das Recht russischer Kriegsschiffe auf die Durchfahrt durch die kleinasiatischen

Meerengen anerkennen, während Russland im Gegenzug die österreichische Annexion der türkischen Provinzen Bosnien und Herzegowina anerkennen würde. Aber alle diese zögerliche Freundlichkeit schmolz dann im Feuer der bosnischen Krise von 1908 dahin, wie wir gleich sehen werden.

Nach 1905 machten die immer wiederkehrenden internationalen Krisen und die wachsende Solidarität der Koalitionen (mit Ausnahme Italiens) die Bemühungen um eine Überbrückung der Kluft zwischen den Koalitionen seltener und fruchtloser. Zwei Episoden sind allerdings noch der Aufmerksamkeit wert. Das sind die Mission Haldanes 1912 und die Bagdadbahnvereinbarung von 1914. Bei der Ersteren reiste der britische Kriegsminister Lord Haldane nach Berlin, um eine Begrenzung von Tirpitz' Flottenbauprogramm zu erreichen. Obwohl die deutsche Flotte gebaut worden war in der Hoffnung, England damit an den Verhandlungstisch zu bringen, und ohne wirkliche Absicht, sie zu einem Krieg gegen England zu verwenden, waren die Deutschen doch nicht fähig, die Gelegenheit zu ergreifen, als sie sich ihnen eröffnete. Die Deutschen verlangten ein bedingtes Versprechen britischer Neutralität in einem kontinentalen Krieg als Preis für die Aussetzung der Flottennovelle. Da das zu einer deutschen Hegemonie über den Kontinent hätte führen können, konnte Haldane nicht zustimmen. Er kehrt nach London mit der Überzeugung zurück, dass das Deutschland Goethes und Hegels, das er in seinen Studententagen lieben gelernt hatte, von den deutschen Militaristen verschluckt worden sei. Die letzte Brücke zwischen London und Berlin schien damit schon abgebrochen, aber im Juni 1914 einigten sich die beiden Länder doch noch auf eine Vereinbarung, durch die Großbritannien seinen Widerstand gegen die Bagdadbahn zurückzog und im Austausch dafür das deutsche Versprechen erlangte, mit der Bahn nördlich von Basra haltzumachen und eine britische Herrschaft über den Euphrat und den Persischen Golf anzuerkennen. Diese Lösung einer lange schwelenden Streitfrage ging sechs Wochen später im Ausbruch des Krieges verloren.

Die internationalen Krisen (1905–1914)
Das Jahrzehnt von der Entente cordiale bis zum Kriegsausbruch war Zeuge einer Reihe von politischen Krisen, die Europa periodisch an den Rand eines Krieges brachten, die die Rüstungsspirale andrehten und die allgemeine Hysterie, den nationalistischen Chauvinismus und die Solidität der Allianzen bis zu einem Punkt beschleunigten, an dem ein eher unwichtiger Anlass 1914 die Welt in einen Krieg von präzedenzloser Reichweite und Intensität stürzte. Es gab neun derartige Krisen, die wir hier erwähnen müssen. In chronologischer Reihenfolge waren das:

1905–1906 die erste Marokkokrise und die Konferenz von Algeciras,
1908 die bosnische Annexionskrise,
1909 Agadir und die zweite Marokkokrise,
1911 der Krieg um Tripolis (Libyen),
1911 der Erste Balkankrieg,

1912   der Zweite Balkankrieg,
1913   die Krise um Albanien,
1914   die Liman-von-Sanders-Affäre,
1915   Sarajevo.

Die erste Marokkokrise erwuchs aus der deutschen Gegnerschaft gegen die französischen Marokkopläne. Diese Gegnerschaft wurde vom Kaiser persönlich in einer Rede in Tanger vorgetragen, nachdem die Franzosen sich durch Geheimabkommen italienisches, britisches und spanisches Stillhalten hatten zusichern lassen. Diese Abkommen beruhten auf der französischen Bereitschaft, Libyen an Italien, Ägypten an Großbritannien und die marokkanische Küste an Spanien abzugeben. Die Deutschen bestanden auf einer internationalen Konferenz in der Hoffnung, dass ihr Kriegsgetrommel die Dreierentente auseinander sprengen und Frankreich diplomatisch isolieren würde. Stattdessen fand sich Deutschland, als diese Konferenz 1906 in Algeciras bei Gibraltar stattfand, nur von Österreich unterstützt. Die Konferenz bekräftigte die Integrität Marokkos, beschloss aber die Errichtung einer Staatsbank und den Aufbau einer Polizei, die beide unter französischem Einfluss standen. Die Krise kochte sehr weit hoch, aber sowohl in Frankreich als auch in Deutschland wurden die Führer des mehr kriegswilligen Flügels (Théophile Delcassé und Friedrich von Holstein) im kritischen Moment ihrer Posten enthoben.

Die bosnische Krise von 1908 entstand aus der jungtürkischen Revolte desselben Jahres. Aus Furcht, dass sich die neue osmanische Regierung vielleicht fähig zeigen würde, das Reich wieder zu stärken, beschloss Österreich, keine Zeit mehr mit der Annexion von Bosnien und der Herzegowina, die seit dem Berliner Kongress (1878) unter österreichischer Militärverwaltung standen, zu verlieren. Weil die Annexion Serbien auf Dauer von der Adria abschneiden würde, beriet sich der österreichische Außenminister Aehrenthal mit Serbiens Beschützer Russland. Der Außenminister des Zaren, Iswolskij, war bereit, den österreichischen Plänen zuzustimmen, wenn Österreich entgegen dem Berliner Kongress, Iswolskijs Verlangen nach Öffnung der kleinasiatischen Meerengen für russische Kriegsschiffe zustimmen würde. Aehrenthal stimmte zu unter dem Vorbehalt, dass Iswolskij auch die Zustimmung der anderen Mächte erhalten würde. Während Iswolskij seinen Weg von Deutschland nach Rom und Paris machte, um diese Zustimmung zu erhalten, annektierte Aehrenthal plötzlich die beiden Provinzen und ließ Iswolskij ohne sein Meerengenprogramm zurück (6. Oktober 1908). Es wurde bald klar, dass er sein Programm nicht würde durchsetzen können. Etwa zur gleichen Zeit erreichte Österreich die Zustimmung der Türkei zur Annexion von Bosnien. Es folgte eine Krise mit Kriegsdrohung, die von der Weigerung Serbiens, die Annexion zu akzeptieren, und von seiner Bereitschaft, zu ihrer Verhinderung einen allgemeinen Krieg auszulösen, angefacht wurde. Die Gefahr eines solchen Krieges wurde durch den Drang der österreichischen Kriegsfraktion, an deren Spitze der Generalstabschef Conrad von Hötzendorff stand, ein für allemal mit dem serbischen Unruheherd abzurechnen, weiter intensiviert. Eine scharfe deutsche Note an Russland, seine Unterstützung für Serbien zu unterlassen und die Annexion anzuerkennen, klärte die Luft. Iswolskij gab nach und Serbien folgte ihm, aber das Ganze hatte ein sehr schlechtes psychologisches Klima für die Zukunft hinterlassen.

Die zweite Marokkokrise entstand (Juli 1911), als die Deutschen ein Kanonenboot, den *Panther*, nach Agadir schickten, um die Franzosen dazu zu zwingen, sich aus Fez zurückzuziehen, das sie in Verletzung des Abkommens von Algeciras besetzt hatten, um Unruhen unter den Einheimischen zu unterdrücken. Die Krise wurde akut, flaute aber wieder ab, als die Deutschen im Austausch für die Überlassung eines Stücks französisches Gebiet in der Kongoregion (4. November 1911) ihren Widerstand gegen die französischen Pläne in Marokko aufgaben.

Sobald Italien den Erfolg der französischen Politik in Marokko sah, besetzte es das benachbarte Libyen, was zum libyschen Krieg zwischen Italien und der Türkei führte (28. September 1911). Alle Großmächte hatten Vereinbarungen mit Italien abgeschlossen, der Erwerbung Libyens keinen Widerstand entgegenzusetzen. Sie stimmten aber den dabei angewandten Methoden nicht zu und waren in unterschiedlichem Maße alarmiert von seiner Eroberung des Dodekanes in der Ägäis und seinem Bombardement der Dardanellen (April 1912).

Die Balkanstaaten beschlossen, von der Schwäche der Türkei zu profitieren, indem sie diese ganz aus Europa hinaustrieben. Entsprechend griffen Serbien, Bulgarien, Griechenland und Montenegro die Türkei im Ersten Balkankrieg mit beträchtlichem Erfolg an (1912). Der Dreibund war gegen einen serbischen Vorstoß zur Adria und schlug die Schaffung eines neuen Staates in Albanien vor, um Serbien den Zugang zum Meer vorzuenthalten. Eine kurze Kriegsdrohung verzog sich wieder, als Russland wiederum die territorialen Ambitionen Serbiens verriet und Österreich Serbien und Montenegro dazu zwingen konnte, sich aus Durazzo und Skutari zurückzuziehen. Im Vertrag von London (1913) verzichtete die Türkei auf den größten Teil ihres europäischen Territoriums. Serbien, das darüber verbittert war, dass es keinen Zugang zur adriatischen Küste erlangt hatte, versuchte sich in Mazedonien auf Kosten der bulgarischen Kriegsbeute aus der Türkei schadlos zu halten. Das führte zum Zweiten Balkankrieg, in dem Serbien, Griechenland, Rumänien und die Türkei Bulgarien angriffen. In den nachfolgenden Verträgen von Bukarest und Konstantinopel (August–September 1913) verlor Bulgarien den größten Teil Mazedoniens an Serbien und Griechenland, einen großen Teil der Dobrudja an Rumänien und Teile von Thrakien an die Türkei. Verbittert über die Slawen und ihre Unterstützer, trieb Bulgarien mit großer Geschwindigkeit zum Dreibund hinüber.

Ultimaten von Österreich und von Österreich und Italien gemeinsam (Oktober 1913) zwangen Serbien und Griechenland, Albanien zu evakuieren, und ermöglichten es, dieses Land innerhalb von Grenzen zu etablieren, die der Botschafterkonferenz in London angemessen schienen. Diese Episode hatte kaum Zeit, sich bis zu einer Krise zu entwickeln, als sie von der Liman-von-Sanders-Affäre überschattet wurde.

Liman von Sanders war der Chef einer deutschen Militärmission, die vom Osmanischen Reich eingeladen worden war, um die türkische Armee neu zu organisieren. Das war nach ihrem Auftreten in den Balkankriegen eine offensichtliche Notwendigkeit. Als klar wurde, dass Liman Kommandeur des Ersten Armeekorps in Konstantinopel und praktisch türkischer Generalstabschef sein würde, protestierten Russland und Frankreich heftig. Diese Krise verwehte im Januar 1914, als Liman sein Kommando in Konstantinopel abgab, um dafür Generalinspekteur der türkischen Armee zu werden.

Die Serie von Krisen vom April 1911 bis zum Januar 1914 war fast ohne Unterbrechung gewesen. Im Vergleich dazu war der Frühling 1914 eine Zeit relativen Friedens und einer oberflächlichen Ruhe. Aber der Schein trog. Unter der Oberfläche arbeitete jede der Mächte daran, ihre eigene Stärke und ihren Verbund mit ihren Bundesgenossen zu festigen, um sicherzustellen, dass sie in der nächsten Krise, von der jedermann wusste, dass sie kommen würde, besseren oder wenigstens keinen schlechteren Erfolg haben würde. Dies Krise kam dann mit erschütternder Plötzlichkeit, als der Habsburgerthronerbe, Erzherzog Franz Ferdinand, am 28. Juni 1914 in der bosnischen Stadt Sarajevo von serbischen Extremisten ermordet wurde. Es folgte ein schrecklicher Monat von Angst, Unentschiedenheit und Hysterie, bevor der Weltkrieg mit dem Angriff Österreichs auf Serbien am 28. Juli 1914 begann.

Ganze Bände sind über die Julikrise 1914 geschrieben worden und man wird kaum erwarten, dass die Geschichte in ein paar Absätzen erzählt werden kann. Die eigentlichen Fakten sind in ein verwirrendes Durcheinander verwoben, das Historiker inzwischen auseinandergedröselt haben; aber wichtiger als die Tatsachen und schwerer fassbar sind die psychologischen Faktoren, die diese Fakten umgeben. Die Atmosphäre nervöser Erschöpfung nach zehn Jahren Krise; die physische Erschöpfung nach schlaflosen Nächten; die abwechselnden Stimmungen patriotischen Stolzes und kalter Angst; das untergründige Gefühl des Erschreckens darüber, dass der Optimismus und der Fortschritt des 19. Jahrhunderts in eine solche Katastrophe führten; die kurzen Momente ungeduldiger Wut auf den Feind, der das Ganze ins Rollen gebracht hatte; die nervöse Entschlossenheit, den Krieg wenn möglich zu vermeiden, aber nicht unwachsam angetroffen zu werden, falls er kommen sollte, und dagegen, wenn möglich, den Feind in einem Moment der Unwachsamkeit zu überrumpeln; schließlich die tiefe Überzeugung, dass diese ganze Erfahrung nur ein Alptraum sei und dass im letzten Moment irgendeine Macht sie anhalten würde – das waren die Empfindungen, die in den Köpfen von Millionen von Europäern auf- und niederstiegen in diesen fünf langen Wochen immer weiter ansteigender Spannungen.

Eine Reihe von Faktoren führte dazu, dass die Krisen aus der Zeit vor dem Kriegsausbruch gefährlicher waren, als das eine Generation früher der Fall gewesen wäre. Darunter sollten wir den Einfluss der Massenarmeen erwähnen, den Einfluss der Bündnissysteme, den Einfluss der Demokratie, die Neigung, diplomatische Ziele durch Einschüchterung zu erreichen, die Stimmung von Verzweiflung unter den Politikern und zuletzt auch noch der wachsende Einfluss des Imperialismus.

Der Einfluss der Massenarmee wird ausführlicher im nächsten Kapitel besprochen werden.[4] Kurz gesagt, war die Massenarmee in einer Zeit, in der die Kommunikation über den Telegrafen und der Transport über die Eisenbahn ging, eine unhandliche Angelegenheit, die nur in einer ziemlich starren, unflexiblen Weise gelenkt werden konnte. In der Art, wie sie von den Deutschen ausgearbeitet und in den Kriegen von 1866 und 1870 mit so viel Erfolg angewendet worden war, verlangte diese Kriegsmode schon lange vor Kriegsausbruch detailliert ausgearbeitete Pläne, die dann nach einem Startzeichen in Reihenfolge ausgeführt wurden und die in einer Weise organisiert waren, dass jede einzelne Person darin ihre feste Rolle als Teil einer großartigen, komplizierten Maschinerie hatte. So wie die Deutschen das in früheren Kriegen gemacht hatten und wie es von ihnen weiterentwickelt und von anderen in der Zeit vor 1914 kopiert wurde, verließ jeder Soldat seine Haus auf ein bestimmtes Signal hin. Bei ihrem Fortschreiten von Stunde zu Stunde und von Tag zu Tag trugen diese Männer ihre Ausrüstung zusammen und organisierten sich in immer größere Einheiten, zuerst in Züge, Kompanien und Regimenter, dann in Divisionen und Armeen. Sie versammelten sich, während sie entlang von lange vorher festgelegten strategischen Angriffslinien vorrückten. Die gemeinsame Formierung einer Armee wurde dann manchmal erst zu einem Zeitpunkt vollzogen, wenn der Vormarsch bereits tief in feindliches Territorium vorgedrungen war. In der Theorie war vorgesehen, dass sich der schließliche Zusammenschluss in eine komplette Kampfmaschine sich erst kurz vor dem Zeitpunkt vollziehen würde, zu dem die gesamte Masse sich auf einen vielleicht erst teilweise versammelten Feind werfen würde. Der große Nachteil dieser Mobilmachungspläne war ihre Inflexibilität und ihre Komplexität. Diese beiden Qualitäten waren so dominierend, dass – war das Startsignal einmal gegeben – es fast unmöglich wurde, die Vorwärtsbewegung der ganzen Maschinerie noch irgendwo vor ihrem entscheidenden Zusammenstoß mit den feindlichen Kräften in deren Land anzuhalten. Das bedeutete, dass ein Mobilisierungsbefehl schon fast einer Kriegserklärung gleichkam; dass kein Land einem Gegner erlauben konnte, das Startsignal lange vor seinem eigenen zu geben und dass die Entscheidungen der Politiker denen der Generäle untergeordnet waren.

Das System der Bündnisse verschlechterte die Situation noch in zwei Weisen. Zum einen bedeutete es, dass jeder lokale Disput zu einem Weltkrieg werden konnte, weil das Signal zur Mobilmachung irgendwo in Europa zugleich überall anders die Kriegsmaschinen in Bewegung setzen würde. Zum anderen ermutigte es Extremismus, weil ein Land mit Verbündeten wagemutiger handelte als eines ohne und weil die Verbündeten auf lange Sicht nicht die gegenseitige Zurückhaltung förderten. Entweder glaubten sie,

---

4 Dieses «nächste Kapitel» wurde nicht in die Auswahlausgabe mit aufgenommen.

dass eine nur lauwarme Unterstützung eines Verbündeten in seinem Konflikt dazu führen könnte, dass die Unterstützung dieses Verbündeten in einem eigenen Konflikt dann noch kühler ausfallen könnte, oder eine mäßigende Unterstützung in einem früheren Konflikt hatte das Bündnis so geschwächt, dass es nötig schien, in einem späteren Konflikt eine bedingungslose Unterstützung zu signalisieren, um das Bündnis für die Zukunft zu sichern. Es kann wenig Zweifel daran geben, dass Russland Serbien in einem sehr schlechten Streitfall 1914 übertriebene Unterstützung zukommen ließ, um zu kompensieren, dass es Serbien im Streit um Albanien 1913 fallengelassen hatte; und auch Deutschland gab Österreich 1914 einen höheren Grad an Unterstützung, obwohl es wenig Sympathie mit dem Streitfall an sich hatte, um den mäßigenden Einfluss wieder wettzumachen, den Deutschland auf Österreich während der Balkankriege ausgeübt hatte.

Der Einfluss der Demokratie ließ die Spannung während einer Krise wachsen, weil gewählte Politiker es für notwendig hielten, den irrationalsten und primitivsten Instinkten des Wahlvolkes zu schmeicheln, um eine zukünftige Wiederwahl sicherzustellen. Sie taten das, indem sie mit Hass- und Furchtgefühlen gegenüber mächtigen Nachbarn spielten oder so attraktive Themenkomplexe wie territoriale Expansion, nationalistischen Stolz, «einen Platz an der Sonne», «einen Zugang zum Meer» und andere wirkliche oder imaginäre Vorteile ansprachen. Zugleich spielte die populäre Presse, die Zeitungen verkaufen wollte, mit denselben Instinkten und Themen, erregte dadurch die Menschen, trieb ihre eigenen Politiker zu Extremen und alarmierte Nachbarstaaten bis zu dem Punkt, an dem sie im Namen der Selbstverteidigung ähnliche Methoden zur Anwendung brachten. Darüber hinaus machte es die Demokratie unmöglich, die internationalen Streitfälle in ihrer Substanz zu untersuchen, sondern machte im Gegenteil aus jedem läppischen Zwist eine Frage von Ehre und nationalem Prestige. Dadurch konnte kein Streitfall nach seiner wirklichen Substanz untersucht oder als einfacher Kompromiss gelöst werden, weil eine derart besonnene Haltung von der eigenen demokratischen Opposition sofort als Gesichtsverlust und faule Kompromittierung überspannter moralischer Prinzipien verdammt worden wäre.

Der Erfolg von Bismarcks «Blut-und-Eisen»-Politik tendierte dazu, die Anwendung von Gewalt und Einschüchterung in internationalen Angelegenheiten zu rechtfertigen und dagegen die Rolle der Diplomatie zu entstellen. Der alte Typus der Diplomatie begann zu verschwinden. Statt einer Diskussion unter Gentlemen, um eine tragfähige Lösung zu finden, wurde die Diplomatie jetzt zum Bemühen, dem Gegenüber die eigene Stärke zu zeigen, um ihn davon abzuschrecken, die eigenen offensichtlichen Schwächen auszunützen. Metternichs alte Definition, «ein Diplomat ist ein Mann, der sich niemals die Annehmlichkeit eines Triumphes erlaubt», ging jetzt vollständig verloren. Allerdings wurde es erst nach 1930 diplomatischer Usus, die eigenen Gewehre vor den Augen des Gegners zu polieren.

Die Stimmung von Verzweiflung unter Politikern trug dazu bei, die internationalen Krisen nach 1904 gefährlicher zu machen. Diese Verzweiflung entsprang den meisten der Faktoren, die wir schon diskutiert haben, besonders der Massenarmee und dem Druck des Zeitung lesenden Wahlvolkes. Aber sie wurde durch eine Reihe anderer Einflüsse intensiviert. Dazu gehörte der Glaube, der Krieg sei unvermeidlich. Wenn ein wichtiger Politiker wie Poincaré entscheidet, dass der Krieg unvermeidlich ist, so wird er so handeln, als ob er unvermeidlich wäre, und das wird ihn unvermeidlich machen. Eine andere Art der Verzweiflung, die dieser sehr nahe steht, ist der Eindruck, dass es besser wäre, den Krieg *jetzt* als später zu führen, weil die Zeit für die Feinde arbeitet. Die Franzosen, die vom Wiedergewinn Elsass-Lothringens träumten, sahen die wachsende Macht und Bevölkerungszahl Deutschlands und glaubten, dass es besser sei, den Krieg 1914 als später zu führen. Die Deutschen, die von «einem Platz an der Sonne» träumten oder die «Einkreisung durch die Entente» fürchteten, sahen die russischen Aufrüstungspläne und entschieden, dass es 1914 mehr Hoffnung auf einen Sieg geben würde als 1917, wenn das Aufrüstungsprogramm durchgeführt wäre. Österreich hatte als dynastischer Staat seine eigene Art Verzweiflung, die auf dem Glauben beruhte, dass die nationalistische Agitation der Slawen es ohnehin zum Untergang verurteilen würde, wenn es tatenlos bliebe, und dass es immer noch besser sei, kämpfend unterzugehen, als in Frieden auseinander zu brechen.

Und schließlich trug der Einfluss des Imperialismus dazu bei, die Krisen von 1905 bis 1914 akuter zu machen, als das in früheren Zeiten der Fall war. Das ist ein Thema, das seit 1914 viele Kontroversen hervorgebracht hat und das in seiner primitivsten Form vorgebracht wurde als die Theorie, dass der Krieg eine Folge der Machinationen internationaler Banker oder der internationalen Rüstungsindustrie war oder eine unvermeidliche Folge der Tatsache, dass das europäische kapitalistische System sein Reifestadium erreicht hatte. Alle diese Theorien sollen an anderer Stelle besprochen werden, wo gezeigt wird, dass sie bestenfalls unvollständig, schlechtestenfalls unwahr sind.[5] Ein Umstand scheint allerdings über jeden Zweifel erhaben. Es ist eine Tatsache, dass die internationale wirtschaftliche Konkurrenz in der Zeit vor 1914 immer zunehmende politische Unterstützung beanspruchte. Britische Gold- und Diamantenschürfer in Südafrika, deutsche Eisenbahnbauer im Nahen Osten, französische Zinnminiers im südwestlichen Pazifik, amerikanische Ölbohrer in Mexiko, britische Ölbohrer im Nahen Osten und sogar serbische Schweinefleischhändler in den Besitzungen der Habsburger verlangten und erwarteten politische Unterstützung von ihren heimischen Regierungen. Vielleicht waren die Dinge immer so. Aber vor 1914 war die Zahl solcher Unternehmer im Ausland größer als je zuvor, ihre Forderungen waren drängender und ihre eigenen Politiker nahmen mehr Rücksicht auf solche Forderungen. Als Folge davon waren die internationalen Beziehungen in einem Zustand der Aufgeregtheit.

Es war eine solcherart vorgeformte Atmosphäre, in der Wien die Nachricht von der Ermordung des Habsburgerthronerben am 28. Juni 1914 erhielt. Die Österreicher waren von der Beteiligung der serbischen Regierung über-

---

5 Das entsprechende Kapitel konnte in die Auswahlausgabe nicht mit aufgenommen werden.

zeugt, obwohl sie keinen wirklichen Beweis hatten. Heute wissen wir, dass hohe serbische Regierungsmitglieder von dem Plan wussten und wenig taten, um ihn zu verhindern. Dieser Mangel an Aktivität hing nicht damit zusammen, dass Franz Ferdinand etwa feindselig gegenüber den Slawen im Habsburgerreich gewesen wäre, sondern im Gegenteil damit, dass er mit Plänen verbunden war, diese Slawen durch Konzessionen in Richtung Autonomie innerhalb des Habsburgerverbundes zu besänftigen. Er hatte sogar ein Projekt im Auge, die österreichisch-ungarische Doppelmonarchie in eine Tripelmonarchie von Österreichern, Ungarn und Slawen umzuwandeln. Dieses Projekt ängstigte die Serben, weil es das Auseinanderbrechen Österreich-Ungarns hätte verhindern und damit die Verwirklichung ihres Traums, Serbien zum «Preußen des Balkans» zu machen, hinausgeschoben hätte. Dieses Projekt wurde außerdem von den Ungarn, die kein Verlangen nach der Hintansetzung hatten, die mit einer solchen Verschiebung einhergehen musste, ungern gesehen. Waren sie bisher eines von zwei Herrschervölkern im Reich, so würden sie dann nur noch eines von dreien sein. Im Habsburgerkabinett gab es beträchtliche Unsicherheit, wie man sich gegenüber Serbien verhalten sollte. Ungarn war einem Kriege gegenüber zurückhaltend eingestellt, aus Furcht, dass ein Sieg zur Annexion von noch mehr Serben führen würde, was das Slawenproblem innerhalb der Monarchie noch schärfer akzentuieren und die Einführung einer Tripelmonarchie wahrscheinlicher machen würde. Schließlich wurden sie durch das Versprechen beruhigt, dass keine weiteren Slawen annektiert würden und dass Serbien nach seiner Niederlage gezwungen würde, seine Ermutigung slawischer nationalistischer Agitation im Reich einzustellen. Wenn notwendig könnte es außerdem durch Abgabe eines Teils seines Territoriums an Bulgarien geschwächt werden. Auf dieser verantwortungslosen Grundlage schickte Österreich, das ein Unterstützungsversprechen von Deutschland erhalten hatte, ein 48-Stunden-Ultimatum nach Belgrad. Dieses Dokument, das am 23. Juli übergeben wurde, hatte weitreichende Implikationen. Es verlangte von Serbien, gegen Habsburg gerichtete Veröffentlichungen, Gesellschaften und Lehren zu verbieten; Personen, deren Namen später von Österreich genannt würden, aus seinen Regierungsstellen zu entlassen; Habsburgerbeamten zu gestatten, in Zusammenarbeit mit serbischen Stellen innerhalb Serbiens die Beteiligten am Attentat von Sarajewo aufzuspüren und vor Gericht zu stellen; außerdem wurde verlangt, Erklärungen für verschiedene antiösterreichische Bemerkungen serbischer Offizieller zu liefern.

Serbien, das sich der russischen Unterstützung sicher war, gab eine Antwort, die teilweise entgegenkommend war, teilweise ausweichend und in wenigstens einem Punkt (der Zulassung von österreichischen Richtern vor serbischen Gerichten) ablehnend. Serbien machte mobil, bevor es seine Antwort abgab; Österreich machte seinerseits mobil, sobald die Antwort ankam, und erklärte am 28. Juli den Krieg. Der russische Zar, der unter starkem Druck seiner Generäle stand, verkündete den Befehl für die generelle Mobilmachung, zog ihn wieder zurück, modifizierte ihn und verkündete ihn erneut. Da der deutsche militärische Zeitplan für einen Zweifrontenkrieg vorsah, dass Frankreich besiegt sein müsste, bevor die russische Mobilmachung vollzogen war, ordneten Frankreich und Deutschland beide ihre Mobilmachungen am 1. August 1914 an und erklärte Deutschland Russland den Krieg. Als die deutschen Armeen nach Westen flossen, erklärte Deutschland Frankreich (am 3.8.) und Belgien (am 4.8.) den Krieg. Großbritannien konnte eine französische Niederlage nicht zulassen und war außerdem moralisch durch die Militärgespräche von 1906 bis 1914 und die Marinevereinbarung von 1912 gebunden. Darüber hinaus konnte man die deutsche Herausforderung auf den Weltmeeren, in Handelsaktivitäten überall auf der Welt und in kolonialen Aktivitäten nicht unbeantwortet lassen. Am 4. August erklärte Großbritannien Deutschland den Krieg und betonte die Feindseligkeit des deutschen Angriffs gegen Belgien, obwohl die Kabinettssitzung am 29. Juli darin übereingestimmt hatte, dass ein solcher Angriff Großbritannien nicht zu einem Kriegseintritt verpflichten würde. Obwohl das unter die Menschen gestreut wurde und obwohl endlose Diskussionen folgten, inwieweit Großbritannien nach dem Vertrag von 1839 verpflichtet war, die belgische Neutralität zu schützen, war für jene, welche die Entscheidung trafen, klar, dass der wirkliche Grund zum Kriegseintritt darin bestand, dass Großbritannien einen deutschen Sieg über Frankreich nicht zulassen konnte.

Die diplomatische Geschichte des Ersten Weltkriegs (1914–1918)

Der Charakter des modernen Kriegs und seine Rückwirkungen

Der Beginn militärischer Kampfhandlungen im August 1914 bedeutete selbst zwischen den Hauptgegnern nicht das Ende der diplomatischen Aktionen. Die diplomatische Aktivität hielt an und hatte zwei hauptsächliche Ziele: a) neue Länder zum Kriegseintritt zu bewegen oder sie umgekehrt daraus fernzuhalten und b) zu versuchen, Frieden durch Verhandlungen herbeizuführen. Eng verbunden mit dem ersten dieser Ziele waren Verhandlungen, die sich mit der Verfügung über Gebiete des Feindes nach einem Ende der Kämpfe befassten.

Im Hintergrund aller diplomatischen Aktivitäten der Periode 1914–1918 lag ein Umstand, der den Kriegführenden nur relativ langsam zu Bewusstsein kam. Das war der geänderte Charakter der modernen Kriegsführung. Mit gewissen Ausnahmen waren die Kriege des 18. und frühen 19. Jahrhunderts Kämpfe mit begrenztem Ressourceneinsatz um begrenzte Ziele gewesen. Der Aufstieg der Demokratie im Politischen, der Aufstieg des Nationalismus und die Industrialisierung des Krieges führten zu einem totalen Krieg mit totaler Mobilisierung und unbegrenzten Zielsetzungen. Solange im 18. Jahrhundert die Herrscher relativ frei von Einflüssen des Volkes blieben, konnten sie Kriege um begrenzte Ziele führen und konnten einen Kompromissfrieden schließen, wenn diese Ziele erreicht oder ins Unerreichbare gerückt waren. Da sie mit Söldnerarmeen umgingen, die für Bezahlung kämpften, konnten sie je nach Notwendigkeit eine solche Armee einsetzen oder ihren Einsatz abbrechen, ohne damit ihre Moral oder ihren Kampfgeist entscheidend zu beeinflussen. Das Heraufkommen der Demokratie und der Massenarmeen ließ die tiefempfundene Zustimmung des großen Teils der Staatsbürger für jede Art Kriegsführung notwendig werden und machte es unmöglich, Kriege um scharf begrenzte Ziele zu führen. Eine solche allgemeine Unterstützung bekam man nur im Kampf für großartige moralische Ziele oder universelle philosophische Werte oder wenigstens um das eigene Überleben. Gleichzeitig ließen es die fortschreitende Industrialisierung und die wirtschaftliche Integration der modernen Gesellschaft unmöglich werden, anders als auf einer sehr ausgedehnten Grundlage, die einer Totalmobilisierung nahe kam, für einen Krieg mobilzumachen. Eine solche Mobilisierung konnte nicht auf begrenzte Ziele ausgerichtet sein. Aus diesen Faktoren erwuchs der totale Krieg mit seiner totalen Mobilisierung und unbegrenzten Zielsetzungen, einschließlich der völligen Vernichtung oder der bedingungslosen Kapitulation des Feindes. Nachdem einmal solch grandiose Ziele und so gigantische Pläne angenommen worden waren, wurde es fast unmöglich, die fortdauernde Existenz von Nichtkombattanten innerhalb der kriegführenden Länder oder von Neutralen außerhalb davon zu dulden. Es wurde beinahe axiomatisch, dass «wer nicht für mich ist, gegen mich ist». Gleichzeitig wurde es fast unmöglich, eine so weit kompromissfähige Haltung einzunehmen, wie sie nötig gewesen wäre, um die begrenzteren Ziele zu erreichen, die einen Verhandlungsfrieden hätten ermöglichen können. Wie es Charles Seymour gesagt hat: «Jede Seite hatte sich einen Siegfrieden versprochen. Schon der Begriff ‹Verhandlungsfrieden› wurde zu einem Synonym für Verrat.» Darüber hinaus verlangte der Volkskriegscharakter des modernen Krieges eine hohe Moral, die leicht sinken konnte, wenn Nachrichten durchsickerten, dass die Regierung mitten während der Kämpfe Friedensverhandlungen führte. Als Folge dieser Umstände waren die Bemühungen, während des Ersten Weltkrieges einen Frieden auszuhandeln, normalerweise sehr geheim und sehr erfolglos.

Der Wechsel von begrenzten Kriegen mit begrenzten Zielsetzungen, die mit Söldnerarmeen ausgekämpft wurden, zu unbegrenzten Kriegen wirtschaftlicher Abnutzung mit unbegrenzten Zielsetzungen, die mit nationalen Armeen ausgekämpft wurden, hatte weitreichende Konsequenzen. Die Unterscheidungen zwischen Kombattanten und Nichtkombattanten und zwischen kriegführenden Staaten und Neutralen verwischten sich und hörten schließlich ganz zu existieren auf. Das Völkerrecht, das in der Zeit der begrenzten dynastischen Kriege entstanden war, legte sehr viel Wert auf diese Unterscheidungen. Nichtkombattanten hatten ausgedehnte Rechte, die ihre Lebensweise während einer Kriegszeit so weit als möglich zu beschützen versuchten; Neutrale hatten ähnliche Rechte. Dafür hatten diese «Außenseiter» die strenge Verpflichtung, Nichtkombattanten und neutral zu bleiben. Alle diese Unterscheidungen brachen 1914–1915 zusammen, was zur Folge hatte, dass beide Seiten sich in ausgedehnten Verletzungen des Völkerrechts ergingen. Wahrscheinlich waren insgesamt diese Verletzungen auf Seiten der Entente ausgedehnter (obwohl weniger besprochen) als auf Seiten der Mittelmächte. Die Gründe dafür lagen darin, dass die Deutschen immer noch die ältere Tradition einer Berufsarmee hochhielten und dass ihre Position als Eindringling auf fremder Erde und als «Mittelmacht» mit begrenzten menschlichen und wirtschaftlichen Ressourcen es ihnen vorteilhaft erscheinen ließ, die Unterscheidungen zwischen Kombattanten und Nichtkombattanten und zwischen Kriegführenden und Neutralen aufrecht zu erhalten. Wenn es ihnen gelungen wäre, die Gültigkeit der ersteren Unterscheidung aufrecht zu erhalten, so hätten sie nur gegen die feindliche Armee und nicht auch gegen die Zivilbevölkerung des Feindes zu kämpfen gehabt und hätten wenig von der Letzteren zu befürchten gehabt, wenn die Erstere einmal besiegt war. Die Zivilbevölkerung hätte dann mit einem Minimum an Truppen unter Kontrolle gehalten werden können. Wenn es ihnen gelungen wäre, die Unterscheidung zwischen Kriegführenden und Neutralen in Gültigkeit zu erhalten, so wäre es unmöglich gewesen, eine Blockade über Deutschland zu verhängen, weil dann Grundversorgungswaren über neutrale Länder hätten eingeführt werden können. Das war der Grund, warum Schlieffens ursprüngliche Pläne eines Angriffs auf Frankreich via Holland und Belgien von Moltke dahingehend geändert wurden, dass der Angriff nur über Belgien stattfinden sollte. Das neutrale Holland sollte als Versorgungskanal für Zivilgüter dienen. Das war möglich, weil das Völkerrecht einen Unterschied zwischen Kriegsgütern, die als Schmuggel deklariert werden konnten, und Zivilgütern (einschließlich Nahrungsmittel), bei denen das nicht der Fall war, machte. Darüber hinaus sahen die deutschen Pläne einen kurzen, entscheidenden Krieg gegen die feindlichen Armeen vor. Weder erwarteten sie eine totale wirtschaftliche Mobilisierung und noch nicht einmal eine totale militärische Mobilisierung noch wünschten sie diese, da beide die bestehenden sozialen und politischen Strukturen in Deutschland zu zerstören drohten. Aus diesen Gründen hatte Deutschland keine ausgearbeiteten Pläne für die industrielle oder wirtschaftliche Mobilmachung, für einen langen Krieg oder für den Kampf gegen eine Blockade und hoffte darauf, nur einen kleineren Teil seiner Menschenressourcen mobilisieren zu müssen als seine unmittelbaren Feinde.

Der Fehlschlag des Schlieffenplans zeigte die Irrtümlichkeit dieser Ideen. Nicht nur ließ die Aussicht auf einen langen Krieg die wirtschaftliche Mobilmachung notwendig werden, sondern die Besetzung von Belgien zeigte auch, dass das Nationalgefühl dazu tendierte, die Unterscheidung zwischen Kombattanten und Nichtkombattanten akademisch werden zu lassen. Wenn belgische Zivilisten auf deutsche Soldaten schossen, so nahmen die letzteren Geiseln und praktizierten Vergeltungsmaßnahmen gegen Zivilisten. Diese deutschen Handlungen wurden über die britische Propagandamaschinerie in der ganzen Welt als «Gräueltaten» und Verletzungen des Völkerrechts (was sie auch tatsächlich waren) gebrandmarkt, während die zivilen belgischen Heckenschützen als loyale Patrioten entschuldigt wurden (obwohl ihre Handlungen sogar noch eindeutiger Völkerrechtsverletzungen waren und als solche strenge deutsche Gegenmaßnahmen rechtfertigen konnten). Diese «Gräueltaten» benutzten die Briten, um ihre eigenen Völkerrechtsverletzungen zu rechtfertigen. Schon am 20. August 1914 behandelten sie auch Nahrungsmittel als Schmuggelware und unterbanden den neutralen Nahrungsmittelhandel nach Europa. Am 5. November 1914 erklärten sie das gesamte Meeresgebiet von Schottland bis Island zur «Kriegszone», bedeckten es mit Feldern von Treibminen und befahlen allen Schiffen, die zur Ostsee oder an die niederländische Küste wollten, den Weg über den Kanal zu nehmen. Dort wurden sie angehalten und durchsucht und es wurde ihnen ein Großteil ihrer Ladung abgenommen, auch wenn diese Ladung nach geltendem Völkerrecht nicht als Schmuggelware bezeichnet werden konnte. Als Vergeltung erklärten die Deutschen am 18. Februar 1915 den Kanal zur «Kriegszone», kündigten an, dass ihre U-Boote Schiffe in diesem Gebiet versenken würden, und befahlen den Schiffen, die in die Ostsee wollten, die Route nördlich um Schottland herum zu nehmen. Die Vereinigten Staaten lehnten eine skandinavische Einladung zum gemeinsamen Protest gegen die britische verminte Kriegszone nördlich von Schottland ab. Sie protestierten aber vehement gegen die deutsche Kriegszone, die mit U-Booten im Kanal operierte, obwohl – wie es ein amerikanischer Senator ausdrückte – «die Humanität der U-Boote sicherlich höher war als die der Treibminen, die weder Zurückhaltung noch eigenes Urteil hatten».

Die Vereinigten Staaten akzeptierten die britische «Kriegszone» und hinderten ihre Schiffe daran, sie zu benutzen. Andererseits weigerten sie sich, die deutsche Kriegszone zu akzeptieren, und beharrten darauf, dass amerikanisches Leben und amerikanisches Eigentum unter amerikanischem Schutz standen, selbst wenn sie auf bewaffneten Schiffen kriegführender Länder in dieser Kriegszone fuhren. Darüber hinaus beharrten die Vereinigten Staaten darauf, dass deutsche U-Boote sich an die Seerechtsbestimmungen, die für Schiffe über der Wasseroberfläche aufgestellt worden waren, halten müssten. Diese Gesetze sahen vor, dass Handelsschiffe von einem Kriegsschiff angehalten und durchsucht werden durften. Falls Schmuggelware darauf gefunden wurde, durften sie versenkt werden, nachdem die Passagiere und die Schiffspapiere an einen sicheren Ort gebracht worden waren. Ein solcher sicherer Ort waren die Rettungsboote nur dann, wenn Land oder andere Schiffe bei ruhiger See in Sichtweite waren. Das Handelsschiff, das derart angehalten wurde, behielt diese Rechte aber nur dann, wenn es keine feindseligen Akte gegen das feindliche Kriegsschiff unternahm. Es war nicht nur schwierig oder sogar unmöglich für deutsche U-Boote, diesen Bedingungen zu genügen; es war auch gefährlich, weil britische Handelsschiffe die Anweisung erhielten, deutsche U-Boote bei Sicht anzugreifen und sie, wenn möglich, zu rammen. Es war sogar gefährlich für die deutschen U-Boote, sich an das Recht für Schiffe von Neutralen zu halten; denn britische Schiffe, die diese aggressiven Befehle erhalten hatten, fuhren oft unter neutraler Flagge und stellten sich so lange als möglich so, als ob sie Neutrale wären. Trotzdem bestanden die Vereinigten Staaten darauf, dass die Deutschen sich an das alte Recht halten sollten, während sie britische Übertretungen derselben Gesetze akzeptierten. Das ging so weit, dass sich die Unterscheidung zwischen Kriegs- und Handelsschiffen verwischte. Dementsprechend begannen deutsche U-Boote damit, britische Handelsschiffe mit nur wenig oder ohne Warnung zu versenken. Ihre Versuche, diese Unterlassung der Unterscheidung zwischen Kombattanten und Nichtkombattanten damit zu rechtfertigen, dass die britischen Treibminen, die britische Nahrungsmittelblockade und die britischen Anweisungen an Handelsschiffe, die U-Boote anzugreifen, auch keine solche Unterscheidung trafen, waren nicht erfolgreicher als ihr Bemühen, deutlich zu machen, dass ihre Härte gegen die Zivilbevölkerung in Belgien durch die Angriffe Ziviler auf deutsche Soldaten gerechtfertigt wäre. Sie versuchten, rechtliche Unterscheidungen, die aus einer früheren Zeit stammten, in eine Zeit weiterzutragen, die sich vollständig davon unterschied. Ihre schließliche Aufgabe dieser Unterscheidungen machte die Dinge nur noch schlimmer, weil Deutschland und seine Verbündeten mehr zu verlieren hatten, wenn Neutrale zu Kriegführenden und Nichtkombattanten zu Kombattanten wurden, als Großbritannien und seine Freunde. In der letzten Analyse ist das der Grund, warum die Unterschiede zerstört wurden; aber hinter allen Rechtsfragen stand die ominöse Tatsache, dass der total gewordene Krieg sowohl die Neutralität als auch einen Verhandlungsfrieden fast unmöglich hatte werden lassen. Wir werden unsere Aufmerksamkeit jetzt diesem Kampf um die Neutralität und dem Kampf um einen Verhandlungsfrieden zuwenden.

Verhandlungen um Kriegsein- und -austritte

Was rechtliche oder diplomatische Verpflichtungen anging, konnte Deutschland im Juli 1914 erwarten, dass Österreich-Ungarn, Italien, Rumänien und vielleicht die Türkei an seiner Seite stehen würden und dass seine Gegner Serbien, Montenegro, Russland und Frankreich wären, wobei England zumindest zu Beginn neutral bleiben würde. Stattdessen kämpften Italien und Rumänien auf der Gegenseite. Dieser Verlust wurde durch den Zugewinn Bulgariens auf der eigenen Seite nicht ausgeglichen. Außerdem fand es seine Gegner zusätzlich gestärkt durch England, Belgien, Griechenland, die Vereinigten Staaten, China, Japan, die Araber und zwanzig weitere «alliierte und verbündete Mächte». Den Prozess, durch den die Wirklichkeit eine so weit von den berechtigten Erwartungen Deutschlands abweichende Form erhielt, werden wir jetzt untersuchen.

Die Türkei, die seit vor 1890 näher an Deutschland herangerückt war, bot Deutschland am 27. Juli 1914, als die Sarajevo-Krise auf ihrem Höhepunkt war, ein Bündnis an. Das Dokument wurde heimlich am 1. August 1914 unterzeichnet und verpflichtete die Türkei, in den Krieg gegen Russland einzutreten, falls Russland Deutschland oder Österreich angriff. In der Zwischenzeit täuschte die Türkei die Ententemächte, indem sie Verhandlungen mit ihnen über ihre Haltung in einem möglichen Krieg lange hinschleppte. Am 29. Oktober lüftete sie ihre Maske der Neutralität, indem sie Russland angriff und es so auf der Südroute von seinen westlichen Verbündeten abschnitt. Um diesen Druck von Russland zu nehmen, veranstalteten die Briten einen unwirksamen Angriff auf Gallipoli an den Dardanellen (Februar – Dezember 1915). Erst Ende 1916 gab es einen wirklichen Angriff auf die Türkei, der von Ägypten aus nach Mesopotamien zielte. Dort fiel im März 1917 Bagdad und damit standen sowohl der Weg die Flusstäler hoch als auch der durch Palästina nach Syrien offen. Im Dezember 1917 fiel Jerusalem an General Allenby und im darauffolgenden Oktober (1918) passierte das Gleiche mit den wichtigsten Städten in Syrien.

Bulgarien leckte noch seine Wunden aus dem Zweiten Balkankrieg (1913), als es an Rumänien, Serbien, Griechenland und die Türkei Territorium verloren hatte. Es neigte von Ausbruch des Krieges 1914 an zu Deutschland hin und wurde in dieser Neigung durch den türkischen Angriff auf Russland im Oktober bestärkt. Beide Seiten versuchten, das Bündnis mit Bulgarien zu kaufen, wobei die Ententemächte darin durch den Umstand behindert wurden, dass die bulgarischen Ambitionen nur auf Kosten Griechenlands, Rumäniens oder Serbiens erfüllt werden konnten, deren Unterstützung sie doch ebenfalls suchten. Bulgarien wollte Thrakien von der Maritsa bis zum Vardar, einschließlich Kavalla und Saloniki (die beide griechisch waren), den Großteil Mazedoniens (das griechisch oder serbisch war) und die Dobrudscha (von Rumänien). Die Ententemächte offerierten im November 1914 Thrakien bis zum Vardar und fügten im Mai 1915 noch einen Teil Mazedoniens hinzu. Sie wollten Serbien dafür mit Bosnien, der Herzegowina und der dalmatinischen Küste kompensieren. Deutschland andererseits sicherte Bulgarien im Juli 1915 einen Streifen türkischen Territoriums entlang der Maritsa zu, fügte dem sechs Wochen später eine Anleihe über 200 Millionen Franc hinzu und akzeptierte im September 1915 alle bulgarischen Forderungen, soweit sie auf Kosten von Ländern gingen, die mit ihm im Krieg standen. Innerhalb eines Monates trat Bulgarien danach mit einem Angriff auf Serbien (11. Oktober 1915) in den Krieg ein. Es hatte beträchtliche Erfolge und rückte durch Serbien hindurch bis nach Albanien vor, exponierte in diesem Prozess aber seine linke Flanke für einen Angriff der Ententekräfte, die bereits in Saloniki stationiert waren. Dieser Angriff erfolgte im September 1918 und zwang Bulgarien innerhalb eines Monats, um einen Waffenstillstand zu bitten (30. September). Das bedeutete den ersten Bruch in der gemeinsamen Front der Mittelmächte.

Als der Krieg 1914 anfing, blieb Rumänien trotz der Tatsache, dass es 1883 dem Dreibund beigetreten war, neutral. Diese Anlehnung war aufgrund der deutschen Sympathien der Königsfamilie erfolgt und blieb so geheim, dass nur eine Handvoll Menschen davon wusste. Das rumänische Volk dagegen hatte Sympathien für Frankreich. Zu der Zeit bestand Rumänien aus drei Teilen (Moldawien, Wallachei und Dobrudscha) und hatte Ambitionen, Bessarabien von Russland und Transsilvanien von Ungarn zu erlangen. Es schien unmöglich für Rumänien, beides zu erlangen, aber das war genau, was passierte, weil Russland nach der Revolution 1917 von Deutschland besiegt und von den Ententemächten ausgestoßen wurde, während Ungarn 1918 von der Entente besiegt wurde. Die Rumänen waren nach 1878 heftig antirussisch eingestellt. Diese Gefühle verloren sich aber mit der Zeit, während dagegen die Animositäten gegen die Mittelmächte wegen der ungarischen Misshandlung der rumänischen Minderheit in Transsilvanien hochgingen. Das führte dazu, dass Rumänien 1914 neutral blieb. Bemühungen der Ententemächte, es auf ihre Seite zu ziehen, blieben bis nach dem Tode König Carols im Oktober 1914 vergeblich. Als Preis für ihre Intervention auf Seiten der Ententemächte verlangten die Rumänen Transsilvanien, Teile der Bukowina und das Banat von Temesvar, 500.000 Mann Truppen der Entente auf dem Balkan, 200.000 Mann russische Truppen in Bessarabien und gleichberechtigten Status mit den Großmächten auf einer Friedenskonferenz. Dafür versprachen sie, die Mittelmächte anzugreifen und keinen Separatfrieden zu machen. Nur die schweren Verluste der Entente 1916 brachte sie so weit, diese Bedingungen zu akzeptieren. Das tat sie im August dieses Jahres und Rumänien trat zehn Tage später in den Krieg ein. Die Mittelmächte überrannten das Land sofort und nahmen im Dezember Bukarest ein. Die Rumänen weigerten sich so lange, Frieden zu schließen, bis der deutsche Vorstoß an die Marne im Frühling 1918 sie davon überzeugte, dass die Mittelmächte gewinnen würden. Dementsprechend unterzeichneten sie den Vertrag von Bukarest mit Deutschland (7. Mai 1918), durch den sie Dobrudscha an Bulgarien verloren, aber einen Anspruch auf Bessarabien erhielten, das Deutschland zuvor von Russland erhalten hatte. Deutschland erlangte auch ein 90-jähriges Leasingrecht auf die rumänischen Ölquellen.

Obwohl die Bemühungen der Entente, Griechenland zum Kriegseintritt zu bewegen, die am längsten dauernden und skrupellosesten der ganzen Periode waren, blieben sie ohne Erfolg, solange König Konstantin auf dem Thron saß (bis Juni 1917). Griechenland wurde Smyrna in der Türkei offeriert, wenn es Kavalla an Bulgarien geben und Serbien unterstützen würde. Premierminister Eleutherios Venizelos war dem zugeneigt, konnte aber den König nicht überreden und wurde bald zum Rücktritt gezwungen (März 1915). Er kehrte im August in sein Amt zurück, nachdem er im Juni eine parlamentarische Wahl gewonnen hatte. Als Serbien von Griechenland die 150.000 Mann Unterstützung verlangte, die im serbisch-griechischen Vertrag von 1913 als Schutz vor einem bulgarischen Angriff auf Serbien versprochen worden waren, versuchte Venizelos, diese Truppen von der Entente zu erlangen. Vier französisch-britische Divisionen landeten in Saloniki (Oktober 1915), aber Venizelos wurde sofort von König Konstantin aus dem Amt gejagt. Die Entente macht dann das Angebot, im Austausch für eine griechische Unterstützung gegen Bulgarien Griechenland Zypern zu überlassen, was aber zurückgewiesen wurde (20. Oktober 1915). Als deutsche und bulgarische Truppen begannen, Teile des griechischen Mazedoniens einzunehmen, verhängten die Ententemächte eine Blockade über Griechenland und schickten ein Ultimatum, das eine Demobilisierung der griechischen Armee und eine verantwortungsfähige Regierung in Athen forderte (Juni 1916). Die Griechen akzeptierten sofort, weil es die Demobilisierung weniger wahrscheinlich machte, dass sie zum Krieg gegen Bulgarien gezwungen werden konnten, und die Forderung nach einer verantwortlichen Regierung konnte erfüllt werden, ohne Venizelos wieder ins Amt zurückzubringen. Derart frustriert, errichteten die Ententemächte eine provisorische griechische Regierung unter Venizelos in ihrer Basis in Saloniki. Dort erklärte er den Mittelmächten den Krieg (November 1916). Die Entente verlangte dann, dass die Botschafter der Mittelmächte aus Athen ausgewiesen wurden und dass Kriegsgerät, das sich unter der Kontrolle der Athener Regierung befand, ausgeliefert werden sollte. Diese Forderungen wurden zurückgewiesen (30. November 1916). Ententetruppen landeten am gleichen Tag im Hafen von Athen (Piräus), blieben aber nur eine Nacht, während anschließend die Entente eine Blocklade über Griechenland verhängte. Die Regierung Venizelos wurde von Großbritannien anerkannt (Dezember 1916), aber diese ganze Situation schleppte sich ohne Veränderung weiter. Im Juni 1917 erging ein weiteres Ultimatum an Athen, das diesmal die Abdankung von König Konstantin verlangte. Dem wurde durch die Einnahme von Thessalien und Korinth Nachdruck verliehen. Das Ultimatum wurde sofort akzeptiert. Venizelos wurde Premier der Athener Regierung und erklärte am nächsten Tag den Mittelmächten den Krieg (27. Juni 1917). Das verschaffte der Entente eine ausreichende Basis, um unter dem französischen General Louis Franchet d' Esperey das Tal der Vardar hinauf zu dringen und Bulgarien aus dem Krieg herauszuzwingen.

Bei Kriegsausbruch 1914 erklärte Italien seine Neutralität mit der Begründung, dass der Dreibund von 1882, wie er 1912 erneuert worden war es nur für den Fall eines Verteidigungskrieges zu einer Unterstützung der Mittelmächte verpflichtete, während die österreichische Aktion gegen Serbien nicht in diese Kategorie falle. Für die Italiener hatte der Dreibund aber nach wie vor volle Geltung und sie fühlten sich deshalb berechtigt, eine Kompensation für österreichische Gebietsgewinne auf dem Balkan zu fordern, wie in Artikel VII vorgesehen. Als Garantie für diese Forderung besetzten die Italiener im November 1914 den Valonadistrikt in Albanien. Bemühungen der Mittelmächte, Italien durch Bestechung zum Kriegseintritt zu bringen, waren schwierig, weil die italienischen Forderungen großenteils auf Kosten Österreichs gingen. Diese Forderungen umfassten Südtirol, Görz, die dalmatinischen Inseln und Valona. Triest sollte eine freie Stadt werden. In Italien fand eine große öffentliche Auseinandersetzung zwischen denen, die eine Kriegsintervention auf Seiten der Entente, und jenen, die neutral zu bleiben wünschten, statt. Durch geschickte Verteilung von Geldern gelang es den Ententeregierungen, beträchtliche Unterstützung zu gewinnen. Ihr Haupterfolg war es, die normalerweise pazifistischen Sozialisten durch große Geldspenden an Benito Mussolini zu spalten. Mussolini, ein fanatischer Sozialist, war während des Kriegs um Tripolis von 1911 ein pazifistischer Führer gewesen. Er war Herausgeber der wichtigsten sozialistischen Zeitung, *Avanti*. Er wurde aus der Partei ausgeschlossen, als er eine Intervention auf Ententeseite befürwortete. Mit französischem Geld gründete er aber seine eigene Zeitung,

Popolo d' Italia, und begann die prinzipienlose Karriere, die ihn schließlich zum Diktator Italiens machen sollte.

Im Geheimvertrag von London (26. April 1915) wurden die oben aufgeführten Forderungen Italiens durch die Ententemächte anerkannt und so weit erweitert, dass Italien noch weitere Gebiete erhalten sollte: das Trentino, Triest, Istrien (aber ohne Fiume), Süddalmatien, Albanien als Protektorat, die Dodekanesinseln und Adalia in Kleinasien, kompensatorische Gebiete in Afrika für den Fall, dass die Ententemächte irgendwelche Erwerbungen auf diesem Kontinent machten, eine Anleihe von 50 Mio. Pfund, einen Teil der Kriegsreparationszahlungen, und den Ausschluss des Papstes aus allen Friedensverhandlungen. Im Austausch für diese ausgedehnten Versprechungen sagte Italien zu, die Mittelmächte innerhalb eines Monats anzugreifen. Es erklärte Österreich-Ungarn am 23. Mai 1915 den Krieg, Deutschland allerdings erst im August 1916.

Der Vertrag von London ist deshalb von größter Bedeutung, weil sein Geist die Kanzleien Europas für mehr als fünfundzwanzig Jahre umtrieb. Er diente als Entschuldigung für den italienischen Angriff auf Äthiopien 1935 und auf Frankreich 1940.

Die italienische Kriegsführung widmete sich dem Versuch, die Kräfte der Habsburger vom Nordende der Adria zurückzutreiben. In einer Serie von mindestens zwölf Schlachten am Isonzo, auf einem sehr schwierigen Gelände, waren die Italiener bemerkenswert erfolglos. Im Herbst 1917 gab Deutschland den Österreichern genügend Verstärkung, um ihnen einen Durchbruch bis zu den hinteren Linien der Italiener in Caporetto zu ermöglichen. Die italienische Verteidigung brach zusammen und wurde erst nach dem Verlust von 600.000 Mann – die Mehrheit davon durch Desertion – entlang der Piave wieder stabilisiert. Österreich schaffte es aus verschiedenen Gründen nicht, diesen Vorteil auszunützen: wegen seiner Kriegsmüdigkeit, seiner Unfähigkeit, seine heimische Wirtschaft in ausreichendem Maße für Kriegszwecke zu mobilisieren, und vor allem wegen der steigenden Unruhe unter den Nationalitäten, die zur Herrschaft der Habsburger gehörten. Deren Gruppen bildeten in den Ententehauptstädten Regierungskomitees und organisierten Verbände, die auf Seiten der Entente mitkämpften. Italien organisierte ein großes Treffen dieser Völker im April 1918 in Rom. Sie unterzeichneten den Pakt von Rom, versprachen, für die Selbstbestimmung unterdrückter Völker zu kämpfen, und kamen überein, die Grenzen zwischen Italien und den Südslawen entlang der Nationalitätenlinien zu ziehen.

Russland wurde wie Rumänien 1917 aus dem Krieg herausgezwungen und wurde 1918 gezwungen, einen Friedensvertrag mit Deutschland zu schließen. Der russische Angriff auf Deutschland war 1914 bei den Schlachten von Tannenberg und den Masurischen Seen im August und September vollständig zusammengebrochen, aber da sich die Russen gegen die Österreicher in Galizien halten konnten, war es unmöglich, den Krieg im Osten zu beenden. Die russischen Verluste waren sehr schwer, weil Nachschub und Munitionierung unzureichend waren, während auch die Österreicher beträchtliche

Truppen verloren, davon besonders Slawen, die zu den Russen überliefen. Dieser letzte Faktor ermöglichte es Russland, eine «Tschechische Legion» mit über 100.000 Mann zu organisieren. Deutsche Verstärkungen für die österreichische Front in Galizien ermöglichten 1915 eine große österreichisch-deutsche Offensive, die Galizien durchquerte und im September ganz Polen und Litauen eingenommen hatte. Bei diesen Feldzügen verloren die Russen etwa eine Million Mann. Sie verloren eine weitere Million im Gegenangriff Brusilovs 1916, der bis zu den Karpaten vordrang, bevor er von deutschen Verstärkungen, die aus Frankreich abgezogen worden waren, gestoppt wurde. Zu dieser Zeit war das Prestige der Regierung des Zaren so tief gefallen, dass sie ohne Schwierigkeiten im März 1917 durch eine parlamentarische Regierung unter Kerenski abgelöst wurde. Die neue Regierung versuchte den Krieg weiterzuführen, schätzte aber die Stimmung des russischen Volkes falsch ein. Als Folge davon gelang es den radikalen Kommunisten, bekannt als Bolschewisten, im November 1917 die Regierung zu übernehmen und festzuhalten, indem sie dem erschöpften russischen Volk Friede und Land versprachen. Die deutschen Forderungen, die vom deutschen Generalstab diktiert wurden, waren so streng, dass die Bolschewiken sich weigerten, einen formellen Frieden zu unterzeichnen. Sie wurden aber am 3. März 1918 gezwungen, den Vertrag von Brest-Litowsk anzunehmen. In diesem Vertrag verlor Russland Finnland, Litauen, die baltischen Provinzen, Polen, die Ukraine und Transkaukasien. Deutsche Bemühungen, diese Gebiete während der verbleibenden Kriegszeit wirtschaftlich nutzbar zu machen, waren aber nicht erfolgreich.

Die Intervention Japans in den Krieg am 23. August 1914 wurde vollständig von seinen Gelüsten im Fernen Osten und in der Pazifikregion bestimmt. Es wollte sich die Gelegenheit, die sich aus der Inanspruchname der Großmächte in Europa ergab, zunutze machen, um Konzessionen von China und Russland zu erlangen und um sich an die Stelle Deutschlands zu setzen – und zwar sowohl durch Übernahme seiner kolonialen Besitzungen im Osten als auch durch die Übernahme seiner kommerziellen Position, soweit das möglich war. Die deutschen Inselkolonien nördlich des Äquators wurden sofort in Besitz genommen und die deutsche Konzession in Kiauchou wurde nach einer kurzen Belagerung erobert. Im Januar 1915 wurden China einundzwanzig Forderungen in Form eines Ultimatums vorgelegt und weitgehend angenommen. Diese Forderungen umfassten: Zugang zur deutschen Position in Shandong, Ausweitung japanischer Rechte in der Mandschurei, inklusive vollständiger Handelsfreiheit für Japaner in dieser Region, ausgedehnte Rechte in bestimmten existenten Eisen- und Stahlunternehmen Nordchinas und die Schließung der chinesischen Küste gegenüber irgendwelchen zukünftigen Konzessionen für ausländische Mächte. Eine Forderung danach, japanische Berater in den politischen, militärischen und finanziellen Angelegenheiten Chinas zu beschäftigen, wurde zurückgewiesen und dann zurückgezogen. Am 3. Juli 1916 erkannte Russland Japans neue Position in China und im Austausch dafür Japan die russische Durchdringung der äußeren Mongolei an. Japan erlangte im Februar 1917 neue Konzessionen in China, die von den Vereinigten Staaten in den sogenannten Lansing-Ishii-Noten anerkannt wurden. In diesen Noten unterstützten die Japaner rhetorisch das amerikanische Bestehen auf der Aufrechterhaltung der territorialen Integrität Chinas, seiner politischen Unabhängigkeit und der Politik der offenen Tür in Handelsangelegenheiten.

Der Ausbruch der bolschewistischen Revolution in Russland, gefolgt von dem deutschen Sieg über dieses Land und dem Beginn des Bürgerkrieges, verschafften Japan im Fernen Osten eine Gelegenheit, die auszunutzen es nicht zögerte. Mit der Unterstützung Großbritanniens und der Vereinigten Staaten landete es im April 1918 in Wladiwostok und begann, sich entlang der transsibirischen Eisenbahnroute nach Westen zu bewegen. Die Tschechische Legion an der russischen Front hatte schon gegen die bolschewistische Herrschaft rebelliert und kämpfte sich ihren Weg entlang der gleichen Eisenbahnlinie ostwärts vorwärts. Die Tschechen wurden schließlich nach Europa evakuiert, während die Japaner weiterhin das Ostende der Eisenbahnlinie besetzt hielten und die antibolschewistischen Parteien im Bürgerkrieg unterstützten. Nach einem Jahr oder mehr von verwirrenden Kämpfen wurde klar, dass die antibolschewistischen Gruppen besiegt würden und dass die Japaner von den Bolschewisten keine weiteren Konzessionen zu erwarten hatten. Dementsprechend verließen sie Wladiwostok im Oktober 1922.

Die Verteilung des Osmanischen Reiches

Am zahlreichsten waren während der Kriegszeit ganz ohne Zweifel die diplomatischen Abkommen, die sich mit der Aufteilung des Osmanischen Reichs befassten. Schon im Februar 1915 unterzeichneten Russland und Frankreich einen Vertrag, in dem Russland im Osten freie Hand zugestanden wurde, während für Frankreich das Gleiche im Westen galt. Das bedeutete, dass Russland Konstantinopel annektieren und die Bewegung für ein unabhängiges Polen blockieren durfte, während Frankreich Elsass-Lothringen von Deutschland nehmen und einen neuen unabhängigen Staat im Rheinland unter französischem Einfluss errichten durfte. Einen Monat später, im März 1915, kamen Großbritannien und Frankreich darin überein, Russland die Annexion der Meerengen und von Konstantinopel zu erlauben. Die unmittelbaren Aktivitäten der Ententemächte dagegen galten Plänen, die Araber zu einer Rebellion gegen die Autorität des Sultans zu ermutigen oder sie wenigstens davon abzuhalten, seine Kriegsanstrengungen zu unterstützen. Die Erfolgsaussichten wurden bei diesem Unternehmen dadurch erhöht, dass die arabischen Teile des Osmanischen Reichs zwar nominell dem Sultan unterworfen waren, tatsächlich aber bereits in zahlreiche kleine Autoritätssphären auseinander fielen, von denen einige praktisch unabhängig waren. Die Araber waren ein vollständig anderes Volk als die Türken und sprachen eine semitische, keine ural-altaische Sprache. Sie waren in ihrer Lebensweise hauptsächlich nomadisch geblieben, während die Türken fast vollständig zu einem Bauernvolk geworden waren. Verbunden waren sie den osmanischen Völkern fast nur durch die gemeinsame Anhänglichkeit an die muslimische Religion. Diese Verbindung war durch die Bemühungen zur Säkularisation des osmanischen Staates ebenso geschwächt worden wie durch das Anwachsen des türkischen Nationalismus, der als Gegenreaktion einen Geist des arabischen Nationalismus hervorrief.

1915–1916 unterhielt der britische Hochkommissar in Ägypten, Sir Henry McMahon, eine Korrespondenz mit dem Sherif Hussein von Mekka. Es wurde kein verpflichtendes Abkommen unterschrieben, aber der Kern ihrer Diskussionen war es, dass Großbritannien die Unabhängigkeit der Araber anerkennen würde, falls sie gegen die Türkei revoltierten. Das Gebiet, das von dem Abkommen berührt wurde, umfasste alle Teile des Osmanischen Reichs, die südlich des 37. Breitengrades lagen, ausgenommen Adana und Alexandrette und «jene Teile Syriens westlich der Distrikte von Damaskus, Homs, Hama und Aleppo, von denen man nicht sagen kann, dass sie rein arabisch wären». Außerdem wurde Aden ausgenommen, während Bagdad und Basra eine «besondere Verwaltung» erhalten sollten. Die Rechte Frankreichs in dem gesamten Gebiet blieben vorbehalten, die schon bestehenden britischen Verträge mit verschiedenen Sultanen am Persischen Golf sollten bestehen bleiben und Hussein sollte nach dem Kriege ausschließlich britische Berater beschäftigen. Diese Gebietsaufteilung hat zu ausgedehnten Kontroversen geführt, wobei der Hauptpunkt der Diskussion darum ging, ob durch die zitierte Passage Palästina zu jenem Gebiet gehörte, das den Arabern zustehen sollte, oder zu jenem, das davon ausgenommen war. Jene Interpretation dieser Passagen, laut denen Palästina dadurch außerhalb des arabischen Besitztums lag, wurde später von McMahon mehrmals nach 1922 und am eindeutigsten 1937 vertreten.

Während McMahon mit Hussein verhandelte, unterhandelte die indische Regierung durch Percy Cox mit Ibn-Saud vom Nejd und erkannte in einem Vertrag vom 26. Dezember 1915 seine Unabhängigkeit im Austausch für ein Neutralitätsversprechen im Krieg an. Kurz danach, am 16. Mai 1916, wurde zwischen Russland, Frankreich und Großbritannien ein Abkommen geschlossen, das nach seinen Hauptunterhändlern als Sykes-Picot-Abkommen bekannt wurde. Anfang 1917 trat auch Italien der Regelung bei. Sie teilte das Osmanische Reich in einer Weise, die den Türken nur noch ein Gebiet von 200 oder 250 Meilen um Ankara herum beließ. Russland sollte Konstantinopel und die Meerengen, außerdem Nordostanatolien einschließlich der Schwarzmeerküste erhalten; Italien sollte die südwestliche Küste Anatoliens von Smyrna bis Adalia erhalten; Frankreich sollte den Hauptteil des östlichen Anatolien einschließlich Mersin, Adana und Kilikien erhalten, außerdem Kurdistan, Alexandrette, Syrien und das nördliche Mesopotamien einschließlich Mosul; Großbritannien sollte die Levante von Gaza im Süden bis zum Roten Meer erhalten, Transjordanien, den Großteil der syrischen Wüste, Mesopotamien südlich von Kirkuk einschließlich Bagdad und Basra und den Hauptteil der Küste Arabiens am Persischen Golf. Es wurde außerdem ins Auge gefasst, dass das westliche Anatolien um Smyrna herum an Griechenland gehen solle. Das Heilige Land selbst sollte internationalisiert werden.

Das nächste Dokument, das sich mit der Verfügung über das Osmanische Reich befasste, war die berühmte «Balfour-Deklaration» vom November 1917. Wahrscheinlich ist über kein anderes Dokument der Kriegszeit mit der Ausnahme von Wilsons Vierzehn Punkten mehr diskutiert worden als über diese kurze Erklärung von weniger als elf Zeilen. Ein Großteil der Kontroversen rührt aus der Überzeugung, dass das Dokument irgendetwas versprach und dass dieses Versprechen in Konflikt mit anderen Versprechen stand, insbesondere mit der Verpflichtung McMahons gegenüber Sherif Hussein. Die Balfour-Deklaration hatte die Form eines Briefes des britischen Außenministers Arthur James Balfour an Lord Rothschild, der eine der führenden Figuren der britischen zionistischen Bewegung war. Diese Bewegung war in Österreich und Deutschland sehr viel stärker als in Großbritannien. Sie wollte in Palästina – oder vielleicht auch anderswo – ein Territorium schaffen, auf dem Opfer antisemitischer Verfolgung oder andere Juden eine «nationale Heimstätte» finden könnten. Balfours Brief sagte: «Die Regierung Ihrer Majestät sieht die Errichtung einer nationalen Heimstätte für das jüdische Volk in Palästina mit Wohlwollen und wird sich bemühen, das Erreichen dieses Zieles zu erleichtern. Dabei ist klar, dass nichts getan werden soll, was die bürgerlichen und religiösen Rechte bestehender nichtjüdischer Gruppen in Palästina oder die Rechte und den politischen Status von Juden in irgendeinem anderen Land beeinträchtigen würde.» Man muss bedenken, dass das weder ein Vertrag noch ein Versprechen, sondern nur eine einseitige Erklärung war, dass sie keinen jüdischen Staat in Palästina oder auch nur Palästina als Heimat für die Juden versprach, sondern nur eine solche Heimstätte *innerhalb* Palästinas vorschlug und dass sie den in der Region schon ansässigen Gruppen bestimmte Rechte garantierte. Hussein war so aufgelöst, als er davon hörte, dass er um eine Erklärung bat. D.G. Hogarth versicherte ihm im Namen der britischen Regierung, dass «die jüdische Siedlung in Palästina nur insoweit erlaubt werden würde, als es mit der politischen und wirtschaftlichen Freiheit der arabischen Bevölkerung vereinbar wäre.» Diese Versicherung war für Hussein offenbar annehmbar, andere arabische Führer aber hatten weiterhin Zweifel. Als Antwort auf eine Anfrage von sieben solcher Führer erteilte Großbritannien am 16. Juni 1918 eine öffentliche Antwort, die die arabischen Länder in drei Teile unterteilte: a) die arabische Halbinsel von Aden bis Akaba (am Ende des Roten Meeres), wo die «vollständige und souveräne Unabhängigkeit der Araber» anerkannt wurde; b) das Gebiet unter britischer Militärbesetzung, das das südliche Palästina und das südliche Mesopotamien umfasste. Großbritannien erkannte darin das Prinzip an, dass die Regierung «auf der Zustimmung der Regierten» beruhen sollte; und c) das Gebiet, das noch türkisch kontrolliert wurde, einschließlich Syriens und des nördlichen Mesopotamien. Großbritannien verpflichtete sich, dort für «Freiheit und Unabhängigkeit» zu arbeiten. Ähnlich klang eine gemeinsame englisch-französische Erklärung vom 7. November 1918, nur vier Tage bevor die Feindseligkeiten innerhalb des erklärten Krieges beendet wurden. Sie versprach «die vollständige und endgültige Befreiung der Völker, die so lange vom Türken unterdrückt wurden und die Errichtung nationaler Regierungen und Verwaltungen, deren Autorität sich aus der freien Ausübung der Initiative und Wahl der einheimischen Bevölkerungen ableiten soll».

Es hat ausgedehnte Diskussionen über die Vereinbarkeit der verschiedenen Verträge und Erklärungen, in denen die Großmächte über die Zukunft des Osmanischen Reiches nach dem Krieg verfügten, gegeben. Das ist angesichts der Ungenauigkeit und Zweideutigkeit in den Wortlauten der meisten dieser Dokumente ein schwieriges Problem. Bestimmte Tatsachen sind aber ziemlich eindeutig. Es gibt einen grellen Kontrast zwischen der imperialistischen Habgier, die man in den Geheimabkommen à la Sykes-Picot findet, und dem altruistischen Ton in den öffentlich gemachten Erklärungen; es gibt ebenfalls einen grellen Kontrast zwischen dem Tenor der britischen Verhandlungen mit den Juden und denen mit den Arabern, was die Verfügung über Palästina anging. Das führte dazu, dass sich sowohl Juden als auch Araber berechtigt fühlten, zu glauben, dass Großbritannien ihre miteinander in Konflikt stehenden politischen Ambitionen in diesem Gebiet fördern würde. Diese Glauben – beruhten sie nun auf Missverständnissen oder beabsichtigter Täuschung – unterminierten in der Folge das Prestige Großbritanniens in den Augen beider Gruppen, die doch beide vorher von der britischen Fairness und Generosität eine höhere Meinung gehabt hatten als von denen irgendeiner anderen Macht. Schließlich führten das Erwecken falscher Hoffnungen bei den Arabern und die Unfähigkeit, irgendeine klare und ehrliche Abmachung bezüglich Syriens zu treffen, zu einer langen Konfliktperiode zwischen den Syrern und der französischen Regierung, die das Land seit 1923 als Völkerbundmandat verwaltete.

Als Resultat seines Verständnisses der Verhandlungen mit McMahon begann Hussein am 5. Juni 1916 eine arabische Revolte gegen die Türkei. Von da an erhielt er eine Unterstützung von 225.000 Pfund monatlich von Großbritannien. Der berühmte T. E. Lawrence, bekannt als «Lawrence von Arabien», der 1914 Archäologe im Nahen Osten gewesen war, hatte mit den Verhandlungen mit Hussein nichts zu tun und trat dieser Revolte erst im Oktober 1916 bei. Als Hussein bei der Pariser Friedenskonferenz 1919 nicht bekam, was er erwartet hatte, wurde Lawrence die ganze Angelegenheit leid, er änderte seinen Namen in Shaw und versuchte, aus dem Blickfeld der Öffentlichkeit zu verschwinden.

Die arabischen Länder blieben bis zum rechtsbindenden Friedensschluss mit der Türkei 1923 militärisch besetzt. Arabien selbst stand unter der Herrschaft einer Anzahl von Scheichen, deren wichtigste Hussein in Hedschas und Ibn-Saud in Nejd waren. Palästina und Mesopotamien (das jetzt Irak genannt wurde) unterstanden britischer Militärverwaltung. Die syrische Küste unterstand einer französischen Militärbesatzung, während das Landesinnere Syriens (einschließlich der Eisenbahnlinie Damaskus–Aleppo) und Transjordanien einer arabischen Streitmacht unter Emir Feisal, dem dritten Sohn Husseins von Mekka, unterstanden. Eine amerikanische Untersuchungskommission, die King-Crane-Kommission (1919), und ein «Allgemeiner syrischer Kongress» von Arabern aus dem ganzen Gebiet des fruchtbaren Halbmonds, schlugen vor, dass Frankreich aus der Region ausgeschlossen werden sollte, dass Syrien-Palästina zu einem einzigen Staat mit Feisal als König vereint werden sollte, dass die Zionisten in Palästina keine Rolle spielen dürften, und anderes mehr. Trotzdem errichtete ein Treffen der Großmächte in San Remo im April 1920 zwei französische und zwei britische Mandate. Syrien und der Libanon gingen an Frankreich, während der Irak und Palästina (einschließlich Transjordanien) an Großbritannien gingen. Nach diesen Entscheidungen gab es Aufstände unter den Arabern und große lokale Unruhen. Der Widerstand in Syrien wurde von den Franzosen niedergeschlagen, die dann darangingen, das Landesinnere zu besetzen und Feisal ins Exil zu schicken. Die Briten, die damals in Konflikten mit den Franzosen standen (über Erdölquellen und andere Themen), setzten Feisal im Irak als König unter britischem Schutz ein (1921) und setzten seinen Bruder Abdullah als König von Transjordanien (1923) in eine ähnliche Stellung. Der Vater der beiden neuen Könige, Hussein, wurde von Ibn-Saud aus dem Nejd angegriffen und 1924 zur Abdankung gezwungen. Sein Königreich Hedschas wurde von Ibn-Saud 1926 annektiert. Nach 1932 war dieses ganze Gebiet als Saudi-Arabien bekannt.

Der Kriegseintritt Amerikas

Das bedeutendste diplomatische Ereignis des späteren Teiles des Ersten Weltkriegs war die Intervention der Vereinigten Staaten auf Seiten der Ententemächte im April 1917. Die Ursachen dieses Ereignisses sind in größter Länge analysiert worden. Im Allgemeinen hat man aus vier verschiedenen Blickwinkeln vier Hauptgründe für diese Intervention ausgemacht. Man kann diese folgendermaßen zusammenfassen: 1) die deutschen U-Boot-Angriffe auf die neutrale Schifffahrt haben es für die Vereinigten Staaten notwendig werden lassen, in den Krieg einzutreten, um die «Freiheit der Meere» zu verteidigen; 2) die Vereinigten Staaten unterlagen dem Einfluss einer subtilen britischen Propaganda in den Salons, Universitäten und der Presse des östlichen Landesteils, wo unter den einflussreicheren sozialen Gruppen die Anglophilie grassierte; 3) die Vereinigten Staaten wurden von einer Verschwörung von internationalen Bankern und von Rüstungsfabrikanten, die ihre Anleihen an die Ententemächte oder ihre Profite aus Kriegsverkäufen an diese Mächte beschützen wollten, in den Krieg hineingelockt; und 4) Prinzipien des Mächtegleichgewichts machten es den Vereinigten Staaten unmöglich, einen Sieg Deutschlands über Großbritannien zuzulassen. Wie auch immer die Gewichtung dieser vier Faktoren bei der endgültigen Entscheidung war – es ist jedenfalls klar, dass weder die Regierung noch das Volk der Vereinigten Staaten darauf eingestellt waren, eine Niederlage der Entente durch die Mittelmächte zu akzeptieren. Trotz der Bemühungen der Regierung um einen Anschein von Neutralität war doch schon 1914 klar, dass das mit der einzigen Ausnahme von Außenminister William Jennings Bryan der Standpunkt der wichtigsten Führer in der Regierung war. Ohne die obigen vier Faktoren zu analysieren, ist doch klar, dass die Vereinigten Staaten eine Niederlage Großbritanniens durch irgendeine andere Macht überhaupt nicht zulassen konnten.

Selbst von allen anderen Großmächten durch den Atlantischen und Pazifischen Ozean getrennt, verlangte es die Sicherheit Amerikas, dass die Kontrolle dieser Ozeane entweder in seiner eigenen oder in der Hand einer befreundeten Macht lag. Beinahe ein Jahrhundert lang vor 1917 hatten die Vereinigten Staaten die britische Kontrolle über die Meere ohne Einspruch akzeptiert, weil klar war, dass die britische Kontrolle der Meere nicht nur keine Bedrohung darstellte, sondern im Gegenteil den Vereinigten Staaten mit einem geringeren Aufwand an Kosten und Verantwortung größere Sicherheit verschaffte, als mit irgendeiner anderen Methode erreicht werden konnte. Die Lage Kanadas als eines Amerika benachbarten britischen Territoriums, das einer Landinvasion von Seiten der Vereinigten Staaten offen stand, ließ es zu einer Geisel dafür werden, dass die britische Seeherrschaft für die Vereinigten Staaten annehmbare Formen einhielt. Der deutsche U-Boot-Angriff auf Großbritannien Anfang 1917 brachte Großbritannien durch sein skrupelloses Versenken jener Handelsschiffe, auf denen Großbritanniens Existenz beruhte, dem Verhungern nahe. Eine Niederlage Großbritanniens konnte nicht geduldet werden, weil die Vereinigten Staaten noch nicht bereit waren, diese Herrschaft über die Meere selbst anzutreten, und eine deutsche Herrschaft über die Meere nicht erlauben konnten, weil sie keine Sicherheit über die Art einer solchen Herrschaft hatten. Die Tatsache, dass die deutschen U-Boote in Vergeltung für die widerrechtliche britische Blockade des europäischen Kontinents und für britische Verletzungen des internationalen Rechts und neutraler Rechte auf den Meeren handelten; die Tatsache, dass das angelsächsische Erbe der Vereinigten Staaten und die Anglophilie ihrer einflussreichen Klassen es dem durchschnittlichen Amerikaner unmöglich machten, auf die Weltereignisse anders als durch die Brillen der britischen Propaganda zu schauen; die Tatsache, dass Amerikaner der Entente Milliarden von Dollar geliehen hatten, die im Falle eines deutschen Sieges bedroht sein würden; die Tatsache, dass die gewaltigen Rüstungskäufe der Entente einen Boom und eine Inflation hervorgebracht hatten, die am gleichen Tage zusammenbrechen mussten, an dem die Entente zusammenbrechen würde – alle diese Faktoren konnten nur deshalb ihr Gewicht zur amerikanischen Entscheidung hinzufügen, weil das Thema des Gleichgewichts der Mächte ein Grundfundament bildete, auf dem sie aufbauen konnten. Der entscheidende Umstand war, dass Großbritannien im April 1917 kurz vor der Niederlage stand. Das war die Grundlage, auf der die Vereinigten Staaten in den Krieg eintraten. Die unbewusste Annahme der amerikanischen Führer, dass ein Sieg der Entente sowohl notwendig als auch unvermeidlich war, lag ihrer Unwilligkeit, die gleichen Regeln der Neutralität und des internationalen Rechts gegen Großbritannien wie gegen Deutschland in Anschlag zu bringen, zugrunde. Sie nahmen ständig an, dass britische Verletzungen dieser Regeln finanziell kompensiert werden könnten, während deutsche Verletzungen dieser Regeln verhindert werden mussten, und zwar wenn nötig mit Gewalt. Da sie diese unbewussten Vorannahmen nicht öffentlich zugeben oder die legitimen Grundlagen internationaler Machtpolitik, auf denen sie beruhten, öffentlich verteidigen konnten, traten sie schließlich mit einem Grund in den Krieg ein, der rechtlich auf schwachen Füßen stand, wenn er auch emotional befriedigte. John Bassett Moore, der berühmteste amerikanische Anwalt für internationales Recht, formulierte es so: «Was am Entscheidendsten zum Kriegseintritt der Vereinigten Staaten beitrug, war die Behauptung, dass Schiffe von Kriegführenden, auf denen Amerikaner reisten, ein Recht auf Schutz hätten und dass bewaffnete Handelsschiffe Kriegführender als friedliche Schiffe behandelt werden müssten. Beide Forderungen standen gegen die Vernunft und gegen die niedergelegten Bestimmungen des Völkerrechts und niemand sonst, der sich als neutral verstand, brachte sie vor.»

Die Deutschen versuchten zuerst, die etablierten Regeln des internationalen Rechts bezüglich der Behandlung von Handelsschiffen zu beachten. Das erwies sich aus einer Reihe von Gründen als so gefährlich, dass die meisten deutschen U-Boote zu Angriffen ohne Warnung übergingen. Zu diesen Gründen gehörten der spezifische Charakter der U-Boote selbst, die britische Beherrschung der Meere, die britischen Anweisungen an Handelsschiffe, U-Boote anzugreifen, und die Schwierigkeit, zwischen britischen und neutralen Schiffen zu unterscheiden. Die amerikanischen Proteste erreichten ihren Höhepunkt, als auf diese Art neun Meilen vor der englischen Küste am 7. Mai 1915 die *Lusitania* versenkt wurde. Die Lusitania war ein britisches Handelsschiff, das «mit Regierungsgeldern als Hilfskreuzer konstruiert worden war (...) und das ausdrücklich in der Liste der Kriegsmarine aufgeführt wurde, die von der britischen Admiralität publiziert wurde». Sie hatte «Plattformen zum Aufbau von Sechs-Zoll-Kanonen» und führte als Beladung 2.400 Kisten Gewehrpatronen und 1.250 Kisten Schrapnell mit sich. Ihr Befehl lautete, deutsche U-Boote, wo immer möglich, anzugreifen. 785 von 1.257 Passagieren, einschließlich 128 von 197 Amerikanern, verloren ihr Leben. Die Unfähigkeit des diensthabenden Kapitäns trug zu diesen großen Verlusten ebenso bei wie eine mysteriöse «zweite Explosion» nach dem deutschen Torpedo. Das Schiff, das für «unsinkbar» erklärt worden war, ging in achtzehn Minuten unter. Der Kapitän befand sich auf einem Kurs, den er seinen Befehlen nach hätte vermeiden müssen; er fuhr mit verminderter Geschwindigkeit; er hatte eine Mannschaft ohne Erfahrung; die Luken standen offen; die Rettungsboote waren nicht nach außen gelassen worden; und es war kein Rettungsboottraining durchgeführt worden.

Die Propagandastellen der Ententemächte schlachteten den Anlass weidlich aus. *The Times* aus London verkündete, dass «vier Fünftel der Passagiere Staatsbürger der Vereinigten Staaten gewesen seien» (während der tatsächliche Anteil 15,6% war); die Briten fabrizierten und verteilten eine Medaille, von der sie behaupteten, dass sie der U-Boot-Mannschaft von der deutschen Regierung verliehen worden sei; eine französische Zeitung veröffentlichte ein Bild der Massen in Berlin bei Kriegsausbruch 1914 als Bild von Deutschen, die bei der Nachricht von der Versenkung der Lusitania «ihrer Freude Ausdruck geben».

Die Vereinigten Staaten protestierten heftig gegen den U-Boot-Krieg, während sie die deutschen Argumente bezüglich der britischen Blockade beiseite schoben. Sie waren in diesen Protesten so unversöhnlich, dass Deutschland am 4. Mai 1916 Wilson eine Note zukommen ließ, in der er versprach, dass «in Zukunft Handelsschiffe inner- oder außerhalb der Kriegszone niemals ohne vorherige Warnung und ohne für die Sicherheit der Menschen Sorge zu tragen, versenkt werden sollen, es sei denn, diese Schiffe versuchen zu entkommen oder leisten Widerstand». Deutschland hoffte darauf, dass im Austausch dafür die Vereinigten Staaten Druck auf Großbritannien ausüben würden, den etablierten Regeln des Völkerrechts bezüglich der Blockade und der Freiheit der Meere zu folgen. Wilson weigerte sich aber, das zu tun. Dementsprechend wurde den Deutschen klar, dass sie bis zur Niederlage ausgehungert würden, wenn es ihnen nicht selbst gelang, durch uneingeschränkten U-Boot-Krieg Großbritannien zu besiegen. Weil ihnen bewusst war, dass ein Rückgriff auf diese Methode wahrscheinlich die Vereinigten Staaten in den Krieg gegen sie eintreten lassen würde, unternahmen sie einen weiteren Versuch zum Friedensschluss, bevor sie darauf zurückgriffen. Als ihr Verhandlungsangebot vom 12. Dezember 1916 von den Ententemächten am 27. Dezember zurückgewiesen wurde, kam jene Gruppe innerhalb der deutschen Regierung, die den rücksichtslosen U-Boot-Krieg befürwortet hatte, in eine dominierende Position und befahl die Aufnahme unbeschränkter U-Boot-Angriffe am 1. Februar 1917. Wilson wurde diese Entscheidung am 31. Januar 1917 mitgeteilt. Er brach die diplomatischen Beziehungen mit Deutschland am 3. Februar ab und bat nach zwei Monaten der Unentschlossenheit am 3. April 1917 den Kongress um die Kriegserklärung. Die endgültige Entscheidung wurde durch den beständigen Druck seiner engsten Mitarbeiter, durch die Erkenntnis, dass Großbritannien sich dem Ende seiner Ressourcen an Männern, Geld und Schiffen näherte, und durch das Wissen, dass Deutschland im Falle eines Kriegs ein Bündnis mit Mexiko plante, beeinflusst.

Friedensverhandlungen
Während die Diplomatie von Neutralität und Intervention sich entlang der beschriebenen Linien bewegte, gab es eine parallele diplomatische Bemühung um einen Verhandlungsfrieden. Diese Bemühungen schlugen fehl, sie sind aber nichtsdestotrotz von beträchtlicher Bedeutung, weil sie die Motivationen und Kriegsziele der kriegführenden Parteien zeigten. Sie schlugen fehl, weil jeder Verhandlungsfriede auf beiden Seiten den Willen zu solchen Konzessionen, die dem Gegner ein fortdauerndes Überleben zugestehen, voraussetzt. Um die Unterstützung der Öffentlichkeit für die totale Mobilmachung zu gewinnen, war jedoch 1914–1918 die Propaganda aller Länder auf den totalen Sieg für die eigene Seite und die totale Niederlage des Feindes gerichtet. Mit der Zeit wurden beide Seiten so von der eigenen Propaganda eingenebelt, dass es unmöglich wurde, öffentlich die eigene Bereitschaft zu so viel geringeren Zielsetzungen, wie sie ein Verhandlungsfriede eben verlangte, einzugestehen. Und wie die Flutwelle der Schlachten anstieg und abebbte und beiden Seiten alternierende Perioden des Hochgefühls und der Entmutigung verschaffte, verfiel jene Seite, die gerade obenauf

schwamm, zunehmend dem Fetisch des totalen Siegs und wurde unwillig, das geringere Ziel eines Verhandlungsfriedens zu akzeptieren. Dementsprechend wurde der Friede nur dort möglich, wo die Kriegsmüdigkeit jenen Punkt erreichte, an dem eine Seite entschied, dass sogar eine Niederlage einer Fortsetzung des Krieges vorzuziehen wäre. Dieser Punkt wurde in Russland 1917 und in Deutschland und Österreich 1918 erreicht. In Deutschland wurde diese Sichtweise bedeutend durch die Einsicht verstärkt, dass die militärische Niederlage und der politische Wechsel doch einer wirtschaftlichen Revolution und einem sozialen Aufruhr vorzuziehen wären, die jeden Versuch einer Weiterführung des Kriegs für einen Sieg, der immer unerreichbarer wurde, begleiten mussten.

Aus den verschiedenen Bemühungen um einen Verhandlungsfrieden geht klar hervor, dass Großbritannien keinen Frieden akzeptieren wollte, der nicht die Wiederherstellung Belgiens beinhalten oder der Deutschland auf dem Kontinent in seiner Vormachtstellung und in einer Position belassen würde, die es ihm weiterhin ermöglichen würde, die Rivalität in Handels-, Flotten- und Kolonialangelegenheiten, die vor 1914 bestanden hatte, wieder aufzunehmen. Frankreich wollte keine Lösung akzeptieren, die ihm nicht Elsass-Lothringen wieder zurückerstatten würde. Der deutsche Generalstab und die deutschen Industriellen waren entschlossen, nicht alle besetzten Gebiete im Westen wieder aufzugeben, sondern wollten wegen der dortigen Mineralien und industriellen Ressourcen Lothringen, einen Teil des Elsass, Luxemburg, einen Teil Belgiens und Longwy in Frankreich behalten. Die Tatsache, dass Deutschland über ein großes Angebot an Koks und ein ungenügendes Angebot an Eisenerz verfügte, während es in den besetzten Gebieten genau umgekehrt war, hatte einen großen Einfluss auf die deutschen Einwände gegen einen Verhandlungsfrieden und die zweideutigen Formeln, in denen über Kriegsziele diskutiert wurde. Österreich wollte bis zum Tode Kaiser Franz Josephs 1916 keinen Frieden zulassen, der den Slawen und insbesondere den Serben ihre nationalistische Agitation für das Auseinanderbrechen des Habsburgerreiches weiterhin ermöglicht hätte. Andererseits war Italien entschlossen, Habsburg von den Ufern der Adria auszuschließen, während die Serben sogar noch entschlossener waren, diese Ufer durch den Erwerb von bisher habsburgischen Slawengebieten im westlichen Balkan zu erreichen. Nach den russischen Revolutionen von 1917 wurden viele der Hindernisse für einen Verhandlungsfrieden schwächer. Der Vatikan, der durch Kardinal Pacelli (später Papst Pius XII.) arbeitete, wollte einen Verhandlungsfrieden, der die Zerstörung des Habsburgerreiches, der letzten katholischen Großmacht Europas, verhinderte. Bedeutende Menschen in allen Ländern, zum Beispiel Lord Lansdowne (britischer Außenminister vor 1914), waren von der Ausbreitung des Sozialismus so alarmiert, dass sie zu fast allen Konzessionen bereit waren, um die Zerstörung der zivilisierten Lebensart durch den fortdauernden Krieg aufzuhalten. Humanitär gestimmte Menschen wie Henry Ford oder Romain Rolland wurden über das fortgesetzte Abschlachten immer unruhiger. Aber aus Gründen, die wir bereits erwähnt haben, blieb der

Frieden so lange in der Ferne, bis die großen deutschen Offensiven von 1918 gescheitert waren.

Nach dem, was Ludendorff als den «schwarzen Tag der deutschen Armee» (8. August 1918) bezeichnete, entschied ein deutscher Kronrat, der in Spa tagte, dass ein Sieg nicht länger möglich sei, und beschloss, in Verhandlungen für einen Waffenstillstand zu treten. Aufgrund einer Kontroverse zwischen dem Kronprinzen und Ludendorff geschah das aber nicht. In diesem Disput empfahl der Erstere einen sofortigen Rückzug auf die «Hindenburg-Linie» zwanzig Meilen zurück, während der Letztere einen langsamen Rückzug wollte, damit die Entente vor dem Winter keinen Angriff auf die Hindenburglinie mehr organisieren konnte. Zwei Ententesiege in Saint-Quentin (31. August) und in Flandern (2. September) ließen diesen Streit akademisch werden. Die Deutschen begannen einen ungewollten Rückzug, wobei sie das Terrain, das sie freigaben, mit Senfgas durchtränkten, um die Verfolgung der Entente – und insbesondere die Panzer – zu behindern. Die deutsche Oberste Heeresleitung entfernte den Kanzler Hertling und setzte den demokratischer gesinnten Prinzen Max von Baden mit der Anweisung ein, einen sofortigen Waffenstillstand herbeizuführen, weil man sonst der militärischen Katastrophe entgegengehe (29. September bis 1. Oktober 1918). Am 5. Oktober bat eine deutsche Note an Präsident Wilson um einen Waffenstillstand auf der Grundlage der Vierzehn Punkte vom 8. Januar 1918 und seiner nachfolgend vorgelegten Prinzipien vom 27. September 1918. Diese Erklärungen Wilsons hatten die Vorstellungen idealistischer Menschen und unterworfener Völker überall in Besitz genommen. Die Vierzehn Punkte versprachen das Ende der Geheimdiplomatie; die Freiheit der Meere; Handelsfreiheit; Abrüstung; eine faire Regelung kolonialer Ansprüche, wobei die Interessen der eingeborenen Völker gleiches Gewicht mit den Besitztiteln der imperialistischen Nationen erhalten sollten; die Räumung Russlands; die Räumung und Wiederherstellung Belgiens; die Räumung Frankreichs und die Rückgabe Elsass-Lothringens wie vor 1870; die Angleichung der Grenzen Italiens an die Nationalitätenlinien; freie und selbständige Entwicklung für die Völker des Habsburgerreiches; die Räumung, Wiederherstellung und Garantie Rumäniens, Montenegros und Serbiens, wobei das Letztere einen freien Zugang zum Meer erhalten sollte; internationale Garantien dafür, dass die Meerengen der Schifffahrt und dem Handel aller Nationen dauerhaft offen stehen sollten; Freiheit für die autonome Entwicklung der nichttürkischen Nationalitäten des Osmanischen Reiches ebenso wie eine gesicherte Souveränität für die Türken selbst; ein unabhängiger polnischer Staat mit freiem Zugang zum Meer und internationalen Garantien; ein Völkerbund, der «großen wie auch kleinen Staaten wechselseitige Garantien der politischen Unabhängigkeit und der territorialen Integrität» verschaffen sollte; Deutschland sollte nicht vernichtet und seine Institutionen sollten nur insoweit geändert werden, als notwendig sei, um klar sehen zu können, wann seine Sprecher für die Mehrheit im Reichstag und wann sie «für die Militärpartei und die Männer, deren Glaube die imperiale Herrschaft ist», sprechen.

In einer Reihe von Noten zwischen Deutschland und den Vereinigten Staaten machte Wilson klar, dass er einem Waffenstillstand nur zustimmen würde, wenn Deutschland sich aus allen besetzten Gebieten zurückzöge, die U-Boot-Angriffe beendete, die Vierzehn Punkte akzeptieren, eine verantwortungsfähige Regierung installieren und Bedingungen akzeptieren würde, welche die bestehende militärische Überlegenheit der Entente auf Dauer sichern würden. Er bestand am nachdrücklichsten auf der verantwortlichen Regierung und warnte, dass, wenn er mit «militärischen Herren oder monarchischen Autokraten» verhandeln müsste, er «nicht Verhandlungen, sondern bedingungslose Aufgabe» verlangen würde. Die deutsche Verfassung wurde so geändert, dass alle Macht dem Reichstag übertragen wurde; Ludendorff wurde abgesetzt; die deutsche Flotte in Kiel meuterte und der Kaiser floh aus Berlin (29. Oktober). In der Zwischenzeit weigerte sich der Oberste Kriegsrat der Entente, die Vierzehn Punkte als Grundlage für einen Friedensschluss anzuerkennen, bis Colonel House damit drohte, sonst einen Separatfrieden mit Deutschland abzuschließen. Der Rat der Entente verlangte und erhielt daraufhin eine Definition der Bedeutung jedes einzelnen Begriffes, machte eine Einschränkung bezüglich der «Freiheit der Meere» und erweiterte die Bedeutung von «Wiederherstellung des besetzten Territoriums» dahin, dass auch Kompensationen an die Zivilbevölkerung für die Verluste und Schäden, die sie während der Kriegszeit erlitten hatte, mit eingeschlossen sein sollten. Auf dieser Grundlage traf eine Waffenstillstandskommission am 7. November mit deutschen Unterhändlern zusammen. Die deutsche Revolution breitete sich aus und am 9. November dankte der Kaiser ab. Die deutschen Unterhändler nahmen die militärischen Bedingungen der Entente entgegen, baten um eine sofortige Beendigung der Feindseligkeiten und der Wirtschaftsblockade und verlangten eine Reduzierung der Ententeforderung nach Herausgabe von Maschinengewehren von 30.000 auf 25.000, weil die Differenz von 5.000 benötigt würde, um die Revolution zu unterdrücken. Der letzten Forderung wurde stattgegeben, die beiden anderen wurden verweigert. Der Waffenstillstand wurde am 1. November 1918 um 5.00 Uhr unterzeichnet und trat um 11.00 Uhr in Kraft. Er sah vor, dass die Deutschen alle besetzten Gebiete (einschließlich Elsass-Lothringens) innerhalb von vierzehn Tagen räumen sollten, außerdem innerhalb von einunddreißig Tagen die linke Rheinseite inklusive dreier Brückenköpfe auf der rechten Uferseite, dass sie gewaltige Mengen spezifizierten Kriegsgerätes ausliefern sollten – Lastwagen, Lokomotiven – und alle U-Boote. Außerdem sollten sie die wichtigsten Kriegsschiffe, alle Kriegsgefangenen und erbeuteten Handelsschiffe, alle baltischen Festungen und alle Wertsachen und Wertpapiere, die sie in den besetzten Gebieten an sich genommen hatten, einschließlich der russischen und rumänischen Goldreserven, übergeben. Die Deutschen mussten außerdem die Verträge von Brest-Litowsk und Bukarest, die sie Russland und Rumänien auferlegt hatten, widerrufen und mussten sich verpflichten, Reparationen für die Kriegsschäden in den besetzten Gebieten zu leisten. Dieser letzte Punkt hatte eine beträchtliche Bedeutung, da die Deutschen die Gebiete, die sie in den letzten paar Monaten des Kriegs geräumt hatten, systematisch ausgeplündert oder zerstört hatten.

Die Verhandlungen mit Wilson, die zum Waffenstillstand von 1918 führten, sind von großer Bedeutung, weil sie einen der Hauptgründe der späteren deutschen Ressentiments gegen den Versailler Vertrag bildeten. In diesen Verhandlungen hatte Wilson eindeutig versprochen, dass der Friedensvertrag mit Deutschland auf der Grundlage der Vierzehn Punkte ausgehandelt werden würde; wie wir sehen werden, wurde der Versailler Vertrag ohne Verhandlungen diktiert und die Vierzehn Punkte führten in seinen Bestimmungen nur ein Schattendasein. Ein zusätzlicher Faktor, der mit diesen Ereignissen verknüpft war, war die spätere Behauptung der deutschen Militaristen, dass die deutsche Armee nicht besiegt worden, sondern von der Heimatfront durch eine Koalition internationaler Katholiken, internationaler Juden und internationaler Sozialisten, einen «Dolchstoß in den Rücken» erhalten habe. Diese Behauptungen haben keinerlei Wahrheitswert. Die deutsche Arme wurde eindeutig im Felde geschlagen; die Verhandlungen für einen Waffenstillstand wurden auf nachdrückliches Verlangen der Obersten Heeresleitung von einer zivilen Regierung begonnen und auch der Versailler Vertrag wurde später aufgrund der Insistenz derselben Obe(rsten Heeresleitung nicht zurückgewiesen, sondern unterzeichnet, um eine militärische Besetzung Deutschlands zu verhindern. Mithilfe dieser Taktiken schaffte es die deutsche Armeeführung, jener militärischen Besetzung Deutschlands zu entgehen, die sie so fürchtete. Obwohl die letzten Feindtruppen Deutschland erst 1931 räumten, wurde kein Teil Deutschlands außer jenen im Waffenstillstand bezeichneten (das Rheinland und drei Brückenköpfe am Ostufer des Rheins) und kurzzeitig 1923 das Ruhrgebiet besetzt.

Das Versailler System und die Rückkehr zur «Normalität»

Die Friedensregelungen (1919–1923)

Der Erste Weltkrieg wurde durch Dutzende von Verträgen, die zwischen 1919 und 1923 unterzeichnet wurden, beendet. Die fünf wichtigsten Dokumente waren hier die fünf Friedensverträge mit den besiegten Mächten, die nach den Ortschaften in der Umgebung von Paris, wo sie jeweils unterzeichnet wurden, benannt waren. Das waren:

1. der Versailler Vertrag mit Deutschland, unterzeichnet am 28. Juni 1919,
2. der Vertrag von Saint-Germain mit Österreich, unterzeichnet am 10. September 1919,
3. der Vertrag von Neuilly mit Bulgarien, unterzeichnet am 27. November 1919,
4. der Vertrag von Trianon mit Ungarn, unterzeichnet am 4. Juni 1920,
5. der Vertrag von Sèvres mit der Türkei, unterzeichnet am 20. August 1920.

Der letzte dieser Verträge, der von Sèvres mit der Türkei, wurde niemals ratifiziert und wurde durch einen neuen Vertrag ersetzt, der in Lausanne 1923 unterzeichnet wurde.

Die damals gemachten Friedensregelungen wurden in den zwei Jahrzehnten 1919–1939 einer nachdrücklichen und detaillierten Kritik unterzogen. Diese Kritik war von Seiten der Sieger genauso hart wie von Seiten der Besiegten. Obwohl sich dieser Angriff hauptsächlich gegen die Bestimmungen der Verträge richtete, lagen doch seine wirklichen Ursachen nicht in diesen Bestimmungen, die weder unfair noch vollkommen rücksichtslos und sehr viel günstiger waren, als es jede Regelung gewesen wäre, die einem deutschen Sieg gefolgt wäre. Diese Bestimmungen schufen ein neues Europa, das, zumindest auf politischer Ebene, gerechter war als das Europa von 1914. Die Ursachen der Unzufriedenheit mit den Regelungen von 1919 bis 1923 lagen mehr in den Verfahrensweisen, durch welche diese Regelungen zustande kamen, als in den Bestimmungen der Regelungen selbst. Vor allem gab es eine Unzufriedenheit über den Kontrast zwischen den Verfahrensweisen, die tatsächlich zur Anwendung kamen, und jenen, die man anzuwenden vorgab, und zwischen den hochherzigen Prinzipien, denen zu folgen man vorgab, und denen, die tatsächlich beherzigt wurden.

Die Völker der siegreichen Nationen hatten ihre Kriegspropaganda über die Rechte kleiner Völker, über die Notwendigkeit, der Demokratie zum Sieg zu verhelfen und sowohl der Machtpolitik als auch der Geheimdiplomatie ein Ende zu machen, verinnerlicht. Diese Ideale hatten in Wilsons Vierzehn Punkten eine konkrete Form gefunden. Man kann darüber diskutieren, ob die besiegten Mächte denselben Enthusiasmus für diese hohen Ideale hegten, jedenfalls war ihnen am 5. November 1918 versprochen worden, dass die Friedensregelungen auf Grundlage der Vierzehn Punkte ausgehandelt würden. Als dann deutlich wurde, dass die Regelungen eher diktiert als ausgehandelt wurden, dass die Vierzehn Punkte in der allgemeinen Verwirrung untergegangen waren und dass die einzelnen Vertragsbestimmungen aus einem Prozess von Geheimverhandlungen, von denen die kleinen Nationen ausgeschlossen geblieben waren und in dem Machtpolitik eine viel größere Rolle als die Sicherung der Demokratie gespielt hatte, hervorgegangen waren, entstand eine mächtige Stimmung gegen die Verträge.

In Großbritannien und in Deutschland wurden Kübel von Propaganda gegen die Vereinbarungen geworfen, bis um 1929 ein Großteil der westlichen Welt Gefühle von Schuld und Scham beim Gedanken an den Vertrag von Versailles empfand. In diesen Gefühlen steckte besonders in England und den Vereinigten Staaten ein Gutteil Ernsthaftigkeit, aber in allen Ländern steckte darin auch ein Gutteil an Unehrlichkeit. In England waren es die gleichen Gruppen und oft sogar die gleichen Leute, welche die Kriegspropaganda aufgezogen und die Friedensregelungen aufgestellt hatten, die am lautesten in ihrer Klage waren, dass die Letzteren weit hinter den Idealen der Ersteren zurückgeblieben seien, während die ganze Zeit über die wirklichen Ziele dieser Leute darin bestanden, eine Machtpolitik zugunsten Großbritanniens zu betreiben. Sicher gab es Gründe für Kritik und ganz sicher waren die Bestimmungen der Friedensverträge alles andere als vollkommen; aber die Kritik hätte sich eher gegen die Heuchelei und den Mangel an Realismus in den Idealen der Propaganda der Kriegszeit richten müssen und gegen die Unehrlichkeit der Hauptunterhändler, die weiterhin so taten, als ob diese Ideale immer noch in Kraft wären, während sie tatsächlich täglich – und sogar unvermeidlicherweise – von ihnen verletzt wurden. Die Regelungen kamen ganz klar durch Geheimverhandlungen der Großmächte und durch reine Machtpolitik zustande. Das war unvermeidlich. Es wäre unmöglich gewesen, irgendwelche Regelungen auf irgendeiner anderen Grundlage zu treffen. Der Unwillen der Hauptunterhändler (zumindest der angloamerikanischen), das zuzugeben, ist bedauerlich, aber hinter ihrem Zögern, das einzugestehen, verbirgt sich das noch bedauerlichere Faktum eines Mangels an politischer Erfahrung und an politischer Erziehung des amerikanischen und des englischen Wahlvolks, was es für die Unterhändler so schwierig machte, die Lebenstatsachen in den internationalen politischen Beziehungen offen auszusprechen.

Die Aushandlung der Verträge

Es ist klar, dass die Friedensregelungen von einer Organisation gemacht wurden, die chaotisch, und durch eine Verfahrensweise, die betrügerisch war. Das beruhte nicht auf böswilliger Entschlossenheit. Es entstand viel eher aus Schwäche und Ignoranz, aus einer Unfähigkeit heraus, im Vorhinein festzulegen, wer den Frieden abschließen würde, wie dies geschehen und auf welchen Prinzipien das beruhen sollte. Die normale Art, einen Frieden nach dem Sieg einer Koalition von Kriegführenden abzuschließen, hätte darin bestanden, dass die Sieger eine Konferenz abgehalten und sich auf das geeinigt hätten, was sie von den Besiegten zu erlangen hofften, und dann einen Kongress mit diesen Letzteren veranstaltet hätten, auf dem sie ihnen diese Forderungen auferlegt hätten, sei es nun mit oder ohne Kompromisse und Diskussionen.

Im Oktober und November 1918 wurde stillschweigend vorausgesetzt, dass diese Methode genutzt werden sollte, um den damaligen Krieg zu beenden. Aber diese Form eines Kongresses konnte aus mehreren Gründen 1919 nicht zur Anwendung kommen. Die Mitglieder der siegreichen Koalition waren so zahlreich (zweiunddreißig alliierte und mit ihnen verbündete Mächte), dass es ihnen nur sehr langsam und erst nach langwierigen organisatorischen Vorbereitungen hätte möglich sein können, sich auf einzelne Bestimmungen zu einigen. Eine solche vorbereitende Organisation kam hauptsächlich deshalb niemals zustande, weil Präsident Wilson einerseits zu beschäftigt war, um daran teilzunehmen, andererseits aber auch unwillig dagegen, irgendeine wirkliche Autorität an Andere zu delegieren, und weil er, bei einigen wenigen Ideen, die ihm sehr intensiv am Herzen lagen (wie dem Völkerbund, der Demokratie und der Selbstbestimmung), keine Lust hatte, sich mit den Details der Organisation zu beschäftigen. Wilson war überzeugt, dass jedes nicht wünschenswerte Detail in den Vertragsbestimmungen später noch durch den Völkerbund geändert werden könnte, wenn es ihm nur gelänge, diesen Völkerbund durchzusetzen. Lloyd George und Clemenceau benutzten diese Überzeugung Wilsons, indem sie eine Reihe von Bestimmungen in die Verträge hineinschreiben ließen, die Wilson zwar nicht, sie aber umso mehr wollten.

Ebenso fehlte die Zeit für eine vorbereitende Konferenz oder für vorbereitende Planungen. Lloyd George wollte sein Wahlkampfversprechen einer sofortigen Demobilmachung erfüllen und Wilson wollte zu seinen Pflichten als Präsident der Vereinigten Staaten zurückkehren. Wenn von einer vorbereitenden Konferenz Vertragsbestimmungen aufgestellt worden wären, wäre es darüber hinaus so gewesen, dass sie aus Kompromissen zwischen den vielen beteiligten Mächten hätten hervorgehen müssen, und diese Kompromisse wären zusammengebrochen, sobald man dann später angefangen hätte, mit den Deutschen zu verhandeln. Indem man den Deutschen das Recht zu Verhandlungen zugestanden hatte, war zugleich klar, dass die einzelnen Bestimmungen nicht vorher zum Objekt eines öffentlich ausgehandelten Kompromisses in einer umfassenden Vorbereitungskonferenz gemacht werden konnten. Unglücklicherweise war es aber so, dass zu dem Zeitpunkt, an dem die siegreichen Großmächte das verstanden und beschlossen, die Vertragsklauseln durch Geheimverhandlungen untereinander auszuhandeln, bereits an alle Siegermächte Einladungen zu einer Interalliierten-Konferenz verschickt worden waren, auf der vorläufige Vertragsklauseln ausgehandelt werden sollten. Als Lösung dieser unangenehmen Situation wurde der Friede auf zwei Ebenen abgeschlossen. Auf der einen Ebene stand die Interalliierten-Konferenz im vollen Licht der Öffentlichkeit als Vollversammlung der Friedenskonferenz, wurde von gewaltigen Fanfaren begleitet, tat aber in Wirklichkeit gar nichts. Auf der anderen Ebene arbeiteten die Großmächte ihre Bestimmungen für die Friedensverträge im Geheimen aus und diktierten sie dann gleichzeitig den Deutschen und der Konferenz. Das war so nicht beabsichtigt gewesen. Tatsächlich verstand auch niemand, was tatsächlich geschah. Noch am 22. Februar glaubte Balfour, der englische Außenminister, dass man an vorläufigen Vertragsklauseln arbeite, und die Deutschen glaubten dasselbe noch am 15. April.

Während die Großmächte ihre Geheimverhandlungen führten, tagte die Konferenz mehrmals unter einer sehr restriktiven Tagesordnung, die sie daran hindern sollte, substanziell zu handeln. Diese Sitzungen wurden von der eisernen Hand Clemenceaus regiert, der jene Bekundungen hörte, die er hören wollte, jene durchdrückte, die ihm wünschenswert schienen, und auf alle Proteste mit der Drohung reagierte, dass man dann den Frieden ohne jegliche Besprechungen mit den kleineren Mächten aushandeln würde und mit dunklen Andeutungen auf die Millionen Männer, welche die Großmächte unter Waffen hätten. Am 14. Februar erhielt die Konferenz den Entwurf für die Völkerbundssatzung und am 11. April den Entwurf für eine Internationale Arbeitsorganisation; beide wurden am 28. April angenommen. Am 6. Mai wurde der Text des Vertrags von Versailles ausgegeben, nur einen Tag bevor er auch den Deutschen zugänglich gemacht wurde; Ende Mai wurde der Entwurf des Vertrags von Saint-Germain mit Österreich nach außen gegeben.

Während diese aussichtslose Show die Öffentlichkeit unterhielt, arbeiteten die Großmächte den Frieden in ihren Geheimverhandlungen aus. Ihre Treffen waren in hohem Maße informell. Wenn die militärischen Führer anwesend waren, so hießen diese Treffen der Oberste Kriegsrat; wenn die militärischen Führer nicht da waren (und das war seit dem 12. Januar 1919 gewöhnlicherweise so), so hieß die Gruppe der Oberste Rat oder der Rat der Zehn. Er bestand aus den Regierungschefs und den Außenministern jeder der fünf Großmächte (Großbritanniens, der Vereinigten Staaten, Frankreichs, Italiens und Japans). Diese Gruppe traf sich zwischen dem 12. Januar und dem 24. März 1919 sechsundvierzig Mal. Sie arbeitete aber sehr ineffektiv. Als Mitte März ein heftiger Disput über die deutsch-polnische Grenzziehung an die Presse durchsickerte, wurde der Rat der Zehn auf einen Rat der Vier (Lloyd George, Wilson, Clemenceau, Orlando) reduziert. Diese vier, von denen Orlando häufig fehlte, trafen sich in einer Periode von dreizehn Wochen (27. März bis 28. Juni) mehr als zweihundertmal. Sie arbeiteten innerhalb von drei Wochen den Vertrag von Versailles aus und machten die vorbereitenden Arbeiten für den Vertrag mit Österreich.

Als am 28. Juni 1919 der Vertrag mit Deutschland unterzeichnet wurde, verließen die Regierungschefs Paris und der Rat der Zehn löste sich auf. Das Gleiche galt für die Vollversammlung. Die fünf Außenminister (Balfour, Lansing, Pichon, Tittoni und Makino) blieben als Führer der Delegationen und mit der Bevollmächtigung für die restlichen Friedensregelungen in Paris. Diese Gruppe erarbeitete die endgültigen Verträge mit Österreich und Bulgarien bis zur Unterzeichnung. Sie löste sich am 10. Januar 1920 auf und ließ nur ein Exekutivkomitee, die Konferenz der Botschafter, zurück. Diese bestand aus den Pariser Botschaftern der vier Großmächte plus einem französischen Repräsentanten. Diese Gruppe traf sich in den nächsten drei Jahren zweihundertmal und hielt noch bis 1931 Treffen ab. Sie überwachte die Ausführung der drei bereits abgeschlossenen Verträge und handelte den Friedensvertrag mit Ungarn aus. Sie agierte auch in manchen Fragen, die nichts mit den Verträgen zu tun hatten, als ein rein politisches Gremium, zum Beispiel bei der Bestimmung der Grenzen Albaniens im November 1921. Im Allgemeinen war die Konferenz der Botschafter im Jahrzehnt nach der Friedenskonferenz die Organisation, über welche die Großmächte Europa regierten. In allen Fragen, die ihr übertragen wurden, handelte sie mit vollem Machteinsatz, rasch und geheim. Wenn Fragen auftauchten, die zu wichtig waren, als dass man sie in diesem Gremium behandeln konnte, trat der Oberste Rat gelegentlich wieder ins Leben. Das geschah etwa fünfundzwanzigmal in den drei Jahren 1920–1922, und zwar meistens mit Bezug auf die Reparationen, Fragen des wirtschaftlichen Wiederaufbaus und akute politische Probleme. Die wichtigsten dieser Treffen des Obersten Rats tagten 1920 in Paris, London, San Remo, Boulogne und Spa; 1921 in Paris und London; und 1922 in Paris, Genua, Den Haag und London. Dieses nützliche Instrument wurde von Großbritannien 1923 im Protest gegen die französische Entschlossenheit zur Anwendung von Gewalt für die Durchsetzung der Reparationsklauseln des Friedensvertrages gegen Deutschland abgeschafft.

Bei all diesen Treffen wie auch bei der Friedenskonferenz selbst wurden die politischen Führer von Gruppen von Experten und interessierten Personen, die sich manchmal selbst ernannt hatten, begleitet. Viele dieser «Experten» waren Mitglieder oder Verbindungsleute der «internationalen Bruderschaft der Banker». Bei der Pariser Friedenskonferenz lag die Zahl der Experten in den Tausenden. Von den meisten Ländern wurden sie schon vor dem Ende des Krieges in offiziellen Stäben zusammengefasst. Diese Experten hatten eine sehr große Bedeutung. Sie wurden in Paris in sogenannte Komitees geschickt, wo ihnen ein Problem nach dem anderen und besonders die Grenzprobleme übergeben wurden, und zwar meist, ohne ihnen irgendeine Andeutung zu geben, an welchen Prinzipien sich ihre Entscheidung ausrichten sollte. Die Bedeutung dieser Komitees kann man daran ablesen, dass bis auf einen in allen Fällen, in denen ein Expertenkomitee einen einstimmigen Bericht abgab, der Oberste Rat seine Empfehlung akzeptierte und in den Vertrag mit aufnahm. Wo die Berichte nicht einstimmig ausfielen, wurde die Frage normalerweise an die Experten für weitere Beratungen zurückverwiesen. Der eine Fall, in dem ein einstimmiger Bericht nicht akzeptiert wurde, befasste sich mit dem polnischen Korridor, dem gleichen Thema, das dazu geführt hatte, dass der Oberste Rat sich 1919 zum Rat der Vier reduzierte, und dem Thema, das zwanzig Jahre später zum Zweiten Weltkrieg führte. In diesem Fall waren die Experten Deutschland gegenüber sehr viel härter, als es die schließliche Entscheidung der Politiker war.

Der Vertrag mit Deutschland kam zustande, indem der Rat der Vier die Berichte der verschiedenen Komitees zusammenfügte, die Teile miteinander in Verbindung setzte und verschiedene Konfliktfelder glättete. Die Hauptkonfliktpunkte betrafen Größe und Art der deutschen Reparationen, die Art der deutschen Abrüstung, den Charakter des Völkerbunds und die territorialen Regelungen in sechs spezifischen Gebieten: dem polnischen Korridor,

Oberschlesien, der Saar, Fiume, dem Rheinland und Shandong. Als der Disput um Fiume seinen Höhepunkt erreichte, wandte sich Wilson direkt über die Köpfe der italienischen Delegation in Paris hinweg an das italienische Volk, in dem Glauben, dass das Volk weniger nationalistisch und seinen idealistischen Grundsätzen eher gewogen sei als seine ziemlich hartgesottene Delegation. Dieser Appell schlug fehl, aber die italienische Delegation verließ die Konferenz und kehrte aus Protest gegen Wilsons Vorgehen nach Rom zurück. Deshalb waren die Italiener nicht mehr in Paris, als die deutschen Kolonialgebiete verteilt wurden, und erhielten dementsprechend keine Kolonien. So kam es dazu, dass Italien entgegen dem Vertrag von London 1915 keine Kompensation für die Territorialgewinne Großbritanniens und Frankreichs in Afrika erhielt. Diese Enttäuschung benutzte Mussolini als eine hauptsächliche Rechtfertigung für den italienischen Angriff auf Äthiopien 1935.

Der Vertrag von Versailles wurde der Konferenzvollversammlung am 6. Mai 1919 und der deutschen Delegation am darauffolgenden Tag präsentiert. Der Konferenz war bedeutet worden, den Vertrag kommentarlos anzunehmen, aber General Foch, der Oberkommandierende der französischen Truppen und der alliierten Kräfte im Krieg, ritt eine scharfe Attacke gegen den Vertrag wegen seiner (mangelnden) Vorkehrungen für die Erzwingung der Vertragsbedingungen. Diese Vorkehrungen bestanden in wenig mehr als der Besetzung des Rheinlands und von drei Brückenköpfen auf der rechten Rheinseite, wie bereits im Waffenstillstandsabkommen vom 11. November 1918 abgemacht. Laut dem Vertrag sollten diese Gebiete fünf bis fünfzehn Jahre lang als Zwangspfänder für einen Vertrag besetzt bleiben, der Deutschland die Zahlung von Reparationen für wenigstens eine Generation und eine Abrüstung für alle Zukunft auferlegte. Foch bestand darauf, dass er das linke Rheinufer und die drei Brückenköpfe auf der rechten Seite für wenigstens dreißig Jahre bräuchte. Sobald die Sitzung vorbei war, tadelte Clemenceau Foch dafür, dass er die Harmonie der Versammlung gestört habe, aber tatsächlich hatte Foch seinen Finger auf den schwächsten – und dabei entscheidenden – Punkt des Vertrags gelegt.

Die Präsentation des Vertrags an die Deutschen am Tag darauf verlief nicht besser. Nachdem er das Dokument in Empfang genommen hatte, hielt der Chef der deutschen Delegation, Außenminister Ulrich Graf Brockdorff-Rantzau, eine lange Rede, in der er sich bitter über die Unterlassung von Verhandlungen und die Verletzung der vor dem Waffenstillstand getroffenen Bestimmungen beklagte. Als eine beabsichtigte Beleidigung seiner Zuhörer hielt er seine Rede im Sitzen.

Die deutsche Delegation schickte den Siegermächten im Mai kurze Bemerkungen zum Vertrag mit detaillierter Kritik und schließlich am 29. Mai erschöpfende Gegenvorschläge. Auf 443 Seiten deutschen Textes kritisierten diese Gegenvorschläge den Vertrag Klausel um Klausel, klagten die Sieger schlechter Absichten in Verletzung der Vierzehn Punkte an und boten an, den Völkerbund, die Bestimmungen über die Abrüstung und 100 Mrd. Mark an Reparationen zu akzeptieren, sofern die Alliierten jede Bemerkung streichen würden, dass Deutschland alleine am Krieg schuldig sei, und sofern sie Deutschland wieder die Weltmärkte öffnen würden. Die meisten territorialen Änderungen wurden zurückgewiesen. Eine Ausnahme bildeten jene, bei denen gezeigt werden konnte, dass sie dem Selbstbestimmungsrecht konform gingen (womit man Wilsons Gesichtspunkt akzeptierte).

Diese Vorschläge führten zu einer der schwersten Krisen der Konferenz, da Lloyd George, der im Dezember mit dem Versprechen an das britische Volk wiedergewählt worden war, dass er Deutschland auspressen werde wie eine Zitrone, und der auch von Dezember bis Mai in dieser Richtung entsprechend gewirkt hatte, jetzt zu fürchten begann, dass Deutschland sich weigern würde zu unterzeichnen und passiven Widerstand üben würde, der die Alliierten dann dazu zwingen würde, militärische Gewalt anzuwenden. Da die britischen Armeen bereits aufgelöst waren, würde diese Gewaltanwendung hauptsächlich den Franzosen zufallen, wo sie Leuten wie Foch, der die größte Härte gegen Deutschland befürwortete, hoch willkommen sein musste. Lloyd George fürchtete, dass jede Besetzung Deutschlands durch französische Armeen zu einer vollständigen französischen Hegemonie auf dem europäischen Kontinent führen würde und dass diese Armeen nie mehr zurückgezogen würden, wenn sie einmal mit stillschweigendem britischem Einverständnis das erlangt hätten, wogegen doch Britannien zur Zeit Ludwigs XIV. und Napoleons so unnachgiebig gekämpft hatte. Mit anderen Worten führte also der Rückgang der deutschen Macht als Folge der Niederlage Großbritannien zurück auf den Pfad der Politik des Mächtegleichgewichts, nach der Großbritannien sich gegen die stärkste Macht auf dem Kontinent stellte und dagegen die zweitstärkste unterstützte. Aber zur gleichen Zeit wollte Lloyd George auch mit der britischen Demobilisierung fortfahren, um das Volk zufrieden zu stellen und die finanziellen Lasten Großbritanniens wieder so zu reduzieren, dass das Land zu einem ausgeglichenen Haushalt zurückkehren, die Geldmenge reduzieren und zum Goldstandard zurückkehren könnte. Aus diesen Gründen schlug Lloyd George vor, dass der Vertrag geschwächt werden sollte, indem die Besetzung des Rheinlands von fünfzehn auf zwei Jahre herabgesetzt werden sollte, dass in Oberschlesien (das an Polen gegeben worden war) eine Volksabstimmung stattfinden sollte, dass Deutschland sofort zum Völkerbund zugelassen und dass die Reparationen reduziert werden sollten. Von diesen Vorschlägen erhielt er nur die Volksabstimmung in Oberschlesien und einigen anderen umstrittenen Gebieten, während Wilson die anderen Vorschläge zurückwies und den Premierminister für die plötzliche Änderung seiner Haltung tadelte.

Dementsprechend gestand die alliierte Antwort auf die deutschen Gegenvorschläge (geschrieben von Philipp Kerr, dem späteren Lord Lothian) nur geringfügige Änderungen an den ursprünglichen Bestimmungen zu (im Wesentlichen die Hinzufügung von fünf Volksabstimmungen in Oberschlesien, Allenstein, Marienwerder, Nordschleswig und der Saar, wobei die Letztere 1935 abgehalten werden sollte, die anderen sofort). Sie klagte die Deutschen auch der alleinigen Schuld am Krieg und unmenschlicher Praktiken während seiner Führung an und stellte ihnen ein 5-Tage-Ultimatum, den Vertrag so, wie er war, zu unterzeichnen. Die deutsche Delegation kehrte sofort nach Deutschland zurück und empfahl, die Unterschrift zu verweigern. Das Kabinett trat zurück und unterzeichnete nicht, worauf dann ein neues Kabinett aus Katholiken und Sozialisten gebildet wurde. Diese beiden fürchteten, dass eine alliierte Invasion in Deutschland zu Chaos und zu einer Verwirrung führen würde, welche dem Bolschewismus im Osten und dem Separatismus im Westen Nahrung geben würde; sie sprachen sich dafür aus, den Vertrag zu unterzeichnen, falls es möglich wäre, die Klauseln über die Kriegsschuld und die Kriegsverbrecher daraus zu entfernen. Als die Alliierten diese Konzessionen verweigerten, stimmte die katholische Zentrumspartei mit 64:14 Stimmen gegen eine Unterzeichnung. In diesem kritischen Moment, in dem die Ablehnung schon sicher schien, befahl das Oberkommando der Deutschen Armee durch den Generalstabschef Wilhelm Groener dem Kabinett, den Vertrag zu unterzeichnen, um dadurch eine militärische Besetzung Deutschlands zu verhindern. Exakt fünf Jahre nach dem Mord von Sarajewo wurde so am 28. Juni 1919 im gleichen Spiegelsaal von Versailles, wo 1871 das Deutsche Reich ausgerufen worden war, der Vertrag von Versailles von allen Delegationen außer derjenigen Chinas unterzeichnet. Dieses verweigerte aus Protest gegen die Verfügung über die deutschen Vorkriegskonzessionen in Shandong die Unterschrift.

Der Vertrag mit Österreich wurde von einer Delegation, die von Karl Renner angeführt wurde, unterzeichnet. Das geschah erst, nachdem die Sieger die Behauptung zurückgewiesen hatten, dass Österreich eher ein Nachfolgestaat als eine der besiegten Mächte sei, und nachdem sie das Land gezwungen hatten, seinen Namen von dem neu angenommenen «Deutsch-Österreich» in die Bezeichnung «Republik Österreich» zu ändern. Dem neuen Land wurde verboten, irgendeinen Schritt in Richtung Vereinigung mit Deutschland ohne Zustimmung des Völkerbundes zu unternehmen.

Der Vertrag von Neuilly wurde nur von einem bulgarischen Delegierten unterzeichnet, dem Führer der Bauernpartei, Aleksandr Stamboliski. Durch diese Vereinbarung verlor Bulgarien das westliche Thrakien, seinen Zugang zur Ägäis, den es 1912 von der Türkei annektiert hatte, und einige Bergpässe im Westen, die aus strategischen Gründen von Bulgarien an Jugoslawien gegeben wurden.

Der Vertrag von Trianon, der 1920 unterzeichnet wurde, war der härteste und am härtesten durchgesetzte der Friedensverträge. Aus diesem und aus weiteren Gründen war Ungarn in der Zeit von 1924 bis 1934 die aktivste politische Kraft, die auf eine Revision der Verträge drängte. Es wurde in dieser Haltung von 1927 bis 1934 von Italien ermutigt, das darauf hoffte, in diesen trüben Gewässern selbst mitfischen zu können. Ungarn hatte gute Gründe zur Unzufriedenheit. Der Sturz der Habsburgerdynastie 1918 und die Aufstände der zu Ungarn gehörigen Völker wie der Polen, Slowaken, Rumänen und Kroaten brachte in Budapest eine liberale Regierung unter dem Grafen Michael Károlyi an die Macht. Diese Regierung wurde sofort durch einen

Die Friedensregelungen (1919–1923) 171

kommunistischen Aufstand unter Béla Kun bedroht. Für den eigenen Schutz bat die Regierung Károlyi um alliierte Besatzungstruppen für die Zeit bis nach den Wahlen vom April 1919. Diese Bitte wurde von dem französischen General Franchet d'Esperey unter dem Einfluss des reaktionären ungarischen Politikers Graf Stephen Bethlen zurückgewiesen. Als Folge der fehlenden Unterstützung aus dem Westen fiel das Regime Károlyi unter den Angriffen Béla Kuns und der Rumänen. Nach Béla Kuns Regime eines roten Terrors, das sechs Monate dauerte (März bis August 1920), und seiner Flucht vor einer rumänischen Invasion Ungarns kamen die Reaktionäre mit Admiral Miklós Horthy als Regenten und Staatsoberhaupt (1920–1944) und mit Graf Bethlen als Regierungschef (1921–1931) an die Macht. Graf Károlyi, der für die Alliierten und gegen die Deutschen war, Pazifist, Demokrat und Liberaler, erkannte, dass in Ungarn kein Fortschritt ohne Lösung der Agrarfrage und der Bauernunruhen, die von der Monopolisierung des Landbesitzes ausgingen, möglich war. Weil sich die Alliierten weigerten, dieses Programm zu unterstützen, fiel Ungarn in die Hände von Horthy und Bethlen, die gegen die Alliierten, für Deutschland, undemokratisch, militaristisch und gegen den Fortschritt eingestellt waren. Diese Gruppe wurde mithilfe eines Tricks dazu gebracht, den Vertrag von Trianon zu unterzeichnen, wies ihn aber später immer zurück. Maurice Paléologue, der Generalsekretär des französischen Außenministeriums (der im Auftrag von Frankreichs wichtigstem Industriellen, Eugène Schneider, handelte), machte einen Handel mit den Ungarn, dass Frankreich Ungarn zu einem der Pfeiler seines antideutschen Blocks in Osteuropa machen, eine Militärkonvention mit Ungarn abschließen und dann, zur rechten Zeit, eine drastische Revision des Vertrags von Trianon durchsetzen würde, wenn die Ungarn jetzt den Vertrag von Trianon so unterzeichnen würden, wie er da stand, und außerdem Schneider die Kontrolle über die staatliche ungarische Eisenbahn, den Hafen von Budapest und die Ungarische Allgemeine Kreditbank (welche die ungarische Industrie kontrollierte) einräumen würden. Ungarn erfüllte weitgehend seine Seite dieses komplizierten Handels, aber britische und italienische Widerstände gegen die Ausweitung der französischen Kontrolle über die Wirtschaften in Zentraleuropa unterbrachen die Verhandlungen und verhinderten, dass Ungarn jemals seinen Lohn erhielt. Paléologue wurde zwar zum Rücktritt gezwungen und am Quai d'Orsay durch den antiungarischen und protschechischen Philippe Berthelot ersetzt, erhielt aber seine Belohnung von Schneider. Er wurde zu einem der Direktoren von Schneiders persönlicher Holdinggesellschaft für seine zentraleuropäischen Beteiligungen, der Union européene industrielle et financière, ernannt.

Der Vertrag von Sèvres mit der Türkei war der letzte Vertrag, der gemacht, und der Einzige, der nicht ratifiziert wurde. Es gab drei Gründe für die Verzögerung: 1) die Unsicherheit über die Haltung der Vereinigten Staaten, von denen man dachte, dass sie eine Kontrolle über die Meerengen und ein Mandat für Armenien für die Türkei akzeptieren würden, damit diese zu einem Puffer gegenüber Sowjetrussland werden könnte; 2) die Instabilität der türkischen Regierung, die von einem nationalistischen Aufstand, der von Mustafa Kemal geführt wurde, bedroht war; und 3) der Skandal, den die Veröffentlichung der Geheimverträge über das Osmanische Reich durch die Bolschewisten hervorgerufen hatte, weil diese Verträge so grell mit den öffentlich erklärten Kriegszielen der Alliierten divergierten. Die Nachricht, dass sich die Vereinigten Staaten weigerten, den Regelungen über den Nahen Osten beizutreten, machte dann die Ausarbeitung des Vertrages möglich. Sie wurde vom Obersten Rat auf seiner Londoner Konferenz im Februar 1920 begonnen und in San Remo im April fortgesetzt. Die Regierung des Sultans unterschrieb am 20. August 1920, aber die Nationalisten unter Mustafa Kemal weigerten sich, den Vertrag anzunehmen, und errichteten eine Gegenregierung in Ankara. Die Griechen und die Italiener starteten mit alliierter Unterstützung eine Invasion der Türkei, um den Nationalisten die Annahme des Vertrags mit Gewalt aufzuzwingen, wurden aber durch Zwiste geschwächt, die sich hinter der Fassade alliierter Einhelligkeit abspielten. Die Franzosen glaubten, dass sie von der Regierung der Kemalisten größere wirtschaftliche Vorteile erwarten könnten, während die Briten glaubten, reichere Aussichten vom Sultan erwarten zu können. Im Speziellen wollten die Franzosen die Konzessionsrechte der Standard-Oil-Gesellschaft vertreten, währen die Briten Royal Dutch Shell unterstützten. Die Nationalisten nützten diesen Dissens weidlich aus. Nachdem sie die Italiener und die Franzosen mit wirtschaftlichen Vergünstigungen aus der Front der Gegner herausgekauft hatten, starteten sie eine Gegenoffensive gegen die Griechen. Während England den Griechen zu Hilfe kam, erhielt es doch keine Unterstützung von den anderen Mächten, während die Türken die Unterstützung Sowjetrusslands hatten. Die Türken vernichteten die Griechen, brannten Smyrna nieder und standen den Briten bei Chanak unmittelbar gegenüber. Die Dominions weigerten sich in diesem kritischen Moment auf Curzons telegraphierte Anfrage hin, einen Krieg mit der Türkei zu unterstützen. Der Vertrag von Sèvres, der ohnehin schon in Fetzen war, musste daraufhin aufgegeben werden. Eine neue Konferenz in Lausanne brachte daraufhin im November 1922 einen gemäßigten Vertrag hervor, der von der kemalistischen Regierung am 24. Juli 1923 unterschrieben wurde. Mit diesem Akt endete formell der Erste Weltkrieg. Das bedeutet auch einen entscheidenden Schritt zur Etablierung einer neuen Türkei, die als eine mächtige Kraft des Friedens und der Stabilität im Nahen Osten dienen sollte. Der Niedergang der Türkei, der vierhundert Jahre angedauert hatte, war damit zu einem Ende gekommen.

In diesem Vertrag von Lausanne verzichtete die Türkei auf alles nichttürkische Territorium mit der Ausnahme Kurdistans. Sie verlor Arabien, Mesopotamien, die Levante, das westliche Thrakien und einige Inseln in der Ägäis. Die Kapitulationsurkunden wurden im Austausch für das Versprechen einer Justizreform außer Kraft gesetzt. Der Vertrag enthielt keine Reparations- und keine Abrüstungsbestimmungen, ausgenommen die Klausel, dass die Meerengen demilitarisiert sein sollten und dass sie allen Schiffen offen stehen sollten außer denen von feindlichen Kriegführenden im Falle eines Krieges mit der Türkei. Die Türkei verstand sich zu einem Vertrag über die Minderheiten und stimmte einem Zwangstausch der jeweiligen türkischen und griechischen Minoritäten mit Griechenland zu, wobei als Grundlage der Zuordnung die Zugehörigkeit zur griechisch-orthodoxen beziehungsweise muslimischen Religion diente. Unter dieser letzteren Vorgabe wurden bis 1930 1,25 Mio. Griechen aus der Türkei vertrieben. Unglücklicherweise waren die meisten davon städtische Ladenbesitzer in der Türkei gewesen und wurden jetzt als Bauern auf den undankbaren Böden Mazedoniens angesiedelt. Die bulgarischen Bauern, die bis dahin in Mazedonien gesiedelt hatten, wurden ohne weiteres Aufheben nach Bulgarien hinein gestopft, wo sie Zunder für die Funken einer revolutionären bulgarischen Geheimgesellschaft wurden, der sogenannten Inneren Revolutionären Mazedonischen Organisation (IMRO), deren politische Hauptmethode der Mord war.

Als Folge der steigenden Flut der Aggressionen in den dreißiger Jahren wurde die Klausel über die Demilitarisierung der Meerengen in der Konvention von Montreux 1936 wieder zurückgezogen. Damit erhielt die Türkei die volle Souveränität über die Meerengen inklusive des Rechts, sie zu befestigen, zurück.

Die Bestimmungen der Verträge
Alle ursprünglichen Friedensverträge bestanden aus fünf Hauptteilen: a) der Satzung des Völkerbunds; b) Bestimmungen über territoriale Fragen; c) Bestimmungen über Abrüstung; d) Bestimmungen betreffend Reparationen und e) Bestimmungen über Strafen und Garantien. Den ersten dieser Teile müssen wir uns für später aufheben, aber die anderen sollten hier erwähnt werden.

In der Theorie sollten die territorialen Regelungen der Verträge auf dem «Selbstbestimmungsrecht» beruhen, tatsächlich standen aber meistens andere Gesichtspunkte dahinter: strategische, wirtschaftliche, rechtliche oder Gesichtspunkte von Bestrafung, Machterwägungen und Kompensationen. Mit «Selbstbestimmung» meinten die Macher des Friedens normalerweise «Nationalität» und mit «Nationalität» meinten sie gewöhnlicherweise «Sprache». Anders war es nur im Osmanischen Reich, wo «Nationalität» meistens als «Religion» genommen wurde. Die sechs Fälle, wo tatsächlich Selbstbestimmung ausgeübt werden konnte (das heißt, wo Volksabstimmungen stattfanden), zeigten, dass die Menschen in diesen Regionen nicht so nationalistisch waren, wie es die Friedensmacher angenommen hatten. Weil in Allenstein, wo etwa 40% der Bevölkerung Polnisch sprach, nur 2% für den Beitritt zu Polen stimmten, wurde das Gebiet wieder Deutschland zuerkannt; Oberschlesien, wo die Vergleichszahlen 65% und 40% waren, wurde geteilt, wobei der mehr industrielle östliche Teil an Polen, der eher ländliche westliche Teil an Deutschland zurück ging; in Klagenfurt, wo der Slowenisch sprechende Anteil der Bevölkerung 68% betrug, wollten nur 40% Jugoslawien beitreten und das Gebiet blieb also bei Österreich. Ziemlich ähnlich waren auch die Ergebnisse in Marienwerder, allerdings nicht in Nordschleswig, das für die Vereinigung mit Dänemark stimmte. In allen Fällen entschieden sich die Wähler dafür, dem wirtschaftlich prosperierenderen Staat beizutreten, nicht dem, mit dem sie die Sprache verband.

Außerdem musste Deutschland das Elsass und Lothringen an Frankreich zurückgeben, drei kleine Distrikte an Belgien und musste den Nordstreifen Ostpreußens um Memel herum den alliierten Mächten übergeben. Dieses letzte Gebiet wurde 1924 von der Botschafterkonferenz an den neuen Staat Litauen übertragen.

Die territorialen Hauptdispute gab es bezüglich des polnischen Korridors, des Rheinlands und der Saar. Die Vierzehn Punkte hatten versprochen, ein unabhängiges Polen mit einem Zugang zur Ostsee zu gründen. Ab etwa 1500 war es französische Politik gewesen, jeden starken Staat in Mitteleuropa zu bekämpfen, indem es Verbündete im östlichen Europa suchte. Nach dem Zusammenbruch Russlands 1917 suchten die Franzosen jetzt einen Ersatzverbündeten in Polen. Dementsprechend wollte Foch ganz Ostpreußen Polen zuschlagen. Stattdessen gaben die Experten (die ebenfalls sehr propolnisch eingestellt waren) Polen einen Zugang zum Meer, indem sie Ostpreußen von dem Rest Deutschlands abschnitten und einen polnischen Korridor im Weichseltal errichteten. Dieses Gebiet sprach hauptsächlich Polnisch und der deutsche Handel mit Ostpreußen verlief im Wesentlichen übers Meer. Allerdings war Danzig an der Mündung der Weichsel eindeutig eine deutsche Stadt. Lloyd George weigerte sich, es Polen zuzuteilen. Stattdessen wurde es dann zu einer Freien Stadt unter einem Mandat des Völkerbunds gemacht.

Die Franzosen wollten das gesamte Deutschland westlich des Rheins, das Rheinland, abtrennen, um einen eigenen Staat zu bilden und die französische Sicherheit gegenüber Deutschland zu erhöhen. Im Austausch für das Versprechen Wilsons am 14. März 1919 über eine gemeinsame angloamerikanische Garantieerklärung an Frankreich für den Fall eines deutschen Angriffs stellten sie ihre separatistische Agitation ein. Dieses Versprechen wurde in Form eines Vertrags am 28. Juni 1919 eingelöst, blieb aber in der Luft hängen, weil der US-Senat den Vertrag nicht ratifizierte. Da Clemenceau nur mit dieser Garantie im Rücken Foch und Poincaré dazu hatte überreden können, die Rheinland-Regelung zu akzeptieren, beendete dieser Fehlschlag seine politische Karriere. Die Rheinland-Regelung, wie sie dann getroffen wurde, hatte zwei recht verschiedene Elemente. Zum einen sollten das Rheinland und drei Brückenköpfe auf der rechten Rheinseite fünf bis fünfzehn Jahre von alliierten Truppen besetzt bleiben. Zum anderen sollten das Rheinland und eine fünfzig Kilometer breite Zone auf der rechten Rheinseite permanent demilitarisiert bleiben und jede Verletzung dieser Regelung sollte von den Vertragsunterzeichnern als feindlicher Akt behandelt werden können. Das bedeutete, dass sämtliche deutschen Truppen oder Befestigungen aus diesem Gebiet für immer ausgeschlossen bleiben sollten. *Das war die wichtigste Klausel des gesamten Versailler Vertrages.* Solange sie in Kraft blieb, war die große Industrieregion der Ruhr auf der rechten Rheinseite, das Rückgrat des deutschen Kriegsführungspotentials, einem schnellen französischen Vorstoß von Westen her

Die Friedensregelungen (1919–1923)

schutzlos ausgesetzt und das bedeutete, dass Deutschland Frankreich nicht bedrohen oder sich nach Osten gegen die Tschechoslowakei oder Polen wenden konnte, falls Frankreich sich dem entgegenstellte.

Von diesen zwei Klauseln wurde die militärische Besetzung des Rheinlands und der ostrheinischen Brückenköpfe bereits 1930 beendet, fünf Jahre früher als geplant. Das ermöglichte es Hitler, die zweite Klausel, diejenige über die Demilitarisierung des deutschen Westens, zu zerstören, indem er das Gebiet im März 1936 auch wieder militärisch in Besitz nahm.

Die letzte umstrittene territoriale Veränderung, die der Versailler Vertrag vornahm, beschäftigte sich mit dem Saargebiet, das reich an Industrien und Kohle war. Obwohl seine Bevölkerung eindeutig deutsch war, forderten die Franzosen 1919 den Großteil davon für sich, weil zwei Drittel davon innerhalb der französischen Grenzen von 1814 gelegen hätten und weil sie die Kohlegruben als Ausgleich für die französischen Gruben, die 1918 von den Deutschen zerstört worden waren, haben wollten. Sie bekamen ihre Gruben, aber politisch wurde das Gebiet von beiden Ländern abgetrennt und für fünfzehn Jahre einer Regierung des Völkerbunds unterstellt. Danach sollte eine Volksabstimmung abgehalten werden. Als die Volksabstimmung 1935, nach einer bewundernswerten Verwaltung des Gebiets durch den Völkerbund, abgehalten wurde, stimmten nur etwa 2.000 von 528.000 Wählern für die Vereinigung mit Frankreich, während ungefähr 90% sich Deutschland anschließen wollten und der Rest sein Bedürfnis kund gab, weiterhin vom Völkerbund regiert zu werden. In der Folge dieser Wahl einigten sich die Deutschen mit Frankreich darauf, die Kohlegruben für 900 Mio. Franc, zahlbar in Form von Kohle über eine Periode von fünf Jahren hinweg, zurückzukaufen.

Die territorialen Bestimmungen der Verträge von Saint-Germain und Trianon zerstörten das Österreichisch-Ungarische Reich vollständig. Österreich wurde von 115.000 Quadratmeilen mit einer Bevölkerung von 30 Mio. auf 32.000 Quadratmeilen mit 6,5 Mio. Einwohnern verkleinert. An die Tschechoslowakei fielen Böhmen, Mähren, Teile von Niederösterreich und der österreichische Teil Schlesiens. An Jugoslawien fielen Bosnien, die Herzegowina und Dalmatien. Rumänien erhielt die Bukowina. Italien erlangte Südtirol, das Trentino, Istrien und ein ausgedehntes Gebiet nördlich der Adria einschließlich Triests.

Der Vertrag von Trianon verkleinerte Ungarn von 125.000 Quadratmeilen mit 21. Mio. Einwohnern auf 35.000 Quadratmeilen mit 8 Mio. Einwohnern. An die Tschechoslowakei gingen die Slowakei und Ruthenien; an Rumänien ging Transsylvanien, ein Teil der ungarischen Tiefebene und der Hauptteil des Banat; an Jugoslawien gingen der Restteil des Banat, Kroatien-Slawonien und einige weitere Distrikte.

Die Friedensverträge setzten die Grenzen der besiegten Staaten fest, nicht aber diejenigen der neu geschaffenen. Diese Letzteren wurden in einer Reihe von Verträgen in den Jahren nach 1918 festgesetzt. Dieser Prozess führte zu Auseinandersetzungen und bewaffneten Zusammenstößen und manche Fragen sind auch heute immer noch nicht gelöst.

Die heftigsten Kontroversen lösten die Bestimmungen der Grenzen Polens aus. Von diesen wurde nur diejenige zu Deutschland durch den Versailler Vertrag festgelegt. Die Polen weigerten sich, ihre übrigen Grenzen so zu akzeptieren, wie es von den Alliierten in Paris vorgeschlagen wurde, und befanden sich 1920 im Krieg mit Litauen wegen Wilna, mit Russland wegen ihrer Ostgrenze, mit der Ukraine wegen Galizien und mit der Tschechoslowakei wegen Teschen. Der Konflikt um Wilna begann 1919, als die Polen das Gebiet von Russland erobert hatten, es aber bald wieder verloren. Die Russen gaben es 1920 an Litauen, was auch von Polen akzeptiert wurde, aber innerhalb der nächsten drei Monate wurde es von polnischen Freischärlern erobert. Der Völkerbund ordnete eine Volksabstimmung an, die 1922 unter polnischer Kontrolle stattfand und eine polnische Mehrheit ergab. Die Litauer weigerten sich ebenso, die Gültigkeit dieses Ergebnisses wie auch eine Entscheidung der Botschafterkonferenz vom März 1923, welche die Gebiete an Polen gab, anzuerkennen. Stattdessen betrachtete sich Litauen bis zum Dezember 1927 als im Krieg mit Polen befindlich.

Am anderen Ende ihrer Grenzen erging es den Polen nicht ganz so gut. Dort brachen im Januar 1919 Kämpfe zwischen polnischen und tschechischen Kräften über Teschen aus. Die Botschafterkonferenz teilte das Gebiet zwischen den beiden Bewerbern, gab aber die wertvollen Kohlegruben an die Tschechoslowakei (Juli 1920).

Polens östliche Grenze wurde erst nach einem blutigen Krieg mit der Sowjetunion gezogen. Der Oberste Rat hatte im Dezember 1919 die «Curzon-Linie» als Ostgrenze der polnischen Verwaltung etabliert, aber innerhalb der nächsten sechs Monate hatten die polnischen Truppen diese Linie überschritten und waren bis nach Kiew vorgerückt. Ein russischer Gegenangriff warf die Polen bald wieder zurück und drang bis in polnisches Gebiet ein. Die Polen wandten sich in Panik an den Obersten Rat, der aber zögerte einzugreifen. Die Franzosen allerdings zögerten nicht und schickten General Weygand mit Nachschub für die Verteidigung Warschaus. Die russische Offensive wurde an der Weichsel zum Stehen gebracht und Friedensverhandlungen wurden begonnen. Die endgültige Regelung wurde in Riga im März 1921 unterzeichnet und gab Polen eine Grenze, die 150 Meilen östlich der Curzon-Linie lag und die viele Nichtpolen zu polnischen Staatsbürgern machte, darunter eine Million Weißrussen und vier Millionen Ukrainer.

Auch Rumänien hatte wegen der rumänischen Besetzung Bessarabiens 1918 einen Konfliktherd mit Russland. Im Oktober 1920 erkannte die Botschafterkonferenz Bessarabien als Teil Rumäniens an. Russland protestierte und die Vereinigten Staaten weigerten sich, die Übertragung anzuerkennen. Wegen dieser Verunsicherungen unterzeichneten Polen und Rumänien im März 1921 eine Defensivallianz gegen Russland.

Der wichtigste derartige Disput entstand um die Vergabe von Fiume. Dieses Problem war deshalb so brennend, weil eine der Großmächte involviert war. Italien hatte Fiume im Vertrag von London 1915 Jugoslawien zuerkannt und hatte im November 1918 versprochen, die italienisch-jugoslawische Grenze nach Nationalitätengrenzen zu ziehen. Insofern konnte es wenig Ansprüche auf Fiume geltend machen. Nichtsdestotrotz bestand es in Paris aus politischen und wirtschaftlichen Gründen auf seinem Besitz. Da es ihm gerade gelungen war, das Habsburgerreich von der Adria zu vertreiben, und keine neue Macht an seiner Stelle zu sehen wünschte, tat es alles nur Mögliche, um Jugoslawien zu behindern und seinen Zugang zur Adria zu beschneiden. Darüber hinaus verschaffte der Erwerb Triests Italien einen großen Hafen ohne Zukunft, da er von dem Hinterland, aus dem er seinen Handel hätte bestreiten können, durch eine politische Grenze getrennt war. Um Triest zu schützen, wollte Italien alle potentiell konkurrierenden Häfen in der Region unter Kontrolle halten. Die Stadt Fiume selbst war hauptsächlich italienisch, aber die Vororte und die ländliche Umgebung hatten eine überwältigende slawische Mehrheit. Die Experten in Paris wollten Italien weder Fiume noch Dalmatien geben, aber Colonel House versuchte diese Experten zu überstimmen, um im Gegenzug die italienische Unterstützung für den Völkerbund zu erhalten. Wilson überstimmte House und richtete seinen berühmten Appell an das italienische Volk, der im zeitweisen Rückzug der italienischen Delegation aus Paris resultierte. Nach ihrer Rückkehr blieb die Frage weiter ungelöst. Im September 1919 eroberte ein verrückter italienischer Dichter, Gabriele d'Annunzio, mit einer Gruppe von Freischärlern Fiume und errichtete dort eine unabhängige Operettenregierung. Der Konflikt zwischen Italien und Jugoslawien wurde mit langsam schwächer werdender Bitterkeit bis zum November 1920 fortgesetzt, als sie in Rapallo einen Vertrag unterzeichneten, der das Gebiet aufteilte und Fiume selbst zur Freien Stadt erklärte. Diese Regelung war nicht befriedigend. Eine Gruppe Faschisten aus Italien (wo diese Partei noch nicht an der Macht war) besetzte die Stadt im März 1922 und wurde drei Wochen später von der italienischen Armee wieder vertrieben. Die Frage wurde schließlich im Januar 1924 durch den Vertrag von Rom geregelt, wonach Fiume an Italien ging, die Vorstadt Port Baros und ein 50-jähriges Leasing eines der drei Hafenbecken aber an Jugoslawien.

Diese Auseinandersetzungen um Territorien sind wichtig, weil sie die Beziehungen zwischen Nachbarstaaten bis weit in die Zeit des Zweiten Weltkriegs hinein und sogar darüber hinaus mit Zündstoff versahen. Die Namen Fiume, Thrakien, Bessarabien, Epirus, Transsylvanien, Memel, Wilna, Teschen, die Saar, Danzig und Makedonien hallten auch zwanzig Jahre nach der Pariser Friedenskonferenz noch als Schlachtrufe überhitzter Nationalisten nach. Die Arbeit dieser Konferenz hatte zwar die Zahl der völkischen Minderheiten verringert, aber das hatte nur dazu geführt, dass die Gefühle der verbliebenen Minderheiten noch weiter erregt worden waren. Die Zahlen blieben immer noch bedeutend. Es gab etwa 1 Mio. Deutsche in Polen, 550.000 in Ungarn, 3,1 Mio. in der Tschechoslowakei, etwa 700.000 in Rumänien, 500.000 in Jugoslawien und 250.000 in Italien. Es gab 450.000 Magyaren in Jugoslawien, 750.000 in der Tschechoslowakei und etwa 1,5 Mio. in Rumänien. Es gab etwa 5 Mio. Weißrussen und Ukrainer in Polen und etwa 1,1 Mio. der Letzteren in Rumänien. Um diese Minderheiten zu schützen, zwangen die «Alliierten und Verbündeten Mächte» die neuen Staaten Mittel- und Osteuropas, Abkommen zum Schutz der Minderheiten zu unterzeichnen, durch welche diesen Minderheiten ein gewisses Minimum an kulturellen und politischen Rechten garantiert wurde. Diese Abkommen wurden vom Völkerbund garantiert, es gab aber keine Zwangsmittel, um die Einhaltung ihrer Bedingungen sicherzustellen. Das Äußerste, was geschehen konnte, war es, der Regierung, die ein solches Abkommen verletzte, einen öffentlichen Tadel auszusprechen, was, zum Beispiel im Falle Polens, mehr als einmal geschah.

Die Abrüstungsklauseln der Friedensverträge waren sehr viel leichter aufzustellen als zu erzwingen. Es wurde klar verkündet, dass die Abrüstung der besiegten Nationen nur der erste Schritt auch zur Abrüstung der Siegernationen sein sollte. Bei den Deutschen wurde diese Verbindung ausdrücklich im Vertrag statuiert, so dass es für die anderen Signatare des Vertrags notwendig wurde – wollte man Deutschland legal in abgerüstetem Zustand halten, nach 1919 beständig in Richtung allgemeine Abrüstung zu arbeiten, weil sonst die Deutschen behaupten konnten, dass sie sich nicht länger an die eigene Abrüstungsverpflichtung gebunden fühlen mussten.

Allen Verträgen zufolge waren bestimmte Waffen wie Panzer, Giftgas, Flugzeuge, schwere Artillerie und Kriegsschiffe, die über eine bestimmte Größe hinausgingen, ebenso verboten wie der internationale Waffenhandel. Deutschland wurde eine kleine, numerisch genau festgelegte Marine zugestanden, während Österreich, Ungarn und Bulgarien überhaupt keine Kriegsmarine, die diesen Namen verdienen konnte, zugestanden wurde. Jede Armee wurde auf eine bestimmte Größe begrenzt, Deutschland auf 100.000 Mann, Österreich auf 30.000, Ungarn auf 35.000 und Bulgarien auf 20.000. Darüber hinaus mussten diese Männer Freiwillige auf einer 12-Jahres-Basis sein, während alle militärische Zwangsausbildung (Wehrdienst), Generalstäbe und Mobilmachungspläne verboten blieben. Diese Bestimmungen betreffend die Ausbildung waren ein Fehler. Sie wurden über die erbitterten Proteste der Franzosen hinweg von den Angloamerikanern erzwungen. Die Angloamerikaner betrachteten einen Wehrdienst als «militaristisch»; die Franzosen betrachteten ihn als eine natürliche Begleiterscheinung des allgemeinen Wahlrechts und hatten keine Einwände gegen sein Weiterbestehen in Deutschland, da er nur zu einer großen Zahl sehr unvollkommen ausgebildeter Männer führen würde; sie hatten allerdings Einwände gegen die 12-Jahres-Freiwilligen, die von den Briten favorisiert wurden, weil das Deutschland eine große Zahl sehr gut ausgebildeter Männer verschaffen würde, die einer wiederbelebten deutschen Armee einmal als Offiziere dienen konnten. Bei dieser wie bei so vielen anderen Fragen, in denen die Franzosen von den Angloamerikanern überstimmt wurden, lehrten die Ereignisse, dass die französische Position die richtige gewesen war.

Die Reparationsbestimmungen der Verträge führten zu einigen der heftigsten Kontroversen auf der Friedenskonferenz und blieben noch für mehr als ein Dutzend Jahre nach dem Ende der Konferenz eine reiche Quelle für Auseinandersetzungen. Die Bemühungen der Amerikaner um eine rationale

Basis für die Reparationen, sei es durch eine Untersuchung von Fachleuten über die tatsächlichen Schäden, die ausgeglichen werden sollten, sei es durch eine wirtschaftliche Untersuchung der deutschen Zahlungsfähigkeit, wurden besonders von französischen Einwänden beiseite gewischt. Gleichzeitig wurden die amerikanischen Bemühungen, die Reparationen auf die Kriegsschäden zu beschränken und ihnen nicht die sehr viel höheren Kriegskosten mit aufzuladen, von den Briten geblockt, die unter einer Schadensregelung sehr viel weniger zu erwarten gehabt hätten als unter einer Kostenregelung. Indem sie den Franzosen klarmachten, dass sie unter «Schäden» einen sehr viel höheren Anteil der deutschen Zahlungen erhalten würden als unter «Kosten», gelang es den Amerikanern, die britischen Forderungen herunterzukürzen, obwohl es dem Delegierten Südafrikas, General Smuts, immerhin gelang, die Militärpensionen als eine der Kategorien, für die Deutschland zahlen sollte, auf die Liste zu setzen. Die Franzosen waren hin- und hergerissen zwischen dem Verlangen, einen möglichst großen Teil der deutschen Zahlungen zu erhalten, und dem, Deutschland eine solche Schuldenlast aufzuerlegen, dass es für immer ruiniert wäre und nie mehr eine Bedrohung der Sicherheit Frankreichs sein könnte.

Die britische Delegation war tief gespalten. Die britischen Hauptfinanzdelegierten, die Lords Cunliffe und Sumner, waren so astronomisch unrealistisch in ihren Schätzungen von Deutschlands Zahlungsfähigkeit, dass man sie die «himmlischen Zwillinge» nannte, während viele jüngere Mitglieder der Delegation, die von John Maynard (später Lord) Keynes angeführt wurden, entweder wichtige wirtschaftliche Beschränkungen der deutschen Zahlungsfähigkeit sahen oder meinten, dass eine Politik der Freundschaft und Brüderlichkeit Großbritannien zu einer niedrigen Einschätzung der deutschen Schulden geneigt machen sollte. Die Emotionen gingen bei diesem Thema so hoch, dass es unmöglich war, in den eigentlichen Vertrag eine genaue Zahl über die deutschen Reparationsverpflichtungen hineinzuschreiben. Stattdessen wurde ein Kompromiss angenommen, den ursprünglich der Amerikaner John Foster Dulles vorgeschlagen hatte. Danach musste Deutschland einerseits einer theoretisch unbegrenzten Zahlungsverpflichtung zustimmen, andererseits aber tatsächlich nur für eine begrenzte Liste von zehn Schulden-Kategorien zahlen. Das erstere Eingeständnis wurde in der Geschichte als die «Kriegsschuldklausel» bekannt (Artikel 231 des Vertrags). Darin akzeptierte Deutschland «die Verantwortung Deutschlands und seiner Verbündeten für alle Verluste und Schäden, die den alliierten und den mit ihnen verbündeten Regierungen und ihren Staatsangehörigen als Folge des Kriegs, der ihnen durch die Aggression Deutschlands und seiner Verbündeten auferlegt wurde, entstanden».

Die folgende Klausel, Artikel 232, behandelte die Reparationsverpflichtungen und listete zehn Kategorien von Schäden auf, wovon die zehnte, die sich auf die Pensionen bezog und von General Smuts eingefügt worden war, eine Schuld repräsentierte, die größer war als die Gesamtsumme der neun vorhergehenden. Während die Reparationskommission eine beträchtliche

Zeit benötigen würde, um den Wert dieser zehn Kategorien abzuschätzen, sollten die Deutschen sofort damit beginnen, den Siegern große Eigentumswerte, insbesondere Kohle und Holz, zu übereignen. Erst im Mai 1921 wurde den Deutschen dann die volle Höhe der Reparationsschulden vorgelegt. Sie belief sich auf 132 Mrd. Goldmark (etwa 32,5 Mrd. Dollar) und wurde von Deutschland unter dem Druck eines Sechs-Tage-Ultimatums mit der Drohung einer Besetzung des Ruhrgebiets akzeptiert.

Die Reparationsklauseln der anderen Verträge hatten nur eine geringe Bedeutung. Österreich konnte wegen des schlechten wirtschaftlichen Zustands dieses vom Habsburgerreich übrig gebliebenen Stummels überhaupt keine Reparationen zahlen. Bulgarien und Ungarn hatten erst geringfügige Teile ihrer Verpflichtungen erfüllt, bevor dann alle Reparationen in der Finanzkatastrophe der Jahre 1931–1932 weggewischt wurden.

Die Verträge von Paris sahen keine Erzwingungsprozeduren vor, die diesen Namen verdient hatten, sieht man einmal von den höchst unzureichenden Rheinlandklauseln ab, über die wir bereits gesprochen haben. Es war ziemlich deutlich, dass die besiegten Mächte den Vertragsbestimmungen nur dann nachkommen müssten, wenn und solange die Koalition, die den Krieg gewonnen hatte, als Einheit weiter bestehen blieb. Das war aber nicht der Fall. Als Folge des republikanischen Siegs über Wilson in den Kongresswahlen von 1918 und bei der Präsidentenwahl von 1920 scherten die USA aus der Koalition aus. Italien entfremdete sich, weil der Vertrag seine Ansprüche im Mittelmeer und in Afrika nicht befriedigen konnte. Aber das waren nur Details. Wenn die englisch-französische Entente weiter bestanden hätte, hätten die Verträge auch ohne Mitwirkung der Vereinigten Staaten oder Italiens durchgesetzt werden können. Aber das war nicht der Fall. Großbritannien und Frankreich blickten aus so verschiedenen Blickwinkeln auf die Welt, dass man kaum glauben konnte, dass es überhaupt die gleiche Welt war, auf die sie blickten. Der Grund dafür war sehr einfach, obwohl er sehr viele komplexe Konsequenzen und Implikationen mit sich führte.

Großbritannien fühlte sich nach 1918 sicher, während sich Frankreich in der Nachbarschaft Deutschlands komplett unsicher fühlte. Als Folge des Kriegs hatte Großbritannien noch bevor der Versailler Vertrag unterzeichnet war, all seine wichtigsten Ziele in Bezug auf Deutschland erreicht. Die deutsche Flotte lag bei Scapa Flow auf Grund, versenkt von den Deutschen selbst; die deutsche Handelsflotte war versprengt, in Gefangenschaft und zerstört; die deutsche Rivalität in den Kolonien war beendet, die deutschen Kolonialgebiete waren besetzt; die Wettbewerbsfähigkeit des deutschen Handels war durch den Verlust der Patente und industriellen Techniken, die Zerstörung aller kommerziellen Verbindungsstellen und der Bankverbindungen überall auf der Welt und durch den Verlust seiner schnell wachsenden Vorkriegsmärkte stark angeschlagen. Großbritannien hatte dieses Ziel im Dezember 1918 bereits erreicht und brauchte keinen Vertrag, um sie zu sichern.

Frankreich andererseits hatte das Eine, was es wollte, nicht erreicht: Sicherheit. Nach Bevölkerung und industrieller Stärke war Deutschland

Frankreich weit überlegen und diese Überlegenheit wuchs noch immer. Es war eindeutig, dass Frankreich Deutschland 1914–1918 nur um Haaresbreite und nur mit der Hilfe von Großbritannien, Russland, Italien, Belgien und den Vereinigten Staaten hatte schlagen können. Frankreich hatte keine Garantien dafür, dass diese alle auch in einem zukünftigen Krieg mit Deutschland an seiner Seite sein würden. Es war sogar ziemlich klar, dass Russland und Italien nicht auf seiner Seite sein würden. Die Weigerung der Vereinigten Staaten und Großbritanniens, Frankreich irgendeine Garantie gegen eine deutsche Aggression zukommen zu lassen, machte es auch zweifelhaft, ob sie zur Hilfe bereit sein würden. Selbst wenn sie schließlich zur Hilfe bereit wären, gab es doch keine Garantie dafür, dass Frankreich fähig sein würde, in einem zukünftigen Krieg ebenso der ersten deutschen Angriffswelle widerstehen zu können, wie es das Land gerade so geschafft hatte, dem Angriff von 1914 zu widerstehen. Selbst wenn es gelingen würde, neuerlich standzuhalten und Großbritannien schließlich zu Hilfe käme, so würde Frankreich doch wieder, wie 1914–1918, kämpfen müssen, während seine reichsten Landstriche unter feindlicher militärischer Besetzung stünden. Welche Garantie konnte es unter solchen Umständen für einen letztlichen Erfolg geben? Zweifel dieser Art gaben Frankreich ein Gefühl der Unsicherheit, das zu einer Art Psychose wurde, als Frankreich sah, dass praktisch jeder seiner Versuche, seine Sicherheit zu erhöhen, von Großbritannien blockiert wurde. Frankreich schien es, als ob der Versailler Vertrag, der Großbritannien alles verschafft hatte, was es von Deutschland wollen konnte, Frankreich das Eine nicht gegeben hatte, das es wollte. Als Folge davon erwies es sich auch als unmöglich, irgendeine Lösung für eines der anderen Hauptprobleme der internationalen Politik in der Zeit von 1919 bis 1929 zu finden. Diesen drei Problemfeldern von Sicherheit, Abrüstung und Reparationen werden wir uns nun zuwenden.

Sicherheit (1919–1935)

Frankreich und Großbritannien
Frankreich suchte seine Sicherheit nach 1918 in einer Reihe von Alternativen. Am liebsten hätte es das Rheinland von Deutschland abgetrennt, was aber von den Angloamerikanern blockiert wurde. Als zweitbeste Alternative wollte Frankreich einen «Völkerbund mit Zähnen», das heißt einen Völkerbund mit einer internationalen Polizeistreitmacht und dem Mandat, automatisch und unverzüglich gegen einen Aggressor aufzutreten; das wurde von den Angloamerikanern blockiert. Als Kompensation für den Ausfall dieser zwei ersten akzeptierte Frankreich als dritte Wahl eine angloamerikanische Garantie, aber auch die ging 1919 mit der Weigerung des Senats der USA, das entsprechende Abkommen in Kraft zu setzen, und der nachfolgenden Weigerung Großbri-

tanniens, die Last einer solchen Garantie allein auf sich zu nehmen, verloren. Als Folge davon blieb den Franzosen nur eine vierte Wahl – sich Verbündete im Osten Deutschlands zu suchen. Die wichtigsten Schritte zu diesem Unternehmen waren die Schaffung der «Kleinen Entente» zur Durchsetzung der Verträge von Trianon gegen Ungarn 1920–1921 und danach der Beitritt von Frankreich und Polen zu diesem System, das dadurch zu einer Koalition «saturierter Mächte» wurde. Die Kleine Entente entstand durch eine Reihe bilateraler Verträge zwischen Rumänien, Jugoslawien und der Tschechoslowakei. Sie wurde durch einen französisch-polnischen Vertrag (Februar 1921) und durch einen Vertrag Frankreichs mit der Tschechoslowakei (Januar 1924) ausgeweitet. Dieses System leistete aber wegen der Schwäche dieser Alliierten (außer der Tschechoslowakei) und wegen der Opposition Großbritanniens gegen jeden französischen Druck auf Deutschland am Rhein (und das wäre der einzige Weg für Frankreich gewesen, Polen oder die Tschechoslowakei gegen Deutschland zu garantieren) nur einen kleinen Beitrag zur Sicherheit Frankreichs. Als Folge davon agitierte Frankreich weiterhin sowohl für eine britische Garantie als auch dafür, dem Völkerbund «Zähne» zu geben.

Frankreich wollte also Sicherheit, während Großbritannien Sicherheit hatte. Frankreich brauchte Großbritannien, während dieses Frankreich außerhalb von Europa (insbesondere im Nahen Osten) als Rivalen betrachtete und als Hauptproblem für Britanniens gewohnheitsmäßige Politik des Mächtegleichgewichts in Europa. Nach 1919 sprachen die Briten und sogar einige Amerikaner von der «französischen Hegemonie» auf dem europäischen Kontinent. Die oberste Regel der britischen Außenpolitik war es über vier Jahrhunderte hinweg gewesen, jegliche Hegemonie über den Kontinent zu bekämpfen und dabei die zweitstärkste Macht gegen die stärkste zu unterstützen; nach 1919 betrachtete Großbritannien Deutschland als die zweitstärkste Macht und Frankreich als die stärkste, was ein ziemlich fehlgeleiteter Blick war, wenn man die Bevölkerungszahl, die industrielle Produktivität und die allgemeinen Organisationsformen der beiden Länder in Betracht zieht.

Weil Frankreich nach Sicherheit trachtete, war sein Blick in allen Bereichen politisch ausgerichtet; weil Großbritannien Sicherheit hatte, war sein Hauptblickwinkel wirtschaftlich. Die politischen Wünsche Frankreichs gingen dahin, dass Deutschland geschwächt werden sollte, die wirtschaftlichen Wünsche Großbritanniens verlangten, dass Deutschland gestärkt werden sollte, um den Wohlstand Gesamteuropas zu erhöhen. Während die politische Hauptbedrohung Frankreichs Deutschland war, bildete die hauptsächliche wirtschaftliche und soziale Bedrohung Großbritanniens der Bolschewismus. Bei einem Konflikt mit Sowjetrussland tendierte Großbritannien dazu, Deutschland als potentiellen Verbündeten zu betrachten, besonders wenn es wohlhabend und mächtig wäre. Dies war der Hauptgesichtspunkt von Lord d'Abernon, dem britischen Botschafter in Berlin in den kritischen Jahren 1920–1926. Auf der anderen Seite stand Frankreich zwar dem wirtschaftlichen und sozialen System der Sowjetunion völlig ablehnend gegenüber und konnte nicht leicht die gewaltigen französischen Investitionen vergessen, die in dem Land verloren gegangen waren, tendierte aber trotzdem immer noch dazu, die Russen als potentielle Alliierte gegen jeglichen Wiederaufstieg Deutschlands zu betrachten (wobei Frankreich allerdings erst 1935 ein Bündnis mit der Sowjetunion abschloss).

Wegen seines Mangels an Sicherheit tendierte Frankreich dazu, den Vertrag von Versailles als etwas Dauerhaftes zu betrachten, während Großbritannien ihn als eine momentane Regelung ansah, die der Veränderung offen stand. Obwohl es mit dem Vertrag nicht zufrieden gewesen war, nahm Frankreich ihn doch als das Beste, was es bekommen konnte, besonders wenn es sich vor Augen hielt, wie haarscharf es nur zustande gekommen war, dass Deutschland, dem doch eine weltweite Koalition entgegenstand, ihn überhaupt unterzeichnet hatte. Großbritannien, dessen Wünsche schon vor der Vertragsunterzeichnung alle erfüllt waren, zögerte nicht damit, ihn zu modifizieren, wenn es auch bis 1935 (mit dem Englisch-Deutschen Flottenabkommen) dauerte, bis es einen Versuch unternahm, die Klauseln über Kolonial- und Flottenangelegenheiten beziehungsweise über die Handelsmarine zu ändern, von denen es selbst profitiert hatte. Aber 1935 hatte es schon seit mehr als fünfzehn Jahren versucht, die Klauseln, von denen Frankreich profitierte, zu ändern.

Die Franzosen glaubten, dass der Frieden in Europa unteilbar sei, während die Briten ihn für teilbar hielten. Das bedeutet, dass die Franzosen glaubten, dass der Friede in Osteuropa ein erstrangiger Belang für die Staaten Westeuropas sei und dass die Letzteren Deutschland keine Schritte nach Osten erlauben durften, weil ihm das ermöglicht hätte, stärker zu werden, um dann auch wieder nach Westen hin anzugreifen. Die Briten glaubten, dass der Friede in Ost- und in Westeuropa recht verschiedene Dinge seien und dass es ihre Angelegenheit sei, den Frieden im Westen aufrechtzuerhalten, dass aber jede Bemühung, das auf den Osten auszudehnen, den Westen nur «in jede kleine Rauferei» dieser immer raufenden «rückständigen» Völker verwickeln würde und wie 1914 einen lokalen Disput zu einem Weltkrieg ausweiten könnte. Die Verträge von Locarno von 1925 waren, wie wir noch sehen werden, der erste konkrete Ausfluss dieser britischen Sichtweise. Dem französischen Argument, dass Deutschland stärker und dadurch auch im Westen gefährlicher würde, wenn man ihm Schritte nach Osten erlaubte, antworteten die Briten gewöhnlicherweise, dass es genauso wahrscheinlich sei, dass die Deutschen sich dort ausreichend befriedigen würden oder dass sie in den großen offenen Flächen des Ostens versumpfen würden.

Frankreich glaubte, dass Deutschland durch Härte dazu gebracht werden könnte, den Frieden zu halten, während Großbritannien glaubte, es könne durch Konzessionen dazu gebracht werden. Die Franzosen, besonders die politische Rechte, sahen keinen Unterschied zwischen den Deutschen des Kaiserreichs und denen der Weimarer Republik. «Kratze einen Deutschen und du wirst einen Hunnen finden», sagten sie. Die Briten dagegen, besonders die politische Linke, betrachteten die Deutschen der Weimarer Republik als völlig verschieden von denen des Kaiserreichs, gereinigt durch Leiden und befreit von der Tyrannei der kaiserlichen Autokratie; sie waren bereit, diese neuen Deutschen an ihr Herz zu drücken und sie durch Konzessionen dazu zu ermutigen, auf dem Pfad von Demokratie und Liberalismus fortzuschreiten. Als die Briten anfingen, in dieser Art zu reden und an hohe Prinzipien der internationalen Zusammenarbeit und Versöhnung zu appellieren, tendierten die Franzosen dazu, das als Heuchelei zu betrachten, indem sie darauf hinwiesen, dass der britische Appell an Prinzipien erst auftauchte, wenn die britischen Interessen zufrieden gestellt waren und wenn diese Prinzipien dazu genutzt werden konnten, den französischen Interessen Steine in den Weg zu legen. Die Briten neigten dazu, den französischen Bemerkungen über die Gefahren der britischen Heuchelei mit einigen eigenen Bemerkungen über die Gefahren des französischen Militarismus zu antworten. In dieser traurigen Weise löste sich der Kern der Koalition, welche Deutschland besiegt hatte, in einer Konfusion von Missverständnissen und wechselseitigen Beschuldigungen auf.

Dieser Kontrast zwischen der französischen und der britischen Herangehensweise in der Außenpolitik ist eine holzschnittartige Vereinfachung der beiden Positionen. Etwa um 1935 gab es beträchtliche Verschiebungen in beiden Ländern und schon lange zuvor gab es Unterschiede zwischen unterschiedlichen Gruppen innerhalb eines jeden der Länder.

Sowohl in Großbritannien als auch in Frankreich gab es (vor 1935) Meinungsunterschiede für die internationale Politik, die ziemlich genau zu den allgemeinen politischen Ansichten (und sogar der Linie der Klassentrennung) parallel liefen. In Großbritannien glaubten Leute der Linken im Allgemeinen an die Revision des Versailler Vertrags zugunsten von Deutschland, an kollektive Sicherheit, die allgemeine Abrüstung und an Freundschaft mit der Sowjetunion. Zur gleichen Zeit hatte die Rechte keine Geduld mit einer Politik, die auf humanitären Erwägungen oder auf Idealismus beruhte oder Freundschaft mit der Sowjetunion vertrat, sondern wollte eine Politik des «nationalen Interesses» verfolgen, womit die Stärkung des Empire, eine aggressive Handelspolitik gegenüber Außenseitern und ein relativer Isolationismus in der allgemeinen Politik ohne Verpflichtungen in Europa außer im Westen des Rheins (wo britische Interessen unmittelbar berührt waren) gemeint waren. Die Gruppen der Linken waren in den zwanzig Jahren von 1919 bis 1939 nur für etwa zwei Jahre in Großbritannien an der Regierung und auch dann nur als Minderheitenkabinette (1924, 1929–1931), während die Gruppen der Rechten achtzehn dieser zwanzig Jahre und gewöhnlich mit absoluter Mehrheit an der Macht waren. Trotzdem sympathisierten während dieser zwanzig Jahre die Menschen in Großbritannien im Allgemeinen mit der Linken in der Außenpolitik, stimmten aber bei den Wahlen mehr aufgrund von innen- als von außenpolitischen Fragen ab. Das heißt, dass die Leute für eine Revision des Versailler Vertrags, für kollektive Sicherheit, für internationale Kooperation und für Abrüstung waren.

Mit dem Wissen darum verfolgten die Regierungen der Rechten eine doppelte Politik: eine öffentliche Politik, in der sie laut im Sinne einer Außen-

Sicherheit (1919–1935)   185

politik der Linken sprachen, und eine Geheimpolitik, in der sie im Sinne dessen handelten, was wir die Außenpolitik der Rechten genannt haben. So beruhten die öffentliche Politik der Regierung und die des britischen Volks auf der Unterstützung für den Völkerbund, für internationale Zusammenarbeit und für Abrüstung. Die wirkliche Politik war aber davon ziemlich verschieden. Lord Curzon, der vier Jahre lang Außenminister war (1919–1923), nannte den Völkerbund einen «guten Witz»; Großbritannien wandte sich gegen jeden Versuch Frankreichs oder der Tschechoslowakei, das System der kollektiven Sicherheit zu stärken; während es öffentlich die Konferenz für Flottenabrüstung in Genua (1927) und die Weltabrüstungskonferenz (1926–1935) unerstützte, schloss Großbritannien ein Geheimabkommen mit Frankreich, das die Abrüstung sowohl auf dem Land als auch zur See blockierte (Juli 1928), und machte ein Abkommen mit Deutschland, das es von Flottenabrüstungsbestimmungen befreite (1935). Nach 1935 wurde der Kontrast zwischen der öffentlichen und der geheimen Politik so scharf, dass der autorisierte Biograph von Lord Halifax (Außenminister 1938–1940) die Bezeichnung «Dyarchie» dafür prägte. Außerdem änderte sich nach 1935 die Politik sowohl der Linken als auch der Rechten. Die Linke wurde schon ab 1934 antirevisionistisch, setzte aber noch ihre Unterstützung für die Abrüstung bis (in einigen Fällen) 1939 fort und verstärkte ihr Beharren auf kollektiver Sicherheit, während die Rechte mehr auf Revisionismus (der damals «Appeasement» hieß) und auf Widerstand gegen die Sowjetunion zu insistieren begann.

In Frankreich waren die Divergenzen zwischen der Rechten und der Linken weniger ausgeprägt als in Großbritannien und es gab mehr Ausnahmen. Das lag nicht nur an der vergleichsweise hohen Kompliziertheit der französischen Parteienlandschaft und politischen Ideologien, sondern auch daran, dass die Außenpolitik in Frankreich kein akademisches oder zweitrangiges Thema war, sondern eine unmittelbare, Furcht erregende Sorge für jeden Franzosen darstellte. Dementsprechend waren die Meinungsverschiedenheiten, wie laut sie auch immer ausgetragen wurden, doch eher schwach ausgebildet. Es gab etwas, dem alle Franzosen zustimmten: «Es darf nie wieder geschehen.» Nie wieder durfte man dem Hunnen erlauben, so stark zu werden, dass er wie 1870 und 1914 Frankreich überfallen konnte. Um das zu verhindern, gab es, darin stimmten die Linke und die Rechte überein, zwei Methoden beziehungsweise zwei Quellen: kollektive Aktionsysteme aller Nationen oder Frankreichs eigene militärische Macht. Die beiden Flügel in Frankreich unterschieden sich darin, in welcher Reihenfolge man sich auf diese beiden verlassen sollte: die Linke wollte zunächst Kollektivaktionen sehen und Frankreichs eigene militärische Macht nur als Zusatz oder Ersatz dafür ansehen, die Rechte wollte zunächst Frankreichs eigene militärische Macht einsetzen und betrachtete eine Unterstützung vom Völkerbund oder anderen Alliierten nur als Zusatz. Zusätzlich versuchte die Linke zwischen dem alten kaiserlichen und dem neuen republikanischen Deutschland zu unterscheiden, hoffte, das Letztere besänftigen und vom Revisionismus in Richtung kooperative Freundschaft und kollektives Handeln hinweglotsen zu können. Der Rechten anderseits erschien es unmöglich, ein Deutschland von einem anderen oder auch nur einen Deutschen von einem anderen zu unterscheiden, und sie hielt sie alle für gleich unfähig, irgendeine andere Politik als diejenige der Gewalt zu verstehen. Dementsprechend forderte die Rechte Gewaltanwendung, um Deutschland zur Erfüllung des Versailler Vertrags zu zwingen, selbst wenn das bedeutete, dass Frankreich alleine handeln müsste.

Die Politik der Rechten war die Politik von Poincaré und Barthou; die Politik der Linken war diejenige Briands. Die Erstere herrschte 1918–1924 und dann wieder kurz 1934–1935; die Letztere herrschte 1924–1929. Die Politik der Rechten schlug 1924 fehl, als Poincarés Ruhrbesetzung, welche die Deutschen zur Zahlung von Reparationen zwingen sollte, beendet wurde. Das zeigte, dass Frankreich auch einem geschwächten Deutschland gegenüber wegen der Opposition Großbritanniens und der Gefahr, sich die Weltmeinung zu entfremden, nicht alleine handeln konnte. Dementsprechend ging Frankreich zur Politik der Linken (1924–1929) über. In diesem Zeitraum, der als «Erfüllungsperiode» bezeichnet wurde, arbeiteten Briand als französischer und Stresemann als deutscher Außenminister freundlich zusammen. Diese Phase endete 1929 nicht so sehr deshalb, wie man gewöhnlich sagt, weil Stresemann starb und Briand sein Amt verlor, sondern weil man zusehends sah, dass die ganze Erfüllungspolitik (1924–1929) auf einem Missverständnis beruhte. Briand folgte einer Politik der Versöhnung gegenüber Deutschland, um Deutschland von jeder Revisionspolitik gegenüber dem Versailler Vertrag abzubringen; Stresemann folgte seiner Erfüllungspolitik gegenüber Frankreich, um Frankreich zu einer Revision des Vertrags zu bewegen. Es war eine Beziehung sich kreuzweise ausschließender Zielsetzungen, denn beim wichtigsten Thema (der Revision von Versailles) stand Briand unbeweglich wie fast alle Franzosen und war Stresemann unversöhnlich wie fast alle Deutschen.

Als Folge des Fehlschlags der Politik der Rechten 1924 und der Politik der Linken 1929 wurde klar, dass Frankreich gegen Deutschland nicht alleine agieren konnte. Es wurde klar, dass Frankreich in seiner Außenpolitik nicht frei war und in seiner Sicherheit von Großbritannien abhängig war. Um diese Unterstützung, die von Großbritannien immer als Köder vorgehalten, aber erst 1939 gewährt wurde, zu erhalten, zwangen die Briten Frankreich dazu, nach 1935 die Politik des Appeasement der britischen Rechten zu übernehmen. Diese Politik zwang Frankreich, jeden Vorteil aufzugeben, den es gegenüber Deutschland hatte: Deutschland wurde die Wiederbewaffnung gestattet (1935); Deutschland wurde die Remilitarisierung des Rheinlands gestattet (1936); Italien wurde entfremdet (1935); Frankreich verlor seine letzte sichere Landgrenze (Spanien 1936–1939); Frankreich verlor alle seine Verbündeten im Osten Deutschlands, inklusive des einen starken (Tschechoslowakei 1938–1939); Frankreich musste die Vereinigung Österreichs mit Deutschland, gegen die es 1931 sein Veto eingelegt hatte, erlauben (März 1938); die Macht und das Prestige des Völkerbundes wurden zerstört und das ganze System kollektiver Sicherheit abgeschafft (1931–1939); die Sowjetunion, die sich 1935 mit Frankreich und der Tschechoslowakei gegen Deutschland verbündet hatte, wurde als Parianation behandelt und ging der antideutschen Koalition verloren (1937-1939). Und als schließlich all das verloren war, zwang die öffentliche Meinung die britische Regierung die Appeasementpolitik der Rechten aufzugeben und zur alten französischen Politik des Widerstands überzugehen. Dieser Wechsel geschah dann bei einem schlechten Thema (Polen 1939), nachdem die Möglichkeiten zu einer Politik des Widerstands durch Großbritannien schon zerstört worden waren und nachdem Frankreich selbst diese Politik fast schon aufgegeben hatte.

In Frankreich ebenso wie in Großbritannien änderten sich die außenpolitischen Ausrichtungen der Rechten und der Linken nach Hitlers Aufstieg zur Macht in Deutschland (1933). Die Linke wurde stärker antideutsch und verabschiedete Briands Versöhnungspolitik, während ein Teil der Rechten aus der Not eine Tugend machen wollte und mit der Idee zu spielen begann, dass, wenn Deutschland nun einmal wieder stark werden würde, eine Lösung des französischen Sicherheitsproblems darin liegen könnte, Deutschland gegen die Sowjetunion zu hetzen. Diese Idee, die auch Anhänger auf der britischen Rechten hatte, war in Frankreich der Rechten angenehmer als der Linken, weil die Rechte sich der sozialen und wirtschaftlichen Bedrohung, die vom Bolschewismus ausging, ebenso sehr bewusst war wie der politischen Bedrohung aus Deutschland. Einige Mitglieder der Rechten gingen sogar so weit, Frankreich als einen Verbündeten Deutschlands in einem Angriff auf die Sowjetunion hinzustellen. Andererseits gab es aber auch nach wie vor viele Leute in der französischen Rechten, die darauf beharrten, dass die Haupt- oder sogar die einzige Bedrohung Frankreichs diejenige einer deutschen Aggression war.

Ebenso wie in Großbritannien gab es in Frankreich eine doppelte Politik, wenn auch hier erst seit 1935. Das war dann noch mehr *der* Versuch, so zu tun, als ob Frankreich eine eigene Politik hätte und nicht nur einer folgte, die in Großbritannien gemacht wurde, als *derjenige*, so zu tun, als ob es weiterhin einer Politik der kollektiven Sicherheit und der Treue zu Frankreichs Alliierten folgte anstatt einer des Appeasement. Während Frankreich weiterhin von seinen internationalen Verpflichtungen sprach, von kollektiver Sicherheit und der Heiligkeit von Verträgen (womit besonders der Versailler gemeint war), war dies weitgehend für die Öffentlichkeit bestimmt. Tatsächlich hatte Frankreich zwischen dem Herbst 1935 und dem Frühling 1940 keine europäische Politik, die von der britischen Appeasementpolitik unabhängig war.

So wurde die französische Außenpolitik in der gesamten Periode von 1919 bis 1939 beherrscht vom Problem der Sicherheit. Man kann diese zwanzig Jahre wie folgt in fünf Unterphasen aufteilen:

1919-1924: die Politik der Rechten,
1924-1929: die Politik der Linken,
1929-1934: Verwirrung und Übergang,
1934-1935: die Politik der Rechten,
1935-1939: zweigleisige Politik des Appeasement.

Der Völkerbund und die Systeme kollektiver Sicherheit

Das französische Gefühl eines Mangels an Sicherheit war 1919 so bestimmend, dass die Franzosen ganz dazu bereit waren, die Souveränität des französischen Staates und seine Aktionsfreiheit für einen Völkerbund mit den Attributen einer Weltregierung zum Opfer zu bringen. Beim ersten Treffen des Völkerbundkomitees auf der Pariser Friedenskonferenz 1919 versuchten die Franzosen dementsprechend, eine Organisation mit eigener Armee, einem eigenen Generalstab und einer Vollmacht zu Polizeiaktionen gegen Aggressoren ohne ausdrückliche Genehmigung der Mitgliedstaaten durchzusetzen. Die Angloamerikaner waren entsetzt über etwas, was sie als unentschuldbares Beispiel von «Machtpolitik und Militarismus» hinstellten. Sie setzten sich kurz entschlossen über die Franzosen hinweg und setzten ihren eigenen Entwurf auf, in dem es keine Aufgabe staatlicher Souveränität gab und in dem die neue Weltorganisation keine eigene Macht besaß und keine Möglichkeit, ohne die Zustimmung ihrer Mitglieder zu handeln. Krieg wurde in diesem Entwurf nicht für ungesetzlich erklärt, sondern nur gewissen prozeduralen Verzögerungen unterworfen, und ebenso wenig wurden bestimmte friedliche Schiedsverfahren für internationale Streitfragen für mandatorisch erklärt, sondern waren nur für diejenigen vorgesehen, die sie in Anspruch zu nehmen wünschten. Es waren keine substantiellen politischen Sanktionen vorgesehen, die Staaten dazu hätten zwingen können, friedliche Verfahrensweisen einzuhalten oder auch nur die verzögernden Verfahrensweisen des Völkerbunds selbst in Anspruch zu nehmen. Mitgliedstaaten sollten Aggressoren, welche die Verzögerungsprozeduren verletzten mit wirtschaftlichen Sanktionen belegen, aber es gab keine militärischen Sanktionen außer solchen, die ein Mitgliedstaat aus eigener Erwägung heraus vollzog. Der Völkerbund war auf diese Art sehr weit davon entfernt, eine Weltregierung zu sein, auch wenn sowohl seine Freunde als auch seine Feinde aus gegensätzlichen Gründen heraus vorgeben wollten, dass er mächtiger und wichtiger sei, als er tatsächlich war. Die Satzung und besonders ihre kritischen Artikel 10–16 war von einem sehr fähigen britischen Rechtsanwalt, Cecil Hurst, geschrieben worden, der darin, verborgen unter Massen von pathetischem Wortgeklingel, Schlupflöcher einbaute, die bewirkten, dass letztlich keines Staates Handlungsfreiheit durch das Dokument eingeschränkt wurde. Die Politiker wussten das, auch wenn es nicht weit herum öffentlich ausgebreitet wurde, und das führte dazu, dass von Beginn an jene Staaten, die eine wirkliche internationale Organisation wollten, darauf hinarbeiteten, die in der Satzung enthaltenen «Schlupflöcher zu stopfen». Jede wirkliche internationale politische Organisation hätte drei Dinge gebraucht: 1) friedliche Verfahrensweisen zur Regelung aller Konflikte; 2) die Ächtung aller nichtfriedlichen Verfahrensweisen zu diesem Zweck und 3) effektive militärische Sanktionen, um die Anwendung der friedlichen Verfahrensweisen zu erzwingen und die der kriegsartigen zu verhindern.

Der Völkerbund bestand aus drei Teilen: 1) der Versammlung aller Mitglieder, die gewöhnlich im September jedes Jahres stattfand; 2) dem Rat, bestehend aus den Großmächten, die ständige Sitze hatten, und einer Reihe geringerer Mächte, die für jeweils drei Jahre gewählt wurden, und 3) dem Sekretariat, das aus einer internationalen Bürokratie bestand, die sich allen Arten internationaler Kooperation widmete und deren Hauptquartier in Genf lag. Die Versammlung erwies sich trotz ihrer großen Mitgliederzahlen und ihrer seltenen Zusammenkünfte als eine lebhafte und wertvolle Institution, die viele fleißige und findige Mitglieder gerade unter den Mächten zweiter Größenordnung, wie Spanien, Griechenland und der Tschechoslowakei, hatte. Der Rat war weniger effektiv. Er wurde von den Großmächten dominiert und verbrachte einen großen Teil seiner Zeit damit, jegliches Handeln zu unterbinden, ohne das zu offensichtlich werden zu lassen. Ursprünglich bestand er aus vier ständigen und vier nichtständigen Mitgliedern, wobei die Ersteren Großbritannien, Frankreich, Italien und Japan waren. Deutschland kam 1926 dazu; Japan und Deutschland zogen sich 1933 zurück; die Sowjetunion wurde 1934 zugelassen, aber 1939 nach ihrem Angriff auf Finnland wieder ausgeschlossen. Da die Zahl der nichtständigen Mitglieder inzwischen erhöht worden war, endete der Rat 1940 mit zwei ständigen und elf nichtständigen Mitgliedern.

Das Sekretariat wurde langsam aufgebaut und bestand 1938 aus mehr als achthundert Personen aus zweiundfünfzig Ländern. Die meisten davon neigten idealistisch den Prinzipien internationaler Zusammenarbeit zu und zeigten während der kurzen Existenz des Völkerbunds beträchtliche Fähigkeiten und eine erstaunliche Loyalität. Sie befassten sich mit jeglicher Art internationaler Aktivität inklusive Abrüstung, Kinderfürsorge, Erziehung, Drogenhandel, Sklaverei, Flüchtlingsfragen, Minderheiten, der Kodifizierung internationalen Rechts, dem Schutz wilder Tiere und der Natur, kultureller Zusammenarbeit und vielem anderem.

Dem Völkerbund beigeordnet waren eine Reihe abhängiger Organisationen. Zwei davon, der Ständige Gerichtshof für Internationales Recht und die Internationale Arbeitsorganisation, waren halb autonom. Andere waren die *wirtschaftliche und finanzielle Organisation*, die *Organisation für Kommunikation und Transitverkehr*, die *Internationale Gesundheitsorganisation* mit Sitz in Paris und die *Organisation für intellektuelle Zusammenarbeit* mit Zweigen in Paris, Genf und Rom.

Besonders Frankreich und die Tschechoslowakei unternahmen vielfältige Versuche, die Lücken in der Satzung zu schließen. Die wichtigsten davon waren der *Entwurf eines Vertrags für gegenseitige Hilfeleistung* (1923), das Genfer Protokoll (1924) und der Locarnopakt (1925). Der vorläufige Vertrag verpflichtete seine Unterzeichner, Angriffskriege als internationales Verbrechen zu ächten, und jedem Unterzeichner, der vom Völkerbundsrat als Opfer einer Aggression festgestellt wurde, militärisch zu Hilfe zu kommen. Das Projekt wurde 1924 von der britischen Labourregierung durch ein Veto zu Fall gebracht, mit der Begründung, dass das Abkommen die Lasten des britischen Empire erhöhen würde, ohne ihm zusätzlich Sicherheit zu verschaffen. Die Versammlung formulierte sofort ein besseres Abkommen, das als Genfer Protokoll bekannt wurde. Das versuchte alle Lücken in der Satzung zu schließen. Es verpflichtete seine Signatare zur Regelung internationaler Dispute durch Methoden, die im Vertrag beschrieben wurden, definierte jeden Staat als Aggressor, der diese friedlichen Methoden der Konfliktlösung nicht anzuwenden bereit war, verpflichtete seine Mitglieder zu militärischen Sanktionen gegen jeden solchen Aggressor und beendete die Macht des «Vetos» im Rat, indem es bestimmte, dass für die notwendige Einstimmigkeit im Rat die Stimmen der betroffenen Staaten nicht mitgezählt werden sollten. Diese Vereinbarung wurde durch die Einwände einer neu installierten konservativen Regierung in London zerstört. Die britische Hauptopposition gegen das Protokoll kam von den Dominions, und zwar besonders von Kanada, das fürchtete, dass das Abkommen es irgendwann einmal zwingen könnte, die Vereinigten Staaten mit Sanktionen zu belegen. Das war aber eigentlich nur eine sehr entfernte Möglichkeit, wenn man die Tatsache betrachtet, dass das britische Commonwealth im Allgemeinen zwei Sitze im Rat hatte und dass davon immer eine hätte benutzt werden können, um ein Handeln zu verhindern, selbst wenn die andere als Stimme einer beteiligten Partei für unwirksam erklärt würde.

Die Tatsache, dass sowohl der vorläufige Vertrag als auch das Genfer Protokoll durch Großbritannien zu Fall gebracht worden waren, führte auf der ganzen Welt zu einer gegen dieses feindseligen öffentlichen Meinung. Um dem zu begegnen, entwickelte Großbritannien eine komplizierte Alternative, die als Verträge von Locarnobekannt wurde. Entworfen von den gleichen Londoner Kreisen, die Frankreich entgegenarbeiteten, Deutschland unterstützten und den Völkerbund sabotierten, war der Locarnopakt das Resultat einer komplexen internationalen Intrige, bei welcher General Smuts eine Hauptrolle spielte. Oberflächlich betrachtet schienen die Abkommen der Verträge von Locarno die Rheingrenze zu garantieren, friedliche Verfahrensweisen für alle Konflikte zwischen Deutschland und seinen Nachbarn vorzuschreiben, und Deutschland auf einer Basis der Gleichheit mit den Großmächten in den Völkerbund aufzunehmen. Das Paktsystem bestand aus neun Dokumenten, wovon vier Schiedsgerichtsverträge zwischen Deutschland und seinen Nachbarn (Belgien, Frankreich, Polen und der Tschechoslowakei) waren; zwei waren Verträge Frankreichs mit seinen Verbündeten im Osten (Polen und der Tschechoslowakei); das siebte war eine Erklärung, die Deutschland davon ausschloss, der Sanktionsklausel der Verträge gegen eine Aggressornation beitreten zu müssen, da Deutschland, das im Versailler Vertrag abgerüstet worden war, nicht die gleichen Verpflichtungen auf sich nehmen könnte wie andere Mitgliedstaaten; das achte Dokument war eine allgemeine Einleitung in das Paktsystem, und das neunte war der «Rheinpakt», das eigentliche Herzstück der Vereinbarungen. Dieser «Rheinpakt» garantierte die Grenze zwischen Deutschland und Belgien/Frankreich gegen einen Angriff von einer der beiden Seiten. Die Garantie wurde von den drei beteiligten Staaten sowie von Großbritannien und Italien unterzeichnet und schloss auch die Entmilitarisierung des Rheinlands, die 1919 festgelegt worden war, mit ein. Das bedeutete, dass eine Verletzung der Grenze oder der entmilitarisierten Zone durch einen der drei Grenzstaaten die vier anderen Mächte gegen den Verletzer auftreten lassen würde.

Das Locarnopakt-System war von Großbritannien so angelegt, dass es Frankreich die Sicherheit gegen Deutschland am Rhein geben sollte, welche Frankreich so dringend verlangte, und gleichzeitig (da ja nach beiden Richtungen Garantien gegeben wurden) Frankreich daran hindern sollte, jemals wieder das Ruhrgebiet oder einen anderen Teil Deutschlands zu besetzen, wie es ja gegen den erbitterten Widerstand Großbritanniens 1923–1924 geschehen war. Indem es sich darüber hinaus weigerte, Deutschlands östliche Grenzen mit Polen und der Tschechoslowakei zu garantieren, etablierte Großbritannien jene Unterscheidung zwischen dem Frieden im Westen und dem Frieden im Osten, auf der es seit 1919 bestanden hatte, als Rechtsprinzip. Das war eine große Schwächung für Frankreichs Allianzen mit Polen und der Tschechoslowakei, indem es für Frankreich fast unmöglich wurde, ohne die Zustimmung Großbritanniens seine Bündnisse mit diesen Ländern zu erfüllen oder Druck auf Deutschland im Westen auszuüben, falls Deutschland Druck auf diese östlichen Verbündeten Frankreichs auszuüben begann. So wurde der Locarnopakt zwar zu seiner Zeit der englischsprachigen Welt als ein sensationeller Beitrag zu Frieden und Stabilität in Europa präsentiert, bildete aber tatsächlich den Hintergrund für die Ereignisse von 1938, als in München die Tschechoslowakei zerschlagen wurde. Der einzige Grund, aus dem Frankreich den Locarnopakt überhaupt akzeptierte, war die ausdrückliche Garantie der Demilitarisierung des Rheinlands. Solange das Bestand hatte, hielt Frankreich eine Art Veto über jede Bewegung Deutschlands nach Westen oder Osten in der Hand, weil die wichtigsten deutschen Industriegebiete an der Ruhr schutzlos blieben. Unglücklicherweise war es dann aber, wie wir schon angedeutet haben, so, dass im März 1936, als die Locarno-Garantien hätten wirksam werden müssen, Großbritannien den Vertrag nicht erfüllte. Das Rheinland wurde remilitarisiert und Deutschland stand der Weg nach Osten offen.

Die Verträge von Locarno wirkten in Osteuropa alarmierend, besonders in Polen und Russland. Polen protestierte sehr heftig, veröffentlichte eine lange juristische Begründung der eigenen Grenzen, schickte seinen Außenminister fest nach Paris und schloss drei Verträge mit der Tschechoslowakei ab (eine Beendigung des Konflikts über Teschen, ein Handelsvertrag und eine Konvention über Schiedsgerichtsverfahren). Polen war alarmiert durch die Weigerung, seine Grenzen zu garantieren, durch die Schwächung seines Bündnisses mit Frankreich und durch den besonderen Status, der Deutschland im Völkerbund und im Völkerbundsrat gewährt wurde (Deutschland konnte zum Beispiel den Beschluss von Sanktionen gegen Russland verhindern, falls Russland Polen angriff). Um es wieder zu besänftigen, wurde ein spezieller Handel mit Polen abgeschlossen, wonach dieses Land für die nächsten zwölf Jahre (1926–1938) ebenfalls einen Sitz im Völkerbundsrat erhielt.

Das Locarnopakt-System und die Zulassung Deutschlands zum Völkerbund alarmierten auch die Sowjetunion. Dieses Land hatte seit 1917 ein Gefühl von Unsicherheit und Isolierung, das zu manchen Zeiten die Dimensionen einer Manie erreichte. Dafür gab es eine gewisse Berechtigung. Die Sowjetunion war Angriffen von Propaganda, von diplomatischen, wirtschaftlichen und sogar militärischen Handlungen ausgesetzt und hatte jahrelang um ihr Überleben kämpfen müssen. Ende 1921 hatten sich die meisten Invasionsarmeen zurückgezogen (mit Ausnahme der Japaner), aber Russland blieb weiterhin in seiner Isolierung und mit der Furcht vor einer weltweiten antibolschewistischen Allianz zurück. Deutschland befand sich in einer ähnlichen Isolierung. Die beiden ausgestoßenen Mächte drifteten aufeinander zu und besiegelten ihre Freundschaft mit einem Vertrag, der im April 1922 in Rapallo abgeschlossen wurde. Diese Vereinbarung versetzte Westeuropa in großen Alarm, weil eine Verbindung deutscher Technologie und Organisationsfähigkeit mit sowjetischen Menschenmassen und Rohstoffen es unmöglich gemacht hätte, den Versailler Vertrag durchzusetzen und einen großen Teil Europas oder sogar die Welt insgesamt der Gefahr eines Triumphs des Bolschewismus hätte ausliefern können. Diese Verbindung zwischen Deutschland und Sowjetrussland blieb für den größten Teil Westeuropas der Hauptalptraum der Jahre 1919–1939. Zu diesem späten Zeitpunkt wurde diese Verbindung durch die Handlungen dieser selben Westmächte zur Wirklichkeit.

Um die russische Aufregung über Locarno zu besänftigen, schloss Stresemann einen Handelsvertrag mit Russland ab, versprach, dass Deutschland im Völkerbund eine besondere Position einnehmen werde, um jeden Durchzug von Truppen für Sanktionen des Völkerbunds gegen Russland zu blockieren, und schloss einen Nichtangriffspakt mit der Sowjetunion ab (April 1926). Die Sowjetunion wiederum schloss als Folge von Locarno einen Vertrag über Freundschaft und Neutralität mit der Türkei ab, durch den diese praktisch gehindert wurde, dem Völkerbund beizutreten.

Der «Geist von Locarno», wie er genannt wurde, führte mindestens in den westlichen Ländern zu einem Gefühl des Optimismus. In dieser günstigen Atmosphäre schlug am zehnten Jahrestag des amerikanischen Eintritts in den Weltkrieg der französische Außenminister Briand vor, dass die Vereinigten Staaten und Frankreich den Krieg als Mittel der Politik zwischen den beiden Ländern widerrufen sollten. Das wurde von dem amerikanischen Außenminister Frank B. Kellogg in eine multilaterale Vereinbarung erweitert, nach der alle Länder «die Anwendung von Krieg als Mittel nationaler Politik widerrufen» konnten. Frankreich stimmte dieser Erweiterung erst nach der einschränkenden Erklärung zu, dass das Recht auf Selbstverteidigung und Verpflichtungen aus früheren Vereinbarungen dadurch nicht berührt würden. Die britische Regierung nahm bestimmte Gebiete besonders im Nahen Osten von der Erklärung aus. Sie wollte dort weiterhin die Möglichkeit haben, Kriege zu führen, die man im strengen Sinne nicht als Selbstverteidigung hätte bezeichnen können. Auch die Vereinigten Staaten machten eine Einschränkung, die ihr Recht betraf, im Rahmen der Monroe-Doktrin Krieg zu führen. Keine dieser Einschränkungen gehörte zum Text des Kellogg-Briand-Paktes und die britische Einschränkung wurde von Kanada, Irland, Russland,

Ägypten und Persien zurückgewiesen. Das Nettoresultat des Ganzen war es, dass nur der Angriffskrieg zurückgewiesen wurde.

Der Kellogg-Briand-Pakt (1928) war ein schwaches und ziemlich heuchlerisches Dokument und bedeutete einen weiteren Schritt in Richtung einer Zerstörung des Völkerrechts, wie es um 1900 existiert hatte. Wir haben gesehen, dass der Erste Weltkrieg viel dazu beitrug, die juristischen Unterscheidungen zwischen Kriegführenden und Neutralen und zwischen Kombattanten und Nichtkombattanten zu verwischen. Der Kellogg-Briand-Pakt wiederum war einer der ersten Schritte in Richtung einer Zerstörung der juristischen Unterscheidung zwischen Krieg und Frieden, da die Mächte, die den Krieg widerrufen hatten, ihre Kriege nun begannen, ohne sie zu erklären, wie im Falle Japans in China 1937, Italiens in Spanien 1936–1939 und vor allem in Korea 1950.

Der Kellog-Briand-Pakt wurde von fünfzehn dazu eingeladenen Nationen unterzeichnet, während achtundvierzig Nationen eingeladen wurden, sich seinen Prinzipien anzuschließen. Letzten Endes unterzeichneten vierundsechzig Nationen (alle, die eingeladen waren, außer Argentinien und Brasilien) den Pakt. Die Sowjetunion war nicht zur Unterzeichnung geladen, sondern nur dazu, den Prinzipien zu folgen. Sie war jedoch so enthusiastisch über den Pakt, dass sie das erste Land aus einer der beiden Gruppen war, die ihn ratifizierte. Als mehrere Monate vergingen ohne eine Ratifikation durch eine der ursprünglichen Signatarnationen, versuchte sie sogar, die Bestimmungen des Pakts durch ein Separatabkommen in Osteuropa in Kraft zu setzen. Dieses Abkommen war nach dem sowjetischen Außenminister als Litwinow-Protokoll bekannt und wurde von neun Ländern (Russland, Polen, Lettland, Estland, Rumänien, Litauen, Türkei, Danzig und Persien, aber nicht Finnland, das sich weigerte) unterzeichnet, obwohl Polen keine diplomatischen Beziehungen mit Litauen und die Sowjetunion keine mit Rumänien hatte.

Das Litwinow-Protokoll war ein erstes konkretes Indiz einer Änderung der sowjetischen Außenpolitik, die sich 1927–1928 vollzog. Davor hatte sich Russland geweigert, mit irgendeinem System kollektiver Sicherheit oder kollektiver Abrüstung zu kooperieren, weil das nur «kapitalistische Tricks» seien. Es hatte die auswärtigen Beziehungen als eine Art Dschungelkampf verstanden und seine eigene Außenpolitik im Wesentlichen an Bemühungen ausgerichtet, innere Unruhen und Revolutionen in anderen Ländern der Welt zu schüren. Das beruhte auf dem Glauben, dass diese Länder ständig miteinander konspirierten, um die Sowjetunion anzugreifen. Den Russen erschien die Anfachung der internen Revolution in diesen Ländern eine Art Selbstverteidigung, während diese Länder ihre Animositäten gegen die Sowjetunion für eine Verteidigungsstrategie gegen die sowjetischen Pläne für eine Weltrevolution hielten. 1927 gab es eine Verschiebung in der sowjetischen Politik: die «Weltrevolution» wurde jetzt ersetzt durch eine Politik des «Kommunismus in einem Land» und eine wachsende Unterstützung für Systeme kollektiver Sicherheit. Diese neue Politik wurde über mehr als ein Jahrzehnt hinweg verfolgt und beruhte auf dem Glauben, dass der Kommunismus in einem Land am besten durch ein System kollektiver Sicherheit geschützt werden konnte. Die Bedeutung dieses letzten Punktes wurde nach Hitlers Machtantritt in Deutschland 1933 noch weiter akzentuiert und erreichte ihren Höhepunkt in der «Volksfront»-Bewegung von 1935 bis 1937.

Der Kellogg-Pakt führte zu weiteren Bemühungen um die Etablierung friedlicher Verfahrensweisen für die Regelung internationaler Konflikte. Ein *«Allgemeines Gesetz für die friedliche Regelung internationaler Konflikte»* wurde von dreiundzwanzig Staaten angenommen und trat im August 1929 in Kraft. Ungefähr hundert bilaterale Vereinbarungen für denselben Zweck wurden in den fünf Jahren 1924–1929 unterzeichnet. Verglichen dazu waren es in den fünf Jahren 1919–1924 etwa ein Dutzend gewesen. 1927 begann man mit einer Kodifizierung des Völkerrechts und fuhr damit mehrere Jahre lang fort, aber mangels Ratifizierungen trat nichts davon jemals in Kraft.

Die Ächtung des Krieges und die Etablierung friedlicher Verfahrensweisen zur Konfliktregelung blieben so lange relativ bedeutungslos, als keine Sanktionen vereinbart wurden, um die Anwendung dieser friedlichen Verfahren zu erzwingen. Anstrengungen in dieser Richtung wurden durch das britische Zögern, sich zur Gewaltanwendung gegen irgendein unspezifiziertes Land zu irgendeiner unbestimmten Zeit zu verpflichten oder die Errichtung einer internationalen Polizeieinheit für diesen Zweck zu erlauben, verunmöglicht. Sogar ein ganz bescheidener Schritt in diese Richtung in Form eines von Finnland eingebrachten internationalen Abkommens, das für jeden Staat, der Opfer einer Aggression wurde, finanzielle Unterstützung vorsah, wurde durch einen von Großbritannien eingebrachten Zusatzartikel zerstört. Danach sollte das Abkommen erst in Kraft treten, wenn eine allgemeine Abrüstungsvereinbarung zustande gekommen wäre. Diese Zurückhaltung, Sanktionen gegen Aggressoren zu verwenden, rückte im Herbst 1931 in den Vordergrund, als Japan die Mandschurei angriff. Als Folge davon war die Versailler Friedensordnung, die zwölf Jahre lang durch so viele gut gemeinte, wenn auch oft missgeleiteten Bemühungen ausgeweitet worden war, einem Desintegrationsprozess ausgesetzt, der sie in acht Jahren (1931–1939) vollständig zerstörte.

Die Regelung der Reparationen (1919–1932)

Kein Thema beanspruchte im Jahrzehnt nach dem Krieg einen größeren Teil der Energien der Staatsmänner als die Reparationsregelungen. Deshalb und weil die Reparationsfrage einen so großen Einfluss auf andere Politikfelder hatte (wie finanzielle und wirtschaftliche Erholung und internationale Freundschaften), muss die Geschichte der Reparationen einen gewissen Teil unserer Aufmerksamkeit beanspruchen. Man kann diese Geschichte in sechs Stadien unterteilen:

1. die vorläufigen Zahlungen, 1919–1921,
2. den Londoner Tilgungsplan, Mai 1921 bis September 1924,
3. den Dawes-Plan, September 1924 bis Januar 1930,
4. den Young-Plan, Januar 1930 bis Juni 1931,
5. das Hoover-Moratorium, Juni 1931 bis Juli 1932,
6. die Lausanner Vereinbarung, Juli 1932.

Die vorläufigen Zahlungen sollten bis zum Mai 1921 insgesamt 20 Milliarden Mark betragen. Die Mächte der Entente behaupteten zwar zunächst, dass nur etwa 8 Milliarden davon bezahlt worden seien, und schickten Deutschland mehrere Forderungen und Ultimaten in Bezug auf diese Zahlungen und drohten im März 1921 sogar mit der Besetzung der Ruhr, um die Zahlungen zu erzwingen, ließen das aber wieder fallen, als im Mai den Deutschen die Rechnung für die gesamten Reparationen in Höhe von 132 Milliarden Mark präsentiert wurde. Unter dem Zwang eines neuen Ultimatums akzeptierte Deutschland diese Rechnung und gab den Siegermächten Schuldverschreibungen über diese Summe. Davon wurden 82 Mrd. beiseite geschoben und vergessen. Für die restlichen 50 Mrd. sollte Deutschland pro Jahr 2,5 Mrd. an Zinsen und 0,5 Mrd. an Tilgung bezahlen.

Deutschland konnte diese Verbindlichkeiten nur bezahlen, wenn zwei Voraussetzungen gegeben waren: a) wenn es Haushaltsüberschüsse hatte, und b) wenn es mehr exportierte, als importierte (das heißt, wenn es eine positive Handelsbilanz hatte). Mit der ersten Voraussetzung würde sich in den Händen der deutschen Regierung deutsche Währung in einer Höhe ansammeln, die über ihre Ausgaben hinausgehen würde; mit der zweiten Voraussetzung würde Deutschland von außerhalb einen Überschuss an Devisen (sei es in Gold oder in Fremdwährung) als Zahlung für den Überschuss seiner Exporte über die Importe einnehmen. Indem sie ihren Haushaltsüberschuss in Mark gegen die Devisenüberschüsse, die von ihren Bürgern erwirtschaftet wurden, eintauschte, würde die deutsche Regierung diese Devisenüberschüsse an sich ziehen und ihren Gläubigern als Reparationen zahlen können. Da in der Periode von 1921 bis 1931 im Allgemeinen keine dieser Voraussetzungen gegeben war, konnte Deutschland in Wirklichkeit keine Reparationen zahlen.

Die Unfähigkeit, Haushaltsüberschüsse zu erzielen, lag allein in Verantwortung der deutschen Regierung, die sich weigerte, ihre eigenen Ausgaben oder den Lebensstandard des eigenen Volkes zu senken oder es hart genug zu besteuern, um einen solchen Überschuss zu erzielen. Die Unfähigkeit, eine günstige Handelsbilanz zu erreichen, lag sowohl in der Verantwortung der Deutschen als auch bei ihren Gläubigern. Die Deutschen unternahmen geringe oder keine Anstrengungen, ihre Verkäufe aus dem Ausland herunterzuschrauben (und damit ihren eigenen Lebensstandard herabzusetzen), während die ausländischen Gläubiger sich weigerten, einen freien Fluss deutscher Waren in ihre eigenen Länder zuzulassen. Sie bemühten das Argument, dass dann ihre einheimischen Märkte für einheimisch produzierte Güter kaputtgehen würden. Man kann also sagen, dass die Deutschen unwillig waren, Reparationen zu bezahlen, während die Gläubiger unwillig waren, Zahlungen in jener einzigen Form zu akzeptieren, in der Zahlungen ehrlicherweise geleistet werden konnten, nämlich indem sie deutsche Güter und Dienstleistungen einkauften.

Unter diesen Voraussetzungen ist es kaum verwunderlich, dass der Londoner Plan für die Reparationszahlungen niemals erfüllt wurde. Dieser Fehlschlag wurde von Großbritannien als Beweis für Deutschlands Zahlungsunfähigkeit betrachtet, von Frankreich dagegen als Beweis für Deutschlands Zahlungsunwilligkeit. Beides stimmte, aber die Angloamerikaner, die Frankreich nicht erlaubten, mit jener Härte aufzutreten, die nötig gewesen wäre, um Deutschlands Zahlungsunwilligkeit zu brechen, weigerten sich gleichzeitig, deutsche Güter in jener Höhe aufzunehmen, die nötig gewesen wäre, um seine Zahlungsunfähigkeit zu beseitigen. Zum Beispiel belegte Großbritannien schon 1921 alle Importe aus Deutschland mit einer Steuer von 26%. Dass Deutschland fähig gewesen wäre, Zahlungen in Form von Waren und Dienstleistungen zu erbringen, mag man daraus ersehen, dass das reale Pro-Kopf-Einkommen des deutschen Volkes in der Mitte der zwanziger Jahre um etwa ein Sechstel höher war als in dem sehr prosperierenden Jahr 1913.

Anstatt die Steuern zu erhöhen und sich zurückzuhalten, fuhr die deutsche Regierung Jahr für Jahr fort, Haushalte vorzulegen, die nicht ausgeglichen waren, und kompensierte die Defizite durch Anleihen bei der Reichsbank. Das Ergebnis war eine akute Inflation. Diese Inflation wurde den Deutschen nicht durch die Notwendigkeit, Reparationen zu bezahlen (wie sie selbst damals behaupteten), aufgezwungen, sondern durch die Art, in der sie die Reparationen bezahlten (oder eigentlich, in der sie es vermieden, Reparationen zu bezahlen). Die Inflation schädigte die einflussreichen Gruppen in der deutschen Gesellschaft nicht, war aber im Allgemeinen katastrophal für die Mittelklasse und gab damit den extremistischen Elementen Auftrieb. Jene Gruppen, deren Eigentum in realen Reichtümern bestand, entweder in Form von Grundbesitz oder Betriebseigentum, profitierten von der Inflation, die den Wert ihres Eigentums erhöhte und ihre Schulden (die hauptsächlich die Form von Hypotheken und Industrieanleihen hatten) annullierte. Die Deutsche Mark, die ursprünglich einen Wert von etwa 20:1 zum britischen Pfund gehabt hatte, fiel auf 305:1 zum Pfund im August 1921 und auf 1020:1 im November 1921. Von da aus fiel sie auf 80.000:1 zum Pfund im Januar 1923, auf 20 Millionen : 1 im August 1923 und auf 20 Milliarden : 1 im Dezember 1923.

Im Juli 1922 bat Deutschland um ein Moratorium auf alle Barzahlungen von Reparationen für die nächsten dreißig Monate. Während die Briten bereit waren, dem wenigstens teilweise stattzugeben, wies Frankreich unter Poincaré darauf hin, dass die Deutschen noch keine wirklichen Zahlungsanstrengungen unternommen hätten und dass für Frankreich das Moratorium nur akzeptabel wäre, wenn es von «produktiven Garantien» begleitet wäre. Damit war gemeint, dass sich die Gläubiger in den Besitz verschiedener Wälder, Minen und Fabriken im Westen Deutschlands und in den der deutschen Zolleinnahmen bringen sollten, um dadurch Einnahmen zu erzielen, die als Reparationen dienen könnten. Am 9. Januar 1923 beschloss die Reparationskommission mit 3:1 Stimmen (Großbritannien stand hier gegen Frankreich, Belgien und Italien), dass Deutschland mit seinen Zahlungen in Verzug sei. Bewaffnete Truppen der drei Länder begannen zwei Tage später mit der Besetzung des Ruhrgebietes. Großbritannien brandmarkte dieses Vorgehen als illegal, obwohl es selbst 1921 aus geringfügigeren Gründen mit demselben Mittel gedroht hatte. Deutschland rief in dem betroffenen Gebiet einen Generalstreik aus, stellte alle Reparationszahlungen ein und schlug eine Politik des passiven Widerstands ein, wobei die Regierung die Streikenden unterstützte, indem sie mehr Papiergeld drucken ließ.

Das besetzte Gebiet war nur 60 Meilen lang und 30 Meilen breit, aber darin lebten 10% der deutschen Bevölkerung und darin wurden 80% von Deutschlands Kohle, Eisen und Stahl produziert und 70% seines Frachtverkehrs abgewickelt. Sein Eisenbahnnetz, das von 170.000 Personen betrieben wurde, war das dichteste der ganzen Welt. Die Besatzungstruppen versuchten dieses Netz mit nur 12.500 Soldaten und 1.380 deutschen Kollaborateuren in Gang zu halten. Die nicht zur Mitarbeit bereiten Deutschen versuchten das zu verhindern und schreckten auch nicht davor zurück, zu diesem Zweck Menschen zu töten. Unter diesen Bedingungen war es ein Wunder, dass der Produktionsausstoß des Gebietes bis Ende 1923 immerhin ein Drittel seiner Kapazität erreichte. Deutsche Vergeltungsmaßnahmen und alliierte Gegenschläge führten zu etwa 400 Toten und 2.100 Verwundeten – wobei den Großteil davon (300 beziehungsweise 2.000) Deutsche Deutschen zugefügt hatten. Außerdem wurden fast 150.000 Deutsche aus dem Gebiet deportiert.

Der deutsche Widerstand in der Ruhr bedeutete sowohl wirtschaftlich als auch finanziell für Deutschland eine große Belastung, und er war eine ebenso große psychologische Belastung für Franzosen und Belgier. Während einerseits die Deutsche Mark ruiniert wurde, erhielten die Besatzungsmächte doch nicht die Reparationen, die sie verlangten. Das führte schließlich zu einem Kompromiss, bei dem Deutschland den Dawes-Plan für die Reparationen akzeptierte und die Ruhr wieder evakuiert wurde. Die einzigen Sieger der Auseinandersetzung waren die Briten, die gezeigt hatten, dass die Franzosen ohne britische Zustimmung nicht erfolgreich Gewalt einsetzen konnten.

Der Dawes-Plan war im Wesentlichen ein J.P.-Morgan-Erzeugnis. Er wurde von einem internationalen Komitee von Finanzexperten entworfen, dessen Vorsitz der amerikanische Banker Charles G. Dawes hatte. Er beschäftigte sich nur mit Deutschlands Zahlungsfähigkeit und entschied, dass diese nach einer vierjährigen Periode des Wiederaufbaus 2,5 Milliarden Mark pro Jahr erreichen sollte. Während der ersten vier Jahre würde Deutschland eine Anleihe von 800 Millionen Dollar erhalten und insgesamt nur 5,17 Milliarden Mark Reparationen zahlen. Dieser Plan setzte die deutschen Reparationsverpflichtungen, die 1921 festgelegt worden waren, nicht außer Kraft. Die Differenz zwischen den Dawes-Zahlungen und den Zahlungen, die in London festgesetzt worden waren, wurde der totalen Reparationssumme zugeschlagen. Auf diese Weise zahlte Deutschland fünf Jahre unter dem Dawes-Plan Reparationen (1924–1929) und schuldete am Ende dieser Periode mehr als am Anfang.

Der Dawes-Plan bestimmte auch Garantien für die Reparationszahlungen, indem verschiedene Einkommensquellen innerhalb Deutschlands dazu bestimmt wurden, dafür zur Verfügung zu stehen. Die Verantwortung dafür, dass die Summen daraus von Mark in Fremdwährung getauscht wurden, wurde der deutschen Regierung genommen und einem Generalagenten für Reparationszahlungen übertragen, der in Deutschland Zahlungen in Mark erhielt. Diese Mark wurden nur dann in Fremdwährung umgetauscht, wenn es auf dem deutschen Devisenmarkt ein ausreichendes Angebot an solcher Fremdwährung gab. Das bedeutete, dass der Wert der Mark auf dem Devisenmarkt künstlich gestützt wurde, beinahe so, als ob Deutschland Devisenkontrollen eingeführt hätte. Jedes Mal, wenn der Wert der Mark zu fallen drohte, hörte der Generalagent damit auf, Mark zu verkaufen. Das ermöglichte es Deutschland, in eine Periode ungehemmter finanzieller Extravaganzen einzutreten, ohne die Konsequenzen tragen zu müssen, die das in einem System freien internationalen Devisenhandels gehabt hätte. Insbesondere wurde Deutschland fähig, im Ausland weit über die eigenen Zahlungsfähigkeiten hinaus zu leihen, ohne den normalen Wertzerfall der Mark, der solche Anleihen unter normalen Umständen gestoppt hätte. Man erinnere sich daran, dass dieses System von den internationalen Bankern installiert wurde. Das Verleihen anderer Leute Geld an Deutschland war für diese Banker sehr profitabel.

Mithilfe dieser amerikanischen Anleihen wurde die deutsche Industrie in großem Maßstab neu mit den fortgeschrittensten technischen Standards ausgestattet. Fast jede deutsche Stadtverwaltung erhielt ein Postamt, ein Schwimmbad, Sportanlagen oder andere nichtproduktive Ausrüstungen. Mithilfe dieser amerikanischen Anleihen konnte Deutschland seine Industrie neu aufbauen und mit großem Abstand nach unten zur zweitbesten der Welt machen. Es wurde fähig, seinen Wohlstand und seinen Lebensstandard trotz Niederlage und Reparationen aufrecht zu erhalten und Reparationen zu bezahlen, obwohl es weder einen ausgeglichenen Haushalt noch eine günstige Handelsbilanz hatte. Mithilfe dieser Anleihen waren die Gläubiger Deutschlands fähig, ohne Lieferung entsprechender Güter oder Dienstleistungen ihre Kriegsschulden an England und die Vereinigten Staaten zu bezahlen. Devisen gingen als Anleihen an Deutschland, dann als Reparationen weiter an Italien, Belgien, Frankreich und Großbritannien und schließlich als Rückzahlung von Kriegsschulden zurück an die Vereinigten Staaten. Was an dem System nicht stimmte war nur, a) dass es in sich zusammenfallen würde, wenn die Vereinigten Staaten aufhören würden zu leihen und b) dass in der Zwischenzeit die Schulden nur von einem Konto auf ein anderes verschoben wurden, aber niemand der Zahlungsfähigkeit wirklich näher kam.

Die Regelung der Reparationen (1919–1932)

Von 1924 bis 1931 zahlte Deutschland 10,5 Mrd. Mark Reparationen und lieh zugleich 18,6 Mrd. Mark aus dem Ausland. Dadurch wurde nichts wirklich geregelt, aber die internationalen Banker saßen im Himmel unter einem Dauerregen von Honoraren und Kommissionen.

Der Dawes-Plan wurde Anfang 1930 aus einer Reihe von Gründen durch den Young-Plan ersetzt. Es wurde klar, dass der Dawes-Plan nur ein zeitweiliger Notbehelf war, dass Deutschlands Gesamtreparationsverpflichtungen sogar noch anstiegen, obwohl es Milliarden von Mark zahlte, weil die Dawes-Plan-Zahlungen geringer waren als die Zahlungen, die nach dem Londoner Tilgungsplan verlangt worden waren; dass der deutsche Devisenmarkt eingefroren werden musste, damit Deutschland mit den Konsequenzen seiner Leihorgie konfrontiert würde, und dass Deutschland die Standardzahlung von 2,5 Mrd. Mark pro Jahr, die vom fünften Jahr ab dem Dawes-Plan fällig war, «nicht würde zahlen können». Außerdem konnte es sich Frankreich, dass inzwischen, von 1919 bis 1926, gezwungen gewesen war, den Wiederaufbau seiner zerstörten Gebiete zu finanzieren, nicht leisten, eine Generation oder mehr darauf zu warten, dass Deutschland diesen Wiederaufbau durch seine Reparationen zahlen würde. Frankreich hoffte, höhere unmittelbare Einnahmen dadurch zu erzielen, indem ein Teil der deutschen Reparationsverpflichtungen handelbar gemacht wurden. Bis zu diesem Zeitpunkt wurden alle Reparationsschulden von Regierungen gehalten. Indem Schuldverschreibungen (die gedeckt waren durch das deutsche Versprechen, Reparationen zu zahlen) gegen bar an private Investoren verkauft wurden, konnte Frankreich die Schulden, die es für seinen Wiederaufbau hatte machen müssen, verkleinern und konnte zugleich Großbritannien und Deutschland daran hindern, weitere Abstriche bei den Reparationsverpflichtungen durchzusetzen (da Schulden gegenüber Privaten weniger leicht gestrichen werden konnten als Verbindlichkeiten zwischen Regierungen).

Großbritannien, dessen Kriegsschulden in den Vereinigten Staaten 1923 auf 4,6 Mrd. Dollar festgelegt worden waren, war bereit, die deutschen Reparationen bis zu dem Betrag herunterzuschrauben, der notwendig war, um die Zahlungen dieser Kriegsschulden zu begleichen. Frankreich, das Kriegsschulden von 4 Mrd. Dollar und außerdem noch die Kosten für den Wiederaufbau zu tragen hatte, wollte die Kosten des Letzteren handelbar machen, um für seine Weigerung, die Reparationen nicht unter das Total beider Bereiche zusammen absinken zu lassen, die Unterstützung Großbritanniens zu erhalten. Das Problem bestand darin, deutsche und britische Unterstützung für die Handelbarkeit eines Teils der Reparationen zu erlangen. Hier beging Frankreich einen gewaltigen taktischen Fehler: Als Gegenleistung für die Erlaubnis, einen Teil der Reparationszahlungen handelbar zu machen, versprach es, das ganze Rheinland bis 1930 zu räumen – fünf Jahre vor dem im Versailler Vertrag festgelegten Datum.

Dieser Handel war ein Bestandteil des Young-Planes, nach dem Amerikaner Owen D. Young (einem Morgan-Mann) benannt, Vorsitzender des Komitees, das die neuen Vereinbarungen aufsetzte (Februar bis Juni 1929). Zwanzig Regierungen unterschrieben diese Vereinbarungen im Januar 1930. Die Vereinbarung mit Deutschland sah Reparationszahlungen über 59 Jahre hinweg vor. Die Jahresraten dafür sollten von 1,7 Mrd. Mark 1931 bis zu einem Höchstbetrag von 2,4 Mrd. Mark 1966 steigen und dann bis 1988 auf unter 1 Mrd. fallen. Die speziell als Sicherheiten bestimmten Finanzquellen in Deutschland wurden mit Ausnahme von 660 Mio. Mark pro Jahr, die handelbar gemacht werden konnten, abgeschafft; die Stützung der deutschen Währung nach außen wurde beendet. Die Verantwortung dafür, die Reparationen von Mark in Fremdwährung umzutauschen, wurde jetzt wieder Deutschland allein übertragen. Um bei dieser Aufgabe Hilfestellung zu leisten, wurde eine neue Privatbank, die Bank für Internationalen Zahlungsausgleich (BIZ) in Basel, gegründet. Ihre Eigentümer waren die wichtigsten Zentralbanken der Welt, deren jede ein Konto bei ihr hatte. Die Bank für Internationalen Zahlungsausgleich war die «Bank der Zentralbanken» und sollte ermöglichen, internationalen Zahlungsverkehr zu bewerkstelligen, indem einfach in den Büchern der Bank die Summen vom Konto eines Landes zu dem eines anderen umgebucht wurden.

Der Young-Plan, der die abschließende Regelung der Reparationsfragen hätte sein sollen, blieb weniger als 18 Monate in Kraft. Der New Yorker Börsencrash im Oktober 1929 bedeutete das Ende des Jahrzehnts des Wiederaufbaus und eröffnete das Jahrzehnt der Zerstörungskräfte zwischen den zwei Weltkriegen. Dieser Crash beendete die amerikanischen Anleihen für Deutschland und schnitt damit den Zufluss von Devisen ab, der es Deutschland möglich gemacht hatte, es so aussehen zu lassen, als ob es Reparationen zahlen würde. In den sieben Jahren von 1924 bis 1931 stieg die Verschuldung der deutschen Bundesregierung um 6,6 Mrd. Mark, während die Schulden der lokalen Regierungen (Kommunen und Bundesstaaten) um 11,6 Mrd. Mark stiegen. Deutschlands öffentliche und private Netto-Auslandsschulden ohne die Reparationen stiegen in der gleichen Periode um 18,6 Mrd. Mark. Deutschland konnte nur so lange Reparationen zahlen, wie seine Schulden stiegen; denn nur durch immer neue Anleihen konnte die nötige Fremdwährung beschafft werden. Solche Auslandsanleihen entfielen 1930 fast ganz und 1931 hatte in Deutschland eine «Flucht aus der Mark» eingesetzt. Man verkaufte diese Währung für anderes Geld, in das man mehr Vertrauen setzte. Das erzeugte einen starken Druck auf die deutschen Goldreserven. Als die Goldreserven schwanden, musste das Geld- und Kreditvolumen, das auf dieser Reserve errichtet war, herabgesetzt werden, indem die Zinsen erhöht wurden. Wegen der herabgesetzten Geldmenge und der sinkenden Nachfrage fielen die Preise und das machte es den Banken fast unmöglich, Sicherheiten und andere Vermögenswerte zu verkaufen, um die Mittel zu erwirtschaften, mit denen sie die steigende Geldnachfrage hätten befriedigen können.

Das war die Situation, als Deutschland im April 1931 eine Zollunion mit Österreich verkündete. Frankreich protestierte, dass eine solche Union dem Vertrag von Saint-Germain zuwiderlaufe, in dem Österreich zugesagt hatte, seine Unabhängigkeit von Deutschland aufrecht zu erhalten. Der Streit wurde dem Internationalen Gerichtshof unterbreitet, aber in der Zwischenzeit zogen die Franzosen, die alle derartigen Versuche zu einer Union entmutigen wollten, französische Geldmittel sowohl aus Österreich wie auch aus Deutschland ab. Beide Länder waren verwundbar. Am 8. Mai 1931 gab die größte österreichische Bank, die Credit-Anstalt (eine Rothschild-Bank), die durch sehr bedeutende Anteile die Kontrolle über fast 70% der österreichischen Industrie hatte, einen Verlust von 140 Mio. Schilling (ungefähr 20 Mio. Dollar) bekannt. Der wirkliche Verlust lag über einer Milliarde Schilling; die Bank war in Wirklichkeit schon seit Jahren zahlungsunfähig gewesen. Die Rothschilds und die österreichische Regierung gaben der Credit-Anstalt 160 Millionen, um die Verluste zu decken, aber das öffentliche Vertrauen war bereits zerstört. Es begann ein Run auf die Bank. Um die Kunden auszahlen zu können, kündigten die österreichischen Banken alle Summen, die sie in deutschen Banken deponiert hatten. Darauf begannen die deutschen Banken zusammenzubrechen. Diese kündigten alle Gelder, die sie in London deponiert hatten. Die Londoner Banken wankten und Gold floss außer Landes. Am 21. September sah sich England gezwungen, den Goldstandard außer Kraft zu setzen. Im Verlauf dieser Krise verlor die Reichsbank 200 Millionen Mark ihrer Gold- und Devisenreserven in der ersten Juniwoche und ungefähr 1 Milliarde in der zweiten Juniwoche. Der Diskontsatz wurde Schritt um Schritt bis auf 15% angehoben. Es gelang mit diesem Mittel nicht, den Abfluss der Reserven zu verhindern, sondern es wurde im Gegenteil nur das Funktionieren der deutschen Industrie fast völlig verunmöglicht.

Deutschland flehte um einen Nachlass bei seinen Reparationszahlungen, aber seine Gläubiger zögerten zu handeln, bis sie selbst einen vergleichbaren Nachlass auf ihre Zahlungen von Kriegsschulden an die Vereinigten Staaten erhielten. Die Vereinigten Staaten waren verständlicherweise wenig begeistert, das Ende einer Kette von Schuldennachlässen zu werden, und bestanden darauf, dass es keine Verbindung zwischen Kriegsschulden und Reparationen gebe (was stimmte) und dass die europäischen Staaten fähig sein müssten, Kriegsschulden zu bezahlen, wenn sie zugleich Geld für ihre Rüstung übrig hatten (was nicht stimmte). Finanzminister Mellon, der gerade in Europa war, berichtete an Präsident Hoover, dass ohne sofortige Entlastung bei den Staatsschulden Deutschlands ganzes Finanzsystem mit sehr großen Verlusten für die Forderungen von Privaten gegenüber Deutschland zusammenbrechen würde. Der Präsident schlug daraufhin ein Moratorium für internationale Schulden für ein Jahr vor. Insbesondere bot Amerika an, für ein Jahr auf alle Bezahlungen von ausstehenden Schuldforderungen zu verzichten, wenn seine Schuldner ihren Schuldnern gegenüber ebenso verfahren würden.

Die Annahme dieses Plans durch die betroffenen Nationen verzögerte sich bis Mitte Juli wegen der französischen Versuche, wenigstens die Zahlungen für den handelbar gemachten Teil der Reparationen sicherzustellen und politische Konzessionen als Ausgleich für die Annahme des Moratoriums herauszuschlagen. Frankreich verlangte einen Widerruf der deutsch-österreichischen Zollunion, ein Aussetzen des Bauprogramms für ein zweites Schlachtschiff, die Anerkennung der deutschen Ostgrenzen durch die deutsche Regierung und Restriktionen für die Ausbildung «privater» paramilitärischer Verbände in Deutschland. Diese Forderungen wurden von den Vereinigten Staaten, Großbritannien und Deutschland zurückgewiesen, aber während der Verzögerung verschärfte sich die Krise in Deutschland. Die Reichsbank erlebte am 7. Juli ihren schwersten Run; am folgenden Tag erklärte die Norddeutsche Wollgesellschaft ihren Bankrott mit einem Verlust von 200 Millionen Mark; das wiederum riss die Schröder-Bank (mit einem Verlust von 24 Millionen Mark gegenüber der Stadt Bremen, wo ihr Geschäftssitz war) und die Darmstädter Bank (eine von Deutschlands «vier großen Banken»), die 20 Millionen bei der Wollgesellschaft verlor, mit in den Abgrund. Abgesehen von einem 400-Millionen-Mark-Kredit der Bank für Internationalen Zahlungsausgleich und einem «Stillhalteabkommen» zur Erneuerung aller kurzfristigen Schulden bei Fälligkeit erhielt Deutschland wenig Hilfe. Mehrere Komitees internationaler Banker diskutierten die Probleme, aber die Krise wurde immer schlimmer und breitete sich nach London aus.

Im November 1931 waren alle europäischen Mächte mit Ausnahme Frankreichs und seiner Alliierten entschlossen, die Reparationen abzuschaffen. Auf der Lausanner Konferenz vom Juni 1932 wurden die deutschen Reparationen auf insgesamt nur noch 3 Milliarden Mark heruntergekürzt, aber diese Vereinbarung wurde wegen der Weigerung des amerikanischen Kongresses, die Kriegsschulden ähnlich drastisch herunterzusetzen, niemals ratifiziert. Formell hieß das, dass der Young-Plan immer noch in Kraft war, aber es gab keine wirkliche Anstrengung, ihn noch einmal durchzusetzen, und 1933 wies schließlich Hitler alle Reparationszahlungen zurück. Doch dann wurden die Reparationen, welche die internationalen Beziehungen lange Jahre hindurch vergiftet hatten, von anderen, noch schrecklicheren Problemen überlagert.

Bevor wir uns dem Hintergrund dieser anderen Probleme zuwenden, sollten wir einige Worte darüber sagen, wie viel an Reparationen eigentlich bezahlt wurde beziehungsweise ob überhaupt irgendwelche Reparationen bezahlt wurden. Diese Frage entstand durch den Streit über den Wert der Reparationen, die vor dem Dawes-Plan von 1924 bezahlt wurden. Von 1924 bis 1931 zahlte Deutschland ungefähr 10,5 Milliarden Mark. Für die Zeit vor 1924 war die deutsche Schätzung über die bezahlten Reparationen 56,577 Milliarden Mark, während die alliierte Schätzung nur 10,426 Milliarden betrug. Da die deutsche Schätzung alles umfasste, was auch nur aus irgendeinem Grund dazugerechnet werden konnte, sogar inklusive der Schiffe, welche die Deutschen im November 1918 selbst zerstört hatten, kann man sie nicht akzeptieren; eine angemessene Schätzung würde etwa 30 Milliarden Mark für die Zeit vor 1924 und etwa 40 Milliarden Mark für Reparationen insgesamt betragen.

Manchmal wird behauptet, dass Deutschland überhaupt keine Reparationen bezahlt habe, da es im Ausland genauso viel lieh, wie es an Reparationen bezahlte, und da diese Anleihen niemals zurückgezahlt wurden. Das stimmt nicht ganz, da die Gesamtheit der Auslandsanleihen 19 Milliarden Mark betrug, während auch die Alliierten die Gesamtsumme der bezahlten Reparationen auf über 21 Milliarden Mark schätzten. Aber es ist jedenfalls ziemlich wahr, dass Deutschland nach 1924 mehr lieh, als es an Reparationen zahlte, und dass deshalb die wirklichen Zahlungen auf diese Verbindlichkeiten alle vor 1924 erfolgten. Darüber hinaus hätte es ohne das Reparationssystem niemals zu den Auslandsanleihen kommen können. Da diese Anleihen Deutschland bedeutend stärkten, indem es mit ihrer Hilfe seine industrielle Ausrüstung erneuern konnte, war die Last der Reparationen für die deutsche Wirtschaft insgesamt keineswegs drückend.

Der Untergang des Finanzkapitalismus: internationale Finanzen, Handelspolitik und Wirtschaftsleben in der Zeit zwischen den Weltkriegen

Reflation und Inflation (1897–1925)

Wir haben gesehen, dass im Zeitraum von 1919 bis 1929 tapfere Anstrengungen unternommen wurden, eine internationale politische Ordnung zu errichten, die sich ziemlich weitgehend von derjenigen unterschied, die im 19. Jahrhundert existiert hatte. Auf der Grundlage der alten Ordnungselemente Souveränität und Völkerrecht versuchten einige Menschen – allerdings ohne ganz umfassend von ihrem Ziel überzeugt zu sein –, eine neue internationale Ordnung kollektiver Sicherheit zu errichten. Wir haben gesehen, dass dieser Versuch fehlschlug. Die Gründe dieses Scheiterns liegen zum Teil darin, dass die betreffenden Staatsmänner die Errichtung der neuen Ordnung in einer stümperhaften Weise angegangen waren – mit unzureichendem Verständnis der zugrunde liegenden Probleme, unangemessenen Plänen, schlechtem Baumaterial und schadhaften Werkzeugen. Aber zu einem noch höheren Ausmaß kann dieses Scheitern der Tatsache angelastet werden, dass die vorgesehene politische Struktur der Anfeindung durch eine wirtschaftliche Katastrophe ausgesetzt war, die nur wenige vorhergesehen hatten. Mehr als durch irgendeine andere Ursache wurde das System kollektiver Sicherheit durch die Weltwirtschaftskrise zerstört. Die Wirtschaftskrise machte den Aufstieg Hitlers zur Macht möglich; der wiederum ermöglichte die Aggressionen Italiens und Japans und führte Großbritannien auf den Weg des Appeasements. Aus diesen Gründen ist ein wirkliches Verständnis der wirtschaftlichen Geschichte Europas im 20. Jahrhundert unerlässlich für jedes Verständnis der politischen Ereignisse dieser Periode. Ein solches Verstehen verlangt Studien der Finanzgeschichte, des Handels und der Geschäftswelt, der Formen industrieller Organisation und der Landwirtschaft. Die ersten drei dieser Studienfelder werden in diesem Kapitel vom Beginn des 20. Jahrhunderts bis zur Herausbildung einer pluralistischen Wirtschaft etwa um 1947 herum betrachtet werden.

Dieses halbe Jahrhundert könnte man wie folgt in sechs Unterabteilungen einteilen:
1. Reflation: 1897–1914,
2. Inflation: 1914–1925,
3. Stabilisierung: 1922–1930,
4. Deflation: 1927–1936,
5. Reflation: 1933–1939,
6. Inflation: 1939–1947.

Diese Perioden haben sich in unterschiedlichen Ländern in unterschiedlichen Zeiträumen abgespielt und überlappen sich deshalb, wenn wir sie so ausweiten, dass alle wichtigen Länder mit einbezogen sind. Aber ungeachtet der Unterschiede dieser Zeitperioden in den jeweiligen Ländern sind diese Perioden in fast jedem Land in der gleichen Reihenfolge aufgetreten. Man muss auch darauf hinweisen, dass diese Perioden von willkürlich auftretenden Sekundärbewegungen unterbrochen wurden. Die wichtigsten dieser Sekundärbewegungen waren die Depression von 1921 bis 1922 und die Rezession von 1937 bis 1938, beide gekennzeichnet durch Deflation und den Rückgang der wirtschaftlichen Aktivitäten.

Wegen der Erhöhung der Goldproduktion in Südafrika und Alaska war das Preisniveau seit 1897 langsam gestiegen. Das linderte die Depression und die Probleme der Landwirtschaft, die – zum Nutzen des Finanzkapitalismus – seit 1873 vorherrschend gewesen waren. Der Ausbruch des Krieges 1914 zeigte die Finanzkapitalisten von ihrer schlechtesten Seite, nämlich engstirnig, ignorant und selbstsüchtig, während sie gleichzeitig wie gewöhnlich ihre völlige Hingabe an das allgemeine Wohl proklamierten. Sie stimmten großenteils darin überein, dass der Krieg wegen «begrenzter finanzieller Ressourcen» der Beteiligten (damit waren die Goldreserven gemeint) nicht länger als sechs bis zehn Monate dauern könnte. Aber diese Vorstellung zeigte ein fundamentales Missverstehen der Natur und Funktion des Geldes bei ebenden Menschen, die als Experten dafür galten. Wie die Ereignisse seitdem gezeigt haben, werden Kriege nicht mit Gold oder Geld geführt, sondern mithilfe der zweckmäßigen Organisation der wirklichen Ressourcen.

Die Haltung der Banker kam am deutlichsten in England zum Ausdruck, wo ihre Handlungen viel eher von dem Willen bestimmt waren, die eigene Position zu behaupten und vom Krieg zu profitieren, als von Erwägungen der wirtschaftlichen Mobilisierung für den Krieg oder des Nutzens für das englische Volk. Bei Ausbruch des Krieges 1914 war das britische Bankensystem insofern zahlungsunfähig, als das Volumen der den Banken für den eigenen Profit kreierten und an die Wirtschaft für deren Betrieb ausgeliehenen Gelder nicht von Goldreserven oder von anderen Sicherheiten, die schnell hätten flüssig gemacht werden können, gedeckt war. Dementsprechend entwarfen die Banker einen undurchsichtigen Mechanismus, demzufolge ihre Verbindlichkeiten durch eine zusätzliche, ungedeckte Geldschöpfung (sogenannte Schatzamtsschuldverschreibungen) erfüllt werden konnten. Sobald aber die Krise vorüber war, bestanden sie darauf, dass die Regierung für den Krieg mit Steuererhöhungen und indem sie Geld zu hohen Zinssätzen von den Bankern lieh, bezahlen sollte, aber ohne hier auf zusätzliche ungedeckte Geldschöpfung (die von den Bankern immer als unmoralisch gebrandmarkt wurde) zurückzugreifen. Die Entscheidung, Schatzamtsschuldverschreibungen zu verwenden, um die Passiva der Banker zu decken, wurde bereits am 25. Juli 1914 von Sir John Bradbury (dem späteren Lord Bradbury) und von Sir Frederick Atterbury in dessen Haus getroffen. Die ersten Schatzamtsschuldverschreibungen (Treasury Notes) verließen die Druckereien von Waterlow and Sons am nachfolgenden Dienstag, dem 28. Juli, zu einer Zeit, als die meisten Politiker noch glaubten, dass Großbritannien dem Krieg fernbleiben würde. Der übliche Bank Holiday von Anfang August wurde auf drei Tage verlängert und es wurde bekanntgegeben, dass Zahlungen der Banken in Schatzamtsschuldverschreibungen anstelle von Gold erfolgen würden. Der Diskontsatz wurde von der Bank of England von 3 auf 10% heraufgesetzt, um eine Inflation zu verhindern, ein Satz, der nur deshalb genommen wurde, weil die traditionelle Regel der Bank besagte, dass ein Satz von 10% sogar dem Boden Gold entziehen würde und dass Goldzahlungen nur dann eingestellt werden müssten, wenn auch die 10% fehlschlugen.

Bei Ausbruch des Krieges suspendierten die meisten kriegführenden Länder Goldzahlungen und nahmen – in unterschiedlichem Maße – die Ratschläge ihrer Banker an, dass der richtige Weg, den Krieg zu finanzieren, in einer Kombination von Anleihen bei Banken und Besteuerung des Konsums bestehe. Der Zeitpunkt, zu dem der Krieg nach Meinung der Experten wegen Erschöpfung der finanziellen Ressourcen hätte beendet sein müssen, ging vorüber, während das Kämpfen noch hartnäckiger als zuvor weiterging. Die Regierungen finanzierten es in unterschiedlichen Formen: durch Besteuerung, durch ungedeckte Geldschöpfung, durch Anleihen bei Banken (die für diesen Zweck Kredite schufen) und durch Anleihen beim Volk, das heißt, durch die Verkäufe von Kriegsanleihen. Jede dieser Methoden hatte unterschiedliche Wirkungen auf die beiden finanziellen Hauptfolgen des Krieges, nämlich die Inflation und die Staatsschulden. Die Folgen der vier Methoden der Kriegsfinanzierung auf diese zwei kann man aus dem folgenden Schema ersehen:

1. Besteuerung verursacht keine Inflation und macht keine Schulden.
2. Gelddrucken verursacht Inflation, macht aber keine Schulden.
3. Bankkredite verursachen Inflation und sind Schulden.
4. Verkauf von Kriegsanleihen verursacht keine Inflation, erhöht aber die Schulden.

Nach diesem Schema wäre der beste Weg der Kriegsfinanzierung derjenige über Steuern, der schlechteste derjenige über Bankkredite. Allerdings müsste eine Besteuerung, die hoch genug wäre, um für die Finanzierung eines großen Krieges aufzukommen, so stark deflationierend auf die Preise wirken, dass die Warenproduktion nicht mehr in ausreichendem Maße oder schnell genug wachsen könnte. Dagegen wird durch ein gewisses Maß an Inflation ein starker Produktionsanstieg angeregt, weil sie für die Produzenten den Anreiz ungewöhnlicher Profite bietet. Ein Anstieg der Staatsschulden bietet dagegen kaum Impulse für die wirtschaftliche Mobilisierung.

Von daher ist schwer zu beurteilen, welche Form der Kriegsfinanzierung die beste ist. Wahrscheinlich besteht sie in einer Kombination aller vier Methoden in einer solchen Weise, dass am Ende ein Minimum an Schulden und nur so viel an Inflation entsteht, wie nötig ist, um rasch eine möglichst vollständige und schnelle wirtschaftliche Mobilisierung zu erzielen. Das würde wahrscheinlich eine Mixtur von Gelddrucken und Besteuerung einerseits mit beträchtlichen Verkäufen von Staatsanleihen an Bürger andererseits erfordern, wobei das Mischungsverhältnis in verschiedenen Stadien der Mobilisierungsanstrengung unterschiedlich sein kann.

1914–1918 verwendeten alle kriegführenden Staaten eine Mixtur der vier Methoden, aber es war eine Mixtur, die von dem Druck der Verhältnisse und falschen Theorien bestimmt wurde. Am Ende des Krieges befanden sich deshalb alle Länder in einer Lage, in der sowohl die Staatsschulden als auch die Inflation Höhen erreicht hatten, die durch den erreichten Grad wirtschaftlicher Mobilisierung in keiner Weise gerechtfertigt waren. Dieses Bild verdüsterte sich noch dadurch, dass in allen Ländern noch lange nach dem Waffenstillstand von 1918 die Preise weiter stiegen und in den meisten Ländern auch die Staatsschulden noch weiter wuchsen.

Die Gründe für die Inflation der Kriegszeit liegen sowohl in der finanziellen als auch in der wirtschaftlichen Sphäre. In der Finanzsphäre fügten die Regierungsausgaben dem Finanzsystem gewaltige Mengen an Geld hinzu, das großenteils für Güter verwendet wurde, die niemals verkauft wurden. In der wirtschaftlichen Sphäre unterschied sich die Situation in den Ländern, die umfassend mobilgemacht hatten, von denen, bei denen das nur teilweise geschehen war. In den Ersteren verringerte sich der wirkliche Wohlstand, indem wirtschaftliche Ressourcen nicht mehr dazu verwendet wurden, solchen Wohlstand zu produzieren, sondern stattdessen in Güter gingen, die zur Zerstörung bestimmt waren. In den anderen dürfte der wirkliche Gesamtreichtum kaum zurückgegangen sein (weil ein großer Teil der Ressourcen, die jetzt für die Produktion von zur Zerstörung bestimmten Gütern verwendet wurden, bis dahin gar nicht genutzt worden waren, etwa stillgelegte Minen, stillgelegte Fabriken, Arbeitslose usw.). Aber die Zunahme der Geldmenge, die jetzt für die nur noch begrenzten Quantitäten wirklichen Reichtums in Form von Gütern zur Verfügung stand, führte zu drastischen Preissteigerungen.

Während die Preise in den meisten Ländern um 200 bis 300% und die Staatsschulden um 1.000% stiegen, versuchten die Führer der Finanzwelt in jedem Land den falschen Eindruck aufrechtzuerhalten, dass das Geld so werthaltig sei wie immer und dass, sobald der Krieg zu Ende sei, die Situation von 1914 wiederkehren würde. Deshalb wagten sie es nicht offen, den Goldstandard abzuschaffen. Stattdessen setzten sie gewisse Attribute des Goldstandards außer Kraft und betonten dafür jene anderen Attribute, die sie beizubehalten versuchten. In den meisten Ländern wurden Zahlungen in Gold und Goldexporte abgeschafft, aber man bemühte sich weiterhin, die Goldreserven in einem respektablen Prozentsatz zum Notenumlauf zu halten, und der Devisenhandel wurde kontrolliert, um die Währungen so nahe wie möglich an der Goldparität zu halten. Das wurde in manchen Fällen nur durch betrügerische Methoden erreicht. In Großbritannien zum Beispiel fiel das Verhältnis von Goldreserven zu Notenumlauf in den Monaten Juli und August 1914 von 52 auf 18%; dann wurde die Situation verschleiert – teilweise indem man die Guthaben regionaler Banken zur Bank von England brachte, die dort jetzt als Reserven für jeweils beide Institute verbucht wurden, teilweise indem man eine neue Art Banknoten (die Währungsnoten hießen) ausgab, die keinen Realwerten entsprachen und nur eine geringe Golddeckung hatten. In den Vereinigten Staaten wurde der Mindestreservesatz, der von Geschäftsbanken laut Gesetz verlangt wurde, 1914 herabgesetzt. 1917 wurde die Erfordernis von Reserven sowohl für Noten als auch für Einlagen ganz aufgehoben. Ein neues System von «Depositenbanken» entstand, denen keine Reserven für die Regierungsguthaben abverlangt waren, die sie gegen Hinterlage von Regierungsanleihen bei sich kreierten. Ähnliche Anstrengungen gab es in allen Ländern und überall fiel das Verhältnis der Goldreserven zu den Banknoten drastisch während des Krieges: in Frankreich von 60 auf 11%, in Deutschland von 59 auf 10%, in Russland von 98 auf 2%, in Italien von 60 auf 13% und in Großbritannien von 52 auf 32%.

Inflation und Anstieg der Staatsschulden gingen auch weiter, nachdem der Krieg beendet war. Die Gründe dafür waren kompliziert und variierten von Land zu Land. Im Allgemeinen wurden 1) die Preisfestsetzungen und Rationierungen zu früh beendet, nämlich bevor der Ausstoß von Friedensgütern in einem ausreichenden Maße gestiegen war, um die Kaufkraft aufzusaugen, welche die Verbraucher durch ihre Dienste in der Kriegsproduktion angesammelt hatten; deshalb führte die zu langsame Umwandlung von Kriegs- auf Friedensproduktion zu einem Angebot, das zu klein war, um die hohe Nachfrage zu befriedigen; 2) wurde der Handel zwischen den Alliierten, der während des Krieges kontrolliert worden war, schon im März 1919 freigegeben und fiel sofort bis auf ein Niveau, das die großen Preisungleichgewichte zwischen den Ländern enthüllte; 3) drängte Kaufkraft, die während des Krieges zurückgehalten worden war, jetzt auf den Markt; 4) führte der übliche Nachkriegsoptimismus zu einer starken Ausweitung der Bankkredite; 5) wurden die Regierungshaushalte nicht ins Gleichgewicht gebracht, sei es wegen der Erfordernisse des Wiederaufbaus (wie in Frankreich und Belgien), wegen der Reparationsbelastungen (wie in Deutschland) oder wegen der Ausgaben für die Demobilisierung (wie in den Vereinigten Staaten, Italien usw.); und 6) kam die Produktion von Konsumgütern wegen Revolutionen (wie in Ungarn, Russland usw.) oder wegen Streiks (wie in den Vereinigten Staaten, Frankreich, Italien usw.) nicht richtig in Gang.

Diese Nachkriegsinflation hätte (durch Erhöhung des Ausstoßes an realen Werten) viel Gutes bewirken können. Unglücklicherweise wurde sie verschwendet (indem bloß die Preise der vorhandenen Güter stiegen) und führte zu schlimmen Resultaten (indem Kapital und Ersparnisse vernichtet und die sozialen Klassengrenzen durcheinandergewürfelt wurden). Die Ursache dieses Scheiterns lag darin, dass die Inflation, die eigentlich niemand wollte, sich doch ohne Widerstand ausbreitete, weil zu wenig Menschen in Machtpositionen den Mut aufbrachten, Maßnahmen zu ergreifen, die sie eingedämmt hätten. In den besiegten Ländern, in denen Revolutionen ausbrachen (Russland, Polen, Ungarn, Österreich und Deutschland), ging die Inflation so weit, dass die früheren Währungen wertlos wurden und zu existieren aufhörten. In einer zweiten Gruppe von Ländern (wie Frankreich, Belgien und Italien) verlor die Währung so viel an Wert, dass sie zu etwas ganz anderem wurde, obwohl der alte Name noch beibehalten wurde. Nur in einer dritten Gruppe von Ländern (Großbritannien, den Vereinigten Staaten und Japan) blieb die Situation unter Kontrolle.

Was Europa betraf, so nahm die Inflation geographisch von Westen nach Osten zu. Von den drei obigen Gruppen war die zweite (gemäßigte Inflation) die glücklichste. In der ersten Gruppe (extreme Inflation) vernichtete die Inflation alle Staatsschulden, alle Ersparnisse und alle Schuldforderungen, da die Währung wertlos geworden war. In der Gruppe mit gemäßigter Inflation verringerte sich die Last der Staatsschulden und private Schulden und Ersparnisse verringerten sich im gleichen Maß. In den Vereinigten Staaten und Großbritannien nahm die Bekämpfung der Inflation die Form entschiedener Schritte in Richtung Deflation an. Dadurch wurden die Ersparnisse gerettet, aber die Last der Staatsschulden wuchs und führte zur wirtschaftlichen Depression.

Die Stabilisierungsperiode (1922-1930)

Sobald der Krieg zu Ende war, wandten die Regierungen ihre Aufmerksamkeit dem Problem einer Wiederherstellung des Finanzsystems der Vorkriegszeit zu. Da man den Goldstandard mit seinen stabilen Austauschverhältnissen für das entscheidende Element dieses Systems hielt, nannte sich diese Bewegung «Stabilisierung». In ihrem Drang, die Finanzsituation der Vorkriegszeit wiederherzustellen, verschlossen die «Experten» ihre Augen vor den gewaltigen Veränderungen, die durch den Krieg ausgelöst worden waren. Diese Veränderungen waren beim produktiven Gewerbe, im Handel und bei den Finanzinstrumenten so gewaltig, dass jeder Versuch, die Vorkriegsbedingungen wiederherzustellen oder eine Stabilisierung auf der Basis eines Goldstandards durchzuführen, unmöglich und auch nicht ratsam war. Anstatt ein Finanzsystem anzustreben, dass der neuen wirtschaftlichen und kommerziellen Weltlage, die eine Folge des Krieges war, angepasst gewesen wäre, versuchten die Experten, diese Welt zu ignorieren, und etablierten ein Finanzsystem, das – oberflächlich betrachtet – dem Vorkriegssystem so ähnlich wie nur möglich sah. Dieses System war aber weder das Vorkriegssystem noch war es den neuen wirtschaftlichen Umständen angepasst. Als den Experten dieser Umstand langsam dämmerte, änderten sie aber nicht ihre Ziele, sondern beharrten weiterhin auf ihnen und schleuderten nur verbale Bannflüche und Mahnworte gegen die bestehenden Umstände, die das Erreichen dieser Ziele unmöglich machten.

Selbstverständlich konnten aber die veränderten Umstände nicht durch Bannflüche unter Kontrolle gebracht oder gar verscheucht werden. In ihrer Substanz waren sie gar keine Folgen des Krieges, sondern natürliche Folgen der wirtschaftlichen Entwicklung der Welt im 19. Jahrhundert. Der Krieg hatte nur die Geschwindigkeit dieser Entwicklungen beschleunigt. Aber in Wirklichkeit zeigten sich die wirtschaftlichen Umstände, die es 1925 so schwer machten, das Finanzsystem von 1914 wiederherzustellen, in Ansätzen schon 1890 und waren 1910 bereits klar erkennbar.

Der wichtigste Grund dieser Veränderungen war der Niedergang Großbritanniens. Die industrielle Revolution hatte sich ja über Großbritannien nach Europa und den Vereinigten Staaten und bis 1910 auch nach Südamerika und Asien ausgebreitet. Als Folge davon sank einerseits die Abhängigkeit dieser Gebiete von britischen Fabrikgütern und waren sie anderseits weniger erpicht darauf, ihre Rohstoffe und Nahrungsmittel dorthin zu verkaufen. Stattdessen wurden sie Mitwettbewerber im Handel mit jenen kolonialen Gebieten, bis zu denen sich der Industrialismus noch nicht ausgebreitet hatte. 1914 war Großbritanniens Oberherrschaft in seiner Stellung als Finanzzentrum, als Handelsmarkt, als Kreditgeber und als Handelsschifffahrtsnation bedroht. Eine weniger sichtbare Bedrohung dieser Stellung erwuchs außerdem aus langfristigen Nachfrageänderungen. Anstatt Gütern der Schwerindustrie waren zunehmend Güter höher spezialisierter Produktionsbranchen (wie Chemie) gefragt, anstatt Getreiden Früchte und Milchprodukte, anstatt Baumwolle und Wolle Seide und Kunstseide, anstatt Leder Gummi usw. All diese Veränderungen konfrontierten Großbritannien mit einer grundlegenden Wahlmöglichkeit – entweder Verzicht auf die eigene Weltoberherrschaft oder Reform seines industriellen und kommerziellen Systems, um unter den neuen Bedingungen konkurrenzfähig zu werden. Das Zweite war schwierig, weil Großbritannien seiner Industrie unter dem Einfluss des Freihandels und der internationalen Arbeitsteilung erlaubt hatte, einseitig zu werden. Über die Hälfte der Beschäftigten waren in der Textil- und der Eisenindustrie tätig. Textilien machten mehr als ein Drittel des Exports aus und Textilien zusammen mit Eisen- und Stahlprodukten mehr als die Hälfte. Zur gleichen Zeit wuchsen neuere Industrienationen (Deutschland, die Vereinigten Staaten und Japan) heran, deren industrielle Systeme besser an die Tendenzen der Zeit angepasst waren. Diese Nationen bedrohten auch die herausragende Stellung der britischen Handelsmarine.

In dieser kritischen Phase der britischen Stellung kam der Weltkrieg. Er hatte für diesen Komplex eine doppelte Folge. Er zwang Großbritannien, jede industrielle Reform zur Anpassung an die modernen Tendenzen auf unbestimmte Zeit zurückzustellen. Und er beschleunigte diese Tendenzen so, dass eine Entwicklung, die sonst zwanzig Jahre gebraucht hätte, jetzt innerhalb von fünf erfolgte. In der Zeit von 1910 bis 1920 verkleinerte sich die britische Handelsflotte, was die Zahl der Schiffe betraf, um 6%, während die der Vereinigten Staaten um 57%, die Japans um 130% und die der Niederlande um 58% wuchsen. Die britische Position als der Welt größter Gläubiger ging an die Vereinigten Staaten verloren. Eine große Zahl von Krediten guter Bonität wich einer geringeren Zahl riskanterer Kredite. Zusätzlich wurde Großbritannien zu einem Schuldner der Vereinigten Staaten in einer Höhe von über 4 Mrd. Dollar. Die Veränderung in der Stellung der beiden Länder kann kurz zusammengefasst werden. Der Krieg veränderte die Position der Vereinigten Staaten im Verhältnis zum Rest der Welt von der eines Schuldners mit über

3 Mrd. Dollar Schulden zu der eines Gläubigers mit Außenständen von über 4 Mrd. Dollar. Das schließt zwischenstaatliche Schulden von über 10 Mrd. Dollar, die den Vereinigten Staaten als Folge des Krieges geschuldet wurden, noch nicht einmal ein. Zur gleichen Zeit veränderte sich Großbritanniens Position als Gläubiger: etwa 18 Mrd. Dollar Außenstände schrumpften auf etwa 13,5 Mrd. Dollar. Außerdem hatte es Außenstände an Kriegsschulden in Höhe von etwa 8 Mrd. Dollar bei seinen Verbündeten und von einer noch nicht festgelegten Reparationssumme von Deutschland. Seinerseits hatte es bei den Vereinigten Staaten Kriegsschulden in Höhe von über 4 Mrd. Dollar. Die meisten dieser Kriegsschulden und Reparationen wurden in ihrer Höhe nach 1920 stark herabgesetzt, aber die Folge all dessen war für Großbritannien eine drastische Änderung der eigenen Position im Verhältnis zu den Vereinigten Staaten.

Die grundlegende wirtschaftliche Organisation der Welt änderte sich noch in anderer Art. Als Folge des Krieges wurde die frühere Formation eines recht freien Handels zwischen Ländern, die sich in unterschiedlichen Produktionen spezialisierten, abgelöst von einer Situation, in der eine größere Zahl von Ländern wirtschaftliche Selbstversorgung zu erreichen suchten, indem sie Handelsbeschränkungen einführten. Zusätzlich waren durch die künstliche Nachfrage der Kriegszeit die Produktionskapazitäten sowohl der Landwirtschaft als auch der Industrie weit über die Möglichkeiten der gewöhnlichen heimischen Nachfrage ausgeweitet worden. Und schließlich hatten sich die eher zurückgebliebenen Gebiete Europas und der Welt in einem hohen Maße industrialisiert und waren unwillig, in eine Stellung zurückzufallen, in der sie industrielle Produkte aus Großbritannien, Deutschland und den Vereinigten Staaten im Austausch für Rohstoffe und Nahrungsmittel kauften. Diese Weigerung wurde noch schmerzhafter dadurch, dass diese rückständigen Gebiete ihren Ausstoß an Rohstoffen und Nahrungsmitteln so bedeutend erhöht hatten, dass das Gesamte auch dann nicht hätte verkauft werden können, wenn sie selbst bereit gewesen wären, alle ihre industriellen Waren von ihren Vorkriegsquellen zu beziehen. Und diese Vorkriegsquellen wiederum hatten ihre industriellen Kapazitäten so weit vergrößert, dass die Produkte auch dann kaum hätten verkauft werden können, wenn sie alle ihre Vorkriegsmärkte wieder erobert hätten. Das Resultat war eine Situation, in der alle Länder verkaufen wollten, aber zögerten zu kaufen. Sie versuchten diese miteinander unvereinbaren Ziele zu erreichen, indem sie Subventionen und Prämien auf Exporte aussetzten und dagegen Zölle und Barrieren für Importe errichteten. Das hatte für den Welthandel katastrophale Folgen. Die einzig sinnvolle Lösung für dieses Problem überschüssiger Produktionskapazitäten wäre ein substantieller Anstieg des heimischen Lebensstandards gewesen, aber das hätte eine grundlegende Neuaufteilung des Volkseinkommens erfordert. Das Produkt dieser Überschusskapazitäten wäre dann eher an die nach Konsumgütern verlangenden Massen gegangen als weiterhin an eine Minderheit, die sparen wollte. Eine derartige Reform wurde aber von den herrschenden Gruppen sowohl in den «fortgeschrittenen» als auch in den «rückständigen» Ländern verworfen, so dass diese Art der Lösung nur in geringem Ausmaß in wenigen Ländern (besonders den Vereinigten Staaten und Deutschland in der Zeit von 1925 bis 1929) erreicht wurde.

Sich an die Veränderungen in der grundlegenden Organisation der Produktion und des Handels in der Zeit von 1914 bis 1919 anzupassen wurde wegen anderer, nur schwer fassbarer Veränderungen in den Finanzpraktiken und der Geschäftspsychologie noch schwerer. Die spektakulären Nachkriegsinflationen in Europa hatten die traditionelle Inflationsangst unter Bankern noch verstärkt. Um Preiserhöhungen, die inflationär werden könnten, zu stoppen, versuchten Banker nach 1919 in zunehmendem Maße, das Gold «steril» zu machen, wenn es in ihr Land einfloss. Das heißt, sie versuchten es auf die Seite zu legen, damit es nicht zum Bestandteil des Geldsystems ihres Landes würde. Das hatte zur Folge, dass dem Handelsungleichgewicht, das den Goldfluss verursacht hatte, nicht durch Veränderungen der Preise entgegengewirkt wurde. Handel und Preise blieben unausgeglichen und das Gold floss weiter. Ebenso bestand eine sich ausbreitende Furcht vor sinkenden Goldreserven. Das führte dazu, dass die Banker in zunehmendem Maße durch Restriktionen auf Goldexporte zu verhindern versuchten, dass Gold als Folge einer negativen internationalen Zahlungsbilanz außer Landes floss. Bei solchen Praktiken blieb die negative Handelsbilanz unverändert, während andere Länder zu Vergeltungsmaßnahmen griffen. Die Situation wurde zusätzlich durch politische Ängste verschärft und durch die militärischen Ambitionen einiger Länder, weil zu diesen Ambitionen häufig der Drang zur Selbstversorgung (Autarkie) gehörte, was ja nur durch die Installierung von Zöllen, Subventionen, Quoten und Handelskontrollen erreicht werden konnte. Damit in Beziehung stand auch der weitverbreitete Anstieg von Gefühlen wirtschaftlicher, politischer und sozialer Unsicherheit. Das führte zur Kapitalflucht – das heißt zu panikartigen Transfers von Kapitalien, die einen sicheren Ort suchten, ohne auf den unmittelbaren wirtschaftlichen Vorteil zu achten. Darüber hinaus wurde die Situation auf den Devisenmärkten durch das Auftreten einer großen Zahl ignoranter Spekulanten in Unordnung gebracht. In der Zeit vor 1914 gab es nur eine kleine Gruppe von Devisenspekulanten, deren Vorgehen auf intimer Kenntnis des Marktes beruhte und einen eher stabilisierenden Einfluss hatte. Nach 1919 begannen jedoch viele Menschen, die weder Kenntnisse noch Erfahrung hatten, mit Devisen zu spekulieren. Weil sie dem Einfluss von Gerüchten, Hörensagen und Massenpaniken unterlagen, hatte ihr Vorgehen einen störenden Einfluss auf die Märkte. Schließlich gab es in allen Ländern einen Niedergang des Wettbewerbs, der aus der Machtzunahme der Gewerkschaften, Kartelle, Monopole usw. herrührte und der die Preise weniger sensibel auf Goldflüsse oder internationale Zahlungsbilanzen reagieren ließ. Als Folge davon konnten diese Flüsse jetzt nicht mehr jene Kräfte in Bewegung setzen, welche die Preise zwischen Ländern wieder ins Gleichgewicht gebracht, die Goldflüsse angehalten und die Güterflüsse ausgeglichen hätten.

Als Folge all dieser Faktoren kam das internationale Zahlungsystem, das vor 1914 so reibungslos funktioniert hatte, von da an ins Stocken; nach 1930 hörte es praktisch auf zu funktionieren. Der Hauptgrund dafür war, dass jetzt weder Geld noch Güter nur mehr wirtschaftlichen Kräften gehorchten und sich nicht mehr wie früher automatisch dahin bewegten, wo sie jeweils am wertvollsten waren. So kam es jetzt zu einer völligen Fehlverteilung des Goldes, was nach 1928 akut wurde und bis 1933 die meisten Länder aus dem Goldstandard herausgetrieben hatte.

Veränderungen der Organisationsform in Produktion und Handel und in den Finanzpraktiken waren es, die es nach 1919 fast unmöglich machten, das Finanzsystem von 1914 wiederherzustellen. Diese Wiedererrichtung war es aber, die versucht wurde. Anstatt eine neue finanzielle Organisationsform aufzubauen, die dem veränderten wirtschaftlichen Umfeld angepasst gewesen wäre, bestanden Banker und Politiker darauf, das alte Vorkriegssystem zu restaurieren. Diese Bemühungen hatten ihren Kern in der Entschlossenheit, den Goldstandard so wiederherzustellen, wie er vor 1914 bestanden hatte.

Zusätzlich zu diesen pragmatischen Zielen hatten die Mächte des Finanzkapitalismus noch ein weiteres, sehr weit reichendes Ziel. Das war kein geringeres als die Schaffung einer weltweiten Finanzkontrolle in privaten Händen, die fähig sein sollte, die Politik jedes Landes und die Weltwirtschaft insgesamt zu steuern. Diese Kontrolle sollte nach feudalistischer Manier von den vereint handelnden Zentralbanken der Welt durch geheime Abkommen in häufigen geheimen Treffen und Konferenzen kontrolliert werden. Die hierarchische Spitze des Mechanismus sollte die Bank für Internationalen Zahlungsausgleich in Basel in der Schweiz sein, eine private Bank, die von den Weltzentralbanken, die ihrerseits private Unternehmungen waren, getragen und kontrolliert wurde. Jede dieser Zentralbanken, die sich in der Hand von Leuten wie Montagu Norman von der Bank von England, Benjamin Strong von der New Yorker Federal Reserve Bank, Charles Rist von der Banque de France und Hjalmar Schacht von der Reichsbank befanden, versuchte, ihre jeweilige Regierung mittels verschiedener Einflussinstrumente zu dominieren. Dazu gehörten ihre Fähigkeit, die Ausgabe von Schatzamtsnoten zu steuern, Devisenmanipulationen durchzuführen, das Niveau der jeweiligen wirtschaftlichen Aktivitäten im Lande zu beeinflussen und kooperative Politiker durch die anschließende Übernahme in die Privatwirtschaft zu belohnen.

In jedem Land beruhte die Macht der Zentralbank hauptsächlich auf ihrer Kontrolle der Versorgung mit Krediten und Geld. In der Welt beruhte die Macht der Zentralbanker vor allem auf ihrer Kontrolle der Anleihen und der Goldflüsse. In der Endphase des Systems waren diese Zentralbanker fähig, Ressourcen zu mobilisieren, um sich gegenseitig über die BIZ zu Hilfe zu kommen. Dort wurden Zahlungen zwischen den Zentralbanken über entsprechende Buchungen auf den Konten, welche die Zentralbanken der Welt dort besaßen, vorgenommen. Die BIZ, die eine private Institution war, gehörte den sieben größten Zentralbanken und wurde von deren Köpfen, die

Die Stabilisierungsperiode (1922–1930) 217

zusammen ihr Direktorium bildeten, gelenkt. Jede von diesen unterhielt eine substantielle Einlage bei der BIZ. Periodisch wurden Zahlungen untereinander (das heißt zwischen den größeren Ländern der Welt) mittels Buchungen durchgeführt, um Goldverschiffungen zu vermeiden. Die Zentralbanken trafen dort Vereinbarungen zu allen größeren Finanzvorgängen in der Welt, und ebenso bezüglich vieler wirtschaftlicher und politischer Probleme, besonders mit Bezug auf Anleihen, Zahlungen und die wirtschaftliche Zukunft der wichtigsten Gebiete des Globus.

Die BIZ wird allgemein als Aufgipfelung jener Struktur des Finanzkapitalismus betrachtet, deren ferne Ursprünge bis zur Gründung der Bank von England 1694 und der Bank von Frankreich 1803 zurückgehen. In Wirklichkeit war ihre Errichtung im Jahre 1929 eher ein Anzeichen dafür, dass das zentralisierte Weltfinanzsystem von 1914 im Niedergang begriffen war. Sie wurde als Heilmittel gegen den Niedergang Londons als Weltfinanzzentrum gegründet und sollte einen Mechanismus zur Verfügung stellen, durch den eine Welt mit drei finanziellen Hauptzentren in London, New York und Paris doch noch einheitlich handeln konnte. Die BIZ war ein erfolgloser Versuch, mit den Problemen zurechtzukommen, die sich aus dem Entstehen einer Reihe von Zentren ergaben. Sie war als ein Weltkartell der immer weiter anwachsenden nationalen Finanzkräfte beabsichtigt, indem sie die nominellen Führer dieser nationalen Finanzzentren vereinigte.

Der Oberkommandierende der weltweiten Bankenkontrolle war Montagu Norman, der Gouverneur der Bank von England, der von den Privatbankiers in eine Stellung gebracht wurde, in der er als Orakel für alle politischen und wirtschaftlichen Angelegenheiten angesehen wurde. Für die Regierung bedeutete die Macht der Bank von England schon 1819 eine bedeutende Einschränkung ihrer Handlungsmöglichkeiten. Eine Bemühung, diese Macht durch Änderungen in der Satzung der Bank zu brechen, schlug 1844 fehl. 1852 erklärte Gladstone, der damals Schatzkanzler war und später Premierminister wurde: «Das entscheidende Scharnier der ganzen Situation war das folgende: die Regierung selbst war keine gewichtige Macht in Finanzangelegenheiten, sondern musste die Geldmacht souverän und unbestritten belassen.»

Diese Macht der Bank von England und ihres Gouverneurs wurde von den meisten Fachleuten akzeptiert. Reginald McKenna, 1915–1916 Schatzkanzler, sagte im Januar 1924 als Präsident des Direktoriums der Midland Bank zu seinen Aktionären: «Ich fürchte, gewöhnliche Bürger mögen es nicht, wenn man ihnen erzählt, dass die Banken Geld schöpfen können und das auch tun. (...) Jene, die das Kreditwesen einer Nation kontrollieren, bestimmen die Politik der Regierungen und halten das Schicksal der Völker in ihren Händen.» Im selben Jahr verkündete Sir Drummond Fraser, der Vizepräsident des Institute of Bankers: «Der Gouverneur der Bank von England muss der Autokrat sein, der die Bedingungen diktiert, denen sich die Regierung beugen muss, wenn sie Geld ausleihen will.» Am 26. September 1921 schrieb die *Financial Times*: «Ein halbes Dutzend Menschen an der Spitze der fünf großen Banken könnten die ganze Maschinerie der Regierungsfinanzen durcheinanderbringen, wenn sie sich weigerten, die Schatzamtsnoten zu erneuern.» Vincent Vickers, seit neun Jahren Direktor der Bank, sagte: «Ab 1919 war die Geldpolitik der Regierung die Politik der Bank von England und die Politik der Bank von England war die Politik Herrn Montagu Normans.» Am 11. November 1927 nannte das *Wall Street Journal* Norman «den Währungsdiktator Europas». Diese Tatsache wurde von Norman selbst am 21. März 1930 vor dem Rat der Bank und fünf Tage später auch vor dem Macmillan-Komitee eingestanden.

Montagu Normans Position mag man aus der Tatsache herauslesen, dass seine fast hundert Vorgänger auf dem Posten des Gouverneurs alle bloß zwei Jahre im Amt blieben, was höchstens einige Male in Krisenzeiten auf drei oder vier Jahre ausgedehnt worden war. Norman aber behielt die Position vierundzwanzig Jahre lang (1920–1944). In dieser Zeit wurde er zum wichtigsten Architekten der Zerstörung der britischen Vorrangstellung in der Welt.

Norman war ein seltsamer Mensch, dessen geistige Verfassung man als erfolgreich unterdrückte Hysterie oder sogar Paranoia bezeichnen konnte. Regierungen gestand er keine Daseinsberechtigung zu und die Demokratie fürchtete er. Beide erschienen ihm als Bedrohungen des Privatbankgeschäftes und damit von all demjenigen, was im menschlichen Leben anständig und wertvoll war. Willensstark, ruhe- und rücksichtslos, sah er sein Leben als eine Art Mantel-und-Degen-Kampf gegen die Kräfte unsoliden Geldes, die zudem im Bund mit Anarchie und Kommunismus standen. Als er die Bank von England neu aufbaute, konstruierte er sie als eine Festung, die dafür gewappnet sein sollte, sich gegen jeden Volksaufstand zu verteidigen. Die heiligen Goldreserven waren in dieser Festung in tiefen Kammern gelagert, noch unterhalb unterirdischer Wasserschleusen, die durch einen Knopfdruck vom Schreibtisch des Gouverneurs aus geöffnet werden konnten. Lange Zeit seines Lebens eilte Norman auf Dampfschiffen durch die Welt, legte jedes Jahr Zehntausende von Meilen zurück und reiste oftmals inkognito, verborgen unter einem schwarzen Schlapphut und eingehüllt in einen langen schwarzen Mantel, unter dem Namen «Professor Skinner». Seine Ein- und Ausschiffungen auf den schnellsten Ozeandampfern – wo er manchmal auf dem Frachtdeck reiste – blieben etwa ebenso unbeobachtet wie die ähnlichen Schiffspassagen Greta Garbos in denselben Jahren. Es lag ihnen eine vergleichbar «ernsthafte» Bemühung sich unsichtbar zu machen zugrunde.

Norman besaß einen hingebungsvollen Kollegen in Benjamin Strong, dem ersten Gouverneur der Federal Reserve Bank von New York. Strong schuldete seine Karriere der Protektion der Morgan Bank, besonders Henry P. Davison, der ihn 1904 (als Nachfolger Thomas Lamonts) zum Sekretär von Bankers Trust Company von New York gemacht hatte. Davison benützte ihn später auch als Vertreter Morgans bei der Neuordnung des Bankensystems nach dem Crash von 1907 und machte ihn 1909 zum Vizepräsidenten von Bankers Trust (wiederum als Nachfolger Thomas Lamonts). Er wurde als gemeinsamer Kandidat von Morgan und Kuhn, Loeb and Company 1914 Gouverneur der Federal Reserve Bank von New York. Zwei Jahre später trafen Strong und Norman zum ersten Mal zusammen und schlossen sofort eine Vereinbarung, gemeinsam für jene finanziellen Praktiken zu arbeiten, die beide hochhielten.

Diese finanziellen Praktiken wurden in der voluminösen Korrespondenz zwischen diesen beiden Männern und in den vielen Gesprächen, die sie sowohl geschäftlich als auch privat führten (denn häufig verbrachten sie auch wochenlange Ferien gemeinsam, normalerweise im Süden Frankreichs), oft genug ausgesprochen.

In den zwanziger Jahren waren beide entschlossen, die finanzielle Macht Großbritanniens und der Vereinigten Staaten als Hebel zu benutzen, um alle wichtigen Länder der Welt zurück in den Goldstandard zu zwingen. Das Steuerungsinstrument dafür sollten der politischen Kontrolle entzogene Zentralbanken sein. Alle internationalen Finanzfragen sollten durch Abkommen zwischen solchen Zentralbanken ohne Störung durch Regierungen geregelt werden.

Man darf allerdings nicht meinen, dass diese Leiter der wichtigsten Zentralbanken der Welt für sich wichtige Machtspieler in der Weltfinanz gewesen wären. Das waren sie nicht. Eher waren sie die Techniker und Vertreter der führenden Investmentbanker ihrer eigenen Länder, die sie nach oben gebracht hatten und die ohne Weiteres fähig blieben, sie auch wieder nach unten zu stoßen. Die wirklich wichtigen finanziellen Machtmittel der Welt befanden sich in der Hand dieser Investmentbanker (die auch «internationale» oder «*merchant banker*» genannt wurden), die im Wesentlichen in ihren eigenen, nicht als Aktiengesellschaften geführten Privatbanken im Hintergrund blieben. Sie bildeten ihrerseits ein System internationaler Zusammenarbeit und nationaler Dominanz, das privater, mächtiger und geheimer war als das ihrer Vertreter in den Zentralbanken. Diese Dominanz der Investmentbanker beruhte auf ihrer Kontrolle der Kreditflüsse und Investitionskapitalien sowohl in ihren eigenen Ländern wie in der ganzen Welt. Sie waren fähig, die Finanz- und Industriesysteme ihrer eigenen Länder durch ihren Einfluss auf die Währungsflüsse mittels Bankanleihen, Diskontsatz und Rediskontierung von Handelsschulden zu steuern. Ebenso waren sie in der Lage, die Regierungen durch Kontrolle der Regierungsanleihen und durch die Manipulation der Devisenkurse zu beherrschen. Diese ganze Macht wurde mittels des persönlichen Einflusses und des Prestiges von Männern ausgeübt, die ihre Fähigkeit, erfolgreiche finanzielle Coups zu landen, ihr Wort zu halten, in einer Krise kühl zu bleiben und ihre Gewinne mit ihren Verbündeten zu teilen, in der Vergangenheit demonstriert hatten. In diesem System ragten die Rothschilds die meiste Zeit des 19. Jahrhunderts über heraus, während sie am Ende des Jahrhunderts von J.P. Morgan abgelöst wurden, dessen wichtigstes Büro in New York war, obwohl es immer so geleitet wurde, als ob es in London wäre (wo die Firma tatsächlich 1838 als George Peabody and Company ihren Ursprung gehabt hatte). Der alte J.P. Morgan starb 1913. Sein Nachfolger war sein Sohn gleichen Namens (der bis 1901 in der Londoner Filiale seine Lehre gemacht hatte), aber die wichtigsten Entscheidungen in der Firma wurden nach 1924 in zunehmendem Maße von Thomas W. Lamont getroffen. Aber diese Verhältnisse können besser später in einem nationalen Zusammenhang beschrieben werden.[6] Hier wollen wir zunächst verfolgen, wie die Banker versuchten, die Nachkriegswelt der Jahre nach 1918 zurück in das System des Goldstandards von 1914 zu zwingen.

Die Sichtweise der Banker wurde in einer Reihe von Regierungsberichten und auf internationalen Konferenzen von 1918 bis 1933 deutlich ausgesprochen. Dazu gehörten die Berichte des Cunliffe-Komitees in Großbritannien (August 1918), der Brüsseler Expertenkonferenz (September 1920), der Konferenz des Obersten Rates in Genua (Januar 1922), der Ersten Weltwirtschaftskonferenz (in Genf im Mai 1927), des Macmillan-Komitees für Finanzen und Industrie (von 1931) und die verschiedenen Verlautbarungen der Weltwirtschaftskonferenz von London 1933. Diese und zahlreiche weitere Erklärungen und Berichte sprachen sich umsonst für einen freien internationalen Goldstandard aus, für ausgeglichene Haushalte, für die Wiederherstellung der Wechselkurse und Reservesätze, die vor 1914 gegolten hatten, für die Kürzung von Steuern und Regierungsausgaben und für einen Rückzug des Staates aus allen wirtschaftlichen Aktivitäten sowohl im eigenen Land als auch im Ausland. Aber keine dieser Studien unternahm es, die grundlegenden Veränderungen des wirtschaftlichen, kommerziellen und politischen Lebens seit 1914 zu analysieren. Und keine machte deutlich, dass sie begriffen hätte, dass sich ein Finanzsystem solchen Veränderungen anpassen musste. Stattdessen implizierten alle, dass die Veränderungen wieder rückgängig gemacht werden und dass man zu den Umständen von 1914 zurückkehren könnte, wenn nur die Menschen ihr böses Trachten aufgeben und der Welt wieder das Finanzsystem von 1914 aufzwingen würden.

Dementsprechend kreisten alle finanziellen Bemühungen der Zeit nach 1918 um ein höchst simplistisches (und oberflächliches) Ziel: die Rückkehr zum Goldstandard – nicht zu «einem» Goldstandard, sondern zu «dem» Goldstandard. Damit waren die Währungsverhältnisse und Goldwerte von 1914 gemeint.

Die Wiederherstellung des Goldstandards war nichts, was durch einen bloßen Regierungsakt hätte verwirklicht werden können. Selbst seine hartnäckigsten Anwälte gaben zu, dass gewisse finanzielle Relationen eine Angleichung erfahren müssten, bevor der Goldstandard wieder eingeführt werden konnte. Es gab vor allem drei solche Relationen. Das waren 1) das Inflationsproblem oder das Verhältnis zwischen Geld und Gütern; 2) das Problem der Staatsschulden oder das Verhältnis zwischen Regierungseinkommen und Regierungsausgaben; und 3) das Problem der Preisparitäten oder das Verhältnis zwischen den Preisniveaus verschiedener Länder. Dass diese drei Probleme existierten, war der Ausdruck eines fundamentalen Ungleichgewichtes zwischen wirklichem Reichtum und Forderungen auf Reichtum, ausgelöst durch einen relativen Rückgang des Ersteren und einen Anstieg der Letzteren.

---

6 Siehe Kapitel «Wall Street und die Linke».

Das Problem der Staatsschulden kam daher, dass die Geldschöpfung während des Krieges normalerweise nicht unter der Kontrolle des Staates oder der Gemeinden erfolgt war, sondern unter der Kontrolle privater Finanzinstitutionen, die zu irgendeinem zukünftigen Zeitpunkt reale Werte als Einlösung für die Schaffung von Forderungen auf Werte in der Gegenwart verlangen würden. Dieses Problem der Staatsschulden hätte man auf mehrere Weisen angehen können: a) indem man die Menge realer Werte in der Gesellschaft erhöht hätte, so dass ihre Preise gefallen und der Wert des Geldes gestiegen wäre. Das hätte das alte Gleichgewicht (und Preisniveau) zwischen wirklichen Werten und Forderungen auf Werten wiederhergestellt und hätte gleichzeitig die Rückzahlung der Staatsschulden ohne Steuererhöhungen gestattet; b) durch Abwertung – das heißt, durch Herabsetzung der Golddeckung der Währung, so dass der Goldbesitz der Regierung einen höheren Währungswert erlangt hätte. Man hätte dann die Staatsschulden mit der abgewerteten Währung bezahlen können. c) durch Zurückweisung – das heißt durch eine einfache Annullierung der Staatsschulden in Form der Weigerung, sie zu bezahlen; d) durch Besteuerung – das heißt, durch eine Erhöhung der Steuersätze bis zu einem Satz, der hoch genug gewesen wäre, um ausreichend zusätzliche Staatseinnahmen zur Bezahlung der Staatsschulden zu verschaffen; e) durch die Neuausgabe ungedeckter Banknoten und die Bezahlung der Schulden mit solchem Geld.

Diese Methoden schlossen sich gegenseitig nicht aus und überlappten in manchen Fällen. Man könnte beispielsweise argumentieren, dass Geldentwertung oder die Ausgabe von ungedecktem Geld Formen einer teilweisen Annullierung waren. Auch waren alle diese Methoden nicht in gleicher Weise praktikabel. Beispielsweise war die erste (Steigerung der realen Werte) bei weitem die gesündeste Methode einer Restabilisierung, aber niemand wusste, wie das zu erreichen war. Die vierte (Besteuerung) würde dem Wirtschaftssystem eine so schwere Last aufgebürdet haben, dass sie sich dadurch selbst ad absurdum geführt hätte. In Großbritannien hätte man die Staatsschulden nur mittels einer Steuer von etwa 25% über 300 Jahre hinweg zahlen können. Aber eine solche Zusatzbesteuerung hätte so abschwächend auf die Produktion wirklichen Reichtums wirken können, dass das Nationaleinkommen schneller gefallen wäre, als die Steuereinnahmen gestiegen, und dass dadurch die Bezahlung der Schulden durch Steuern sogar unmöglich geworden wäre. Außerdem waren alle diese alternativen Methoden zur Bezahlung der Staatsschulden von unterschiedlicher Wirkung in Hinsicht auf die zwei anderen finanziellen Probleme, die das Denken der Experten und der Staatsmänner beherrschten, Inflation und Preisparitäten. Diese Probleme waren ebenso drängend wie die Staatsschulden und die unterschiedlichen Arten der Bezahlung der Staatsschulden musste auf sie ganz unterschiedliche Wirkungen ausüben. Das Bezahlen der Staatsschulden mit neugedrucktem ungedecktem Geld hätte das Inflationsproblem und vielleicht auch das Problem der Preisparitäten verschärft. Besteuerung und die Schaffung vermehrter realer Werte andererseits hätten auch das Inflationsproblem zugleich mit der Rückzahlung der Staatsschulden verringern können, weil beides den Wert des Geldes erhöht hätte (das heißt, sie waren deflationär). Ihre Auswirkungen auf das Problem der Preisparität musste sich je nach Umständen ändern.

Schließlich wurden diese Methoden zur Bezahlung der Staatsschulden auch in der Theorie unterschiedlich gewichtet. Die orthodoxe Theorie verwarf Annullierung, Abwertung und ungedeckte Geldschöpfung als Lösungen des Problems. Da sie keinen Weg für die vermehrte Schaffung wirklichen Reichtums aufzeigen konnte, blieb ihr nur die Besteuerung als Methode zur Bezahlung der Staatsschulden. Aber wie wir gesehen haben, konnten die Theoretiker Besteuerung nur dann als gangbaren Weg betrachten, wenn sie die wirtschaftlichen Konsequenzen ausblendeten. Diese Konsequenzen erwiesen sich aber in den meisten Ländern als so katastrophal, dass die Besteuerungsmethode, wo man sie einmal anzuwenden versucht hatte, schnell durch andere, unorthodoxere Instrumente ersetzt werden musste. Großbritannien und die Vereinigten Staaten waren die beiden einzigen Großmächte, die fortfuhren, Besteuerung als wichtigstes Instrument zur Zahlung der Staatsschulden zu verwenden.

Das zweite Hindernis für die Stabilisierung war die Inflation. Diese hatte ihre Ursache im großen Anwachsen der abstrakten Forderungen auf Werte (Geld) und zeigte sich in einem drastischen Anstieg der Preise. Es gab dafür drei mögliche Lösungen: a) die Vergrößerung der Produktion reeller Werte, b) die Reduktion der Geldmenge oder c) eine Abwertung, das heißt die Herabsetzung des Wertes einer Geldeinheit im Verhältnis zu realen Werten (insbesondere Gold). Die beiden ersten würden beide die Preise auf das niedrigere Vorkriegsniveau zurückgezwungen haben, aber in je vollkommen unterschiedlicher Weise. Der eine hätte zu Wohlstand und einem großen Anstieg des Lebensstandards geführt, der andere in eine Depression und zu einem starken Fallen des Lebensstandards. Die dritte Methode (Abwertung) hätte dagegen eine Anerkennung und Akzeptanz der tatsächlich bestehenden Situation beinhaltet und hätte die Preise dauerhaft auf dem höheren Nachkriegsniveau belassen. Das hätte eine dauerhafte Herabsetzung des Geldwertes beinhaltet und hätte die Außenwerte der Währungen zu einander verändert (es sei denn, aufgrund eines internationalen Abkommens hätten alle Länder in derselben Quote abgewertet). Aber es hätte zugleich Wohlstand und einen wachsenden Lebensstandard gebracht und hätte die Umverteilung des Reichtums von Gläubigern zu Schuldnern, die ein Resultat der Inflation der Kriegszeit war, als dauerhaft akzeptiert.

Da die dritte Methode (Abwertung) von den orthodoxen Theoretikern verworfen wurde und da niemand eine Idee hatte, wie man die erste (Erhöhung wirklicher Werte) realisieren konnte, blieb nur die zweite (Deflation) als eine mögliche Methode für den Umgang mit dem Problem der Inflation. Vielen Menschen erschien es als axiomatisch, dass eine Deflation das Heilmittel für die Inflation sei, zumal ja Banker Deflation als etwas an sich Gutes betrachteten. Darüber hinaus ging die Deflation als eine Methode des Umgangs mit dem Problem der Inflation Hand in Hand mit Besteuerung als einer

Methode des Umgangs mit dem Problem der Staatsschulden. Die Theoretiker hielten sich nicht damit auf, darüber nachzudenken, was die Wirkungen beider auf die Produktion reeller Werte und auf den Weltwohlstand wären.

Das dritte finanzielle Hindernis für die Stabilisierung war das der Preisparitäten. Das war hauptsächlich ein internationales Problem, während die beiden anderen in erster Linie Probleme der Binnenökonomien waren. Das Außerkraftsetzen des Goldstandards und die Einführung von Devisenkontrollen bei Ausbruch des Krieges hatten die Preise in den kriegführenden Ländern in unterschiedlichem Maße steigen lassen. Zum Beispiel stiegen die Preise in Großbritannien in sieben Jahren (1913–1920) um 200%, während es in den USA nur 100% waren. Das daraus resultierende Ungleichgewicht musste korrigiert werden, bevor die beiden Länder zum alten Goldstandard zurückkehrten, sonst würde der gesetzlich festgesetzte Wert der beiden Währungen weit von dem in Gütern ausgedrückten entfernt sein. Wenn sie im alten Verhältnis zum Gold zurückkehrten, würde eine Unze Feingold dem Gesetz nach 20,67 Dollar in den Vereinigten Staaten und ungefähr 84 Shilling, 11,5 Pence in Großbritannien entsprechen. Für die 20,67 Dollar hätte man in den USA 1920 etwa die Hälfte von dem kaufen können, was man 1913 bekommen hätte; für die 84 s 11,5 d konnte man in Großbritannien dagegen 1920 nur ungefähr ein Drittel von dem kaufen, was man 1913 bekommen hatte. Die Goldunze wäre dann in den Vereinigten Staaten sehr viel mehr wert als in Großbritannien, so dass Ausländer (und auch Briten) es vorziehen würden, in den Vereinigten Staaten und nicht in Großbritannien zu kaufen. Das Gold würde die Neigung annehmen, von Großbritannien in die Vereinigten Staaten zu fließen, während die Güter die umgekehrte Richtung nehmen würden. Bei einem solchen Zustand würde man davon sprechen, dass das Pfund überbewertet und der Dollar unterbewertet sei. Die Überbewertung würde in Großbritannien eine Depression verursachen, während die Vereinigten Staaten eher Wohlstand hätten. Ein solches Ungleichgewicht in den Preisen könnte entweder durch ein Sinken der Preise in dem Land, dessen Währung überbewertet ist, oder durch ein Ansteigen der Preise in dem Land, dessen Währung unterbewertet ist (oder durch beides), ausgeglichen werden. Eine solche Angleichung würde großenteils automatisch vor sich gehen, aber um den Preis eines beträchtlichen Goldflusses aus dem Land, dessen Währung überbewertet war.

Weil sich das Problem der Preisparitäten entweder selbst regulieren oder eine internationale Vereinbarung für seine Regulierung fordern würde, galt ihm keine wirkliche Aufmerksamkeit, als die Regierungen sich den Aufgaben der Stabilisierung zuwandten. Stattdessen konzentrierten sie sich auf die anderen beiden Probleme und widmeten ihre Aufmerksamkeit insbesondere der Aufgabe, ausreichende Goldreserven aufzubauen, um ihnen zu ermöglichen, ihre Pläne in Bezug auf die beiden anderen Probleme auszuführen.

Nachdem 1919 der Frieden unterzeichnet worden war, wollten die meisten Länder so schnell als möglich ihre Währungen stabilisieren. Die Schwierigkeiten der drei erwähnten Probleme machten es aber nötig, diesen Schritt auf Jahre hinaus zu verschieben. Der Prozess der Stabilisierung erstreckte sich deshalb über mehr als ein Jahrzehnt von 1919 bis 1931. Allein die Vereinigten Staaten waren fähig, sofort zum Goldstandard zurückzukehren. Das war die Folge einer merkwürdigen Verbindung von Umständen, die so nur in den Vereinigten Staaten existierte. Die Vereinigten Staaten besaßen eine große Menge Gold. Außerdem hatten sie eine technologische Struktur, die sich stark von der jeden anderen Landes, vielleicht mit Ausnahme Japans, unterschied. Die amerikanische Technologie schritt in den Jahren 1922–1928 so schnell voran, dass es selbst bei sinkenden Preisen Wohlstand gab, weil die Produktionskosten noch schneller sanken. Diese Situation wurde dadurch unterstützt, dass die Preise für Rohstoffe und Nahrungsmittel schneller fielen als die Preise für industrielle Produkte, so dass die Produktion dieser Letzteren sehr profitabel war. Als Folge davon erreichte Amerika mehr als irgendein anderes Land eine Lösung für Inflation und Staatsschulden, welche die Theoretiker zwar für möglich erklärt, aber von der keiner gewusst hatte, wie sie zu erreichen wäre – nämlich die Lösung, die im Anwachsen der realen Werte liegt. Dieser Anstieg machte es gleichzeitig möglich, die Staatsschulden zurückzuzahlen und die Steuern herunterzuschrauben; er ermöglichte auch eine Deflation ohne Depression. Eine glücklichere Lösung des Nachkriegsproblems wäre kaum zu finden gewesen – für eine gewisse Zeit wenigstens. Auf lange Sicht brachte diese Situation aber auch Nachteile. Da die Kosten schneller sanken als die Preise und da die Preise für Landwirtschaftserzeugnisse und Rohstoffe schneller fielen als die Preise für Industriewaren, würde die Bevölkerung langfristig nicht mehr genug Kaufkraft besitzen, um die Produkte der industriellen Organisationsweise zu kaufen. Dieses Problem wurde eine Zeitlang durch billige Kredite und Ratenzahlungsverfahren im heimischen Markt und durch die Gewährung riesiger Anleihen an fremde Länder, die es diesen Ländern ermöglichten, die Produkte der amerikanischen Industrie zu kaufen, ohne zum Ausgleich eigene Güter auf dem amerikanischen Markt verkaufen zu müssen, hinausgeschoben. So kam es in den Vereinigten Staaten aufgrund einer sehr ungewöhnlichen Kombination von Umständen zu einem sehr ungewöhnlichen Wohlstandsboom. Diese Umstände brachten aber in mancherlei Hinsicht nur einen Aufschub, keine Lösung, der Schwierigkeiten, zumal das theoretische Verstehen dessen, was eigentlich vorging, immer noch fehlte.

In anderen Ländern verlief die Stabilisierungsperiode weniger glücklich. In Großbritannien wurde die Stabilisierung mittels orthodoxer Instrumente erreicht – das heißt Besteuerung als Mittel gegen die Staatsschulden und Deflation als Mittel gegen die Inflation. Diese Heilmittel hielt man für notwendig auf dem Weg zurück zur alten Goldparität. Da aber Großbritannien keine ausreichende Goldversorgung hatte, musste die Deflationspolitik rücksichtslos durchgesetzt werden, um die zirkulierende Geldmenge bis auf ein Quantum herabzusetzen, das klein genug war, um der verfügbaren Goldmenge im alten Verhältnis zu entsprechen. Gleichzeitig beabsichtigte diese Politik, die britischen Preise auf das Niveau der Weltpreise zu senken. Die ungedeckten Geldscheine, die zusätzlich zu den ursprünglichen Banknoten ausgegeben worden waren, wurden zurückgezogen und das Kreditvolumen wurde heruntergeschraubt durch eine Erhöhung des Diskontsatzes bis zu einem Panik auslösenden Niveau. Die Folgen waren schrecklich. Die privatwirtschaftlichen Aktivitäten gingen drastisch zurück und die Arbeitslosigkeit stieg auf deutlich über eineinhalb Millionen. Der drastische Preisverfall (von Indexwert 307 1920 auf 197 1921) ließ die Produktion unprofitabel werden, wenn nicht die Kosten noch schneller gesenkt wurden. Das war unmöglich, weil die Gewerkschaften entschlossen waren, zu verhindern, dass die Hauptlast der Deflationspolitik mittels Lohnkürzungen ihren Mitgliedern auferlegt würde. Die Folge waren eine große Welle von Streiks und industriellen Unruhen.

Die britische Regierung konnte den Erfolg ihrer Deflation nur am Vergleich ihres eigenen Preisniveaus mit den Weltpreisniveaus messen. Das geschah mithilfe des Wechselkurses zwischen Pfund und Dollar. Damals war der Dollar die einzige wichtige Währung mit Golddeckung. Man erwartete, dass das Sinken der Preise in Großbritannien sich in einem Anstieg im Wert des Pfundes auf dem Devisenmarkt, ausgedrückt in Dollar, spiegeln würde. Wenn sich das Pfund schrittweise der Vorkriegsmarke von 4,86 Dollar nähern würde, würde dieser Anstieg zugleich das Sinken der britischen Preise bis zum amerikanischen (oder Welt-)Preisniveau anzeigen. Im Allgemeinen stimmte das, aber es berücksichtigte die Spekulanten nicht, die – weil sie den Anstieg des Pfundes sahen – Dollar verkauften, um Pfund zu kaufen, und so den Wert des Dollars schneller drückten und den Wert des Pfundes schneller nach oben zogen, als es durch die Veränderungen in den Preisniveaus der beiden Länder gerechtfertigt gewesen wäre. Auf diese Weise stieg das Pfund auf 4,86 Dollar, während das britische Preisniveau noch nicht auf das amerikanische gefallen war. Der Schatzkanzler Winston Churchill allerdings beurteilte das Preisniveau nach dem Wechselkurs, glaubte, es sei genügend gefallen, und ging an diesem Punkt zurück zum Goldstandard. Als Folge davon war der Sterling überbewertet und Großbritannien fand sich in isolierter Stellung auf einem Preissockel über dem Weltmarkt, von dem es doch wirtschaftlich abhängig war. Die höheren britischen Preise ließen die Importe anwachsen und die Exporte zurückgehen und führten zu einem Abfluss von Gold, der die Goldreserven auf gefährliche Tiefen sinken ließ. Um überhaupt noch Goldreserven im Land zu halten, war es notwendig, den Diskontsatz so weit hochzuschrauben (4,5% oder mehr), dass die wirtschaftliche Aktivität entmutigt wurde. Die einzige Lösung dieser Situation, welche sich die britische Regierung vorzustellen vermochte, bestand in weiterer Deflation. Dieser Versuch, die Preise zum Fallen zu bringen, scheiterte aber, weil die Gewerkschaften die drastische Senkung der Kosten (hauptsächlich in Form von Löhnen), die nötig gewesen wäre, um in dieser deflationären Situation profitabel wirtschaften zu können, zu verhindern wussten. Ebenso wenig war es möglich, den Oberklassen, welche die Regierung kontrollierten, im notwendigen Maße Steuererhöhungen aufzuerlegen, worin die andere Methode der Deflation bestanden hätte. Der entscheidende Kampf um die Deflationspolitik kam beim Generalstreik von 1926. Die Gewerkschaften verloren den Streik – das heißt, sie konnten die Deflationspolitik nicht verhindern. Aber sie machten es für die Regierung unmöglich, die Reduzierung der

Kosten bis zu dem Ausmaß voran zu treiben, das notwendig gewesen wäre, um die Profite der Privatwirtschaft und den Export wieder anzukurbeln.

Als Folge dieser Finanzpolitik hatte Großbritannien die ganze Zeit von 1920 bis 1933 mit Deflation und Rezession zu tun. Diese waren stark von 1920 bis 1922, gemäßigt 1922-1929 und wiederum stark 1929-1933. Der Preisindex für den Großhandel (1913 = 100) fiel von 307 1920 auf 197 1921 und fiel dann langsam weiter bis auf 137 1928. Dann fiel er schneller auf 120 1929 und 1933 auf 90. Die Arbeitslosenzahl lag im Durchschnitt bei 1,75 Millionen für jedes der zwölf Jahre von 1921 bis 1932 und erreichte 1931 3 Millionen. Zur gleichen Zeit führte der Mangel an Goldreserven zur finanziellen Unterwerfung Großbritanniens unter Frankreich (das aufgrund seiner anderen Finanzpolitik sehr viel Gold hatte). Diese Unterwerfung glich die politische Unterwerfung Frankreichs unter Großbritannien, die aus dem französischen Sicherheitsbedürfnis herrührte, aus und endete erst mit Großbritanniens Aufgabe des Goldstandards 1931.

Großbritannien war das einzige wichtige europäische Land, das Stabilisierung durch Deflation erreichte. In seinem Osten erreichte eine Gruppe von Ländern, zu denen Belgien, Frankreich und Italien gehörten, Stabilisierung durch Abwertung. Das war eine sehr viel bessere Methode, die allerdings nicht aufgrund überlegener Einsicht, sondern wegen finanzieller Schwäche gewählt wurde. In diesen Ländern machten es die Lasten des Wiederaufbaus von Kriegsschäden unmöglich, die Haushalte auszugleichen, und das wiederum stand einer Stabilisierung durch Deflation im Wege. Die führenden Gruppen dieser Länder akzeptierten zwar die orthodoxen finanziellen Ideen und versuchten es 1920-1921 mit Deflation, gaben aber nach den daraus resultierenden Rezessionen diese Linie auf. Belgien stabilisierte zu einem Zeitpunkt auf 107 Franc zum Pfund, konnte dieses Niveau aber nicht halten und wertete bis auf 175 Franc zum Pfund ab (Oktober 1926). Frankreich stabilisierte auf 124,21 Franc zum Pfund Ende 1926, obwohl die Stabilisierung de jure erst im Juni 1928 erfolgte. Italien stabilisierte bei 92,46 Lire zum Pfund Sterling im Dezember 1927.

Die Länder, die Stabilisierung durch Abwertung erreichten, prosperierten im Vergleich mit denjenigen, die Stabilisierung durch Deflation erreichten. Der Aufschwung ging etwa parallel mit dem jeweiligen Grad der Abwertung. Von den drei lateinischen Ländern – Belgien, Frankreich und Italien – wertete Belgien am meisten ab und hatte den stärksten Aufschwung. Seine Stabilisierung fand auf einem Preisniveau unterhalb des Weltniveaus statt, so dass der Belga um etwa ein Fünftel unterbewertet war. Das erleichterte die Exporte. Das ermöglichte es dem industrialisierten Belgien, vom Unglück Großbritanniens zu profitieren. Frankreich war in einer ähnlichen Position. Italien stabilisierte im Gegensatz dazu auf einer Quote, auf der die Lira beträchtlich überbewertet war. Das geschah aus Prestigegründen – Mussolini wollte die Lira auf einem höheren Wert als dem des französischen Franc stabilisieren. Die Wirkungen dieser Überbewertung der Lira auf die italienische Wirtschaft waren negativ. Italien fand nach der Stabilisierung nicht wieder zu dem Aufschwung zurück, der davor geherrscht hatte.

Die Länder, die ihre Währung unterbewerteten, prosperierten nicht nur; sie verringerten auch bei sich das Ungleichgewicht zwischen realen Werten und Geld; sie konnten mithilfe der Inflation ihren Produktionsausstoß vergrößern; sie entkamen hohen Steuern; sie schwächten die Stabilisierungskrise und die deflationäre Depression ab oder entkamen ihr sogar; sie verbesserten ihre Positionen auf dem Weltmarkt im Vergleich zu Hochlohnländern wie Großbritannien; und sie füllten ihre Goldlager auf.

Eine dritte Gruppe von Ländern erreichte Stabilisierung durch Neuaufbau. Das waren die Länder, in denen die alte Währungseinheit ausradiert worden war und durch eine neue ersetzt werden musste. Dazu gehörten Österreich, Ungarn, Deutschland und Russland. Die beiden ersten wurden durch ein internationales Hilfsprogramm stabilisiert, das vom Völkerbund ausgearbeitet worden war. Das letzte musste sein Finanzsystem selbst ausarbeiten. Deutschlands System wurde als eine Folge des Dawes-Planes reorganisiert. Der Dawes-Plan sorgte, wie wir in unserem Kapitel über die Reparationen gesehen haben, für die Goldreserven, die für eine neue Währung notwendig waren, und sah eine Devisenkontrolle vor, durch die Deutschland vor den orthodoxen Finanzprinzipien beschützt war. Diese Kontrollen dauerten bis 1930 und ermöglichten es Deutschland, aus dem Ausland, besonders aus den Vereinigten Staaten, jene Gelder zu leihen, die nötig waren, um sein wirtschaftliches System trotz eines unausgeglichenen Haushaltes und einer negativen Handelsbilanz am Laufen zu halten. In der Zeit von 1924 bis 1929 wurde die industrielle Struktur Deutschlands mittels dieser Gelder weitgehend neu aufgebaut. Als die Depression kam, hatte Deutschland aufgrund dessen die effizienteste industrielle Maschinerie Europas und wahrscheinlich die zweiteffizienteste auf der Welt (nach den Vereinigten Staaten). Das deutsche Finanzsystem hatte wegen der Auflagen des Dawes-Plans bezüglich der Offenmarktpolitik der Reichsbank und wegen der allgemein langsamen Reaktion der deutschen Wirtschaft auf Veränderungen des Diskontsatzes nur unzureichende Kontrollen gegen Inflation und überhaupt keine gegen eine Deflation. Das Preisniveau war 1924 auf 137 und 1929 noch auf derselben Höhe (1913 = 100). In dieser Sechs-Jahres-Periode war es bis 142 (1925) gestiegen und bis auf 134 (1926) gefallen. Die Preisstabilität wurde von einer Stabilität der wirtschaftlichen Umstände begleitet. Diese allgemeinen Bedingungen erzeugten zwar keinen Boom, aber es gab vor 1930 nur ein schlechtes Jahr. Das war 1926, das Jahr, in dem die Preise von 142 (1925) auf 134 gefallen waren. In diesem Jahr erreichte die Arbeitslosigkeit einen Durchschnitt von 2 Millionen. Das beste Jahr war 1925, in dem der Arbeitslosendurchschnitt bei 636.000 lag. Der Rückgang des Aufschwungs von 1925 auf 1926 lag am Mangel an Krediten als Folge der unzureichenden Versorgung mit einheimischen Krediten und eines temporären Sinkens der Auslandskredite. Es war diese kurze Schleife im Wirtschaftsaufschwung, die Deutschland auf die Bahn der technologischen Reorganisation führte. Das erlaubte Deutschland, seinen Ausstoß bei sinkender Beschäftigung zu erhöhen. Der durchschnittliche jährliche Anstieg der Arbeitsproduktivität lag in Deutschland in der Zeit von 1924 bis 1932 bei 5%.

Der Ausstoß pro Arbeitsstunde in der Industrie stieg von 87,8 im Jahr 1925 bis 1930 auf 115,6 und auf 125 im Jahr 1932 (1928 = 100). Dieses Produktivitätswachstum intensivierte die Wirkung der Depression in Deutschland. Die Arbeitslosigkeit, die 1930 im Durchschnitt bei etwa drei Millionen lag, erreichte Ende 1932 mehr als sechs Millionen. Die Implikationen davon werden wir im Detail in unserer Studie über den Aufstieg Hitlers zur Macht untersuchen.

Die Stabilisierungsperiode endete nicht vor etwa 1931, auch wenn es nur geringfügigere Mächte waren, die in diesem letzten Jahr noch stabilisierten. Die letzte Großmacht, die de jure stabilisierte, war Frankreich im Juni 1928 und de facto hatte es schon sehr viel länger stabilisiert. Im ganzen Zeitraum stabilisierten etwa fünfzig Länder ihre Währungen auf den Goldstandard hin. Aber wegen der Goldquantitäten, die nötig waren, um die gebräuchlichen Reservesätze zu halten (das heißt, die Sätze vor 1914), war bei den höheren Preisen, die in der Stabilisierung vorherrschten, kein wichtiges Land fähig, im vollen Sinne von 1914 zum Goldstandard zurückzukehren. Der hauptsächliche Wechsel war der zu einem «Golddevisenstandard» oder «Goldbarrenstandard» anstelle des alten Goldstandards. Beim Golddevisenstandard konnten Devisen von Ländern, die den Goldstandard beachteten, anstatt Gold als Reserven für Noten oder Einlagen verwandt werden. Auf diese Art konnten die begrenzten Goldvorräte der Erde für ein sehr viel größeres Volumen fiktiven Reichtums verwandt werden, weil das gleiche Gold in einem Land als Barrenreserve und in einem anderen als Golddevisenreserve verwandt wurde. Sogar die Länder, die auf einen direkten Goldstandard hin stabilisierten, machten das doch auf eine Art, die sich grundlegend von der von 1914 unterschied. Nur in wenigen Ländern war ein freier und kostenloser wechselseitiger Umtausch von Noten, Münzen und Goldbarren ineinander möglich. In Großbritannien beispielsweise konnten durch den Erlass über den Goldstandard vom Mai 1925 Noten für Gold nur in der Form von Barren und nur in Höhe von mindestens 400 Feinunzen auf einmal (das heißt von nicht unter 8,268 Dollar) eingetauscht werden. Nur die Bank von England durfte Barren münzen. Allerdings war die Bank verpflichtet, alles Gold, das ihr angeboten wurde, für 77 s 10,5 d für die Standardunze zu kaufen. Banknoten konnten nur nach Gutdünken der Bank in Goldmünzen umgetauscht werden. So unterschied sich der Goldstandard von 1925 beträchtlich von dem von 1914.

Das zeigt, dass selbst bei oberflächlicher Betrachtung 1930 der internationale Goldstandard von 1914 nicht wieder etabliert war. Die gesetzlichen Grundlagen waren andere; die finanziellen Bedürfnisse und Instrumente waren weitgehend verschieden; die tieferen zugrundeliegenden Bedingungen des wirtschaftlichen und kommerziellen Lebens waren vollkommen verschieden und entfernten sich immer weiter voneinander. Trotzdem versuchten Finanzleute, Geschäftsleute und Politiker, sich selbst und der Öffentlichkeit vorzumachen, dass sie das Finanzsystem von 1914 wiedererrichtet hätten. Sie hatten eine Fassade errichtet, die ein mit Lametta überzogenes Kartenhaus war und die eine schwache Ähnlichkeit mit dem alten System hatte. Sie hofften, diese Fassade in die verlorene Realität, nach der sie sich sehnten, zu verwandeln, wenn sie die Identität nur nachdrücklich genug vorspiegelten. Zur gleichen Zeit, als sie Politiken verfolgten (wie Zölle, Preiskontrollen, Produktionskontrollen), durch welche die tiefer liegende Realität immer weiter von derjenigen des Jahres 1914 wegdriftete, verlangten sie von anderen Regierungen, sich ganz anders zu verhalten. Diese Situation, in der eine Vorspiegelung als Realität und die Realität als böser Traum behandelt wurde, konnte nur in die Katastrophe führen. Das passierte auch. Die Periode der Stabilisierung wurde zunehmend zu einer Ära der Deflation und der Depression.

Wie wir schon sagten, legte der Finanzkapitalismus keinen Akzent auf Güteraustausch oder Güterherstellung, wie es die früheren Stadien des Handels- und Industriekapitalismus getan hatten. Tatsächlich hatte der Finanzkapitalismus an sich wenig Interesse an Gütern. Er befasste sich so gut wie ausschließlich mit *bloßen Forderungen* auf Werte – Aktien, Obligationen, Hypotheken, Versicherungen, Einlagen, Vollmachten, Zinssätzen und dergleichen.

Er investierte nicht deshalb Kapital, weil er Interesse an der Erhöhung des Ausstoßes von Gütern oder Dienstleistungen gehabt hätte, sondern weil er Wertpapiere (häufig überschüssige Wertpapiere) auf dieser Produktionsgrundlage auflegen wollte. Er baute Eisenbahnen, um Wertpapiere zu verkaufen, nicht um Güter zu transportieren; er errichtete große Stahlwerke, um Wertpapiere zu verkaufen, nicht um Stahl herzustellen, usw. Aber ganz nebenbei steigerte er den Gütertransport, die Stahlproduktion und die Güterherstellung trotzdem beträchtlich. Seit der Mitte des finanzkapitalistischen Stadiums hatte sich die Formation des Finanzkapitalismus aber zu einem hochdifferenzierten Niveau der Gewährung von Sicherheiten und der Spekulation entwickelt, das keine produktiven Investitionen mehr als Grundlage benötigte. Unternehmen wurden über Unternehmen in der Form von Holdinggesellschaften errichtet, so dass gewaltige Mengen von Wertpapieren aufgelegt wurden. Das brachte den Finanzkapitalisten profitable Gebühren und Kommissionen ohne irgendeine Steigerung der wirtschaftlichen Produktion. Die Finanzkapitalisten stellten sogar fest, dass sie nicht nur mit der Ausgabe solcher Wertpapiere, sondern auch – wegen der Gebühren und Kommissionen bei einer Reorganisation – mit dem Bankrott der Unternehmen Gewinne machen konnten. Diese Finanzkapitalisten fingen damit an, einen sehr willkommenen Kreislauf von Emissionen, Bankrott und neuen Emissionen und neuem Bankrott zu praktizieren. Je exzessiver die Ausgaben (an Wertpapieren), umso größer die Profite und umso drohender der Bankrott; je häufiger die Bankrotte, umso höher die Profite für die Rekonstruktion und umso rascher die Gelegenheit für neue exzessive Ausgaben (von Wertpapieren) mit dabei anfallenden Profiten. Dieses exzessive Stadium erreichte allerdings nur in den Vereinigten Staaten seine volle Höhe. In Europa kam es nur vereinzelt dahin.

Die Ausbreitung des Finanzkapitalismus machte eine Zentralisierung der Kontrolle über die Weltwirtschaft möglich und führte dazu, dass diese Macht zum unmittelbaren Nutzen der Finanziers und zum indirekten Schaden aller anderen wirtschaftlichen Gruppen ausfiel. Diese Machtkonzentration konnte aber nur durch Methoden erreicht werden, welche schließlich auch die Keime des Monopolkapitalismus ausstreuten. Die finanzielle Kontrolle konnte durch Kontrolle der Kredite und miteinander verzahnte Aufsichtsratsmandate nur unvollständig ausgeübt werden. Um diese Kontrolle zu stärken, war zusätzlich eine Übernahme der Eigentümerschaft in Form von Aktienbesitz in einem gewissen Maß unerlässlich. Aber Aktieneigentum war insofern gefährlich für die Banken, als sie selbst mehr in Einlagen (das heißt kurzfristigen Verbindlichkeiten) als in Kapital (das heißt langfristigen Verbindlichkeiten) handelten. Das bedeutete, dass Banken, welche die wirtschaftliche Kontrolle mittels Aktienbesitz ausüben wollten, kurzfristige Verbindlichkeiten in langfristige Anlagen umwandelten. Das war nur so lange unproblematisch, als diese Letzteren rasch zu einem Preis flüssig gemacht werden konnten, der hoch genug war, um die kurzfristigen Verbindlichkeiten, wenn sie zur Auszahlung verlangt wurden, bedienen zu können. Aber in Wirklichkeit kam es dazu, dass diese Wertpapieranlagen mit der Zeit eingefroren wurden, weil sowohl das Wirtschafts- als auch das Finanzsystem deflationär waren. Das Wirtschaftssystem war infolge der Produktivitätssteigerung deflationär, weil die Erschließung von Energiequellen und die moderne Technologie einen großen Anstieg wirklichen Reichtums verursachten. Das hieß, dass auf lange Sicht die Kontrolle der Banken durch die Fortschritte der Technologie unterlaufen wurde. Das Finanzsystem war wegen des Bestehens der Banker auf dem Goldstandard mit allen Implikationen, die sich daraus ergaben, ebenfalls deflationär.

Um diesem Dilemma zu entkommen, kämpften die Finanzkapitalisten an zwei Fronten. Auf der Seite des Geschäfts versuchten sie Kontrolle und Eigentümerschaft an Wertpapieren voneinander zu trennen, im Glauben, dass sie die Erstere behalten und die Letztere aufgeben könnten. Auf der industriellen Seite versuchten sie die Bildung von Monopolen voranzutreiben und die Produktion zu beschränken, um so die Preise hoch und ihre Wertpapieranlagen liquide zu halten.

Die Bemühungen der Finanziers, Eigentum und Kontrolle voneinander zu trennen, wurden von den großen Kapitalbedürfnissen der modernen Industrie unterstützt. Diese Kapitalbedürfnisse in der Wirtschaft ließen die Organisationsform der Kapitalgesellschaft notwendig werden. Ihr Zweck ist es ja, das Kapital einer großen Zahl von Menschen in einem Unternehmen zu vereinigen, das von einer kleinen Zahl von Menschen kontrolliert wird. Die Finanziers taten alles, was sie konnten, um die erste Zahl so groß wie möglich werden zu lassen und die zweite so klein wie möglich zu halten. Das Erste wurde durch Aktiensplitting, die Ausgabe von Wertpapieren geringer Größe und durch besondere Verkaufstechniken für Wertpapiere erreicht, das Zweite durch gebündelte Stimmrechte, nicht stimmberechtigte Aktien, ein Pyramidennetz von Holdinggesellschaften, die Berufung von Direktoren durch Kooptation und ähnliche Techniken. Die Folge davor war, dass immer größere Konzentrationen von Reichtum in den Händen immer kleinerer Gruppen von Menschen lagen.

Während der Finanzkapitalismus so das komplizierte Gewebe des modernen Gesellschaftsrechtes und der dazugehörigen Praxis wob, etablierte er auf der anderen Seite Monopole und Kartelle. Aber beides führte schließlich dazu, dem Finanzkapitalismus sein eigenes Grab zu schaufeln und stattdessen die neuere Struktur des Monopolkapitalismus herrschend werden zu lassen. Auf der einen Seite befreiten die Finanziers die Kontrolleure der Wirtschaft von den Eigentümern, aber auf der anderen führte diese Konzentration zu Konditionen für die Monopole, welche die Kontrolleure von den Banken befreiten.

Der Zeitpunkt, zu dem ein Land zuerst zum Finanzkapitalismus und dann später zum Monopolkapitalismus überwechselte, hing von der Verfügbarkeit von Kapital für die Privatwirtschaft ab. Dieser Zeitpunkt konnte durch die Regierungen beschleunigt oder verzögert werden. In den Vereinigten Staaten wurde der Durchbruch des Monopolkapitalismus durch die Antimonopolgesetzgebung der Regierung verzögert, während er in Deutschland durch seine Kartellgesetzgebung beschleunigt wurde. Der wirkliche Schlüssel für den Übergang lag in der Kontrolle der Geldflüsse, besonders der Investitionsgelder. Diese Kontrolle hatten die Investmentbanker um 1900. Sie wurden aber durch andere Finanzquellen wie Versicherungen, Pensionsfonds und Investmentfonds und insbesondere durch die Geldflüsse, die aus den Fiskalpolitiken der Regierungen resultierten, aus dem Sattel gehoben. Bemühungen der älteren privaten Investmentbanker, auch diese neuen Kanäle unter Kontrolle zu bringen, hatten unterschiedlichen Erfolg. Im Allgemeinen wurde der Finanzkapitalismus durch zwei Ereignisse zerstört: 1) die Fähigkeit der Industrie, ihre Kapitalbedürfnisse selbst zu finanzieren wegen der gestiegenen Profite, welche die Folge einer durch die Politik des Finanzkapitalismus verringerten Konkurrenz waren; und 2) die Wirtschaftskrise, die von der deflationären Politik ausgelöst wurde, die eine Folge der Obsession des Finanzkapitalismus mit dem Goldstandard war.

Die Deflationsperiode (1927–1936)

Die Periode der Stabilisierung kann nicht eindeutig von derjenigen der Deflation getrennt werden. In den meisten Ländern begann die Deflationsperiode 1921, wurde nach etwa vier oder fünf Jahren virulenter und erreichte nach 1929 einen Grad, der akut genannt werden könnte. Im ersten Teil dieser Periode (1921–1925) waren die gefährlichen wirtschaftlichen Implikationen noch verhüllt durch eine Struktur der Selbsttäuschung, die vorgab, dass eine großartige Periode wirtschaftlichen Aufschwungs einsetzen würde, sobald die Stabilisierungsaufgabe vollbracht sei. Dieser psychologisch motivierte Optimismus konnte sich freilich in keiner Weise auf wirtschaftliche Tatsachen berufen. Das galt sogar für die Vereinigten Staaten, obwohl dort die wirtschaftlichen Fakten (wenigstens kurzfristig) vielversprechender waren als irgendwo sonst. Noch nach 1925, als die Deflation tiefere Wurzeln schlug und die wirtschaftlichen Umstände sich verschlechterten, blieb die Gefahr, die aus diesen Umständen drohte, durch die Verlängerung dieses ungerechtfertigten Optimismus weiterhin verhüllt. Das wichtigste Symptom der Unsolidität der zugrunde liegenden wirtschaftlichen Realität – der kontinuierliche Rückgang der Preise – wurde in der späteren Periode (1925-1929) durch einen kontinuierlichen Anstieg der Wertpapierkurse (der fälschlicherweise als gutes Zeichen betrachtet wurde) und durch die exzessiven Auslandsverleihungen der Vereinigten Staaten (die insgesamt in der Zeit von 1920 bis 1931 fast zehn Milliarden Dollar umfassten und die damit die Gesamtauslandsinvestitionen Ende 1930 auf fast 27 Mrd. Dollar gebracht hatten) verhüllt. Die amerikanischen Anleihen fürs Ausland waren der wichtigste Grund, warum die verfehlten wirtschaftlichen Grundstrukturen so lange verhüllt bleiben konnten. Vor dem Weltkrieg waren die Vereinigten Staaten ein Schuldner gewesen und hatten zum Bezahlen ihrer Schulden eine exportorientierte Wirtschaft entwickelt. Diese Kombination von Schuldner und Exporteur ist plausibel. Der Krieg machte die Vereinigten Staaten zu einer Gläubigernation, ließ sie aber zugleich zu einem noch größeren Exporteur werden, indem sie die Anbaufläche für Baumwolle und Weizen erhöhten und ihre Produktionskapazitäten für Schiffe, Stahl, Textilien usw. ausweiteten. Die daraus folgende Kombination von Gläubiger und Exporteur war nicht durchführbar. Die Vereinigten Staaten weigerten sich aber, eine der daraus unweigerlich folgenden Alternativen zu akzeptieren – nämlich, entweder die Schulden anderer bei ihnen herabzusetzen oder die eigenen Importe zu erhöhen. Stattdessen erhöhten sie die Importzölle und überbrückten die Lücke mit gewaltigen Anleihen ans Ausland. Aber das konnte keine dauerhafte Lösung sein. Nur vorübergehend konnten die Vereinigten Staaten sowohl Kreditgeber als auch Exporteur sein; es ermöglichte Deutschland, ohne Haushaltsüberschuss oder positive Handelsbilanz, Reparationen zu zahlen; es ermöglichte Dutzenden kleinerer Staaten, einen Goldstandard zu übernehmen, den sie in Wirklichkeit nicht halten konnten; es ermöglichte Frankreich, Großbritannien, Italien und anderen, ihre Kriegsschulden an die Vereinigten Staaten zu zahlen, ohne Güter dort zu verkaufen. Kurz gesagt, ermöglichte es der Welt, in einem Märchenreich der Selbsttäuschungen fern der wirtschaftlichen Realitäten zu leben.

Diese Realitäten waren charakterisiert durch a) grundlegende Gleichgewichtsstörungen sowohl wirtschaftlicher als auch finanzieller Natur, welche die Rückkehr zum Finanzsystem von 1914 unmöglich machten; und durch b) anhaltende Deflation.

Die grundlegenden Fehlanpassungen waren sowohl wirtschaftlicher als auch finanzieller Natur. Die wirtschaftlichen Fehlentwicklungen haben wir bereits erwähnt: die Industrialisierung der kolonialen Gebiete; die Überproduktion von Rohstoffen und Nahrungsmitteln als Folge der hohen Preise der Kriegszeit, die Überexpansion der Schwerindustrie als Folge der Kriegsbedürfnisse, die Überalterung der Schwerindustrie in Europa und Großbritannien, die es unmöglich machte, mit neueren Ausrüstungen zu konkurrieren oder mit den Veränderungen der Konsumentenbedürfnisse Schritt zu halten. Dazu kam die zunehmende relative Benachteiligung der Produzenten von Rohstoffen und Nahrungsmitteln im Kontrast zu den Herstellern von Industriewaren. Zu diesen älteren Faktoren kamen noch neue wie der große Produktivitätszuwachs in Deutschland und den Vereinigten Staaten, die Rückkehr Russlands und Deutschlands in die europäische Wirtschaft etwa um 1924 und die Rückkehr Europas in die Weltwirtschaft etwa von 1925 bis 1927. Viele Länder versuchten sowohl den alten als auch den neuen Faktoren zu entkommen, indem sie in Form von Zöllen, Importquoten, Exportsubventionen usw. politisch in die Wirtschaft intervenierten.

Die finanziellen Fehlentwicklungen führten zu Goldmangel und zu einer ungesunden Verteilung des Goldes. Der Mangel an Goldangebot hatte verschiedene Ursachen. Nach Schätzungen hätten die Weltvorräte an Gold zur Gelddeckung in den zwanziger Jahren um jährlich 3,1% steigen müssen, um die weltwirtschaftliche Entwicklung bei stabilen Preisen im Goldstandard zu unterstützen. Die Goldförderung nach 1920 lag unterhalb dieser Quote.

Als Folge der Aktivitäten des Völkerbundes und von finanziellen Beratern wie Professor E.W. Kemmerer von der Princeton University wurde jedes Land ermutigt, zum Goldstandard zurückzukehren. Das führte zu einem «Goldrausch», als jedes Land versuchte, sich genügend Gold zu verschaffen, um ausreichende Reserven zu haben. Weil 1928 mehr Länder «im Gold» waren als 1914 und weil die Preise im Allgemeinen höher als damals waren, wurde mehr Gold für die Reserven benötigt.

Die Bemühungen, diese Schwierigkeiten zu umschiffen, indem anstatt des Goldstandards ein Golddevisenstandard verwendet wurde, boten zwar ein Palliativ für das unzureichende Goldangebot, verstärkten aber das Problem der ungleichgewichtigen Verteilung des Goldes, weil der Golddevisenstandard nicht ebenso schnell auf Goldflüsse reagierte wie der Goldstandard und deshalb solche Flüsse nicht eindämmen konnte. Der Bedarf nach Gold wurde durch riesige flottierende Gelder vergrößert, die aus politischen Gründen oder aus Panik und deshalb unabhängig von den jeweiligen wirtschaftlichen Bedingungen von einem Markt in einen anderen transferiert wurden. Der Bedarf wurde außerdem durch die Tatsache erhöht, dass 1920 drei Hauptfinanzzentren existierten, die Zahlungen mithilfe von Goldverschiffungen leisteten, während 1914 nur ein Einziges existiert hatte, von wo aus die Zahlungen einfach durch Buchungen erfolgten. Als Ersatz dafür wurde 1929 die Bank für Internationalen Zahlungsausgleich geschaffen, funktionierte aber nie in der Art, wie es ihre Gründer gehofft hatten. Schließlich erhöhte sich der Goldbedarf durch das enorme Anwachsen der Auslandsschulden, von denen ein großer Teil politischer Natur war – wie Kriegsschulden und Reparationen.

Über der *Unzulänglichkeit* der Goldversorgung lag eine Struktur dramatischer *Fehlverteilung* des Goldes. Das an sich war schon ein ausreichender Beweis dafür, dass das Finanzsystem von 1914 zusammengebrochen war, denn das alte System würde automatisch für eine gleichmäßige Verteilung des Goldes gesorgt haben. Diese Fehlverteilung rührte daher, dass die automatischen Auswirkungen, die 1914 das Gleichgewicht hergestellt haben würden, wenn es Goldflüsse in irgendein Land gab (zum Beispiel steigende Preise oder fallende Zinssätze), 1928 in ihrer Funktionsweise blockiert waren. Damals lagen über vier Fünftel des Weltgoldes in fünf Ländern und über die Hälfte in zweien, den Vereinigten Staaten und Frankreich. Das Gold war aus ganz unterschiedlichen Gründen in diese zwei geflossen – in die Vereinigten Staaten, weil sie der Welt größter Gläubiger waren, nach Frankreich wegen der Abwertung des Franc. Großbritannien auf der anderen Seite hatte offene Guthaben von über 800 Mio. Pfund und bewegte jedes Jahr Transaktionen von 20 Mrd. Pfund bei einer Goldreserve von nur 150 Mio. Pfund. Diese Situation ermöglichte es Frankreich, Gold als politische Waffe gegen Großbritannien einzusetzen.

Als Folge dieser Umstände und der deflationären wirtschaftlichen Bedingungen begannen die Preise zu sinken, zuerst langsam, dann aber mit zunehmender Geschwindigkeit. Der Wendepunkt lag in den meisten Ländern 1925/1926, wobei Großbritannien eines der frühesten war (Januar 1925). In der ersten Hälfte 1929 wurde aus dieser langsamen Abwärtsbewegung ein rapides Fallen. Die folgende Tabelle zeigt die Veränderungen der Großhandelspreise in fünf wichtigen Ländern:

GROSSHANDELSPREISINDEX
(1913 = 100)

	USA	Großbritannien	Frankreich	Italien	Deutschland
1924	141	166	489	554	137
1925	148	159	550	646	142
1926	143	148	695	654	134
1927	137	142	642	527	138
1928	139	137	645	491	140
1929	137	120	627	481	137
1930	124	104	554	430	125
1931	105	102	520	376	111
1932	93	90	427	351	97
1933	95	90	398	320	93
1934	108	92	376	313	98
1935	115	93	339	344	102
1936	116	99	411	385	104
1937	124	114	581	449	106

Die wirtschaftlichen Effekte dieser tiefen Preise nach 1925 waren keine günstigen. Das blieb aber aus einer Reihe von Gründen längere Zeit verhüllt, besonders wegen der freizügigen Kreditpolitik der Vereinigten Staaten (sowohl nach außen als auch im Inneren) und wegen des Optimismus, den der Aktienboom mit sich brachte. Diese Fassade einer Prosperität über ungesunden wirtschaftlichen Grundlagen gab es praktisch weltweit. Nur in Frankreich und den Vereinigten Staaten gab es ein bedeutendes Wachstum bei der Schaffung wirklicher Werte, aber auch das war keineswegs so groß, wie es die Aktienkurse anzuzeigen schienen. In Großbritannien hatte der Boom die Form von Ausgaben neuer Aktien unsolider oder betrügerischer Gesellschaften und von einem kleinen Boom des Aktienmarktes (die Wertpapierkurse stiegen mit etwa einem Drittel der Geschwindigkeit der Kurssteigerungen in den Vereinigten Staaten). In Deutschland und in einem großen Teil Lateinamerikas beruhte der Boom auf Auslandsanleihen (hauptsächlich aus den USA), deren Erlöse hauptsächlich in nichtproduktive Investitionen gingen. In Italien wurde der Boom durch die Überbewertung der Lira von 1927 erdrosselt und war nur von kurzer Dauer.

Der Crash von 1929
Die Geschichte des Börsensturzes beginnt etwa 1927, als Frankreich den Franc de facto auf einem Niveau stabilisierte, das ihn abgewertet und unterbewertet sein ließ. Das führte zu einer großen Nachfrage nach Francs. Die Bank von Frankreich verkaufte Francs im Austausch für fremde Währungen. Die Francs dienten innerhalb Frankreichs als Kredite und hatten dadurch eine inflationierende Wirkung, die man am französischen Preisniveau der Jahre 1926–1928 ablesen kann. Die Devisen, die Frankreich im Austausch für seine Francs bekam, wurden zunächst nicht in Gold eingetauscht. 1928 stellte die Bank von Frankreich fest, dass sie fremde Währungen in Höhe von 32 Mrd. Franc (etwa 1,2 Mrd. Dollar) besaß. Etwa zu diesem Zeitpunkt begann die Bank von Frankreich, ihren Devisenbesitz in Gold umzutauschen, wobei sie das Metall hauptsächlich in London und New York kaufte. Wegen der unzureichenden Goldreserven in London hatte ein Treffen von Zentralbankern in New York entschieden, dass die Goldkäufe Frankreichs und Deutschlands in Zukunft von London nach New York gelenkt werden sollten (Juli 1927). Um zu verhindern, dass die daraus folgenden Goldabflüsse einen deflationären Effekt hätten, senkte die New Yorker Federal Reserve Bank ihren Diskontsatz von 4 auf 3.5%. Als die französischen Goldkäufe 1928 merkbar wurden, nahm die Federal Reserve Bank Offenmarktoperationen vor, um ein Gegengewicht zu schaffen, und kaufte Wertpapiere in Höhe des Wertes der französischen Goldkäufe.

Als Folge gab es keine Reduzierung der Geldmenge in Amerika. Dieses Geld floss aber in zunehmendem Maße mehr in Börsenspekulationen als in die Produktion realer Werte. Das kann man anhand der folgenden Tabelle ersehen, die den Index der Börsenkurse in England und den USA in den bezeichneten Jahren zeigt.

KURSE VON INDUSTRIEAKTIEN
(1924 = 100)

Jahr	Vereinigtes Königreich	Vereinigte Staaten
1924	100	100
1925	109	126
1926	115	143
1927	124	169
1928	139	220
1929	139	270
1930	112	200
1931	87	124
1932	84	66
1933	103	95
1934	125	116

Der Aktienboom in den Vereinigten Staaten war in Wirklichkeit sehr viel ausgeprägter, als es diese Zahlen anzeigen, weil das jährliche Durchschnittswerte sind und weil schlechte Aktien darin ebenso enthalten sind wie Marktführer. Der Boom begann, wie zu sehen ist, 1924 und erreichte seinen Höhepunkt im Herbst 1929. Im Frühling 1929 war er zu einer Art Ekstase geworden und begann, tiefgreifende Auswirkungen auf die Wirtschaft, auf einheimische und internationale Finanzen, auf die inneren Angelegenheiten fremder Staaten und auf die Psychologie und die Lebensführung der Amerikaner zu haben.

Zu den finanziellen Folgen des Börsenbooms gehörten die folgenden: In den Vereinigten Staaten wurde die Kreditvergabe von der Produktion in die Spekulation umgelenkt. Immer weiter wachsende Mengen von Geldern wurden dem Wirtschaftssystem entzogen und in die Börse geleitet, wo sie hin und her kreisten und die Wertpapierkurse immer höher schraubten. Für Deutschland wurde es zunehmend schwieriger, aus den Vereinigten Staaten zu leihen. Die Auslandsanleihen, die sowohl das Finanzsystem Deutschlands als auch das gesamte Gewebe der Reparationen in Gang gehalten hatten, wurden von langfristigen Anleihen auf riskante kurzfristige Kredite umgeschichtet. Die Folgen davon wurden im Kapitel über die Reparationen behandelt. In anderen Ländern tendierten die Gelder dazu, in die Vereinigten Staaten zu fließen, wo sie außergewöhnliche Zuwächse in relativ kurzer Zeit erhofften. Das galt besonders für Gelder aus Großbritannien, wo der Börsenboom nach Jahresende 1928 zu Ende war. Etwa zu der Zeit begannen die grundlegend unsauberen wirtschaftlichen Realitäten die Fassade zu durchbrechen. Der Rückgang an Auslandsanleihen sowohl in London als auch in New York wurde in der zweiten Hälfte 1928 bemerkbar. Das wichtigste Stützwerk der Fassade zerbröselte. Aber der fortgesetzte Anstieg der Wertpapierkurse in New York zog auch jetzt noch Geld von außerhalb Amerikas und aus dem produktiven Apparat und von den Konsumenten der Vereinigten Staaten selbst an.

Zu Beginn des Jahres 1929 wurde der Vorstand des Federal Reserve System sehr unruhig über die Börsenspekulationen, besonders über die großen Kreditmengen, die dadurch der Industrie entzogen wurden. Um dem einen Riegel vorzuschieben, schrieben die Autoritäten der Federal Reserve im April 1929 den Mitgliedsbanken vor, jene Anleihen herunterzusetzen, die Börsenpapiere als Pfandsicherheiten hatten. Zur gleichen Zeit nahm sie Offenmarktoperationen vor, die ihren Besitz an Bankakzepten von etwa 300 Mio. Dollar auf etwa 150 Mio. Dollar reduzierte. Die «Sterilisierung» des Goldes wurde noch drastischer gemacht. Man hoffte auf diese Art, den für die Spekulation zur Verfügung stehenden Kredit zu reduzieren. Stattdessen ging aber der noch verbliebene Kredit immer noch mehr in die Spekulation und noch weniger in die produktive Wirtschaft. Die Sätze für Callgeld in New York, die Ende 1928 7% erreicht hatten, waren im Juni 1929 bei 13%. In diesem Monat wurde das britische Kapital von der Wahl einer Labourregierung so aufgescheucht, dass große Kapitalmengen in die USA flossen und die Spekulationsmanie weiter anheizten. Im August wurde der Diskontsatz der Federal Reserve auf 6% heraufgesetzt. Zu dieser Zeit wurde klar, dass die Aktienkurse weit über jedem Wert lagen, den die Gewinnerwartungen gerechtfertigt hätten, während die tatsächlichen Gewinnaussichten der Unternehmen wegen der industriellen Abschwächung fielen. In diesem kritischen Moment, am 26. September 1929, veranlasste eine kleinere finanzielle Panik in London, der «Hatry-Case», die Bank von England, ihren Diskonsatz von 4,5 auf 6,5% zu erhöhen. Das reichte. Die britischen Gelder begannen die Wall Street zu verlassen und der aufgeblähte Markt begann zu fallen. Mitte Oktober war aus dem Fallen eine Panik geworden. In der Woche des 21. Oktober wurden an der Börse und der «Curb Exchange» in New York durchschnittlich insgesamt 9 Millionen Aktien am Tag verkauft. Am Donnerstag, dem 24. Oktober, wechselten fast 19,25 Millionen Aktien den Besitzer. Die Wertschrumpfung betrug mehrere Milliarden Dollar pro Tag. Manche Aktien fielen um 100 oder sogar 140 Punkte an einem Tag. Auburn fiel 210 Punkte, General Electric 76 Punkte und US Steel 26 Punkte in 4.5 Tagen. Bis zum 6. November waren diese drei Aktien noch jeweils zusätzlich um 55, 78 und 28 Punkte gefallen. Es war eine finanzielle Katastrophe ohnegleichen.

Der Börsencrash reduzierte das Volumen der Auslandsanleihen aus den Vereinigten Staaten nach Europa. Beide Vorgänge zusammen brachten die Fassade zum Einsturz, die bis dahin die grundlegenden Ungleichgewichte zwischen Produktion und Konsum, zwischen Schulden und Zahlungsfähigkeiten, zwischen Gläubigern und Importbereitschaft und zwischen den Theorien von 1914 und den Verhältnissen von 1928 verhüllt hatten. Diese Ungleichgewichte wurden enthüllt und ihre Korrektur erfolgte mit einer Strenge, in einem Maß und mit einer Schnelligkeit, die gerade deshalb besonders schlimm waren, weil sie so lange verzögert worden waren. Die Produktion begann auf das Niveau des Konsums zu fallen und machte Menschen überflüssig, Fabriken überflüssig, Geld überflüssig und Ressourcen überflüssig. Schuldner wurden zur Kasse gebeten und zahlungsunfähig gefunden. Gläubiger, welche zuvor an einer Rückzahlung nicht interessiert waren, forderten sie jetzt, aber vergeblich. Alle Werte reellen Reichtums schrumpften drastisch.

Die Krise von 1931
Es war diese Schrumpfung der Werte, welche die Wirtschaftskrise zu einer Finanz- und Banken- und darüber hinaus auch zu einer politischen Krise werden ließ. Als die Werte fielen, schrumpfte auch die Produktion schlagartig; die Banken fanden es zunehmend schwierig, die an sie gestellten Forderungen aus ihren Reserven zu befriedigen; diese Forderungen stiegen, je mehr das Vertrauen verloren ging; die Regierungen stellten fest, dass ihre Steuereinnahmen so rapide fielen, dass die Haushalte trotz aller Bemühungen nicht mehr ausgeglichen werden konnten.

Die Finanz- und Bankenkrise begann in Mitteleuropa im Frühjahr 1931, erreichte am Ende des Jahres London, breitete sich 1932 in die Vereinigten Staaten und nach Frankreich aus, wobei die Vereinigten Staaten 1933 und Frankreich 1934 in das akute Stadium der Krise eintraten.

Das akute Stadium begann im Frühjahr 1931 in Mitteleuropa, wo die deflationäre Krise drastische Folgen hatte. Unfähig, seinen Haushalt selbständig auszugleichen oder im Ausland Anleihen aufzutreiben, konnte Deutschland seine Reparationsverpflichtungen nicht mehr erfüllen. Zu diesem kritischen Zeitpunkt brach, wie wir gesehen haben, die größte Bank Österreichs zusammen. Sie war nicht länger fähig, ihre Guthaben zu Preisen, die hoch genug waren, und mit der entsprechenden Geschwindigkeit liquide zu machen, um die Forderungen, die an sie gestellt wurden, zu befriedigen. Nach dem Debakel in Österreich verbreitete sich die Bankenpanik bald nach Deutschland. Das Hoover-Moratorium bezüglich der Reparationen nahm Mitte 1931 zwar einen gewissen Druck von Deutschland – aber doch nicht genug, um irgendeine wirkliche finanzielle Erholung zu ermöglichen. Millionen an kurzfristigen Krediten, die aus London geliehen waren, blieben auf Konten in Deutschland eingefroren. Als Folge davon breitete sich die Unsicherheit im Sommer 1931 nach London aus.

Das Pfund Sterling war sehr verwundbar. Dafür gab es fünf hauptsächliche Gründe. 1) das Pfund war überbewertet; 2) die Produktionskosten in Großbritannien waren sehr viel unflexibler als die Preise; 3) die Goldreserven waren gefährlich klein; 4) die Staatsschulden waren für die herrschenden deflationären Bedingungen zu hoch; 5) die Verbindlichkeiten in kurzfristigen Anlagen waren höher als die eigenen Forderungen (ungefähr 407 Mio. Pfund zu 153 Mio. Pfund). Diese letztere Tatsache enthüllte der Macmillan-Bericht im Juni 1931, auf dem Höhepunkt der Krise in Mitteleuropa, wo die meisten

Die Deflationsperiode (1927–1936)

kurzfristigen Forderungen eingefroren waren. Der Diskontsatz wurde von 2.5 auf 4.5% erhöht, um dem Kapital einen Anreiz zum Verbleib in Großbritannien zu geben. Frankreich und die Vereinigten Staaten gaben 130 Mio. Pfund an Krediten im Juli und August 1931, um den Verfall des Pfundes dadurch zu bekämpfen, dass mehr Dollars und Francs auf den Markt geworfen wurden. Um das Vertrauen der Reichen (welche die Panik verursachten) wiederzugewinnen, bemühte man sich, den Haushalt mittels drastischer Kürzungen der öffentlichen Ausgaben auszugleichen. Weil aber dadurch die Kaufkraft sank, hatte das schädliche Auswirkungen auf die wirtschaftliche Aktivität und führte zu gesteigerter Unruhe im Volk. In der britischen Flotte brach als Protest gegen Lohnkürzungen eine Meuterei aus. Verschiedene fragwürdige Zwangsmaßnahmen wurden gegen den Goldexport erlassen (beispielsweise die Ausgabe von Goldbarren geringer Reinheit, die für die Bank von Frankreich nicht annehmbar waren). Den Abfluss des Goldes konnte man damit trotzdem nicht aufhalten. Er betrug 200 Mio. Pfund in zwei Monaten. Am 18. September verweigerten New York und Paris dem britischen Schatzamt weitere Kredite und drei Tage später wurde der Goldstandard ausgesetzt. Der Diskontsatz betrug immer noch 4,5%. Für viele Experten war der bemerkenswerteste Aspekt des Ereignisses nicht, dass Großbritannien den Goldstandard verließ, sondern dass das bei einem Diskontsatz von 4,5% geschah. Man hatte in Großbritannien immer behauptet, dass ein zehnprozentiger Diskontsatz das Gold aus der Erde ziehen würde. 1931 sahen die Autoritäten in Großbritannien deutlich die Sinnlosigkeit des Versuchs, durch eine Erhöhung des Diskontsatzes im Goldstandard zu bleiben. Das zeigt, wie sich die Umstände geändert hatten. Es wurde klar, dass die Goldflüsse in höherem Maße Faktoren unterlagen, welche die Autoritäten nicht kontrollieren konnten, als dass sie unter dem Einfluss von solchen standen, die sie kontrollieren konnten. Es zeigte auch – und das war ein Hoffnungsschimmer –, dass die Autoritäten nach zwölf Jahren endlich anfingen zu verstehen, dass sich die Umstände geändert hatten. Zum ersten Mal begannen die Leute zu verstehen, dass Binnenwohlfahrt und Wechselkursregime zwei voneinander getrennte Probleme waren und dass die alte orthodoxe Praxis, die Erstere dem Letzteren zu opfern, aufhören musste. Von da an begann ein Land nach dem anderen, Wohlfahrt im Inneren durch Preismanipulationen und stabile Wechselkurse durch Devisenkontrollen zu suchen. Das heißt, die Verbindung zwischen beiden – der Goldstandard – wurde gekappt und aus einem Problem wurden deren zwei.

Der britische Weg aus dem Goldstandard geschah aus dem Zwang der Umstände heraus, nicht aus freier Wahl. Er wurde als Übel betrachtet, war aber in Wirklichkeit eine Gnade. Als Folge dieser fehlerhaften Sicht gingen viele der guten Folgen, die die Aufgabe hätte nach sich ziehen können, verloren, indem beispielsweise versucht wurde, die inflationären Folgen der Aufhebung durch deflationäre Maßnahmen wieder wettzumachen. Der Diskontsatz wurde auf 6% erhöht: vergebliche Bemühungen zum Ausgleich des Haushaltes folgten; ein Schutzzoll wurde erhoben und ein Programm ziemlich scharfer Besteuerung aufgestellt. Als Folge davon stiegen die Preise nicht genügend, um der Produktion jenen Antrieb zu geben, der nötig gewesen wäre, um den Wohlstand zu erhöhen und die Arbeitslosigkeit zu verringern. Eine Devisenkontrolle wurde nicht installiert. Deshalb konnte die Entwertung des Pfundes im Verhältnis zu den Goldstandard-Ländern nicht verhindert werden und betrug im Dezember 1931 schon 30%. Eine solche Abwertung wurde von den Autoritäten als ein Übel betrachtet – hauptsächlich wegen der Verhaftung in den herkömmlichen wirtschaftlichen Theorien, in denen Wechselkursparität als Ziel an sich angesehen wurde, teilweise auch wegen der 130 Mio. Pfund an französischen und amerikanischen Krediten, die man zurückzahlen musste. Diese Kreditlast wurde umso drückender, je mehr der Sterling gegenüber Franc und Dollar an Wert verlor.

Mit der britischen Aufgabe des Goldstandards war der innerste Kern des Weltfinanzsystems auseinandergebrochen. Dieses Zentrum, das 1914 ausschließlich in London lag, war 1931 auf London, Paris und New York verteilt. Londons Anteil daran beruhte auf finanziellen Fähigkeiten und alter Gewohnheit; New Yorks Anteil beruhte auf seiner Stellung als der Welt größter Gläubiger; der Anteil von Paris beruhte auf der Verbindung einer Gläubigerposition mit einer unterbewerteten Währung, die Gold anzog. Von 1927 bis 1931 hatten diese drei das Weltfinanzsystem kontrolliert. Zahlungen flossen den dreien zu, Kredite flossen aus und die Wechselkurse zwischen den dreien blieben stabil. Die Ereignisse vom September 1931 zerstörten dieses Dreieck. Ein fester Wechselkurs existierte weiter im Dollar-Franc-Verhältnis, während der Dollar-Pfund-Kurs und der Franc-Pfund-Kurs fluktuierten. Das erlaubte aber keine Korrektur der ungleichgewichtigen Wechselkurse der Jahre 1928–1931. Die Unterbewertung des Franc von 1928 und die Überbewertung des Pfundes von 1925 wurden durch die Ereignisse von 1931 nicht behoben. Ein Sterling-Franc-Verhältnis, das die Unterbewertung des Franc korrigiert hätte, hätte ein Sterling-Dollar-Verhältnis nach sich gezogen, das die Überbewertung des Pfundes überkompensiert hätte. Auf der anderen Seite legte der Verfall des Pfundes einen großen Druck auf Dollar und Franc. Zur gleichen Zeit versuchte Großbritannien so weit wie möglich, seine Wirtschaftsbeziehungen über den heimischen Markt hinaus mit dem Empire und jenen anderen Ländern, die als «Sterlingblock» bekannt waren, auszuspielen. Der heimische Markt wurde durch die Einrichtung von Importzöllen für das Vereinigte Königreich (spezielle Zölle im November 1931 und ein genereller Tarif im Februar 1932) abgeschirmt. Das Empire wurde durch eine Serie von elf Verträgen über «imperiale Präferenz», die im August 1932 in Ottawa abgeschlossen wurden, in engere wirtschaftliche Verbindungen gebracht. Der Sterlingblock wurde neu aktiviert und vergrößert durch eine Reihe von bilateralen Handelsvereinbarungen mit verschiedenen Ländern, beginnend mit Norwegen, Schweden, Dänemark und Argentinien.

Auf diese Art nahm die Welt eine Tendenz zur Teilung in zwei Finanzgruppen an – den Sterlingblock, der sich um Großbritannien herum organisierte, und den Goldblock, der sich um die Vereinigten Staaten, Frankreich, Belgien, die Niederlande und die Schweiz organisierte.

Der Verfall des Pfundes im Verhältnis zum Gold trieb die Währungen des Goldblocks in die Überbewertung und befreite Großbritannien zum ersten Male seit 1925 von diesem bedrückenden Status. Als Folge wurde es für Großbritannien leichter, zu exportieren, und schwerer, zu importieren. Es konnte zum ersten Mal seit fast sieben Jahren eine positive Handelsbilanz ausweisen. Für die Länder im Gold auf der anderen Seite verschärfte sich die Depression.

Eine dritte Folge der britischen Abschaffung des Goldstandards befreite Großbritannien aus der finanziellen Unterordnung gegenüber Frankreich. Diese Unterwerfung war eine Folge der verwundbaren Position der britischen Goldreserven im Vergleich zu den schwellenden Säcken der französischen Reserven gewesen. Nach 1931 kehrten sich die finanziellen Positionen der beiden Länder um. Als Großbritannien nach 1931 dem politischen Übergewicht, das es seit 1924 besessen hatte, ein finanzielles Übergewicht hinzufügen konnte, konnte es Frankreich dazu zu zwingen, die Appeasementpolitik zu akzeptieren. Darüber hinaus brachte die Finanzkrise von 1931 die Regierung der nationalen Einheit in Großbritannien an die Macht, die dann die Appeasementpolitik ins Werk setzte.

Als eine vierte Folge begannen die Länder, die noch im Gold blieben, neue Handelsbarrieren, wie Tarife und Quoten, aufzurichten, um Großbritannien daran zu hindern, mithilfe des Vorteils, den es durch Währungsverfall erlangte, die Exporte in diese Länder auszuweiten. Die Länder, die schon das Gold verlassen hatten, sahen langsam den Nutzen eines Währungsverfalls und in manchen Köpfen zeichnete sich die Möglichkeit von Abwertungswettläufen ab.

Als eine fünfte Folge der Aufgabe des Goldstandards wurde es möglich, aufzurüsten, ohne dass das daraus resultierende Haushaltsungleichgewicht zu den gleichen finanziellen Gefahren wie unter dem Goldstandard führte. Aus diesem Umstand zog allerdings Großbritannien nur wenig Konsequenzen, weil der Pazifismus der Linken und das Appeasement der Rechten als Ersatz für Waffen betrachtet wurden.

Die deflationäre Politik, welche die Aufgabe des Goldstandards in Großbritannien begleitete, verhinderte allerdings, dass daraus der Aufstieg aus der Depression in einem mehr als geringfügigen Maße hervorgegangen wäre. Bis 1933 stiegen weder die Preise noch die Beschäftigungszahlen und auch nach diesem Jahr war der Anstieg nur langsam. Der Verfall des Pfundes führte immerhin zu einer Verbesserung der Außenhandelsbilanz, wobei die Exporte langsam anstiegen und die Importe 1932 um 12% im Vergleich zu 1931 fielen. Das stellte das Vertrauen in das Pfund wieder her und führte zu einem gleichzeitigen Vertrauensverlust für die Goldwährungen. Ausländische Gelder begannen nach London zu fließen.

Der Kapitalfluss nach Großbritannien im Frühjahr 1932 führte zu einer Höherbewertung des Pfundes gegenüber den Goldwährungen. Der englischen Regierung war das jedoch unwillkommen, weil es die neuerworbenen Vorteile im Handel wieder zerstören würde. Das Pfund Sterling verbesserte sich gegenüber dem Dollar von 3,27 am 1. Dezember 1931 auf 3,80 am 31.

März 1932. Um diese Entwicklung unter Kontrolle zu halten, führte die Regierung im Mai 1932 ein Wechselkursangleichungskonto (Exchange Equalization Account) ein mit einem Kapital von 175 Mio. Pfund. Dieses Geld sollte dafür verwandt werden, gegenläufig zu den Tendenzen des Marktes ausländische Währungen zu kaufen oder zu verkaufen. So wurde die alte Form der Regulierung der internen Kreditstruktur über internationale Geldflüsse durch den Marktautomatismus gebrochen. Die Kontrolle der Kreditstruktur verblieb der Bank von England, während die Kontrolle der Wechselkurse dem Wechselkursausgleichsfonds (Exchange Equalization Fonds) übergeben wurde. Das ermöglichte es Großbritannien, im Inneren eine Politik leichten und großzügigen Kredits zu verfolgen, ohne durch eine Kapitalflucht aus dem Land heraus abgeschreckt zu werden. Doch weil der Wechselkursausgleichsfonds kein System von Devisenkontrollen beinhaltete, sondern nur eine Beeinflussung des regulären Devisenmarktes durch die Regierung, konnte er bedeutende Kapitalabflüsse ins Ausland nicht verhindern. Die Politik des billigen Geldes in Großbritannien (welche die Aktivität der Privatwirtschaft anregen sollte) musste deshalb mit deflationären Preisen (die jegliche größere Kapitalflucht verhindern sollten) verbunden werden. Der Diskontsatz wurde im Juli 1932 auf 2% herabgesetzt und es wurde ein Embargo gegen neue Ausgaben von Wertpapieren für Fremdkapital erlassen, um dieses leichte Geld im Lande zu halten. Die wesentlichen Ausnahmen dieses Embargos bestanden in Anleihen im Dienste der Politik, die den Sterlingblock an Großbritannien binden sollten, und auch die mussten im Wesentlichen in Großbritannien ausgegeben werden.

Obwohl der Sterling bis Ende November 1932 auf 3,14 Dollar fiel, fand auf dieser Grundlage ein kleiner wirtschaftlicher Aufschwung statt. Billige Kredite ermöglichten eine Umschichtung der wirtschaftlichen Aktivität von den alten Industrien (wie Kohle, Stahl, Textilien) zu den neuen (wie Chemikalien, Motoren, elektrische Produkte). Die Außentarife ermöglichten ein schnelles Wachstum von Kartellen und Monopolen, deren Einrichtung wenigstens eine zeitweilige wirtschaftliche Erholung ermöglichte. Die fortwährend niedrigen Preise für Nahrungsmittel erlaubten, dass die Einkommenszuwächse aus dieser erhöhten wirtschaftlichen Aktivität in andere Bedürfnisse flossen, insbesondere in den Wohnungsbau. Der Haushalt wurde ausgeglichen und wies zu Anfang des Jahres 1934 sogar einen Überschuss von 30 Mio. Pfund auf.

Die Erholung Großbritanniens erlebten die Länder, die noch im Gold waren, nicht. Als Folge der Konkurrenz des entwerteten Sterlings wurden ihre Handelsbilanzen ins Minus gedrängt und ihre Preisdeflation nahm zu. Tarife mussten erhöht werden, Quoten und Devisenkontrollen wurden eingeführt. Die Vereinigten Staaten konnten allerdings das Erstere nicht (denn ihr Tarif war 1930 bereits der höchste in der Geschichte) und verwarfen die beiden anderen aus prinzipiellen Gründen.

Die Krise in den Vereinigten Staaten 1933

Als Folge der britischen Krise versuchten die europäischen Goldländer ihre finanzielle Basis vom Golddevisenstandard zu einem Goldbarrenstandard zu verändern. Als Großbritannien im September 1931 den Goldstandard verließ, saß Frankreich auf über 60 Mio. Pfund Sterling Devisen. Das waren etwa 30% seiner Gesamtdevisenreserven (7,775 Mrd. Franc von 25,194 Mrd.). Der Verlust wegen der britischen Maßnahmen war höher als das gesamte Grundkapital der Bank von Frankreich inklusive Überschuss. Um ähnliche Erfahrungen in der Zukunft zu vermeiden, begann Frankreich, seinen Devisenbesitz in Gold umzuwandeln, wobei das meiste aus den Vereinigten Staaten beschafft wurde. In dem Maße, in dem das Vertrauen in das Pfund wieder stieg, schwand das in den Dollar. Es wurde notwendig, den Diskontsatz in New York von 1,5 auf 3,5% zu erhöhen (Oktober 1932) und sehr ausgebreitete Offenmarktkäufe von Wertpapieren zu tätigen, um dem deflationären Effekt dieser Entwicklungen entgegenzuwirken. Die Goldexporte und das Horten von Gold gingen aber weiter und wurden zusätzlich durch die Tatsache problematisiert, dass die Vereinigten Staaten das einzige Goldstandardland waren, in dem noch Goldmünzen in Umlauf waren.

Infolge des Vertrauensverlustes und der erhöhten Nachfrage nach Liquidität begann das amerikanische Bankensystem zusammenzubrechen. Im Frühjahr 1932 wurde die Finanzgesellschaft für Wiederaufbau (Reconstruction Finance Corporation) eingerichtet, die ihre 3,5 Mrd. Dollar Kapital, das von der Regierung kam, an Banken und andere große Gesellschaften weitergeben sollte. Am Ende des Jahres hatte sie über 1,5 Mrd. Dollar verliehen. Als die Details dieser Anleihen bekannt gegeben wurden (im Januar 1933), nahm der Andrang auf die Banken weiter zu. In Nevada wurde im Oktober 1932 ein Bankfeiertag eingeschaltet, in Iowa geschah das Gleiche im Januar 1933, in sechs Staaten im Februar und in sechzehn Staaten in den ersten drei Tagen des März. Vom 1. Februar bis zum 4. März verlor die New Yorker Federal Reserve Bank Gold für 756 Millionen Dollar; sie holte sich ihrerseits 709 Millionen Dollar von den anderen Federal-Reserve-Banken, die ebenfalls einem großen Andrang ausgesetzt waren.

In den ganzen Vereinigten Staaten wurden die Banken durch Exekutivverordnung am 4. März geschlossen und konnten am 12. März wieder geöffnet werden, falls ihr Zustand das erlaubte. Goldexporte wurden einem Lizenzsystem unterworfen, die Umwechslung von Noten in Gold wurde abgeschafft und der Privatbesitz von Gold wurde für illegal erklärt. Diese Anordnungen, die bis zum 20. April 1933 erlassen worden waren, nahmen die Vereinigten Staaten aus dem Goldstandard. Das geschah, damit die Regierung in ihrem Binnenprogramm eine Politik der Preisinflation verfolgen konnte. Die internationale finanzielle Stellung Amerikas, die nach wie vor sehr günstig war, hätte das von sich aus nicht erfordert. Insofern unterschied sich der Vorgang weitgehend von dem in Großbritannien 1931. London hatte den Goldstandard gegen eigenen Willen aufgeben müssen und war danach einem orthodoxen Finanzprogramm gefolgt; Washington ging 1933 willentlich aus dem Gold, um ein unorthodoxes, inflationäres Finanzprogramm verfolgen zu können.

Diese Abschaffung des Goldstandards durch die Vereinigten Staaten zertrümmerte das Wechselkursdreieck zwischen London, Paris und New York weiter. Alle drei Wechselkurse konnten sich jetzt frei bewegen; allerdings hielt der Exchange Equalization Account zwei davon relativ stabil. Zum weltweiten Problem der wirtschaftlichen Übel kam jetzt noch das Problem der Wechselkursstabilisierung. Es entstand ein Streit zwischen Großbritannien, Frankreich und den Vereinigten Staaten darüber, welchem dieser zwei Problemfelder Vorrang eingeräumt werden sollte. Frankreich beharrte darauf, dass keine wirtschaftliche Erholung möglich sei, solange der Wechselkurs nicht stabilisiert sei. Daran war ganz sicher richtig, dass Frankreich unter dem Verfall des Pfundes und des Dollars leiden würde, solange der Franc mit der alten Bewertung im Goldstandard verblieb. Die Vereinigten Staaten bestanden darauf, dass die wirtschaftliche Erholung Priorität über die Währungsstabilisierung haben müsste, weil die Letztere den Prozess der Inflationierung der Preise, den die Regierung als maßgeblich bei der Erholung ansah, behindern würde. Großbritannien hatte die Priorität der Erholung über die Stabilisierung unterstützt, solange das Pfund als Einzige der drei Währungen verfiel. Sobald die Vorteile des Währungsverfalls aber vom Dollar geteilt wurden, schwenkte es auf den Kurs um, der Stabilisierung erhöhte Bedeutung zuzugestehen. Der Verfall von Dollar und Pfund war eine große Belastung für den Franc. Damit Frankreich nicht den Goldstandard verlassen musste, lieh ihm Großbritannien am 28. April 1933 30 Millionen Pfund, die aus den Sterlingdevisen zurückgezahlt werden konnten, auf denen Frankreich im September 1931 sitzengeblieben war. Bis Mitte 1933 wurde der Exchange Equalization Account von Großbritannien dazu verwandt, jede Höherbewertung des Pfundes zu verhindern. Das wurde in den USA am 12. Mai 1933 durch das inflationierend wirkende Thomas Amendment gekontert, eine Ergänzung zum Gesetz zur Wiederherstellung des Gleichgewichts in der Landwirtschaft (Agricultural Adjustment Act). Dieses Amendment gab dem Präsidenten die Macht, den Dollar um bis zu 50% abzuwerten, bis zu 3 Mrd. Dollar neues Geld zu drucken und ein breites Programm öffentlicher Ausgaben zu verwirklichen.

Die Weltwirtschaftskonferenz 1933

Der Streit über die Priorität von Währungsstabilisierung oder Aufschwung erreichte seinen Höhepunkt auf der Weltwirtschaftskonferenz, die in London vom 12. Juni bis zum 27. Juli 1933 abgehalten wurde. Eine vorbereitende Expertenkommission hatte eine Reihe von vorläufigen Vereinbarungen ausgearbeitet – sowohl für Länder im als auch außerhalb des Goldstandards, für solche mit Devisenkontrollen und solche ohne – aber auf der Konferenz selber war es nicht möglich, sich auf irgendetwas zu einigen. Großbritannien und Frankreich versuchten den Dollar dazu zu bringen, ihnen bei einer zeitweiligen De-facto-Stabilisierung als Vorbereitung zu einem dauerhaften Abkommen beizuspringen. Franc und Pfund waren bereits zu 84 Franc pro Pfund aneinandergebunden worden, was in London einen Goldpreis von 122 Shilling ergab. Wegen des Erfolgs ihres heimischen Aufschwungprogramms weigerten sich die Vereinigten Staaten, bei irgendeiner auch nur zeitweiligen Stabilisierung mitzumachen. Der allgemeine Preisindex in den USA stieg von Februar bis Juni 1933 um 8,7% und die Preise für Farmprodukte stiegen sogar um 30,1%. Die bloße Andeutung einer Stabilisierungsvereinbarung hatte ausgereicht, einen scharfen Bruch im Anstieg der Wertpapierkurse und der Warenpreise auszulösen (14. Juni 1933). Deshalb brach Roosevelt schließlich alle Verhandlungen über eine Stabilisierung ab (3. Juli 1933).

Die Weltwirtschaftskonferenz zerbrach, wie Professor William Adams Brown schrieb, an vier großen Negativa: die Länder, die Handelsbeschränkungen erlassen hatten, weigerten sich, diese ohne Stabilisierung der Währungen wieder zurückzunehmen; die Länder, die im Goldstandard waren, weigerten sich, Preissteigerungen als einen Weg zum Aufschwung zu akzeptieren, weil sie die Inflation fürchteten; Großbritannien wollte Preissteigerungen, weigerte sich aber, ein Haushaltsdefizit oder ein öffentliches Arbeitsbeschaffungsprogramm auf sich zu nehmen; und die Vereinigten Staaten, die den Aufschwung durch Inflation und öffentliche Arbeitsbeschaffung suchten, weigerten sich, dieses Programm durch die Stabilisierung der Währung zu beeinträchtigen.

Als Folge des Fehlschlags der Weltwirtschaftskonferenz zeichnete sich eine Dreiteilung unter den Ländern der Welt ab: ein Sterlingblock, ein Goldblock und ein Dollarblock. Der Gold- und der Sterlingblock organisierten sich formal, der erste am 3. Juli und der zweite am 8. Juli 1933. Die drei Blöcke suchten die wirtschaftlichen Belastungen – Folge früherer Fehler – jeweils auf den anderen abzuschieben.

Viel wurde seit 1933 darüber geschrieben, wer wie viel Schuld am Scheitern der Weltwirtschaftskonferenz hatte. Aber das ist müßig. Aus der Sicht ihres eigenen kurzfristigen Egoismus heraus handelten alle Staaten richtig. Aus der Sicht der Welt insgesamt und der langfristigen Folgen hätte man sie alle gleichermaßen beschuldigen können. 1933 war die Zeit vorbei, in der ein Land eine Politik des kurzfristigen Egoismus hätte verfolgen und zugleich innerhalb eines liberal-kapitalistischen Systems hätte verbleiben können. Aus technologischen und institutionellen Gründen waren die Wirtschaften der verschiedenen Länder inzwischen so miteinander verkoppelt, dass jegliche Politik von kurzfristigem Selbstinteresse auf Seiten eines Landes kurzfristig andere Länder und langfristig auch dieses Land selbst schädigen musste. Kurz gesagt hatten sich die internationalen und heimischen Wirtschaftssysteme bis zu einem Punkt verzahnt, wo die alteingesessenen Denk- und Verfahrensweisen obsolet geworden waren.

Der Grund, warum eine Politik kurzfristiger Vorteile eines Landes in so scharfem Konflikt mit jeder ähnlichen Politik eines anderen Landes stand, basierte nicht darauf, dass die Interessen eines Landes und die eines anderen zwangsläufig antagonistisch gewesen wären. Wäre es so gewesen, so hätte man das einfach durch Kompromisse lösen können. Die Konflikte zwischen den wirtschaftlichen Nationalismen waren, oberflächlich betrachtet, darauf zurückzuführen, dass die Krise in den verschiedenen Ländern der Welt unterschiedliche Formen annahm. In den Vereinigten Staaten waren ihr herausragendes Kennzeichen die tiefen Preise, die 1933 das ganze Bankensystem insolvent machten. Preissteigerungen wurden deshalb in den USA zum Hauptziel der Gläubiger ebenso wie der Schuldner. In Großbritannien war die offensichtlichste Manifestation der Krise der Goldabfluss, der den Goldstandard gefährdete. Eine Korrektur der internationalen Zahlungsbilanzen und nicht Preis erhöhungen wurde deshalb zum wichtigsten unmittelbaren Ziel der britischen Politik. In Frankreich zeigte sich die Krise hauptsächlich als unausgeglichenes internes Budget. Die französische Goldversorgung war reichlich und die Preise erschienen in Folge der Abwertung von 1928 als sehr hoch. Aber der unausgeglichene Haushalt schuf ein großes Problem. Wenn das Defizit durch neue Schulden erhöht würde, so wäre die Folge Inflation und damit nachteilig für jene Gläubigergruppen, die in den zwanziger Jahren schon so sehr zu leiden gehabt hatten. Wenn das Defizit durch höhere Steuern ausgeglichen würde, dann würde das zu Deflation führen (mit dem Rückgang der privatwirtschaftlichen Aktivität als ihrer Folge) und zur Kapitalflucht ins Ausland. Für die französische Regierung konnte der einzige Weg aus diesem Dilemma heraus in einem Wirtschaftsaufschwung liegen, der zu höheren Steuereinnahmen ohne Steuererhöhung führen würde. Sie konnte als kurzfristigen Zielsetzungen weder dem amerikanischen Interesse an höheren Preisen noch dem britischen an Handelsbilanzgleichgewichten etwas abgewinnen.

Diese Unterschiede in der Wirkung der wirtschaftlichen und finanziellen Krise in verschiedenen Ländern könnte man noch weiter aufzeigen. In der Schweiz (wo die Goldreserven über 100% betrugen) war das Hauptproblem «heißes Geld». In Deutschland waren das Hauptproblem zunächst die Auslandsschulden, aber dort wuchs sich die Situation bald zu einer Kombination aller Krankheiten aus, unter denen andere Länder litten (niedrige Preise, schlechte Handelsbilanz, Haushaltsdefizite, panikartige Kurzanleihen, usw.). In den Niederlanden und den Ländern Osteuropas bestand das Hauptproblem in einer «Segmentierung der Preise» (das heißt, die Preise für die Nahrungsmittel und Rohstoffe, die sie verkauften, fielen schneller als die Preise für die Industriegüter, die sie einkauften.)

Als Folge der Krise und ganz unabhängig von ihrer jeweiligen Ausformung suchten alle Länder Zuflucht bei einer Politik des wirtschaftlichen Nationalismus. Das nahm verschiedene Formen an: Erhöhung von Zöllen; Importlizenzierung; Importquoten; Behinderung der Importe von Luxuswaren; Gesetze, die Einfuhrbeschränkungen nach nationalem Ursprung, nach Handelsmarken, nach Gesundheitsrichtlinien oder nach Quarantänebeschränkungen vorschreiben; Devisenkontrollen; Abwertungswettläufe zwischen Währungen; Exportsubventionen; Exportdumping usw. Diese Dinge traten zuerst in großem Ausmaß 1931 zutage und breiteten sich dann epidemieartig aus, sei es als Nachahmung, sei es als Gegenmaßnahmen.

Es zeigte sich bald, dass infolge dieses wirtschaftlichen Nationalismus das Verschwinden des alten multilateralen Weltfinanzsystems mit London als Zentrum auch vom Auseinanderbrechen des multilateralen Welthandelssystems (das ebenfalls sein Zentrum in Großbritannien hatte) gefolgt sein würde. An seine Stelle traten eine Reihe teilweise gegeneinander abgeschirmter Märkte, die auf bilateraler Basis miteinander kooperierten. Der internationale Handel schrumpfte sehr stark, wie die folgenden Zahlen verdeutlichen:

WERT DES HANDELS IN MILLIONEN DOLLAR

	1928	1932	1935	1938
Europäischer Handel	58,082	24,426	20,762	24,065
Welthandel	114,429	45,469	40,302	46,865

Die Krise im Goldblock (1934–1936)
Nach dem Scheitern der Weltwirtschaftskonferenz setzten die Vereinigten Staaten ihre Inflationspolitik fort. Als der Dollar an Wert verlor, wuchs der Druck auf den Franc, während das Pfund mithilfe des Exchange Equalization Accounts einem mittleren Pfad mit einem abgewerteten, aber erneut stabilen Verhältnis zum Franc zu folgen versuchte. Auf diese rein künstliche Art wurde das Pfund bei 85 Franc gehalten. Im Spätsommer 1933 (am 8. September) begann das Schatzamt der Vereinigten Staaten, den Dollar durch Goldkäufe zu ständig steigenden Preisen (ungefähr 30 Dollar pro Unze gegenüber 20,67 Dollar im alten Stabilisierungskurs) abzuwerten. Das verstärkte den Druck auf den Franc wie auf das Pfund. Die Deflation in Frankreich schritt rasch voran und im Oktober 1933 führte ein Haushaltsdefizit von über 40 Mrd. Franc zu einer Kabinettskrise. Ende 1933 erreichte der Goldpreis in New York 34 Dollar und der Dollar, der im August noch 4,40 Pfund gekostet hatte, stieg auf 5,50. Am 1. Februar 1934 kehrten die USA zum Goldstandard zu einer gegenüber der alten beträchtlich abgewerteten Quote zurück. Die Golddeckung wurde auf 59,06 % der Menge von 1932 herabgesetzt. Zur selben Zeit erließ das Schatzamt ein festes Angebot, Gold zum Preis von 35 Dollar pro Unze zu kaufen. Das beseitigte zwar einen großen Teil der Unsicherheit um den Dollar, stabilisierte ihn aber im Verhältnis zum Franc auf einem Niveau, von dem aus der Franc unter starken Druck geriet. Der fixierte Goldpreis führte zu einem Goldfluss in die Vereinigten Staaten. Frankreich verlor im Februar 1934 Gold im Wert von etwa 3 Mrd. Franc.

So erreichten die Weltdepression und die finanzielle Krise Frankreich, das ihnen drei Jahre lang entkommen war. Frankreich hatte ihnen bis dahin wegen seiner drastischen Abwertung in den zwanziger Jahren, seiner gut aufgestellten Wirtschaft und seiner Maßnahmen, die Arbeitslosigkeit mithilfe von Zugangsbeschränkungen für Saisonarbeiter aus Spanien, Italien und Polen gering zu halten, entkommen können. Aber die Krise des Pfundes im September 1931 versetzte auch Frankreich in den Einzugsbereich der Wirtschaftskrise und die Krise des Dollars 1933 verschlechterte die Situation weiter. Die amerikanischen Maßnahmen von 1934, die der Welt einen 59-Cent-Dollar und einen Goldpreis von 35 Dollar bescherten, machten die Stellung des Goldblocks unhaltbar. Dessen Ländern drohte jetzt entweder eine schwere Deflation, oder sie mussten aus dem Gold aussteigen oder abwerten. Die meisten ließen es (wegen ihrer Inflationsfurcht oder weil sie Auslandsschulden hatten, deren Gewicht sich erhöhen würde, wenn ihre Währung an Wert verlöre) zur Deflation mit all ihren Übeln kommen. Italien befahl die Deflation sogar quasi per Dekret im April 1934, wo die Kosten in gleicher Höhe wie die Preise heruntergezwungen wurden, um auf diese Weise die privatwirtschaftliche Aktivität aufrechtzuerhalten. Schließlich mussten alle Mitglieder des Goldblocks wegen des Drucks von Seiten des Dollars in irgendeinem Maße den Goldstandard aufgeben.

Belgien war das erste Mitglied des Goldblocks, das einlenkte. Es führte am 18. März 1935 Devisenkontrollen ein und wertete den Belga (Bezeichnung des belgischen Franc zwischen 1926 und 1944) am 30. März auf etwa 72% seiner bis dahin festgelegten Golddeckung ab. Der letzte Schlag, der diesen Wechsel erzwang, war der britische Zoll für Eisen und Stahl, der am 26. März 1935 eingeführt worden war. Als Folge dieser schnellen und entschiedenen Abwertung erlebte Belgien einen beträchtlichen wirtschaftlichen Aufschwung. Fast sofort stiegen Produktion und Preise, während die Arbeitslosigkeit zurückging.

Die anderen Mitglieder des Goldblocks zogen aus dem belgischen Beispiel keinen Nutzen, sondern waren entschlossen, die Golddeckung ihrer Währungen bis zur äußersten Grenze zu verteidigen. Frankreich war der Anführer dieser Bewegung und beeinflusste durch seine Politik die anderen Mitglieder des Blocks dahingehend, mit derselben Härte Widerstand zu leisten. Die Entschlossenheit Frankreichs, den Franc zu verteidigen, erklärt sich durch den Umstand, dass die große Masse der Franzosen auf irgendeine Art Gläubiger waren. Nachdem sie in der Inflation von 1914 bis 1926 vier Fünftel ihrer Ersparnisse verloren hatten, standen sie dieser Art der Medizin ohne Wohlwollen gegenüber. In diesem Bemühen, den Franc zu verteidigen, erfuhr Frankreich große Hilfe durch den britischen Exchange Equalization Account, der immer, wenn die französische Währung schwächelte, große Mengen von Francs kaufte. 1935 waren aber die Mittel des Kontos für diesen Zweck weitgehend erschöpft und der Franc fiel über lange Zeiträume unter die Goldexportrate. Die Bank von Frankreich erhöhte ihren Diskontsatz von 2,5 auf 6% (23.–28. Mai 1935), was niederdrückende wirtschaftliche Folgen hatte. Laval erhielt im Juli von der Nationalversammlung Notstandsvollmachten und führte eine Politik der Deflation mittels eines Dekrets durch. Er reduzierte die regulären öffentlichen Ausgaben des Jahres von 40 auf 11 Mrd. Franc, kürzte die öffentlichen Gehälter um 10% und kürzte außerdem die Renten, die Kosten in den öffentlichen Betrieben und senkte den Brotpreis.

Auf diese Art wurde zwar der Druck von den Goldreserven (die im Lauf des Jahres 1935 auf 16 Mrd. Franc fielen) genommen, aber auf Kosten einer Verstärkung der Depression. Im September war der Franc gegenüber dem Pfund immer noch um etwa 34% und gegenüber dem Dollar um etwa 54% überbewertet (was die Lebenshaltungskosten anging). Eine Deflation, wie sie nötig gewesen wäre, um die französischen Preise auf das Niveau der Länder mit einer bereits verfallenen Währung zu bringen, war nicht durchsetzbar. Ende 1935 hatte die Regierung diesen Versuch aufgegeben und hatte Frankreich durch die Neuaufnahme von Krediten zum Ausgleich des Haushalts in Richtung Inflation getrieben. Gold floss wieder aus dem Land und dieser Abfluss wurde eine Springflut, nachdem im Januar 1936 eine durch Blum geführte Regierung der Linken an die Macht kam.

Die Volksfrontregierung Blums verfolgte ein in sich widersprüchliches Programm: «Inflation im Gold.» Sie setzte auf Inflation, um Depression und Arbeitslosigkeit zu bekämpfen, und wollte im Gold bleiben, weil sowohl die Kommunisten als auch die bürgerlichen Unterstützer der Regierung das verlangten. Im Bemühen, das Vertrauen wiederherzustellen und die «Flucht aus dem Franc» zu verlangsamen wurde es für Blum nötig, formell jeder Absicht abzuschwören, ein sozialistisches Programm durchzuführen. Die Rechte erkannte, dass sie allen Maßnahmen der Linken einfach dadurch ein Veto entgegensetzen konnte, indem sie Kapital aus Frankreich exportierte. Die Flucht derartigen Kapitals hielt den Sommer 1936 über an, während Blum mit Großbritannien und den Vereinigten Staaten über eine Abwertung des Franc verhandelte. Am 24. September 1936 wurde der Diskontsatz von 3 auf 5% erhöht und am folgenden Tag gab eine Währungserklärung der drei Mächte bekannt, dass der Franc «korrigiert» würde. Die Wechselkursstabilität würde in der Zukunft aufrechterhalten werden (durch die Stabilisierungsfonds) und die Handelsbeschränkungen würden zurückgeschraubt.

Die französische Abwertung (nach einem Gesetz vom 2. Oktober 1936) sah vor, dass die Golddeckung des Franc bis auf eine Höhe von 25,2 bis 34,4% der alten Zahl von 65,5 Milligramm heruntergesetzt wurde. Aus den Profiten, die aus dieser Neubewertung der französischen Goldreserven hervorgingen, wurde ein Wechselkursstabilisierungsfonds von 10 Mrd. Franc eingerichtet.

Während die französische Abwertung vom September 1936 den Goldblock zerstörte und die anderen Mitglieder des Blocks zur Nachahmung zwang, beendete sie noch nicht die Zeit der Deflation. Die Gründe dafür lagen hauptsächlich im totalen Missmanagement der französischen Abwertung. Dieses entscheidende Ereignis war zu lange hinausgezögert worden – es erfolgte um mindestens ein Jahr zu spät. In diesem Jahr fand ein kontinuierlicher Abfluss von Gold aus Frankreich statt. Darüber hinaus war die Abwertung unzureichend, als sie dann schließlich vollzogen wurde. Sie ließ den Franc im Vergleich zu den Preisniveaus der anderen Großmächte immer noch überbewertet. Außerdem war die Abwertung mit Unsicherheit belastet, da das Gesetz der Regierung erlaubte, auf irgendeine Golddeckung zwischen 43 und 49 Milligramm abzuwerten. Indem sie auf 46 Milligramm fixierte, verhinderte die Regierung die Rückkehr des Vertrauens; denn es bestand die Gefahr einer weiteren Abwertung auf 43 Milligramm. Als die Regierung schließlich begriff, dass eine weitere Abwertung unvermeidlich wurde, war die Situation schon so weit außer Kontrolle geraten, dass eine Abwertung auf 43 Milligramm völlig nutzlos geworden war. Schließlich hatte die Regierung im Abwertungsgesetz Strafmaßnahmen gegen Goldhorter und Spekulanten ergriffen. Sie wollte verhindern, dass diese die Profite absahnten, die entstünden, wenn sie ihr Gold wiederum in Francs neuen Wertes zurücktauschten. Das führte aber dazu, dass das exportierte und gehortete Gold nicht mehr zurückkam. So hielten die finanziellen, Haushalts- und wirtschaftlichen Schwierigkeiten Frankreichs an. Mitte 1937 waren sie so schlimm geworden, dass nur noch entweder die Einführung von Devisenkontrollen oder eine drastische Abwertung als Auswege möglich waren. Ersteres wurde wegen des Drucks von Großbritannien und den Vereinigten Staaten unter Verweis auf die Dreiparteienvereinbarung von 1936 verworfen und wegen der Unterstützung, die der Franc von deren Stabilisierungsgeldern erhielt; das Zweite wurde von allen Politikern, die in Frankreich in die Nähe der Macht gekommen waren, verworfen. Als Folge durchlief der Franc eine Kette von Wertminderungen und stückweisen Abwertungen, die niemandem nützten außer den Spekulanten. Frankreich wurde über Jahre hinweg zerrissen von industriellen Unruhen und Klassenkämpfen. Ohne Möglichkeit aufzurüsten und der Außenpolitik die notwendige Aufmerksamkeit zuzuwenden, blieb die Regierung der systematischen Erpressung der wohlhabenden Klassen des Landes unterworfen, weil diese Personen die Möglichkeit hatten, Sozialreformen, öffentliche Ausgaben, die Aufrüstung oder jede entschiedene Politik zu verhindern, indem sie Francs verkauften. Erst im Mai 1938 kam es zu einem entschlossenen Schritt. Damals wurde der Franc drastisch auf 179 pro Pfund abgewertet und bei dieser Ziffer festgesetzt. Seine Golddeckung wurde (per Gesetz vom 12. November 1938) bei etwa 27,5 Milligramm (9/10 Feingehalt) festgesetzt. Zu der Zeit hatte Frankreich Jahre von wirtschaftlichem Chaos und von Regierungsschwäche hinter sich. Diese Umstände hatten die deutsche Aggression begünstigt und als schließlich 1938 eine entschiedene finanzielle Maßnahme vollzogen wurde, war es wegen der sich aufbauenden internationalen Krise schon zu spät, um noch irgendwelche bedeutsamen wirtschaftlichen Früchte zu ernten.

Wir haben gesagt, dass der Goldblock durch die französische Abwertung vom September 1936 zerstört wurde. Das geschah fast unmittelbar. Die Schweiz, die Niederlande und die Tschechoslowakei werteten vor Ende Oktober ihre Währungen um etwa 30% und Italien um etwa 40% ab. In jedem dieser Fälle war die Abwertung – vergleichbar eher der Situation in Belgien als der in Frankreich – groß und abrupt genug, um zu einer eindeutigen Inflationierung und einer Verbesserung der Wirtschaftätigkeit zu führen. Jedes Land des früheren Goldblocks richtete einen Stabilitätsfonds zur Wechselkurskontrolle ein und trat der Dreiparteien-Währungsvereinbarung vom September 1936 bei.

Die historische Bedeutung der von den Bankern hervorgerufenen Deflationskrise von 1927 bis 1940 kann kaum überschätzt werden. Sie versetzte der

Demokratie und dem parlamentarischen System einen Schlag, den ihre späteren Triumphe im Zweiten Weltkrieg und der Nachkriegswelt nicht vollständig ausmerzen konnten. Sie gab in jenen Ländern, in denen das parlamentarische System zusammenbrach, einen Anstoß zur Aggression und wurde damit eine Hauptursache des Zweiten Weltkriegs. Sie beschädigte die demokratisch bleibenden Mächte durch ihre orthodoxen Wirtschaftstheorien so weit, dass diese nicht aufrüsten konnten, was dazu führte, dass der Zweite Weltkrieg durch die frühen Niederlagen der demokratischen Länder unnötig verlängert wurde. Sie führte zu einem Konflikt zwischen den Theorien orthodoxer und unorthodoxer Finanzierungsmethoden, der zu einem scharfen Niedergang der Macht der Banker führte. Schließlich gab sie der gesamten wirtschaftlichen Entwicklung des Westens einen Anstoß vom Finanzkapitalismus hin zum Monopolkapitalismus und etwas später zum System einer pluralistischen Wirtschaft.

Die Auseinandersetzung zwischen den Bankern und den Theoretikern unorthodoxer Finanzierungsmethoden drehte sich darum, wie man mit einer wirtschaftlichen Depression umgehen musste. Wir werden das später analysieren. Hier müssen wir nur so viel sagen, dass die Formel der Banker für eine Depression darin bestand, am Goldstandard festzuhalten, die Zinsen zu erhöhen, Deflation zu suchen und auf einer Senkung der öffentlichen Ausgaben, auf einem fiskalischen Überschuss oder zumindest einem ausgeglichenen Haushalt zu bestehen. Diese Ideen wurden in ihrer Gänze Punkt für Punkt von den unorthodoxen Ökonomen (die nicht ganz zu Recht «Keynesianer» genannt wurden) verworfen. Die Formel der Banker lautete, den wirtschaftlichen Aufschwung mittels einer «Wiederherstellung des Vertrauens in den Wert des Geldes» zu erreichen, das heißt aber eigentlich, ihres eigenen Vertrauens in das, was das spezifische Interesse der Banker war. Das hatte in der Vergangenheit nur funktioniert, wenn mehr oder weniger zufällig die Kosten (besonders die Löhne) schneller als die Preise gesunken waren, so dass die Geschäftsleute das Vertrauen nicht so sehr in den Geldwert, sondern in die Möglichkeiten, Gewinn zu machen, wiedergewonnen hatten. Die unorthoxen Theoretiker versuchten das Letztere schneller und direkter zu erreichen, indem die Kaufkraft dadurch wiederhergestellt wurde, dass die Geldmenge vermehrt anstatt vermindert wurde und indem dieses Geld in die Hände der potentiellen Konsumenten und nicht in die der Banken oder der Investoren gelangte.

Dieser Wechsel in den anerkannten Theorien nach 1934 war ein langsamer Prozess, der einen Teil des Unterganges des Finanzkapitalismus bildete; auf lange Sicht bedeutete er, dass die Banken, anstatt die Herren der Wirtschaft, zu ihren Dienern wurden, weil die entscheidenden wirtschaftlichen Weichenstellungen nicht mehr auf der Verfügbarkeit von Geld, sondern auf der Verfügbarkeit und der Organisation von reellen Ressourcen beruhten. Die ganze komplexe Beziehung zwischen Geld und Ressourcen blieb zwar für viele ein Rätsel und war auch in den fünfziger Jahren noch ein Streitgegenstand, aber es war doch ein großer Sieg des Menschen in der Kontrolle seines eigenen Schicksals errungen worden, als in den dreißiger Jahren die Mythen der orthodoxen Finanztheorie endlich in Frage gestellt wurden.

Das Ende des Finanzkapitalismus könnte man auf den Zusammenbruch des Goldstandards in Großbritannien im September 1931 datieren. Wenn man es vom Persönlichen her betrachtet, könnte man es auch auf den Selbstmord seines spektakulärsten Vertreters datieren, des «Zündholzkönigs» Ivar Kreuger, im April 1932 in Paris.

Ivar Kreuger (1880–1932) sammelte mehrere Jahre Erfahrung als Ingenieur in Amerika und Südafrika und gründete 1911 in Stockholm die Firma Kreuger & Toll. 1918 war diese Firma eine Finanzierungsgesellschaft mit einem Kapital von 12 Millionen Kronen. Ihre wichtigste Beteiligung war die an der Schwedischen Zündholzgesellschaft, einer Holdinggesellschaft, die Kreuger selbst gegründet hatte. Innerhalb eines Jahrzehnts verschaffte sich Kreuger die Kontrolle über mehr als 150 Zündholzgesellschaften in 43 Ländern. Die Wertpapiere dieser Firmen wurden über eine Gesellschaft in Delaware (die International Match Company hieß) kontrolliert. Diese Holdinggesellschaft verkaufte Millionen von Dollar an Wertpapieren ohne Stimmrechte, während die Kontrolle mittels eines kleinen Blocks stimmberechtigter Aktien, die von Kreuger & Toll gehalten wurden, ausgeübt wurde. Indem er den Regierungen verschiedener Länder Anleihen gab, erhielt Kreuger Zündholzmonopole, die ihm beträchtliche Gelder verschafften. Insgesamt wurden auf diese Art 330 Mio. Pfund an Regierungen verliehen, darunter 75 Mio. Dollar an Frankreich und 125 Mio. Dollar an Deutschland. Im Austausch erlangte Kreuger die Kontrolle über 80% der Weltzündholzindustrie, über den größten Teil der europäischen Papier- und Holzproduktion, über vierzehn Telefon- und Telegrafengesellschaften in sechs Ländern, einen beträchtlichen Teil der landwirtschaftlichen Hypotheken in Schweden, Frankreich und Deutschland, über acht Einsenerzminen und über viele andere Unternehmungen inklusive einer bedeutenden Reihe von Banken und Zeitungen in verschiedenen Ländern. Das ganze System wurde auf eine windige Weise finanziert, indem wertlose und betrügerische Wertpapiere mittels der prominentesten Investmentbanken der Welt an Investoren verkauft wurden. Insgesamt wurden etwa 750 Mio. Dollar derartiger Wertpapiere verkauft, davon etwa ein Drittel in den Vereinigten Staaten. Die angesehene Bank Lee, Higginson and Company aus Boston verkaufte an 600 Banken und Broker Wertpapiere im Wert von 150 Mio. Dollar, ohne den Wert oder die Ehrlichkeit des Unternehmens geprüft zu haben. Sie kassierte dafür etwa 6 Mio. Dollar an Kommissionen. Das Geld, das Kreuger so einnahm, wurde für Anleihen an verschiedene Länder ausgegeben, für Zinsen und Dividenden auf früher ausgegebene Wertpapiere und zur Finanzierung der weiteren Unternehmungen des Herrn Kreuger. Als Beispiele dieser Unternehmungen sei erwähnt, dass Kreuger & Toll von 1919 bis 1928 25% Dividenden zahlte und nach 1929 30%, hauptsächlich aus dem Kapital; die Schwedische Zündholzgesellschaft zahlte normalerweise 15% Dividende. Damit wollte man die Öffentlichkeit veranlassen, mehr Wertpapiere von Kreuger zu kaufen, und so das System am Laufen halten.

Um die Öffentlichkeit zu ködern, wurden Ausblicke auf die künftige Entwicklung erschwindelt, Briefe gefälscht und der Aktienmarkt mit gravierenden Konsequenzen manipuliert. Obligationen wurden mehrmals auf dieselben Wertpapiere ausgegeben. Am schamlosesten war es, dass Obligationen gegen Rechnungen der Zündholzmonopole Italiens und Spaniens ausgegeben wurden. Obwohl Kreuger keines von beiden besaß, führte er sie doch in seinen Büchern mit 80 Mio. Dollar und fälschte eigenhändig Schuldverschreibungen, um diese Ansprüche zu untermauern. Erst die langwierige Rezession der Jahre 1929–1933 ließ es unmöglich werden, das System länger am Laufen zu halten, obwohl Kreuger dafür weder Korruption noch Täuschung scheute. Im März 1932 stand eine Anleihe über 11 Mio. Dollar von der International Telephone and Telegraph (ITT) zur Bezahlung an. Kreuger, zahlungsunfähig, beging Selbstmord. Er ließ Forderungen auf seine Besitzungen von 700 Mio. Dollar zurück, seine persönlichen Schulden betrugen 179 Mio. Dollar, dem nur 18 Mio. Dollar Eigenvermögen gegenüberstanden.

Der Tod Kreugers ist nur ein Symbol für das Ende des europäischen Finanzkapitalismus. Seit etwa fünfzig Jahren vor diesem Ereignis war die vom Finanzsystem geförderte zentralisierte Kontrolle dazu benutzt worden, monopolistische Tendenzen in der Industrie zu entwickeln. Diese wurden durch das Entstehen großer Kombinate, durch die Bildung von Kartellen und Handelsassoziationen zwischen Unternehmenseinheiten und durch das Wachsen jener wenig greifbaren Wettbewerbsbeschränkungen, die als unvollkommener oder monopolistischer Wettbewerb beschrieben werden, unterstützt. Als Folge war der Wettbewerb zurückgegangen, die Kontrolle über die Märkte hatte zugenommen und die Selbstfinanzierung industrieller Einheiten war gewachsen. Diese letzte Entwicklung ermöglichte es jetzt der Industrie wieder, sich von der finanziellen Kontrolle zu befreien, wie es ja schon in der Eigentümer-Unternehmer-Periode gewesen war, die dem Finanzkapitalismus vorausgegangen war. Neu war aber, dass die Kontrolle nicht von den Finanziers an die Unternehmenseigentümer zurückkam, sondern jetzt mehr und mehr in die Hände einer neuen Klasse von bürokratischen Managern überging, deren Kontrollmacht ihren Anteil an der Eigentümerschaft der Unternehmen weit überstieg. Nur in Frankreich befanden sich die Banker zwar ebenfalls auf dem Rückzug, als 1939 der Krieg ausbrach; ihre Position war aber durch die unorthodoxe Finanzpolitik der zwanziger Jahre so gefestigt, dass sie einen entscheidenden Sieg des Monopolkapitalismus in den dreißiger Jahren verhindern konnten. Die Ablösung des Finanz- durch den Monopolkapitalismus geschah deshalb in Frankreich erst in den vierziger Jahren. Auch in den Vereinigten Staaten war der Übergang noch nicht abgeschlossen, als 1939 der Krieg ausbrach. Das hatte zur Folge, dass die USA und Frankreich – anders als alle anderen wichtigen Länder – 1940 die Weltrezession immer noch nicht überwunden hatten.

Deutschland vom Kaiser bis Hitler (1913–1945)

Einführung

Das Schicksal Deutschlands ist eines der tragischsten in der ganzen Geschichte der Menschheit, denn nur selten hat ein Volk von solchen Talenten und mit vergleichbaren Leistungen so viel Unglück über sich und andere gebracht. Die Erklärung, warum Deutschland in ein solches Fahrwasser geriet, kann nicht in der Geschichte des 20. Jahrhunderts allein gefunden werden. Deutschland gelangte in die Katastrophe von 1945 auf einem Pfad, dessen Anfänge in der fernen Vergangenheit liegen, im gesamten Muster der deutschen Geschichte vom Zeitalter der germanischen Stämme bis zur Gegenwart. Dass Deutschland seinen Ursprung in Stammesgesellschaften und nicht in einer Zivilisation hatte und außerhalb der Grenzen des Römischen Reichs und der lateinischen Sprache geblieben war, waren zwei Faktoren, die Deutschland schließlich in die Situation von 1945 führten. Der germanische Stamm vermittelte jedem seiner Mitglieder Sicherheit und Sinn in einem Maße, in dem das Individuum von der Gruppe fast völlig absorbiert wurde, wie das Stämme ja im Allgemeinen tun. Er vermittelte Sicherheit, weil er das Individuum in einer sozialen Position *bekannter* und relativ stabiler sozialer Beziehungen mit seinen Stammesgenossen ließ; er vermittelte Sinn, weil er vollkommen absorbierend, man könnte sagen totalitär, darin war, dass er beinahe alle individuellen Bedürfnisse innerhalb eines einzigen Bezugssystems befriedigte.

Das Auseinanderbrechen der germanischen Stämme in der Völkerwanderungszeit vor fünfzehnhundert Jahren und die Konfrontation ihrer Angehörigen mit einer höher entwickelten, aber gleicherweise totalen und rundum befriedigenden sozialen Struktur – dem römischen imperialen System – und das fast unmittelbar darauffolgende Zerbrechen dieses römischen Systems verursachten ein doppeltes Trauma, von dem sich die Deutschen bis heute nicht erholt haben. Das Zerbrechen der Stämme ließ die einzelnen Germanen – wie es bei einer ähnlichen Erfahrung heute für viele Afrikaner der Fall ist – in einem Chaos fremder Erfahrungen zurück, in dem es weder Sicherheit noch Sinn gab. Als alle anderen Beziehungen zerstört waren, blieb der Deutsche mit nur einer menschlichen Beziehungsform zurück, der er all seine Energie zuwandte – der Loyalität zu seinen unmittelbaren Gefährten. Aber diese konnte nicht all seine Lebensenergie in sich aufnehmen oder all seine Lebensbedürfnisse befriedigen – keine einzelne menschliche Beziehung kann das – und die Bemühung, sie so umfassend zu machen, konnte sie nur in etwas Monströses verwandeln. Aber der germanische Stammesangehörige des 6. Jahrhunderts, für den alles andere zerbrochen war, versuchte das und versuchte, seine ganze Sicherheit und allen Sinn auf persönliche Loyalität zu bauen. Die Folge davon kann man in dem frühesten Werk der deutschen Literatur sehen – dem *Nibelungenlied*, einem Irrenhaus, das von dieser einen Stimmung beherrscht wird und das in einer Situation spielt, die derjenigen des Deutschland von 1945 nicht gänzlich unähnlich ist.

Zu dem monomanen Wahnsinn, der durch die Erschütterung der germanischen Stämme geschaffen wurde, kam die plötzliche Erleuchtung, dass es ein besseres System gäbe, das, wie sie dachten, ebenso sicher und ebenso sinngebend, weil ebenso total wäre. Symbolisiert wurde das durch das Wort Rom. Es ist für uns Westler von heute, die wir so sehr von historischer Perspektive und Individualismus geprägt sind, fast unmöglich, zu verstehen, was die antike Kultur eigentlich war und warum sie für die Germanen so attraktiv war. Beides könnte man in dem Wort «total» zusammenfassen. Die griechische Polis war ebenso total wie das römische Imperium. Wir im Westen sind der Faszination des Totalitarismus entkommen, weil wir noch andere Elemente in unsere Tradition mit aufgenommen haben – die Weigerung der Hebräer, Gott und Welt oder Religion und Staat miteinander zu vermischen, und die Erkenntnis, dass Gott jenseits der Welt ist und dass dementsprechend alle anderen Dinge in irgendeinem Maße unvollständig und unvollkommen sein müssen. Wir haben außerdem in unserer Tradition Christus, der außerhalb des Staates stand, und denen, zu denen er sprach, sagte: «Gebt dem Caesar, was des Caesars ist.» Außerdem gehört zu unserer Tradition die Kirche der Katakomben, wo die menschlichen Werte weder vereinigt noch total waren und in Gegensatz zum Staat standen. Die Deutschen entkamen, ebenso wie später die Russen, dem vollen Einfluss dieser Elemente in der Tradition des Westens. Die Deutschen ebenso wie die Russen lernten Rom erst in seiner post-konstantinischen Phase kennen, als die christlichen Kaiser das totalitäre System Diokletians in der Form eines eher christlichen als heidnischen Totalitarismus zu erhalten suchten. Es war dieses System, das die enttribalisierten Germanen gerade noch erblickten, bevor es selbst zerbrach. Sie sahen darin eine großartigere weitere, mächtigere Einheit als den Stamm, aber mit den gleichen Elementen, die sie aus ihrer Stammesvergangenheit heraus zu bewahren versuchten. Sie sehnten sich danach, Teil dieses imperialen Totalitarismus zu werden. Sie sehnen sich immer noch danach. Der Ostgote Theoderich (römischer Kaiser 489–526) sah sich selbst als germanischen Konstantin. Die Germanen weigerten sich fortwährend, diesen zweiten Verlust zu akzeptieren, wie es Lateiner und Kelten taten. Die nächsten tausend Jahre über unternahmen die Deutschen jede Anstrengung, um das christliche Imperium wiederherzustellen, unter Karl V. (römischer Kaiser 1519–1555) ebenso wie unter Theoderich. Der Deutsche träumte weiterhin von jenem Glanz, den er noch vom System des Reiches vor seinem Untergang erblickt hatte – eines, universal, total, heilig, ewig, kaiserlich, römisch. Er weigerte sich, seinen Untergang zu akzeptieren, und hasste die kleine Gruppe, die sich seinem Wiederaufstieg entgegensetzte, und verachtete die große Masse, die sich nicht kümmerte, während er sich selbst als einziger Verteidiger der Werte und der Rechtschaffenheit sah, der bereit wäre, alles zu opfern, um diesen Traum auf der Erde wieder aufzurichten. Nur Karl der Große (gestorben 814) kam diesem Traum nahe. Barbarossa, Karl V., Wilhelm II. und sogar Hitler waren nur blasse Imitationen. Nach Karl dem Großen verschwanden der Staat und die öffentlichen Organe in einem dunklen Zeitalter, während die Gesellschaft und die Kirche überlebten. Als der Staat am Ende des 10. Jahrhunderts wieder auftauchte, war er ganz deutlich getrennt von Gesellschaft und Kirche. Das eine totalitäre *Imperium* war *im Westen* in zwei und später sogar in viele Bindungen auseinandergebrochen. Während der Spaltung der einzigen Einheit, die zugleich heilig römisch, katholisch, universal und kaiserlich war, im dunklen Zeitalter, wurden die Adjektive von den Substantiven getrennt und zurück blieben eine universale Katholische Kirche und ein Heiliges Römisches Reich. Die Erstere lebt noch immer, während das Letztere 1806 von Napoleon ausgelöscht wurde, tausend Jahre nach Karl dem Großen.

Während dieser tausend Jahre entwickelte der Westen ein pluralistisches System, in dem das Individuum das höchste Gut (und die letzte philosophische Realität) war. Es war mit der Aufgabe konfrontiert, zwischen vielen verschiedenen, einander entgegenstehenden Bindungen zu wählen. Deutschland wurde in diesem Prozess mitgeschleppt, war aber unwillig darin und sehnte sich weiterhin nach einer einzigen Bindung, die vollständig absorbierend sein würde. Dieser Wunsch zeigte sich in vielen deutschen Charakteristika, von denen eines eine andauernde Liebe zu Griechenland und Rom war. Auch heute noch muss ein Student der Antike mehr Literatur in Deutsch als in irgendeiner anderen Sprache in sich aufnehmen, wobei ihm nur selten bewusst wird, dass der Grund für die Anziehung der Antike auf die Deutschen ihr totalitärer Charakterzug ist. Dieser Zug wurde von den Deutschen wahrgenommen, von den Menschen im Westen aber im Allgemeinen ignoriert.

Alle nachfolgenden Erfahrungen des deutschen Volkes, vom Fehlschlag Ottos des Großen im 10. Jahrhundert bis hin zum Fehlschlag Hitlers im 20. Jahrhundert, haben dazu gedient, das deutsche Verlangen nach der Geborgenheit eines totalitären Lebens weiterzutragen und vielleicht noch zu intensivieren. Darin liegt der Schlüssel zum deutschen Nationalcharakter: trotz all ihres Geredes von heroischer Haltung war das, was sie wirklich wollten, Geborgenheit, die Freiheit von der Notwendigkeit, Entscheidungen zu treffen, die ein unabhängiges, auf sich selbst vertrauendes Individuum voraussetzen würden, das unaufhörlich der eisigen Luft mehrerer Alternativen ausgesetzt ist. Der österreichische Dramatiker Franz Grillparzer sprach als wahrer Deutscher, als er vor einem Jahrhundert sagte: «Die schwierigste Sache der Welt ist es, sich zu entscheiden.» Entscheidung verlangt die Abwägung von Alternativen und führt den Menschen zu Individualismus, Selbstvertrauen und Rationalismus, alles Qualitäten, die der Deutsche hasst.

Trotz dieser Bedürfnisse der Deutschen nach der Geborgenheit einer totalitären Einheit waren sie als ein, wenn auch eher peripherer, Teil des Westens zu einer anderen Lebensweise gezwungen. In der Rückschau schien es Wagner, dass Deutschland die nächste Annäherung an seine Sehnsüchte in dem von den Zünften dominierten Leben des spätmittelalterlichen Augsburg gefunden hatte; das ist der Grund, warum seine einzige fröhliche Oper in dieser Umgebung spielt.[7] Aber wenn Wagner recht hat, dann wurde diese Situa-

---

7 Richard Wagners Oper *Die Meistersinger von Nürnberg* spielt, wie schon der Titel sagt, allerdings nicht in Augsburg, sondern in Nürnberg.

tion nur kurzzeitig erlangt. Die Umschichtung des Welthandels vom Mittelmeer und der Ostsee in den Atlantik zerstörte die über Deutschland hinausreichende kommerzielle Basis des städtischen deutschen Zunftlebens – etwas, was Thomas Mann auch noch in unseren Tagen bedauerte. Fast unmittelbar gleichzeitig wurde die alte religiöse Einheit der Deutschen durch die protestantische Reformation zerschlagen. Als klar wurde, dass kein Grad der Gewalttätigkeit die alte religiöse Einheit wiederherstellen konnte, kamen die Deutschen im Augsburger Religionsfrieden (1555) mit einer typisch deutschen Lösung: die Individuen sollten von der schmerzlichen Notwendigkeit eigener Entscheidungen in religiösen Dingen befreit werden und die Entscheidung den Fürsten in dem jeweiligen Fürstentum überlassen. Diese Lösung und die fast gleichzeitige Übernahme des römischen Rechts waren bedeutende Indizien des Prozesses, in dem aus der deutschen Städteordnung des späten Mittelalters das moderne Deutschland der Fürstentümer (*Länder*) wurde.

Als Folge des Verlustes der religiösen Einheit wurde Deutschland geteilt in einen protestantischen Nordosten, der in zunehmendem Maße von den Hohenzollern Brandenburg-Preußens dominiert wurde, und einen katholischen Südwesten, zunehmend dominiert von den Habsburgern Österreichs. Es ist bedeutsam, dass diese beiden ihren Aufstieg als «Marken» begannen, das heißt, als Grenzstreifen des christlichen Deutschland gegen das heidnische Slawentum des Ostens. Auch als der slawische Osten christianisiert wurde und durch sein Kopieren von Byzanz eine Gesellschaft aufbaute, die dem Herzen der Deutschen näher stand als diejenige des Westens, konnten die Deutschen doch die Slawen weder kopieren noch sich mit ihnen vereinen, weil die Slawen als Menschen, die nicht zum Stamm gehörten, Minderwertige und kaum überhaupt richtige Menschen waren. Sogar die Polen, die in einem höheren Maße zum Westen gehörten als die Deutschen, wurden von den Deutschen als Teil der äußeren Dunkelheit des Slawentums betrachtet und derart als Bedrohung des nicht existenten deutschen Stammesreiches.

Deutschlands Unglück erreichte seinen Höhepunkt in den Katastrophen des 17. Jahrhunderts, als Richelieu im Sinne Frankreichs die internen Probleme Deutschlands im Dreißigjährigen Krieg (1618–1648) ausnutzte, um eine Gruppe gegen eine andere auszuspielen und um sicherzustellen, dass die Habsburger niemals Deutschland vereinigen würden. Er verurteilte damit die Deutschen zu weiteren zweihundert Jahren der Uneinigkeit. Hitler, Bismarck und sogar Kaiser Wilhelm II. konnte man sehr wohl als Deutschlands Rache an Frankreich für Richelieu, Ludwig XIV. und Napoleon betrachten. In seiner exponierten Lage in Mitteleuropa war Deutschland zwischen Frankreich, Russland und den Habsburgerbesitzungen eingesperrt und war unfähig, mit seinen grundlegenden Problemen nach seiner eigenen Weise und je nach ihrer Bedeutung zu verfahren. Dementsprechend erlangte Deutschland die nationale Einheit nur spät und durch «Blut und Eisen» und kam überhaupt nicht zur Demokratie. Man könnte noch hinzufügen, dass es aus denselben Gründen auch Laissez-faire oder Liberalismus niemals erreichte. In den meisten

Einführung

Ländern wurde die Demokratie von der Mittelklassen mit Unterstützung von Bauern und Arbeiterschaft durch einen Angriff auf die Monarchie, die von der Bürokratie und dem Landadel unterstützt wurde, durchgesetzt. In Deutschland kamen diese Kombinationen nie so recht zustande, weil die verschiedenen Gruppen im Angesicht der bedrohlichen Nachbarn Hemmungen hatten, miteinander zu kämpfen. Deutschlands exponierte Grenzen machten es stattdessen notwendig, die wechselseitigen Gegensätze zu unterdrücken und die Vereinigung zum Preis des Opfers von Demokratie, Laissez-faire, Liberalismus und nichtmateriellen Werten zu erlangen. Die Vereinigung Deutschlands im 19. Jahrhundert wurde nicht durch die Verwirklichung, sondern durch die Zurückweisung der typischen Werte des 19. Jahrhunderts erreicht. Der Vereinigungsprozess begann als Reaktion auf den Anschlag Napoleons von 1806 und mit der Zurückweisung des Rationalismus, Kosmopolitismus und Humanitarismus der Aufklärung. Deutschland erreichte die Vereinigung nur durch die folgenden Prozesse:

1. durch die Stärkung der Monarchie und ihres bürokratischen Apparates;
2. durch die Stärkung des stehenden Berufsheeres;
3. durch die Konservierung des Landadels (der Junker) als einer Quelle für das Personal von Bürokratie und Armee;
4. durch die Stärkung der Industriellen durch direkte und indirekte Saatssubventionen, ohne ihnen aber jemals eine entscheidende Stimme in der Staatspolitik einzuräumen;
5. indem die Bauern und Arbeiter durch paternalistische wirtschaftliche Geschenke ruhiggestellt wurden, anstatt dass durch eine Ausweitung der politischen Rechte diesen Gruppen die Möglichkeiten zur Selbsthilfe eröffnet worden wären.

Die lange Reihe der Fehlschläge der Deutschen, jene Gesellschaft zu erlangen, die sie wollten, ließ ihr Verlangen danach nur noch weiter wachsen. Sie wollten eine geborgene Gesellschaft mit Sicherheit und Sinn, eine totalitäre Struktur, die gleichzeitig universal und letztgültig wäre und die das Individuum in seiner Struktur so absorbieren würde, dass es niemals wichtige Entscheidungen allein treffen müsste. Gehalten von einem Rahmen bekannter, befriedigender persönlicher Beziehungen wäre so ein Individuum sicher, weil es von Nebenmenschen umgeben wäre, die ebenso befriedigt mit ihren eigenen Beziehungen wären, wobei jeder seine eigene Bedeutung durch die Mitgliedschaft im größeren Ganzen erspüren würde.

Obwohl diese soziale Struktur in Deutschland niemals zustande kam und angesichts der dynamischen Natur der westlichen Zivilisation, deren Teil die Deutschen waren, niemals zustande kommen konnte, hat doch jeder Deutsche über Jahrhunderte hinweg versucht, eine solche Situation in seiner unmittelbaren Umgebung für sich herzustellen (wenigstens in der Familie oder im Biergarten), oder schuf, wenn das fehlschlug, deutsche Literatur und Musik, deutsches Theater und deutsche Kunst als Vehikel seines Protestes gegen den Mangel. Dieses Verlangen war im Drang des Deutschen nach Status (der seine Beziehung zum Ganzen aufzeigt) und nach dem Absoluten (das dem Ganzen eine *unveränderbare* Bedeutung gibt) offensichtlich.

Der deutsche Drang nach Status ist vom amerikanischen Statusverlangen völlig verschieden. Der Amerikaner wird getrieben vom Verlangen voranzukommen, das heißt, seinen Status zu verändern; er verlangt nach der Existenz von Status oder Statussymbolen als eindeutiges Indiz oder Maßstab der Geschwindigkeit, mit der er seinen Status verändert. Der Deutsche sucht Status als einen Nexus offen sichtbarer Beziehungen in seinem Umkreis, so dass niemals bei irgendjemandem ein Zweifel darüber auftauchen kann, wo er – stationär – in diesem System steht. Er will Status, weil er Veränderung ablehnt, weil er die Notwendigkeit, Entscheidungen zu treffen, verabscheut. Der Amerikaner gedeiht mit Wechsel, Neuheiten und Entscheidungen. Es ist merkwürdig genug, dass beide mit diesen gegensätzlichen Formen auf ziemlich gleichartige Gründe reagieren, die mit der mangelnden Reife und Integration der individuellen Persönlichkeiten zu tun haben. Als Kompensation eines Mangels an Integration, Selbstgenügsamkeit und inneren Ressourcen des Individuums verlangt der Amerikaner nach Veränderung, der Deutsche dagegen nach *äußeren* fixierten Beziehungen.

Der Deutsche sucht Status, der sich in offen sichtbaren äußeren Symbolen widerspiegelt, damit sein System persönlicher Beziehungen für jeden, den er trifft, klar sein möge und damit er mehr oder weniger automatisch (und damit unter Vermeidung schmerzlicher Entscheidungen) dementsprechend behandelt wird. Er verlangt nach Titeln, Uniformen, Namensplaketten, Flaggen, Ansteckern, nach allem, was seine Stellung eindeutig macht. In jeder deutschen Organisation, sei es Firma, Schule, Armee, Kirche, Verein oder Familie, gibt es Rangstufen, Hierarchien und Titel. Kein Deutscher wäre damit zufrieden, nur seinen Namen auf seiner Visitenkarte oder dem Namensschild an der Türe zu haben. Seine Visitenkarte muss außerdem seine Adresse, seine Titel und seine Ausbildung zu erkennen geben. Der große Anthropologe Robert H. Lowie berichtet von Menschen mit zwei Doktortiteln, deren Namensschilder «Professor Dr. Dr. Soundso» lauten, damit alle Welt ihren doppelten akademischen Status zur Kenntnis nehme. Die Bedeutung der kleineren Abstufungen von Stellung und Klasse mit Titeln ist eine Folge des deutschen Partikularismus, ebenso wie das verbale Insistieren auf dem Absoluten eine Reflexion des deutschen Universalismus ist, der immer dem System als Ganzem Sinn geben möchte.

Innerhalb dieses Systems hält es der Deutsche für notwendig, seine Stellung durch verbale Lautstärke kundzutun. Das kann Außenseitern prahlerisch vorkommen, so wie sein Verhalten gegenüber Vorgesetzten oder Untergebenen einem Engländer kriecherisch oder brutal erscheint. Alle drei Arten sind aber für seine Mitdeutschen akzeptabel, die ebenso begierig sind, diese Indizien von Status zu sehen, wie er es ist, sie zu zeigen. Alle diese Reaktionen, die von deutschen Denkern wie Kant als Verlangen nach Vorrang kritisiert und die in den letzten zwei Jahrhunderten von der deutschen Literatur

Einführung

satirisch behandelt wurden, waren das wesentliche Bindemittel der persönlichen Beziehungen, die das soziale Leben in Deutschland ausmachen. Die richtige Anschrift auf einem Umschlag lautet, wie uns gesagt wird, «Herrn Hofrat Professor Dr. Siegfried Harnischfeger.» Dieser Pomp kommt sowohl mündlich als auch schriftlich zur Anwendung und wird ebenso bei der Ehefrau gebraucht wie bei ihrem Mann.

Eine solche Betonung von Stellung, Vorrang, Titeln, Hierarchien und festgelegten Beziehungen, insbesondere in der vertikalen Beziehung von höher und niedriger, ist so typisch deutsch, dass der Deutsche sich in hierarchischen Situationen am heimischsten fühlt, wie etwa in einer militärischen, kirchlichen oder akademischen Institution. In der Privatwirtschaft oder der Politik, wo der Status schwieriger zu etablieren und deutlich zu machen ist, fühlt er sich dagegen leicht unwohl.

Mit dieser Natur und derartigen Nervensystemen fühlen sich die Deutschen unwohl mit Gleichheit, Demokratie, Individualismus, Freiheit und anderen Zügen des modernen Lebens. Ihre Nervensysteme waren eine Folge der Geborgenheit der deutschen Kindheit, die, entgegen der landläufigen Vorstellung, keine Welt von Elend und persönlicher Grausamkeit war (wie es so häufig in England der Fall ist), sondern eine warme, gefühlvolle und äußerlich disziplinierte Situation sicherer Beziehungen. Immerhin sind der Nikolaus und das kinderzentrierte Weihnachtsfest deutsch. Das ist jene Situation, die der erwachsene Deutsche, Aug in Auge mit etwas, was eine fremdartige Welt zu sein scheint, wiederzugewinnen sucht. Für die Deutschen ist das *Gemütlichkeit*; für Außenseiter aber kann es erstickend sein. Jedenfalls führt es unter den erwachsenen Deutschen zu zwei zusätzlichen Zügen des deutschen Charakters: dem Bedürfnis nach äußerer Disziplin und der Eigenschaft der Egozentrik.

Der Engländer ist von innen heraus diszipliniert. Er nimmt seine Selbstdisziplin, die in seinem Nervensystem eingewurzelt ist, mit sich, wo immer er hingeht, sogar in Situationen, in denen jegliche äußere Form der Disziplin fehlt. Als Folge davon ist der Engländer der sozialste Europäer, der Franzose der zivilisierteste, der Italiener der geselligste oder der Spanier der individualistischste. Aber der Deutsche, der Disziplin von außen sucht, zeigt darin sein unbewusstes Verlangen, die von außen her disziplinierte Welt seiner Kindheit wiederzufinden. Mit dieser Disziplin kann er der allerbeste Bürger sein, ohne sie aber kann er eine Bestie sein.

Ein zweiter bemerkenswerter Zug, der von der Kindheit ins deutsche Erwachsenenleben hinübergerettet wurde, war Egozentrik. Jedem Kind scheint sich die ganze Welt nur um es selbst zu drehen. Die meisten Gesellschaften haben Formen entwickelt, in denen der Heranwachsende von diesem Irrtum befreit wird. Der Deutsche verlässt seine Kindheit so plötzlich, dass er diese Tatsache des Universums kaum lernt. Er verbringt den Rest seines Lebens damit, ein Netzwerk fester Beziehungen zu entwickeln, die sich um ihn selbst drehen. Weil das sein Lebensziel ist, sieht er keine Notwendigkeit, irgendetwas von einer anderen Perspektive als seiner eigenen zu sehen.

Die Folge ist eine desaströse Unfähigkeit dazu. Jeder Klasse oder Gruppe fehlt jegliche Sympathie für jeden Gesichtspunkt außer dem egozentrischen eigenen. Seine Gewerkschaft, seine Firma, sein Komponist, sein Dichter, seine Partei, seine Nachbarschaft sind die besten, fast die einzig akzeptablen Beispiele der jeweiligen Gruppe und alle anderen muss man herabsetzen. Als Teil dieses Prozesses wählt sich ein Deutscher gewöhnlicherweise eine Lieblingsblume, Lieblingskomposition, Lieblingsbier, Lieblingsverein, Lieblingsgemälde oder - oper und erkennt nur wenig Wert oder Verdienst in etwas anderem. Aber zur selben Zeit besteht er darauf, dass seine myopische oder engstirnige Sicht des Universums universalisiert werden muss, weil es kein Volk gibt, das mehr auf der Rolle des Absoluten oder des Universellen als Rahmen seiner eigenen Egozentrik besteht. Eine erbärmliche Folge davon waren die sozialen Animositäten in einem Deutschland, das so lautstark unverbrüchliche Solidarität verkündete.

Mit einer individuellen Persönlichkeitsstruktur wie dieser befand sich der Deutsche schmerzlich unwohl in der völlig andersartigen und zu ihm ganz unfreundlichen Welt des 19. Jahrhunderts mit seinem Individualismus, Liberalismus, kompetitiven Atomismus, demokratischer Gleichheit und selbstbezogenen Dynamik. Und der Deutsche war um 1860 doppelt unwohl und verbittert, wenn er die Macht, den Reichtum und die nationale Einheit sah, die diese Züge des 19. Jahrhunderts Großbritannien und Frankreich gebracht hatten. Die späte Ankunft dieser Errungenschaften in Deutschland, besonders der nationalen Einheit und des Industrialismus, ließ im Durchschnittsdeutschen ein Gefühl der Minderwertigkeit in Beziehung zu England entstehen. Nur wenige Deutsche waren bereit, als Individuen mit englischen Geschäftsleuten in Wettbewerb zu treten. Dementsprechend wurde von der Regierung des neuerdings vereinten Deutschland erwartet, dass sie den deutschen Industriellen mit Zöllen, Krediten, Preis- und Produktionskontrollen, billigen Arbeitskosten und Ähnlichem half. Als Folge davon hatte Deutschland niemals eine eindeutig wettbewerbsorientierte, liberale Wirtschaftsordnung wie die westlichen Mächte.

Der Mangel an wirklicher Demokratie zeigte sich auch im Staatsrecht. Das deutsche Parlament war eher eine beratende als eine gesetzgebende Körperschaft; das Justizsystem war nicht unter öffentlicher Kontrolle; und die Exekutive (der Kanzler und das Kabinett) war demKaiser und nicht dem Parlament gegenüber verantwortlich. Darüber hinaus gab die Verfassung wegen eines besonderen Wahlsystems Preußen (das die Machtbasis der Armee, des Landadels, der Bürokratie und der Industrie war) eine übermäßige Bedeutung. Innerhalb Preußens gab die Gewichtung der Wahlstimmen diesen Gruppen einen übermäßigen Einfluss. Vor allem unterlag die Armee keiner demokratischen und noch nicht einmal einer Regierungskontrolle, sondern wurde vom preußischen Offizierskorps dominiert, dessen Mitglieder durch Regimentswahl rekrutiert wurden. Dieses Offizierskorps ähnelte dadurch mehr einer Loge als einer Verwaltungs- oder Berufsorganisation.

Einführung

Als Bismarck 1890 aus dem Amt schied, hatte er innerhalb Deutschlands ein unsicheres Mächtegleichgewicht hergestellt, das dem unsicheren Mächtegleichgewicht ähnelte, das er in Europa als Ganzem geschaffen hatte. Seine zynische und materialistische Einschätzung menschlicher Motivationen hatte alle idealistischen und humanitär eingestellten Kräfte von der politischen Bühne Deutschlands vertrieben und hatte die politischen Parteien fast vollständig in wirtschaftliche und soziale Interessensvertretungen umgewandelt, die er dann eine gegen die andere gegeneinander ausspielte. Die hauptsächlichen dieser Kräfte waren der Landadel (die Konservative Partei), die Industriellen (die Nationalliberale Partei), die Katholiken (die Zentrumspartei) und die Arbeiter (Sozialdemokratische Partei). Dazu kam, dass von der Armee und der Bürokratie zwar erwartet wurde, dass sie politisch neutral blieben, dass sie aber nicht zögerten, Druck auf die Regierung ohne die Vermittlung irgendeiner politischen Partei auszuüben. Es existierte so ein prekäres und gefährliches Mächtegleichgewicht, das nur ein Genie handhaben konnte. Bismarck hatte kein Genie als Nachfolger. Der Kaiser, Wilhelm II. (1888–1918), war ein unfähiger Neurotiker, und das System der Rekrutierung für Regierungspositionen war so, dass es nur mittelmäßige Männer nach oben kommen ließ. Als Folge wurde die prekäre Struktur, die Bismarck hinterlassen hatte, nicht verbessert, sondern nur durch eine Fassade nationalistischer, fremdenfeindlicher, antisemitischer, imperialistischer und chauvinistischer Propaganda, in deren Zentrum der Kaiser stand, dem öffentlichen Blick entzogen.

Die Dichotomie in Deutschland zwischen Erscheinung und Realität, zwischen Propaganda und Struktur, zwischen wirtschaftlichem Wohlstand und politischer und sozialer Schwäche wurde im Ersten Weltkrieg ihrem Test unterzogen und versagte vollständig. Die Ereignisse von 1914 bis 1919 enthüllten, dass Deutschland keine Demokratie war, in der alle Menschen vor dem Gesetz gleich waren. Stattdessen formten sich die herrschenden Gruppen zu einem seltsamen Tier, das sich über niedriger stehenden Tieren eingenistet hatte. In dieser seltsamen Kreatur war die Monarchie der Körper, der von vier Beinen getragen wurde: der Armee, dem Landadel, der Bürokratie und der Industrie.

Dieser Schimmer von Realität war keiner der wichtigen Gruppen in Deutschland erwünscht. Das hatte zur Folge, dass er fast sofort durch eine andere irreführende Fassade überdeckt wurde: die «Revolution» von 1918, die in Wirklichkeit gar keine Revolution war, da sie diese Situation nicht grundsätzlich änderte; sie beseitigte die Monarchie, aber beließ das Quartett der Beine.

Dieses Quartett war keine Schöpfung eines Moments. Es war eher das Resultat eines langen Entwicklungsprozesses, dessen letzte Entwicklungsstadien erst im 20. Jahrhundert erreicht wurden. In diesen letzten Phasen wurden die Industriellen durch bewusste Vereinbarungen in die herrschende Clique mit aufgenommen. Diese Akte kulminierten in den Jahren 1898–1905 in einem Handel, in dem die Junker das Flottenprogramm der Industriellen (das sie eigentlich verabscheuten) akzeptierten, während die Industriellen im Austausch die hohen Getreidezölle guthießen. Die Junker waren gegen die Flotte, weil sie bei ihrer kleinen Anzahl und engen Verbindung mit der Armee, jedem Abenteuer in kolonialen Gefilden oder Überseeimperialismus abhold und entschlossen waren, Deutschlands Position auf dem Kontinent nicht durch die Entfremdung Englands zu gefährden. Die Politik der Junker war sogar nicht nur kontinental; auf dem Kontinent war sie *kleindeutsch*. Dieser Ausdruck bedeutet, dass sie nicht versessen darauf waren, die Deutschen Österreichs nach Deutschland hereinzuholen, weil eine solche Hereinnahme die Macht der kleinen Junkergruppe innerhalb Deutschlands vermindern würde. Stattdessen hätten es die Junker vorgezogen, nichtdeutsche Gebiete im Osten zu annektieren, um zusätzliches Land und billige slawische Landarbeiter zu erhalten. Die Junker wollten Zölle für landwirtschaftliche Produkte, um die Preise ihrer Anbauprodukte, besonders Roggen und Zuckerrüben, zu erhöhen. Die Industriellen wehrten sich gegen Zölle auf Nahrungsmittel, weil hohe Nahrungsmittelpreise hohe Löhne notwendig machten, was sie vermeiden wollten. Andererseits wollten die Industriellen hohe Preise für industrielle Produkte und einen Markt für die Produkte der Schwerindustrie. Das Erstere erreichten sie durch die Bildung von Kartellen seit 1888; das Letztere durch das Flottenprogramm und die Aufrüstung nach 1898. Die Junker stimmten dem nur im Austausch für einen Nahrungsmittelzoll zu, der schließlich in Form von «Importzertifikaten» zu Subventionen für den Anbau von Roggen wurde. Das Bündnis, dessen Schöpfer Bülow war, wurde im Mai 1900 vereinbart und im Dezember 1902 verwirklicht. Der Zoll von 1902 machte Deutschland zu einem der meistgeschützten landwirtschaftlichen Gebiete der Welt. Er war der Preis, den die Industrie für die Flottenvorlage von 1900 zahlen musste. Es war symbolisch, dass er erst durch den Reichstag kam, nachdem die Verfahrensregeln verletzt worden waren, um die Opposition mundtot zu machen.

Das Quartett bestand nicht aus Konservativen, sondern – mindestens potentiell – aus revolutionären Reaktionären. Das trifft wenigstens für den Landadel und die Industriellen zu, etwas weniger für die Bürokratie und am allerwenigsten für die Armee. Der Landadel war revolutionär, weil er von der permanenten landwirtschaftlichen Krise zur Verzweiflung getrieben wurde. Die Krise machte es für ein Gebiet mit so hohen Kosten wie Ostdeutschland schwierig, mit Regionen geringerer Kosten wie der Ukraine oder mit Gegenden hoher Produktivität wie Kanada, Argentinien und den Vereinigten Staaten in Wettbewerb zu treten. Selbst im isolierten Deutschland hatten sie Probleme, die Löhne der deutschen Landarbeiter tief zu halten oder Kredite für die Landwirtschaft zu erhalten. Das erstere Problem erwuchs aus der Konkurrenz mit den Industrielöhnen in Westdeutschland. Das Kreditproblem erwuchs aus dem endemischen Mangel an Kapital in Deutschland, der Notwendigkeit, mit der Industrie in Wettbewerb um das Kapitalangebot zu treten, und der Unmöglichkeit, Kapital durch Hypotheken auf Erbgüter aufzunehmen. Als Folge dieser Umstände träumte der Landadel, der mit Schulden überladen war, in großer Angst vor jedem Preisverfall lebte und unorganisierte slawische Arbeitskräfte importierte, von Eroberungen von Land und Arbeitskraft im Osten. Die Industriellen befanden sich in einer ähnlichen Zwickmühle – gefangen zwischen den hohen Löhnen der gewerkschaftlich organisierten deutschen Arbeiter und den begrenzten Märkten für industrielle Produkte. Um das Angebot an Arbeitskräften und an Märkten zu erhöhen, hofften sie auf eine aktive deutsche Außenpolitik, die einen großdeutschen Block, wenn nicht ein Mittel-Europa als eine Einheit in die Existenz bringen sollte. Die Bürokratie teilte diese Eroberungsträume aus ideologischen, insbesondere nationalistischen Gründen. Nur die Armee hielt sich unter dem Einfluss der Junker zurück. Diese sahen, wie leicht sie als eine begrenzte politische und soziale Einflussgruppe in einem Mittel-Europa oder einem All-Deutschland an den Rand gedrängt werden könnten. Dementsprechend hatte das preußische Offizierskorps wenig Interesse an diesen germanischen Träumereien. Es betrachtete eine Eroberung slawischer Gebiete nur dann wohlwollend, wenn das ohne unmäßige Vergrößerung der Armee selbst bewerkstelligt werden konnte.

Die Weimarer Republik

Das Wesen der deutschen Geschichte von 1918 bis 1933 liegt beschlossen in dem Satz: *Es hat 1918 keine Revolution stattgefunden*. Für eine Revolution wäre es notwendig gewesen, das Quartett zu liquidieren oder es wenigstens einer demokratischen Kontrolle zu unterwerfen. Das Quartett bildete die wirkliche Macht in der deutschen Gesellschaft, weil es die Kräfte der öffentlichen Ordnung (Armee und Bürokratie) und der wirtschaftlichen Produktion (Landadel und Industrie) beinhaltete. Auch ohne das Quartett abzuschaffen, hätte die Demokratie vielleicht in den Zwischenräumen funktionieren können, wenn die Mitglieder des Quartetts untereinander im Kampf gelegen wären. Aber sie stritten nicht miteinander, weil sie einen *esprit de corps* hatten, der aus Jahren des Dienstes in einem gemeinsamen System (dem Kaiserreich) herstammte und weil in vielen Fällen einzelne Individuen zweien oder sogar mehreren der vier Gruppen angehörten. Franz von Papen zum Beispiel war ein westfälischer Adliger, ein Oberst in der Armee, ein Botschafter und ein Mann mit weiten industriellen Besitzungen im Saarland, die von seiner Frau kamen.

Obwohl es keine Revolution gab – das heißt keine wirkliche Umschichtung der Kontrolle der Macht im Deutschland nach 1919 –, gab es doch eine Rechtsveränderung. Rechtlich gesehen wurde ein demokratisches System eingesetzt. Als Folge davon gab es in den späten zwanziger Jahren ein offen sichtbares Auseinanderklaffen zwischen Rechtsanspruch und Tatsachen – das Regime wurde dem Rechtsanspruch nach vom Volk kontrolliert, in Wirklichkeit aber vom Quartett. Die Gründe für diese Situation sind wichtig.

Das Quartett und die Monarchie führten den Krieg von 1914 bis 1918 und waren unfähig, ihn zu gewinnen. Als Folge davon waren sie vollkommen diskreditiert und wurden von Soldaten und Arbeitern verlassen. Die Volksmassen wiesen so im November 1918 das alte System vollkommen zurück. Das Quartett aber wurde aus verschiedenen Gründen nicht aufgelöst:

1. Seine Mitglieder schafften es, die Schuld für das Desaster der Monarchie in die Schuhe zu schieben, und retteten sich, indem sie diese über Bord warfen;
2. die meisten Deutschen akzeptierten das als ausreichende Revolution;
3. die Deutschen zögerten, eine wirkliche, tiefgreifende Revolution zu vollziehen aus Furcht, das könnte zu einer Invasion der Franzosen, Polen oder anderer führen;
4. viele Deutsche waren damit zufrieden, eine der Form nach demokratische Regierung zu haben, kümmerten sich aber nicht weiter um die zugrunde liegenden Realitäten;
5. die einzige politische Partei, die eine Revolution hätte anführen können, waren die Sozialdemokraten, die in Opposition zum Quartettsystem und – wenigstens theoretisch – auch zum Krieg gestanden waren; aber diese Partei war unfähig, in der Krise von 1918 irgendetwas zu tun, weil sie hoffnungslos zerstritten in doktrinäre Cliquen war und weil ihr vor der Gefahr des Sowjetbolschewismus graute. Sie gab sich mit Ordnung, Gewerkschaftseinfluss und einem «demokratischen» Regime zufrieden. Diese waren ihr wichtiger als Sozialismus, humanitäre Wohlfahrt oder Übereinstimmung zwischen Theorie und Praxis.

Vor 1914 gab es zwei Parteien außerhalb des Quartettsystems: die Sozialdemokraten und das Zentrum (die katholische Partei). Die Ersteren waren in ihrer Haltung doktrinär. Sie waren antikapitalistisch, forderten eine internationale Brüderschaft der Arbeiter, waren pazifistisch, demokratisch und marxistisch in einem evolutionären, aber nicht revolutionären Sinn. Das Zentrum war wie die Katholiken allgemein in allen Schichten der Gesellschaft verwurzelt und in allen ideologischen Schattierungen, stand aber in der Praxis oftmals bei bestimmten Themen in Opposition zum Quartett.

Diese beiden Parteien machten im Kriege beträchtliche Veränderungen durch. Die Sozialdemokraten waren in der Theorie immer gegen den Krieg, unterstützten ihn aber aus Patriotismus, indem sie für die Kredite zur Finanzierung des Krieges abstimmten. Ihr kleiner linker Flügel weigerte sich sogar schon 1914, den Krieg in dieser Form zu unterstützen. Diese extremistische Gruppe unter Rosa Luxemburg und Karl Liebknecht wurde als Spartakusverband und (nach 1919) als Kommunisten bekannt. Diese Radikalen forderten eine sofortige und vollständige sozialistische Revolution und eine Regierung nach sowjetischem Vorbild. Gemäßigter als die Spartakisten war eine andere Gruppe, die sich Unabhängige Sozialisten nannte. Diese stimmten bis 1917 für die Kriegskredite, weigerten sich aber dann und spalteten sich von der

Sozialdemokratischen Partei ab. Der Rest der Sozialdemokraten unterstützte den Krieg und das alte monarchische System bis zum November 1918, während er in der Theorie einem Extremtypus evolutionären Sozialismus zuneigte.

Das Zentrum war bis 1917, als es pazifistisch wurde, aggressiv und nationalistisch. Unter Matthias Erzberger verband es sich mit den Sozialdemokraten, um die Friedensresolution des Reichstags vom Juli 1917 durchzudrücken. Die Positionen dieser verschiedenen Gruppen zum aggressiven Nationalismus zeigten sich scharf konturiert bei der Abstimmung zur Ratifizierung des Vertrages von Brest-Litowsk, der einem wehrlosen Russland von den Militaristen, Junkern und Industriellen auferlegt wurde. Das Zentrum stimmte für die Ratifizierung; die Sozialdemokraten blieben der Wahl fern; die Unabhängigen stimmten mit Nein.

Die «Revolution» vom November 1918 hätte eine richtige Revolution sein können, wenn Sozialdemokraten und Zentrum nicht dagegen gewesen wären. Das Quartett war in den entscheidenden Tagen von November und Dezember 1918 entmutigt, diskreditiert und hilflos. Außerhalb des Quartettes existierten damals – und auch noch später – nur zwei kleine Gruppen, die vom Quartett möglicherweise als Keime hätten benutzt werden können, um die herum sich eine Art Massenanhang für das Quartett hätte bilden können. Diese zwei kleinen Gruppen waren die «unterschiedslosen Nationalisten» und die «Söldner». Die unterschiedslosen Nationalisten waren jene Männer, die wie Hitler nicht fähig waren, zwischen der deutschen Nation und dem alten monarchischen System zu unterscheiden. Diese Leute beeilten sich aus Loyalität zur Nation, Unterstützung für das Quartett zu sammeln, das sie als mit der Nation identisch ansahen. Die Söldner bildeten eine größere Gruppe, die keine spezifische Loyalität irgendjemandem oder irgendeiner Idee gegenüber hatte, sondern die jeder Gruppe dienen würde, die für diesen Dienst bezahlte. Die einzigen Gruppen, die zahlen konnten, waren zwei des Quartetts – das Offizierskorps und die Industriellen –, die von 1918 bis 1923 die Söldner als reaktionäre bewaffnete Banden oder «Freikorps» organisierten.

Anstatt 1918–1919 für eine Revolution zu arbeiten, taten die beiden Parteien, die die Lage dominierten – Sozialdemokraten und Zentrum – alles, um eine Revolution zu verhindern. Nicht nur, dass sie das Quartett in seinen Positionen beließen – den Landadel auf seinen Gütern, die Offiziere in ihrem Kommando, die Industriellen in der Kontrolle ihrer Fabriken und die Bürokratie in Kontrolle der Polizei, der Gerichte und der Verwaltung –, sie steigerten sogar noch den Einfluss dieser Gruppen, weil die Handlungen des Quartetts unter der Republik nicht mehr von irgendeinem Sinn von Ehre oder Loyalität dem System gegenüber gekennzeichnet waren, wie es ihren Machtgebrauch unter der Monarchie reguliert hatte.

Schon am 10. November 1918 traf Friedrich Ebert, die wichtigste Figur der Sozialdemokraten, ein Abkommen mit dem Offizierskorps, in dem er versprach, die Macht der neuen Regierung nicht für eine Demokratisierung der Armee zu benutzen, wenn die Offiziere umgekehrt die neue Regierung gegen die Bedrohung durch Unabhängige und Spartakisten unterstützen würden. Als Konsequenz dieses Abkommens unterhielt Ebert eine private Telefonleitung aus seinem Amtszimmer in der Reichskanzlei zu General Wilhelm Groener im Hauptquartier der Armee und beriet sich bei vielen kritischen politischen Fragen mit der Armee. Als eine weitere Konsequenz benutzten Ebert und sein Kriegsminister Gustav Noske, ebenfalls Sozialdemokrat, die Armee unter ihren alten monarchistischen Offizieren, um die Arbeiter und die Radikalen zu vernichten, die die herrschenden Verhältnisse in Frage stellten. Das geschah in Berlin im November 1918, im Dezember 1918 und noch einmal im März 1919 und in anderen Städten zu anderen Zeiten. Bei diesen Aktionen hatte die Armee das Vergnügen, mehrere tausend der verabscheuten Radikalen umzubringen.

Ein vergleichbares antirevolutionäres Abkommen wurde am 11. November 1918 zwischen der Schwerindustrie und den sozialistischen Gewerkschaften abgeschlossen. An diesem Tag unterzeichneten Hugo Stinnes, Albert Vögler und Alfred Hugenberg für die Industrie sowie Carl Legien, Otto Hue und Hermann Müller für die Gewerkschaften ein Abkommen, sich gegenseitig zu unterstützen, um die Fabriken in Gang zu halten. Obwohl dieses Abkommen mit opportunistischen Gründen gerechtfertigt wurde, zeigte es doch deutlich, dass die sogenannten Sozialisten nicht an wirtschaftlichen oder sozialen Reformen interessiert waren, sondern nur an den engen Gewerkschaftszielen wie Löhnen, Arbeitszeit und Arbeitsbedingungen. Es war diese kleinliche Enge ihrer Interessen, welche schließlich den Glauben der Durchschnittsdeutschen an die Sozialisten oder ihre Gewerkschaften zerstörte.

Die Geschichte von 1918 bis 1933 kann nicht ohne eine gewisse Kenntnis der hauptsächlichen politischen Parteien verstanden werden. Es gab beinahe vierzig Parteien, aber nur sieben oder acht davon waren wichtig. Das waren, von links nach rechts, die folgenden:

1. Spartakisten (oder Kommunisten – KPD),
2. Unabhängige Sozialisten (USPD),
3. Sozialdemokraten (SPD),
4. Demokraten (DDP),
5. Zentrum (inklusive Bayrische Volkspartei),
6. Volkspartei (DVP),
7. Nationalisten (DNVP),
8. «Rassisten» (inklusive Nazis).

Von diesen Parteien glaubten nur die Demokraten ernsthaft und dauerhaft an die Republik. Dagegen waren die Kommunisten, die Unabhängigen und viele Sozialdemokraten auf der Linken sowie die «Rassisten», Nationalisten und viele der Deutschen Volkspartei auf der Rechten der Republik gegenüber feindlich oder zumindest zwiespältig eingestellt. Die katholische Zentrumspartei, deren Grundlage mehr religiös als sozial war, hatte Mitglieder aus allen Bereichen des politischen und sozialen Spektrums.

Die Weimarer Republik

Die politische Geschichte Deutschlands von Waffenstillstand von 1918 bis zur Übernahme der Kanzlerschaft durch Hitler im Januar 1933 kann man in drei Perioden unterteilen:

die Zeit des Chaos   1918–1924
die Erfüllungsperiode   1924–1930
die Desintegrationsphase   1930–1933

Während dieser Spanne von vierzehn Jahren gab es acht Wahlen, bei denen in keiner eine einzelne Partei eine Mehrheit der Sitze im Reichstag erwarb. Jedes deutsche Kabinett der Periode war deshalb ein Koalitionskabinett. Die folgende Tabelle zeigt die Resultate dieser acht Wahlen.

Partei	Jan. 1919	Juni 1920	Mai 1924	Dez. 1924	Mai 1928	Sept. 1930	Juli 1932	Nov. 1932	März 1933
Kommunisten (KPD)	0	4	62	45	54	77	89	100	81
Unabhängige Sozialisten (USPD)	22	84							
Sozialdemokraten (SPD)	163	102	100	131	153	143	133	121	120
Demokraten (DDP)	75	39	28	32	25	20	4	2	5
Zentrum	91	64	65	69	62	68	75	70	74
Bayrische Volkspartei		21	16	19	16	19	22	20	18
Wirtschafts-Partei	4	4	10	17	25	23	2	0	0
Deutsche Volkspartei (DVP)	19	65	45	51	45	30	7	11	2
Nationalisten (DNVP)	44	71	95	103	73	41	37	52	52
Nazis (NSDAP)	0	0	32	14	12	107	230	196	288

Auf der Grundlage dieser Wahlergebnisse hatte Deutschland zwanzig größere Kabinettswechsel zwischen 1919 und 1933. Im Allgemeinen waren die Kabinette um das Zentrum und die Demokratische Partei herum konstruiert, mit zusätzlichen Repräsentanten von entweder den Sozialdemokraten oder der

Volkspartei. Nur zweimal (Gustav Stresemann 1923 und Hermann Müller 1928–1930) war es möglich, ein Kabinett zu bilden, das alle diese vier Parteien umfasste. Das zweite dieser breiten Kabinette war darüber hinaus das Einzige nach 1923, das die Sozialdemokraten umfasste, und das Einzige nach 1925, das die Nationalisten nicht mitumfasste. Das zeigt sehr deutlich die Tendenz der deutschen Regierungen nach rechts, nachdem Joseph Wirth im November 1922 zurückgetreten war. Diese Tendenz wurde nur durch zwei Einflüsse verzögert: das Bedürfnis nach Auslandsanleihen und nach politischen Konzessionen von Seiten der Westmächte und die Erkenntnis, dass beides besser von einer Regierung erlangt werden konnte, die republikanisch und demokratisch erschien, als von einer, die ein offensichtliches Werkzeug des Quartetts war.

Nach dem Ende des Krieges 1918 hatten die Sozialisten die Kontrolle über die Regierungsfunktionen. Der Grund war nicht, dass die Deutschen sozialistisch gewesen wären (die Partei war nicht wirklich sozialistisch), sondern weil das die einzige Partei war, die traditionell in Opposition zum imperialistischen System gestanden hatte. Es wurde ein Komitee von sechs Männern eingesetzt: drei Sozialdemokraten (Ebert, Philipp Scheidemann und Otto Landsberg) und drei unabhängige Sozialisten (Hugo Haase, Wilhelm Dittman und Emil Barth). Diese Gruppe regierte als kombinierter Kaiser und Kanzler und hatte die regulären Ministerien unter sich. Diese Männer taten nichts, um die Republik oder die Demokratie zu festigen, und sie standen in Opposition zu jeder Bemühung um Schritte in Richtung Sozialismus. Sie weigerten sich sogar, die Kohlenindustrie zu nationalisieren, obwohl das allgemein erwartet worden war. Stattdessen vertaten sie die Gelegenheiten mit typischen Gewerkschaftsproblemen wie dem Achtstundentag (12. November 1918) und kollektiven Vertragsverhandlungen (23. Dezember 1918).

Das kritische Problem war die Regierungsform, wobei die Wahl bestand zwischen Arbeiter- und Bauernräten (Sowjets), die sich schon vielfach etabliert hatten, und einer Nationalversammlung, die ein reguläres parlamentarisches System einrichten sollte. Die sozialistische Gruppe zog das Letztere vor und war bereit, die reguläre Armee einzusetzen, um diese Wahl durchzudrücken. Auf dieser Basis wurde zwischen Ebert und dem Generalstab eine gegenrevolutionäre Vereinbarung getroffen. Als Folge dieser Vereinbarung griff die Armee am 6. Dezember 1918 eine Parade der Spartakisten in Berlin an und löste die rebellierende Volksdivision der Marine am 24. Dezember 1918 auf. Aus Protest gegen diese Gewaltanwendung traten die drei Regierungsmitglieder der Unabhängigen zurück. Ihrem Beispiel folgten andere Unabhängige überall in Deutschland mit Ausnahme Kurt Eisners in München. Am nächsten Tag gründeten die Spartakisten die Deutsche Kommunistische Partei mit einem nichtrevolutionären Programm. Ein Teil ihrer Gründungserklärung lautete wie folgt: «*Die Spartakistenvereinigung wird niemals die Regierungsgewalt an sich ziehen, es sei denn als Ausdruck des klaren und unmissverständlichen Willens der großen Mehrheit der proletarischen Massen Deutschlands; und nur als Resultat einer definitiven Vereinbarung dieser Massen mit den Zielen und Methoden der Spartakistenunion.*»

Die Weimarer Republik 273

Diese frommen Ausdrücke waren allerdings das Programm der Führer; die Massen der neuen Partei und teilweise auch die Mitglieder der Unabhängigen Sozialisten waren über den Konservatismus der Sozialdemokraten empört und begannen, außer Kontrolle zu geraten. Das Thema war die Frage: Räte oder Nationalversammlung? Die Regierung gebrauchte unter Führung Noskes reguläre Truppen in der blutigen Unterdrückung der Linken (5.–15. Januar). Das endete mit dem Mord an Rosa Luxemburg und Karl Liebknecht, den Führern der Kommunisten. Das Resultat war genau das, welches das Quartett gewollt hatte: die Kommunisten und viele nichtkommunistische Arbeiter blieben den Sozialdemokraten und der parlamentarischen Republik dauerhaft entfremdet. Die Kommunistische Partei, die ihre eigenen Führer verloren hatte, wurde zu einem Werkzeug des russischen Kommunismus. Als Folge dieser Unterdrückung konnte die Armee die Arbeiter genau zu dem Zeitpunkt entwaffnen, als sie damit begann, die reaktionären Privatbanden der Rechten (die Freikorps) zu bewaffnen. Beide Entwicklungen wurden von Ebert und Noske unterstützt.

Nur in Bayern hatte die Entfremdung zwischen Kommunisten und Sozialisten und die Entwaffnung der Letzteren nicht stattgefunden; Kurt Eisner, der von den Unabhängigen kommende Ministerpräsident in München, verhinderte das. Dementsprechend wurde Eisner am 21. Februar 1919 von Graf Arco-Valley umgebracht. Als die Münchner Arbeiter daraufhin revoltierten, wurden sie von einer Kombination aus regulärer Armee und Freikorps, inmitten von Szenen schrecklicher Grausamkeit von beiden Seiten, geschlagen. Eisner wurde als Premier von einem Sozialdemokraten, Adolph Hoffmann, ersetzt. Hoffmann wurde in der Nacht des 13. März 1920 von einem Militärputsch gestürzt, der ihn durch eine Regierung der Rechten unter Gustav von Kahr ersetzte.

In der Zwischenzeit entwarf die Nationalversammlung, die am 19. Juni 1919 gewählt worden war, eine parlamentarische Verfassung unter der Leitung von Professor Hugo Preuß. Diese Verfassung sah einen Präsidenten als Staatoberhaupt vor, der für sieben Jahre gewählt wurde, eine Gesetzgebungsinstanz mit zwei Kammern, und ein Kabinett, das dem Unterhaus der beiden Kammern verantwortlich sein sollte. Das Oberhaus, der Reichsrat, bestand aus Vertretern der achtzehn deutschen Gliedstaaten und besaß in Gesetzgebungsdingen ein aussetzendes Vetorecht, das von einer Zweidrittelmehrheit der unteren Kammer überstimmt werden konnte. Dieses Unterhaus, oder Reichstag, hatte 608 Mitglieder, die durch ein Verhältniswahlrecht auf Parteibasis gewählt wurden. Der Leiter der Regierung, dem der Reichspräsident das Mandat zur Bildung eines Kabinetts erteilte, hieß Kanzler. Die Hauptschwäche der Verfassung waren die Bestimmungen zum Verhältniswahlrecht und andere Bestimmungen in Artikel 25 und 48, die es dem Präsidenten ermöglichten, in Zeiten «nationalen Notstands» die verfassungsmäßigen Garantien auszusetzen und durch Verordnungen zu regieren. Schon 1925 planten die Parteien der Rechten, die Republik durch die Benutzung dieser Machtmöglichkeit zu zerstören.

Eine direkte Herausforderung durch die Rechte hatte die Republik im März 1920 zu bestehen, als Kapitän Ehrhardts Freikorps-Brigade in Berlin einmarschierte, die Regierung zur Flucht nach Dresden zwang und eine Regierung unter Wolfgang Kapp, einem Ultranationalisten, einsetzte. Kapp wurde unterstützt von dem Heereskommandeur der Berliner Region, Baron Walther von Lüttwitz, der in Kapps Regierung Reichswehrminister wurde. Da sich General Hans von Seeckt, der Generalstabschef, weigerte, die rechtmäßige Regierung zu unterstützen, war sie hilflos und wurde nur durch einen Generalstreik der Arbeiter in Berlin und durch einen großen Proletarieraufstand in den Industrieregionen Westdeutschlands gerettet. Die Kapp-Regierung funktionierte nicht und brach zusammen, während die Armee dazu überging, die geographischen Entwaffnungsbestimmungen des Versailler Vertrages zu verletzen, indem sie in das Ruhrgebiet einrückte, um den Arbeiteraufstand in diesen Gegenden niederzuschlagen. Seeckt wurde für seine Nichtkooperation belohnt, indem er im Mai 1920 zum Oberkommandierenden ernannt wurde.

Als Folge dieser Unruhen lief die allgemeine Wahl vom Juli 1920 gegen die «Weimarer Koalition». Eine neue Regierung wurde gebildet, die ganz an die Mittelklassen angelehnt war, wobei die Sozialisten der Weimarer Koalition durch die Partei des Big Business, die Deutsche Volkspartei, ersetzt wurden. Noske wurde als Reichswehrminister von Otto Gessler ersetzt, einem willigen Werkzeug des Offizierskorps. Gessler, der diesen entscheidende Position von März 1920 bis Januar 1928 innehatte, unternahm keine Anstrengungen, die Armee demokratischer oder ziviler Kontrolle zu unterstellen, sondern kooperierte in jeder Weise mit Seeckts Bemühen, die Entwaffnungsbestimmungen der Friedensverträge zu umgehen. Deutsche Rüstungsfabriken wurden in die Türkei, nach Russland, Schweden, die Niederlande und in die Schweiz transportiert. Deutsche Offiziere wurden in Russland und China an verbotenen Waffen ausgebildet. Innerhalb Deutschlands wurde in beträchtlichem Maße geheime Rüstung durchgeführt und Truppen über die im Vertrag erlaubten Grenzen hinaus wurden als «Schwarze Reichswehr» organisiert, die von Geheimfonds der regulären Reichwehr unterstützt wurde. Der Reichstag hatte über keine dieser Organisationen eine Kontrolle. Als die Westmächte 1920 die Auflösung der Freikorps verlangten, gingen diese Gruppen in den Untergrund und bildeten eine Parallelorganisation zur Schwarzen Reichswehr. Sie bekamen Schutz, Gelder, Informationen und Waffen von der Reichswehr und von Konservativen. Als Belohnung dafür betätigten sich die Freikorps im großen Stil als Verschwörer und Mörder im Sinne der Rechten. Nach Angaben der Londoner *Times* ermordeten die Freikorps innerhalb eines Jahres vierhundert Menschen der Linken und aus der politischen Mitte.

Das Kabinett der Mittelklasse unter Konstantin Fehrenbach trat am 4. Mai 1921 zurück und ermöglichte es der Weimarer Koalition von Sozialisten, Demokraten und Zentrum, das Amt zu übernehmen und am 5. Mai das Reparationsultimatum der Alliierten entgegenzunehmen. Auf diese Art wurde das demokratische Regime in den Augen der Deutschen weiter als ein Instrument der Schwäche, der Härten und der Scham diskreditiert. Sobald diese Arbeit

Die Weimarer Republik 275

erledigt war, wurden die Sozialisten wieder von der Volkspartei ersetzt und das Wirth-Kabinett wurde von einer reinen Mittelklasseregierung unter Wilhelm Cuno, dem Generaldirektor der Hamburg-Amerika Schifffahrtslinie, abgelöst. Es war diese Regierung, welche die Hyperinflation von 1923 und den passiven Widerstand gegen die französischen Truppen an der Ruhr betrieb. Die Inflation, die dem Quartett großen Nutzen brachte, zerstörte die wirtschaftliche Stellung der Mittelklasse und der unteren Mittelklasse und entfremdete sie auf Dauer von der Republik.

Die Cuno-Regierung wurde durch einen Handel zwischen Stresemann und den Sozialisten beendet. Der Erstere stellte sich im Namen der Volkspartei, die bisher absolut antirepublikanisch gewesen war, auf den Boden der Republik; die Sozialisten dagegen stimmten einem Kabinett unter Führung Stresemanns zu; es kam eine breite Koalition für eine Erfüllungspolitik in Bezug auf den Versailler Vertrag zustande. Das beendete die Zeit des Chaos (August 1923).

Die Erfüllungsperiode (1923–1930) ist mit dem Namen Gustav Stresemann verbunden, der bis zu seinem Tod 1929 jedem Kabinett angehörte. Stresemann war vor 1919 ein reaktionärer Großdeutscher und wirtschaftlicher Imperialist und blieb immer ein Unterstützer des Quartetts und wichtigster Schöpfer der Deutschen Volkspartei, der Partei der Schwerindustrie. Obwohl er seine früheren Überzeugungen beibehielt, entschied er 1923, dass es politisch hilfreich wäre, sie öffentlich zu verleugnen und sich ein Programm der Unterstützung für die Republik und der Erfüllung der Vertragsverpflichtungen zu eigen zu machen. Er machte das, weil er einsah, dass Deutschland zu schwach war, um irgendetwas anderes zu tun, und dass es nur durch eine Befreiung von den härtesten Vertragsbeschränkungen, durch ausländische Anleihen der sympathisierenden britischen und amerikanischen Finanziers und durch die geheime Konsolidierung des Quartetts stärker werden könnte. All das konnte durch eine Erfüllungspolitik eher erreicht werden als durch eine Politik des Widerstands, wie sie Cuno betrieben hatte.

Die bayrische Regierung der Rechten, die unter Gustav von Kahr 1921 an die Macht gekommen war, weigerte sich, Stresemanns Entscheidung, die Sozialisten in Berlin wieder an der Reichsregierung zu beteiligen, zu akzeptieren. Stattdessen erlangte Kahr diktatorische Gewalt unter dem Titel eines Staatskommissars für Bayern. Als Antwort übertrug das Stresemann-Kabinett die Exekutivgewalt des Reichs an den Reichswehrminister, ein Akt, der die Wirkung hatte, von Seeckt zum Beherrscher Deutschlands zu machen. In Angst vor einem rechten Coup d'État (Putsch) entschied die Kommunistische Internationale, der deutschen Kommunistischen Partei zu erlauben, in einer Antirechtsfront innerhalb des parlamentarischen Systems zu kooperieren. Das geschah sofort in den Gliedstaaten Sachsen und Thüringen. Daraufhin verlagerte der Reichswehrkommandeur Bayerns, General Otto von Lossow, seine Loyalität von Seeckt zu Kahr. Stresemann-Seeckt in Berlin standen Kahr-Lossow in München gegenüber. Dazwischen lagen die «roten» Regierungen in Sachsen und Thüringen. Die Reichswehr gehorchte hauptsächlich

Berlin, während die Schwarze Reichswehr und die Freikorps im Untergrund (besonders von Ehrhardt und Rossbach) München gehorchten. Kahr-Lossow planten mit der Unterstützung von Hitler und Ludendorff, in Sachsen und Thüringen einzumarschieren, die roten Regierungen unter dem Vorwand der Bekämpfung des Bolschewismus zu stürzen und dann nordwärts weiterzugehen, um die Zentralregierung in Berlin zu stürzen. Die Reichsregierung amputierte diesen Plan durch eine illegale Handlung: Die Reichswehrkräfte Seeckts stürzten die verfassungsmäßigen roten Regierungen in Sachsen und Thüringen, um Bayern zuvorzukommen. Als Folge davon gaben Kahr und Lossow ihre Umsturzpläne auf, während Hitler und Ludendorff weiter daran festhielten. Im «Bierhallenputsch» vom 8. November 1923 versuchten Hitler und Ludendorff, Kahr und Lossow zu entführen und sie dazu zu zwingen, den Aufstand fortzusetzen. Sie wurden in einer Wolke von Pulverdampf besiegt. Kahr, Lossow und Ludendorff wurden niemals bestraft; Hermann Göring floh außer Landes; Hitler und Rudolf Hess erhielten für ein Jahr Zimmer in einer Festung, was ihnen die Gelegenheit gab, den berühmten Band *Mein Kampf* zu verfassen.

Um die Wirtschaftskrise und die Inflation zu bewältigen, wurden Stresemanns Regierung diktatorische Gewalten eingeräumt, die alle verfassungsmäßigen Garantien außer Kraft setzten. Nur die Sozialisten bekamen das Versprechen, dass der Achtstundentag und das Sozialversicherungssystem nicht angetastet würden. Mit diesen Mitteln wurde die Inflation abgebogen und ein neues Geldsystem eingeführt; beiläufig wurde allerdings doch der Achtstundentag durch Dekret abgeschafft (1923). Mit den alliierten Regierungen wurde eine Reparationsvereinbarung abgeschlossen (der Dawes-Plan) und die Ruhrbesetzung wurde erfolgreich beendet. Im Laufe dieser Ereignisse verließen die Sozialdemokraten die Stresemann-Regierung aus Protest gegen die illegale Unterdrückung der roten Regierung in Sachsen, aber Stresemann führte sein Programm mit Unterstützung der Parteien der Mitte und der Rechten weiter, erstmals auch mit Unterstützung der antirepublikanischen Nationalisten. Tatsächlich waren die Nationalisten mit jeweils drei bis vier Sitzen in den Kabinetten von 1926 bis 1928 die treibende Kraft in der Regierung. Gleichzeitig protestierten sie öffentlich weiterhin gegen die Erfüllungspolitik und Stresemann spiegelte vor, dass seine Durchführung dieser Politik ihn unmittelbar der Gefahr einer Ermordung durch rechte Extremisten aussetzen würde.

Die deutschen Kabinette von 1923 bis 1930 – unter Wilhelm Marx, Hans Luther, wieder Marx und schließlich Hermann Müller – beschäftigten sich hauptsächlich mit außenpolitischen Fragen – mit den Reparationen, der Evakuierung der besetzten Gebiete, der Agitation für die Abrüstung, Locarno und dem Völkerbund. Im Inneren gingen genauso bedeutsame Ereignisse mit sehr viel weniger Lärm vor sich. Ein großer Teil des industriellen Systems, wie auch viele öffentliche Gebäude, wurden mithilfe der ausländischen Anleihen erneuert. Das Quartett wurde im Geheimen durch eine Neuordnung der Steuern, durch die Verwendung von Regierungsgeldern und durch Ausbildung und Umschichtung von Personal gestärkt und gefestigt. Alfred Hugenberg, das brutalste und unversöhnlichste Mitglied der nationalistischen Partei, errichtete als Besitzer von Dutzenden von Zeitungen und einem Kontrollanteil der UFA, der großen Filmproduktionsfirma, eine Propagandamaschine. Durch solche Kanäle wurde eine durchdringende Propagandakampagne geführt, die auf vorhandenen deutschen Vorurteilen und Intoleranzen aufbaute und den Weg für eine Konterrevolution des Quartetts bereiten sollte. Diese Kampagne wollte zeigen, dass alle Probleme und alles Unglück Deutschlands durch die demokratischen Kräfte und die organisierte Arbeiterschaft, durch Internationalisten und durch Juden verursacht wurden.

Die Mitte und die Linke waren von diesem nationalistischen Gift tief genug infiziert, um von jedem Versuch abzusehen, dem deutschen Volk die wahre Geschichte über Deutschlands Verantwortung für den Krieg und die Härten, unter denen es jetzt zu leiden hatte, zu erzählen. So konnte die Rechte ihre eigene Geschichte des Krieges verbreiten, nämlich dass Deutschland durch einen Dolchstoß der «drei Internationalen» überwunden worden sei: der «goldenen» Internationale der Juden, der «roten» Internationale der Sozialisten und der «schwarzen» Internationale der Katholiken, eine unheilige Dreieinigkeit, die im Gold, Rot, Schwarz der Flagge der Weimarer Republik symbolisiert wurde. Auf diese Weise wurde mit beträchtlichem Erfolg jede Anstrengung unternommen, den Widerwillen des Volkes gegen die Niederlage von 1918 und den Versailler Vertrag von denen, die dafür wirklich verantwortlich waren, auf die demokratischen und republikanischen Gruppen abzulenken. Zur gleichen Zeit wurde der Widerwille gegen die wirtschaftliche Ausbeutung von den Großgrundbesitzern und den Industriellen mithilfe rassistischer Doktrinen abgelenkt, um die Schuld für alle diese Probleme bei bösen jüdischen internationalen Bankern und Warenhausbesitzern zu suchen.

Der allgemeine Nationalismus der Deutschen und ihre Bereitschaft, die Propaganda der Rechten zu akzeptieren, machten Feldmarschall Paul von Hindenburg 1925 zum Präsidenten der Republik. Beim ersten Wahlgang erreichte keiner der sieben Kandidaten eine Mehrheit, so dass ein zweiter Wahlgang durchgeführt werden musste. In diesem zweiten Wahlgang erreichte Hindenburg 14.655.766 Stimmen, Marx (vom Zentrum) erlangte 13.751.615 und der Kommunist Ernst Thälmann 1.931.151.

Die Wahl Hindenburgs war für die Republik ein entscheidender Schlag. Der neue Präsident war ein mittelmäßiger militärischer Führer gewesen und bereits auf dem Weg in die Senilität. Er war überzeugter Antidemokrat und Antirepublikaner. Um ihn enger an das Quartett zu binden, nahmen die Großgrundbesitzer und Industriellen seinen achtzigsten Geburtstag 1927 zum Anlass, ihm ein Junkergut in Ostpreußen, Neudeck, zu schenken. Um Erbschaftssteuern zu vermeiden, lautete die Urkunde für das Gut auf den Namen des Sohnes des Präsidenten, Oskar von Hindenburg. Mit der Zeit wurde dieses Gut als «das kleinste Konzentrationslager» Deutschlands bekannt, wo der Präsident seine letzten Lebensjahre verbrachte, von der Außenwelt abgeschnitten durch seine Senilität und durch eine Kamarilla von Intriganten. Diese Intrigenspinner, die den überalterten Präsidentengeist in jede Richtung beeinflussen konnten, welche ihnen wünschenswert erschien, waren Oberst Oskar [von Hindenburg], General Kurt von Schleicher, Dr. Otto Meissner, der unter Ebert, Hindenburg und Hitler Chef der Kanzlei des Reichspräsidenten blieb, und Elard von Oldenburg-Janschau, dem das Gut neben Neudeck gehörte. Diese Kamarilla machte die Kabinette von 1930 bis 1934 und kontrollierte in dieser kritischen Zeitperiode die dem Präsidenten zustehende Macht, mithilfe von Verordnungen zu regieren.

Hindenburg wurde kaum im Oktober 1927 Großgrundbesitzer, als er auch schon Regierungssubventionen für den Großgrundbesitz zu mobilisieren begann. Diese Unterstützung, die sogenannte Osthilfe, wurde in einer gemeinsamen Sitzung der Regierungen des Reichs und Preußens unter Vorsitz Hindenburgs am 21. Dezember 1927 organisiert. Der Zweck dieser Hilfe war es, das wirtschaftliche Wohlergehen der Gebiete östlich der Elbe zu verbessern, um die Migrationen von Deutschen aus diesem Gebiet ins westliche Deutschland und ihre Ersetzung durch polnische Landarbeiter zu beenden. Diese Unterstützung wurde schnell zu einem Sumpf der Korruption. Das Geld wurde auf die eine oder andere Weise, legal oder illegal, dazu abgezweigt, die bankrotten großen Güter und die Extravaganzen der Junker zu subventionieren. Die Drohung, diesen Skandal öffentlich zu machen, war es, die zum unmittelbaren Grund für den Todesstoß gegen die Weimarer Republik wurde, den die Hand Hindenburgs 1932 führte.

Die Verbindung all dieser Ereignisse und Umstände – die wirkliche Macht des Quartetts, der kurzsichtige und prinzipienlose Opportunismus der Sozialdemokraten und des Zentrums, die Kamarilla um Hindenburg und der Osthilfeskandal – führten zur Auflösung der Weimarer Republik in den Jahren 1930–1933. Das Quartett traf die Entscheidung, eine ihm genehme Regierung an die Macht zu bringen, 1929. Die Hauptgründe für diese Entscheidung waren: 1) die Erkenntnis, dass die industriellen Anlagen durch die Auslandsanleihen weitgehend neu aufgebaut waren; 2) das Wissen, dass diese ausländischen Anleihen jetzt austrocknen würden und dass ohne sie weder die Reparationen noch die Schulden im Inneren gezahlt werden konnten, es sei denn um einen Preis, den das Quartett nicht zahlen wollte; 3) die Erkenntnis, dass die Erfüllungspolitik alles geleistet hatte, was man von ihr erwarten konnte; die alliierten Kontrollmissionen waren beendigt, die Aufrüstung war so weit geführt, wie es unter den Bedingungen des Versailler Vertrags möglich war, die Westgrenze war gesichert und die Ostgrenze für deutsche Durchdringung geöffnet worden.

Die Entscheidung des Quartetts war keine Folge der wirtschaftlichen Krise von 1929, sondern geschah früher im Jahr. Das kann man aus dem Bündnis Hitlers und Hugenbergs zur Erzwingung eines Referendums über den Young-Plan ersehen. Das Quartett hatte den sehr viel strengeren Dawes-Plan 1924 akzeptiert, weil es damals noch nicht dazu bereit war, die Weimarer Republik zu zerstören. Der Widerstand gegen den Young-Plan zeigte nicht nur, dass es jetzt dazu bereit war; er wurde auch zu einem Indiz ihrer Stärke. Dieser Test war eine Enttäuschung, weil sie bei einer Wählerschaft von vierzig

Millionen nur fünf Millionen Stimmen gegen den Plan erhielten. Als Folge begannen die Nazis zum ersten Male damit, sich eine Massengefolgschaft aufzubauen. Der Zeitpunkt, für den sie durch die finanziellen Zuwendungen des Quartetts am Leben gehalten worden waren, war gekommen. Das Unternehmen wäre allerdings ohne die Wirtschaftskrise niemals geglückt. Die Intensität dieser Krise kann man an der Zahl der Reichstagsmandate der Nazis ersehen:

April 1924	Dez. 1924	1928	1930	Juli 1932	Dez. 1932	März 1933
7	14	12	107	230	196	288

Die Nazis wurden von 1919 bis 1923 von der Schwarzen Reichswehr finanziert; dann endete diese Unterstützung wegen des Ekels der Armee über das Fiasko des Münchner Putsches. Dieser Mangel an Enthusiasmus für die Nazis von Seiten der Armee hielt jahrelang an. In seinem Hintergrund lagen sozialer Snobismus und Angst vor den Sturmtruppen der SA als möglichen Rivalen der eigenen Position. Diese Zurückhaltung von Seiten der Armee wurde aber ausgeglichen durch die Unterstützung der Industriellen, die die Nazis seit Hitlers Entlassung aus dem Gefängnis 1924 bis Ende 1932 finanzierten. Die Zerstörung der Weimarer Republik erfolgte in fünf Stufen:

Brüning: 27. März 1930 bis 30. Mai 1932,
von Papen: 31. Mai 1932 bis 17. November 1932,
Schleicher: 2. Dezember 1932 bis 28. Januar 1933,
Hitler: 30. Januar 1933 bis 5. März 1933,
Gleichschaltung: 6. März 1933 bis 2. August 1934.

Als die Wirtschaftskrise 1929 einsetzte, hatte Deutschland eine demokratische Regierung der Sozialdemokraten und der Mitteparteien. Die Krise führte zu einem Rückgang der Steuereinnahmen und einem gleichzeitigen Anstieg der Anforderungen an die Wohlfahrtsleistungen des Staates. Das brachte den schwelenden Konflikt über die orthodoxe oder unorthodoxe Finanzierung einer Depression zum Ausbruch. Großindustrie und Hochfinanz waren dazu entschlossen, die Lasten der Krise den arbeitenden Klassen aufzuerlegen, indem sie die Regierung zu einer Politik der Deflation zwangen – das heißt zu Lohnkürzungen und der Begrenzung der Staatsausgaben. Die Sozialdemokraten schwankten in ihrer Haltung, waren aber im Allgemeinen gegen diese Politik. Schacht als Präsident der Reichsbank gelang es, den Sozialisten Rudolf Hilferding aus seiner Position als Reichsfinanzminister zu entfernen, indem er der Regierung so lange Kredite verweigerte, bis das geschah. Im März 1930 sprengte das Zentrum die Koalition über dem Thema der Verringerung der Arbeitslosenhilfe, die Sozialisten mussten die Regierung verlassen und Heinrich Brüning, der Führer der Zentrumspartei, wurde Kanzler. Weil er keine Mehrheit im Reichstag hatte, musste er die Deflationspolitik unter Einsatz präsidentieller Dekrete nach Artikel 48 durchführen. Das bedeutete das Ende der Weimarer Republik, weil niemals vorgesehen gewesen war, dass diese «Notstandsklausel» im normalen Regierungsvollzug zum Einsatz kommen sollte, obwohl Ebert sie 1923 dazu benutzt hatte, den Achtstundentag abzuschaffen. Als der Reichstag Brünings Methoden mit einer Stimmenzahl von 236 : 221 am 18. Juli 1930 missbilligte, löste ihn der Kanzler auf und setzte Neuwahlen an. Die Ergebnisse waren aber seinen Wünschen entgegengesetzt. Er verlor sowohl an die Rechte als auch an die Linke Sitze. Rechts von ihm waren 148 Sitze (107 Nazis und 41 Nationalisten), links 220 Sitze (77 Kommunisten und 143 Sozialdemokraten). Die Sozialisten ermöglichten Brüning den Verbleib im Amt, indem sie bei einer Vertrauensabstimmung der Wahl fernblieben. Brüning, der im Amt geblieben war, setzte die Deflationspolitik mit Dekreten, die von Hindenburg unterzeichnet wurden, fort. So war in Wirklichkeit Hindenburg der Herrscher in Deutschland, weil er einen Kanzler entlassen oder ernennen konnte oder ihm ermöglichen konnte, mittels seiner Dekretgewalt zu regieren.

Brünings Deflationspolitik war eine Katastrophe. Die Leiden der Menschen waren ungeheuer. Es gab fast acht Millionen Arbeitslose bei fünfundzwanzig Millionen Arbeitsfähigen. Um diese unpopuläre Innenpolitik zu kompensieren, nahm Brüning in der Außenpolitik eine aggressive Haltung bei Fragen wie den Reparationen, der Verbindung mit Österreich und der Weltabrüstungskonferenz ein.

In der Krise von 1929 bis 1933 tendierten die bürgerlichen Parteien zur Auflösung zugunsten der extremen Linken und der extremen Rechten. Dabei profitierte die Nazipartei aus verschiedenen Gründen stärker als die Kommunisten: 1) bekam sie finanzielle Unterstützung von den Großgrundbesitzern und den Industriellen; 2) war sie nicht internationalistisch, sondern nationalistisch, wie es jede [erfolgreiche] deutsche Partei sein musste; 3) hatte sie sich niemals dadurch kompromittiert, dass sie auch nur zeitweise die Republik akzeptiert hatte; das war ein Vorteil, als die meisten Deutschen dazu neigten, die Republik für ihr Unglück verantwortlich zu machen; 4) war sie bereit, Gewalt einzusetzen, während die Parteien der Linken, sogar die Kommunisten, legalistisch und relativ friedfertig waren, weil die Polizei und die Justiz auf der Rechten standen. Die Gründe, warum eher die Nazis als die Nationalisten von der Wende zur Radikalität profitierten, könnten durch die Tatsachen erklärt werden, dass 1) die Nationalisten sich kompromittiert hatten und von 1924 bis 1929 bei jedem Thema hin- und hergeschwankt waren, und 2) die Nazis einen Vorteil hatten, weil sie nicht so eindeutig eine Partei der Rechten waren, sondern schillerten; tatsächlich glaubten viele Leute in Deutschland, dass die Nazis eine revolutionäre linke Partei seien, die sich von den Kommunisten nur dadurch unterschied, dass sie patriotisch war.

In dieser Polarisierung des politischen Spektrums waren es die Mittelklassen, die ihren Anker verloren und von Verzweiflung und Panik getrieben wurden. Die Sozialdemokraten waren durch die Gewerkschaftsideologie und die Mitglieder des Zentrums durch ihre Religion gefestigt genug, um der Drift in den Extremismus zu widerstehen. Unglücklicherweise fehlte beiden dieser relativ stabilen Gruppen eine intelligente Führung und beide waren zu sehr in alten Ideen und kleinlichen Interessen befangen, als das sie eine große Attraktivität für ein breites Spektrum der deutschen Wähler hätten haben können.

Das ganze Jahr 1932 war angefüllt mit einer Serie von Intrigen und misstrauischen, wechselnden Allianzen der verschiedenen Gruppen, die in eine Position zu gelangen versuchten, wo sie über die präsidentiale Dekretmacht verfügen konnten. Am 11. Oktober 1931 wurde eine große reaktionäre Allianz zwischen den Nazis, den Nationalisten, dem Stahlhelm (einer militaristischen Organisation von Kriegsveteranen) und dem *Landbund* der Junker geschlossen. Diese «Harzburger Front» gab sich als vereinigte Front gegen den Kommunismus. In Wirklichkeit war sie ein Teil der Intrigen dieser verschiedenen Gruppen im Kampf um die Macht. Von den wirklichen Beherrschern Deutschlands fehlten nur die westfälischen Industriellen und die Armee. Die Industriellen wurden von Hitler durch eine dreistündige Rede, die er auf Einladung von Fritz Thyssen im Düsseldorfer Industrieklub hielt (27. Januar 1932), ins Boot geholt. Die Armee konnte nicht auf Linie gebracht werden, weil sie von der Kamarilla des Präsidenten kontrolliert wurde, insbesondere von Schleicher und Hindenburg selbst. Schleicher hatte eigene politische Ambitionen und die Armee erklärte sich traditionellerweise nicht in irgendeiner offenen oder formalen Weise (für irgendeine Seite).

Inmitten dieser Krise fanden die Präsidentenwahlen von März bis April 1932 statt. Sie eröffneten eine phantastische Sicht auf eine nominell demokratische Republik, die gezwungen war, ihren Präsidenten unter vier antidemokratischen, antirepublikanischen Figuren auszuwählen, deren eine (Hitler) erst einen Monat vorher durch einen justiziellen Trick überhaupt Deutscher geworden war. Weil Hindenburg der am wenigsten Unmögliche der vier schien, wurde er im zweiten Wahlgang wiedergewählt:

Kandidat	erster Wahlgang 1932	zweiter Wahlgang 1932
Hindenburg	18.661.736	19.359.533
Hitler	11.338.571	13.418.051
Thälmann (Kommunisten)	4.982.079	3.706.655
Düsterberg (Stahlhelm)	2.5577.876	

Hindenburg unterstützte Brüning bis Ende Mai 1932. Dann entließ er ihn und berief von Papen . Das geschah auf Anstiftung von Schleicher s, der eine breite Koalition von Nationalisten und Arbeitern als Fassade für die Reichswehr aufbauen wollte. In diesem Plan brachte Schleicher Hindenburg dazu, Brüning abzulösen, indem er ihn davon überzeugte, dass der Kanzler plante, einen Teil der bankrotten Großgüter östlich der Elbe aufzuteilen, und dass er vielleicht sogar den *Osthilfeskandal* untersuchen würde. Schleicher setzte Papen als Kanzler ein, weil er dachte, dass Papen über so wenig Anhang im

Land verfüge, dass er völlig abhängig von Schleichers Kontrolle über Hindenburg bleiben würde. Stattdessen aber fand der Präsident einen so großen Gefallen an Papen, dass der neue Kanzler direkt über Hindenburgs Macht verfügen konnte und sogar begann, den Einfluss von Schleicher in der Umgebung des Präsidenten zu unterminieren.

Papens «Kabinett der Barone» war ganz offen eine Regierung des Quartetts und hatte fast keine Unterstützung im Reichstag und nur sehr wenig im Land. Papen und Schleicher erkannten, dass sie nicht lange bestehen konnte. Jeder von beiden begann jetzt, ein Komplott zu schmieden, das die eigene Machtstellung sichern und die Polarisierung der politischen Meinung in Deutschland aufhalten sollte. Papens Plan bestand darin, die finanzielle Unterstützung der Industrie für Hitler zu kürzen und die Unabhängigkeit der NSDAP durch eine Serie von teuren Wahlen zu brechen. Der Kanzler war sich sicher, dass Hitler dann bereit wäre, in ein Kabinett unter Führung Papens einzutreten, um die finanzielle Unterstützung der Industrie wiederzuerlangen und das Auseinanderbrechen der Partei zu verhindern. Schleicher dagegen wollte den linken Flügel der Nazipartei unter Gregor Strasser mit den christlichen und sozialistischen Gewerkschaften als Unterstützung für die Reichwehr und ein Programm von Nationalismus und unorthodoxen Finanzmethoden vereinigen. Beide Pläne hingen davon ab, die Gunst Hindenburgs zu behalten, um die Kontrolle über die Armee und die präsidentielle Dekretvollmacht zu erhalten. Darin war Papen erfolgreicher als Schleicher, denn der alternde Präsident hatte keine Sympathien für irgendwelche unorthodoxen Wirtschaftsideen.

Papens Komplott kam schneller voran als das Schleichers und erschien hoffnungsvoller wegen seines größeren Einflusses beim Präsidenten. Nachdem er die Industriellen, seine engen Freunde, überredet hatte, ihre Zuwendungen an die Nazis einzustellen, berief er eine neue Wahl im November 1932. In dieser Abstimmung ging die Sitzzahl der Nazis von 230 auf 196 zurück, während die Kommunisten von 89 auf 100 stiegen. Die Gezeiten hatten sich gedreht. Das hatte drei Folgen: 1) Hitler entschied sich, einem Koalitionskabinett beizutreten, was er bisher abgelehnt hatte; 2) das Quartett beschloss, die Republik zu stürzen, um die Hinwendung zu den Kommunisten zu stoppen; und 3) das Quartett, insbesondere die Industriellen, entschieden, dass Hitler eine Lektion gelernt hatte und jetzt ohne Risiko als Galionsfigur einer Regierung der Rechten eingesetzt werden konnte, weil er schwächer wurde. Der ganze Handel wurde von Papen, der selbst Oberst, westfälischer Adliger und Industrieller war, ausgehandelt und wurde in einem Abkommen besiegelt, das im Haus des Kölner Bankiers Kurt von Schröder am 4. Januar 1933 getroffen wurde.

Diese Vereinbarung wurde wegen Papens Einfluss auf Hindenburg wirksam. Am 28. Januar 1933 erzwang der Präsident den Rücktritt Schleichers, dem er die Macht entzog, Verordnungen zu erlassen. Zwei Tage später kam Hitler als Kanzler eines Kabinetts, dem nur noch zwei weitere Nazis angehörten, ins Amt. Das waren Göring als Luftfahrtminister und Frick in dem sehr wichtigen Innenministerium. Von den übrigen acht Ministerien gingen zwei, jene für Wirtschaft und für Landwirtschaft, an Hugenberg; das Arbeitsministerium ging an Franz Seldte vom Stahlhelm, das Außenministerium und das Reichswehrministerium gingen an parteilose Fachleute und die meisten übrigen Stellen an Freunde Papens. Es schien unmöglich für einen Hitler, der so eingemauert war, jemals die Kontrolle über Deutschland zu übernehmen. Trotzdem war er innerhalb von eineinhalb Jahren Diktator des Landes.

Das Regime der Nazis

Die Machtergreifung (1933–1934)
Als Adolf Hitler am 30. Januar 1933 Kanzler des Deutschen Reiches wurde, war er noch keine vierundvierzig Jahre alt. Von seiner Geburt in Österreich 1889 bis zum Ausbruch des Krieges 1914 war sein Leben eine Folge von Fehlschlägen gewesen, sieben Jahre davon, 1907–1914, hatte er als menschliches Wrack in Wien und München verbracht. In dieser Zeit wurde er zu einem fanatischen großdeutschen Antisemiten, der seine eigenen Fehlschläge «den Intrigen des internationalen Judentums» anlastete.

Der Ausbruch des Krieges im August 1914 weckte in Hitler zum ersten Male in seinem Leben eine wirkliche Motivation. Er wurde zu einem Superpatrioten, trat in die sechzehnte bayrische Freiwilligen-Infanterieeinheit ein und diente vier Jahre an der Front. Auf seine eigene Art war er ein ausgezeichneter Soldat. Dem Regimentsstab als Meldegänger zur ersten Kompanie zugeteilt, war er ganz glücklich und meldete sich regelmäßig freiwillig für die gefährlichsten Aufgaben. Obwohl seine Beziehungen zu seinen Vorgesetzten ausgezeichnet waren und er 1914 mit dem Eisernen Kreuz zweiter Klasse und 1918 mit dem Eisernen Kreuz erster Klasse dekoriert wurde, kam er doch niemals über den Rang eines Gefreiten hinaus, weil er unfähig zu irgendeiner wirklichen Beziehung zu seinen Kameraden war oder dazu, ein Kommando über irgendeine Gruppe zu übernehmen. Er blieb vier Jahre im aktiven Dienst an der Front. Während dieser Zeit wurden von 3.500 Angehörigen seines Regiments 3.260 getötet und Hitler selbst wurde zweimal verwundet. Das waren die einzigen beiden Gelegenheiten, bei denen er die Front verließ. Im Oktober 1918 erblindete er aufgrund von Senfgas und kam in ein Krankenhaus in Pasewalk bei Berlin. Als er einen Monat später das Krankenhaus verließ, war der Krieg zu Ende, Deutschland war geschlagen und die Monarchie gestürzt. Er war nicht bereit, sich mit dieser Situation abzufinden. Er konnte weder die Niederlage noch die Republik akzeptieren und erinnerte den Krieg als die zweite große Liebe seines Lebens (die erste war seine Mutter gewesen). Er blieb bei der Armee und wurde schließlich ein politischer Spion der Reichswehr, stationiert in der Nähe von München. Bei seiner Ausspionierung der verschiedenen politischen Gruppen Münchens faszinierten ihn die Phrasen Gottfried Feders gegen die «Zinssklaverei der Juden». Bei einigen Treffen wurde Hitler selbst zu einem Teilnehmer, der den «jüdischen Plan zur Erlangung der Weltherrschaft» angriff oder Phrasen über die Notwendigkeit großdeutscher Einigkeit verbreitete. Als Folge wurde er gebeten, der Deutschen Arbeiterpartei beizutreten. Das machte er und wurde eines von sechzig regulären Mitgliedern und das siebente Mitglied des Exekutivkomitees.

Die Deutsche Arbeiterpartei war von einem Münchner Schlosser namens Anton Drexler am 5. Januar 1919 als eine nationalistische, großdeutsche Arbeitergruppe gegründet worden. Nach ein paar Monaten trat Ernst Röhm aus Franz von Epps Reichwehrkorps der Bewegung bei und wurde der Mittelsmann, durch den geheime Gelder der Reichswehr, die von Epp kamen, der Partei übergeben wurden. Er begann außerdem damit, eine Miliz innerhalb der Gruppe (die Sturmtruppen oder SA) aufzubauen. Als Hitler im September 1919 beitrat, erhielt er die Verantwortung für die Parteiwerbung. Weil dafür die meisten Ausgaben getätigt wurden und weil Hitler auch zum führenden Redner der Partei wurde, sah die öffentliche Meinung die ganze Bewegung bald als diejenige Hitlers an und Röhm bezahlte seine Reichswehrgelder an Hitler persönlich.

1920 wuchs die Partei von 54 auf 3.000 Mitglieder; sie änderte ihren Namen in Nationalsozialistische Deutsche Arbeiterpartei, kaufte mit 60.000 Mark von General von Epps Geldern den *Völkischen Beobachter* und setzte ihr «Fünfundzwanzig-Punkte-Programm» auf.

Das Parteiprogramm von 1920 wurde in der Parteiliteratur fünfundzwanzig Jahre lang gedruckt, aber seine Forderungen entfernten sich über die Jahre hinweg von ihrer Verwirklichung. Schon 1920 waren viele Punkte hineingenommen wurden, um Unterstützung von den unteren Klassen zu gewinnen, und nicht, weil die Parteiführer ernsthaft danach strebten. Dazu gehörten: 1) Pangermanismus; 2) internationale Gleichberechtigung Deutschlands, einschließlich des Widerrufes des Versailler Vertrags; 3) Lebensraum für die Deutschen, einschließlich Besitz von Kolonien; 4) die deutsche Staatsbürgerschaft sollte allein auf dem Blut beruhen, ohne Naturalisierungen, ohne Einwanderung für Nichtdeutsche, und alle Juden und «andere Fremdstämmige» sollten ausgeschieden werden; 5) alle nichterarbeiteten Einkommen sollten abgeschafft werden, der Staat sollte die Monopole kontrollieren, er sollte den Firmen eine Steuer auf Überschussprofite auferlegen, die großen Warenhäuser in kommunales Eigentum überführen, das Kleingewerbe bei der Vergabe von Staatsaufträgen bevorzugen, Land zur landwirtschaftlichen Bebauung sollte ohne Entschädigung öffentlichen Zwecken zugeführt werden, Gewährung der Renten; 6) alle Kriegsprofiteure und Wucherer sollten mit dem Tode bestraft werden und 7) sollte darauf geschaut werden, dass Presse, Erziehung, Kultur und Religion sich nach «der Moral und dem religiösen Sinn der deutschen Rasse» richten.

Als die Partei wuchs, neue Mitglieder hinzukamen und Verbindungen mit ähnlichen Bewegungen in anderen Teilen Deutschlands geschlossen wurden, festigte Hitler seine Kontrolle der Gruppe. Er war dazu fähig, weil er die Zeitung der Partei und ihre Hauptfinanzquelle kontrollierte und weil er ihre hauptsächliche öffentliche Figur war. Im Juli 1921 ließ er die Parteiverfassung daraufhin ändern, dass der Präsident eine absolute Macht erhielt. Er wurde zum Präsidenten gewählt; Drexler wurde Ehrenpräsident; Max Amann, der im Krieg Hitlers Feldwebel gewesen war, wurde Geschäftsführer. Als Folge dieses Ereignisses wurde die SA unter Röhm neu organisiert, das Wort Sozialismus im Parteinamen wurde jetzt als Nationalismus interpretiert (oder als Gesellschaft ohne Klassenkonflikte), Gleichheit in Partei und Staat wurde durch das «Führerprinzip» und die Lehre von der Elite ersetzt. In den nächsten zwei Jahren durchlief die Partei eine Serie von Krisen, deren wichtigste der Putschversuch vom 9. November 1923 war. Während dieser Periode wurden alle Arten von Gewalttätigkeiten und Gesetzwidrigkeiten bis hin zum Mord von den bayrischen und Münchner Behörden geduldet. Als Folge der Fehlschläge dieser Periode, insbesondere des gescheiterten Putsches, kam Hitler zur Überzeugung, dass er nicht durch Gewalt, sondern mit legalen Mitteln nach der Macht streben müsste; er brach mit Ludendorff und verlor seine Unterstützung durch die Reichswehr; er begann seine finanzielle Hauptunterstützung von den Industriellen zu erhalten; er schloss eine schweigende Allianz mit der Bayrischen Volkspartei, wonach der bayrische Ministerpräsident Heinrich Held das Verbot der Nazipartei im Austausch für Hitlers Zurückweisung von Ludendorffs antichristlichen Lehren aufhob; und Hitler formierte eine neue bewaffnete Miliz (die SS), um sich gegen Röhms Kontrolle über die alte bewaffnete Miliz (die SA) abzusichern.

In der Zeit von 1924 bis 1930 existierte die Partei ohne wirkliches Wachstum als eine marginale Gruppe von Verrückten, die von den Industriellen finanziert wurde, weiter. Unter den Hauptfinanziers der Partei in dieser Periode waren Carl Bechstein (Berliner Klavierfabrikant), August Borsig (Berliner Lokomotivenfabrikant), Emil Kirdorf (Generaldirektor des rheinisch-westfälischen Kohlesyndikats), Fritz Thyssen (Eigentümer der Vereinigten Stahlwerke und Präsident des deutschen Industriellenverbandes) und Albert Vögler (Generaldirektor der Eisen- und Stahlwerke von Gelsenkirchen und früherer Generaldirektor der Vereinigten Stahlwerke). Während dieser Zeit dachten weder Hitler noch seine Unterstützer daran, eine Massenbewegung zu schaffen. Das kam erst 1930. Aber während dieser Epoche wurde die Partei ständig weiter zentralisiert und die linken Elemente (wie die Strasser-Brüder) wurden geschwächt oder eliminiert. Im April 1927 sprach Hitler vor 400 Industriellen in Essen; im April 1928 sprach er vor einer ähnlichen Gruppe von ostelbischen Großgrundbesitzern; einen seiner größten Triumphe hatte er, als er im Januar 1932 über 3 Stunden im Düsseldorfer Industrieklub sprach und sich Unterstützung und finanzielle Zuwendungen von dieser mächtigen Gruppe erwarb. Zu dieser Zeit versuchte er, seine Gruppe zu einer politischen Massenpartei zu formen, die ihn ins Amt hieven konnte. Dieses Projekt schlug fehl. Wie wir schon angedeutet haben, wurde gegen Ende 1932 ein großer Teil der finanziellen Unterstützung der Industrie durch Papen gekürzt und gleichzeitig wanderte ein Teil Mitglieder ab, hauptsächlich zu den Kommunisten. Um diesen Niedergang aufzuhalten, stimmte Hitler zu, Kanzler in einem Kabinett zu werden, in dem unter elf Mitgliedern nur drei Nazis waren. Papen hoffte, durch diese Konstruktion die Nazis zu kontrollieren, während sie ihm gleichzeitig die Unterstützung aus dem Volk verschafften, die Papen bei seiner eigenen Kanzlerschaft 1932 so sehr gefehlt hatte. Aber Papen war überklug. Er selbst, Hugenberg, Hindenburg und der Rest der Intrigenspinner hatten Hitler unterschätzt. Im Gegenzug dafür, dass Hugenberg Neuwahlen am 5. März 1933 akzeptierte, versprach Hitler, dass es ungeachtet des Wahlausgangs keine Änderungen im Kabinett geben werde. Trotz der Tatsache, dass die Nazis nur 44% der Stimmen in den Neuwahlen erhielten, wurde Hitler dann innerhalb von achtzehn Monaten Diktator von Deutschland.

Einer der Hauptgründe dieses Erfolgs hängt mit der Position Preußens innerhalb Deutschlands zusammen. Preußen war der größte der vierzehn deutschen Bundesstaaten. Es umfasste fast zwei Drittel des Gesamtterritoriums und beinhaltete sowohl die großen landwirtschaftlichen Gebiete des Ostens als auch die großen industriellen Gebiete des Westens. Zu ihm gehörten damit sowohl die konservativsten als auch die fortschrittlichsten Gebiete Deutschlands. Während sein Einfluss in der Republik fast genauso groß war wie zu Zeiten des Kaiserreichs, hatte dieser Einfluss doch seinen Charakter geändert. In der früheren Periode war es die Hauptbastion des Konservatismus, später dagegen das wichtigste Gebiet der progressiven Kräfte. Diese Änderung wurde möglich durch die große Anzahl aufgeklärter Gruppen in den rheinischen Gebieten Preußens, hauptsächlich aber durch die Tatsache, dass die sogenannte Weimarer Koalition von Sozialdemokraten, Zentrum und liberalen Demokraten in Preußen von 1918 bis 1932 an der Macht blieb. Als Konsequenz dieses Bündnisses war ein Sozialdemokrat, Otto Braun, fast die gesamte Periode über, von 1920 bis 1932, Ministerpräsident Preußens und war Preußen das Haupthindernis im Weg der Nazis und der reaktionären Kräfte nach 1930. Als Teil dieser Haltung verweigerte das preußische Kabinett 1930 sowohl Kommunisten als auch Nazis die Besetzung öffentlicher Ämter in Preußen, verbot preußischen Beamten die Mitgliedschaft in einer der beiden Parteien und verbot die Benutzung der Nazi-Uniform.

Dieses Hindernis für den Extremismus wurde am 20. Juli 1932 ausgeräumt, als Hindenburg mittels einer präsidentiellen Verordnung nach Artikel 48 Papen zum Reichskommissar für Preußen ernannte. Papen entließ sofort die acht Mitglieder des preußischen parlamentarischen Kabinetts und übergab ihre Regierungsfunktionen Männern, die er selbst ernannt hatte. Die Entlassenen wurden mittels der Macht der Armee aus ihren Ämtern entfernt, fochten aber die Legalität dieses Handelns vor dem obersten deutschen Gerichtshof in Leipzig an. Mit seinem Urteil vom 25. Oktober 1932 entschied das Gericht zugunsten der entlassenen Amtsträger. Trotz dieser Entscheidung bekam Hitler nur eine Woche nach Antritt seiner Kanzlerschaft von Hindenburg eine neue Verordnung, die die preußischen Minister erneut aus dem

Amt entfernte und ihre Macht dem Reichsvizekanzler, Papen, übertrug. Die Kontrolle über die Polizei wurde Hermann Göring anvertraut. Die Nazis hatten durch Wilhelm Frick bereits die Kontrolle über das Reichsministerium des Inneren und damit über die nationale Polizei. Somit hatte Hitler am 7. Februar die Kontrolle über die Polizei sowohl des Reiches als auch Preußens an sich gebracht.

Mit diesem Vorteil begannen die Nazis einen zweifachen Angriff auf die Opposition. Göring und Frick arbeiteten unter dem Mantel der Legalität von oben, während Hauptmann Röhm mit dem Kommando über die Sturmtruppen der Partei ohne Vorgabe von Legalität von unten wirkte. Alle nicht zur Zusammenarbeit bereiten Polizeioffiziere wurden pensioniert, aus dem Amt entfernt oder bekamen Ferien und wurden von Nazis ersetzt, meistens von Führern der Sturmtruppen. Am 4. Februar 1933 unterzeichnete Hindenburg eine Notverordnung, die der Regierung das Recht einräumte, alle Versammlungen, Uniformen oder Zeitungen zu verbieten. Auf diese Art wurden die meisten Versammlungen und Zeitungen der Opposition daran gehindert, ihre Adressaten zu erreichen.

Das Vorgehen gegen die Opposition von oben wurde begleitet von einem gewalttätigen Angriff von unten, ausgeführt durch die SA. In verzweifelten Angriffen, bei denen achtzehn Nazis und einundfünfzig Oppositionelle getötet wurden, wurden alle kommunistischen, die meisten sozialistischen und viele Versammlungen des Zentrums auseinandergesprengt. Trotz all dem war eine Woche vor der Wahl klar, dass das deutsche Volk noch nicht überzeugt war. Dementsprechend wurde unter Umständen, die immer noch unklar sind, ein Plan ausgearbeitet, den Reichstag anzuzünden und den Kommunisten die Schuld dafür in die Schuhe zu schieben. Die meisten Mitverschwörer waren Homosexuelle und überredeten einen heruntergekommenen Schwachsinnigen aus Holland namens Van der Lubbe, sie zu begleiten. Nachdem das Gebäude in Brand gesetzt war, ließ man Van der Lubbe herumirrend darin zurück. Er wurde von der Polizei verhaftet. Die Regierung verhaftete sofort vier Kommunisten, darunter den Führer der Reichstagsfraktion (Ernst Torgler).

Am Tag nach dem Brand (28. Februar 1933) unterzeichnete Hindenburg eine Verordnung, die alle bürgerlichen Freiheiten aussetzte und der Regierung das Recht zum Eindringen in jegliche Privatsphäre gab, einschließlich des Rechts, Privathäuser zu durchsuchen und Eigentum zu konfiszieren. Sofort wurden alle kommunistischen Mitglieder des Reichstags und Tausende andere verhaftet und alle kommunistischen und sozialdemokratischen Zeitungen wurden für zwei Wochen verboten.

Die wahre Geschichte des Reichstagsbrandes wurde nur mit Mühe geheim gehalten. Mehrere Abgeordnete, die die Wahrheit kannten, einschließlich des nationalistischen Reichstagsmitglieds Dr. Oberfohren, wurden im März und April umgebracht, um sie daran zu hindern, die wahre Geschichte zu verbreiten. Die meisten der Nazis, die die Pläne gekannt hatten, wurden von Göring während der «Blutsäuberung» am 30. Juni 1934 umgebracht. Die vier Kommunisten, denen das Verbrechen zur Last gelegt wurde, wurden von regulären deutschen Gerichten freigesprochen, obwohl Van der Lubbe verurteilt wurde.

Trotz dieser sehr drastischen Maßnahmen waren die Wahlen vom 5. März 1933 aus der Perspektive der Nazis ein Fehlschlag. Hitlers Partei erhielt nur 288 der 647 Sitze beziehungsweise 43,9% der Gesamtstimmenzahl. Die Nationalisten erhielten nur 8%. Die Kommunisten erhielten 81 Sitze, ein Rückgang von 19, aber die Sozialdemokraten erhielten 125, ein Zuwachs von 4. Das Zentrum fiel von 89 auf 74 und die Volkspartei von 11 auf 2. Die Nationalisten blieben bei 52 Sitzen. Bei den gleichzeitigen Wahlen zum preußischen Abgeordnetenhaus erhielten die Nazis 211 und die Nationalisten 43 von 474 Sitzen.

Die Periode von der Wahl des 5. März 1933 bis zum Tode Hindenburgs am 2. August 1934 wird allgemein als Zeitraum der *Gleichschaltung* bezeichnet. Dieser Prozess wurde wie der gerade vergangene Wahlgang durch illegale Aktionen von unten und legalistische Akte von oben vorangetrieben. Von unten fegte die SA in ganz Deutschland am 7. März 1933 einen großen Teil der Opposition durch Gewalt hinweg und trieb sie in den Untergrund. SA-Leute marschierten zu den meisten Gewerkschaftshäusern, Zeitschriften und kommunalen Regierungsstellen, schlugen sie kaputt, vertrieben ihre Insassen und hissten die Hakenkreuzfahne. Der Innenminister Wilhelm Frick passte sich diesen Handlungen an, indem er in verschiedenen deutschen Staaten (Baden, Sachsen, Württemberg, Bayern) Nazis zu Polizeipräsidenten ernannte, darunter General von Epp in Bayern. Diese Leute gingen dann daran, ihre Polizeigewalt dafür zu benutzen, Kontrolle über den Apparat der Staatsregierungen zu erlangen.

Der neue Reichstag konstituierte sich am 23. März 1933 in der Krolloper. Um sich eine Mehrheit zu sichern, schlossen die Nazis alle Kommunisten und 30 sozialistische Abgeordnete, insgesamt 109, von der Sitzung aus. Dem Rest wurde ein «Ermächtigungsgesetz» zur Annahme vorgelegt. Dadurch wurde der Regierung das Recht eingeräumt, vier Jahre lang durch Verordnungen Gesetze zu verkünden. Das sollte ohne Rückgriff auf die Unterschrift des Präsidenten nach Artikel 48 und ohne konstitutionelle Einschränkungen geschehen, außer in Bezug auf die Befugnisse von Reichstag, Reichsrat und Präsident.

Weil dieses Gesetz eine Zweidrittelmehrheit benötigte, hätte es verhindert werden können, wenn nur eine kleine Gruppe des Zentrums dagegen gestimmt hätte. Zwar hatte Hitler klargemacht, dass er nicht zögern würde, Gewalt gegen alle anzuwenden, die sich weigerten, mit ihm zusammenzuarbeiten, aber seine Möglichkeiten, das im März 1933 bei einer verfassungsmäßig so eindeutigen Angelegenheit zu tun, waren viel geringer, als es später der Fall war. In diesem Fall hätte Gewaltanwendung leicht die Reichswehr und den Präsidenten gegen ihn aufbringen können.

Trotz Hitlers einschüchternder Rede begründete danach Otto Wels von den Sozialdemokraten, warum seine Partei dem Gesetz die Unterstützung verweigerte. Er wurde von Monsignore Kaas vom Zentrum gefolgt, der erläuterte, dass seine katholische Gruppe das Gesetz unterstützen würde. Die Stimmenzahl zugunsten des Gesetzes war bei 441 : 94 mehr als ausreichend. Die Sozialdemokraten bildeten die hartnäckige Minderheit. So stellte diese schwache, ängstliche, doktrinäre und ignorante Gruppe durch ihren Mut zum Zeitpunkt, als die Stunde schon geschlagen hatte, ihre Ehre wieder her.

Unter dem «Ermächtigungsgesetz» erließ die Regierung in den nächsten Monaten eine Reihe revolutionärer Verordnungen. Die Abgeordnetenhäuser aller deutschen Staaten mit Ausnahme Preußens (das am 5. März seine eigenen Wahlen abgehalten hatte) wurden im Verhältnis der nationalen Wahlen vom 5. März – außer dass die Kommunisten ausgeschlossen blieben – neu zusammengesetzt. Jede Partei bekam ihre Quote von Abgeordneten zugeteilt und konnte die individuellen Mitglieder selbst nach Parteiräson bestimmen. Ein ähnliches Verfahren wurde bei den kommunalen Regierungsbehörden angewandt. So erhielten die Nazis in jeder Körperschaft eine Mehrheit.

Eine Verordnung vom 7. April gab der Reichsregierung das Recht, für jeden deutschen Einzelstaat einen Reichsstatthalter zu ernennen. Das bedeutete eine zusätzliche offizielle Ermächtigung dafür, die Politiken der Reichsregierung durchzusetzen, auch wenn das die Entlassung der Länderregierungen, einschließlich der Ministerpräsidenten, Abgeordnetenhäuser und der bis dahin unabsetzbaren Richter beinhaltete. Dieses Recht wurde in jedem Land dafür benutzt, einen Nazi zum Gouverneur und einen Nazi zum Ministerpräsidenten zu ernennen. In Bayern zum Beispiel waren das Epp und Röhm, während die beiden in Preußen Hitler und Göring waren. In vielen Ländern wurde der lokale Führer der Nazipartei zum Reichsstatthalter, und wo das nicht der Fall war, unterstand der Reichsstatthalter den Weisungen dieses lokalen Führers. Durch ein späteres Gesetz vom 30. Januar 1934 wurden die Länder-Abgeordnetenkammern abgeschafft; die souveränen Rechte der Länder wurden an das Reich überführt; und die Reichsstatthalter wurden zu Untergebenen des Reichsinnenministeriums.

Im Mai, Juni und Juli 1933 wurden alle politischen Parteien außer den Nazis abgeschafft. Die Kommunisten waren bereits am 28. Februar außerhalb des Gesetzes gestellt worden. Den Sozialdemokraten wurden am 22. Juni alle Aktivitäten verboten und sie wurden am 7. Juli aus einer Reihe von Regierungsbehörden ausgeschlossen. Die deutsche Staatspartei (DDP) und die Deutsche Volkspartei wurden am 28. Juni und am 4. Juli aufgelöst. Die Bayrische Volkspartei wurde von den Sturmabteilungen am 22. Juni demoliert und löste sich am 4. Juli auf. Das Zentrum tat dasselbe am darauffolgenden Tag. Eine Reihe von Schlachten zwischen der SA und dem Stahlhelm von April bis Juni 1933 endete mit der Absorption des Letzteren in die Nazipartei. Die Nationalisten (DNVP) wurden am 21. Juni mit Gewalt überzogen; Hugenberg konnte die SA-Garde um Hindenburg nicht durchdringen, um dagegen zu protestieren; am 28. Juni wurde seine Partei aufgelöst. Schließlich wurde am 14. Juli 1933 die NSDAP zur einzig anerkannten Partei in Deutschland erklärt.

Die Mittelklassen wurden gleichgeschaltet und enttäuscht. Großhandels- und Einzelhandelsverbände wurden in eine *Reichvereinigung des Deutschen Handels* unter dem Nazi Dr. von Renteln eingebracht. Am 22. Juli wurde derselbe Mann Präsident des Deutschen Industrie- und Handelstags, einer Verbindung aller einzelnen Handelskammern. In Deutschland waren diese letzteren halböffentliche legale Verbände.

Die Aufteilung der großen Warenhäuser, die seit Gottfried Feders Fünfundzwanzig-Punkte-Programm von 1920 ein Versprechen der Nazis an das Kleinbürgertum gewesen war, wurde nach einer Bekanntmachung von Hess vom 7. Juli aufgegeben. Darüber hinaus wurde die Liquidierung der genossenschaftlichen Gesellschaften, die ebenfalls ein langjähriges Versprechen gewesen war, durch eine Ankündigung vom 19. Juli aufgegeben. Diese Wende war eine Folge der Tatsache, dass die meisten Genossenschaften unter die Kontrolle der Nazis gekommen waren, indem sie am 16. Mai 1933 in die Arbeitsfront aufgenommen wurden.

Die Arbeiterschaft wurde – ausgenommen die Kommunisten ohne Widerstand – gleichgeschaltet. Die Regierung erklärte den 1. Mai zum nationalen Feiertag und feierte ihn mit einer Rede Hitlers über die Würde der Arbeit vor einer Million Menschen in Tempelhof. Am nächsten Tag requirierte die SA alle Gewerkschaftsgebäude und -büros, verhaftete alle Gewerkschaftsführer und schickte die meisten von ihnen in Konzentrationslager. Die Gewerkschaften selbst wurden in die von Nazis dominierte Deutsche Arbeitsfront unter Robert Ley eingebracht. Der neue Führer versprach in einem Artikel im *Völkischen Beobachter* den Unternehmern, dass sie von nun an Herren im eigenen Haus sein konnten, wenn sie der Nation (das heißt der Nazipartei) dienen würden. Für die Arbeiterschaft wurde Arbeit geschaffen, indem die Arbeitswoche auf vierzig Stunden begrenzt wurde (mit einer entsprechenden Kürzung der Löhne), indem Fremde von der Arbeit ausgeschlossen wurden, durch Zwangsarbeitsdienste für die Regierung, durch spezielle Anleihen für Verheiratete, durch Steuererleichterungen für Menschen, die Reparaturen vornahmen, durch den Bau militärisch nutzbarer Autostraßen usw.

Die Landwirtschaft wurde erst gleichgeschaltet, nachdem Hugenberg am 29. Juni die Regierung verlassen hatte und durch Richard Darré als Reichsminister für Ernährung und preußischer Landwirtschaftsminister abgelöst wurde. Die verschiedenen Land- und Bauernverbände wurden in einen einzigen Verband verschmolzen, dessen Präsident Darré war. Die verschiedenen Bauernverbände wurden in den Reichsnährstand vereinigt, dessen Präsident ebenfalls Darré wurde.

Die Religion wurde mit verschiedenen Mitteln gleichgeschaltet. Die evangelische Kirche wurde neu organisiert. Als der Nichtnazi Friedrich von Bodelschwingh im Mai 1933 zum Reichsbischof gewählt wurde, wurde er zwangsweise aus dem Amt entfernt und die nationale Synode wurde gezwungen an seiner Stelle Ludwig Müller, einen Nazi, zu wählen (27. September). Bei den Wahlen für die Kirchenversammlungen im Juli 1933 war der Druck der Regierung so stark, dass für jede eine Mehrheit von Nazis gewählt wurde. 1935 wurde ein Ministerium für Kirchenangelegenheiten unter Hans Kerrl eingerichtet, das die Macht hatte, Kirchenverordnungen mit Gesetzeskraft zu erlassen, und das eine völlige Kontrolle über den Immobilienbesitz und die Gelder der Kirche hatte. Prominente protestantische Führer wie Martin Niemöller, die diesen Schritten entgegentraten, wurden verhaftet und in Konzentrationslager geworfen.

Die katholische Kirche unternahm jeglichen Versuch, mit den Nazis zusammenzuarbeiten, fand das aber bald unmöglich. Sie zog ihre Verurteilung des Nazismus am 28. März 1933 zurück und unterzeichnete ein Konkordat mit von Papen am 20. Juli. Mit dieser Vereinbarung erkannte der Staat Religions- und Glaubensfreiheit zu, sowie die Befreiung des Klerus von bestimmten bürgerlichen Pflichten und das Recht der Kirche, ihre eigenen Angelegenheiten selbst zu regeln und konfessionelle Schulen zu betreiben. Die Gouverneure der deutschen Länder erhielten ein Recht des Widerspruchs gegen Ernennungen der höchsten klerikalen Stellen; die Bischöfe mussten einen Loyalitätseid ablegen und die Erziehung sollte so wie bisher weiter funktionieren.

Diese Vereinbarung mit der Kirche begann fast unmittelbar nach ihrem Abschluss schon zusammenzubrechen. Zehn Tage nach der Unterzeichnung des Konkordats begannen die Nazis, die katholische Jugendliga und die katholische Presse anzugreifen. Kirchliche Schulen wurden eingeschränkt und Mitglieder des Klerus wurden verhaftet und verurteilt, indem man ihnen Verstöße gegen die Devisengesetze und Immoralität vorwarf. Die Kirche verurteilte das Bemühen von Nazis wie Rosenberg, das Christentum durch ein wiederbelebtes germanisches Heidentum zu ersetzen, und Gesetze, wie jenes, das die Sterilisierung sozial unerwünschter Personen erlaubte. Rosenbergs Buch *Der Mythus des 20. Jahrhunderts* kam auf den Index; katholische Forscher legten seine Irrtümer in einer Serie von Studien 1934 dar; schließlich verurteilte am 14. März 1937 Papst Pius XI. viele Grundsätze des Nazismus in seiner Enzyklika *Mit brennender Sorge*.

Anstrengungen zur Gleichschaltung des öffentlichen Dienstes begannen mit dem Gesetz vom 7. April 1933 und dauerten bis zum Ende des Regimes, ohne jemals vollständig erfolgreich zu sein. Das resultierte aus dem Mangel an fähigem Personal, die zugleich Nazis waren. «Nichtarier» (Juden) oder Menschen, die mit Nichtariern verheiratet waren, politisch als unzuverlässig eingestufte Menschen und «Marxisten» wurden entlassen. Loyalität zum Nationalsozialismus wurde zur Voraussetzung für Ernennung oder Beförderung im öffentlichen Dienst.

Von den Hauptbestandteilen der deutschen Gesellschaft waren nur das Präsidentenamt, die Armee, die katholische Kirche und die Industrie 1934 noch nicht gleichgeschaltet. Außerdem bestand die Kontrolle über die Beamtenschaft nur teilweise. Der erste dieser Bestandteile, die Präsidentschaft, wurde 1934 als Folge eines Handels mit der Armee vollständig übernommen.

Im Frühjahr 1934 war das Problem der SA akut geworden, weil diese Organisation unmittelbar zwei Mitglieder des Quartetts, die Armee und die Industrie, herausforderte. Die Industrie wurde durch das Drängen der SA auf eine «zweite Revolution» herausgefordert – das heißt nach Wirtschaftsreformen, die das Wort «Sozialismus» im Parteinamen «Nationalsozialismus» hätten rechtfertigen können. Die Armee wurde durch die Forderung Hauptmann Röhms aufgeschreckt, dass die SA in die Reichwehr überführt werden sollte, wobei jeder Offizier seinen Rang beibehalten sollte. Da die Reichwehr nur 300.000 Mann umfasste, die SA aber drei Millionen, hätte diese Maßnahme das Offizierskorps überschwemmt. Hitler hatte dieses Projekt am 1. Juli 1933 zurückgewiesen und Frick hatte das zehn Tage später noch einmal wiederholt. Nichtsdestotrotz wiederholte Röhm seine Forderung am 18. April 1934 und Edmund Heines und Karl Ernst unterstützten ihn dabei. Auf einer Sitzung des kompletten Kabinetts widersprach dem der Kriegsminister, General von Blomberg.

Eine gespannte Situation entstand. Falls Hindenburg starb, hätte die Reichswehr vielleicht die Nazis liquidieren und die Monarchie wiedereinführen können. Am 21. Juni wies Hindenburg Blomberg an, zur Wiederherstellung der Ordnung im Lande wenn nötig die Armee einzusetzen. Das wurde als Drohung an die SA angesehen. Hitler schloss einen Handel ab, die SA zu zerstören, im Austausch dafür, dass er freie Hand mit der Präsidentschaft erhielt, sobald diese vakant wurde. So geschah es. Ein Treffen der SA-Führer wurde von Hitler auf den 30. Juni 1934 in Bad Wiessee in Bayern einberufen. Die SS, die unter Hitlers persönlichem Befehl stand, verhaftete die SA-Führer mitten in der Nacht und erschoss die meisten von ihnen sofort. In Berlin vollzog Göring das Gleiche an den dortigen SA-Führern. Sowohl Hitler als auch Göring ließen außerdem die meisten ihrer persönlichen Feinde ermorden: die Reichstagsbrandstifter, Gregor Strasser, General von Schleicher und seine Frau, alle engen Mitarbeiter Papens, Gustav von Kahr, alle, die Hitler in den frühen Tagen seiner Fehlschläge gekannt hatten, und noch viele andere. Papen entkam nur knapp. Insgesamt wurden in dieser «Blutsäuberung» mehrere tausend Menschen umgebracht.

Zwei Erklärungen wurden für diese Gewalttaten gegeben: dass die ermordeten Männer Homosexuelle waren (was seit Jahren bekannt war) und dass sie Mitglieder einer Verschwörung waren, die Hitler ermorden wollte. Tatsächlich waren sie zwar in einer Verschwörung begriffen, aber die war im Juni 1934 noch keineswegs ausgereift und zielte auf Armee und Schwerindustrie und keineswegs auf Hitler. Tatsächlich hatte Hitler bis zum letzten Moment geschwankt, ob er sein Schicksal mit der «zweiten Revolution» oder mit dem Quartett verbinden sollte. Seine Entscheidung, sich mit dem letzteren zu verbinden und die Erstere auszulöschen, war ein Ereignis von großer Bedeutung. Es machte die Nazibewegung unwiderruflich zu einer Konterrevolution der Rechten, welche die Parteiorganisation dafür benutzte, den wirtschaftlichen Status quo zu bewahren.

Die Unterstützer der «zweiten Revolution» wurden in den Untergrund getrieben, wo sie unter der Führung Otto Strassers die «Schwarze Front» bildeten. Diese Bewegung war aber so wirkungslos, dass die einzige Wahl, die dem Durchschnittsdeutschen verblieb, diejenige war zwischen der reaktionären Lebensweise im Umkreis der überlebenden Teile des Quartetts (Armee und Industrie) und dem vollständig irrationalen Nihilismus der inneren Clique der Nazipartei.

Erst als sich das Regime seinem Ende näherte, tauchte ein dritter möglicher Weg auf: ein wiederbelebter fortschrittlicher und auf Barmherzigkeit ausgerichteter christlicher Humanismus. Er war die Folgerung aus der Einsicht, die manchen innerhalb des Quartetts dämmerte, dass der nazistische Nihilismus nur die logische Fortentwicklung der normalen Methoden des Quartetts im Verfolgen seiner normalen Ziele war. Viele Menschen, die diesen neuen, dritten Weg gewählt hatten, wurden von den Nazis in der systematischen Vernichtungskampagne, die dem Attentatsversuch auf Hitler am 20. Juli 1944 folgte, ermordet.

Im Austausch für Hitlers entscheidenden Schritt – die Zerstörung der SA am 30. Juni 1934 – erlaubte die Armee Hitler nach Hindenburgs Tod im August Präsident zu werden. Indem er die Ämter von Präsident und Kanzler vereinte, erlangte Hitler das Vorrecht des Präsidenten, mithilfe von Verordnungen zu regieren, und erhielt auch den Oberbefehl über die Armee. Diese Position festigte er, indem er einen persönlichen Eid bedingungsloser Ergebenheit von jedem Soldaten forderte (Gesetz vom 20. August 1934). Von dieser Zeit an war es für das Denken von Reichswehr und Bürokratie sowohl gesetzlich als auch moralisch unmöglich geworden, sich Hitlers Befehlen zu widersetzen.

Die Herrscher und die Beherrschten (1934–1945)
Auf diese Art hatte die Nazibewegung im August 1934 ihr Ziel erreicht – die Errichtung eines autoritären Staates in Deutschland. Das hier benutzte Wort ist «autoritär», denn anders als das faschistische Regime in Italien war das Naziregime nicht totalitär. Es war aus folgenden Gründen nicht totalitär: zwei Mitglieder des Quartetts waren nicht gleichgeschaltet, ein drittes Mitglied war nur unvollständig gleichgeschaltet und, anders als in Italien oder Sowjetrussland, wurde das Wirtschaftssystem nicht vom Staat dirigiert, sondern unterlag einer «Selbstregulierung». All das steht im Widerspruch zur populären Ansicht über das Naziregime, wie sie zu seiner Zeit und seitdem gehegt wurde. Zeitungsleute und journalistische Schriftsteller wenden den Begriff «totalitär» auf das Nazisystem an, und der Name ist ohne wirkliche Analyse der Tatsachen hängen geblieben. In Wirklichkeit war das System der Nazis weder in der Theorie noch in der Praxis totalitär.

Die Nazibewegung, auf einfachste Art betrachtet, war ein Zusammenschluss von Gangstern, Neurotikern, Söldnern, Psychopathen und einfach Unzufriedenen, mit einer kleinen Beimischung von Idealisten. Diese Bewegung wurde vom Quartett aufgebaut als konterrevolutionäre Kraft gegen – zum einen – die Weimarer Republik, Internationalismus und Demokratie und – zweitens – gegen die Gefahren einer sozialen Revolution, insbesondere durch den Kommunismus, wie sie von der Weltwirtschaftskrise verschärft wurden. Nachdem diese Bewegung durch die Hilfe des Quartetts an die Macht gekommen war, entfaltete sie ein Leben und setzte sich Ziele, die recht verschieden und zu großen Teilen sogar entgegenstehend zu dem Leben und den Zielsetzungen des Quartetts waren. Es gab niemals einen Zweikampf oder offenen Konflikt zwischen der Bewegung und dem Quartett. Stattdessen wurde ein Modus Vivendi ausgearbeitet, in dem die zwei wichtigsten Mitglieder des Quartetts, Industrie und Armee, bekamen, was sie wollten, während die Nazis die Macht und die Privilegien erhielten, nach denen sie sich gesehnt hatten.

Die Saaten der Zwietracht zwischen der Bewegung und denen, die sie ins Leben gerufen hatten, existierten weiter und wuchsen sogar, insbesondere weil die Bewegung unaufhörlich daran arbeitete, ein industrielles Ersatzsystem und eine Ersatzarmee parallel zum alten industriellen System und zur alten Reichswehr zu schaffen. Aber auch hier brach der drohende Konflikt niemals aus, weil der Zweite Weltkrieg das doppelte Ergebnis hatte, dass er zur Solidarität im Angesicht des Feindes zwang und dass er große Beute und Profite für beide Seiten brachte – für die Industriellen und die Reichswehr auf der einen und für die Partei auf der anderen Seite.

Sieht man vom Aufstieg der Partei und von den Vorteilen, der Macht und dem Prestige ab, die die Führer (aber nicht die einfachen Mitglieder) der Partei ansammelten, änderte sich die Struktur der deutschen Gesellschaft nach 1933 nicht übermäßig. Sie war immer noch scharf in zwei Gruppen geteilt – die Herrscher und die Beherrschten. Die drei Hauptänderungen waren: 1) die Methoden und Techniken, mit denen die Herrscher die Beherrschten kontrollierten, wurden geändert und intensiviert, so dass Gesetze und rechtliche Verfahren praktisch verschwanden, und dagegen die Macht (ausgeübt durch Zwang, wirtschaftlichen Druck oder Propaganda) sehr viel direkter und nackter angewandt wurde; 2) das Quartett, das die reelle Macht zwischen 1919 und 1933 in der Hand gehabt hatte, wurde angepasst und erweitert zu einem Quintett, wie es schon vor 1914 existiert hatte; und 3) die Trennlinie zwischen Herrschern und Beherrschten wurde schärfer, es gab weniger Personen in einer Zwischenstellung als früher in der deutschen Geschichte; das wurde den Beherrschten dadurch schmackhaft gemacht, dass man eine dritte Klasse von Nichtbürgern schuf (Juden und Ausländer), die auch von der zweiten Klasse der Beherrschten ausgebeutet und unterdrückt werden konnten.

Das folgende Tableau zeigt die ungefähren Beziehungen der herrschenden Gruppen in den drei Perioden der deutschen Geschichte im 20. Jahrhundert:

Kaiserreich	Weimarer Republik	Drittes Reich
Kaiser		Nazipartei (nur die Führer)
Armee	Armee	Industrie
Landadel	Beamtenschaft	Armee
Beamtenschaft	Industrie	Beamtenschaft
Industrie	Landadel	Landadel

Die Gruppen der Beherrschten unterhalb dieser Herrschaftsgruppen blieben im Wesentlichen dieselben. Im Dritten Reich umfassten sie: 1) Bauern; 2) Arbeiter; 3) das Kleinbürgertum aus Angestellten, Händlern, Handwerkern, Kleinindustrie usw.; 4) Berufsgruppen wie Ärzte, Apotheker, Lehrer, Ingenieure, Zahnärzte usw. Weiter unten kam dann noch die unterdrückte Gruppe der «Nichtarier» und der Einwohner der besetzten Gebiete.

Ein helles Licht fällt auf die Gesellschaftsstrukturen im Nazismus, wenn man die jeweiligen Positionen der herrschenden Gruppen untersucht. Wir werden das in umgekehrter Reihenfolge vornehmen:

Landadel
Der Einfluss des Landadels in der früheren Zeit beruhte mehr auf Tradition als auf wirklicher Macht. Er wurde von einer Reihe von Faktoren unterstützt: 1) engen persönlichen Beziehungen des Landadels zu Kaiser, Armee und Beamtenschaft; 2) den seltsamen Wahlrechtsregelungen in Deutschland, die dem Landadel einen übermäßigen Einfluss in Preußen und Preußen einen übermäßigen Einfluss in Deutschland zusprachen; 3) der wirtschaftlichen und sozialen Macht speziell des ostelbischen Landadels, insbesondere aufgrund seiner Möglichkeiten, Druck auf Pächter und Landarbeiter auszuüben.

All diese Quellen der Macht schwanden bereits im Kaiserreich zunehmend. Die Republik und das Dritte Reich führten hier nur eine Entwicklung weiter, die bereits recht fortgeschritten war. Die wirtschaftliche Macht des Landadels wurde von der Krise der Landwirtschaft nach 1880 bedroht, was in dem Verlangen nach Schutzzöllen seit 1895 ganz offensichtlich wurde. Der Bankrott der Junkergüter musste ihren politischen Einfluss untergraben, selbst wenn der Staat ihnen mit Subventionen und Osthilfe unbegrenzt zu Hilfe kam. Der Rücktritt des Kaisers und die Änderungen in den Positionen von Armee und Bürokratie in der Republik schwächten auch hier die Möglichkeiten indirekter Einflussnahme durch den Landadel. Die Wahlrechtsänderungen nach 1918 und das Ende des Wahlrechts nach 1933, verbunden mit der wachsenden Absorption Preußens und der anderen Länder in einen einheitlichen deutschen Staat, verringerte die politische Macht des Landadels. Schließlich verringerte sich ihr sozialer Einfluss durch die Wanderungen deutscher Landarbeiter aus Ost- nach West- oder Mitteldeutschland und ihre Ersetzung durch slawische Landarbeiter.

Der Rückgang der Macht des Landadels ging auch im Dritten Reich weiter und wurde intensiviert durch die Tatsache, dass dieses das einzige Segment des Quartetts war, das erfolgreich gleichgeschaltet wurde. Der Landadel verlor einen Großteil seiner wirtschaftlichen Macht, weil die Kontrolle seines Wirtschaftslebens nicht in seinen Händen verblieb, wie es bei der Industrie der Fall war. In beiden Fällen wurden die wirtschaftlichen Vorgänge im Wesentlichen von Kartellen und Vereinigungen kontrolliert, aber während diese bei der Industrie von den Industriellen kontrolliert wurden, wurden sie bei der Landwirtschaft vom Staat kontrolliert, in enger Zusammenarbeit mit der Partei.

Preise, Produktion, Verkaufsbedingungen und alle anderen Details des landwirtschaftlichen Prozesses unterlagen einer Regierungseinrichtung namens Reichsnährstand, die aus einem Komplex von Gruppen, Vereinigungen und Vorständen bestand. Der Führer dieses Komplexes war der Minister für Landwirtschaft und Ernährung, der von Hitler ernannt wurde. Dieser Führer ernannte die Führer aller untergeordneten Mitgliedsorganisationen des Reichsnährstandes, und diese wiederum ernannten die ihnen Untergebenen. Dieser Prozess setzte sich fort bis zum untersten Individuum, wobei jeder Führer seine unmittelbaren Untergebenen ernannte, wie es dem «Führerprinzip» entsprach. Jede Person, die in irgendeiner Weise mit Landwirtschaft, Ernährung oder der Erzeugung von Rohstoffen, inklusive Holzwirtschaft, Fischerei, Milchwirtschaft und Weidewirtschaft, beschäftigt war, gehörte einer der Vereinigungen innerhalb des Reichsnährstandes an. Diese Vereinigungen waren sowohl auf geographischer als auch auf funktionaler Basis organisiert. Auf funktionaler Basis gab es sowohl vertikale als auch horizontale Vereinigungen. Geographisch gab es zwanzig *Landesbauernschaften*, die in 515 *Kreisbauernschaften* unterteilt waren. Auf horizontaler Basis gab es Vereinigungen aller Personen, die mit gleichen Tätigkeiten befasst waren, beispielsweise Mehlmahlen, Buttern oder dem Anbau von Getreide. Auf vertikaler Basis gab es Vereinigungen aller Personen, die mit der Herstellung eines spezifischen Produkts befasst waren, beispielsweise Getreide oder Milch. Diese Organisationen, die alle gemäß dem «Führerprinzip» organisiert waren, beschäftigten sich hauptsächlich mit Preisen und Produktionsquoten. Diese wurden vom Staat überwacht, aber die Preise wurden so festgesetzt, dass sie den meisten Beteiligten einen ausreichenden Profit sicherten, und die Quoten beruhten auf Einschätzungen, die von den Bauern selbst gemacht wurden.

Während der Landadel auf diese Weise Macht einbüßte, wurde er durch wirtschaftliche Vergünstigungen entschädigt. Wie es einer konterrevolutionären Bewegung anstand, vermehrten die Nazis den Reichtum und die Privilegien des Landadels. Der Bericht über den Osthilfeskandal, der 1932 für Schleicher angefertigt worden war, wurde dauerhaft unterdrückt. Das Autarkieprogramm gab den Landbesitzern einen stabilen Markt für ihre Produkte und schützte sie damit vor den Unwägbarkeiten, denen sie unter dem Liberalismus mit seinen schwankenden Märkten und fluktuierenden Preisen ausgesetzt gewesen waren. Die Preise, die im Nazismus festgesetzt wurden, waren nicht hoch, aber sie waren angemessen, insbesondere wenn man sie in Verbindung mit anderen Vergünstigungen betrachtete. 1937 lagen die Preise für Landwirtschaftsprodukte 23% höher als 1933, allerdings immer noch 28% unter denen von 1925. Größere Güter, die Lohnarbeiter beschäftigten, profitierten davon, dass die Gefahr, die von Gewerkschaften, Streiks und höheren Löhnen ausging, entfiel. Die verfügbaren Arbeitskräfte vergrößerten sich durch die Hinzuziehung der Arbeitsdienste von Jungen und Mädchen im Rahmen der Nazijugendbewegung und des Arbeitsdienstes. Zinszahlungen und Steuern reduzierten sich, Erstere von 950 Millionen Mark 1929–1930 auf 630 Millionen Mark 1935–1936, die Letzteren von 740 auf 460 Millionen Mark in denselben sechs Jahren. Bauern waren befreit von Beiträgen an die Arbeitslosenversicherung, die 1932–1933 noch 19 Millionen Mark betragen hatten. Die ständige Bedrohung – sei es durch den Staat oder durch private Kreditgeber –, dass die bankrotten großen Güter aufgeteilt würden, fiel weg. Bei allen Höfen, deren Größe über der eines Familienbetriebs lag, wurde der Besitz der Eignerfamilie abgesichert – bei den großen Gütern durch vermehrte Umwandlung in Erbgüter, bei kleineren durch das Reichserbhofgesetz. Es gab keine Möglichkeit der Veräußerung mehr.

Diese Vorteile waren größer für größere Einheiten als für kleine, und am allergrößten für die großen Güter. Während kleinere Höfe (5–50 ha) nach Max Sering 1925 einen Nettogewinn von 9 Mark pro Hektar machten, verloren große (über 100 ha) 18 Mark pro Hektar. 1934 waren die entsprechenden Zahlen 28 und 53, was einen Gewinnzuwachs von 19 Mark pro Hektar für die kleineren Höfe, und von 71 Mark pro Hektar für die großen bedeutete. Als Ergebnis dieses Wachstums in Profitabilität von großen Einheiten erhöhte sich die Konzentration von Landeigentum in Deutschland, womit ein Trend umgekehrt wurde. Sowohl die Zahl als auch die Größe großer Einheiten erhöhte sich.

Auf diese Weise gewann der Landadel auf Kosten eines gewaltigen Machtverlustes große Privilegien und Vergünstigungen im Dritten Reich. Wie die Gesellschaft außerhalb der herrschenden Gruppen wurde auch er gleichgeschaltet und wurde dadurch zur unwichtigsten dieser Gruppen.

Beamtenschaft
Die Beamtenschaft wurde nicht vollständig gleichgeschaltet, aber ihre Macht wurde stark reduziert. Wie wir gezeigt haben, wurde die Bürokratie nicht von Nichtnazis gesäubert, obwohl Juden und eindeutige Antinazis im Allgemeinen in den Ruhestand versetzt wurden. Nur im Wirtschaftsministerium gab es, vielleicht wegen der vollständigen Neuorganisation dieses Ministeriums, sofort bedeutende Veränderungen. Aber diese Veränderungen brachten keine Parteimitglieder ins Ministerium, sondern sie brachten Männer aus der Privatwirtschaft hinein. Außerhalb des Wirtschaftsministeriums wurden hauptsächlich die Minister und ihre Staatssekretäre ausgewechselt. Die neugeschaffenen Ministerien wurden selbstverständlich von neuen Leuten besetzt, die aber, sieht man von der untersten Ebene ab, nicht ausgewählt wurden, weil sie Parteimitglieder gewesen wären. Die alte Teilung der Beamtenschaft in zwei Klassen (akademisch und nichtakademisch), wobei die obere nur denen offen stand, die ein akademisches Examen bestanden hatten, hatte weiter Bestand. Nur in den alleruntersten Rängen überfluteten Parteimitglieder die Dienste.

1939 waren von 1,5 Millionen Beamten 28,2% Parteimitglieder, 7,2% gehörten zur SA und 1,1% gehörten zur SS. Die Verordnung von 1933, die Nichtarier und politisch Unzuverlässige herausgetrieben hatte, betraf nur 1,1% (oder 25 von 2.339) der Spitzenbeamten. Aber neu rekrutiert wurden überwiegend Parteimitglieder, so dass im Lauf der Zeit die Bürokratie beinahe vollständig in die Hände der Nazis übergegangen wäre. Die Beamtenverordnung von 1937 verlangte keine Parteimitgliedschaft, aber der Kandidat musste dem Nationalsozialismus loyal gegenüberstehen. In der Praxis waren 99% derjenigen, die bis zum Grad eines Assessors (dem untersten akademischen Rang) ernannt wurden, von 1933 bis 1936 Parteimitglieder. Aber ein Gesetz vom 28. Dezember 1939 bestätigte auch, was schon vorher gegolten hatte, dass im öffentlichen Dienst ein Parteimitglied keinen Anweisungen der Partei unterlag, sondern nur den Anweisungen seines unmittelbaren Vorgesetzten im öffentlichen Dienst. Auch hier unterlagen die unteren Ränge in stärkerem Maße der Parteikontrolle durch die Büro-Parteizelle, die es Parteimitgliedern ermöglichte, ihre Ziele durch Terror zu erreichen. Darin eröffnet sich ein bedeutender, nicht-offizieller, Aspekt diese Themas.

Eine Hauptänderung bestand darin, dass vorher die Bürokratie über rationale, allgemein bekannt gemachte Regelungen regiert hatte, während unter den Nazis in zunehmendem Maße mit irrationalen und sogar ganz unbekannten Regelungen regiert wurde. Weder früher noch später wurden diese Regeln von der Bürokratie selbst gemacht und in einem gewissen Ausmaß mögen die späteren Regeln für die Beamtenschaft, ihrer wohlbekannten antidemokratischen Neigungen wegen, sogar akzeptabler gewesen sein. Wichtiger war der Einfluss des von der Partei ausgehenden Terrorismus, durch SA, SS und die Geheimpolizei (Gestapo). Noch wichtiger war das Wachstum eines Apparates der Partei parallel zur Bürokratie, der die Entscheidungen und Handlungen der regulären Bürokratie rückgängig machte und umging. Die reguläre Polizei wurde durch die Polizei der Partei umgangen; die regulären Wege der Rechtsprechung wurden durch die Parteigerichte ausgehebelt; die regulären Gefängnisse wurden durch die Konzentrationslager der Partei übergangen. So wurde zum Beispiel Torgler, der von den regulären Gerichten von der Anklage freigesprochen worden war, dass er an einer Verschwörung zum Niederbrennen des Reichstags beteiligt gewesen sei, sofort darauf von der Geheimpolizei in ein Konzentrationslager geworfen; und Niemöller, der eine kurze Strafe wegen Verletzung der Religionsgesetze abgesessen hatte, wurde von einem regulären Gefängnis ebenfalls direkt in ein Konzentrationslager eingeliefert.

Armee
Das Offizierskorps der Reichswehr wurde nicht gleichgeschaltet, stand aber stärker unter der Aufsicht der Nazis als jemals unter derjenigen der Weimarer Republik. Die Republik hätte niemals wie Hitler 1934 Generale ermorden lassen können. Diese Schwächung der Macht der Armee bestand jedoch nicht so sehr im Verhältnis zur Partei als im Verhältnis zum Staat. Davor hatte die Armee zu großen Teilen den Staat kontrolliert; im Dritten Reich kontrollierte der Staat die Armee; aber die Partei konnte die Armee nicht kontrollieren und schuf sich deshalb ihre eigene Armee (die SS). Es gab ein Statut, das es für Mitglieder der Reichswehr illegal machte, zugleich Mitglieder der Partei zu sein. Diese Unvereinbarkeit wurde erst im Herbst 1944 zurückgenommen. Andererseits unterstand die Armee ziemlich vollständig Hitler als Staatsoberhaupt,

aber nicht als Führer der Partei. Die Armee war schon immer dem Staatsoberhaupt untergeordnet gewesen. Als Hitler (mit Zustimmung der Armee) diese Position nach dem Tode Hindenburgs am 2. August 1934 einnahm, stärkte er seine Position zusätzlich, indem er sich von den Offizieren der Armee auf sich persönlich vereidigen ließ, während die Vereidigung bis dahin auf das deutsche Vaterland erfolgt war. All das war möglich, weil die Armee, obwohl nicht gleichgeschaltet, doch im Allgemeinen dem zustimmte, was die Nazis machten, wobei es bei gelegentlichen Meinungsverschiedenheiten lediglich um taktische Fragen ging. Die Beziehungen zwischen den beiden wurden gut dargestellt von Feldmarschall Werner von Blomberg, bis Februar 1939 Reichskriegsminister und Oberbefehlshaber der Armee: «Vor 1938 bis 1939 standen die deutschen Generäle nicht in Opposition zu Hitler. Es gab keinen Grund für eine Opposition zu Hitler, weil er die Resultate lieferte, die sie verlangten. Nach dieser Zeit begannen einige Generäle seine Methoden zu verdammen und verloren das Vertrauen in seine Urteilskraft. Als Gruppe aber schafften sie es nicht, irgendeine wirkliche Gegnerschaft zu ihm zu entwickeln, obwohl es ein paar versuchten und dafür mit ihrem Leben oder ihrer Stellung zu zahlen hatten.» Man muss dieser Darstellung nur hinzufügen, dass es die Zerstörung seines Hauptrivalen, der SA, am 30. Juni 1934 war, die es dem deutschen Offizierskorps ermöglichte, seine Autonomie und seine Kontrolle über die Armee zu erhalten. Für diese Zerstörung der SA zahlte es am 2. August 1934 den Preis. Danach war es zu spät, sich gegen die Bewegung zu stellen, selbst wenn es das gewollt hätte.

Industrie
Die Position der Industriellen in der Gesellschaft des Nazistaates war komplex und sehr bedeutend. Im Allgemeinen hatte die Geschäftswelt eine außerordentliche Stellung. Zunächst waren die Industriellen die Einzigen des Quartetts, die ihre Position im Dritten Reich dramatisch verbesserten. Dann waren sie die Einzigen aus dem Quartett, die in keinem signifikanten Ausmaß gleichgeschaltet wurden und in denen das «Führerprinzip» nicht zur Anwendung kam. Stattdessen blieb die Industrie unabhängig von Regierungs- oder Parteikontrolle außer in den allgemeinsten Formen und außer den Notwendigkeiten der Kriegszeit und wurde dagegen einem System der Selbstregulierung unterworfen, das nicht auf dem «Führerprinzip» beruhte, sondern auf einem System, in dem Macht proportional zur Größe des Unternehmens vergeben wurde.

In diesen seltsamen Ausnahmen kann man ein zentrales Prinzip des Nazisystems finden. Es ist ein Prinzip, das oft verkannt wird. Uns wurde erzählt, dass Deutschland einen korporativen oder einen totalitären Staat hätte. Keines davon war wahr. Es gab keine wirkliche korporative Organisation (auch nicht scheinbar wie in Italien oder Österreich) und eine solche Organisation, über die viel vor und nach 1933 diskutiert wurde, wurde 1935 schnell fallengelassen. Den Begriff «totalitär» kann man nicht auf das deutsche System der Selbstregulierung anwenden, während er beim Sowjetsystem möglich wäre.

Das nationalsozialistische System war ein diktatorischer Kapitalismus – das heißt, eine Gesellschaft, die so organisiert war, dass alles dem Wohlergehen des Kapitalismus untergeordnet war; alles, allerdings im Rahmen von zwei begrenzenden Faktoren: a) dass die Nazipartei, die nicht kapitalistisch war, die Kontrolle über den Staat hatte, und b) dass Krieg, der an sich nicht kapitalistisch war, eine Einschränkung der kapitalistischen Vorteile erzwingen konnte (kurzfristig zumindest). Bei diesem Urteil müssen wir unsere Begriffe genau bestimmen. Wir definieren Kapitalismus als «ein Wirtschaftssystem, bei dem die Produktion auf dem Profit für diejenigen basiert, die das Kapital kontrollieren». In dieser Definition muss man einen Punkt beachten: der Ausdruck «für diejenigen, die das Kapital kontrollieren» bezieht sich nicht unbedingt auf die Eigentümer. Unter den Bedingungen der modernen Wirtschaft haben die weitgespannten Unternehmen mit weitgestreuter Verteilung des Aktienbesitzes das Management wichtiger gemacht als die Eigentümerschaft. Dementsprechend sind Profite nicht dasselbe wie Dividenden und tatsächlich sind Dividenden dem Management zuwider, da sie einen Teil der Profite seiner Kontrolle entziehen.

Das traditionelle kapitalistische System war ein Profitsystem. In seiner Suche nach Profiten beschäftigte es sich nicht primär mit Produktion, Konsum, Wohlstand, Vollbeschäftigung, nationaler Wohlfahrt oder irgendetwas anderem. Diese reine Konzentration auf Profite hatte aber schließlich Folgen, welche wiederum den Profiten schadeten. Die Entwicklung brachte mit der Zeit die ganze Gesellschaft in einen solch chaotischen Zustand, dass von allen Seiten her dem Profitsystem Feinde erstanden. Faschismus war der Gegenangriff des Profitsystems gegen diese Feinde. Dieser Gegenangriff wurde in einer solch gewalttätigen Weise durchgeführt, dass die ganze Erscheinungsform der Gesellschaft sich änderte, obwohl die wirkliche Struktur zumindest kurzfristig ziemlich gleich blieb. Langfristig aber bedrohte der Faschismus sogar das Profitsystem, weil die Verteidiger dieses Systems, das heißt eher die Geschäftsleute als die Politiker, die Kontrolle des Staates an eine Partei von Gangstern und Verrückten abgegeben hatten, die auf längere Sicht auch die Geschäftsleute selbst hätten angreifen können.

Auf kurze Frist gesehen erfüllte die Nazibewegung die Ziele ihrer Erfinder. Um die Profite zu sichern, versuchte sie sechs mögliche Bedrohungen des Profitsystems auszuschalten. Diese Bedrohungen waren 1) durch den Staat selber; 2) durch die organisierte Arbeit; 3) durch Wettbewerb; 4) durch die Depression; 5) durch Geschäftsverluste und 6) durch alternative Arten der Produktion, organisiert auf einer anderen Basis als dem Profit. Diese sechs verschmolzen alle zu einer einzigen großen Bedrohung, der Bedrohung durch jedes soziale System, in dem die Produktion auf irgendeiner anderen Basis organisiert gewesen wäre als der des Profites. Die Furcht der Eigentümer und Manager des Profitsystems vor jeglichem System mit irgendeiner anderen Grundlage nahm beinahe psychopathische Züge an.

Die Bedrohung des Profitsystems durch den Staat hat schon immer existiert, weil der Staat im Wesentlichen nicht auf einer Profitbasis organisiert ist.

In Deutschland wurde diese Bedrohung ausgeschaltet, indem die Industriellen den Staat übernahmen, nicht direkt, aber durch einen Vertreter, die Nazipartei. Hitler deutete seine Bereitschaft, als ein solcher Vertreter zu handeln, auf verschiedenen Wegen an: durch Versicherungen, wie in seiner Düsseldorfer Rede 1932; indem er als Parteiführer und als seinen wichtigsten Wirtschaftsberater einen Repräsentanten der Schwerindustrie akzeptierte (Walter Funk), und zwar am selben Tag (31. Dezember 1931), an dem dieser Repräsentant der Partei auf Betreiben der Industriellen beigetreten war, und bei der Säuberung derjenigen, die eine «zweite Revolution» oder einen korporativen oder totalitären Staat wollten (30. Juni 1934).

Dass die Hoffnungen der Industriellen auf Hitler in dieser Hinsicht erfüllt wurden, wurde bald deutlich. Wie Gustav Krupp, der Waffenhersteller, in seiner Rolle als offizieller Repräsentant der Reichsvereinigung der Deutschen Industrie Hitler am 25. April 1933 schrieb: «Die Wendung in den politischen Angelegenheiten bewegt sich auf einer Linie mit den Wünschen, die ich selbst und der Vorstand seit langem gehegt haben.» Das war wahr. Die «zweite Revolution» wurde öffentlich von Hitler schon im Juli 1933 zurückgewiesen und viele ihrer Unterstützer kamen in Konzentrationslager, eine Entwicklung, die ihren Höhepunkt in der «Nacht der langen Messer» ein Jahr später fand. Der radikale Otto Wagener wurde als wirtschaftlicher Chefberater der Partei durch einen Fabrikanten ersetzt, Wilhelm Keppler. Die Bemühungen um eine Gleichschaltung der Industrie wurden jetzt beendet. Viele wirtschaftliche Aktivitäten, die unter Staatskontrolle gekommen waren, wurden «reprivatisiert». Die Vereinigten Stahlwerke, die die Regierung 1932 von Ferdinand Flick gekauft hatte, sowie drei der größten Banken Deutschlands, die während der Krise von 1931 übernommen worden waren, wurden unter Verlusten für die Regierung in privates Eigentum rücküberführt. Rheinmetall-Borsig, einer der größten Schwerindustriekonzerne, wurde an die Hermann-Göring-Werke verkauft. Viele andere wichtige Firmen wurden an private Investoren verkauft. Zur selben Zeit ging die Kontrolle von Industriefirmen, die noch vom Staat gehalten wurden, von öffentlicher Kontrolle auf eine gemeinsame öffentlich-private Kontrolle über, indem sie einem gemischten Vorstand unterstellt wurden. Schließlich wurden die kommunalen Unternehmen eingeschränkt; ihre Profite wurden 1935 zum ersten Mal besteuert und das Gesetz, das den Betrieb von kommunalen Kraftwerken zur Stromerzeugung gestattete, wurde im selben Jahr widerrufen.

Die Gefahr, die von der Arbeiterschaft ausging, war bei weitem nicht so groß, wie es auf den ersten Blick scheinen könnte. Es war nicht die Arbeiterschaft selbst, die bedrohlich war, weil die Arbeiterschaft nicht direkt und unmittelbar in einen Konflikt mit dem Profitsystem kam; es war eher die Arbeiterschaft, die die falschen Ideen aufnahm, insbesondere marxistische Ideen, die versuchten, den Arbeiter direkt in einen Konflikt mit dem Profitsystem und der Privateigentümerschaft zu treiben. Deshalb versuchte das System des Nazismus ebenso sehr die Ideen wie die Organisation der Arbeiterschaft zu kontrollieren und war ebenso sehr daran interessiert, Freizeit und Vergnügen der Arbeiter zu kontrollieren, wie ihre Arbeitsbedingungen. Aus diesem Grund war es auch nicht genug, einfach nur die bestehenden Organisationen der Arbeiterschaft zu zerstören. Das hätte die Arbeiterschaft frei und unkontrolliert zurückgelassen und damit offen für irgendwelche beliebigen Ideen. Deshalb versuchte der Nazismus nicht, diese Organisationen zu zerstören, sondern sie zu übernehmen. Alle alten Gewerkschaften wurden in die Deutsche Arbeitsfront überführt. Das schuf ein amorphes Gebilde von 25 Millionen, in dem der Einzelne verloren war. Die Arbeitsfront war eine Organisation der Partei und ihre Finanzen standen unter der Kontrolle des Parteischatzmeisters, Franz X. Schwarz.

Die Arbeitsfront verlor bald wieder alle ihre wirtschaftlichen Tätigkeitsfelder – hauptsächlich an das Wirtschaftsministerium. Eine komplizierte Fassade betrügerischer Organisationen, die entweder niemals existierten oder nie funktionierten, wurde um die Arbeitsfront herum aufgebaut. Dazu gehörten nationale und regionale Arbeitskammern und ein föderaler Arbeits- und Wirtschaftsrat. Tatsächlich hatte die Arbeitsfront keine wirtschaftlichen oder politischen Funktionen und hatte nichts zu tun mit Löhnen oder Arbeitsbedingungen. Ihre Hauptfunktionen waren 1) Propaganda; 2) die Freizeit der Arbeiter auszufüllen, insbesondere über die Organisation «Kraft durch Freude»; 3) Arbeiter für den Profit der Partei zu besteuern; 4) um innerhalb der Arbeitsfront Stellen für verdiente Parteimitglieder zu schaffen; 5) die Solidarität der Arbeiterklasse zu brechen.

Diese Fassade wurde bemalt mit einer ausgeklügelten Ideologie, die auf der Idee beruhte, dass eine Fabrik beziehungsweise ein Unternehmen eine Gemeinschaft sei, in der Führer und Gefolgschaft miteinander zusammenarbeiteten. Die Charta der Arbeit vom 20.Januar 1934, in der das festgeschrieben wurde, besagte: «*Der Führer einer Fabrik entscheidet gegen die Gefolgschaft über alle Angelegenheiten, welche die Fabrik betreffen, insoweit sie von Statuten geregelt werden.*» Es wurde der Anschein erweckt, als ob es sich bei diesen Regelungen nur um die Übertragung des «Führerprinzips» auf die Unternehmen handelte. Das war es nicht. Innerhalb des «Führerprinzips» wurde der Führer von oben ernannt. In der Wirtschaft wurde der bereits existierende Eigentümer oder Manager ipso facto Führer. Unter diesem System gab es keine allgemeinen Vereinbarungen, keinen Weg, auf dem irgendeine Gruppe den Arbeiter gegenüber der großen Macht des Unternehmers verteidigt hätte. Eines der Hauptinstrumente des Drucks war das «Arbeitsbuch», das der Arbeiter zu führen hatte und das vom Unternehmer beim Eintritt oder Austritt aus dem Unternehmen abgezeichnet werden musste. Wenn der Unternehmer sich weigerte zu unterzeichnen, konnte der Arbeiter keinen neuen Job mehr bekommen.

Löhne und Arbeitsbedingungen, die bis dahin durch gegenseitige Verträge geregelt worden waren, wurden nun von einem Staatsangestellten ausgearbeitet, dem Treuhänder der Arbeit, der am 19. Mai 1933 geschaffen wurde. Unter dieser Kontrolle gab es eine ständige Entwicklung der Arbeitsbedingungen nach unten, wobei der hauptsächliche Wechsel der von einem

Das Regime der Nazis

Zeitlohn zu einem Stücklohn war. Alle speziellen Überstunden-, Ferien-, Nachtarbeits- und Sonntagstarife wurden abgeschafft. Dem Treuhänder der Arbeit wurde im Juni 1938 aufgetragen, einen Maximallohn festzusetzen, und im Oktober 1939 wurde eine sehr rigide Obergrenze dafür festgesetzt.

Als Ausgleich für diese Ausbeutung, die von den terroristischen Aktivitäten der «Parteizelle» in jeder Fabrik mit durchgesetzt wurde, erhielt der Arbeiter gewisse Kompensationen, deren wichtigste war, dass er nicht länger von Massenarbeitslosigkeit bedroht wurde. Die Ziffern für Arbeitsverhältnisse in Deutschland lagen 1929 bei 17,8 Millionen Personen, nur 12,7 Millionen 1932 und 20 Millionen 1939. Diese gesteigerte wirtschaftliche Aktivität ging mehr auf Nichtkonsumgüter als auf Konsumgüter, wie man aus den folgenden Produktionsindikatoren ersehen kann:

	1928	1929	1932	1938
Produktion	100	100,9	58,7	124,7
a) Kapitalgüter	100	103,2	45,7	135,9
b) Konsumgüter	100	98,5	78,1	107,8

Die Geschäftswelt hasst den Wettbewerb. Solcher Wettbewerb kann in verschiedener Form erscheinen: a) in Preisen, b) um Rohstoffe, c) um Märkte, d) als potentieller Wettbewerb (Schaffung neuer Unternehmen in demselben Geschäftsfeld), e) um Arbeit. Alle diese Formen machen es schwierig, vorauszuplanen, und gefährden die Profite. Geschäftsleute ziehen es vor, sich mit Wettbewerbern zusammenzusetzen, um gemeinsam zum Wohl der Profite die Konsumenten auszubeuten, anstatt zum Schaden der Profite gegeneinander Wettbewerb zu führen. In Deutschland geschah das mithilfe dreier Arten von Vereinigungen: 1) Kartelle, 2) Fachverbände und 3) Unternehmerverbände (Spitzenverbände der Wirtschaft). Die Kartelle regulierten die Preise, die Produktion und die Märkte. Die Fachverbände waren politische Gruppen, die als Handelskammern oder Landwirtschaftskammern organisiert waren. Die Unternehmerverbände versuchten die Arbeiterschaft zu kontrollieren.

Diese Vereinigungen existierten lange vor Hitlers Machtergreifung, die relativ geringe Auswirkungen auf die Kartelle, aber sehr viel mehr Auswirkungen auf die anderen beiden hatte. Die wirtschaftliche Macht der Kartelle, die in der Hand der Geschäftsleute verblieb, vergrößerte sich stark; die Spitzenverbände der Wirtschaft wurden gleichgeschaltet, durch die Einführung des «Führerprinzips» der Parteikontrolle unterworfen und mit der Arbeitsfront verschmolzen, hatten aber kaum mehr eine Bedeutung, insofern alle Beziehungen zur Arbeiterschaft (Löhne, Arbeitszeit, Arbeitsbedingungen) vom Staat (durch das Wirtschaftsministerium und den Treuhänder der Arbeit) kontrolliert und von der Partei durchgesetzt wurden. Die Fachverbände wurden ebenfalls gleichgeschaltet und dem «Führerprinzip» unterworfen und in eine ausgeklügelte Hierarchie von Kammern für Wirtschaft,

Handel und Industrie unterteilt, deren Leiter letztlich vom Wirtschaftsministerium ernannt wurden.

All das war nach dem Geschmack der Geschäftsleute. Während sie der Theorie nach die Kontrolle über diese drei Organisationstypen verloren, erhielten sie tatsächlich in allen drei das, was sie wollten. Wir haben gezeigt, dass die Arbeitgeberverbände gleichgeschaltet wurden. Aber die Unternehmer bekamen die Regelungen für Löhne, Arbeitsverträge und Arbeitsbedingungen, die sie wollten, und schafften die Gewerkschaften und die wechselseitigen Vertragsregelungen ab, worin ihr hauptsächliches Interesse auf diesem Feld bestanden hatte. Im zweiten Feld (den Fachverbänden) wurden die Aktivitäten im Wesentlichen reduziert auf soziale Treffen und Propagandaaktionen, aber die Leiter blieben auch unter dem «Führerprinzip» prominente Geschäftsleute. Von 173 Leitern in ganz Deutschland waren 9 Beamte, 21 Parteimitglieder und 108 Geschäftsleute, wobei der Rest unklar ist. Von 17 Leitern regionaler Wirtschaftskammern waren alle Geschäftsleute, von denen wiederum 14 auch Parteimitglieder waren. Im dritten Bereich wurden die Aktivitäten der Kartelle so ausgeweitet, dass praktisch alle Formen von Wettbewerb im freien Markt aufhörten und diese Aktivitäten wiederum wurden von den größten Unternehmen kontrolliert. Die Nazis gestatteten den Kartellen, den Wettbewerb zu eliminieren, indem alle Firmen in Kartelle gezwungen wurden und diese der Kontrolle der wichtigsten Industriellen unterstellt wurden. Zur selben Zeit geschah alles, um der Großindustrie zu helfen, Zusammenschlüsse zu erzwingen und die kleineren Betriebe zu zerstören. Ein paar Beispiele für diesen Prozess werden genügen.

Ein Gesetz vom 15. Juli 1933 gab dem Wirtschaftsministerium das Recht, bestimmte Kartelle zu Zwangsregelungen zu machen, die Kapazitäten von Unternehmen festzulegen und die Gründung neuer Unternehmen zu verbieten. Hunderte von Anordnungen wurden unter diesem Gesetz erlassen. Am selben Tag wurde das Kartellstatut von 1923, das Kartellen verbot, Nichtmitglieder zu boykottieren, aufgehoben, um diese Praxis zuzulassen. Dadurch wurden die Kartelle in die Lage versetzt, das Aufkommen neuer Einzelhändler zu verhindern, und weigerten sich häufig, Groß- oder Einzelhändler zu versorgen, wenn diese nicht mehr als ein bestimmtes Mindestmaß an Geschäften tätigten beziehungsweise ein Mindestmaß an Kapital hielten. Solche Praktiken wurden beispielsweise vom Radio- und vom Zigarettenkartell angewandt.

Die Kartelle wurden vom Big Business kontrolliert, weil die Stimmrechte innerhalb eines Kartells vom Ausstoß oder der Zahl der Beschäftigten abhingen. Die Tendenz zur Unternehmenskonzentration wurde durch verschiedene Behelfsmittel noch verstärkt, etwa dadurch, dass öffentliche Aufträge nur an große Unternehmen vergeben wurden, oder durch die «Arisierung» (in der Juden gezwungen waren, ihre Betriebe an etablierte Unternehmen zu verkaufen). Das führte dazu, wie das Wirtschaftsministerium am 7. Mai 1938 bekannt gab, dass 90.448 von insgesamt 600.000 Ein-Mann-Firmen innerhalb von zwei Jahren zugemacht worden waren. Das Betriebsgesetz von 1937 erleichterte Zusammenschlüsse, verbot die Gründung neuer Unternehmen mit weniger als 500.000 Mark Grundkapital, verlangte, dass alle neuen Aktien einen Nennwert von wenigstens 1.000 Mark haben mussten, und verlangte die Auflösung aller Unternehmen mit weniger als 100.000 Mark Kapital. Durch diese letzte Verfügung fielen 20% aller Unternehmen mit insgesamt 0,3% des gesamten Unternehmenskapitals der Verdammnis anheim. Zur gleichen Zeit verloren die Aktienbesitzer einen Großteil ihrer Rechte gegenüber dem Vorstand und im Vorstand wurde die Machtstellung des Vorstandsvorsitzenden beträchtlich gestärkt. Beispielsweise konnte der Vorstand Aktienbesitzern mit fadenscheinigen Ausreden jede Information verweigern.

Die Kontrolle der Rohstoffe, die es unter der Weimarer Republik nicht gegeben hatte, wurde funktionellen Handelsvereinigungen überantwortet. Nach dem 18. August 1939 wurden Prioritäten, die auf Entscheidungen der Handelsvereinigungen beruhten, von den Reichsstellen (untergeordneten Abteilungen des Wirtschaftsministeriums) ausgegeben. Bei einigen kritischen Fällen wurden Unterabteilungen der Reichsstellen als öffentliche Dienststellen geschaffen, um Rohmaterialien zu beschaffen, aber das waren in jedem Fall nur bereits existierende Organisationen der Wirtschaft unter einem neuen Namen. In manchen Fällen, beispielsweise bei Kohle und Papier, handelte es sich einfach nur um die bestehenden Kartelle.

Auf diese Art wurde der Wettbewerb nach traditioneller Weise praktisch abgeschafft, und zwar nicht durch den Staat, sondern durch industrielle Selbstregulierung und nicht auf Kosten des Profits, sondern zum Wohl des Profits, speziell von den Unternehmen, die die Nazis unterstützt hatten – großen Einheiten in der Schwerindustrie.

Die Bedrohung für die Industrie durch die Depression war eliminiert. Das können die folgenden Zahlen deutlich machen:

	1929	1932	1938
Volkseinkommen, Preise von 1925 bis 1934 in Billionen RM	70.0	52.0	84.0
Prokopfeinkommen, Preise von 1925 bis 1934, in RM	1,089.0	998.0	1,226.0
prozentualer Anteil am Volkseinkommen:			
Industrie	21,0%	17,4%	26,6%
Arbeiter	21,0%	77,6%	63,1%
Andere	10,2%	5,0%	10,3%
Anzahl von Unternehmenszusammenbrüchen	116	134	7
Rendite der Unternehmen (Schwerindustrie)	4,06%	- 6,94%	6,44%

In der Zeit nach 1933 verschwand die Bedrohung der Industrie durch irgendwelche Formen nicht profitbasierter Produktion weitgehend. Eine solche Bedrohung konnte von Staatseigentümerschaft, von Kooperativen oder von Gewerkschaftsunternehmen kommen. Letztere wurden durch die Zerstörung der Gewerkschaften mitzerstört. Die Kooperativen wurden gleichgeschaltet, indem sie am 13. Mai 1933 «unwiderruflich und ohne Bedingung der Leitung und verantwortlichen Verwaltung des Führers der Deutschen Arbeitsfront, Dr. Robert Ley, unterstellt wurden». Die Bedrohung durch öffentliche Eigentümerschaft wurde unter Hitler ausgeschaltet, wie oben angedeutet.

Diese Tatsachen könnten dafür sprechen, dass die Industrie im Nazismus oben auf der Woge ritt. Das stimmt auch. Aber die Industrie teilte sich diesen Platz mit der Armee und der Partei. Unter diesen dreien nahm sie wenigstens den zweiten Platz ein, einen höheren als jemals zuvor in der deutschen Geschichte. Einmischung der Partei in Angelegenheiten der Wirtschaft war nicht jene Bedrohung, für die man sie auf den ersten Blick halten könnte. Die wirtschaftlichen Aktivitäten der Partei waren Anstrengungen, sich eine unabhängige wirtschaftliche Grundlage zu schaffen, und spielten sich hauptsächlich in unprofitablen Bereichen ab oder in vorher nichtarischen, nichtdeutschen oder Gewerkschaftsaktivitäten und liefen nicht auf Kosten der «legitimen» deutschen Industrie. Die Hermann-Göring-Werke entstanden aus Bemühungen der Regierung zur Nutzbarmachung minderwertiger Eisenerze bei Braunschweig. Dazu kamen dann verschiedene andere Unternehmungen: solche, die sich bereits in Regierungsbesitz befanden (die auf diese Weise von einer sozialistischen auf eine profitsuchende Basis gestellt wurden), solche, die aus den neu besetzten Gebieten konfisziert wurden, und die, die von Thyssen konfisziert wurden, als er zum Verräter wurde. Die Gustloff-Werke, die ganz in Parteibesitz waren, wurden aus nichtarischem Besitz zusammengestellt. Die Arbeitsfront, die 1938 65 Unternehmen besaß, bedeutete eine Verbesserung der vorher bestehenden Situation, weil alle diese, außer Volkswagen, von den Gewerkschaften kamen. Weitere Parteiaktivitäten lagen im Verlagswesen, einem Gebiet ohne großes Interesse für die Großindustrie, das früher hauptsächlich in nichtarischem Besitz gewesen war.

Das Nahen des Krieges lag konträr zu den Wünschen und wohl auch zu den Interessen der Industrie. Die Industrie wollte Kriegsvorbereitungen, da diese profitabel waren, aber sie liebte den Krieg nicht, da zu Kriegszeiten die Profite gegenüber dem Sieg nur eine zweitrangige Rolle spielten. Dass es zum Krieg kam, hing damit zusammen, dass die Industrie Deutschland nicht direkt, sondern über einen Vertreter regierte. Es war keine Regierung von, durch und für die Industrie, sondern eine Regierung von der und durch die Partei für die Industrie. Die Interessen und Wünsche dieser beiden waren nicht identisch. Die Partei war zu großen Teilen paranoid, rassistisch, vehement nationalistisch und glaubte tatsächlich an ihre eigene Propaganda über Deutschlands imperiale Mission mit «Blut und Boden». Die Industrie wollte die Wiederaufrüstung und eine aggressive Außenpolitik zur Abstützung der Wiederaufrüstung, nicht um eine paranoide Politik durchzuführen, sondern weil sie darin das einzige Programm sah, das Vollbeschäftigung und Auslastung der Anlagen mit Profiten verbinden konnte. Von 1936 bis 1939 liefen die «Wiederbewaffnung für den Krieg» und die «Wiederbewaffnung für Profite» parallel. Von 1939 an waren sie nur noch insoweit parallel, als die beiden Gruppen sich die Beute der eroberten Gebiete teilten, und liefen auseinander wegen der Gefahr der Niederlage. Diese Gefahr erschien der Partei als ein unvermeidliches Risiko auf dem Weg zur Welteroberung; sie schien der Industrie ein vermeidbares Risiko bei der Maximierung ihrer Profite.

Partei
Das bringt uns zur neuen Herrschaftsgruppe, der Partei. Man kann die Partei nur dann als eine herrschende Gruppe bezeichnen, wenn wir die Bedeutung des Begriffs «Partei» auf die relativ kleine Gruppe (einige tausend) von Parteiführern beschränken. Die vier Millionen Parteimitglieder gehörten nicht zur herrschenden Schicht, sondern waren nur eine Masse, die dazu dienen sollte, den Führern die Kontrolle über den Staat zu verschaffen, die aber unangenehm und sogar bedrohlich wurde, sobald das erreicht war. Dementsprechend sah die Zeit nach 1933 eine doppelte Entwicklung, einerseits ein ständiges Wachstum von Macht und Einfluss der Reichsleiter gegenüber den beherrschten Gruppen, dem Quartett und den einfachen Parteimitgliedern und damit verbunden andererseits einen ständigen Rückgang des Einflusses der Partei als Ganzer gegenüber dem Staat. Mit anderen Worten, die Führer kontrollierten den Staat und der Staat kontrollierte die Partei.

Oberhaupt der Partei war der Führer; dann kamen etwa zwei Dutzend *Reichsleiter*; darunter kam die Parteihierarchie, unter der Deutschland in 40 Distrikte (*Gaue*) geteilt wurde, deren jeder einem *Gauleiter* unterstand; jeder Distrikt war unterteilt in *Kreise*, von denen es 808 gab, jeder unter einem *Kreisleiter*; jeder Kreis war in *Ortsgruppen* unterteilt, jede unter einem *Ortsgruppenleiter*; diese *Ortsgruppen* waren geteilt in *Zellen* und weiter unterteilt in *Blöcke* unter *Zellenleitern* und *Blockleitern*. Der Blockleiter musste etwa 40 bis 60 Familien überwachen und ausspionieren; der Zellenleiter musste 4 bis 8 Blöcke überwachen (200 bis 400 Familien); und der Ortsgruppenleiter musste eine Stadt oder einen Distrikt mit bis zu 1.500 Familien mithilfe seiner 4 bis 6 Zellenleiter überwachen.

Diese Parteiorganisation wurde mit der Zeit zu einer Bedrohung der Position der Industriellen. Diese Bedrohung wurde nach Kriegsausbruch 1939 stärker, obwohl, wie wir angedeutet haben, der Konflikt zugunsten einer Teilung der Beute und der Solidarität im Angesicht des Feindes ausgesetzt wurde. Die drei herrschenden Gruppen, Partei, Armee und Industrie, blieben in einem fragilen Gleichgewicht, obwohl im Verborgenen in der ganzen Zeit von 1934 bis 1945 zwischen ihnen ein Kampf um die Oberherrschaft tobte. Im Allgemeinen gab es eine langsame Ausweitung einer Oberherrschaft der Partei, obwohl die Partei wegen deren technisch-fachlichen Kompetenzen niemals fähig wurde, sich von ihrer Abhängigkeit von Armee und Wirtschaft zu befreien.

Die Armee kam unter eine teilweise Kontrolle der Partei, als Hitler 1934 Staatspräsident wurde und der Eid auf ihn eingeführt wurde; diese Kontrolle wurde ausgeweitet, als Hitler 1938 Oberkommandierender wurde. Das führte zur Entstehung von Widerstandskreisen im Offizierskorps, aber dieser Widerstand, obwohl er bis in die höchsten militärischen Ränge reichte, erreichte nicht mehr, als bei einem Dutzend von Attentatsversuchen Hitler einmal zu verwunden. Die Macht der Armee wurde immer weiter Hitler unterworfen. Die alten Offiziere wurden nach dem Fehlschlag in Russland im Dezember 1941 ihrer Kontrolle der Kampftruppen enthoben und 1945 war das Offizierskorps so weit von innen heraus zerschlagen, dass die Armee sich durch nichts Substanzhafteres als Hitlers «Intuition» von Niederlage zu Niederlage führen ließ, obwohl eigentlich die meisten Armeeoffiziere dagegen waren, sich selbst oder Deutschland den Launen einer so unvorhersehbaren und unproduktiven Autorität zu unterwerfen.

Die Privatwirtschaft war in einer ähnlichen, aber weniger extremen Position. Zunächst glaubte man an eine gewisse Einheitlichkeit der Ansichten, hauptsächlich weil Hitlers Verstand fähig dazu war, die Färbung eines Geschäftsmannes anzunehmen, wann immer er eine Rede vor Geschäftsleuten hielt. 1937 waren die Geschäftsleute davon überzeugt, dass Rüstung produktiv sei, und 1939 hatten die haltloseren Elemente sogar beschlossen, dass Krieg profitabel sei. Aber sobald der Krieg begann, unterwarfen die Erfordernisse des Siegs die Industrie Kontrollen, die kaum mehr vereinbar waren mit der Vision industrieller Selbstregierung, die Hitler von der Privatwirtschaft übernommen hatte. Der Vierjahresplan, der schon 1936 kreiert wurde, wurde zur Speerspitze der Kontrolle von außen. Nach dem Kriegsbeginn begann das neue Rüstungsministerium unter Fritz Todt und Albert Speer (die beide Nazis, aber keine Geschäftsleute waren), das Wirtschaftsleben zu dominieren.

Über seinen eher spezialisierten Bereich hinaus wurde die Organisation des Vierjahresplans 1939 transformiert in einen Allgemeinen Wirtschaftsrat und die gesamte Bandbreite wirtschaftlicher Aktivitäten wurde 1943 vier Nazis unterstellt, die den Inneren Verteidigungsrat bildeten. Die Industrie fand sich mit dieser Situation ab, da die Profite noch immer gesichert blieben, da noch auf Jahre hinaus große Hoffnungen auf materielle Vorteile bestanden. Auch erlosch die Hoffnung nicht, dass diese Kontrollen nur zeitweilige kriegsbedingte Maßnahmen seien.

Auf diese Art führte die prekäre Machtbalance zwischen Partei, Armee und Industrie, gefolgt in einer nachgeordneten Stellung von Beamtenschaft und Landadel, sich selbst und das deutsche Volk in eine Katastrophe, die so gewaltig war, dass sie eine Zeitlang drohte, alle etablierten Institutionen und Beziehungen der deutschen Gesellschaft vollständig zu zerstören.

Großbritannien: der Hintergrund zur Appeasementpolitik (1900–1939)

Der Hintergrund der sozialen Verhältnisse und der britischen Regierungsweise

Im Laufe des 20. Jahrhunderts erlebte Großbritannien eine Revolution, die ebenso tiefgehend, aber bedeutend konstruktiver war als diejenigen in Russland oder Deutschland. Den Umfang dieser Revolution kann ein durchschnittlicher Amerikaner nicht beurteilen, weil Großbritannien für die meisten Amerikaner eines der unbekannteren Länder Europas ist. Der Grund dafür liegt nicht so sehr in einfachem Unwissen, sondern in falschen Vorstellungen. Diese falschen Vorstellungen scheinen mit dem Glauben zu tun zu haben, dass die Engländer, die eine ähnliche Sprache sprechen, deshalb auch ähnliche Ideen wie die Amerikaner haben müssten. Diese Fehleinschätzungen sind unter den besser ausgebildeten Klassen in Amerika ebenso verbreitet wie in schlecht informierten Kreisen, und als Folge davon sind Irrtümer und Unwissenheit über Großbritannien weitverbreitet und finden sich auch in besseren Büchern über das Thema. Im folgenden Kapitel werden wir untersuchen, inwiefern Großbritannien sich von den Vereinigten Staaten unterscheidet, insbesondere was Verfassungsweise und soziale Struktur angeht.

Von diesem politischen Gesichtspunkt aus gesehen liegt der größte Unterschied zwischen Großbritannien und den Vereinigten Staaten in der Tatsache, dass das Erstere keine Verfassung besitzt. Das wird nicht allgemein anerkannt. Stattdessen sagt man gewöhnlicherweise, Großbritannien habe eine ungeschriebene Verfassung, die auf Gewohnheiten und Konventionen beruhe. Eine solche Darstellung tut aber den Tatsachen Gewalt an. Der Begriff «Verfassung» bezieht sich auf eine Gruppe von Regeln, die sich mit der Struktur und dem Funktionieren einer Regierung befassen, und er impliziert eindeutig, dass diese Gruppe von Regeln den gewöhnlichen Gesetzen gegenüber von übergeordneter Wirkkraft ist und durch ein anderes Verfahren zustande kommt. In Großbritannien ist das nicht der Fall. Das «Verfassungsrecht» von England besteht teilweise aus Gesetzen, die sich in keiner Weise (weder in der Art ihrer Schöpfung noch in ihrer Wirkkraft) von gewöhnlichen Gesetzen unterscheiden und teilweise aus Gewohnheiten und Konventionen, die in ihrer Wirkkraft den niedergelegten Gesetzen *untergeordnet* sind und diesen weichen müssen.

Die wichtigsten Praktiken der «Verfassung» Großbritanniens beruhen eher auf Gewohnheiten als auf Rechten. Die Unterscheidung zwischen diesen beiden enthüllt unmittelbar die Unterordnung der Ersteren unter die Letzteren. «Gesetze» (die auf Statuten und gerichtlichen Entscheidungen beruhen) können vor Gericht eingeklagt werden, während «Gewohnheiten» (die auf einer vergangenen Praxis beruhen, die als angemessen angesehen wird) nicht auf irgendeinem legalen Wege eingefordert werden können. Die Präzedenzien des britischen Regierungssystems haben im Allgemeinen die Natur von Gewohnheiten, die die wichtigsten Teile des Systems umfassen: das Kabinett und die politischen Parteien, die Monarchie, die beiden Häuser des Parlaments, die Beziehungen zwischen diesen und die innere disziplinarische Ordnung und die Art der Amtsführung aller dieser fünf Körperschaften.

Die Gewohnheiten dieses Systems wurden sehr gepriesen und als bindend beschrieben. Sie sind wirklich großenteils rühmenswert, aber ihr bindender Charakter wurde stark übertrieben. Ganz sicher sind sie nicht bindend genug, um den Namen einer Verfassung zu verdienen. Es kann sehr wohl eine ungeschriebene Verfassung geben, aber eine Verfassung existiert so lange nicht, bis ihre ungeschriebenen Praktiken ziemlich deutlich ins Auge gefasst werden können und bindender sind als gewöhnliches Recht. Für Großbritannien gilt nichts davon. Auch bei ziemlich eindeutigen Themen gibt es keine Übereinstimmung. Zum Beispiel versichert jedes Schulbuch, dass die Monarchie heute kein Vetorecht mehr besitze, weil dieses Vetorecht seit der Regentschaft von Queen Anne nicht mehr benutzt wurde. Aber drei der vier größten Autoritäten für Verfassungsrecht im 20. Jahrhundert (Sir William Anson, A.V. Dicey und Arthur Berriedale Keith) neigten zu der Behauptung, dass das Veto der Monarchie immer noch existiere.

Die Verfassungsgewohnheiten sind zugegebenermaßen weniger bindend als das Recht; sie können nicht vor Gericht eingeklagt werden; sie sind nirgendwo deutlich ausgesprochen und dementsprechend bleibt ihre Natur, wie bindend auch immer, weitgehend der Interpretation des jeweils Handelnden überlassen. Da so viele Beziehungen, die von Gewohnheiten geregelt werden, auf Präzedenzfällen beruhen, die geheim sind (wie die Beziehungen zwischen Monarchie und Kabinett, zwischen dem Kabinett und den politischen Parteien, zwischen Kabinett und Beamtenschaft und alle Beziehungen innerhalb des Kabinetts), und da, in vielen Fällen, die Geheimhaltung dieser Präzedenzen von Gesetz wegen durch den Official Secrets Act gedeckt wird, wurde die bindende Natur der Konventionen beständig schwächer. Außerdem haben viele Gewohnheiten, auf die irgendwelche Autoren hingewiesen haben, gar nicht existiert, sondern waren bloße Erfindungen dieser Autoren. Dazu gehörte die Konvention, dass der Monarch unparteiisch ist – eine Konvention, die mit dem Verhalten von Queen Victoria keineswegs übereinstimmte, unter deren Regierung sie aber von Walter Bagehot ausdrücklich behauptet wurde.

Ein anderes Gewohnheitsrecht, das die Schulbücher über Jahre hinweg behaupteten, war, dass Kabinette durch Stimmniederlagen im Parlament gestürzt würden. In Wirklichkeit gab es in den letzten beiden Generationen Dutzende von Fällen, wo die Wünsche des Kabinetts im Parlament zurückgewiesen wurden, aber kein Kabinett ist wegen einer derartigen Abstimmung in mehr als sechzig Jahren zurückgetreten. Schon 1853 erlitt das damalige Koalitionskabinett dreimal in einer Woche im Unterhaus eine Abstimmungsniederlage, während noch 1924 das damalige Labourkabinett zehnmal in sieben Monaten unterlag. In manchen Büchern wird ernsthaft behauptet, dass das Kabinett dem Unterhaus verantwortlich sei und von ihm kontrolliert werde. Diese Kontrolle soll durch das Abstimmungsverhalten der Mitglieder des Unterhauses ausgeübt werden. Das hieße, dass die Regierung bei einer

Abstimmungsniederlage zurückträte und dass sie durch die Kontrolle des Unterhauses über die Haushaltsmittel dazu gezwungen werden könnte. Diese ganze Interpretation des britischen Regierungssystems hatte wenig Beziehung zur Realität im 19. und fast überhaupt keine mehr zu der im 20. Jahrhundert. In Wirklichkeit wird nicht das Kabinett vom Unterhaus kontrolliert, sondern genau das Umgekehrte ist der Fall.

Wie W.I. Jennings an mehr als einer Stelle seines Buches *Cabinet Government* sagt: «Es ist die Regierung, die das Unterhaus kontrolliert.» Diese Kontrolle wird ausgeübt durch die Kontrolle des Kabinetts über die politische Parteienmaschinerie. Die Macht über die Parteimaschinen liegt in der Kontrolle über Parteigelder, vor allem in der Kontrolle der Nominierungen in den Wahlkreisen. Die Tatsache, dass es in Großbritannien keine Vorwahlen gibt und dass die Parteikandidaten von den inneren Cliquen der Parteien ernannt werden, ist von ungeheurer Bedeutung. Sie ist der Schlüssel zu der Kontrolle, die diese inneren Zirkel über das Unterhaus ausüben. Trotzdem wird sie in Büchern über das englische politische System kaum jemals erwähnt.

In den Vereinigten Staaten sind die politischen Parteien weitgehend dezentral organisiert, wobei alle Macht von den lokalen Distrikten aus ins Innere zum Zentralkomitee fließt. Jeder, der die Parteinominierung in einer lokalen Vorwahl und in der eigentlichen Wahl gewinnt, kann Führer der Partei werden. In Großbritannien ist die Situation ganz anders. Die Parteikontrolle ist fast vollständig in den Händen einer sich selbst rekrutierenden inneren Clique zentralisiert. Wegen des Fehlens von Vorwahlen hat diese Clique die Zustimmungsmacht über alle Kandidaturen und kann ihre Herrschaft über die Parteidisziplin ausüben, indem sie den folgsameren Parteimitgliedern die besseren Wahlkreise gibt. Die Behauptung, dass das Unterhaus das Kabinett mittels seiner Kontrolle über die Haushaltsmittel kontrolliere, ist falsch. Besitzt es eine Mehrheit im Parlament, so zwingt das Kabinett diese Mehrheit mit dem Druckmittel der Parteidisziplin genauso, eine jeweilige Haushaltsvorlage zu verabschieden, wie es sie zur Verabschiedung anderer Vorlagen zwingt. Die Behauptung, dass die Kontrolle der Haushaltsmittel zugleich eine Kontrollmacht über die Regierung darstellt, wurde auch niemals für das Oberhaus gemacht, obwohl die Lords (des Oberhauses) bis 1911 ebenso wie das Unterhaus die Haushaltsmittel verweigern konnten.

Ein anderes Gewohnheitsrecht, das gewöhnlich in den emphatischsten Tönen behauptet wird, bezieht sich auf die Unparteilichkeit des Sprechers des Unterhauses. Der wirkliche Wert dieser Gewohnheit kann aus den Parlamentsberichten des Jahres 1939 abgelesen werden, wo man sehen kann, wie der Sprecher die Regierungsmitglieder vor unliebsamen Fragen abschirmte. Eine solche Befragung der Regierungsmitglieder durch die Opposition wurde oftmals als eine der Garantien einer freien Regierung in Großbritannien dargestellt. In der Praxis ist daraus eine fast wertlose Garantie geworden. Die Regierung kann die Beantwortung jeder Frage aus Gründen des «öffentlichen Interesses» verweigern. Gegen diese Entscheidung gibt es keine Berufungsinstanz. Und wenn die Beantwortung von Fragen nicht verweigert wird, so werden sie in einer ausweichenden Weise, die überhaupt keine Klärung bringt, behandelt. Das war die gewöhnliche Art der Beantwortung von Fragen zur Außenpolitik in den Jahren 1935–1940. In dieser Zeit wurden Fragen sogar mit eindeutigen Lügen beantwortet, ohne dass die Fragesteller irgendeine Abhilfe dagegen gehabt hätten.

Verletzungen und Durchlöcherungen der «gewohnheitsmäßigen Verfassung» haben im 20. Jahrhundert ständig zugenommen. 1921 wurden eine Gewohnheit von über fünfhundertjähriger Dauer und eine andere von über hundertjähriger Dauer stillschweigend begraben. Die Erstere sah vor, dass die Zusammenkünfte der anglikanischen Kirche zeitgleich mit den Sitzungsperioden des Parlaments stattfinden sollten. Die Letztere sah vor, dass der Ansprache des Königs vom Rat zugestimmt werden sollte. Noch schwerwiegender waren die Durchlöcherungen von Gewohnheiten. 1931 wurde die Gewohnheit, dass der Führer der Opposition beim Rücktritt des Kabinetts aufgefordert wurde, eine Regierung zu bilden, durchgreifend verändert. 1935 verlor die Regel betreffs der Solidarität innerhalb des Kabinetts ihre Bedeutung. 1937 verletzte die konservative Regierung sogar schamlos eine Verfassungskonvention, indem sie George VI. den Krönungseid in einer anderen Form leisten ließ, als es vom Recht verlangt wurde.

Dieser Prozess der Schwächung und Auflösung der «Verfassung» ging im 20. Jahrhundert so weit, dass sich um 1932 Sir Austen Chamberlain und Stanley (Lord) Baldwin darin einig waren, dass «der Begriff ‹nicht verfassungsgemäß› in der Politik immer auf denjenigen gemünzt wird, der etwas macht, was einem nicht gefällt». Diese Behauptung geht allerdings viel zu weit. Eine angemessenere Einschätzung der Situation könnte man vielleicht mit folgenden Worten ausdrücken: «‹Nicht verfassungsgemäß› ist jede Handlung, die in der unmittelbaren Zukunft zu öffentlichen Unruhen führen könnte oder die Chancen der Regierung bei irgendwelchen zukünftigen Wahlen negativ beeinflussen könnte.»

Eine Handlung, die zu einem derartigen Ergebnis führen könnte, wäre in erster Linie jeder offene Unterdrückungsakt. Noch wichtiger wäre das, in zweiter Linie, jede offene Art von «Unfairness». Die Idee der «Unfairness» oder positiv des «Fairplay» ist ein Muster, das sehr weitgehend angelsächsisch ist und hauptsächlich auf der Klassenstruktur Englands, wie sie bis ins 20. Jahrhundert hinein bestand, gründete. Diese Klassenstruktur war tief ins Denken der Engländer eingeprägt und wurde so vollständig akzeptiert, dass es keinen Grund gab, darüber ausdrücklich zu reden. Innerhalb dieser Struktur betrachtete man England als geteilt in zwei Gruppen: die «Klassen» und die «Massen». Die «Klassen» waren diejenigen, die Muße hatten. Das bedeutete, sie hatten Besitz und Einkommen. Mit dieser Grundlage mussten sie nicht für ihren Lebensunterhalt arbeiten; sie erhielten ihre Erziehung in einem abgetrennten, teuren System; sie heirateten innerhalb ihrer Klasse; sie hatten einen Akzent, durch den sie sich unterschieden; und vor allem hatten sie eine Haltung, durch die sie sich unterschieden. Diese Haltung beruhte auf dem Training im speziellen Erziehungssystem der «Klassen». Man könnte sie in der Formel zusammenfassen, dass «Methoden wichtiger als Ziele» sind. Allerdings betrachtete diese Gruppe die Methoden und Manieren ihres Handelns als Ziele oder zumindest als sehr eng verbunden mit ihren Zielen.

Dieses Erziehungssystem beruhte auf drei großen Negativa, die von Amerikanern nicht leicht verstanden werden. Das waren: a) dass Erziehung keine Berufsausbildung sein sollte, das heißt, nicht dazu dienen sollte, einem einen Lebensunterhalt zu verschaffen; b) dass die Erziehung nicht unmittelbar darauf abzielt, die Intelligenz auszubilden oder zu üben; und c) dass es kein Ziel der Erziehung ist, die «Wahrheit» zu finden (beziehungsweise zu vermitteln). Im Positiven zeigte das Erziehungssystem der «Klassen» seine wahre Natur eher auf der Ebene der Schulen als auf der der Universitäten. Es zielte darauf ab, eine moralische Haltung auszubilden, einen Sinn für Traditionen, Führungs- und Kooperationsfähigkeit zu schulen und wohl vor allem jene Fähigkeit zur Kombination von Zusammenarbeit und Wettbewerb, die in der englischen Idee vom «Sport» und von der «Teilnahme an einem Spiel» enthalten ist. Wegen der begrenzten Größe der britischen Oberschichten kamen diese Haltungen hauptsächlich untereinander zum Tragen, nicht unbedingt gegenüber den «Massen» oder gegenüber Ausländern. Sie galten für Menschen, die «dazugehörten», nicht für alle menschlichen Wesen.

Das Funktionieren des britischen parlamentarischen Systems beruhte in einem sehr bedeutenden Ausmaß darauf, dass die Parlamentsmitglieder diese Haltung hatten. Bis zum Ende des 19. Jahrhunderts war das wirklich so. Die meisten Mitglieder kamen aus derselben sozialen Klasse. Seitdem ist das in einem beträchtlichen Maße verlorengegangen. Bei den Konservativen hat der Einfluss der Geschäftswelt zu- und der der alten Aristokratie abgenommen und bei der Labourpartei ist die Mehrheit der Mitglieder niemals den formgebenden Einflüssen aus dem Erziehungssystem ausgesetzt gewesen, die diese Haltung hauptsächlich hervorgebracht hatten. Allerdings ging diese Haltung nicht so schnell verloren, wie man hätte erwarten können. Das liegt in erster Linie daran, dass die Plutokratie in England der Aristokratie immer näher war als in anderen Ländern. Es gab keine scharfe Trennlinie zwischen den beiden und das führte dazu, dass die Aristokratie von heute nur die Plutokratie von gestern ist. Die Zulassung der Letzteren zur ersteren Gruppe erfolgt normalerweise innerhalb einer Generation und dadurch, dass die erste Reichtumsgeneration innerhalb einer Familie die finanziellen Möglichkeiten hat, ihre Kinder auf die exklusiven Schulen der Aristokraten zu schicken. Dieser Prozess ist so allgemein, dass die Anzahl wirklicher Aristokraten in Großbritannien nur sehr klein ist, während die Anzahl nomineller Aristokraten ziemlich groß ist. Das kann man an der Tatsache ablesen, dass mehr als die Hälfte der Peers von 1938 seit 1906 geadelt worden war und die überwältigende Mehrheit davon aus keinem anderen Grund als der Anerkennung ihrer Fähigkeit, sich ein Vermögen zu erwerben. Diese neuen Peers haben die ältere Aristokratie nachgeäfft und das hat die Wirkung gehabt, die Haltungen, die das Funktionieren der Verfassung ermöglichen, am Leben zu halten. Allerdings muss man zugeben, dass die neuen Führer der Konservativen aus der

Geschäftswelt (wie Baldwin oder Chamberlain) es besser schafften, die Formen als die Substanz der alten aristokratischen Haltung zu erfassen.

In der Labourpartei hatte die Mehrheit der Mitglieder keine Gelegenheit, die für das richtige Funktionieren des Verfassungssystems notwendige Haltung zu erwerben. Dieser Mangel wurde zu einem Großteil dadurch ausgeglichen, dass die Parteimitglieder aus der Arbeiterklasse der kleinen Gruppe von Parteimitgliedern aus der Oberschicht einen sehr großen Einfluss zugestanden haben. Die Labourmitglieder aus der Arbeiterklasse haben sich als sehr empfänglich für die «aristokratische Umarmung» erwiesen. Das heißt, sie haben den Sichtweisen und vor allem den Umgangsformen der Oberschicht in einem Maße Ehrerbietung gezeigt, wie es in einem Lande unvorstellbar wäre, in dem die Klassengrenzen weniger scharf ausgeprägt sind als in Großbritannien. Die Labourmitglieder aus der Arbeiterklasse verwarfen die alten Handlungsformen der Oberschicht nicht, wenn sie ins Parlament kamen, sondern sie versuchten im Gegenteil, sich sowohl die Zustimmung der Oberschicht zu erwerben wie auch sich diejenige der Unterschichten zu bewahren, indem sie bewiesen, dass sie ebenso fähig dazu waren, eine Regierung zu führen wie die Oberschicht. Sowohl die Führer der Konservativen aus der Wirtschaft als auch die Labourführer aus der Arbeiterschaft versuchten beide bewusst die ältere aristokratische Haltung, die zu den Konventionen der parlamentarischen Regierung geführt hatte, zu imitieren. Beide verfehlten dieses Ziel mehr im Wesen als in der Erscheinung und beide verfehlten es nicht deshalb, weil sie irgendein Bedürfnis nach Änderung der Konventionen verspürten, sondern weil ihnen das richtige Gefühl für die aristokratische Denkweise abging.

Was beide vor allem nicht verstanden, war jenes Element, das wir als Betonung der Methoden eher als der Ziele zu beschreiben versuchten. Die alte Haltung wollte in der Regierung ebenso gewinnen wie beim Tennis oder beim Kricket, aber sie wollte innerhalb der Regeln gewinnen. Dieses letztere Gefühl war so stark, dass es manch einen zufälligen Beobachter zum Glauben verleitete, dass ihnen der Wunsch zum Sieg überhaupt fehle. Im parlamentarischen Leben zeigte sich das als Gleichgültigkeit gegenüber der Erlangung eines hohen Amtes oder der Durchsetzung irgendeines spezifischen Gesetzesprojektes. Wenn so etwas innerhalb der Regeln nicht erreicht werden konnte, so wurde es formvollendet aufgegeben.

Diese Haltung beruhte in einem beträchtlichen Ausmaß auf der Tatsache, dass die Mitglieder von Regierung und Opposition zur Zeit Queen Victorias aus derselben kleinen Klasse kamen, denselben formgebenden Einflüssen unterlagen und dieselben oder ähnliche wirtschaftliche Interessen hatten. 40 von 60 Mitgliedern des Kabinetts in der Zeit von 1885 bis 1905 waren Söhne von Peers, während das Gleiche für 25 von 51 in der Zeit von 1906 bis 1916 galt. Ein Amt oder irgendeinen Bestandteil einer ins Auge gefassten Legislation aufzugeben bedeutete damals keine Preisgabe an eine feindliche Gruppe. Das war eine Haltung, die weder die aus der Wirtschaft kommenden neuen Führer der Konservativen noch die aus der Arbeiterschaft kommenden Führer von Labour übernehmen konnten. Ihre Ziele waren für sie von so unmittelbarem konkretem Wert für ihre eigenen Interessen, dass sie einen Amtsverlust oder eine Niederlage für ihr Gesetzgebungsprogramm nicht mit Gleichmut hinnehmen konnten. Es war diese neue Haltung, die zu ein und derselben Zeit eine starke Zunahme der Parteidisziplin und die Bereitschaft, sich Stücke nach eigenem Gutdünken aus den Verfassungskonventionen herauszuschneiden, möglich machte.

Die einzige Sanktion für die Verfassungsgewohnheit liegt also in der öffentlichen Meinung und jede britische Regierung kann tun, was sie will, solange sie nicht die öffentliche Meinung gegen sich aufbringt. Diese Sanktion ist keineswegs so effektiv, wie man vielleicht im ersten Anschein glauben mag. Es ist für die öffentliche Meinung in England sehr schwierig, Informationen zu erhalten, und die einzige Art, wie sich die öffentliche Meinung ausdrücken kann, ist an der Wahlurne. Das Volk kann aber nur dann wählen, wenn die Regierung eine Wahl ansetzt. Die Regierung muss also nur die Wahl so lange verhindern, bis die öffentliche Meinung wieder abflaut. Das kann von den Konservativen sehr viel leichter bewerkstelligt werden als von Labour, weil die Konservativen eine sehr viel größere Kontrolle der Kanäle der Publizität gehabt haben, über welche die öffentliche Meinung in Erregungszustand versetzt wird. Außerdem können die Handlungen einer konservativen Regierung sehr viel leichter geheim gehalten werden, weil die Konservativen schon immer die hauptsächlichen anderen Teile der Regierungsbürokratie kontrolliert haben, die die Handlungen einer Regierung in Frage stellen könnten. Das Erste soll später behandelt werden. Das Zweite können wir jetzt weiter ausführen.

Das Unterhaus und die Regierung werden im Allgemeinen von derselben Partei kontrolliert, wobei die Letztere das Erstere mithilfe der Parteimaschine kontrolliert. Diese Formation kann nur dann mit einem Minimum an Publizität oder öffentlichem Protest nach eigenem Gutdünken handeln, wenn die drei anderen Teil der Regierung kooperieren. Diese Teile sind die Monarchie, das House of Lords und die Beamtenschaft. Weil diese drei alle traditionell konservativ gewesen sind, konnte eine konservative Regierung im Allgemeinen auf ihre Kooperation zählen. Das bedeutet, dass eine Regierung der Konservativen bei Machtantritt die Kontrolle über alle fünf Teile der Regierung hatte, eine Labour-Regierung aber nur die Kontrolle über zwei davon. Das heißt nicht notwendigerweise, dass die Konservativen ihre Kontrolle über die Monarchie, die Lords oder die Beamtenschaft benutzen, um ein von Labour kontrolliertes Unterhaus zu behindern, weil die Konservativen im Allgemeinen von dem langfristigen Wert überzeugt sind, der darin liegt, die öffentliche Meinung nicht gegen sich aufzubringen. 1931 schafften sie als Folge einer Meuterei in der britischen Flotte den Goldstandard ab, ohne einen wirklichen Versuch zu machen, ihn zu verteidigen; 1935 gingen sie relativ fair mit ihrer Kontrolle der British Broadcasting Corporation (BBC) um, nachdem ihre bis dahin sehr unfaire Weise, diese zu benutzen, 1931 zu öffentlichen Protesten geführt hatte.

Trotzdem war die Kontrolle der Konservativen über die anderen Regierungsteile für sie sehr nützlich in den Zeiten, wo sie nicht selbst an der Regierung war. 1914 beispielsweise weigerte sich die Armee, die Durchsetzung der Vorlage über die irische Selbstregierung (Irish Home Rule Bill), die nach zwei allgemeinen Wahlen verabschiedet worden war und die dreimal im Unterhaus Zustimmung gefunden hatte, zu erzwingen. Die Armee, die fast ganz zu den Konservativen neigte, weigerte sich nicht nur, diese Vorlage durchzusetzen, sondern machte auch deutlich, dass sie bei jedem Konflikt über dieses Thema auf Seiten der Gegner der Vorlage zu finden wäre. Diese Gehorsamsverweigerung gegenüber der damaligen Regierung der Liberalen wurde damit begründet, dass der Loyalitätseid der Armee dem König und nicht der Regierung gelte. Das könnte sehr wohl ein Präzedenzfall für eine Regel gewesen sein, nach der eine konservative Minderheit die Befolgung der Gesetze verweigern könnte und durch die Armee nicht dazu gezwungen werden könnte – ein Privileg, das von einer Labour- oder liberalen Minderheit nicht geteilt werden kann.

Beim Rücktritt MacDonalds 1931 wiederum rief George V. nicht den Führer der Opposition dazu auf, eine Regierung zu bilden, sondern ermutigte eine Intrige, welche die Labourpartei zu spalten versuchte und der es gelang, 15 der 289 Labour-Abgeordneten auf ihre Seite zu ziehen. MacDonald, der daraufhin keine Partei mehr repräsentierte, wurde Premierminister mit einer Mehrheit, die der König von einer anderen Partei ausgeliehen hatte. Dass der König auch in einer gleichartigen Intrige zugunsten von Labour mitgespielt hätte, erscheint sehr zweifelhaft. Die einzige Genugtuung für Labour war der Sieg über die Abspalter 1935, aber das half wenig dabei, die Wunde zu heilen, die 1931 zugefügt worden war.

1929–1931 wiederum, während der zweiten Labourregierung, verhinderte das konservative Oberhaus die Ratifizierung aller wichtigen Gesetze, darunter ein Gesetz über Arbeitsstreitigkeiten (Trade Disputes Act), die lange überfällige Demokratisierung der Erziehung und die Wahlreform. Wenn ein Gesetz trotz eines Widerspruchs im Oberhaus in Kraft treten soll, muss es seit 1911 dreimal im Unterhaus in identischer Form angenommen werden. Das bedeutet, dass die Konservativen über ein verzögerndes Veto über die Legislation von Regierungen ihrer Gegner verfügen. Die Bedeutung dieser Quelle von Macht kann man daran erkennen, dass nur sehr wenige Gesetzesvorlagen jemals ohne die Zustimmung der Lords Gesetz geworden sind.

Im Gegensatz zur Regierungsform der Vereinigten Staaten beinhaltet diejenige Englands keine Elemente von Föderalismus oder Gewaltenteilung. Die Zentralregierung kann jede Angelegenheit zu ihrer eigenen machen, wie lokal oder begrenzt diese auch immer sein mag. In der Praxis erlaubt sie allerdings gewöhnlich den Gemeinden und Kreisen *(counties, boroughs)* und anderen lokalen Einheiten beträchtliche Autonomien. Diese Autonomie ist eindeutiger, was die Verwaltung oder Ausführung der Gesetze angeht, als was die Gesetzgebung betrifft. Die Zentralregierung setzt normalerweise ihren Willen in der allgemeinen Gesetzgebung durch und überlässt es lokalen Autoritäten,

Der Hintergrund der sozialen Verhältnisse   319

die Lücken mit Verwaltungsverordnungen auszufüllen und das Ganze unter Überwachung der zentralen Autoritäten auszuführen. Die Bedürfnisse der lokalen Regierungsinstanzen wie auch die sich ausweitende Reichweite der allgemeinen Regierungsverordnungen haben den Durchfluss von Gesetzesvorlagen im Parlament so stark anwachsen lassen, dass man von keinem Abgeordneten mehr erwarten kann, dass er über die meisten dieser Vorlagen viel weiß. Glücklicherweise erwartet das auch niemand. Abstimmungen im Parlament erfolgen streng nach Parteilinie und von den Mitgliedern wird erwartet, dass sie so abstimmen, wie es ihnen ihre Parteivormänner vorgeben. Es wird nicht von ihnen erwartet, dass sie den Inhalt der Vorlagen verstehen, über die sie abstimmen.

Es gibt auch keine Gewaltenteilung. Das Kabinett ist die Regierung und «es wird von ihm erwartet, nicht nur im Rahmen der Gesetze zu regieren, sondern auch, wenn notwendig, ohne oder sogar gegen das Gesetz». Es gibt keine Beschränkungen für rückwirkende Gesetzgebung und kein Kabinett oder Parlament kann seine Nachfolger binden. Das Kabinett kann ohne Erlaubnis oder Zustimmung des Parlaments in einen Krieg eintreten. Es kann ohne Wissen oder Zustimmung des Parlaments Gelder ausgeben, wie es 1847 mit Hilfsgeldern für Irland und 1783–1883 mit Geldern für den Geheimdienst geschah. Es kann Gesetzesbrüche autorisieren, wie es in Bezug auf Zahlungen der Bank von England 1847, 1857 oder 1931 geschah. Es kann ohne Zustimmung oder Wissen des Parlaments Verträge oder andere bindende internationale Vereinbarungen abschließen, wie es 1900, 1902 und 1912 geschah.

Die in den USA weitverbreitete Idee, dass das Unterhaus eine gesetzgebende Körperschaft und das Kabinett eine exekutive Körperschaft sei, stimmt nicht. Was die Legislative angeht, hat Großbritannien ein Mehrkammersystem, bei dem das Kabinett die zweite Kammer ist, das Unterhaus die dritte und das Oberhaus die vierte. Von diesen dreien haben die Konservativen die ständige Kontrolle bei den Lords, während die anderen beiden gewöhnlicherweise von derselben Partei kontrolliert werden. Die Gesetzgebung hat ihren Ursprung bei den inneren Parteicliquen, die wie eine erste Kammer agieren. Wenn eine Gesetzesvorlage vom Kabinett angenommen wird, kommt sie fast automatisch auch durchs Unterhaus. Das Unterhaus ist eher ein öffentliches Forum als eine legislative Körperschaft. In ihm verkündet die Partei die Entscheidungen, zu denen sie in geheimen Partei- und Kabinettssitzungen gekommen ist, und erlaubt der Opposition Kritik, um die öffentliche Reaktion zu testen. So kommen alle Vorlagen aus dem Kabinett und eine Zurückweisung im Unterhaus ist fast undenkbar, außer wenn das Kabinett den Parteimitgliedern im Unterhaus Freiheit bei der Abstimmung lässt. Auch dann erstreckt sich diese Freiheit gewöhnlich nur auf das Recht, sich bei der Wahl zu enthalten, erlaubt dem Mitglied aber nicht, gegen eine Vorlage zu stimmen. Es gibt zwar auch eine Maschinerie für private Vorlagen von Mitgliedern ähnlich wie in den Vereinigten Staaten, aber solche Vorlagen werden nur selten Gesetze. Die einzige bedeutende aus den letzten Jahren war eine ungewöhnliche Vorlage eines ungewöhnlichen Abgeordneten aus einem ungewöhnlichen Wahlkreis. Es war das Scheidungsgesetz von A.P. Herbert, einem berühmten Humoristen und Abgeordneten von Oxford.

Diese Situation nennt man manchmal «Kabinettsdiktatur». Sie könnte genauer «Parteidiktatur» genannt werden. Sowohl das Kabinett als auch das Unterhaus werden von der Partei kontrolliert oder, genauer, von der inneren Parteiclique. Diese innere Clique mag Sitze im Kabinett haben, aber die beiden sind nicht dasselbe, insofern Mitglieder des einen Gremiums nicht Mitglieder des anderen zu sein brauchen und die Machtabstufungen in keiner Weise beim einen die gleichen sind wie beim anderen. Die innere Clique der Konservativen trifft sich manchmal im Carlton Club, während die innere Clique von Labour in einem Gewerkschaftsversammlungsraum zusammenkommt, häufig in Transport House.

Die Implikation, dass das Kabinett das Unterhaus kontrolliert, dass das Unterhaus niemals das Kabinett stürzen wird und dass es keine Gesetzesvorlagen zurückweisen wird, die das Kabinett angenommen sehen will, beruht auf der Annahme, dass die Partei des Kabinetts eine Mehrheit im Unterhaus hat. Eine Minderheitsregierung, meistens ein Koalitionskabinett, verfügt über keine derartige Kontrolle übers Unterhaus, weil ihre Macht zur Erzwingung von Parteidisziplin bei jeder Partei außer der eigenen nur schwach ist. Bei anderen Parteien als der eigenen verfügt die Regierung nur über wenig Machtmittel außer der Drohung mit einer Auflösung des Parlaments. Die bedroht zwar Abgeordnete aller Parteien mit den Ausgaben für einen Wahlkampf und der Möglichkeit, ihre Sitze zu verlieren, ist aber ein zweischneidiges Schwert, das nach beiden Richtungen schaden kann. Über seine eigenen Abgeordneten hat das Kabinett zusätzliche Machtmittel in Form der Kontrolle der Nominierungen in Wahlkreisen, der Parteigelder und der Ernennungen zu Regierungsämtern.

Man hat im Allgemeinen nicht erkannt, dass es viele Beschränkungen der Demokratie in Großbritannien gegeben hat. Die meisten davon liegen nicht in der politischen Sphäre, beschränken aber trotzdem nachhaltig die Ausübung der Demokratie in der politischen Sphäre. Diese Beschränkungen waren wesentlich stärker als in den Vereinigten Staaten. Im letzteren Land gab es eine Reihe von Begründungen für solche Einschränkungen (rassisch, religiös, national usw.). Aber sie wurden als ungerecht erkannt und führten zu Schuldgefühlen auf Seiten derer, die davon profitierten, und zu lauten Protesten von anderen. In Großbritannien dagegen beruhten die Beschränkungen fast alle auf einem einzigen Kriterium, Reichtum, und sind nur wenig zum Anlass von Kritik geworden, weil in Großbritannien die Idee, dass Reichtum seinen Besitzer zu besonderen Privilegien und Pflichten bevorrechtet, im Allgemeinen selbst von den besitzlosen Klassen akzeptiert wurde. Es war dieses Fehlen von Einwänden von Seiten sowohl der «Klassen» als auch der «Massen», das der Welt die Tatsache verbarg, dass Großbritannien bis 1945 eigentlich die größte Plutokratie der Welt war.

Die Plutokratie schränkte die Demokratie in Großbritannien in der Zeit vor 1945 in einem bemerkenswerten, allerdings abnehmenden Maße ein. Das

Der Hintergrund der sozialen Verhältnisse

war im gesellschaftlichen oder wirtschaftlichen Leben sichtbarer als im politischen und in der Politik war es auf der lokalen Ebene sichtbarer als auf der nationalen. Im politischen Leben beruhten die Lokalregierungen auf einem eingeschränkten Wahlrecht (Haushaltsvorstände und ihre Frauen; in manchen Kommunen nur halb so viel Wahlberechtigte wie national). Dieses eingeschränkte Wahlrecht bestimmte dann die kommunalen Vorstände oder Ratsmitglieder, die nicht bezahlt wurden, wodurch diese Stellen Menschen mit Muße (das heißt Reichtum) vorbehalten blieben. In den Kommunen überlebte immer noch die alte englische Tradition, dass die beste Regierung eine Regierung von Amateuren ist (das ist gleichbedeutend damit, zu sagen, die beste Regierung ist eine der Wohlhabenden). Diese Amateure hatten Hilfe von bezahlten Sekretären und Assistenten, die die notwendigen technischen Kenntnisse besaßen, um mit den anstehenden Problemen umgehen zu können. Diese Techniker kamen ebenfalls aus der Mittel- oder Oberschicht, weil die Ausgaben für das Erziehungssystem die Armen auf niederen Schulebenen aussortierten. Der bezahlte Experte, der die unbezahlten Mitglieder der Stadträte beriet, war der Stadtschreiber (Town Clerk). Der bezahlte Experte, der die unbezahlten Friedensrichter in der kommunalen Justizverwaltung beriet, war der Sekretär des Kriminalgerichts (Clerk of Quarter Sessions).

In der nationalen Politik war das Wahlrecht weit und praktisch unbeschränkt, aber die Oberschichten besaßen ein Recht, zweifach Stimmen abzugeben, weil sie sowohl am Ort ihrer Geschäftsaktivitäten oder ihrer Universität als auch an ihrem Wohnort abstimmen konnten. Mitgliedschaft im Parlament war lange Zeit wegen der Ausgaben des Amtes und wegen der Tatsache, dass Abgeordnete keine Bezahlung erhielten, beschränkt auf die Wohlhabenden. Eine Bezahlung für die Abgeordneten wurde erstmals 1911 eingeführt und auf 400 Pfund im Jahr festgelegt. Das wurde 1936 auf 500 Pfund erhöht mit zusätzlichen 100 Pfund für Spesen. Aber die Ausgaben von Unterhausmitgliedern waren so groß, dass ein Abgeordneter der Konservativen wenigstens 1.000 Pfund im Jahr zusätzliches Einkommen benötigte und ein Labour-Abgeordneter etwa 350 Pfund zusätzlich im Jahr. Darüber hinaus muss jeder Kandidat für einen Parlamentssitz ein Pfand von 150 Pfund hinterlegen, das eingezogen wird, wenn er nicht wenigstens ein Achtel der gesamten Stimmenzahl erhält. Die Höhe dieses Pfandes war 1938 größer als das gesamte Jahreseinkommen von drei Viertel aller englischen Familien und bildete eine weitere Barriere für die große Mehrheit, falls sie sich um einen Parlamentssitz hätte bewerben wollen. Als Folge dieser Geldbarrikaden konnte sich die überwältigende Anzahl der Engländer nicht aktiv an der Politik beteiligen, sofern sie nicht eine äußere Quelle an Unterstützungsgeldern fanden. Indem diese Quelle in der Zeit nach 1890 bei den Gewerkschaften aufgetan wurde, schufen sie eine neue politische Partei, die auf einer Klassenbasis organisiert war, und erzwangen die Verschmelzung der beiden (bis dahin) bestehenden Parteien zu einer einzigen Gruppe, die ebenfalls eine Klassenbasis hatte.

Von diesem Gesichtspunkt aus könnte man die Geschichte der politischen Parteien Englands in drei Perioden teilen, mit den Jahren 1915 und 1924 als Trenndaten. Vor 1915 waren die beiden Hauptparteien die Liberalen und die Unionisten (Konservativen); nach 1924 waren die beiden Hauptparteien die Konservativen und Labour; das Jahrzehnt 1915–1924 bildete die Periode, in der die Liberale Partei erschüttert wurde und auseinanderbrach.

Bis 1915 repräsentierten die beiden Parteien die gleiche soziale Klasse – die kleine Gruppe, die als «die Gesellschaft» bezeichnet wurde. Tatsächlich wurden beide Parteien – Konservative und Liberale – wenigstens seit 1866 von der gleichen kleinen Clique der «guten Gesellschaft» kontrolliert. Diese Clique bestand aus nicht mehr als einem halben Dutzend wichtiger Familien, ihren Verwandten und Verbündeten, verstärkt noch durch gelegentliche Rekrutierungen von außerhalb. Diese Rekruten kamen im Allgemeinen aus dem exklusiven Erziehungssystem der «guten Gesellschaft». Sie wurden in Balliol oder New College in Oxford oder in Trinity College, Cambridge, ausgesucht, wo sie zuerst entweder durch ihre Kenntnisse oder in den Debatten der Oxford oder Cambridge Union die Aufmerksamkeit auf sich zogen. Nachdem sie auf diese Art auf sich aufmerksam gemacht hatten, erhielten die neuen Rekruten Gelegenheit, ihren Wert für die innere Clique einer der Parteien zu beweisen. Das Ganze endete gewöhnlich mit der Heirat in eine der Familien, die diese Cliquen beherrschte.

Zu Beginn des 20. Jahrhunderts bestand die innere Clique der Konservativen Partei fast vollständig aus der Cecil-Familie und ihren Verwandten. Das war eine Folge des gewaltigen Einflusses von Lord Salisbury. Die einzigen bedeutenden unabhängigen Mächte innerhalb der Konservativen waren 1900 jene Führer der Liberalen, die als Folge ihrer Opposition gegen Gladstones Home-Rule-Projekt für Irland zu den Konservativen übergelaufen waren. Dafür war das bedeutendste Beispiel die Cavendish-Familie (Herzöge von Devonshire und Marquis von Hartington). Als Folge dieser Spaltung bei den Liberalen unterlag diese Partei einer weniger zentralisierten Kontrolle und hieß in ihrer inneren Clique viele neue Industrielle willkommen, die das Geld hatten, die Partei zu unterstützen.

Seit 1915 ist die Liberale Partei fast verschwunden. Ihr Platz wurde von der Labourpartei eingenommen, deren innere Disziplin und zentralisierte Kontrolle ähnlich wie bei den Konservativen sind. Die Hauptunterschiede zwischen den beiden bestehenden Parteien liegen in den Methoden der Rekrutierung. Dabei orientiert sich die innere Clique der Konservativen an den Grundlagen von Familie, sozialen Beziehungen und Schul- beziehungsweise Universitätsverbindungen, während Labour seine Rekruten aus der harten Schule der Gewerkschaftspolitik und durch gelegentliche Oberschichtsrenegaten bezieht. In beiden Fällen hatte der durchschnittliche Wähler in Großbritannien, 1960 ebenso wie 1900, eine Wahl zwischen Parteien, deren Programme und Kandidaten großenteils die Schöpfungen von zwei kleinen, sich selbst rekrutierenden Gruppen, waren, über die er (der gewöhnliche Wähler) keinerlei wirkliche Kontrolle besaß. Die Hauptänderung zwischen 1900 und 1960 kam aus dem Umstand, dass 1900 beide Parteien eine einzige kleine und exklusive soziale Klasse repräsentierten, die der Erfahrung des Wählers weit enthoben war, während 1960 die beiden Parteien zwei entgegengesetzte soziale Klassen repräsentierten, die beide vom durchschnittlichen Wähler weit entfernt waren.

So hat das Fehlen von Vorwahlen einerseits und die unzureichende Bezahlung der Abgeordneten andererseits Großbritannien zwei politische Parteien verschafft, die auf einer Klassenbasis organisiert sind, von denen aber keine die Mittelschichten repräsentiert. Das unterscheidet sich ziemlich von den Vereinigten Staaten, wo beide hauptsächlichen Parteien Mittelklasseparteien sind und wo geographische, religiöse und traditionelle Einflüsse für die Frage der Parteimitgliedschaft wichtiger als Klassenmerkmale sind. In Amerika konnte die vorherrschende Mittelschichtsideologie des Volkes leicht die Parteien beherrschen, weil beide Parteien dezentralisiert und undiszipliniert sind. In Großbritannien sind beide Parteien zentralisiert und diszipliniert und werden von gegensätzlichen sozialen Extremen kontrolliert. Der Wähler aus der Mittelklasse kann keine Partei finden, die er als repräsentativ für sich oder als für seine Gesichtspunkte aufgeschlossen betrachten kann. Als Folge davon war in den dreißiger Jahren die Masse der Mittelklasse gespalten: einige gaben ihre Unterstützung nach wie vor den Liberalen, obwohl man erkannte, dass das ziemlich hoffnungslos war; einige wählten konservativ, weil das der einzige Weg war, den Sozialismus zu vermeiden, obwohl sie Einwände gegen den Proto-Faschismus vieler Konservativer hatten; andere wandten sich Labour zu, in der Hoffnung, es zu einer wirklich progressiven Partei machen zu können.

Eine Untersuchung der beiden Parteien ist aufschlussreich. Die Konservativen repräsentierten eine schmale Clique der sehr Reichen, des halben Prozents der Gesellschaft, das ein Einkommen von über 2.000 Pfund im Jahr besaß. Diese kannten einander gut, waren durch Heiraten miteinander verwandt, gingen in dieselben teuren Schulen, waren Mitglieder derselben exklusiven Klubs, kontrollierten die Beamtenschaft, das Empire, die freien und akademischen Berufe, die Armee und das Big Business. Obwohl nur ein Drittel Prozent aller Engländer in Eton oder Harrow zur Schule gingen, waren 1909 43% der Parlamentsabgeordneten der Konservativen auf diese Schulen gegangen und 1938 stand diese Zahl immer noch bei ungefähr 32%. In diesem letzten Jahr (1938) gab es 415 MPs[8] der Konservativen. Davon hatten 236 einen Titel und 145 hatten Verwandte im Oberhaus. Zu dem Kabinett, von dem das Münchner Abkommen gemacht wurde, gehörten ein Marquis, drei Grafen (Earls), zwei Viscounts, ein Baron und ein Baronet. Von den 415 damaligen konservativen MPs hatte nur einer arme Eltern gehabt und nur vier weitere kamen aus den Unterschichten. Wie Duff Cooper (Viscount Norwich) im März 1939 sagte: «Es ist für einen Armen, der Mitglied der Konservativen ist, so schwer, ins Parlament zu gelangen, wie es für ein Kamel ist, durchs Nadelöhr zu gehen.» Das lag an den großen Ausgaben, die mit einem Parlamentssitz zusammenhingen. Von den Kandidaten der Partei wurde erwartet, dass

---

8 MP = Member of Parliament = Parlamentsabgeordneter.

sie der Partei beträchtliche Beiträge zukommen ließen. Die Kosten für eine Wahlkampagne lagen zwischen 400 und 1.200 Pfund. Kandidaten, die ihre gesamten Ausgaben selbst bestritten und außerdem noch 500 bis 1.000 Pfund jährlich der Partei spendeten, erhielten die sichersten Sitze. Diejenigen, die etwa die Hälfte dieser Summen bezahlten, erhielten dafür das Recht, sich in weniger erstrebenswerten Wahlkreisen zur Wahl zu stellen.

Einmal gewählt, wurde von einem Abgeordneten der Konservativen erwartet, dass er Mitglied eines der exklusiven Londoner Klubs wurde, in denen viele wichtige Parteientscheidungen überlegt wurden. Von diesen Klubs kostete der Carlton, bei dem über die Hälfte der Abgeordneten der Konservativen 1938 Mitglieder waren, eine Beitrittsgebühr von 40 Pfund und jährliche Beiträge von 17 Guineen. Der City of London Club, der eine beträchtliche Anzahl von Konservativen als Mitglieder hatte, verlangte eine Beitrittsgebühr von 100 Guineen und jährliche Beiträge von 15 Guineen. Von 33 MPs der Konservativen, die in den Jahren vor 1938 starben und Testamente hinterließen, hinterließen alle mindestens 10.000 Pfund, während das Gesamtvermögen dieser Gruppe 7.199.151 Pfund war. Das bedeutete ein Durchschnittsvermögen von 218.156 Pfund. Von diesen 33 hinterließen 14 jeweils mindestens 100.000 Pfund; 14 weitere hatten eine Hinterlassenschaft zwischen 20.000 und 100.000 Pfund; und nur fünf hatten eine Hinterlassenschaft zwischen 10.000 und 20.000 Pfund.

Von den 415 MPs der Konservativen waren 1938 44% (oder 181) Direktoren von Unternehmen und hielten zusammen 775 Direktorate. Als Folge davon hatte fast jedes bedeutende Unternehmen einen Direktor, der Abgeordneter bei den Konservativen war. Diese Abgeordneten zögerten nicht, sich selbst, ihren Firmen und ihren Partnern politische Vergünstigungen zu verschaffen. Innerhalb von acht Jahren (1931–1939) wurden dreizehn Direktoren der «fünf großen Banken» und zwei Direktoren der Bank von England von der Regierung der Konservativen in den Adelsstand erhoben. Von neunzig Peers, die in sieben Jahren (1931–1938) geschaffen wurden, waren fünfunddreißig Direktoren von Versicherungsgesellschaften. 1935 präsentierte Walter Runciman als Präsident des Handelsministeriums (Board of Trade) eine Vorlage, nach der 2 Mio. Pfd. Subventionen für Trampschiffe gewährt werden sollten. Er verwaltete diese Gelder und gab innerhalb von zwei Jahren 92.567 Pfd. davon der Gesellschaft seines Vaters (Moor Line, Ltd.), von der er selbst 21.000 Aktien besaß. Als sein Vater 1937 starb, hinterließ er ein Vermögen von 2.388.453 Pfd. Es gibt nur wenig Einwände gegen eine derartige Handlungsweise in England. Sobald man einmal die Tatsache akzeptiert hat, dass Politiker die direkten Vertreter wirtschaftlicher Interessen sind, hätte es wenig Sinn, etwas einzuwenden, wenn Politiker sich in Übereinstimmung mit ihren wirtschaftlichen Interessen verhalten. 1926 hatte der Premierminister Baldwin ein unmittelbares persönliches Interesse am Ausgang der Streiks im Kohlebergbau und des Generalstreiks, weil er 194.526 normale Aktien und 37.591 Vorzugsaktien von Baldwin´s Ltd. hielt, das bedeutende Kohlezechen besaß.

Die Situation von 1938 unterschied sich nur wenig von der, die vierzig Jahre früher bestand, außer dass 1898 die Konservativen einer noch stärker zentralisierten Kontrolle unterworfen waren und damals der Einfluss des industriellen Reichtums dem Einfluss des ländlichen Reichtums untergeordnet war. 1898 waren die Konservativen wenig mehr als ein Werkzeug der Cecil-Familie. Der Premierminister und Parteiführer war Robert Arthur Talbot Gascoyne-Cecil (Lord Salisbury), der dreimal für insgesamt vierzehn Jahre Premierminister gewesen war, als er sich 1902 zurückzog. Bei seinem Rückzug übergab er die Führung der Partei wie auch den Stuhl des Premierministers seinem Neffen, Protegé und handverlesenen Nachfolger, Arthur James Balfour. In den zehn Jahren der Salisbury-Balfour-Regierung zwischen 1895 und 1905 war das Kabinett gestopft voll von Verwandten und engen Verbündeten der Cecil-Familie. Salisbury selbst war Premierminister und Außenminister (1895–1902); sein Neffe Arthur Balfour war Schatzkanzler und Mehrheitsführer im Unterhaus (1895–1902), bevor er Premierminister wurde (1902–1905); ein anderer Neffe, Gerald Balfour (der Bruder Arthurs) war Irlandminister (1895–1900) und Handelsminister (1900–1905); Lord Salisburys Sohn und Erbe, Viscount Cranborne, war stellvertretender Außenminister (1900–1903) und Lordsiegelbewahrer (Lord Privy Seal, 1903–1905); Salisburys Schwiegersohn Lord Selborne war stellvertretender Kolonialminister (1895–1900) und erster Lord der Admiralität (1900–1905); Walter Long, ein Protégé Salisburys, war Präsident des Landwirtschaftsministeriums (1895–1900), Präsident des Local Government Board (1900–1905) und Irlandminister (1905–1906); George Curzon, ein weiterer Protegé Salisburys, war stellvertretender Außenminister (1895–1898) und Vizekönig von Indien (1899–1905); Alfred Lyttelton, Arthur Balfours intimster Freund, der ohne den vorzeitigen Tod seiner Schwester 1875 (ein Ereignis, das Balfour zu einem lebenslänglichen Junggesellen werden ließ) sein Schwager geworden wäre, war Kolonialminister; Neville Lyttelton, der Bruder Alfred Lytteltons, war Oberkommandierender in Südafrika und Chef des Generalstabs (1902–1908). Außerdem saßen ein Dutzend enger Verwandter Salisburys, inklusive dreier Söhne und verschiedener Neffen, Schwiegersöhne und Enkel, sowie ein Dutzend oder mehr Protegés und Vertreter Salisburys entweder damals oder später im Parlament oder auf verschiedenen Posten in der Staatsverwaltung.

Die Liberale Partei wurde nicht so eng kontrolliert wie die Konservativen, aber ihre wichtigsten Führer pflegten enge Freundschafts- und Kooperationsbeziehungen mit der Cecilgruppe. Das galt besonders für Lord Rosebery, der 1894–1895 Premierminister war, und für H. H. Asquith, der von 1905 bis 1915 Premierminister war. Asquith heiratete 1894 Margot Tennant, die Schwägerin Alfred Lytteltons, wobei Balfour der Haupttrauzeuge war. Lyttelton war der Neffe Gladstones wie Balfour derjenige Salisburys. In späteren Jahren war Balfour der engste Freund der Asquiths, auch als sie die Führer der beiden einander entgegenstehenden Parteien waren. Balfour machte häufig Scherze darüber, dass er in Asquiths Haus zum Abendessen mit Champagner dinierte, bevor er dann ins Unterhaus ging, um die Politik seines Gastgebers anzugreifen. Donnerstagabends, wenn Asquith in seinem Klub dinierte, nahm Balfour regelmäßig Dinner mit Mrs. Asquith und der Premierminister kam dann auf dem Heimweg vorbei, um sie abzuholen. Es war an einem derartigen Abend, als Balfour und Mrs. Asquith übereinkamen, Asquith dazu zu überreden, seine Memoiren zu schreiben. Asquith war einem anderen mächtigen Führer der Konservativen, Lord Milner, fast genauso freundschaftlich verbunden. Die beiden nahmen vier Jahre lang in den siebziger Jahren des 19. Jahrhunderts gemeinsam ihre Mahlzeiten am Stipendiatentisch des Balliol College ein und hatten in den achtziger Jahren gemeinsame Sonntagabendessen. Mrs. Asquith hatte ein romantisches Intermezzo mit Milner 1892 in Ägypten, als sie noch Margot Tennant war, und rühmte sich später damit, dass sie ihm seine Ernennung zum Vorsitzenden der Obersten Steuerbehörde (Board of Inland Revenue) verschafft habe, indem sie Balfour von Ägypten aus um diesen Gefallen gebeten habe. Laut W.T. Stead hatte Mrs. Asquith 1908 drei Porträts über ihrem Bett: jene von Rosebery, Balfour und Milner.

Nach dem Auseinanderbrechen der Liberalen und dem beginnenden Aufstieg von Labour gingen viele Mitglieder der Liberalen zu den Konservativen über. Die Beziehungen zwischen den beiden Parteien wurden etwas weniger eng und die Kontrolle der Liberalen wurde sehr viel weniger zentralistisch.

Die Labour-Partei erwuchs aus der Erkenntnis der Massen des Volkes, dass ihre Stimme ihnen so lange nicht viel nützte, als die einzige Auswahl unter Kandidaten eine war, wie sie Bagehot folgendermaßen gekennzeichnet hat: «Welchen von zwei reichen Menschen wollt ihr wählen?» Das Thema kochte wegen einer Justizentscheidung hoch. Im Fall Taff Vale (1901) entschied das Gericht, dass Gewerkschaften für Schäden verantwortlich waren, die sich aus ihren wirtschaftlichen Aktionen ergeben konnten. Diese Entscheidung hätte die Gewerkschaften schwer geschädigt, indem sie ihnen die finanzielle Verantwortung für die Verluste durch einen Streik aufbürden wollte. Um sie außer Kraft zu setzen, wandte sich die Arbeiterklasse der Politik zu und stellte eigene Kandidaten einer eigenen Partei auf. Die benötigten Gelder kamen von den Gewerkschaften, was zur Folge hatte, dass die Labour-Partei in allen unmittelbaren Zwecksetzungen zur Gewerkschaftspartei wurde.

Die Labour-Partei ist in der Theorie etwas demokratischer als die Konservativen, insofern ihre jährliche Parteikonferenz die letzte Autorität über die Ausrichtung der Politik und die Kandidaten hat. Aber da die Gewerkschaften das Schwergewicht der Mitgliedschaft und der Parteigelder stellen, beherrschen die Gewerkschaften die Partei. 1936 betrug die Mitgliederzahl der Partei 2.444.357, wovon fast 2.000.000 über die 73 Gewerkschaften, die zur Partei gehörten, indirekte Mitglieder waren. Zwischen Parteikonferenzen lag die Verwaltung der Parteiarbeit in den Händen des Nationalen Exekutivkomitees, von dessen 25 Mitgliedern 17 von den Gewerkschaften gewählt werden konnten.

Wegen ihrer Basis in der Arbeiterklasse war die Labourpartei normalerweise knapp bei Kasse. In den dreißiger Jahren gab sie im Durchschnitt 300.000 Pfund im Jahr aus, verglichen mit 600.000 pro Jahr bei den Konservativen und 400.000 bei den Liberalen. Bei der Wahl von 1931 gab die Labourpartei 181.629 Pfund für den Wahlkampf aus, verglichen mit 472.476 Pfund, die von Nicht-Labour-Kandidaten ausgegeben wurden. Bei der Wahl von 1935 waren die beiden Zahlen 196.819 Pfund und 526.274 Pfund.

Dieser Mangel an Geld auf Seiten der Labourpartei verschärfte sich noch durch die Tatsache, dass die Labourpartei, besonders in den Zeiten, wo sie nicht an der Regierung war, Schwierigkeiten hatte, ihre Gesichtspunkte dem britischen Volk zu vermitteln. 1936 hatte die Labourpartei die Unterstützung einer Morgenzeitung mit zwei Millionen Exemplaren, während die Konservativen die Unterstützung von sechs Morgenzeitungen mit einer Auflage von über sechs Millionen hatten. Von drei Abendzeitungen unterstützten zwei die Konservativen und eine die Liberalen. Von zehn Sonntagszeitungen mit einer Gesamtauflage von 13.130.000 Exemplaren, unterstützten sieben mit einer Auflage von 6.330.000 die Konservativen, eine mit einer Auflage von 400.000 unterstützte Labour und die beiden größten mit einer Auflage von 6.300.000 waren unabhängig.

Das Radio, das zweitwichtigste Instrument der Publizität, ist ein Regierungsmonopol, das von den Konservativen 1926 errichtet wurde. In der Theorie wird es durch einen unabhängigen Verwaltungsrat kontrolliert, tatsächlich aber wurde dieser Verwaltungsrat von den Konservativen eingerichtet, besteht im Allgemeinen aus Sympathisanten der Konservativen und erlaubt der Regierung gewisse administrative Eingriffe. Manchmal ist die Leitung fair, manchmal sehr unfair. Für die Wahl 1931 gestattete die Regierung fünfzehn Wahlkampfsendungen in der BBC; davon bekamen die Konservativen elf, Labour drei und die Liberalen eine. 1935 ging es etwas fairer zu. Von zwölf bewilligten Sendungen bekamen die Konservativen fünf, vier gingen an Labour und drei an die Liberalen.

Weil die beiden Hauptparteien in England nicht den gewöhnlichen Engländer, sondern statt dessen sehr direkt die eingegrabenen wirtschaftlichen Interessen repräsentieren, gibt es relativ wenig «Lobbyismus» oder Versuche, die Gesetzgeber durch politischen oder wirtschaftlichen Druck zu beeinflussen. Das unterscheidet sich ziemlich von den Vereinigten Staaten, wo Lobbyisten manchmal die einzigen Objekte am Horizont eines Kongressmitglieds sind. In England, wo die wirtschaftlichen Interessen direkt im Parlament sitzen, kommt Lobbyismus hauptsächlich von Gruppen, die sich für nichtwirtschaftliche Themen wie Scheidung, Frauenwahlrecht, Gegnerschaft gegen Tierversuche usw. einsetzen.

Wenn man nur die politische Sphäre in Betracht ziehen würde, könnte man Großbritannien im Ganzen mindestens für ebenso demokratisch halten wie Amerika. Nur wenn wir außerhalb der politischen Sphäre in die sozialen und wirtschaftlichen Sphären schauen, sehen wir, dass die alte Einteilung in zwei Klassen bis 1939 ziemlich rigide weiterbestand. Die privilegierten Klassen blieben im Allgemeinen fähig, ihren Zugriff auf die freien und akademischen *Berufe*, das Erziehungssystem, die Armee, die Beamtenschaft usw. auch dann aufrechtzuerhalten, wenn sie ihren Zugriff auf das politische System verloren. Das war möglich, weil die Ausbildung in dem teuren Erziehungssystem der Oberschichten das Hauptanfordernis für die Zulassung zu diesen nichtpolitischen Bereichen war. Das Erziehungssystem war, wie gesagt, grob gesehen in zwei Sektoren unterteilt: a) der eine Teil für die Oberschicht bestand aus Vorbereitungsschulen, den «public schools», und den alten Universitäten; und b) der andere für die Volksmassen bestand aus öffentlichen Grundschulen, Aufbauschulen und den neueren Universitäten. Diese Teilung ist besonders auf Universitätsebene nicht absolut undurchlässig, ist aber auf der unteren Ebene ziemlich starr.

Wie Sir Cyril Norwood, Rektor der Schule in Harrow, sagte: «Ein Junge mit Fähigkeiten aus einem armen Elternhaus kann nach Oxford kommen – das ist möglich, wenn auch nicht leicht – aber er hat keine Chance, Eton zu besuchen.» Eine Privatschule (genannt «public school» = öffentliche Schule) kostete 1938 etwa 300 Pfund im Jahr, eine Summe, die das jährliche Einkommen von mehr als 80% aller englischen Familien überstieg. Der Großteil des Volkes erhielt erst nach 1870 Zugang zu freien Grundschulen und Aufbauschulen gab es erst ab 1902 und 1918. Diese Letzteren waren allerdings nicht frei, obwohl es viele Orte gab, wo man die Gebühren nur teilweise zahlen musste. Weniger als 10% der Kinder gingen 1938 auf eine höhere Schule. Auf der obersten Ausbildungsebene hatten die zwölf Universitäten von England und Wales 1938 nur 40.000 Studenten. In den Vereinigten Staaten betrug zur selben Zeit die Zahl der Universitätsstudenten 1.350.000, ein Unterschied, der nur teilweise dadurch kompensiert wurde, dass die Bevölkerung der Vereinigten Staaten viermal so hoch war wie diejenige Großbritanniens.

Das Erziehungssystem war Großbritanniens wichtigster Flaschenhals, durch den die Mehrheit des Volks von Positionen von Macht und Verantwortung ausgeschlossen blieb. Es wirkt einschränkend, weil die Art der Erziehung, die in solche Positionen führt, für alle außer einem ganz verschwindend kleinen Teil der Engländer viel zu teuer ist. Während Großbritannien zu einer relativ frühen Zeit politisch eine Demokratie wurde, erlangte es erst als letztes zivilisiertes Land ein modernes Erziehungssystem. Es ist sogar heute erst noch dabei, sich ein solches System zu verschaffen. Das steht in scharfem Kontrast zu Frankreich, wo die Erziehung, die sich ein Student verschaffen kann, nur durch seine Fähigkeiten und seine Arbeitsbereitschaft begrenzt ist; und die Stellungen von Bedeutung im Beamtenapparat, in den freien und akademischen Berufen und sogar im Geschäftsleben stehen denen offen, die das Erziehungssystem am besten absolvieren. Auch in Großbritannien bestimmen die Fähigkeiten in einem beträchtlichen Ausmaß, welche Stellung man erlangen kann, wenn man das Erziehungssystem durchlaufen hat. Aber die Möglichkeit, es zu durchlaufen, beruht in einem großen Ausmaß auf der Fähigkeit zu zahlen.

Der Beamtenapparat in Großbritannien war in allen Regierungsabteilungen einheitlich und bestand aus drei Ebenen, die, von unten nach oben, «clerical», «executive» und «administrative» genannt wurden.[9] Beförderung von einer Ebene auf eine andere war nicht unmöglich, aber so selten, dass die große Mehrheit auf der Ebene blieb, in die sie eingetreten war. Die wichtigste Ebene – die administrative – blieb durch ihre Rekrutierungsmethoden den wohlhabenden Klassen vorbehalten. In der Theorie stand sie über eine kompetitive Zulassungsprüfung jedermann offen. Diese Prüfung konnten aber nur diejenigen ablegen, die zweiundzwanzig oder vierundzwanzig Jahre alt waren; 300 von 1.300 Punkten davon wurden für den mündlichen Teil vergeben; und der schriftliche Teil beruhte auf Themen, wie sie in den «public schools» und auf den Universitäten gelehrt wurden. All das diente dazu, die Zulassung zur administrativen Ebene des öffentlichen Dienstes auf junge Männer zu beschränken, deren Familien es sich leisten konnten, sie in der richtigen Weise erziehen zu lassen. 1930 waren von 56 Angestellten des öffentlichen Dienstes in Stellungen mit einem Gehalt von über 2.000 Pfund nur 9 ohne den Oberschichtshintergrund einer Erziehung in Oxford, Cambridge oder auf einer Privatschule. Diese Politik der Zulassungsbeschränkung war am eindeutigsten im Außenministerium, wo zwischen 1854 und 1919 alle Personen auf der administrativen Ebene aus Oxford oder Cambridge kamen. Ein Drittel war außerdem Etonian und ein Drittel hatte Titel. Die Verwendung einschränkender Erziehungsvoraussetzungen als einer Methode, die oberen Ränge des öffentlichen Dienstes den Wohlhabenden vorzubehalten, war ganz eindeutig beabsichtigt und war im Ganzen darin erfolgreich, den gewünschten Zweck zu erzielen. Die Folge davon hat H.R.G. Greaves beschrieben: «Die Menschen, die man in den höchsten Positionen des öffentlichen Dienstes finden konnte, unterschieden sich ihrem Typus nach 1850, 1900 oder 1930 kaum voneinander.»

Eine ähnliche Situation bestand anderswo. In der Armee kamen in Friedenszeiten die Offiziere fast gänzlich aus der Oberschicht. Sie erhielten ihre Ernennung durch eine Prüfung, die hauptsächlich mündlich war und die ein Studium an einer der Universitäten oder an den zwei Militärschulen (Sandhurst und Woolwich), die zu besuchen über 300 Pfund im Jahr kostete, erforderte. Das Gehalt war gering, mit hohen Abzügen für den Lebensunterhalt, so dass ein Offizier ein zusätzliches privates Einkommen benötigte. Die Marine war etwas demokratischer, obwohl der Anteil der Offiziere, die aus den Mannschaftsrängen kamen, von 10,9% 1931 auf 3,3% 1936 zurückging. Die Marineschule (Dartmouth) war sehr teuer und kostete 788 Pfund im Jahr.

Der Klerus der Staatskirche repräsentierte die gleiche soziale Klasse, da bis weit ins 20. Jahrhundert hinein die oberen Ränge des Klerus von der Regierung ernannt wurden und die tieferen ihre Ernennung durch Kauf erwerben mussten. Als Folge kamen in den zwanziger Jahren 71 von 80 Bischöfen aus den teuren Privatschulen.

9 Aus Mangel an adäquaten Übersetzungsmöglichkeiten wurden diese Ausdrücke im englischen Original belassen. Die drei Ausdrücke beinhalten drei verschiedene Stufen von Verantwortlichkeit. *Clerical* bezeichnet so etwas wie einen Schreiber oder eine Bürokraft, *executive* einen ausführenden Beamten, *administrative* einen selbständig Verwaltungsentscheidungen Treffenden.

Die verschiedenen Mitglieder der Rechtsberufe kamen ebenfalls mit hoher Wahrscheinlichkeit aus der Oberschicht, weil die Juristenausbildung lang und kostspielig war. Die Ausbildung begann normalerweise an einer der älteren Universitäten. Um vor Gericht zugelassen zu werden, musste man Mitglied eines der vier «Inns of Court» sein (Inner Temple, Middle Temple, Lincoln's Inn, Gray's Inn). Das sind private Verbände, bei denen die Zulassung von einer Nominierung durch Mitglieder und einer hohen Beitrittsgebühr zwischen 58 und 208 Pfund abhing. Von einem Mitglied wurde erwartet, dass es in seinem Verband drei Jahre lang vierundzwanzig Nächte im Jahr dinierte, bevor es vor Gericht zugelassen wurde. Danach wurde erwartet, dass es als «Teufel» (Sekretär) ein paar Jahre lang für einen Anwalt arbeitete. Während dieser Jahre zahlte der Teufel sogar noch 1950 dem Anwalt 100 Guineen, außerdem 130 Pfund im Jahr für seinen Anteil an der Miete, 50 Guineen im Jahr für seinen Sekretär, 30 Guineen für seine Perücke und Robe und hatte außerdem noch weitere «unvorhergesehene» Ausgaben. Dementsprechend wundert man sich nicht, dass Söhne von Lohnabhängigen von 1886 bis 1923 weniger als 1% der Zulassungen zu Lincoln's Inn ausmachten und 1923 bis 1927 nur 1,8%. Tatsächlich konnte es leicht noch bis fünf Jahre nach Erhalt des Universitätsabschlusses dauern, bis ein Anwalt eine Stellung erreichte, in der er seinen Lebensunterhalt verdienen konnte.

Als Folge davon kamen Mitglieder der Rechtsberufe bis vor kurzem fast ausschließlich aus den wohlhabenden Klassen. Da zu Richtern ausschließlich Rechtsanwälte nach sieben bis fünfzehnjähriger Erfahrung ernannt wurden, wurde das Justizsystem ebenfalls von der Oberschicht monopolisiert. 1926 hatten 139 von 181 Richtern teure Privatschulen («public schools») besucht. Dieselben Bedingungen herrschen auch auf den unteren Ebenen des Justizsystems, wo der Friedensrichter, ein unbezahlter Amtsträger, der keine juristische Ausbildung haben musste, die wichtigste Figur war. Diese Friedensrichter sind immer Abkömmlinge der wohlhabenden «Landadelsfamilien» gewesen.

Bei einem Rechts- und Justizsystem wie diesem ist der Rechtsprozess immer kompliziert, langsam und vor allem teuer gewesen. Als Folge davon können nur die einigermaßen Wohlhabenden ihre Rechte in einem Zivilprozess verteidigen. Wenn die weniger Wohlhabenden überhaupt vor Gericht gehen, finden sie sich in einer Atmosphäre, die vollständig von Mitgliedern der Oberschicht dominiert ist. Dementsprechend verzichtet der gewöhnliche Engländer (das heißt über 90% der Bevölkerung) auf gerichtliche Streitigkeiten, auch wenn das Recht auf seiner Seite ist.

Als Folge der gerade beschriebenen Umstände war die politische Geschichte Britanniens im 20. Jahrhundert ein langer Kampf um Gleichheit. Dieser Kampf hat sich in verschiedenen Formen zugetragen: als Bemühung um die Erweiterung von Ausbildungsmöglichkeiten, als Bemühung, medizinische und wirtschaftliche Sicherheiten auf die niederen Klassen auszuweiten, und als Kampf darum, die oberen Ränge des öffentlichen Dienstes und der Armee wie auch das Unterhaus selbst jenen Klassen zu öffnen, denen die

Vergünstigungen an Freizeit und Ausbildung fehlten, die sich der Reichtum verschaffen konnte.

Dieser Kampf um Gleichheit hat sein Ziel sowohl verfolgt, indem er die Oberschichten nach unten zu nivellieren versuchte, als auch, indem er die Unterschichten nach oben zu heben versuchte. Die Privilegien der Ersteren wurden besonders durch die Besteuerung und durch unpersönlichere Einstellungsverfahren für Ämter beschränkt. Die Möglichkeiten für die Letzteren wurden erweitert durch Ausweitung von Ausbildungsmöglichkeiten und indem für geleistete Dienste Pensionen ausgesetzt wurden. In diesem Kampf haben die Liberalen und die Konservativen ebenso wie Labour revolutionäre Veränderungen eingeführt, wobei jede Partei hoffte, durch die Dankbarkeit der Mehrheit des Volkes an den Wahlurnen belohnt zu werden.

Bis 1915 wurde die Bewegung für mehr Gleichheit im Allgemeinen von den Liberalen unterstützt, während die Konservativen ihr Widerstand leisteten, obwohl diese Parteinahmen nicht starr waren. Ab 1923 wurde sie im Allgemeinen von Labour unterstützt, während die Konservativen Widerstand leisteten. Auch hier waren die Fronten nicht starr. Sowohl vor als auch nach dem Ersten Weltkrieg hat es sehr progressive Konservative und sehr reaktionäre Liberale oder Labourmitglieder gegeben. Außerdem war die Entwicklung so, dass von 1924 an die beiden Hauptparteien immer mehr zwei einander entgegenstehende, organisierte wirtschaftliche Interessen repräsentierten – die Interessen des eingegrabenen Reichtums und der eingegrabenen Gewerkschaftsarbeit. Das hat die Positionen der beiden Parteien sehr viel gegensätzlicher werden lassen als in der Zeit vor 1915, als beide Parteien das gleiche Segment der Gesellschaft repräsentierten. Außerdem ist seit 1923 die Entfremdung der beiden Parteien auf der politischen Bühne ständig fortgeschritten und beide haben die Neigung entwickelt, sich in Hinsicht auf die große Mittelklasse an Konsumenten und nicht organisierten Arbeitern zu einer Gruppe von Ausbeutern zu entwickeln.

In den zwei Jahrzehnten von 1925 bis 1945 schien es, dass die Anstrengungen von Männern wie Lord Melchett und anderen eine Situation schaffen würden, in der eine monopolistisch organisierte Industrie und eine gewerkschaftlich organisierte Arbeiterschaft sich zu einem Programm zusammenfinden würden, das Produktionsquoten, hohe Löhne, hohe Preise und Schutzbestimmungen sowohl für die Profite als auch gegen Arbeitslosigkeit vertreten und dabei allen wirtschaftlichen Fortschritt gefährden und zum Schaden der Mittelklassen und der Schicht der freien Berufe, die nicht Mitglieder in den geschlossenen Reihen der kartellisierten Industrie und der organisierten Arbeiterschaft waren, ausfallen würde. Obwohl diese Programm immerhin bis zu einem Punkt Erfolg hatte, an dem der Großteil der industriellen Anlagen Großbritanniens veraltet, ineffizient und unangepasst war, wurde dieser Trend doch gestoppt – teilweise unter dem Einfluss des Krieges, aber hauptsächlich durch den Sieg von Labour bei der Wahl von 1945.

Als Folge dieses Sieges führte die Labourpartei einen Angriff auf gewisse Segmente der Schwerindustrie durch, um diese zu verstaatlichen, und führte ein Programm sozialisierter öffentlicher Dienstleistungen ein (allgemeine medizinische Versorgung, subventionierte Lebensmittelpreise usw.). Damit brach sie das stillschweigende Einverständnis mit der monopolisierten Industrie und begann damit, die Wohltaten einer sozialisierten Wirtschaft auch außerhalb der Reihen der Gewerkschaftsmitglieder an andere Teile der Unterschichten oder unteren Mittelschicht zu verteilen. Die Folge war das Entstehen einer neuen Gesellschaft von Privilegien, die von manchen Gesichtspunkten her wie eine Umstülpung der Privilegiengesellschaft von 1900 aussah. Die neuen Privilegierten waren die Gewerkschaftselite der Arbeiterklasse und die alten Privilegierten der Oberschicht, während die Ausgebeuteten jetzt die Mittelklasse, die Angestellten und die freien und akademischen Berufe waren, die weder die organisierte Stärke der ersten noch den fest verankerten Reichtum der zweiten besaßen.

Die politische Geschichte bis 1939

Die Geschichte der inneren Politik Großbritanniens im 20. Jahrhundert könnte man gut dreiteilen, wobei die zwei großen Kriege mit ihren Koalitions- oder «nationalen Regierungen» die Zäsuren bilden.

In der ersten Zeitperiode folgten zehn Regierungsjahren der Konservativen (in denen Salisbury von Balfour gefolgt wurde) zehn Jahre mit Regierungen der Liberalen (bei denen Campbell-Bannerman von Asquith abgelöst wurde). Die Daten dieser vier Regierungen waren die folgenden:

A Konservativ
    1. Lord Salisbury: 1895–1902,
    2. Arthur J. Balfour: 1902–1905.

B Liberal
    1. Henry Campbell-Bannerman: 1905–1908,
    2. Herbert Henry Asquith: 1908–1915.

Die Regierung Balfours war nichts als eine Verlängerung der Regierung Salisburys – aber nur als eine blasse Imitation. Balfour war bei weitem nicht die starke Persönlichkeit wie sein Onkel und er musste sich mit den Konsequenzen aus Salisburys Fehlern auseinandersetzen. Außerdem musste er sich mit all jenen Problemen des 20. Jahrhunderts auseinandersetzen, die damals zum Vorschein kamen und von denen man in der großen Zeit Victorias noch nicht einmal geträumt hatte: Probleme, die sich aus dem aggressiven Imperialismus ergaben, aus den Agitationen in der Arbeiterschaft, aus Klassenfeindschaften und aus wirtschaftlicher Unzufriedenheit.

Die schwache Leistung der britischen Kriegsverwaltung während des Burenkrieges führte zur Einrichtung eines parlamentarischen Untersuchungskomitees unter Lord Esher. Der Bericht dieser Gruppe führte zu einer Reihe von Reformen, mit denen Großbritannien viel besser fähig wurde, die Schocks der Jahre 1914–1918 zu bestehen, als es ohne sie der Fall gewesen wäre. Nicht die geringste Konsequenz aus der Arbeit des Untersuchungskomitees war 1904 die Schaffung des Komitees für die Verteidigung des Weltreichs (Committee for Imperial Defense). Esher war ein Vierteljahrhundert lang die wichtigste Figur dieses letzteren Komitees und als Folge seines Einflusses kamen aus dem Dunkel seines Büropersonals zwei sehr fähige Beamte ans Licht: (Sir) Ernest Swinton, der spätere Erfinder des Panzers, und Maurice (Lord) Hankey, der spätere Sekretär der Friedenskonferenz von 1919, der zwanzig Jahre lang Kabinettssekretär war.

Das Kabinett Balfours wurde noch durch verschiedene andere Vorgänge geschwächt. Die Entscheidung, chinesische Kulis zu importieren, um sie in den Minen Transvaals arbeiten zu lassen, führte 1903 zu weitverbreiteten Vorwürfen wegen Wiederbelebung der Sklaverei. Das Erziehungsgesetz von 1902 versuchte zwar, die Möglichkeiten einer höheren Schulbildung auszuweiten, indem die Kontrolle dafür den Verwaltungsräten der Schulen entzogen und kommunalen Regierungsstellen übertragen wurde und indem lokale Steuern zur Finanzierung privater kirchlicher Schulen eingeführt wurden. Das Gesetz wurde deshalb von Nonkonformisten als ein Trick bezeichnet, der sie zwingen sollte, für eine anglikanische Erziehung zu zahlen. Die Bemühungen von Joseph Chamberlain, Balfours Kolonialminister, die traditionelle Freihandelspolitik zugunsten eines Programms der Zollreform auf der Grundlage einer Bevorzugung des Empire aufzugeben, führten nur zu einer Spaltung des Kabinetts. Chamberlain trat 1903 zurück, um für sein erklärtes Ziel zu werben, während der Herzog von Devonshire und drei andere Minister aus Protest dagegen, dass Balfour Chamberlains Vorschläge nicht vollständig zurückgewiesen hatte, zurücktraten.

Zu diesen Schwierigkeiten kam für Balfour noch ein großes Anschwellen von Arbeiterunruhen hinzu. Das kam daher, dass die Lohnabhängigen in der Bevölkerung in der Zeit von 1898 bis 1906 eine Senkung ihres Lebensstandards erlebten, weil die Löhne nicht mit dem damaligen Preisanstieg mitzogen. Dieses Zurückbleiben war großenteils eine Folge der Entscheidung des Oberhauses in seiner Rolle als Oberstes Gericht, im Fall Taff Vale 1902, dass Gewerkschaften für die Schäden haftbar gemacht werden konnten, die als Folge von Handlungen ihrer Mitglieder bei einem Streik entstanden. Indem ihnen so ihre wichtigste wirtschaftliche Waffe aus der Hand genommen wurde, wandten sich die Arbeiter ihrer wichtigsten politischen Waffe zu, dem Stimmzettel. Das führte dazu, dass die Zahl der Labour-Abgeordneten im Unterhaus bei den Wahlen von 1906 von drei auf dreiundvierzig emporschnellte.

Diese Wahl von 1906 war ein Triumph der Liberalen, die eine Stimmenmehrheit von 220 Sitzen gegenüber den Konservativen und von 84 gegenüber allen anderen Parteien erhielten. Für die Oberschichtsführer der Partei wie Asquith, Haldane und Edward Grey war dieser Triumph recht kurzlebig. Diese Führer standen sowohl sozial als auch ideologisch den Führern der Konservativen näher als ihren eigenen Gefolgsleuten. Sie mussten aber aus Parteigründen den radikaleren Mitgliedern ihrer eigenen Partei, wie Lloyd George, mehr Raum geben und konnten nach 1910 überhaupt nur noch mithilfe der Unterstützung durch Labour und die irischen Nationalisten weiter regieren.

Die neue Regierung begann mit Volldampf. Das Gesetz über Arbeitsstreitigkeiten (Trade Disputes Act) überspielte 1906 die Taff-Vale-Entscheidung und gab den Arbeitern den Streik wieder als Waffe in ihre Waffenkammer zurück. Im selben Jahr wurde ein Gesetz über Abfindung bei Arbeitsunfällen (Workingman´s Compensation Act) niedergelegt und 1909 kam die Einführung eines Rentensystems. In der Zwischenzeit versuchte das Oberhaus als Festung des Konservatismus die liberale Flut zurückzudämmen. Es blockierte mit seinem Veto eine Erziehungsvorlage, eine Vorlage, die die Anzahl von lizenzierten Kneipen vermindert haben würde, eine Vorlage, die das Mehrfachstimmrecht begrenzen wollte und, als Gnadenstoß, auch Lloyd Georges Haushalt von 1909. Dieser Haushalt richtete sich mit seiner Besteuerung arbeitsloser Einkommen, besonders jener aus Landbesitz, direkt gegen die Anhänger der Konservativen. Seine Zurückweisung durch die Lords wurde von Asquith als Bruch der Verfassung verurteilt, da diese seiner Vorstellung nach die Kontrolle über Gelderverteilung dem Unterhaus zugeteilt habe.

Aus diesen Konflikten entstand eine Verfassungskrise, die die englische Gesellschaft bis in ihre Grundfesten erschütterte. Sogar nachdem zwei allgemeine Wahlen im Januar und im September 1910 die Liberalen an die Macht zurückgebracht hatten, wenn auch mit verringerter Mehrheit, weigerten sich die Lords, zurückzustecken, bis Asquith damit drohte, so viele neue Peers zu ernennen, bis seine Vorlage durchgesetzt würde. Diese Vorlage, die im August 1911 Gesetz wurde, sah vor, dass das Oberhaus kein Vetorecht bei Haushaltsvorlagen haben sollte und keine andere Vorlage daran hindern konnte, Gesetzeskraft zu erlangen, wenn sie dreimal in zwei Jahren durchs Unterhaus gekommen war.

Die Wahlen von 1910 hatten Asquiths Stimmenmehrheit so weit verringert, dass er von der Unterstützung der Iren und von Labour abhängig wurde. Die folgenden vier Jahre war er unausweichlich gezwungen, beiden Konzessionen zu machen, zu denen er persönlich nur wenig Neigung hatte. 1909 erklärten die Lords, wiederum in ihrer Funktion als oberster Gerichtshof, den Gebrauch von Gewerkschaftsgeldern für politische Kampagnen für illegal und zerstörten so die politische Waffe, zu der Labour durch die Taff-Vale-Entscheidung von 1902 seine Zuflucht hatte nehmen müssen. Asquith hatte wenigstens eine Zeitlang kein Verlangen, dieses sogenannte «Osborne-Urteil» außer Kraft zu setzen, denn solange die politische Betätigung der Gewerkschaften illegal blieb, mussten die Labourabgeordneten im Unterhaus Asquith unterstützen, um einer allgemeinen Wahl, die sie jetzt nicht mehr finanzieren konnten, ausweichen zu können. Um den damaligen Labourabgeordneten zu ermöglichen, ohne Gewerkschaftsgelder zu überleben, führte die Regierung Asquiths 1911 erstmals ein Gehalt für Abgeordnete ein. Labour wurde außerdem für seine Unterstützung der Regierung Asquiths durch die Einführung einer Gesundheits- und Arbeitslosenversicherung 1911, durch ein Mindestlohngesetz 1912 und durch ein Gewerkschaftsgesetz 1913 belohnt. Dieses Letztere erlaubte es den Arbeiterorganisationen, politische Aktivitäten nach der Zustimmung einer Mehrheit ihrer Mitglieder zu finanzieren und dafür spezielle Gelder zu verwenden, die von all jenen Mitgliedern eingezogen wurden, die nicht ausdrücklich verlangten, davon ausgenommen zu werden.

Die Regierung Asquiths wurde attackiert von den Vertretern des Frauenstimmrechts, war abhängig von den Stimmen Labours und von den irischen Nationalisten und befand sich unter ständigem Druck von Seiten nonkonformistischer Liberaler. Sie hatte damit zwischen 1912 und 1915 eine wenig erfreuliche Zeit. Diese Unerfreulichkeit fand ihren Höhepunkt in scharfen Kontroversen über die irische Autonomie (Home Rule) und die Auflösung der kirchlichen Union mit Wales. Vorlagen zu beidem wurden schließlich im September 1914 ohne Zustimmung der Lords durchs Parlament gedrückt und in beiden Fällen mit zusätzlichen Bestimmungen, die ihre Anwendung für die Dauer des Krieges mit Deutschland aussetzten. So wurden Schwäche und innere Spaltung der Regierung Asquiths wie auch die alarmierenden Spaltungen innerhalb Großbritanniens insgesamt durch die gewaltigeren Probleme aufgeschluckt, die es mit sich brachten, einen modernen Krieg mit einem unbegrenzten Bedarf an Ressourcen zu führen.

Die Probleme der Führung des Krieges wurden Koalitionsregierungen übertragen, zuerst unter Asquith (1915–1916) und später (1916–1922) unter der energischeren Führung von David Lloyd George. Die letztere Koalition wurde in der «Khakiwahl» vom Dezember 1918 an der Macht bestätigt. Ihr damaliges Wahlprogramm versprach die Bestrafung deutscher «Kriegsverbrecher», die volle Ersetzung der Kosten des Krieges durch die unterlegenen Mächte und «Häuser für Helden». Diese Koalitionsregierung bestand zwar aus Konservativen, Liberalen und Labourmitgliedern und hatte einen Exliberalen als Premierminister. Die Konservativen hatten aber eine Mehrheit der Sitze im Parlament und waren in so enger Fühlung mit Lloyd George, dass dieses Koalitionskabinett in allem außer dem Namen eine Regierung der Konservativen war.

Die politische Geschichte Großbritanniens in den Jahren zwischen 1918 und 1945 ist wegen der Fehler, welche die Konservativen in der Wirtschaftspolitik zu Hause und in der Außenpolitik machten, deprimierend. In dieser Zeit gab es sieben allgemeine Wahlen (1918, 1922, 1923, 1924, 1929, 1931, 1935). Nur in einer davon (1931) erlangte eine Partei eine absolute Stimmenmehrheit, aber in vier erlangten die Konservativen eine Mehrheit der Sitze im Unterhaus. Auf der Grundlage dieser Wahlen hatte Großbritannien 1918–1945 zehn Regierungen. Davon waren drei konservativ beherrschte Koalitionen (1918, 1931, 1940), zwei waren Labour, gestützt von den Liberalen (1924, 1929) und fünf waren konservativ (1922, 1923, 1924, 1935, 1937). Also:

Lloyd George	Dezember 1918 bis Oktober 1922
Bonar Law	Oktober 1922 bis Mai 1923
Stanley Baldwin	Mai 1923 bis Januar 1924
Ramsey MacDonald	Januar 1924 bis November 1924
zweite Regierung Baldwin	November 1924 bis Juni 1929
zweite Regierung MacDonald	Juni 1929 bis August 1931
Regierung der nationalen Einheit (MacDonald)	August 1931 bis Juni 1935
dritte Regierung Baldwin	Juni 1935 bis Mai 1937
Neville Chamberlain	Mai 1937 bis Mai 1940
zweite Regierung der nationalen Einheit (Churchill)	Mai 1940 bis Juli 1945

Die Koalitionsregierung Lloyd Georges war beinahe eine persönliche Regierung, da Lloyd George seine eigenen Anhänger und seine eigenen politischen Gelder und Fehden hatte. Obwohl technisch gesehen ein Liberaler, hatte Lloyd George seine eigene Partei gespalten, so dass Asquith gemeinsam mit der Labourpartei und einer ungefähr gleichen Anzahl Konservativer in Opposition zu ihm stand. Da die 80 irischen Nationalisten und irischen Republikaner ihre Mandate nicht wahrnahmen, hatten die 334 Konservativen innerhalb der Koalition eine Mehrheit im Unterhaus. Sie überließen aber Lloyd George gerne die Verantwortung für die Bearbeitung der Nachkriegsprobleme. Sie warteten vier Jahre, bevor sie ihn hinauswarfen. In dieser Zeit herrschte in der Innenpolitik ein großes Durcheinander und in der Außenpolitik stand es nicht viel besser. In der Ersteren waren die Bemühungen um eine Deflation der Preise, um dann auf Vorkriegsparität zum Goldstandard zurückzukehren, fatal für Prosperität und Ordnung zu Hause. Arbeitslosigkeit und Streiks nahmen zu, insbesondere in den Kohleminen.

Die Konservativen verhinderten jedes realistische Angehen dieser Probleme und verabschiedeten das Notstandsgesetz von 1920, das zum ersten Mal in der englischen Geschichte einer Regierung in Friedenszeiten das Recht gab, einen Belagerungszustand zu verkünden (wie es dann 1920, 1921 und 1926 geschah). Gegen die Arbeitslosigkeit wurde eine Arbeitslosenunterstützung eingerichtet, das heißt eine wöchentliche Zahlung von 20 Shilling für diejenigen, die keine Arbeit finden konnten. In Bezug auf die Streikwelle machte man kleine Konzessionen, vage Versprechungen, verzögernde Untersuchungen und spielte einzelne Gruppen gegeneinander aus. Der Revolte in Irland wurde durch ein Programm strenger Repression in den Händen einer neuen militärischen Polizei, die als «Blacks and Tans» bekannt war, begegnet. Das Protektorat über Ägypten endete 1922. Eine Neuausrichtung der Beziehungen innerhalb des Empire wurde nötig durch die Weigerung der Dominions, das Vereinigte Königreich in der nahöstlichen Krise, die aus Lloyd Georges Opposition gegen Kemal Atatürk erwuchs, zu unterstützen.

Am 23. Oktober 1923 stürzten die Konservativen Lloyd George und setzten ihre eigene Regierung unter Bonar Law ein. In der folgenden Unterhauswahl erhielten sie 344 von 615 Sitzen und konnten damit im Amt bleiben. Diese Regierung der Konservativen unter Bonar Law und Stanley Baldwin dauerte nur fünfzehn Monate. In der Innenpolitik waren ihre Haupttaten Stückwerksaktionen gegen die Arbeitslosigkeit und Reden über Schutzzölle. Über dieses letzte Thema veranstaltete Baldwin im Dezember 1923 eine Unterhauswahl und verlor seine Mehrheit, obwohl er mit 258 Sitzen gegenüber den 191 von Labour und den 159 der Liberalen immer noch die größte Fraktion hatte. Asquith, der das Mächtegleichgewicht in seiner Hand hielt, hätte seine Unterstützung jeder Richtung geben können. Er entschied sich für Labour, dem er eine «faire Chance» geben wollte. So kam die erste Labourregierung der Geschichte ins Amt, wenn auch nicht an die Macht.

Mit einem feindseligen Oberhaus, einem fast vollständig unerfahrenen Kabinett, einer Minderheitsregierung, von deren Unterhausabgeordneten ein Großteil Gewerkschaftler ohne parlamentarische Erfahrung waren, und einem Veto der Liberalen gegen jeden Versuch, ein sozialistisches oder auch nur ein Labour-Programm durchzuführen, konnte man nicht viel von MacDonalds erster Regierung erwarten. Es wurde nur wenig erreicht und wenigstens nichts von dauerhafter Bedeutung und schon nach drei Monaten sah sich der Premierminister nach einem Rücktrittsgrund um. Seine Regierung fuhr mit der Praxis stückweiser Lösungen für die Arbeitslosigkeit fort, begann mit öffentlichen Wohnsubventionen, senkte die Steuern auf Grundnahrungsmittel (Zucker, Tee, Kaffee, Kakao) und schaffte die Unternehmenssteuer ebenso ab wie die Kriegsabgabe von 33,5% auf Autos, Uhren, Musikinstrumente, Hüte und Glasplatten und die Abgaben von 1921 für «Schlüsselindustrien» (optische Gläser, Chemie, elektrische Apparate).

Das politische Hauptthema des Tages war allerdings der Kommunismus. Das erreichte fiebrige Hitzezustände, als MacDonald die Sowjetunion anerkannte und einen Handelsvertrag mit diesem Land abzuschließen versuchte. MacDonald arbeitet widerwillig mit den Liberalen zusammen. Er trat zurück, als das Parlament entschied, die Niederschlagung der strafrechtlichen Verfolgung des Herausgebers einer kommunistischen Parteizeitung unter dem Gesetz über die Anstiftung zum Aufruhr zu untersuchen. In der darauffolgenden Unterhauswahl spielten die Konservativen die Karte mit der «Angst vor den Roten» nach Belieben aus. Sie bekamen bedeutende Hilfe, als die ständigen Beamten im Außenministerium vier Tage vor der Wahl den «Sinowjew-Brief» bekannt machten. Dieses gefälschte Dokument rief britische Staatsbürger dazu auf, eine gewalttätige Revolution zugunsten der Dritten Internationale zu unterstützen. Es spielte fraglos eine Rolle, als die Konservativen ihre größte Mehrheit seit langem erreichten, 412 von 615 Sitzen.

Auf diese Art begann eine konservative Regierung, die unter Baldwin fünf Jahre im Amt blieb. Winston Churchill zeichnete als Schatzkanzler für die

Stabilisierungspolitik verantwortlich, die England zu Vorkriegsparitäten in den Goldstandard zurückführte. Wie wir früher gezeigt haben, führte diese Deflationspolitik in Großbritannien zu einer Wirtschaftskrise und einer Zeit von Arbeitskämpfen. Diese Politik war in ihrer Durchführung so stümperhaft, dass Großbritannien für fast ein Jahrzehnt zu einer halben Depression verurteilt blieb, bis zum September 1931 unter der finanziellen Diktatur Frankreichs stand und näher an innere Unruhen herandriftete als jemals seit der Chartistenbewegung 1848. Die Anerkennung Russlands und das Handelsabkommen mit Russland wurden wieder verworfen; die Importzölle wurden wiederhergestellt; und die Einkommenssteuer wurde herabgesetzt (während allerdings die Erbschaftssteuer erhöht wurde). Als die Defizite anstiegen, unternahm man eine Anzahl von Raubzügen auf verfügbare Spezialfonds. Das hauptsächliche innenpolitische Ereignis der Periode war der Generalstreik vom 3. bis 12. Mai 1926.

Der Generalstreik entwickelte sich aus einem Streik in den Kohlezechen und aus der Entschlossenheit beider Seiten, den Klassenkampf auf einen Höhepunkt zu treiben. Die britischen Bergwerke befanden sich wegen der Art der Kohlevorkommen und wegen eines Missmanagements, das ihr technisches Gerät ungeeignet und veraltet hatte werden lassen, in schlechtem Zustand. Die meisten produzierten im Vergleich mit den Zechen im nördlichen Frankreich und im westlichen Deutschland sehr kostenintensiv. Die Deflation als Folge der Bemühung zur Stabilisierung des Pfundes wirkte sich auf die Zechen besonders stark aus, da die Preise nur verringert werden konnten, wenn zuerst die Kosten verringert wurden. Das bedeutete für die Zechen zunächst einmal eine Kürzung der Löhne. Die deutschen Anstrengungen, Reparationen mithilfe der Kohle zu bezahlen, und besonders die Rückkehr der Ruhrzechen zu voller Produktion nach der französischen Evakuierung dieses Gebietes 1924 führte dann für die englischen Zechen zum Verlust der Exportmärkte. Das machte die Zechen zum natürlichen Brennpunkt für Arbeiterunruhen in England.

Die Zechen hatten während des Krieges unter Regierungskontrolle gestanden. Nach dem Ende des Krieges verlangten viele Liberale und Labourleute und die Bergleute selbst die Nationalisierung. Diese Haltung spiegelte sich im Bereich einer königlichen Kommission unter Lord Sankey wider, in dem die Verstaatlichung der Zechen und Lohnerhöhungen empfohlen wurde. Die Regierung gewährte Letzteres, verweigerte aber das Erstere (1919). Als 1921 die Regierungskontrollen aufhörten, verlangten die Eigentümer längere Arbeitszeiten und tiefere Löhne. Die Bergleute wollten das nicht zulassen und gingen drei Monate in Streik (März bis Juni 1921). Sie erhielten ein Versprechen der Regierung, die Löhne in den schlechter bezahlten Bezirken zu erhöhen. Als Folge der Stabilisierung verkündeten die Eigentümer 1925 neue Lohnkürzungen. Weil die Bergleute Widerstand leisteten, ernannte die Regierung eine neue königliche Kommission unter Sir Herbert Samuel. Diese Gruppe verdammte die Subventionen und empfahl die Schließung kostenintensiver Zechen, die Bildung eines gemeinsamen Verkaufskonsortiums und

Lohnkürzungen, während die Arbeitszeiten gleich bleiben sollten. Da Eigentümer, Regierung und Arbeiterschaft alle zu einem Kampf bereit waren, driftete die ganze Sache auf eine Krise zu, als die Regierung das Notstandsgesetz von 1920 zur Anwendung brachte und der Kongress der Gewerkschaften (Trades Union Congress) darauf mit der Ausrufung eines Generalstreiks antwortete.

Im Generalstreik trat die gesamte gewerkschaftlich organisierte Arbeiterschaft in Ausstand. Freiwillige aus Ober- und Mittelklasse versuchten, öffentliche Dienstleistungen und andere wesentliche Wirtschaftsbereiche funktionsfähig zu halten. Die Regierung gab ihr eigenes Nachrichtenbulletin heraus (*The British Gazette* unter Churchill) und verwendete die BBC, um Angriffe auf die Gewerkschaften zu starten. Sie ließ die einzige verfügbare Zeitung, den antigewerkschaftlich eingestellten *Daily Mail*, der in Paris gedruckt und eingeflogen wurde, ihre Sichtweise unterstützen.

Der Kongress der Gewerkschaften führte den Streik nicht mit voller Kraft und beendete ihn bald. Es blieb den streikenden Bergarbeitern allein überlassen, wie sie ihren Kampf weiterführten. Die Bergleute blieben sechs Monate im Ausstand und gingen danach langsam wieder zur Arbeit zurück, um dem Verhungern zu entgehen. Sie waren vollständig besiegt. Die Folge davon war, dass viele von ihnen England verließen. Das am schwersten betroffene Gebiet, Südwales, verlor in drei Jahren 250.000 Menschen.

Unter den Folgen des Fehlschlags des Generalstreiks müssen zwei Vorgänge erwähnt werden. Das Gesetz über Arbeitsstreitigkeiten (Trades Disputes Act) von 1927 verbot Sympathiestreiks, begrenzte das Aufstellen von Streikposten, untersagte Staatsangestellten, sich mit anderen Arbeitern zusammenzutun, und setzte die Taff-Vale-Entscheidung wieder in Kraft. Es änderte die rechtliche Grundlage für die Sammlung politischer Gelder durch die Gewerkschaften von solchen Personen, die sich nicht weigerten, Gelder beizusteuern, zu solchen, die dem ausdrücklich zustimmten. Der Kongress der Gewerkschaften hatte seine Illusionen über wirtschaftliche Waffen im Klassenkampf verloren, verbannte den Streik aus seinem Arsenal und konzentrierte seine Aufmerksamkeit auf politische Waffen. Im wirtschaftlichen Feld wurde er zunehmend konservativ und begann mit den Führern der Industrie, wie Lord Melchett von den Imperial Chemicals Industries, über Methoden zu verhandeln, in denen Kapital und Arbeit auf dem Rücken der Konsumenten zusammenarbeiten könnten. Als Instrument dieser Zusammenarbeit wurde ein Nationaler Industrierat (National Industrial Council) eingesetzt, der aus dem Kongress der Gewerkschaften, dem Bundesverband der britischen Industrie (Federation of British Industries) und dem Nationalen Zusammenschluss der Unternehmer (National Conference of Employers) bestand.

Die letzten drei Jahre der Regierung der Konservativen wurden bestimmt durch die Schaffung eines nationalen Systems der Elektrifizierung und eines Regierungsmonopols über das Radio (1926), durch die Ausweitung des Wahlrechts auf Frauen zwischen einundzwanzig und dreißig (1928), durch ein Transportgesetz für die Straße und ein Kommunalgesetz (Local Government

Act, 1929). In diesen letzten Jahren wurde die Regierung wegen einiger Akte von Polizeiwillkür zunehmend unbeliebt. Als Folge war die Unterhauswahl von 1929 beinahe ein Duplikat derjenigen von 1923: die Konservativen fielen auf 260 Sitze zurück; Labour war mit 288 Sitzen die stärkste Partei, hatte aber keine Mehrheit; und die Liberalen bildeten mit 59 Sitzen das Zünglein an der Waage. Wie 1923 gaben auch diesmal die Liberalen ihre Unterstützung an Labour und setzten die zweite Regierung MacDonald ins Amt.

Die Regierung MacDonald von 1929 bis 1931 war sogar noch weniger radikal als die von 1924. Die Labourmitglieder standen den liberalen Unterstützern unfreundlich gegenüber und waren auch untereinander gespalten, so dass es selbst innerhalb des Kabinetts kleinliche Streitigkeiten gab. Die Liberalen im Kabinett waren progressiver als die Labourleute und wurden unruhig über Labours konservative Politik. Snowden als Schatzkanzler behielt die Einfuhrzölle bei und erhöhte andere Steuern inklusive der Einkommenssteuer. Da das nicht ausreichte, um den Haushalt ins Gleichgewicht zu setzen, lieh er Geld aus verschiedenen Geldquellen und verlegte das Datum zur Einziehung der Einkommenssteuer vor.

Der Lordsiegelbewahrer J. H. Thomas, ein Führer der Eisenbahnergewerkschaft, wurde zum Leiter einer Gruppe ernannt, die das Problem der Arbeitslosigkeit lösen sollte. Nach ein paar Monaten wurde diese Arbeit aufgegeben und er wurde zum Minister für die Dominions ernannt. Dieser Fehlschlag wog umso schwerer, als sowohl die Liberalen als auch Sir Oswald Mosley (damals Mitglied von Labour) detaillierte Pläne ausgearbeitet hatten, die öffentliche Arbeitsbeschaffungsmaßnahmen vorsahen. Das Arbeitslosengeld wurden erhöht, was zur Folge hatte, dass die Versicherungsrücklagen durch Anleihen wieder aufgefüllt werden mussten. Das Gesetz für die Kohlezechen (1930) richtete eine gemeinsame Verkaufsagentur ein, etablierte Subventionen für Kohleexporte und ein nationales Gremium für die Festsetzung der Löhne, beließ die Arbeitszeiten aber bei siebeneinhalb Stunden pro Tag anstelle der früheren sieben Stunden.

Das Oberhaus weigerte sich, eine Wahlrechtsreformvorlage, eine Vorlage für die Verwendung von landwirtschaftlichen Flächen und Sir Charles Trevelyans Erziehungsvorlage anzunehmen. Die Letzte davon sah freie Erziehung für die Sekundarstufe vor und erhöhte das Schulabgangsalter auf fünfzehn. Aber die Labourregierung bestand nicht auf diesen Vorlagen und Trevelyan trat aus Protest gegen ihre verzögernde Haltung zurück. Eine Vorlage für die Vermarktung landwirtschaftlicher Produkte, die der landbesitzenden Klasse im Oberhaus Vorteile brachte und die Nahrungsmittelpreise für die Konsumenten erhöhte, wurde gebilligt. Während dieser ganzen Gesetzgebungsunternehmungen war deutlich, dass die Labourpartei Schwierigkeiten dabei hatte, ihre eigenen Mitglieder zu kontrollieren. Die abweichenden Stimmen waren bei Labour bei den meisten Abstimmungen im Unterhaus ziemlich beträchtlich.

Das Problem des wachsenden Haushaltsdefizits wurde 1931 noch durch den Export von Gold kompliziert. Der nationale Zusammenschluss der Unternehmer und der Bundesverband der britischen Industrie kamen darin überein, Lohnkürzungen um ein Drittel vorzuschreiben. Am 11. Februar übergab ein Komitee unter George May, das auf liberale Initiative hin eingesetzt worden war, seinen Bericht. Es empfahl eine Kürzung der Regierungsausgaben in Höhe von 96 Millionen Pfund, wobei zwei Drittel davon bei der Arbeitslosenhilfe und ein Drittel bei den Löhnen der Beschäftigten eingespart werden sollten. Dies wurde vom Kongress der Gewerkschaften ebenso wie von einer Mehrheit im Kabinett zurückgewiesen.

Im Juni berichtete das Macmillan-Komitee nach zweijährigem Studium, dass die gesamte finanzielle Struktur Englands unsolide sei. Die Heilung bestehe in einer Lenkung der Währung, die von der Bank von England kontrolliert werden sollte. Anstatt Anstrengungen in irgendeine in sich stimmige Richtung zu unternehmen, trat MacDonald zurück, ohne das irgendjemandem aus dem Kabinett mit Ausnahme von Snowden und Thomas kundzutun, vereinbarte aber im Geheimen, weiterhin Premierminister zu bleiben und sich von den Konservativen und jenen Labourleuten und Liberalen, die dazu bereit waren, unterstützen zu lassen. Die ganze Krise über beriet sich MacDonald mit den Führern der anderen beiden Parteien, nicht aber mit seiner eigenen. Er verkündete die Bildung der Regierung der nationalen Einheit auf der gleichen Kabinettssitzung, auf der er seinen Ministern bekannt gab, dass sie zurückgetreten waren.

Die Regierung der nationalen Einheit hatte ein Kabinett mit zehn Mitgliedern, von denen vier von Labour kamen, vier von den Konservativen und zwei von den Liberalen. Dieses Kabinett hatte die Unterstützung von 243 Konservativen, 52 Liberalen und 12 Labourabgeordneten. In Opposition standen 242 Labourleute und 9 Unabhängige. Nur dreizehn Labourabgeordnete folgten MacDonald und wurden bald aus der Partei ausgeschlossen. Diese Krise war von großer Bedeutung, weil sie die Unfähigkeit der Labourpartei und die Macht der Banker enthüllte. Die Labourpartei wurde durch kleinliche persönliche Hahnenkämpfe kaputt gemacht. Ihre führenden Mitglieder verstanden nichts von Wirtschaft. Snowden, der «Wirtschaftsexperte» der Partei, hatte Ansichten über finanzielle Angelegenheiten, die ungefähr die gleichen waren wie die von Montagu Norman von der Bank von England. Es gab kein allgemein akzeptiertes Parteiprogramm außer dem entfernten und unrealistischen Ziel einer «Verstaatlichung der Industrie» und dieses Ziel musste von einer Partei, deren gesamte Struktur auf den Gewerkschaften beruhte, mit gemischtem Enthusiasmus betrachtet werden.

Was die Banker anging, so hatten sie die ganze Krise über die Kontrolle. Während sie öffentlich auf einem ausgeglichenen Haushalt bestanden, weigerten sie sich privat, einen Ausgleich durch Besteuerung zu akzeptieren, und bestanden auf einem Ausgleich durch Ausgabenkürzungen. Da sie in einer engen Zusammenarbeit mit amerikanischen Bankern und mit Führern der Konservativen arbeiteten, waren sie in einer Position, in der sie jede Regierung stürzen konnten, die nicht den Willen hatte, sie vollständig zu vernichten. Während sie am 23. August eine Zusammenarbeit mit der Labourregierung verweigerten, schafften sie es, eine Anleihe von 80 Millionen Pfund aus den Vereinigten Staaten und Frankreich für die Regierung der nationalen Einheit zu erhalten, als diese gerade einmal vier Tage alt war. Obwohl sie der Labourregierung im August nicht erlauben wollten, am Goldstandard herumzupfuschen, erlaubten sie der Regierung der nationalen Einheit im September, ihn abzuschaffen, als die Zinsen bei 4,5% standen.

Die Regierung der nationalen Einheit ging die Krise sofort mit einer typischen Waffe der Banker an: Deflation. Sie offerierte einen Haushalt, der höhere Steuern und scharfe Kürzungen in der Arbeitslosenhilfe und öffentlichen Gehältern vorsah. Das Resultat waren Aufruhr, Proteste und eine Meuterei in der Marine. Das zwang Großbritannien am 21. September zur Aufgabe des Goldstandards. Eine Wahl fürs Unterhaus wurde auf den 27. Oktober angesetzt. Der Wahlkampf war scharf, wobei MacDonald und Snowden Labour angriffen, während die Konservativen und die Liberalen über das Thema der Zölle kämpften. Snowden nannte die Labourpartei «einen verrückt gewordenen Bolschewismus». Er wurde dafür später mit der Peerswürde belohnt. Die Regierung benutzte alle Macht der Öffentlichkeitsarbeit, die ihr zur Verfügung stand, inklusive der BBC, in einer Weise, die eindeutig unfair war. Labour dagegen standen nur wenige Medien offen und es war finanziell durch das Trades-Dispute-Gesetz von 1927 geschwächt. Das Resultat dieser Situation war ein überwältigender Sieg der Regierung, die von 458 Abgeordneten unterstützt wurde und nur 56 gegen sich hatte.

Die Regierung der nationalen Einheit blieb vier Jahre an der Macht. Ihre Haupterrungenschaft im Inneren war die Abschaffung des Freihandels und der Aufbau einer kartellmäßig organisierten Industrie hinter dem Schutz dieser neuen Handelsbarrieren. Der Aufbau von Kartellen, das Wiederaufleben des Exporthandels und die Weiterführung niedrig gehaltener Nahrungsmittelpreise verschafften der Wirtschaft einen sanften Aufschwung, besonders im Hausbau. Das Ende des Freihandels führte zur Aufspaltung der Liberalen in eine Regierungsgruppe (unter Sir John Simon) und eine Oppositionsgruppe (unter Sir Herbert Samuel und Sir Archibald Sinclair). Das führte zu drei liberalen Splittergruppen, denn Lloyd George hatte die Regierung ohnehin nie unterstützt.

Das innenpolitische Programm der Regierung der nationalen Einheit begünstigte eine Kartellisierung der Wirtschaft und Einschränkungen bei den persönlichen Freiheiten von Individuen. Dagegen gab es keine Proteste, weil die Labouropposition ein Programm hatte, das in seiner Realität, wenn auch nicht in der Theorie, in dieselbe Richtung wies.

Ein nationales System der Arbeitslosenversicherung wurde 1933 eingeführt. Es sah vor, dass die Rücklagen der Versicherung ausreichend bleiben sollten, indem die Beiträge je nach Bedürfnis angeglichen wurden. Nebenher lief ein Programm von Hilfsgeldern, inklusive eines Tests der Mittel, das für jene galt, die nicht für die Arbeitslosenversicherung qualifiziert waren. Es wälzte die meiste Last auf die kommunalen Regierungen ab, gab aber die volle Kontrolle einem zentralisierten Arbeitslosenhilfsdirektorium. Arbeitslose Jugendliche wurden in Trainingszentren geschickt. Jeglicher Erziehungsreform wurde Einhalt geboten und das Projekt, das Schulabgangsalter von fünfzehn auf sechzehn zu erhöhen, wurde gestrichen.

Das London-Passagiertransport-Gesetz von 1933 (London Passenger Transport Act) zeigte ebenso wie das Gesetz zur Schaffung der BBC sieben Jahre früher, dass die Konservativen nicht wirklich Einwände gegen die Verstaatlichung öffentlicher Dienstleistungen hatten. Alle Transportsysteme der Londoner Umgebung mit Ausnahme der Eisenbahnen wurden unter der Kontrolle einer öffentlichen Gesellschaft zusammengefasst. Private Eigentümer wurden großzügig mit Wertpapieren entschädigt und aus Treuhändern, die verschiedene Interessen vertraten, wurde ein Direktorium gebildet.

Das Gesetz über die Vermarktung landwirtschaftlicher Produkte von 1931 wurde 1933 modifiziert und sorgte für eine zentrale Kontrolle des Verkaufs bestimmter Pflanzensorten inklusive bestimmter Mindestpreise und Regierungssubventionen.

Die Polizei Londons mit ihrer Jurisdiktion über ein Sechstel der Bevölkerung Englands wurde 1933 reorganisiert, um ihre offensichtlichen Sympathien mit der Arbeiterklasse zu zerstören. Das geschah, indem alle Dienstränge oberhalb des Inspektors Personen mit einer Oberschichtserziehung vorbehalten wurden, indem sie in einem neugeschaffenen Polizeicollege ausgebildet wurden und indem man ihnen untersagte, der Polizeiföderation (einer Art Gewerkschaft) beizutreten. Die Folgen davon wurden ganz unmittelbar sichtbar im Kontrast zwischen der leichtfertigen Haltung der Polizei gegenüber Sir Oswald Mosleys Union britischer Faschisten (die britische Staatsbürger mit relativer Straflosigkeit verprügelte) und der gewalttätigen Härte der Polizeiaktionen auch gegenüber friedlichen antifaschistischen Aktivitäten. Diese tolerante Haltung gegenüber dem Faschismus spiegelte sich sowohl im Radio als auch im Kino wider.

1934 wurde ein strenges Gesetz gegen Anstiftung zur Unzufriedenheit (Incitement to Disaffection) erlassen. Es drohte viele der persönlichen Garantien zu zerstören, die über Jahrhunderte hinweg aufgebaut worden waren, indem es die polizeiliche Hausdurchsuchung vereinfachte und den bloßen Besitz von Material, das die Unzufriedenheit in den Streitkräften schüren könnte, zu einem Verbrechen erklärte. Es wurde nach scharfer Kritik und einer Debatte im Oberhaus, die bis 4 Uhr morgens andauerte, verabschiedet. Zum ersten Mal seit drei Generationen wurden jetzt die persönliche Freiheit und die Bürgerrechte in Friedenszeiten eingeschränkt. Dies geschah mittels neuer Gesetze, durch den Gebrauch alter Gesetze wie des Official Secrets Act und durch so ominöse Neuerungen wie die «freiwillige» (Selbst-)Zensur der Presse und die Ausdehnung der Reichweite der Beleidigungsgesetze. Diese Entwicklung erreichte ihr gefährlichstes Stadium mit dem Gesetz zur Verhinderung von Gewalt (Prevention of Violence) von 1939, das einem Staatsminister die Befugnis erteilte, ohne richterliche Bevollmächtigung Verhaftungen vorzunehmen und ohne Prozess jede Person, auch einen britischen Staatsbürger, zu deportieren, die nicht dauerhaft in Großbritannien wohnhaft war, wenn er der Meinung war, dass eine solche Person an der Vorbereitung oder Anstiftung zu Gewalttaten beteiligt war oder derartigen Personen Aufenthalt bei sich gewährte. Glücklicherweise wurden diese neuen Einschränkungen mit einem gewissen Rest der alten, guten englischen Toleranz durchgeführt und sie wurden aus politischen Gründen kaum jemals auf Personen angewendet, die starken Rückhalt in den Gewerkschaften hatten.

Die reaktionären Tendenzen der Regierung der nationalen Einheit waren in ihrer Haushaltspolitik am Sichtbarsten. Dafür war vor allem Neville Chamberlain verantwortlich. Zum ersten Mal innerhalb fast eines Jahrhunderts gab es einen Anstieg des Steueranteils, der von der Arbeiterklasse aufgebracht wurde. Zum ersten Mal seit der Zurückweisung der Weizengesetze (Corn Laws) von 1846 gab es eine Steuer auf Nahrungsmittel. Erstmals innerhalb von zwei Generationen gab es eine Umkehrung des Trends hin zu mehr Erziehung für das Volk. Der Haushalt wurde ausgeglichen gehalten, aber nur durch einen beträchtlichen Preis an menschlichem Leid und an Verschwendung von Großbritanniens unersetzlichen Humanressourcen. 1939 waren in den sogenannten Krisenregionen in Schottland, Südwales und der Nordostküste Hunderttausende bereits seit Jahren arbeitslos. Wie der Pilgrim Fund betonte, war ihre innere Moral durch die Jahre, in denen sie von zu wenig Geld leben mussten, vollständig zerstört worden. Die Kapitalisten dieser Gebiete wurden entweder durch Regierungssubventionen unterstützt (wie die Runciman-Familie, die ihre Taschen mit Subventionen für Schifffahrt füllte) oder sie wurden durch Kartelle und Handelsassoziationen mithilfe von Geldern, die von den aktiveren Mitgliedern der Industrie bereitgestellt wurden, ausgekauft (wie es im Kohlebergbau, der Stahlindustrie, der Zementindustrie, dem Schiffsbau usw. geschah).

Die Steuersenkung, die Neville Chamberlain 1929 durchführte, erließ der Industrie unter bestimmten Bedingungen die Zahlung von drei Vierteln ihrer Steuern. Das erließ der Industrie von 1930 bis 1937 Zahlungen in Höhe von 170 Mio. Pfund, während man viele Arbeitslose verhungern ließ. Für Imperial Chemical Industries war dieses Gesetz ungefähr 200.000 Pfund im Jahr wert. Auf der anderen Seite bestand Chamberlain als Schatzkanzler auf den Zuweisungen für die Luftwaffe, die es der RAF später ermöglichten, Görings Angriff in der Luftschlacht um England 1940 zu überstehen.

Die Unterhauswahl von 1935, die den Konservativen zehn weitere Jahre an der Regierung verschaffte, war die schändlichste der modernen Zeiten. Es war völlig klar, dass das englische Volk aus ganzem Herzen für kollektive Sicherheit war. In der Zeit von November 1934 bis Juni 1935 arbeitete die Union für den Völkerbund mit anderen Organisationen zusammen, um eine «Friedensabstimmung» abzuhalten. Es wurden fünf Fragen gestellt, von denen die erste (Soll England im Völkerbund bleiben?) und die fünfte (Soll England wirtschaftliche oder militärische Sanktionen gegen Aggressoren anwenden?) die wichtigsten waren. Zur ersten Frage kamen 11.090.387 zustimmende und 355.883 ablehnende Antworten. Was den Gebrauch von Wirtschaftssanktionen anging, kamen 10.027.608 zustimmende und 635.074 ablehnende Antworten. In Bezug auf militärische Sanktionen kamen 6.784.368 zustimmende und 2.351.981 ablehnende Antworten.

Noch dazu gab es eine Nachwahl in East Fulham im Frühling 1935, bei der ein Unterstützer kollektiver Sicherheit von Labour einen Konservativen besiegte. Die Konservativen beschlossen daraufhin, eine allgemeine Wahl mit der Unterstützung für kollektive Sicherheit als Thema durchzukämpfen. Baldwin ersetzte MacDonald als Premierminister und Samuel Hoare ersetzte den Liberalen Sir John Simon im Außenministerium, um die Menschen glauben zu machen, dass die bisherige Appeasementpolitik umgekehrt würde. Im September hielt Hoare eine flammende Rede in Genf, in der er Großbritannien auf eine Unterstützung für kollektive Sicherheitsmechanismen verpflichtete, um die italienische Aggression gegen Äthiopien zu beenden. Die Öffentlichkeit wusste nicht, dass er auf seinem Weg nach Genf in Paris Halt gemacht hatte, um dort eine Geheimabmachung zu treffen, nach der Italien zwei Drittel Äthiopiens zugestanden werden sollten.

Das königliche Jubiläum wurde im Frühjahr 1935 dazu benutzt, öffentlichen Enthusiasmus für die Sache der Konservativen aufzubauen. Spät im Oktober, eine Woche vor den Kommunalwahlen, für die Labour bereits die meisten seiner verfügbaren Gelder ausgegeben hatte, kündigten die Konservativen eine Unterhauswahl für den 14. November an und baten die Wählerschaft um ein Mandat zur Unterstützung kollektiver Sicherheitsmechanismen und der Aufrüstung. Die Labourpartei dagegen hatte weder ein Thema noch Gelder und war außerdem gespalten in der Frage des Pazifismus. Die Führer der Partei sowohl im Ober- wie im Unterhaus weigerten sich, beim Thema Aufrüstung als Ergänzung kollektiver Sicherheitsmaßnahmen dem Rest der Partei zu folgen.

In der Wahl verlor die Regierung 83 Sitze, aber die Konservativen hatten immer noch eine Mehrheit von 387 Sitzen gegenüber 154 von Labour. Die Liberalen wurden von 34 auf 21 Sitze gestutzt. Diese neue Regierung blieb zehn Jahre im Amt und wandte ihre Aufmerksamkeit fast ausschließlich der Außenpolitik zu. Darin zeigte sie bis 1940, wie wir sehen werden, dieselbe Unfähigkeit und Voreingenommenheit, die auch ihr Programm im Inneren gekennzeichnet hatte.

Wirtschaftliche Organisationsformen im Wandel vom 19. Jahrhundert bis zur Mitte des 20. Jahrhunderts

Einführung

Ein Wirtschaftssystem muss nicht expansiv sein – das heißt, beständig seine Erzeugung von Reichtum erhöhen. Es mag sehr wohl für Menschen möglich sein, in einem nichtexpansiven Wirtschaftssystem vollkommen glücklich zu sein, wenn sie daran gewöhnt sind. Im 20. Jahrhundert aber haben die Menschen unserer Kultur über Generationen hinweg unter Bedingungen der Expansion, des Wachstums gelebt. Ihr Denken ist psychologisch auf Wachstum ausgerichtet und sie werden tief frustriert, wenn es ihnen nicht jedes Jahr besser als im vorhergehenden geht. Das Wirtschaftssystem selbst ist auf Wachstum hin organisiert, und wenn es nicht wächst, tendiert es zum Zusammenbruch.

Der Hauptgrund für diese Fehleinstellung liegt darin, dass Investitionen zu einem wesentlichen Bestandteil des Systems geworden sind. Wenn die Investitionen fallen, haben die Konsumenten nicht mehr genügend Einkommen, um die Konsumgüter zu kaufen, die in einem anderen Teil des Systems produziert werden, weil ein Teil des Kaufkraftflusses, der durch die Produktion von Gütern geschaffen wird, nicht in den Kauf von Gütern geht, sondern gespart wird, und weil die Güter, die hergestellt werden, nicht alle verkauft werden können, bevor diese Ersparnisse nicht in Form von Investitionen in den Markt zurückfließen. Im System als Ganzem versuchte jeder kurzfristig seine eigene Position zu verbessern, aber eben das gefährdete das Funktionieren des Gesamtsystems auf lange Sicht. Dabei besteht nicht nur ein Gegensatz zwischen Individuum und System, sondern auch einer zwischen kurzfristig und langfristig.

Einer der grundlegenden Glaubenssätze des 19. Jahrhunderts war die Theorie der «Harmonie der Interessen». Diese besagt, dass, was gut für das Individuum war, auch gut für die Gesellschaft als Ganze sei und dass dem allgemeinen Fortschritt der Gesellschaft am besten gedient sei, wenn den Individuen freigestellt bleibe, ihrem eigenen individuellen Vorteil nachzugehen. Von dieser Harmonie glaubte man, dass sie zwischen zwei Individuen, zwischen dem Individuum und der Gruppe und zwischen kurzfristigen und langfristigen Handlungen bestehe. Im 19. Jahrhundert war eine solche Theorie wohl haltbar, im 20. aber konnte sie nur mit beträchtlichen Modifikationen aufrechterhalten werden. Als Resultat der Handlungen von Individuen, die alle ihren persönlichen Vorteil verfolgten, wurde die wirtschaftliche Struktur der Gesellschaft so verändert, dass die Handlungen eines solchen Individuums mit hoher Wahrscheinlichkeit seinen Mitmenschen, der Gesellschaft als Ganzer und seinen eigenen langfristigen Interessen schaden würden. Diese Situation führte zu einem so grundlegenden Konflikt zwischen Theorie und Praxis, zwischen Zielen und Ergebnissen und zwischen Individuen und Gruppen, dass eine Rückkehr zu bestimmten grundlegenden Wahrheiten in der Ökonomie notwendig wurde. Schwierig wurde eine solche Rückkehr unglücklicherweise wegen des Konflikts zwischen Interessen und Grundsätzen und wegen der Schwierigkeit, in der außerordentlichen Komplexität des Wirtschaftslebens des 20. Jahrhunderts überhaupt irgendwelche Grundsätze zu erkennen.

Die Faktoren, die für wirtschaftlichen Fortschritt notwendig sind, ergänzen die Faktoren, die für die Produktion notwendig sind. Produktion verlangt das Organisieren von Wissen, Zeit, Energie, Rohstoffen, Land, Arbeitskraft usw. Der wirtschaftliche Fortschritt braucht drei zusätzliche Faktoren. Das sind: Innovation, Ersparnisse und Investitionen. Eine Gesellschaft kann nur wirtschaftlich expandieren, wenn sie diese drei zur Verfügung stellen kann. «Innovation» heißt: die Austüftelung neuer und besserer Wege, die Aufgaben der Produktion zu erfüllen; «Ersparnisse» heißt: auf den Konsum von Ressourcen zu verzichten, damit diese für andere Zwecke verwendet werden können; und «Investition» heißt: die Mobilisierung von Ressourcen für neue, bessere Arten der Produktion.

Das Fehlen des dritten Faktors (Investitionen) ist der häufigste Grund für die Unfähigkeit, wirtschaftliche Fortschritte zu machen. Er kann sogar fehlen, wenn die beiden anderen Faktoren gut funktionieren. In einem solchen Fall werden die akkumulierten Ersparnisse nicht für die Verwirklichung von Erfindungen aufgewendet, sondern für Konsum, für die Zurschaustellung sozialen Prestiges, für Kriege, für Religion, für andere unproduktive Zwecke oder sie werden überhaupt nicht ausgegeben.

Wirtschaftlicher Fortschritt hat immer Umschichtungen der produktiven Ressourcen von alten zu neuen Methoden mit sich gebracht. Wie wohltätig solche Umschichtungen auch immer für gewisse Gruppen und wie willkommen sie vielleicht auch einem Volk als Ganzem waren: sie haben immer Widerstand und Ressentiments von Gruppen auf sich gezogen, die eingewurzelte Interessen an der alten Methode der Ressourcenverwendung hatten. In einer Zeit des Fortschritts schaffen es solche Interessengruppen nicht, ihre alten Interessen so weit zu verteidigen, dass sie den Fortschritt verhindern können; wenn aber die Gruppen in einer Gesellschaft, die über die Verwendung der für die Fortentwicklung benötigten Ersparnisse entscheiden, die gleichen Interessensgruppen sind, die von der alteingesessenen Art, die Dinge zu tun, profitieren, so befinden sie sich natürlich in einer Position, in der sie diese eingesessenen Interessen verteidigen und den Fortschritt verhindern können, indem sie einfach verhindern, dass die Überschüsse in die Finanzierung neuer Erfindungen fließen. Eine solche Situation trägt den Keim einer wirtschaftlichen Krise in sich. Von einem engen Blickwinkel gesehen, war die Wirtschaftskrise des 20. Jahrhunderts eine derartige Situation. Um zu verstehen, wie es zu einer solchen Situation kommen konnte, müssen wir die Entwicklungen in den wichtigsten kapitalistischen Ländern untersuchen und die Gründe der Krise entdecken.

Großbritannien

In Großbritannien war das ganze 19. Jahrhundert über durch private Ersparnisse Kapital in einem solchen Überfluss vorhanden, dass sich die Industrie mit nur wenig Rückgriff auf das Bankensystem selbst finanzieren konnte. Die Rechtsform der Aktiengesellschaft wurde von den Unternehmen nur relativ langsam angenommen und auch eher wegen der Vorteile, die die beschränkte Haftung mit sich brachte, als wegen der Möglichkeiten, von einer weitgestreuten Öffentlichkeit Anteilskapital zu erhalten. Die Ersparnisse waren so hoch, dass der Überschuss exportiert werden musste, und die Zinssätze fielen beständig. Börsenmakler und Investmentbanker interessierten sich kaum für einheimische Industrieanlagen (außer bei den Eisenbahnen), sondern konzentrierten ihre Aufmerksamkeit den größten Teil des Jahrhunderts über auf Staatsanleihen (sowohl einheimische wie ausländische) und auf ausländische Wirtschaftsunternehmungen. Der Finanzkapitalismus zeigte sich zuerst in Bezug auf ausländische Wertpapiere und fand dort ein fruchtbares Operationsfeld. Das Recht bezüglich Aktiengesellschaften (wie es 1862 kodifiziert wurde) war sehr nachsichtig. Es gab sehr wenig Restriktionen, was die Gründung von Gesellschaften anging, und überhaupt keine, was die Vorspiegelung falscher Aussichten oder falsche Finanzberichte anging. Holdinggesellschaften wurden erst 1928 gesetzlich als solche wahrgenommen und es wurde auch damals noch keine bereinigte Bilanz gefordert. Noch 1933 veröffentlichten von 111 britischen Investmentgesellschaften nur 52 einen Nachweis ihrer Beteiligungen.

Dieses Element der Geheimhaltung ist eines der hervorstechendsten Kennzeichen des englischen Wirtschafts- und Finanzlebens. Das allergeringste «Recht» eines Engländers, ist das «Recht, zu wissen». Es ist etwa ebenso gering wie bei den amerikanischen Atomprogrammen. Die meisten Pflichten, Machtbefugnisse und Handlungen im Wirtschaftsleben bestehen in gewohnheitsmäßigen Verfahren und Konventionen und nicht in ausdrücklich festgehaltenen Regelungen und werden oft durch hingeworfene Bemerkungen zwischen alten Freunden durchgeführt. Kein Bericht hält solche Bemerkungen fest und sie werden allgemein als Privatangelegenheiten betrachtet, die andere nichts angehen, selbst wenn sie Millionen Pfund öffentlicher Gelder betreffen. Obwohl diese Situation sich allmählich verändert, bleibt der innere Kern des englischen Finanzlebens eher eine Angelegenheit von «wen man kennt» als von «was man kann». Stellungen werden immer noch durch Familie, Heirat oder schulische Verbindungen vermittelt; Charakter wird als wichtiger angesehen als Wissen oder Fähigkeiten; und bedeutende Positionen werden auf dieser Grundlage an Menschen vergeben, die keine Ausbildung, Erfahrung oder Vorwissen haben, die sie dafür qualifizieren würden.

Teil dieses Systems waren siebzehn Privatfirmen von «Merchant Bankers», die das Herz des englischen Finanzlebens bildeten und Geld für wohletablierte und reiche Unternehmen entweder auf einer langfristigen Basis (als

Investitionen) oder auf kurzfristiger Basis (als Akzepten) auftrieben. Zu diesen Handelsbanken mit insgesamt weniger als hundert aktiven Partnern gehörten die Firmen Baring Brothers, N.M. Rothschild, J. Henry Schroder, Morgan Grenfell, Hambros und Lazard Brothers. Diese Merchant Banker hatten in der Epoche des Finanzkapitalismus eine dominierende Stellung in der Bank von England. Merkwürdigerweise haben sie trotz der Verstaatlichung der Bank 1946 durch die Labourregierung etwas von dieser Stellung behalten können. Noch 1961 wurde ein Baring (Lord Cromer) zum Gouverneur der Bank ernannt und ihr Direktorium, das der «Hof» der Bank genannt wurde, umfasste Vertreter von Lazard, Hambros und von Morgan Grenfell ebenso wie die eines Industrieunternehmens (English Electric), das von diesen kontrolliert wurde.

Die Blütezeit des englischen Finanzkapitalismus ist verbunden mit der Gouverneurszeit Montagu Normans von 1920 bis 1944, aber er begann etwa ein Jahrhundert nach dem Anfang des Industriekapitalismus mit der Gründung von Guinness Ltd. durch Barings 1886 und setzte sich mit der Gründung von Allsopps Ltd. durch die Westminster Bank 1887 fort. In dem letzteren Jahr gab es nur etwa 10.000 eingetragene Firmen, obwohl in den siebziger Jahren des 19. Jahrhunderts etwa 1.000 Firmen pro Jahr gegründet wurden und in den achtziger Jahren etwa 2.000 pro Jahr. Von den Firmen, die eingetragen wurden, ging etwa ein Drittel im ersten Jahr bankrott. Das ist ein sehr hoher Anteil, wenn man bedenkt, dass etwa die Hälfte der gegründeten Firmen private Gesellschaften waren, die keine Wertpapiere ausgaben und bei denen man annehmen kann, dass sie ein Geschäft betrieben, das schon vor der Eintragung floriert hatte. Der Finanzkapitalismus schlug erst in den neunziger Jahren des 19. Jahrhunderts in Großbritannien Wurzeln. In zwei Jahren (1894–1896) gründete E. T. Hooley sechsundzwanzig Unternehmen mit verschiedenen hochadligen Lords als Direktoren. Das Gesamtkapital dieser Gruppe betrug 18,6 Mio. Pfund, von denen Hooley für sich selbst 5 Mio. Pfund nahm.

Von diesem Zeitpunkt an wuchs der Finanzkapitalismus in Großbritannien rapide, ohne aber jemals die Höhen wie in den Vereinigten Staaten oder in Deutschland zu erreichen. Die einheimischen Konzerne blieben klein, wurden weiterhin von den Eigentümern gemanagt und waren relativ fortschrittsfeindlich (insbesondere in den älteren Feldern wie Textilien, Eisen, Kohle, Schiffbau). Ein Hauptausbeutungsfeld des britischen Finanzkapitalismus war weiterhin bis zum Zusammenbruch von 1931 das Ausland. Erst nach 1920 begann er sich versuchsweise in neuere Felder wie Maschinenbau, Elektroindustrie und Chemie auszubreiten und in diesen wurde er fast unmittelbar vom Monopolkapitalismus überlagert. Als Folge davon war das Stadium des Finanzkapitalismus in Großbritannien relativ schwach entwickelt. Außerdem war sein Regime relativ ehrlich (im Unterschied zu den Vereinigten Staaten, aber ähnlich wie in Deutschland). Er machte nur wenig Gebrauch von Holdinggesellschaften und übte seinen Einfluss durch überkreuzende Direktorenposten und direkte finanzielle Kontrollen aus. Er starb relativ leicht und übergab die Kontrolle des Wirtschaftssystems den neuen Organisationen des Monopolkapitalismus, die von Männern wie William H. Lever, Viscount Leverhulme (1851–1925) oder Alfred M. Mond, Lord Melchett (1868–1930) geschaffen worden waren. Der Erstere errichtete ein großes internationales Monopol auf Pflanzenöle, das sein Zentrum in Unilever hatte, während der Letztere das britische Chemiemonopol errichtete, das als Imperial Chemical Industries bekannt ist.

Der Finanzkapitalismus war in Großbritannien wie auch anderswo nicht nur durch eine zunehmende Kontrolle der Industrie durch die Finanzwelt gekennzeichnet, sondern auch durch eine zunehmende Konzentration dieser Kontrolle und eine zunehmende Kontrolle der Banken über die Regierung. Wie wir gesehen haben, war dieser Einfluss der Bank von England über die Regierung eine fast uneingeschränkte Katastrophe für Großbritannien. Die Macht der Bank war in Kreisen der Wirtschaft niemals so groß wie über die Regierung, weil die britische Wirtschaft in einem größeren Ausmaß, als das in anderen Ländern der Fall war, eigenfinanziert blieb. Diese Kraft zur Eigenfinanzierung der Wirtschaft in Großbritannien stammte aus dem Vorsprung, den das Land durch seine frühzeitige Industrialisierung erlangt hatte. Als andere Länder sich industrialisierten, verminderten sie damit Großbritanniens Vorteile und seine außerordentlichen Profite und die britischen Unternehmen wurde gezwungen, entweder finanzielle Unterstützung von außerhalb des Unternehmens zu suchen oder die Schaffung neuen Anlagekapitals zu reduzieren. Es kamen beide Methoden zum Einsatz, mit dem Resultat, dass genau zur selben Zeit, als der Finanzkapitalismus seine Blüte entfaltete, beträchtliche Teile der britischen Industrieanlagen veralteten.

Die Kontrolle der Bank von England über die Wirtschaft wurde indirekt durch Aktienbanken ausgeübt. Diese Banken wurden im 20. Jahrhundert zunehmend konzentrierter und zunehmend mächtiger. Durch Verschmelzungen sank die Zahl dieser Banken von 109 1866 auf 35 im Jahr 1919 und 33 im Jahr 1933. Dieses Heranwachsen eines Geldtrusts führte zu einer Untersuchung durch ein Komitee des Schatzamts über Bankfusionen. In seinem Bericht (Colwyn-Bericht) räumte dieses Komitee ein, dass es eine Gefahr gab, und verlangte nach einem Einschreiten der Regierung. Eine Vorlage zur Verhinderung weiterer Konzentrationsprozesse wurde erarbeitet, wurde aber zurückgezogen, als die Banker eine Vereinbarung unter «Gentlemen» eingingen, um vom Schatzamt die Bewilligung weiterer Fusionen zu erhalten. Das Nettoresultat bestand im Schutz des Einflusses der Bank von England, der durch eine vollständige Monopolisierung der Aktienbanken hätte bedroht sein können. Die Bank war immer in einer Position, in der sie die Haltung des Schatzamtes in allen Fragen beeinflussen konnte. Von den 33 Aktienbanken, die 1933 existierten, befanden sich 9 in Irland und 8 in Schottland, was für England und Wales nur noch 16 übrig ließ. Alle 33 zusammen hatten Einlagen von über 2.500 Mio. Pfund, wovon sich 1.773 Mio. Pfund bei den sogenannten «Großen Fünf» (Midland, Lloyds, Barclays, Westminster und National Provincial) befanden. Die Großen Fünf kontrollierten wenigstens 7 der 28 anderen (in einem Fall besaßen sie zum Beispiel 98% der Aktien). Obwohl der

Wettbewerb unter den Großen Fünf normalerweise lebhaft war, unterstanden alle dem machtvollen Einfluss der Bank von England. Dieser wurde durch den Diskontsatz, durch Überkreuzdirektorate und vor allem durch die ungreifbaren Einflüsse von Tradition, Ehrgeiz und Prestige ausgeübt.

In Großbritannien schuf wie anderswo der Einfluss des Finanzkapitalismus die Vorbedingungen für den Monopolkapitalismus, und zwar nicht nur durch die Schaffung eines monopolistischen Umfelds (das es der Industrie erlaubte, sich aus der finanziellen Abhängigkeit der Banken zu befreien), sondern auch, indem er auf der deflationären, orthodoxen Finanzpolitik bestand, die schließlich die Industriellen von den Finanziers entfremdete. Obwohl der Monopolkapitalismus in Großbritannien schon 1888 mit der British Salt Union (die 91% der britischen Salzversorgung kontrollierte) sein Wachstum begann, kam der Sieg des Monopol- über den Finanzkapitalismus nicht vor 1931. In diesem Jahr war die Struktur des Monopolkapitalismus schon wohlorganisiert. Das Handelsministerium berichtete 1918, dass es in Großbritannien 500 markteinschränkende Handelsassoziationen gab. Im selben Jahr hatte der Bundesverband der britischen Industrie (FBI = Federation of British Industries) 129 Handelsassoziationen und 704 Firmen als Mitglieder. Er verkündete als seine Ziele die Regulierung der Preise, die Einschränkung des Wettbewerbs und die Förderung der Zusammenarbeit in technischen Fragen, Politik und Öffentlichkeitsarbeit. 1935 hatte er seine Arbeitsfelder dahingehend erweitert auf a) die Eliminierung von Kapazitäten der Überschussproduktion, b) Einschränkungen für den Zutritt neuer Firmen in irgendein Wirtschaftsfeld und c) zunehmende Härtemaßnahmen, um sowohl Mitglieder als auch Außenseiter zu zwingen, Mindestpreisfestlegungen und Produktionsquoten zu befolgen. Die Fähigkeit zu Letzterem erweiterte sich in der Zeit von 1931 bis 1940 ständig. Vielleicht der wichtigste Meilenstein auf diesem Weg war eine Entscheidung des Oberhauses in seiner Funktion als oberster Gerichtshof, die Härtemaßnahmen gegen Außenseiter bei der Erzwingung von Vereinbarungen zur Beschränkung der Wirtschaftstätigkeit erlaubte (der Fall Thorne gegen Motor Trade Association mit Entscheidung vom 4. Juni 1937).

Das Jahr 1931 war für Großbritannien der Wendepunkt vom Finanz- zum Monopolkapitalismus. In diesem Jahr erzielte der Finanzkapitalismus, der die britische Wirtschaft seit einem Jahrzehnt im Zustand einer Halbdepression gehalten hatte, seinen letzten großen Sieg, als die Finanzwelt, die von Montagu Norman und J. P. Morgan angeführt wurde, den Rücktritt der britischen Labourregierung erzwang. Aber die Schrift stand bereits an der Wand. Der Monopolismus war bereits so weit gewachsen, dass er danach trachtete, das Bankensystem zu seinem Diener anstatt seinem Herren zu machen. Die deflationäre Finanzpolitik der Banker hatte ihnen Politiker und Industrielle entfremdet und hatte auch die Monopol-Gewerkschaften in eine gemeinsame Front gegen die Banker hineingetrieben.

Das war schon ganz sichtbar in der Konferenz über industrielle Beziehungen und industrielle Reorganisation im April 1928. Dieses Treffen umfasste Repräsentanten des Kongresses der Gewerkschaften und des Bundesverbands der Unternehmer und überreichte dem Schatzkanzler ein Memorandum, das von Sir Alfred M. Mond von Imperial Chemicals und Ben Turner von den Gewerkschaften unterzeichnet war. Ähnliche Erklärungen wurden auch von anderen Monopolgruppen abgegeben, aber die Spaltung zwischen Monopol- und Finanzkapitalisten wurde erst sichtbar, als die Letzteren es schafften, die Labourregierung loszuwerden. Als das geschehen war, vereinigten sich organisierte Arbeiterschaft und Industrie in ihrer Opposition gegen die Weiterführung der Wirtschaftspolitik der Banker mit ihren niedrigen Preisen und hoher Arbeitslosigkeit. Das entscheidende Ereignis, welches das Ende des Finanzkapitalismus in Großbritannien auslöste, war die Meuterei auf der britischen Flotte in Invergordon am 15. September 1931 und nicht die Abschaffung des Goldstandards sechs Tage danach. Die Meuterei machte allen klar, dass die Deflationspolitik beendet werden musste. Es gab dann auch keine großen Bemühungen mehr zur Verteidigung des Goldstandards.

Mit der Aufgabe des Goldstandards und der Einführung von Schutzzöllen verbündeten sich der Monopolkapitalismus und die organisierte Arbeiterschaft, um sowohl Löhne als auch Profite durch ein Programm von höheren Preisen und Produktionsbeschränkungen zu erhöhen. Die alten Monopole und Kartelle festigten ihre Stellung und neue wurden gegründet. Das geschah normalerweise mit dem Segen der Regierung. Diese Gruppen zwangen sowohl ihren Mitgliedern als auch Außenstehenden restriktive Praktiken auf und gingen sogar so weit, dass sie in ihren eigenen Reihen Produktionskapazitäten aufkauften und zerstörten. In manchen Fällen wie bei landwirtschaftlichen Produkten und Kohle beruhten diese Bemühungen auf niedergelegten Rechtsgrundsätzen, aber in den meisten Fällen handelte es sich um rein private Operationen. Es gab keinen Fall, in dem die Regierung größere Anstrengungen unternommen hätte, um die Konsumenten vor Ausbeutung zu schützen. 1942 schrieb Hermann Levy, ein kundiger Beobachter: «Heute ist Großbritannien das einzige hochindustrialisierte Land der Erde, wo keine Versuche unternommen wurden, die Herrschaft quasi monopolistischer Organisationen in Industrie und Handel einzuschränken.» Es stimmt zwar, dass die Regierung den Einflüsterungen Lord Melchetts und des Bundesverbandes der britischen Industrie darin nicht folgte, Kartelle und Handelsassoziationen verpflichtend zu machen, aber sie ließ diesen Gruppen so viel Freiraum, ihre wirtschaftliche Macht auszuspielen, dass die Zwangsverpflichtung in der Praxis überflüssig wurde. Durch wirtschaftlichen und sozialen Druck wurden Individuen, die sich weigerten, die restriktiven Praktiken, die von der Industrie als Ganzer vertreten wurden, anzuwenden, dazu gezwungen, nachzugeben, oder sie wurden ruiniert. Das passierte beispielsweise einem Stahlproduzenten, der 1940 darauf bestand, ein Stahlwalzwerk zu errichten.

Unter den Produzentengruppen kam sozialer Druck zu den wirtschaftlichen Härtemaßnahmen hinzu, um die restriktiven Praktiken zu erzwingen. Eine Tradition von Ineffizienz, hohen Preisen und geringem Ausstoß setzte sich so tief fest, dass jeder, der sie in Frage stellte, als sozial inakzeptabel und fast als Verräter betrachtet wurde. Wie es die einzige bedeutende Stimme im

Land, die diesem Trend Widerstand leistete, der *Economist*, sagte (am 8. Januar 1944): «... zu wenig britische Geschäftsleute versuchen, in Wettbewerb zu treten. Wenn man heutzutage sagt, dass ein Unternehmen seine Effizienz so weit vergrößert hat, dass es zu niedrigen Preisen verkaufen kann, so spricht man damit kein Lob für Initiative und Unternehmungsgeist aus, sondern man kritisiert damit, dass es die Regeln ‹fairen› Handels bricht und die alleräußerste Sünde eines Verdrängungswettbewerbs begeht.»

Eine detaillierte Analyse der Organisationsmethoden dieser restriktiven Gruppen kann hier nicht gegeben werden, aber ein paar Beispiele kann man anführen. Das Gesetz über die Kohlezechen von 1930 richtete eine Organisation ein, die jeder Zeche eine Produktionsquote zumaß und Mindestpreise festlegte. Die National Shipbuilders Security Ltd. wurde 1930 gegründet und begann damit, Schiffswerften aufzukaufen und zu zerstören. Dafür verwendete sie Gelder aus einer Anleihe von Millionen Pfund, deren Zinsen durch eine 1%ige Abgabe auf Schiffsbauverträge gedeckt wurden. 1934 war bereits ein Viertel der britischen Schiffbaukapazitäten ausgeschaltet worden. Die wechselseitige Assoziation der Müller (1920) unterdrückte jeglichen Wettbewerb unter ihren Mitgliedern und gründete die Purchase Finance Company, um Getreidemühlen aufzukaufen und zu zerstören. Dafür verwendete sie Gelder, die aus einer Geheimabgabe stammten, die von der Mühlenindustrie erhoben wurde. 1933 war ein Sechstel der Getreidemühlen in Großbritannien vernichtet. In der Textilindustrie erwarb die Lancashire Cotton Corporation in drei Jahren (1934–1937) 10 Millionen Wollspindeln und verschrottete etwa die Hälfte davon, während der Spindles Board ungefähr 2 Millionen Spindeln in einem Jahr (1936–1937) verschrottete. Trotz der sich aufbauenden internationalen Krise gingen diese restriktiven Maßnahmen unbehindert bis Mai 1940 weiter. Dann allerdings beinhaltete das Programm der Regierung Churchill die totale Mobilmachung in Großbritannien und führte zu einem umfassenderen Einsatz aller Ressourcen des Landes, als es irgendwo anders der Fall war.

Die Erinnerungen an diese Kriegszeit mit ihrer Vollbeschäftigung machten es unmöglich, zur Semistagnation und der nur teilweisen Nutzung der Ressourcen zurückzukehren, wie sie unter dem Finanzkapitalismus in den dreißiger Jahren vorgeherrscht hatten. Allerdings wurde die wirtschaftliche Zukunft Großbritanniens in der Nachkriegszeit durch die Tatsache beeinträchtigt, dass die beiden einander gegenüberstehenden politischen Parteien tiefverwurzelte wirtschaftliche Interessen repräsentierten und nicht weitgehend amorphe Gruppierungen weitgefächerter Interessen waren wie in den Vereinigten Staaten. Die Labourpartei, die unter Clement Attlee von 1945 bis 1951 im Amt war, vertrat die Interessen der Gewerkschaften und – in einem schwächeren Maße – die der Konsumenten. Die Konservativen, die unter Churchill, Eden, Macmillan und Douglas-Home seit 1951 an der Macht waren, vertreten die besitzenden Klassen. Bei ihnen gibt es nach wie vor einen starken Einfluss der Bankenwelt. Das hat zu einer Art Gleichgewicht geführt, in der ein Wohlfahrtsstaat eingerichtet wurde, allerdings zum Preis einer schleichenden Inflation und einer nachlässigen Ressourcenverwendung.

Konsum und Freizeitausgaben eher als die Produktionssphäre sind auch unter den Konservativen die Kennzeichen der britischen Wirtschaft gewesen. Der Wert des Pfundes im internationalen Währungsmarkt war ihnen wichtiger als die Höhe der produktiven Investitionen. Die Mittelklassen und – vor allem – die freiberuflichen und gebildeten Segmente der Gesellschaft werden unmittelbar von keiner Partei vertreten. Durch ihren Wechsel von einer ihnen fernen Partei zu der anderen können sie die Wahlresultate entscheiden. Sie fühlen sich aber in Wirklichkeit in keiner von beiden zu Hause und werden vielleicht schließlich sogar zu den Liberalen zurückkehren, obwohl sie noch zögern, eine Zeit von Koalitionen und – damit – relativ verantwortungslosen Regierungen, die das mit sich bringen könnte, herbeizuführen.

Die Klassenstruktur Großbritanniens hat trotz einer ständigen Abnutzung den Krieg überlebt, wird aber immer weiter ausgehöhlt. Das geschieht nicht durch irgendeinen wesentlichen Anstieg der Anzahl Menschen, die aus der Arbeiterklasse in die Oberschicht aufsteigen, sondern durch die Entwicklung einer dritten Klasse, die zu keiner der alten Klassen gehört. Diese neue Schicht umfasst die Menschen mit Know-how, Manager, Wissenschaftler, Akademiker, erfindungsreiche Unternehmerparvenüs in Bereichen, die von den alten besitzenden Klassen ignoriert worden waren. Diese neu etablierten Reichen versuchen jetzt, die alte Oberschicht zu ignorieren, und zeigen oftmals erstaunliche Ressentiments ihr gegenüber. In dem Maße, in dem diese neue, amorphe, energische Gruppe, die unglücklicherweise keine gemeinsame Weltsicht oder Ideologie hat, zahlreicher wird, verwischt sie die Außengrenzen der beiden anderen Klassen. Ein Großteil dieser Verwischung hat sich in der Form der Annahme von Oberschichtcharakteristika durch Personen, die nicht der Oberschicht angehören, abgespielt. Zunehmende Zahlen junger Menschen bedienen sich des BBC-Akzents, was es immer schwieriger macht, die Herkunft eines Sprechers nach Schicht, Erziehungshintergrund und geographischem Ursprung zu bestimmen. In engem Zusammenhang damit stehen das verbesserte Aussehen und die bessere Gesundheit des gewöhnlichen Engländers als Folge des allgemein höheren Lebensstandards und der Einführung einer staatlichen Gesundheitsversorgung. Das Verlorengehen dieser beiden unterscheidenden Merkmale lässt die Kleidung zum letzten verbleibenden Klassenmerkmal werden, aber das trifft nur für Männer zu. Als Folge des weiten Einflusses von Modemagazinen und des Einflusses des Kinos tragen viele Frauen ähnliche Kleider, verwenden dieselben Kosmetika und lassen sich die gleichen Frisuren machen. Heutzutage sind auch relativ arme Verkäuferinnen oftmals gut gekleidet und sind ohne Unterschied sehr ansprechend sauber und sorgfältig frisiert.

Wie in den meisten anderen Ländern der Nachkriegswelt besteht auch die britische Wirtschaft zunehmend aus großen Blöcken von Interessensgruppen, deren wechselnde Verbindungen die Wirtschaftspolitik im Dreieck von Lebensstandard der Konsumenten, Investitionsbedürfnissen und Regierungsausgaben (hauptsächlich für Verteidigung) bestimmen. Alle diese unterschiedlichen Interessensgruppen sind zunehmend monopolistisch organisiert und zunehmend überzeugt von der Notwendigkeit, für ihre eigenen Interessen zu planen. Der wichtigste Faktor im Gesamtbild ist aber nicht mehr wie vor dem Krieg die Bruderschaft der Banker, sondern die Regierung mittels des Schatzamtes.

Dieser Verminderung der Macht der Banker entspricht ein entsprechender Machtzuwachs bei anderen Gruppen, einschließlich der Regierung. Sie ist keine Folge irgendwelcher neuer Gesetze, beispielsweise der Verstaatlichung der Bank von England, sondern von Umschichtungen in den Investitionsflüssen, die zunehmend an den Banken vorbeigehen. Viele der größten Industrieunternehmen wie British Imperial Chemicals oder Shell Oil finanzieren sich großenteils aus eigenen Mitteln, was eine Folge der monopolistischen Bedingungen ist, die auf Kartellvereinbarungen, Patentkontrollen oder der Kontrolle knapper Ressourcen beruhen. Zur gleichen Zeit stammt die Hauptmasse der Gelder für Investitionen aus anderen Quellen als den Banken. Etwa die Hälfte solcher Gelder kommt jetzt von Regierung und öffentlichen Stellen wie dem National Coal Board, der pro Jahr 17 Mio. Pfund neuer Gelder für Investitionen generiert. Versicherungsgesellschaften (außer Lebensversicherungen) sind – wie in den meisten Ländern – eng mit der älteren Bankenstruktur verbunden, aber die Banken haben die Lebensversicherungen ignoriert. Diese haben sich in England als eine Angelegenheit der Unterschichten entwickelt, wobei wöchentliche oder monatliche Prämienzahlungen an der Haustür eingesammelt wurden. Diese Versicherungsgesellschaften stellen 1,5 Mio. Pfund täglich an Geldern bereit, die für Investitionen zur Verfügung stehen (1961) und die größte Gesellschaft, Prudential, sorgt für 2 Mio. Pfund pro Woche. Ein großer Teil davon fließt in den Kauf von Industrieaktien. Als 1953 die Konservativen die Stahlindustrie, die zuvor 1948 von Labour verstaatlicht worden war, reprivatisierten, wurde ein Großteil der Aktien von Versicherungsgesellschaften aufgekauft. Diese gewaltigen Mengen von Geldern bilden eine große Gefahr, dass die Handvoll unbekannter Menschen, die über die Investition solcher Gelder verfügt, zu einer zentralen Macht im britischen Wirtschaftsleben werden könnte. Bisher haben sie noch keinen dahingehenden Versuch unternommen, weil sie Gelder zur Verfügung stellen, ohne in das bisherige Management der Firmen, in die sie investieren, einzugreifen. Sie geben sich mit einem ausreichenden Geldrückfluss zufrieden, aber die Gefahr einer solchen Kontrolle bleibt bestehen.

Eine andere Quelle von Geldern, die von den unteren Klassen Englands kommen, ist das Postsparsystem. Das hat sich entwickelt, weil die Unterschichten Banken als fremdartige Oberklasseinstitutionen ansehen und es vorziehen, ihre Ersparnisse woanders anzulegen. Als Folge davon sind die Postersparnisse mit über 6.000 Mio. Pfund etwa genauso groß wie die Konten aller elf Aktienbanken zusammen.

Von ähnlichem Charakter sind die Investitionen von Geldern der Rentenkasse. Sie erreichten Ende 1960 etwa 2.000 Mio. Pfund und erhöhen sich um etwa 150 Mio. Pfund im Jahr.

Die anderen Unterschichtsinnovationen im Nichtbankingbereich, die revolutionäre Einflüsse auf das britische Leben ausgeübt haben, sind die

Baugenossenschaften (die in den Vereinigten Staaten «Bauen und Leihen» heißen) und die Mietkaufgenossenschaften (Organisationen für Ratenkäufe), die den Unterschichten helfen, Wohneigentum zu erwerben und auszustatten. Gemeinsam haben sie einen Großteil der traditionellen Verkommenheit des Lebens der englischen Unterschichten zum Verschwinden gebracht und haben es durch Annehmlichkeiten aufgehellt, die auch dazu beigetragen haben, den inneren Zusammenhalt des Familienlebens zu stärken. Die Säuberung von Slums und der Neuaufbau durch lokale Regierungskörperschaften (die sogenannten Council Houses) haben weiter dazu beigetragen. Eine Konsequenz des Flusses von Investitionsgeldern außerhalb der Kontrolle der Banken ist es, dass die traditionellen Kontrollmechanismen für Konsum und Investition durch Veränderungen in den Bankzinsen in ihrer Effektivität zurückgegangen sind. Das hat die doppelte Wirkung gehabt, einerseits die Bewegungsausschläge des Wirtschaftszyklus abzudämpfen und die Kontrollmechanismen in Regierungshand zu geben, die das Konsumverhalten durch solche Mittel wie Änderungen in den Bedingungen für Ratenzahlungen (höhere Abschlagszahlungen und Gebühren) regulieren kann. Zur gleichen Zeit ist Großbritanniens frühere unabhängige Rolle in allen diesen Angelegenheiten zunehmend unter Einflüsse von außerhalb geraten, wie etwa der Wirtschaftslage in den Vereinigten Staaten, der Konkurrenz der Europäischen Wirtschaftsgemeinschaft und dem Druck verschiedener internationaler Organisationen, etwa des Internationalen Währungsfonds. Das letztendliche Resultat alles dessen ist eine komplexe und zunehmend feudalisierte Wohlfahrtsstaatswirtschaft, in der die Macht in einem komplizierten dynamischen System, dessen Hauptzüge auch ernsthaften Studenten immer noch weitgehend unbekannt sind, eher bei Managern als bei Eigentümern liegt.

Deutschland

Während Großbritannien die Phasen des Kapitalismus auf diese Art durchlief, geschah das in Deutschland in einer anderen Weise.

In Deutschland gab es beim Einzug des Industriezeitalters einen Mangel an Kapital. Weil die Ersparnisse aus Handelsgeschäften, Überseehandel oder kleinen Handwerksläden viel geringer waren als in Großbritannien, dauerte die Phase des Leiter-Eigners nur kurz. Die Industrie hing fast von Beginn an von den Banken ab. Diese Banken unterschieden sich stark von den englischen, weil sie «gemischt» und nicht in verschiedene Einrichtungen für verschiedene Bankfunktionen getrennt waren. Die wichtigsten deutschen Kreditbanken, die zwischen 1848 und 1881 gegründet wurden, waren gleichzeitig Sparkassen, Handelsbanken, Investmentbanken, Börsenmakler, Aufbewahrer von Wertgegenständen usw. Ihre Beziehung zur Industrie war seit Gründung der Darmstädter Bank 1853 eng und vertraut. Diese Banken gaben Wertpapiere für die Industrie aus, indem sie den Firmen Kredit gewährten und dafür Wertpapiere zum Ausgleich nahmen. Diese Wertpapiere wurden dann langsam, wie sich eben die Gelegenheit dazu ergab, an die investitionsinteressierte Öffentlichkeit weiterverkauft. Die Bank selbst behielt genügend Anteile, um Kontrolle ausüben zu können, und ernannte eigene Leute zu Direktoren der Unternehmen, um dieser Kontrolle eine endgültige Form zu geben.

Die Bedeutung, die es für Banken hatte, Wertpapiere zu halten, mag man daraus ersehen, dass die Dresdner Bank 1908 Werte für 2 Mrd. Mark hielt. Die Bedeutung verflochtener Direktorenstellen kann man daraus ersehen, dass dieselbe Bank 1913 ihre Direktoren in den Aufsichtsräten von über 200 Industriekonzernen sitzen hatte. Als 1929 die Deutsche Bank und die Disconto-Gesellschaft verschmolzen, hatten beide zusammen Aufsichtsratssitze in 660 Industrieunternehmen und hatten den Aufsichtsratsvorsitz in 192 davon. Vor 1914 gab es viele Individuen, die 30 oder sogar 40 Direktorensitze hatten.

Diese Kontrolle der Industrie durch die Banken wurde noch intensiviert durch den Gebrauch, den die Banken von ihrer Rolle als Makler und Aufbewahrer von Wertpapieren machten. Die deutschen Kreditbanken agierten als Börsenmakler und die meisten Investoren beließen ihre Wertpapiere bei den Banken, damit sie im Bedarfsfall schnell verkauft werden konnten. Die Banken nutzten all diese Stimmanteile zur Erlangung von Aufsichtsratssitzen und anderen Kontrollmaßnahmen, es sei denn, die Eigentümer verboten das ausdrücklich (was nur selten vorkam). 1929 wurde ein Gesetz erlassen, das Banken verbot, das Stimmrecht für Anteile, die bei ihnen deponiert waren, auszuüben, wenn das nicht ausdrücklich durch die Eigentümer gestattet wurde. Diese Veränderung hatte aber nur noch geringe Bedeutung, da 1929 der Finanzkapitalismus in Deutschland bereits auf dem Rückzug war. Darüber hinaus wurde auch die Erlaubnis, das Stimmrecht für deponierte Anteile auszuüben, kaum jemals verweigert. Die Banken übten außerdem rechtmäßig das Stimmrecht aus für alle Anteile, die als Sicherheiten für Anleihen bei ihnen hinterlegt wurden, und für Anteile, die mit Einschusszahlungen gekauft wurden. Anders als in Amerika wurden Anteile, die mit Einschusszahlungen gekauft wurden, so lange als Besitz der Bank (die das Geschäft gemakelt hatte) betrachtet, bis der volle Preis gezahlt worden war. Die Bedeutung des Börsenmaklergeschäftes für die deutschen Banken kann man daraus ersehen, dass in den vierundzwanzig Jahren von 1885 bis 1908 ein Viertel der Bruttogewinne der großen Kreditbanken aus Vermittlungsgebühren kam. Das ist umso bemerkenswerter, wenn wir bedenken, dass die Maklergebühren, die deutsche Banken verlangten, sehr niedrig waren (manchmal nur ein halbes Promille).

Durch Methoden wie diese wurde ein sehr stark zentralisierter Finanzkapitalismus in Deutschland errichtet. Diese Zeit beginnt mit der Gründung der Darmstädter Bank 1853. Diese Bank war die erste, die eine dauerhafte, systematische Kontrolle über diejenigen Firmen ausübte, deren Wertpapiere sie auflegte. Es war auch die erste, die ein Syndikat zur Verkaufsförderung gründete (1859). Andere Banken folgten diesem Beispiel und die Werbemethoden erreichten einen Höhepunkt an Aktivität wie auch an Korruption in den Jahren 1870–1874. In diesen vier Jahren wurden 857 Aktiengesellschaften mit einem Vermögen von 3.306.810.000 Mark an die Börse gebracht, verglichen mit 295 Gesellschaften mit Vermögenswerten von 2.405.000.000 Mark in den vorhergehenden neunzehn Jahren (1851–1870). Von diesen 857 in der Zeit zwischen 1870 und 1874 gegründeten Gesellschaften befanden sich im September 1874 123 in Liquidation und 37 waren bereits bankrott.

Diese Exzesse finanzkapitalistischer Werbung führten zu einer Untersuchung der Regierung, deren Resultat ein strenges Gesetz zur Regelung verkaufsfördernder Maßnahmen 1883 war. Dieses Gesetz machte es deutschen Bankern unmöglich, danach noch ihr Vermögen durch aggressives Auflegen von Wertpapieren zu machen. Dadurch wurde es für sie zu einer Notwendigkeit, dieses Ziel durch die langfristige Absicherung ihrer Kontrolle von Industrieunternehmen zu verfolgen. Das unterschied sich stark von den Vereinigten Staaten, wo das Fehlen jeglicher gesetzlicher Regelungen für die Bewerbung vor dem SEC(Securities and Exchange Commission)-Gesetz von 1933 es eher wahrscheinlich machte, dass Investmentbanker kurzfristige Spekulationsgewinne durch Bewerbung als langfristige Gewinne durch die Kontrolle von Industrieunternehmen suchten. Eine andere Folge war die gesündere finanzielle Basis deutscher Unternehmen auf der Grundlage von Anteilsscheinen, gegenüber der belastenderen (aber von den Bewerbern favorisierten) Methode festverzinslicher Schuldverschreibungen.

Der Finanzkapitalismus stand in Deutschland in den Jahren unmittelbar vor 1914 auf seinem Höhepunkt. Er wurde von einer hochzentralisierten Oligarchie kontrolliert. Im Zentrum stand die Reichsbank, deren Kontrolle über die anderen Banken zu allen Zeiten nur schwach war. Das wurde von der Finanzoligarchie begrüßt, weil die Reichsbank, obwohl in privatem Besitz, in beträchtlichem Maße der Kontrolle der Regierung unterlag. Die Einflussschwäche der Reichsbank erwuchs aus der Schwäche ihres Einflusses über die zwei gewöhnlichen Instrumente der Kontrolle der Zentralbanken – den Rediskontierungssatz und Offenmarktoperationen. Die Schwäche rührte im ersteren Fall daher, dass die anderen Banken nur selten zur Reichsbank für Rediskontierungen gingen und normalerweise einen Diskontsatz hatten, der unter demjenigen der Reichsbank lag. Ein Gesetz von 1899 versuchte diese Schwäche zu beheben, indem die anderen Banken gezwungen wurden, ihre Diskontsätze demjenigen der Reichsbank anzugleichen. Es war aber zu keiner Zeit ein besonders effektives Kontrollmittel. Die Offenmarktkontrolle funktionierte nur schwach, weil es eine offizielle deutsche Zurückhaltung gab, mit Regierungspapieren «zu spekulieren», und weil die anderen Banken ihrem Portfolio von Handelspapieren und Wertpapieren mehr Aufmerksamkeit widmeten als der Höhe ihrer Goldreserven. Darin ähnelten sie eher den französischen als den englischen Banken. Erst 1909 begann die Reichsbank eine entschiedene Politik der Kontrolle durch Offenmarktgeschäfte, die aber niemals effektiv war. Von 1914 bis 1929 wurde diese Politik dann aus Gründen des Krieges, der Inflation und des Dawes-Plans wieder vollständig ausgesetzt.

Wegen dieser Schwächen der Reichsbank lag die Kontrolle des deutschen Finanzkapitalismus bei den Kreditbanken. Das heißt, dass sie in privaten Händen lag und der Regierungskontrolle weitgehend entzogen blieb.

Von den Hunderten deutscher Kreditbanken lag das überwältigende Machtübergewicht in den Händen der acht Großbanken. Diese waren von 1865 bis 1915 die Herren der deutschen Wirtschaft. Man kann ihre überragende Stellung daraus ersehen, dass von 421 deutschen Kreditbanken, die 1907 mit insgesamt 13.204.220.000 Mark Kapital existierten, die acht Großbanken 44% des Gesamtkapitals dieser Gruppe hielten. Die Stellung der Großbanken war aber sogar noch besser, weil sie eine Reihe weiterer Banken kontrollierten. Robert Franz, Herausgeber des Buches *Der deutsche Oekonomist* schätzte 1907, dass die acht Großbanken 74% des Kapitalvermögens aller 421 Banken kontrollierten.

Diese Macht des Finanzkapitalismus in Deutschland wurde durch den Ersten Weltkrieg schwer beschädigt – in der Theorie noch mehr als in der Realität. Er wurde durch die Nachkriegsinflation schwer verwundet und durch die Krise und die Handlungen Hitlers nach 1933 vollständig unterworfen. Der Wendepunkt vom Finanz- zum Monopolkapitalismus lag etwa im Jahr nach dem Ende der Inflation (1924). In diesem Jahr endete die Inflation, Kartelle erhielten einen gesetzlichen Sonderstatus mit einem eigenen Kartellgerichtshof zur Regelung von Streitigkeiten und die gewaltigste Schöpfung finanzieller Kontrolle, die der deutsche Finanzkapitalismus jemals hervorgebracht hatte, brach zusammen. Die Inflation endete im November 1923. Das Kartelldekret stammte vom 2. November 1923. Die gewaltige Kontrollstruktur war der Stinnes-Konzern, der nach dem Tod von Hugo Stinnes im April 1924 auseinanderzufallen begann. Zu dieser Zeit besaß Stinnes die vollständige Kontrolle über 107 große Unternehmen (hauptsächlich in Schwerindustrie und Schiffbau) und hatte bedeutende Interessen in zusätzlich etwa 4.500 Unternehmen. Der fehlgeschlagene Versuch von Stinnes, diese finanziell kontrollierte Struktur in ein integriertes Monopol zu verwandeln, zeigt das Ende des Finanzkapitalismus in Deutschland an.

Allerdings verschaffte das große Kapitalbedürfnis der deutschen Industrie in der Zeit nach 1924 (nachdem ein so großer Teil der deutschen Ersparnisse durch die Inflation von 1924 vernichtet worden waren) der untergehenden Sonne des Finanzkapitalismus noch ein falsches Nachleuchten. Innerhalb von fünf Jahren wurde die deutsche Industrie über die Kanäle von Finanzinstituten mit Milliarden von Mark versorgt, die aus ausländischen Anleihen stammten. Aber die Depression von 1929 bis 1934 enthüllte die Unwahrhaftigkeit dieser Erscheinung. Als Folge der Depression mussten alle Großbanken bis auf eine von der deutschen Regierung gerettet werden, die dafür als Entschädigung ihre Kapitalanteile übernahm. 1937 wurden diese Banken, die unter Regierungsaufsicht gekommen waren, «reprivatisiert», aber zu der Zeit war die Industrie bereits weitgehend der Kontrolle der Finanzinstitute entkommen.

Die Anfänge des Monopolkapitalismus reichen bis wenigstens eine Generation vor dem Ersten Weltkrieg zurück. Bereits 1870 arbeiteten die Finanzkapitalisten sowohl mit direktem finanziellem Druck als auch durch ihre vielfachen Aufsichtsratsposten daran, Unternehmen zu integrieren und den Wettbewerb zu verringern. In den älteren Industriebereichen wie Kohle, Eisen und Stahl tendierten sie zur Errichtung von Kartellen. In den neueren Feldern wie Elektroversorgung und Chemie tendierten sie dazu, große Monopolfirmen zu diesem Zweck zu verwenden. Es gibt keine offiziellen Zahlen über Kartelle vor 1905, aber man glaubt, dass es 1896 250 Kartelle gab, davon 80 im Eisen- und Stahlbereich. Die offizielle Untersuchung der Kartellstrukturen, die der Reichstag 1905 durchführte zeigte 385, von denen 92 in der Kohle- und Metallindustrie waren. Kurz danach begann die Regierung damit, diesen Kartellen Unterstützung zu gewähren. Das berühmteste Beispiel dafür war ein Gesetz von 1910, das Pottaschehersteller dazu verpflichtete, Mitglieder des Pottaschekartells zu werden.

1923 gab es nach Angaben des Reichsbundes der Deutschen Industrie 1.500 Kartelle. Für diese wurde, wie wir gesehen haben, im folgenden Jahr ein besonderer Rechtsstatus und ein eigener Gerichtshof eingerichtet. Zur Zeit des finanziellen Zusammenbruchs von 1931 gab es 2.500 Kartelle und der Monopolkapitalismus war so weit gewachsen, dass er kurz davor stand, die vollständige Kontrolle über das deutsche Wirtschaftssystem zu übernehmen. Als die Banken unter Regierungskontrolle kamen, wurde die private Kontrolle des Wirtschaftssystems sichergestellt, indem es aus der Dienstbarkeit der Banken entkam. Das wurde erreicht durch Gesetzgebungsmaßnahmen wie das Verbot verflochtener Aufsichtsratssitze und das neue Unternehmensrecht von 1937, vor allem aber dadurch, dass das Größenwachstum der großen Unternehmen und Kartelle die Industrie in eine Stellung gebracht hatte, wo sie sich selbst finanzieren konnte, ohne auf die Hilfe der Banken angewiesen zu sein.

Dieser neue, privat geführte Monopolkapitalismus war in komplizierten Hierarchien organisiert, deren Details nur ein lebenslanges Studium ganz erfassen könnte. Die Größe der Unternehmen war so gewaltig geworden, dass in den meisten Betriebsfeldern eine relativ kleine Anzahl das Feld kontrollieren konnte. Außerdem gab es in beträchtlichem Maße Verflechtung von Aufsichtsratsposten und Eigentümerschaft am Grundkapital zwischen den Unternehmen. Schließlich legten Kartelle Preise, Märkte und Produktionsquoten für alle wichtigen industriellen Produkte zwischen den beteiligten Unternehmen fest. Ein Beispiel dafür – und keineswegs das schlimmste – konnte man in der deutschen Kohleindustrie von 1937 finden. Es gab 260 Bergwerksgesellschaften. Vom Gesamtausstoß entfielen auf 21 Gesellschaften 90%, auf 5 Gesellschaften 50% und auf 1 Gesellschaft 14%. Diese Zechen waren in fünf Kartellen organisiert, von denen eines 81% kontrollierte und zwei 94%. Schließlich waren der Großteil der Kohlezechen (69% des Gesamtausstoßes) Zweigfirmen anderer Unternehmen, die Kohle benutzten, entweder aus der Metallindustrie (54% des Gesamtkohleausstoßes) oder der Chemieindustrie (10% des Gesamtausstoßes).

Ähnliche Formen der Konzentration existierten in den meisten anderen Bereichen wirtschaftlicher Aktivität. Bei Eisenmetallen trugen 1929 3 von 26 Firmen 68,8% der deutschen Roheisenproduktion bei; 4 von 49 produzierten 68,3% des gesamten Rohstahls; 3 von 59 produzierten 55,8% aller Walzwerkprodukte. 1943 kam ein Unternehmen (Vereinigte Stahlwerke) für 40% der gesamten deutschen Stahlproduktion auf, während 12 Firmen über 90% produzierten. Wirklichen Wettbewerb konnte es bei so weitgehender Konzentration nicht geben, aber die Stahlindustrie war auch zusätzlich noch in eine Reihe von Kartellen organisiert (für jedes Produkt eines). Diese Kartelle, deren Anfänge etwa bis 1890 zurückreichen, kontrollierten 1930 100% der deutschen Eisenmetallindustrie. Die Mitgliedsfirmen hatten diese Zahl erreicht, indem sie in den Jahren vor 1930 die Nichtmitglieder aufgekauft hatten. Diese Kartelle regelten Preise, Produktionshöhe und Märkte innerhalb Deutschlands und setzten ihre Entscheidungen mithilfe von Strafen oder Boykottmaßnahmen durch. Sie waren auch Mitglieder des Internationalen Stahlkartells, das sich am Vorbild des deutschen Stahlkartells ausrichtete und von diesem dominiert wurde. Das internationale Kartell kontrollierte zwei Fünftel der Weltstahlproduktion und fünf Sechstel des gesamten Stahlaußenhandels. Die Eigentümerschaft der Eisen- und Stahlunternehmen ist dunkel, war aber offensichtlich hoch konzentriert. 1932 hatte Friedrich Flick die Mehrheitseigentümerschaft der Gelsenkirchener Bergwerke, die wiederum die Mehrheitskontrolle über die Vereinigten Stahlwerke ausübte. Er verkaufte seinen Kontrollanteil für 167% des eigentlichen Wertes an den deutschen Staat, indem er damit drohte, ihn an ein französisches Unternehmen zu verkaufen. Nachdem Hitler an die Macht kam, wurde dieses Regierungseigentum «reprivatisiert», so dass der Besitzanteil der Regierung auf 25% verringert wurde. Vier andere Gruppen, die untereinander eng verflochten waren, teilten sich 41% der Anteile. Flick blieb Direktor der Vereinigten Stahlwerke und war Aufsichtsratsvorsitzender von vier anderen großen Stahlkonzernen. Außerdem war er Aufsichtsratsmitglied oder -vorsitzender in sechs Eisenfirmen und Kohlezechen sowie in einer Vielzahl anderer wichtiger Unternehmen. Wahrscheinlich wurde die deutsche Stahlindustrie 1937 von nicht mehr als fünf Männern kontrolliert, von denen Flick der wichtigste war.

Diese Beispiele für das Wachstum des Monopolkapitalismus in Deutschland sind ganz zufällig gewählt und keineswegs außergewöhnlich. Ein anderes berühmtes Beispiel ist das Wachstum der I.G. Farbenindustrie (kurz IG Farben), der deutschen Chemieorganisation. Sie wurde 1904 aus drei Hauptfirmen geformt, wuchs beständig, bis sie nach ihrer letzten Reorganisation 1926 etwa zwei Drittel der deutschen Chemieproduktion kontrollierte. Sie breitete sich in alle Industriezweige aus, konzentrierte sich hauptsächlich auf Farbstoffe (wo sie ein Monopol von 100% hatte), Drogen, Plastik, Explosivstoffe und Leichtmetalle. Man hat gesagt, dass Deutschland keinen der beiden

Weltkriege ohne IG Farben hätte führen können. Im ersten Krieg lieferte sie mithilfe des Haber-Bosch-Verfahrens zur Extraktion von Nitrogen aus der Luft Explosivstoffe und Düngemittel, als Deutschland von den natürlichen Ressourcen in Chile abgeschnitten war. Im zweiten Krieg lieferten sie eine Vielzahl unentbehrlicher Produkte, von denen künstlicher Gummi und synthetische Motorenöle die wichtigsten waren. Diese Gesellschaft war zur Zeit des Zweiten Weltkriegs das größte Unternehmen in Deutschland. Sie hatte 1942 Vermögenswerte von über 2.332,8 Mrd. Reichsmark und eine Kapitalisierung von 1.165 Mio. Sie besaß Interessen an über 700 Unternehmen außerhalb Deutschlands und war an über 500 beschränkenden Abkommen mit ausländischen Unternehmen beteiligt.

Das interessanteste dieser Abkommen war das europäische Farbstoffkartell. Dieses entstand aus einem Schweizer Kartell aus dem Jahre 1918. Als IG Farben 1925 reorganisiert wurde und 1927 eine ähnliche französische Organisation entstand (Kuhlmann-Gruppe), bildeten die beiden ein deutsch-französisches Kartell. Alle drei Länder gründeten 1929 ein europäisches Kartell. Imperial Chemicals, das seit 1926 in Großbritannien fast ein Monopol hatte, trat dem europäischen Kartell 1931 bei. Diese britische Gruppe hatte bereits ein umfassendes Abkommen mit DuPont in den Vereinigten Staaten (abgeschlossen 1929, revidiert 1939). Das Bemühen der IG Farben, gemeinsam mit DuPont ein Monopol innerhalb der Vereinigten Staaten zu errichten, brach nach Jahren von Verhandlungen zusammen, weil man sich nicht darüber einigen konnte, ob die Kontrollanteile 50 : 50 oder 51 : 49 verteilt sein sollten. Nichtsdestotrotz schloss IG Farben viele einzelne Kartellvereinbarungen mit DuPont und anderen amerikanischen Unternehmen ab, manche davon formal, manche als Gentlemen´s Agreement. In ihrem Spezialgebiet Farbstoffe errichtete sie eine Reihe von Tochterunternehmen in den Vereinigten Staaten, die 40% der amerikanischen Produktion zu kontrollieren fähig waren. Um die Kontrolle von IG Farben über diese Tochterunternehmen sicherzustellen, wurde in jeden Vorstand eine Mehrheit deutscher Direktoren platziert. Dietrich Schmitz wurde in die Vereinigten Staaten geschickt, damit er dort naturalisierter amerikanischer Staatsbürger werden sollte und leitender Vorstand der wichtigsten dortigen IG-Tochterfirma. Dietrich Schmitz war ein Bruder von Hermann Schmitz, Vorstandsvorsitzender der IG Farben, Direktor der Vereinigten Stahlwerke, der Metallgesellschaft (des deutschen Leichtmetallkonzerns), der Bank für Internationalen Zahlungsausgleich und von einem Dutzend weiterer wichtiger Unternehmen. Diese Politik der Penetration wurde wie in die Vereinigten Staaten auch in einer Reihe anderer Länder verfolgt.

Während IG Farben das größte Beispiel für Kontrollkonzentration im deutschen Monopolkapitalismus war, war es doch keineswegs untypisch. Der Konzentrationsprozess hatte 1939 ein Stadium erreicht, das kaum überschätzt werden kann. Das Kilgore-Komitee des Senats der Vereinigten Staaten entschied 1945 nach einem Studium erbeuteter deutscher Aktien, dass IG Farben und die Vereinigten Stahlwerke gemeinsam die gesamte deutsche Industrie dominieren konnten. Weil ebenso viel dieser Kontrollmacht auf persönlichen

Freundschaften und auf Beziehungen, auf Geheimabkommen und Absprachen, auf wirtschaftlichem Druck und Härte beruhte wie auf Eigentümerschaft und anderen offen sichtbaren Kontrollrechten, kann man das nicht statistisch demonstrieren. Aber auch die Statistiken zeigen eine Konzentration wirtschaftlicher Macht. In Deutschland gab es 1936 ungefähr 40.000 Gesellschaften mit beschränkter Haftung mit einem nominellen Gesamtkapital von 20.000 Millionen Reichsmark. IG Farben und Vereinigte Stahlwerke hatten zusammen 1.344 Millionen Reichsmark dieses Kapitals. Bloße 18 der 40.000 Gesellschaften besaßen ein Sechstel des gesamten Arbeitskapitals aller Gesellschaften.

Während die monopolistische Organisation des Wirtschaftslebens in Deutschland ihren Höhepunkt erreichte, wurden die Unterschiede zwischen Deutschland und anderen Ländern doch übertrieben. Es gab nur einen graduellen Unterschied und in diesen Graden waren Großbritannien, Japan und eine Reihe kleinerer Länder nicht so weit hinter der deutschen Entwicklung zurück, wie man auf den ersten Blick glauben mochte. Dieser Irrtum entstand aus zwei Gründen. Zum einen wurde über die deutschen Kartelle und Monopole viel geschrieben, während ähnliche Organisationen in anderen Ländern im Verborgenen blieben. Wie das British Commitee on Trusts 1929 bemerkte: «Bemerkenswert an den britischen Vereinigungen und Assoziationen ist nicht so sehr ihre Seltenheit oder Schwäche als ihre Unauffälligkeit.» Es ist gut möglich, dass das britische Pflanzenölmonopol um Unilever genauso mächtig war wie das deutsche Chemiemonopol um IG Farben, aber während man sehr viel vom Letzteren gehört hat, ist über das Erstere nur wenig bekannt. Nach einem Versuch, dieses Erstere zu erforschen, schrieb *Fortune:* «Keine andere Industrie ist wohl von einer so erschöpfenden Geheimnistuerei umgeben wie die der Seifen und Fette.»

Andererseits haben sich die deutschen Monopolorganisationen durch ihre Bereitschaft, sich für nationalistische Zwecke instrumentalisieren zu lassen, unbeliebt gemacht. Deutsche Kartellmanager waren in erster Linie patriotische Deutsche und erst in zweiter Linie Geschäftsleute, die nach Profit und Macht strebten. In den meisten anderen Ländern – besonders den Vereinigten Staaten – sind Monopolkapitalisten in erster Linie Geschäftsleute und erst in zweiter Linie Patrioten. Als Folge davon waren die Ziele der deutschen Kartelle ebenso oft politisch wie wirtschaftlich. IG Farben und andere arbeiteten ständig für Deutschland in seinem Kampf um Macht, sei es durch Spionage, indem sie wirtschaftliche Vorteile für Deutschland erwarben oder indem sie darauf hinarbeiteten, andere Länder unfähig zu machen, ihre Ressourcen voll mobilisieren oder Krieg führen zu können.

Der Einstellungsunterschied zwischen deutschen und anderen Geschäftsleuten wurde in den dreißiger Jahren zunehmend deutlich. In diesem Jahrzehnt zogen die wirtschaftlichen und die patriotischen Motive den deutschen Geschäftsmann in die gleiche Richtung (nämlich den Aufbau von Macht und Reichtum Deutschlands gegenüber Russland und dem Westen). Die Kapitalisten von Frankreich, Großbritannien und den Vereinigten Staaten auf der anderen Seite erlebten dagegen oftmals miteinander in Konflikt liegende Motive. Der Bolschewismus stellte sich ihnen als wirtschaftliche Bedrohung dar, während gleichzeitig der Nazismus eine politische Bedrohung ihrer Länder darstellte. Viele Leute waren bereit, die letztere Gefahr zu vernachlässigen oder sogar zu verstärken, um sie gegen die erstere Gefahr einsetzen zu können.

Dieser Unterschied in der Haltung zwischen den deutschen und anderen Kapitalisten erwuchs aus einer Vielzahl von Gründen. Dazu gehörten a) der Unterschied zwischen der deutschen Tradition einer nationalen Wirtschaft und dem westlichen Laissez-faire, b) die Tatsache, dass in der Weltwirtschaftskrise die Gefahr einer sozialen Revolution auftauchte, bevor der Nazismus als politische Gefahr für den Westen heraufzog, c) die Tatsache, dass der kosmopolitische Finanzkapitalismus in Deutschland schneller durch den nationalistischen Monopolkapitalismus ersetzt wurde als im Westen, d) die Tatsache, dass viele reiche und einflussreiche Personen wie Montagu Norman, Ivar Kreuger, Basil Zaharoff und Henri Deterding die öffentliche Aufmerksamkeit auf die Gefahren des Bolschewismus lenkten, während sie eine neutrale oder wohlwollende Haltung gegenüber dem Nazismus zeigten.

Die Wirkung des Krieges war in Deutschland ganz anders als in den meisten anderen Ländern. In Frankreich, Großbritannien und den Vereinigten Staaten spielte der Krieg eine bedeutende Rolle darin, schlüssig zu zeigen, dass wirtschaftliche Stagnation und Unterauslastung von Ressourcen nicht notwendig waren und vermieden werden konnten, wenn das Finanzsystem dem allgemeinen Wirtschaftssystem untergeordnet wurde. In Deutschland war das nicht nötig, weil die Nazis diese Entdeckung bereits in den dreißiger Jahren gemacht hatten. Andererseits hinterließen die Kriegszerstörungen in Deutschland eine gewaltige Zukunftsaufgabe, den Wiederaufbau der deutschen Industrieanlagen. Deutschland konnte aber nicht an diese Aufgabe herangehen, bis es seine eigene Regierung hatte. Deshalb litten die deutschen Massen in den Jahren 1945–1950 große Not. Als dann die richtigen politischen Bedingungen gegeben waren, um den Wiederaufbau in Angriff zu nehmen, waren diese Leute bereit, fast jeden Job anzunehmen, und waren mehr darauf geeicht, Lohn zum Überleben zu erhalten, als ihren Lebensstandard hochzuschrauben. Diese Bereitschaft, sich mit niedrigen Löhnen zu begnügen, ist ein wesentlicher Zug der deutschen wirtschaftlichen Wiederbelebung. Sie wurde noch verstärkt durch den Zuzug hereindrängender Millionen von verarmten Flüchtlingen aus dem sowjetisch besetzten Osten. Auf diese Art trugen ein Überschuss des Arbeitskräfteangebots, niedrige Löhne, Erfahrung in Methoden unkonventioneller Finanzierung und die gewaltige Aufgabe, die zu tun war, alle zum deutschen Wiederaufstieg bei.

Das Eröffnungssignal dafür war die westdeutsche Währungsreform von 1948, die zu Investitionen anreizte und den Unternehmen durch die staatliche Steuerpolitik große Profitmöglichkeiten eröffnete. Das Ganze entwickelte sich zu einem Boom, als die Gründung der Europäischen Wirtschaftsgemeinschaft von sechs westeuropäischen Staaten Deutschland einen Massenmarkt für eine Massenproduktion zu einem Zeitpunkt eröffnete, als der Wiederaufbau der deutschen Industrie gut vorangeschritten war. Die Verbindung niedriger Löhne, einer fügsamen Arbeiterschaft, neuer Ausrüstungsgüter und eines Systems niedriger Steuern für Produzenten, dass man außerdem für mehrere Jahre keine Ausgaben für Verteidigung aufzubringen hatte, trugen dazu bei, die deutschen Produktionskosten auf den Weltmärkten niedrig zu halten, und ermöglichten es Deutschland, einen blühenden und profitablen Exporthandel aufzubauen. Das deutsche Beispiel wurde von Japan und Italien und, von anderer Grundlage aus, auch von Frankreich nachgeahmt. Als Folge erlebte die Wirtschaftsgemeinschaft eine Explosion wirtschaftlicher Expansion und Hochkonjunktur, die das westeuropäische Leben zu verwandeln begann und die meisten Länder der Gemeinschaft auf ein neues Niveau von Mobilität und Überfluss brachten, wie sie es noch niemals vorher gekannt hatten. Eine Folge davon war die Entwicklung bisher rückständiger Regionen innerhalb dieser Länder, besonders Süditaliens, das um 1960 vom Boom ergriffen wurde. Die einzige Region innerhalb des gemeinsamen Marktes, wo das nicht passierte, war Belgien, wo eine veraltete Ausrüstung und soziale Konflikte das verhinderten, während in Frankreich der Boom durch die akuten politischen Probleme, die mit dem Ende der Vierten Republik (1958) zusammenhingen, um mehrere Jahre verzögert wurde.

Frankreich

Der Finanzkapitalismus dauerte in Frankreich länger als in irgendeinem anderen wesentlichen Land. Die Wurzeln des Finanzkapitalismus gingen dort wie in Holland, aber anders als in Deutschland, auf die Zeit des Handelskapitalismus zurück, der der industriellen Revolution vorausging. Diese Wurzeln schlugen in der zweiten Hälfte des 18. Jahrhunderts kräftig aus und waren bei Gründung der Bank von Frankreich 1800 weit entwickelt. Zu der Zeit lag die Finanzmacht in den Händen von zehn bis fünfzehn privaten Bankhäusern, deren Gründer in den meisten Fällen in der zweiten Hälfte des 18. Jahrhunderts aus der Schweiz gekommen waren. Diese Banker, die alle Protestanten waren, waren tief in die Unruhen verwickelt, die zur Französischen Revolution führten. Als die revolutionäre Gewalttätigkeit außer Kontrolle geriet, waren sie der wichtigste Einfluss hinter dem Aufstieg Napoleons, den sie als Wiederhersteller der Ordnung ansahen. Als Belohnung für diese Unterstützung gab Napoleon diesen Bankern 1800 ein Monopol über das französische Finanzleben, indem er ihnen die Kontrolle über die neue Bank von Frankreich übertrug. 1811 waren die meisten dieser Banker zur Opposition gegen Napoleon übergegangen, weil sie gegen die Fortsetzung seiner Kriegspolitik waren. Frankreich befand sich zu der Zeit immer noch im Stadium des Handelskapitalismus und der ununterbrochene Krieg beeinträchtigte die Handelsgeschäfte. Als Folge davon übertrug diese Gruppe ihre Loyalität von Bonaparte auf die Bourbonen und überlebte so den Regimewechsel von 1815. Damit war ein Muster politischer Wechselhaftigkeit etabliert, das in späteren Regimewechseln mit unterschiedlichem Erfolg wiederholt wurde. Als Folge davon waren die protestantischen Banker, die das finanzielle Leben unter dem Ersten Kaiserreich beherrscht hatten, bis zur Reform von 1936 weiterhin die Hauptfiguren im Direktorium der Bank von Frankreich. Die wichtigsten darunter trugen die Namen Mirabaud, Mallet, Neuflize und Hottinguer.

Im Laufe des 19. Jahrhunderts kam eine zweite Gruppe zu den Zirkeln französischer Banker hinzu. Diese zweite Gruppe, hauptsächlich jüdisch, war ebenfalls nichtfranzösischen Ursprungs. Die meisten davon kamen aus Deutschland (wie Rothschild, Heine, Fould, Stern und Worms), eine Minderheit von der Iberischen Halbinsel (wie Pereire und Mirès). Bald entstand eine Rivalität zwischen den älter eingesessenen protestantischen und den neu hinzugekommenen jüdischen Bankern. Diese Rivalität war in ihrer Grundlage mehr politisch als religiös und die Fronten wurden zusätzlich dadurch verwirrt, dass einige aus der jüdischen Gruppe ihre Religion aufgaben und zur protestantischen Gruppe übergingen (wie Pereire und Heine).

Die Rivalität zwischen diesen beiden Gruppen wuchs aufgrund ihrer unterschiedlichen politischen Haltungen zu Julimonarchie (1830–1848), Zweitem Kaiserreich (1852–1870) und Dritter Republik (1871–1940) ständig. In dieser Rivalität war die protestantische Gruppe konservativer als die jüdische. Die Erste war lauwarm gegenüber der Julimonarchie, enthusiastisch dem Zweiten Kaiserreich gegenüber und stand in Opposition zur Dritten Republik. Die jüdische Gruppe dagegen unterstützte warm die Julimonarchie und die Dritte Republik, stand aber in Opposition zum Zweiten Kaiserreich. Bei dieser Rivalität lag die Führung innerhalb jeder Gruppe bei der reichsten und gemäßigtsten Bankenfamilie. Die Führerschaft der protestantischen Gruppe lag bei Mirabaud, die innerhalb der Gruppe auf dem linken Flügel standen. Die Führerschaft der jüdischen Gruppe lag bei den Rothschilds, die zum rechten Flügel ihrer Gruppe gehörten. Diese beiden Flügel lagen so nahe beieinander, dass Mirabaud und Rothschild (die gemeinsam das gesamte Finanzsystem dominierten und reicher und mächtiger waren als alle anderen Privatbanken zusammen) häufig miteinander kooperierten, auch wenn ihre Gruppen als Ganze in Konkurrenz zueinander standen.

Dieses einfache Bild wurde nach 1838 durch den langsamen Aufstieg einer dritten Gruppe von Bankern, die Katholiken waren, verkompliziert. Diese Gruppe (einschließlich solcher Namen wie Demachy, Seillière, Davillier, de Germiny, Pillet-Will, Gouin und de Lubersac) stieg langsam und spät auf. Sie spaltete sich bald in zwei Hälften auf. Eine Hälfte formte eine Allianz mit der Rothschildgruppe und akzeptierte die Dritte Republik. Die andere Hälfte formte eine Allianz mit der aufsteigenden Macht der (hauptsächlich katholischen) Schwerindustrie, stieg mit ihr nach oben und bildete unter dem Zweiten Kaiserreich und der frühen Dritten Republik eine mächtige industriell-finanzielle Gruppe, deren hauptsächliche äußere Erscheinungsform das Comité des Forges war (der französische Stahltrust).

Damit gab es zwischen 1871 und 1900 drei bedeutende Gruppen in Frankreich: a) die Allianz von Juden und Katholiken, die von Rothschild dominiert wurde; b) die Allianz von katholischen Industriellen und katholischen Bankern, die von dem Stahlfabrikanten Schneider beherrscht wurde; und c) die Gruppe von protestantischen Bankern, die von Mirabaud dominiert wurde. Die Erste dieser Gruppen akzeptierte die Dritte Republik, die beiden anderen lehnten sie ab. Die Erste wurde in der Zeit von 1871 bis 1900 sehr reich, vor allem weil sie die größte französische Investmentbank, die Banque de Paris et des Pays-Bas (Paribas) kontrollierte. Dieser Paribasblock hatte um 1906 eine beherrschende Stellung im wirtschaftlichen und politischen Leben Frankreichs inne.

In Frontstellung gegen Paribas gründeten die protestantischen Banker 1904 eine eigene Investmentbank, die Union Parisienne. Im Laufe der Jahre 1904–1919 bildeten die Union-Parisienne-Gruppe und die Comité-des-Forges-Gruppe ein Bündnis, das auf ihrer gemeinsamen Frontstellung gegen Parisbasblock und Dritte Republik beruhte. Diese neue Kombination können wir als den Union-Comité-Block bezeichnen. Die Rivalität zwischen diesen beiden großen Mächten, dem Paribasblock und dem Union-Comité-Block, füllt die Seiten der französischen Geschichte in den Jahren 1884–1940. Sie lähmte das französische politische System, wobei sie ihre Krisenstadien während der Dreyfus-Affäre und wieder 1934–1938 hatte. Sie lähmte auch teilweise das französische Wirtschaftssystem, verzögerte die Entwicklung vom Finanz- zum Monopolkapitalismus und verhinderte in der Zeit von 1935 bis 1940 die wirtschaftliche Erholung nach der Depression. Sie trug sehr viel zu der französischen Niederlage von 1940 bei. Hier beschäftigen wir uns nur mit den wirtschaftlichen Aspekten dieses Kampfes.

In Frankreich dauerte das Stadium des Handelskapitalismus sehr viel länger als in Großbritannien und wurde nicht vor 1830 vom Industriekapitalismus gefolgt. Das Stadium des Finanzkapitalismus wiederum begann nicht wirklich vor etwa 1880 und das Stadium des Monopolkapitalismus zeigte sich erst etwa um 1925.

Diese ganze Zeit über existierten die Privatbankiers und steigerten ihren Einfluss. Gegründet wurden ihre Banken in der Zeit des Handelskapitalismus und sie interessierten sich zunächst hauptsächlich für Regierungspapiere – sowohl heimische als auch ausländische. Als Folge davon hatten die bedeutendsten Privatbanken wie Rothschild oder Mallet sehr enge Beziehungen zu Regierungen, aber nur relativ schwache Verbindungen mit dem Wirtschaftsleben des Landes. Diese Situation veränderte sich durch das Heraufkommen der Eisenbahn in der Zeit von 1830 bis 1870. Die Eisenbahnen benötigten Kapitalmengen, die weit über die Möglichkeiten hinausgingen, die irgendeine Privatbank aus ihren eigenen Ressourcen hätte aufbringen können. Diese Schwierigkeit wurde dadurch bewältigt, dass man Investmentbanken, Depositbanken, Sparkassen und Versicherungsgesellschaften gründete, in denen die kleinen Ersparnisse einer Vielzahl von Menschen gesammelt wurden, und dass man diese dem Privatbankier verfügbar machte, der sie dann dorthin lenken konnte, wo er es für richtig befand. So wurde der Privatbankier mehr zu einem Verwalter der Gelder anderer Leute als zu jemandem, der seine eigenen verlieh. Außerdem wurden zweitens die Privatbankiers jetzt sehr viel einflussreicher und sehr viel unsichtbarer. Sie verwalteten jetzt Milliarden, wo es vorher nur Millionen waren. Und sie taten das, ohne in Erscheinung zu treten. Sie handelten nicht mehr öffentlich in eigenem Namen, sondern aus dem Hintergrund, dem Blick der Öffentlichkeit verhüllt durch den Strahlenkranz von Finanz- und Kreditinstitutionen, die gegründet worden waren, um private Ersparnisse anzuzapfen. Die Öffentlichkeit bemerkte nicht, dass die Namen der Privatbankiers und ihrer Vertreter immer noch die Listen der Direktoren der neuen finanziellen Unternehmungen zierten. Und drittens brachte das Eisenbahnzeitalter neue wirtschaftliche Mächte ins Leben, besonders in der Eisen- und Kohleindustrie. Diese neuen Mächte waren die ersten wirtschaftlichen Einflussfaktoren im Staat, die nicht unter der Kontrolle der Privatbanken standen. Sie entstanden in Frankreich aus einem Gewerbe, das in hohem Maße von der Gunst beziehungsweise Ungunst der Regierung abhängig war: der Rüstungsindustrie.

Der Industriekapitalismus begann in Frankreich, wie auch sonst wo, in der Textil- und Eisenindustrie. Den Beginn kann man vor 1830 legen, aber das Wachstum war immer nur schwach. Es gab keinen Mangel an Kapital, weil die meisten Franzosen sehr sorgfältige Sparer waren, aber sie zogen festverzinsliche Schuldverschreibungen (meistens Regierungsschatzbriefe) Anteilsscheinen vor und investierten außerdem lieber in Familienunternehmen als in Wertpapiere anderen Ursprungs. Nur langsam tastete sich die Aktiengesellschaft als Geschäftsform vor (obwohl sie im französischen Recht seit 1807 erlaubt war und damit früher als irgendwo anders). Privates Besitztum und Partnerschaften blieben sogar im 20. Jahrhundert populär. Die meisten davon wurden wie in England aus Profiten und Familienersparnissen finanziert. Sobald diese erfolgreich waren und an Größe zunahmen, schöpften die Eigentümer häufig genug den Wachstumsüberschuss des bestehenden Unternehmens ab und gründeten eines oder mehrere neue Unternehmen neben dem alten. Diese beschäftigten sich manchmal mit denselben wirtschaftlichen Aktivitäten, öfter aber noch mit eng benachbarten. Starker Familienzusammenhalt behinderte das Wachstum großer Einheiten oder von Gesellschaften in öffentlichem Besitz, weil Widerstände dagegen bestanden, Außenseitern Einfluss auf Familienunternehmen einzuräumen. Die Bevorzugung festverzinslicher Papiere vor Anteilsscheinen macht es für Unternehmen schwierig, schnell und auf gesunder Basis zu wachsen. Schließlich gab es starke Vorbehalte gegen die öffentliche Autorität, insbesondere gegen das Einziehen von Steuern, und das verstärkte die Hemmungen, sich eher in öffentlichen als privaten Geschäftsformen wirtschaftlich zu betätigen.

Nichtsdestotrotz expandierte die Industrie. Ihre stärksten Schübe erhielt sie durch den Anbruch des Eisenbahnzeitalters mit seiner großen Nachfrage nach Stahl und Kohle und durch die Regierung Napoleons III. (1852–1870), die den Markt für Industriewaren mit ihrer Nachfrage nach Rüstungsgütern belebte. Seine besondere Gunst gewährte Napoleon einer Firma der Eisen- und Rüstungsgüterherstellung, Schneider in Le Creusot. Eugène Schneider erhielt ein Monopol auf den Rüstungsbedarf der französischen Regierung, verkaufte Materialien an von der Regierung angeregte Eisenbahnbauten, wurde Präsident der Deputiertenkammer und Minister für Landwirtschaft und Handel. Es ist kaum überraschend, dass die Industriellen auf das Zweite Kaiserreich als ein Goldenes Zeitalter zurückblickten.

Der Verlust der politischen Einflussstellung der Schwerindustrie nach 1871 verringerte ihre Profite und führte sie in ein Bündnis mit den katholischen Bankern. Der Kampf zwischen Finanz- und Monopolkapitalismus, den es in den meisten Ländern gab, wurde so in Frankreich durch ein Aufeinanderprallen zweier Wirtschaftsblöcke ersetzt, die beide Interessen sowohl in der Industrie als auch im Finanzwesen hatten. Keiner von beiden war bereit, die unorthodoxen Finanzmethoden anzuwenden, die eines der Hauptziele des Monopolkapitalismus wurden. Als Folge davon trat der Monopolkapitalismus in Frankreich erst spät auf den Plan. Als er schließlich erschien, erwuchs er zwischen den beiden Blöcken, mit Verästelungen in beide hinein, aber weitgehend unabhängig von den zentralen Kontrollkernen der beiden. Diese neue unabhängige und ziemlich formlose Gruppe, in der sich der Aufstieg des Monopolkapitalismus zeigte, könnte man die Lille-Lyon-Achse nennen. Ihr Aufstieg vollzog sich langsam seit 1924. Nach der Niederlage von 1940 übernahm sie die Kontrolle Frankreichs.

Der Aufstieg des Finanzkapitalismus wurde in Frankreich wie auch anderswo durch die Kapitalbedürfnisse des Eisenbahnbaus ermöglicht. Die Gründung von Crédit Mobilier 1852 (mit Einlagen von 60 Millionen Franc) könnte man als den Beginn des französischen Finanzkapitalismus betrachten. Diese Bank wurde zum Vorbild für die späteren deutschen Kreditbanken. Wie diese betätigte sie sich in einer breiten Mischung von Geschäftsfeldern von Sparguthaben über Handelskredite bis zum Investmentbanking. Der Crédit Mobilier brach 1867 zusammen, aber später wurden weitere Banken gegründet, von denen einige verschiedene Geschäftsaktivitäten integrierten, andere eher nach britischem oder amerikanischem Muster spezialisiert waren.

Nachdem er einmal angefangen hatte, zeigte der Finanzkapitalismus in Frankreich dieselben Übersteigerungen wie auch anderswo. In Frankreich waren sie schlimmer als in Großbritannien oder im Deutschland nach der Reform von 1884, konnten allerdings nicht mit den Exzessen von Ekstase und Betrug mithalten, die es in den Vereinigten Staaten gab. Ebenso wie in Großbritannien lagen auch in Frankreich die Hauptbetätigungsfelder des Finanzkapitalismus im Ausland und eher bei Regierungsanleihen als in Wertpapieren der Privatwirtschaft. Die Zeiten des extremen Deliriums lagen in den frühen fünfziger und in den frühen achtziger Jahren des 19. Jahrhunderts und in einem großen Teil des 20. Jahrhunderts. In einem Jahr des ersten Zeitraums (1. Juli 1854 bis 1. Juli 1855) wurden in Frankreich nicht weniger als 457 neue

Gesellschaften mit einem Gesamtkapital von 1 Milliarde Franc gegründet. Die Verluste für die Käufer von Wertpapieren waren so hoch, dass die Regierung am 9. März 1856 zeitweilig jede weitere Ausgabe von Wertpapieren in Paris untersagen musste. Im Zeitraum von 1876 bis 1882 wurde über 1 Milliarde Franc neuer Aktien ausgegeben, was 1882 zu einem Crash führte. Schließlich hatte der Finanzkapitalismus in der ganzen Zeitspanne von 1900 bis 1936 ganz eindeutig das Sagen in Frankreich. 1929 schätzte eine Pariser Zeitung, dass in einem Zeitraum von dreißig Jahren (seit der Humbert-Unterschlagung 1899) dem französischen Volk mehr als 300 Milliarden Franc (die den gesamten öffentlichen und privaten Schulden Frankreichs 1929 entsprachen) durch wertlose Wertpapiere aus der Tasche gezogen worden waren.

Das Gravitationszentrum des französischen Wirtschaftssystems im 20. Jahrhundert war nicht, wie manche glauben wollten, die Bank von Frankreich, sondern es befand sich bei einer Gruppe von fast unbekannten Institutionen – den Privatbanken. Es gab über hundert derartige Privatbanken, aber davon war nur etwa ein Dutzend bedeutsam, und innerhalb dieser eng begrenzten Gruppe waren noch einmal zwei (Rothschild und Mirabaud) mächtiger als alle anderen zusammen genommen. Diese Privatbanken firmierten in Frankreich als Haute Banque und agierten als Oberkommando des französischen Wirtschaftssystems. Ihr Kapital befand sich fest in den Händen von ungefähr vierzig Familien und sie veröffentlichten keine Berichte über ihre finanziellen Aktivitäten. Das waren mit wenigen Ausnahmen die gleichen Privatbanken, die die Bank von Frankreich errichtet hatten. Sie unterteilten sich in eine Gruppe sieben jüdischer Banken (Rothschild, Stern, Cahen d' Anvers, Propper, Lazard, Spitzer und Worms), eine Gruppe sieben protestantischer Banken (Mallet, Mirabaud, Heine, Neuflize, Hottinguer, Odier und Vernes) und in eine Gruppe fünf katholischer Banken (Davillier, Lubersac, Lehideux, Goudchaux und Demachy). Im 20. Jahrhundert trat der grundlegende Riss, von dem wir gesprochen haben, zwischen den Juden und den Protestanten auf. Die katholische Gruppe hatte sich gespalten und stand entweder in einem Bündnis mit den Juden oder mit den Kräften der monopolistischen Schwerindustrie. Nichtsdestoweniger fuhren die verschiedenen Gruppen fort, im Management der Bank von Frankreich miteinander zu kooperieren.

Die Bank von Frankreich war höchstens nominell das Zentrum des französischen Finanzkapitalismus und besaß keine eigene, unabhängige Macht. Sie blieb von 1813 bis 1936 unter der Kontrolle jener Handvoll Privatbanken, die sie erschaffen hatten. Neu war nur, dass im 20. Jahrhundert einige davon eng mit einer gleichermaßen kleinen, aber formlosen Gruppe von Industriellen verbündet waren. Trotz des Risses arbeiteten die beiden Blöcke in der Führung dieses bedeutenden Machtinstruments zusammen.

Die Bank von Frankreich wurde von vierzig Familien kontrolliert (nicht zweihundert, wie oft behauptet wurde). Das lag daran, dass in der Satzung der Bank bestimmt wurde, dass nur die 200 größten Aktionäre Stimmrecht für die Wahl des Direktoriums (der regierenden Körperschaft der Bank) hatten. Es gab 182.500 Aktien der Bank, von denen jede einen Nominalwert von 1.000

Franc hatte, meistens aber das Fünf- oder Zehnfache wert war. Im 20. Jahrhundert gab es 30.000 bis 40.000 Aktionäre. Von den 200, die über die zwölf gewählten Direktoren abstimmen konnten, waren 78 Gesellschaften und 122 Einzelpersonen. Beide Klassen wurden von den Privatbanken dominiert und das war schon so lange so, dass die Direktorensitze praktisch vererbbar geworden waren. Die wichtigsten Änderungen bei den Namen der Direktoren resultierten aus dem Aufstieg der Schwerindustrie und aus der Übergabe von Sitzen in eine weibliche Erblinie. Drei Sitze wurden für über ein Jahrhundert von denselben Familien gehalten. Im 20. Jahrhundert gehörten die Namen Rothschild, Mallet, Mirabaud, Neuflize, Davillier, Vernes, Hottinguer und die ihrer Verwandten beständig zum Direktorium.

Die Bank von Frankreich agierte als eine Art Generalstab der vierzig Familien, die die neunzehn hauptsächlichen Privatbanken kontrollierten. Man unternahm nur wenig Anstrengungen, die Verhältnisse durch den Rediskontierungssatz zu beeinflussen. Offenmarktoperationen gab es nicht vor 1938. Der Einfluss auf den Staat erfolgte durch den Bedarf des Finanzministeriums an Geldern der Bank von Frankreich. Andere Banken wurden durch speziell französische Methoden beeinflusst: durch Heiratsverbindungen, durch indirekte Bestechung (das heißt, mithilfe der Kontrolle wohldotierter Pfründe in Bankwesen und Industrie) und durch die totale Abhängigkeit der französischen Banken von der Bank von Frankreich im Falle einer Krise. Diese Letztere kam daher, dass die französischen Banken keinen Wert auf Goldreserven legten, sondern stattdessen Handelspapiere als wichtigste Reserve betrachteten. In einer Krise, in der diese Papiere nicht schnell genug zu Liquidität gemacht werden konnten, nahmen die Banken Zuflucht zur unbegrenzten Verfügungsmacht der Bank von Frankreich über die Geldausgabe.

Die dritte Kontrolllinie der französischen Wirtschaft bildeten die Investmentbanken, die «banques d'affaires» genannt wurden. Diese wurden von zwei Banken beherrscht: der Banque de Paris et des Pays-Bas, die von der Rothschild-Gruppe 1872 gegründet wurde, und der Banque de l'Union Parisienne, die vom rivalisierenden Block 1904 gegründet wurde. Diese Investmentbanken versorgten die Industrie mit langfristigem Kapital und nahmen dafür Aktienbeteiligungen und Aufsichtratsmandate als Ausgleich. Ein großer Teil der Aktien wurde an die Öffentlichkeit weiterverkauft, aber die Aufsichtsratsmandate wurden zu Kontrollzwecken auf unbestimmte Fristen beibehalten. 1931 hielt Paribas Wertpapiere von 357 Unternehmen und seine eigenen Direktoren und Topmanager hielten 180 Aufsichtsratsstellen in 120 der bedeutenderen dieser Unternehmen. Die Kontrolle wurde häufig noch erleichtert durch zusätzliche Vorkehrungen: nichtstimmberechtigte Aktien, mehrfach stimmberechtigte Aktien, kooptative Aufsichtsratsstellen und andere Feinheiten des Finanzkapitalismus. Beispielsweise gab die General Wireless Company, die von Paribas gegründet wurde, 200.000 Aktien im Wert von je 500 Franc pro Aktie aus. Davon hatten 181.818 Aktien Stimmrechte von einer Zehntelstimme pro Aktie, während 18.182 Aktien, die von der Insidergruppe gehalten wurden, eine Stimme pro Aktie hatten. Eine ähnliche Situation gab es beim Aktienkapital von Havas, das ebenfalls von Paribas ausgegeben worden war.

Die Investmentbank der nichtjüdischen Privatbanken und ihrer industriellen Verbündeten war die Union Parisienne. Unter ihren sechzehn Direktoren fanden sich Namen wie Mirabaud, Hottinguer, Neuflize, Vernes, Wendel, Lubersac und Schneider in der Zeit vor 1934. Die beiden größten Anteilseigentümer waren in der Zeit von 1935 bis 1937 Lubersac und Mallet. Die Direktoren dieser Bank hielten 1933 124 andere Direktorenposten in 90 bedeutenden Unternehmen. Zur gleichen Zeit hatte sie Anteile an 338 Gesellschaften. Der Wert der Anteile, die von Union Parisienne 1932 gehalten wurden, betrug 482,1 Millionen Franc, derer, die von Paribas gehalten wurden, 548,8 Millionen Franc. Beides zusammen belief sich auf 1.030,9 Millionen Franc.

In der vierten Kontrolllinie standen fünf große Handelsbanken, die 1932 4.416 Filialen hatten. Am Beginn des Jahrhunderts waren alle Mitglieder des «Paribas-Konsortiums» gewesen, drifteten aber nach Gründung der Union Parisienne 1904 langsam zu dem neuen Block. Der Comptoir National d'Escompte wechselte fast sofort über, die anderen folgten schrittweise. Als Folge davon war die Kontrolle der zwei großen Blöcke über die großen Spareinlagenbanken im 20. Jahrhundert gemischt. Die ältere jüdische Gruppe der Privatbankiers verlor dabei ständig an Boden. Der Niedergang dieser Gruppe war eng verknüpft mit dem Niedergang des internationalen Finanzkapitalismus insgesamt. Der schwerste Schlag waren die Verluste bei ausländischen Schuldscheinen, die eine Folge des Ersten Weltkrieges waren. Regionale Einlagenbanken wurden in unterschiedlicher Abstufung von dem einen oder anderen der beiden Blöcke kontrolliert, wobei die Kontrolle der Paribas stärker im Norden, Westen und Süden war, während der Union-Comité-Block im Nordosten, Osten und Südosten stärker war. Auch die Kontrolle über Sparkassen und Versicherungen blieb geteilt, besonders da, wo diese bereits gegründet worden waren, bevor die beiden Blöcke ihre moderne Form annahmen. Beispielsweise hatte die größte Versicherungsgesellschaft Frankreichs mit Kapital und Reserven 1931 von 2.463 Millionen Franc unter ihren Direktoren Namen wie Mallet, Rothschild, Neuflize, Hottinguer usw.

Die Zusammenarbeit der beiden Blöcke in den tieferen Ebenen des Bankensystems (und bei der Bank von Frankreich) erstreckte sich normalerweise nicht auf industrielle oder Handelsaktivitäten. Dort war der Wettbewerb außerhalb des Marktes sehr streng und wurde in den Jahren 1932–1940 zu einem Kampf bis auf den Tod. In manchen Bereichen gab es eine Abgrenzung von Interessenssphären zwischen den beiden Blöcken und dadurch wurde dann der Wettbewerb begrenzt. Innerhalb Frankreichs gab es die grundlegende Teilung zwischen Osten und Westen. Die jüdische Gruppe legte ihre Betonung auf Schiffbau, transatlantische Kommunikation und Transportwesen und auf öffentliche Dienstleistungen im Westen, während die protestantisch-katholische Gruppe sich besonders um Eisen, Stahl und Rüstungsindustrie im Osten kümmerte. Außerhalb Frankreichs beherrschte die erstere Gruppe die Kolonien, Nordafrika und das östliche Mittelmeer, während die zweite Gruppe besonders in Mittel- und Osteuropa aktiv war (hauptsächlich durch die Union européenne industrielle et financière, die 1920 als wirtschaftliches Gegenstück zur Kleinen Entente gegründet wurde).

In einigen Feldern hatte die Rivalität der beiden Gruppen weltweite Folgen. Im Erdölbereich beispielsweise kontrollierten die jüdischen Bankiers über die Banque de Paris et des Pays-Bas die Compagnie française des pétroles, die ein Verbündeter der Standard Oil und Rockefellers war, während die katholisch-protestantischen Bankiers über die Union Parisienne Petrofina kontrollierten, das seinerseits ein Verbündeter der Royal Dutch Shell und Deterdings war. Jules Exbrayat, ein Partner von Demachy et Cie., war außerdem Direktor der Union Parisienne und von Petrofina und Alexandre Bungener, Partner von Lubersac et Cie., war ebenfalls außerdem Direktor von Union Parisienne und Petrofina. Charles Sergeant, der einmal stellvertretender Finanzminister und Untergouverneur der Bank von Frankreich gewesen war, war jahrelang Vorstandsvorsitzender der Union Parisienne. Er hatte damit in dem einen Block eine Rolle, die derjenigen Horace Finalys im anderen ähnelte. Er war Direktor von Petrofina und der Union européenne industrielle et financière. Als er aus Gesundheitsgründen 1938 in den Ruhestand ging, wurde er in verschiedenen Positionen (inklusive Petrofina und Union Parisienne) durch Jean Tannery, den Ehrengouverneur der Bank von Frankreich, ersetzt. Zur gleichen Zeit war Joseph Courcelles, ein früherer Finanzinspekteur, Direktor von siebzehn Gesellschaften, darunter Petrofina und Union Parisienne. Auf der anderen Seite war Horace Finaly Generaldirektor von Paribas und Direktor der Standard Franco-Américaine, während sein Sohn Boris Direktor der Compagnie française des pétroles war. Der frühere Botschafter Jules Cambon und Emile Oudot waren Direktoren der Standard Franco-Américaine und der Standard française des pétroles (bevor die beiden 1938 verschmolzen wurden).

Außerhalb des Bankensystems, das wir skizziert haben, war die französische Wirtschaft in einer Reihe von Handelsassoziationen, industriellen Monopolen und Kartellen organisiert. Diese wurden meistens vom katholisch-protestantischen Block der Privatbankiers kontrolliert, da die jüdische Gruppe fortfuhr, die älteren Methoden des Finanzkapitalismus anzuwenden, während ihr Rivale zu den handgreiflicheren Methoden des Monopolkapitalismus überging. In derartigen Fällen traten individuelle Gesellschaften, die von der jüdischen Gruppe kontrolliert wurden, oftmals den Kartellen und Assoziationen bei, die vom Konkurrenzblock begründet worden waren.

Im Zentrum des Systems einer monopolistischen Kontrolle des industriellen Lebens stand die Confédération générale du patronat français, die nach 1936 (Abkommen von Matignon) kollektiver Verhandlungsführer für einen Großteil der französischen Industrie wurde. Die Confédération war in Sektionen für verschiedene Industriezweige unterteilt. Im Umkreis der Confédération lagen eine Reihe allgemeiner Handelsassoziationen und Kartelle wie das Comité des Forges, das Comité central des Houillières, die Union des industries métallurgiques et minières, die Société de l'industrie minérale usw.

Eine Stufe darunter gab es eine große Anzahl regionaler Assoziationen und lokaler Kartelle. Das alles wurde durch finanzielle Kontrollpositionen, Familienverbindungen und personelle Verflechtungen in ein einziges Ganzes verschmolzen.

In diesem System nahm das Comité des Forges, die Handelsassoziation der Metallindustrie, eine Schlüsselstellung ein. In Frankreich war die Eisenindustrie ursprünglich weit in kleine Unternehmen auseinandergesplittert. Unter diesen Unternehmen wurden die Fabriken in Le Creusot, die die Familie Schneider 1838 erworben hatte, von Napoleon III. so stark begünstigt, dass sie zur wichtigsten Metallgesellschaft Frankreichs wurden. Als Folge des Entzugs von Regierungsprivilegien beim Wechsel vom Zweiten Kaiserreich zur Dritten Republik und des Schlages gegen das Prestige von Schneider durch den Sieg der Kruppschen Stahlkanone über die Bronzekanone Le Creusots 1870, orientierte sich die gesamte Metallindustrie Frankreichs in Richtung Monopolsystem und begann, Kapital über Privatbankiers zu suchen. Die Wende zum Monopolismus erfolgte fast unmittelbar, besonders in der typisch französischen Form des *comptoir* (einer gemeinsamen Verkaufsagentur).

1884 wurde, wie gesagt, das Comité des Forges gebildet, ein Zusammenschluss der gesamten Metallindustrie Frankreichs, der ein einziges *comptoir* benutzte, um Preiswettbewerb zu verhindern. Im 20. Jahrhundert gehörten zum Comité des Forges über 200 Gesellschaften mit einem Nominalkapital von etwa 8 Milliarden Franc, deren Wertpapiere aber 1939 fast 100 Milliarden Franc wert waren. Von den 200 Gesellschaften waren die vielleicht bedeutendsten: Établissements Schneider, Les Forges et Aciéries de la Marine et Homécourt, La Société des Petits-Fils de François de Wendel, Les Aciéries de Longwy usw. 1939 waren sechs Gesellschaften für 75% der französischen Stahlproduktion verantwortlich. Die monopolistischen Einflüsse waren aber noch viel stärker, als diese Zahlen anzuzeigen vermögen. Von den 200 Unternehmen im Comité des Forges waren nur 70 in der Eisen- und Stahlbranche von Bedeutung. Diese 70 hatten eine Gesamtkapitalisierung von etwa 4 Milliarden Franc. Von diesen Firmen waren wiederum 51 mit einem Kapital von 2.727.054.000 Franc 1939 Mitglieder im Union-Comité-Block und wurden von der Schneider-Mirabaud-Allianz kontrolliert. Elf Unternehmen mit einem Kapital von 506 Millionen Franc gehörten zum Paribasblock. Acht Firmen mit einem Kapital von 749 Millionen Franc gehörten zu keinem Block oder konnten nicht leicht zugeordnet werden.

Eine vergleichbare Entwicklung gab es in der französischen Kohleindustrie. Das ist vielleicht insofern kaum verwunderlich, als die Kohleindustrie weitgehend von den gleichen Gruppen beherrscht wurde wie die Stahlindustrie. 1938 kamen 77% der französischen Kohleproduktion von 14 Gesellschaften. Drei dieser Gesellschaften gehörten Wendel, der somit 15,3% der französischen Produktion von Kohle direkt kontrollierte und noch beträchtlich mehr indirekt. Parallel zum Comité des Forges in der Stahlindustrie und kontrolliert von denselben Leuten gab es das Comité central des Houillières bei der Kohle. Das wurde unterstützt durch Steuern auf Zechen, die von der

Abbaumenge abhingen. Das Stimmrecht innerhalb der Organisation beruhte auf diesem finanziellen Beitrag, wodurch 13 Gesellschaften über drei Viertel der Stimmen kontrollierten und Wendel allein über ein Sechstel. Die französische Kohleindustrie wurde fast ebenso vollständig durch den Union-Comité-Block kontrolliert, wie das für die Stahlindustrie galt. Kohle gab es in Frankreich vor allem in zwei Regionen – im Nordosten in der Umgebung von Lille und im Südosten bei Lyon. Die Letztere wurde fast vollständig vom Union-Comité-Block kontrolliert, aber in der sehr viel reicheren nördlichen Region war der Paribas-Einfluss sehr stark. Diese Kohleminen von Paribas drifteten langsam davon weg und wurden ein Hauptelement in der monopolistischen Lille-Lyon-Achse.

Der vorherrschende Einfluss des Union-Comité-Blocks in so bedeutsamen Feldern wie Eisen, Stahl und Kohle wurde bis zu einem gewissen Grad durch das kunstvolle Netz, mit dem der Paribasblock die Kontrolle der strategischen Punkte in den Feldern von Kommunikation und Medien übernommen hatte, im Gleichgewicht gehalten.

Es gab 1936 an der Pariser Börse nur 1.506 eingetragene Unternehmen. Davon waren nur 600 bedeutsam. Wenn wir dazu die etwa 150 oder 200 bedeutenden Unternehmen rechnen, die in Paris nicht eingetragen waren, so ergibt das ein Total von etwa 800 Firmen. Von diesen 800 kontrollierte der Paribasblock 1936 fast 400 und der Union-Comité-Block etwa 300. Den Rest kontrollierte keiner der beiden Blöcke. Die höhere Zahl von Firmen, die von Paribas kontrolliert wurden, wurde ausgeglichen durch die sehr viel höhere Kapitalisierung der Union-Comité-Firmen. Das wiederum wurde ausgeglichen durch den Umstand, dass sich die Paribasfirmen in strategischen Positionen befanden.

Das ganze Paribassystem wurde im 20. Jahrhundert von Baron Edouard de Rothschild geführt. Der aktive Kopf war aber René Mayer, der Manager der Rothschild-Bank und durch Heirat Neffe von James Rothschild. Das wichtigste Operationszentrum des Systems war die Banque de Paris et des Pays-Bas, die bis 1937 von Horace Finaly geführt wurde. Er kam aus einer jüdisch-ungarischen Familie, die von Rothschild 1880 nach Frankreich geholt worden war. Hauptsächlich aus dieser Bank heraus wurde jener Teil der französischen Wirtschaft, der von diesem Block kontrolliert wurde, regiert. Zu dem Teil gehörten viele Auslandsunternehmen und Kolonialfirmen, öffentliche Dienstleistungen, Schifffahrtslinien, Fluglinien, Schiffbau und vor allem Kommunikationsdienste. Zu diesen Letzteren gehörten Cie. générale transatlantique, Cie. générale de télégraphie sans fils, Radio France, Cie. française de câbles télégraphiques, Cie. internationale des wagon-lits, Havas und Hachette.

Havas war sowohl eine große Nachrichtenagentur mit monopolartiger Stellung als auch die wichtigste Werbeagentur Frankreichs. Sie konnte sowohl Nachrichten als auch Anzeigen unterdrücken oder verbreiten und tat das auch. Jene Zeitungen, die die Anzeigen abdruckten, die sie ihnen lieferte, versorgte sie normalerweise kostenlos mit Nachrichtenmeldungen. Über fast ein Jahrhundert hinweg erhielt sie geheime Unterstützung von der Regierung (etwas, was zuerst Balzac enthüllt hatte). Die Zahlungen aus den Geheimfonds der Volksfront hatten in den späten dreißiger Jahren fantastische Höhen erreicht. Hachette hatte ein Monopol im Zeitschriftenhandel und einen beträchtlichen Anteil am Buchhandel. Dieses Monopol konnte dafür benutzt werden, Zeitungen abzuwürgen, die als nicht wünschenswert betrachtet wurden. Das geschah beispielsweise in den dreißiger Jahren mit Cotys reaktionärem *Ami du peuple*.

Nach 1934 wurde der Union-Comité-Block durch die Weltwirtschaftskrise, die die Schwerindustrie härter in Mitleidenschaft zog als andere Teile der Wirtschaft, schwer getroffen. Nach 1937 wurde der Paribasblock auseinandergesprengt durch den Anstieg des Antisemitismus, durch die Kontroversen über orthodoxe oder unorthodoxe Finanzmethoden im Umgang mit der Depression und besonders durch die zunehmende internationale Krise. Das Verlangen Rothschilds ging dahin, ein Bündnis mit Russland zu schmieden, eine Politik des Widerstands gegen Hitler aufzubauen und die spanischen Republikaner zu unterstützen, weiterhin orthodoxe Finanzmethoden zu verwenden und die Gewerkschaften gegen das Comité des Forges in Stellung zu bringen. Dieses Programm scheiterte an seinen inneren Widersprüchen, an dem mangelnden Glauben daran und am Druck Großbritanniens.

Während dieser Schwächung der beiden älteren Blöcke stieg ein neuer Block rapide als Macht zwischen ihnen auf. Das war die Lille-Lyon-Achse. Sie war um zwei regionale Gruppen herumgebaut, die eine im Norden bei Lille, die andere im Südosten und Osten bei Lyon und im Elsass. Die Erstere hatte eine Verzweigung, die nach Brüssel in Belgien ging, während die Letztere eine Verzweigung nach Basel in der Schweiz hatte. Der Lille-Pol hatte ursprünglich unter Rothschildeinfluss gestanden, während der Lyon-Pol ursprünglich unter Mirabaudeinfluss gestanden hatte. Diese beiden Pole wurden durch die Aktivitäten einiger Privatbanken und von zwei Einlagenbanken in Paris zu einer einzigen Einheit verschmolzen. Zu den Privatbanken gehörten Odier, Sautter et Cie., S. Propper et Cie. und Worms et Cie. Zu den Kreditbanken gehörten der Crédit Commercial de France und die Banque française pour le commerce et l' industrie.

Diese Lille-Lyon-Achse war um vier wirtschaftliche Sektoren herumgebaut: elektrische Dienstleistungen, Chemie, Kunsttextilien und Leichtmetalle. Diese vier waren monopolistisch organisiert und hingen miteinander zusammen, hauptsächlich aus technologischen Gründen. Monopolistisch waren sie entweder von Natur aus (öffentliche Dienstleistungen) oder weil sie auf eng kontrollierten natürlichen Ressourcen beruhten (Dienstleistungen und Chemie) oder weil sie für den profitablen Betrieb sehr ausgedehnte Herstellungsverfahren mit Nebenprodukten und verwandten Aktivitäten erforderten (Dienstleistungen, Chemie, Kunstfasertextilien und Leichtmetalle) oder weil sie die Benutzung von restriktiv gehaltenen Patenten erforderten (Chemie, Kunstfasertextilien, Leichtmetalle).

Diese Aktivitäten hingen aus verschiedenen Gründen miteinander zusammen. Die öffentlichen Dienstleistungen des Nordens beruhten auf

Kohle, während die des Südostens auf Wasserkraft basierten. Die Leichtmetallproduktion konzentrierte sich wegen der verfügbaren Wasserkraft im Südosten. Diese Metalle, hauptsächlich Aluminium, wurden durch Elektrolyse hergestellt, bei der chemische Nebenprodukte anfielen. Deshalb gingen die beiden französischen Leichtmetallfirmen zu Chemieprodukten über. Die Textilindustrie befand sich bereits im Norden (um Lille) und im Südosten (um Lyon). Als diese Textilindustrie mit Kunstfasern zu arbeiten begann, musste sie sich mit chemischen Firmen verbinden. Das war leicht, weil die chemischen Firmen des Südostens bereits in engem Kontakt mit den Textilfirmen von Lyon standen (hauptsächlich der Gillet-Familie), während die Chemieunternehmen des Nordens bereits in engem Kontakt mit den Textilfirmen dieses Gebietes standen (hauptsächlich die Familie Motte und ihre Verwandten). Diese Textilunternehmen des Nordens kontrollierten bereits in Zusammenarbeit mit Paribas die bedeutendsten Kohlezechen dieses Gebietes. Diese Kohlezechen begannen damit, elektrische Energie bei der Zeche zu produzieren, wobei alle Nebenprodukte dann für den Chemiesektor und für die Herstellung von Kunstfasertextilien genutzt wurden. Da die Textilfamilien des Nordens (wie Motte) bereits durch Heirat und Handelsassoziationen mit den Textilfamilien des Südostens (wie Gillet) verbunden waren, konnte die Lille-Lyon-Achse leicht entlang dieser Verbindungslinien emporwachsen.

Als Folge des Patts zwischen den beiden großen Blöcken, zwischen Finanzkapitalisten und Monopolkapitalisten, zwischen Anhängern des Bündnisses mit Russland und Anhängern des Appeasements, zwischen orthodoxer und unorthodoxer Finanzpolitik, zwischen Juden und Antisemiten war Frankreich vollständig gelähmt und ging 1940 in die Niederlage. Die war für die Lille-Lyon-Achse annehmbar. Sie nahm die Niederlage mit Befriedigung zur Kenntnis und ging mit deutscher Hilfe daran, die gesamte französische Wirtschaft zu übernehmen. Der Paribasblock wurde durch die antisemitischen Gesetze zerstört und viele seiner Hauptfestungen wurden übernommen. Der Union-Comité-Block wurde durch eine Serie harter Schläge, inklusive des Zwangsverkaufs aller ausländischen Besitzungen Schneiders und der meisten heimischen Besitzungen Wendels an die Deutschen (hauptsächlich an die Hermann-Göring-Werke), der Übernahme der übrigen lothringischen Eisenbesitzungen und der Auflösung des Comité des Forges selbst, schwer zerstückelt.

Zur gleichen Zeit stärkte die Lille-Lyon-Achse ihre Macht. Die französische Chemieindustrie, die ohnehin durch die Établissements Kuhlmann bereits weitgehend monopolisiert war, wurde in einen einzigen Konzern zwangszusammengefasst (Société Francolor), der von der Lille-Lyon-Achse und den IG Farben kontrolliert wurde. Die Leichtmetallindustrie, die bereits weitgehend durch Alain, Frogue et Camargue monopolisiert war, wurde jetzt fast vollständig in diesem Unternehmen zentralisiert. Die Kunstfasertextilindustrie, die bereits weitgehend durch die Gillet-Clique monopolisiert war, wurde in einem Unternehmen, France-Rayonne, unter gemeinsamer Kontrolle von Gillet und den Deutschen, zentralisiert. Die Automobilindustrie wurde einer einzigen Kontrolle unterworfen – dem Comité d'organisation d'automobiles

– und es wurde dafür eine gemeinsame Produktionsgesellschaft gegründet – die Société générale française de construction d´automobiles. Das ganze System wurde von einer kleinen Gruppe kontrolliert, die in Lyon ansässig war, deren Kern die Familie Gillet war und die politisch vor allem durch Pierre Laval repräsentiert wurde.

Die Kämpfe zwischen diesen drei großen wirtschaftlichen Machtblöcken in Frankreich sind für Amerikaner ziemlich schwer zu verstehen, weil sie sich nicht als preislicher Wettbewerb auf dem Markt abspielten, wo Amerikaner normalerweise den wirtschaftlichen Wettbewerb erwarten würden. Bei der Preispolitik arbeiteten die drei Blöcke gewöhnlicherweise zusammen. Auch in ihrem Verhalten gegenüber der Arbeiterschaft kooperierten sie, wenn auch in geringerem Maße. Ihre Rivalitäten zeigten sich in den Feldern wirtschaftlicher und politischer Macht als Kämpfe um die Kontrolle von Rohstoffquellen, um die Versorgung mit Kredit und Kapital und um die Regierungsinstitutionen. Preislicher Wettbewerb, der einem Amerikaner immer als die erste und sogar einzige Form wirtschaftlicher Rivalität erscheint, wurde in Europa im Allgemeinen als die letztvorstellbare Form wirtschaftlicher Rivalität betrachtet, – eine Form, die so weitgehend gegenseitig zerstörerisch ist, dass sie stillschweigend von beiden Seiten vermieden werden muss. Tatsächlich haben in Frankreich, wie auch im sonstigen Europa, miteinander konkurrierende wirtschaftliche Gruppen keinen Widerspruch darin gesehen, sich zusammenzutun, um die Macht des Staates dafür zu benutzen, eine gemeinsame Politik in Bezug auf Preise und gegenüber der Arbeiterschaft durchzusetzen.

Die französische Niederlage von 1940 erschütterte das Patt zwischen den wirtschaftlichen Machtblöcken, das Frankreich in den dreißiger Jahren gelähmt hatte und das so viel zur französischen Niederlage beigetragen hatte. Die beiden älteren Blöcke brachen unter deutscher Besatzung und Vichyregime auseinander – der Paribasblock durch die antisemitischen Gesetze und der Union-Comité-Block, weil seine Teile für die deutschen Besatzer und ihre französischen Kollaborateure erstrebenswert waren. Die Lille-Lyon-Achse, die von den Verbündeten der Banque Worms und der Banque de l'Indochine geführt wurde, versuchte als williger Kollaborateur der Deutschen und ihres alten Verbündeten Pierre Laval den größten Teil der französischen Wirtschaft zu übernehmen. Sie war darin ziemlich erfolgreich, aber die wirtschaftliche Verwirrung während der Besatzungsverhältnisse und die Lasten der deutschen Besatzungskosten ermöglichten es ihr nicht, irgendwelchen großen Nutzen aus dieser Position zu ziehen. Darüber hinaus konnten die Mitglieder der Lille-Lyon-Achse als Kollaborateure mit den Nazis nicht erwarten, eine deutsche Niederlage zu überleben, und schafften das auch nicht.

Die drei Vorkriegsblöcke haben im Frankreich nach 1945 keine wesentliche Rolle mehr gespielt – nur noch ein Teil des Personals der Paribas. So besonders René Mayer, der operierende Vorstand der Rothschild-Familieninteressen, der in einer frühen Nachkriegsregierung Finanzminister wurde. Später, 1962, machte de Gaulle den Direktor der Rothschild-Bank, Georges Pompidou, zum Premierminister. Die ziemlich bedeutende Rolle, die Banker wie diese spielten, verhinderte doch nicht, dass Frankreich dem Muster neuer wirtschaftlicher Formen folgte, das wir auch in anderen Ländern beobachten konnten. Der Prozess wurde durch die politische Lähmung als Folge des parlamentarischen Systems in Frankreich verzögert, besonders durch die Instabilität der Kabinette als Folge der Vielzahl von Parteien. Die militärische Krise in Indochina, gefolgt von dem sich lange hinziehenden, frustrierenden Bürgerkrieg in Algerien, hinderte Frankreich daran, vor 1958 irgendein befriedigendes Wirtschaftssystem zu etablieren.

Die einzige Errungenschaft der davor liegenden Jahre war eine allerdings sehr große – die französische Rolle bei der Etablierung des gemeinsamen europäischen Marktes, die entscheidend war. Die Gründung erfolgte im Vertrag von Rom 1957 mit sechs Mitgliedsländern (Frankreich, Westdeutschland, Belgien, den Niederlanden, Italien und Luxemburg). Geplant war, die Zollgrenzen zwischen den Mitgliedsländern in einzelnen Phasen über wenigstens zwölf Jahre hinweg abzubauen, und währenddessen einen gemeinsamen Zolltarif gegenüber Außenstehenden aufzubauen. Auf diese Weise würde ein Massenmarkt zur Verfügung stehen, der Massenproduktion mit niedrigeren Kosten ermöglichen würde. Frankreich war unfähig, viel zu diesem neuen Markt beizutragen, bis seine politische Instabilität durch das autoritärere politische Muster der Fünften Republik 1958 (Verfassung vom 4. Oktober) beendet wurde. Im Dezember dieses Jahres wurde der Franc abgewertet und ein Programm fiskalischer Austerität beschlossen. Sofort begann die wirtschaftliche Tätigkeit zuzunehmen. Die Wachstumsrate der industriellen Produktion erreichte 1961 6,3% und 1962 fast 8,5%. Die Goldreserven verdoppelten sich innerhalb von zwei Jahren nach der Abwertung.

Der Wohlstandszuwachs, der die Folge war, wurde von der aus zwanzig Nationen bestehenden Organisation für wirtschaftliche Zusammenarbeit und Entwicklung (OECD, die Nachfolgeorganisation des Marshallplans) als «Wirtschaftswunder» bezeichnet. Seine Verteilung war insofern ungleichmäßig, als Bauern und Regierungsangestellte weniger als ihren gerechten Anteil daran erhielten, und er wurde begleitet von einer wenig wünschenswerten Inflation der Lebenshaltungskosten, die (von 1953 gleich 100) 1956 103 betrugen, auf 138 1961 und auf 144 im Jahr 1962 stiegen. Trotzdem brachte das Frankreich und den anderen Ländern der Wirtschaftsgemeinschaft ein vorher nicht gekanntes Wohlstandsniveau, das in scharfem Kontrast zu den miserablen Bedingungen in den unglücklichen Ländern jenseits des Eisernen Vorhangs stand. Die Briten hatten eine Europäische Freihandelsassoziation (EFTA) aus den «äußeren Sieben» (Österreich, Dänemark, Norwegen, Portugal, Schweden und der Schweiz) gebildet, die freien Handel unter den Mitgliedsländern, aber keine gemeinsamen Außenzölle als Ziel hatte. Sie versuchten dann, ihrer recht lethargischen Wirtschaft durch einen Beitritt zur Wirtschaftsgemeinschaft 1962 aufzuhelfen, wurden aber von de Gaulle zurückgestoßen, der als Preis dafür verlangte, dass Großbritannien sein Jahrzehnte zurückreichendes Bemühen um eine Sonderbeziehung zu den Vereinigten Staaten aufgeben müsste.

Die Vereinigten Staaten von Amerika

Die Vereinigten Staaten bildeten das allerextremste Beispiel des Finanzkapitalismus. Sie erreichten den Monopolkapitalismus nur in einer teilweisen und zerstückelten Form und nur für sehr kurze Zeit und kamen in das danach folgende Stadium der pluralistischen Wirtschaft nur schlafwandlerisch und zögerlich.

Von Beginn an war das Problem der Vereinigten Staaten eine Nachfrage nach Arbeitskräften im Angesicht eines beispiellosen Reichtums von Ressourcen. Als Folge strebte man nach arbeitssparenden Techniken und nach einer hohen Produktivität pro Mann und Tag. Das galt sogar für die Landwirtschaft. Das bedeutet, dass die Höhe der Kapitalausstattung pro Person die ganze amerikanische Geschichte hindurch ungewöhnlich hoch war, sogar in der frühesten Zeit. In einem unentwickelten Land, in dem die privaten Ersparnisse über viele Generationen hinweg nur gering waren, war das ein Problem. Die Akkumulation solcher Ersparnisse zur Investition in arbeitssparende Techniken ließ hier den Finanzkapitalismus schon früh entstehen. Dementsprechend gab es den Finanzkapitalismus in den Vereinigten Staaten auch länger und in einer extremeren Form als in irgendeinem anderen Land. Darüber hinaus machte die Größe des Landes das Transportproblem so drängend, dass das Kapital, das für die frühen Kanäle, Eisenbahnen und für die Eisenindustrie benötigt wurde, aus anderen Quellen als bei lokalen Privatpersonen aufgenommen werden musste. Viel davon stammte aus Regierungssubventionen oder von ausländischen Investoren. Das konnte man schon 1850 beobachten und viele der Überseeverbindungen bestanden auch noch in den dreißiger Jahren.

In den achtziger Jahren des 19. Jahrhunderts waren die Techniken des Finanzkapitalismus in New York und dem nördlichen New Jersey bereits weit entwickelt und erreichten Stufen der Korruption, denen sich kein europäisches Land jemals auch nur annäherte. Diese Korruption strebte danach, den durchschnittlichen Investor durch Ausgaben und Manipulationen von Wertpapieren zugunsten der «Insider» zu betrügen. Erfolg war dabei seine eigene Rechtfertigung. Diejenigen, die diese Betrügereien praktizierten, erhielten ihr soziales Prestige entsprechend ihrem Reichtum, ohne irgendwelche Skrupel darüber, wie dieser Reichtum erworben worden war. Techniken der Korruption, wie sie in den wildesten Tagen der Betrügereien bei der Finanzierung der Eisenbahnen mit den Namen von Daniel Drew oder Jay Gould verbunden waren, wurden auch von Morgan und anderen praktiziert, die respektabel wurden, weil ihr Erfolg länger anhielt und es ihnen ermöglichte, ehrenwerte Firmen aufzubauen.

Reformen der Wall-Street-Praktiken kamen nur durch Druck aus dem Hinterland zustande, insbesondere vom agrarischen Westen. Verzögert wurden sie lange durch die enge Verbindung der Wall Street mit den beiden wichtigsten Parteien, die 1880 – 1900 zustande kam. In dieser Allianz war um 1900 der Einfluss Morgans bei der Republikanischen Partei dominant, wobei sein Hauptrivale der Einfluss eines Monopolkapitalisten, Rockefellers aus Ohio, war. Um 1900 hatte die Wall Street die Demokratische Partei weitgehend aufgegeben, ein Wechsel, der durch den Übergang der Whitney-Familie von den Demokraten zu den inneren republikanischen Zirkeln, kurz nachdem sie ihre Familienallianz mit Morgan geschmiedet hatten, verdeutlicht wird. Zur selben Zeit kehrte die Rockefellerfamilie die gewöhnliche Entwicklungsrichtung um, indem sie vom Monopolbereich des Öls mithilfe der Chase National Bank in die New Yorker Bankenzirkel vorstieß. Schon bald ergaben sich finanzielle wie auch Familienverbindungen unter den Morgans, Whitneys und Rockefellers, hauptsächlich über die Verbindungen mit den Familien Payne und Aldrich.

Über fünfzig Jahre hinweg, von 1880 bis 1930, bildete der Finanzkapitalismus annäherungsweise eine Feudalstruktur, in der zwei Großmächte, die in New York zentriert waren, eine Reihe von geringeren Mächten sowohl in New York als auch in der Provinz beherrschten. Man kann diese Struktur, wie sie in den zwanziger Jahren existierte, nicht in einem kurzen Überblick darstellen, weil sie in Wirklichkeit alle Aspekte des amerikanischen Lebens und insbesondere alle Zweige des Wirtschaftslebens durchdrang.

Im Zentrum stand eine Gruppe von weniger als einem Dutzend Investmentbanken, die auf dem Höhepunkt ihrer Macht immer noch uneingetragene private Partnerschaften waren. Dazu gehörten J. P. Morgan; die Rockefeller-Familie; Kuhn, Loeb and Company; Dillon, Read and Company; Brown Brothers and Harriman und andere. Jede von diesen war durch organisatorische oder personelle Verflechtungen mit verschiedenen Banken, Versicherungen, Eisenbahnen, öffentlichen Dienstleistungen[10] und Industrieunternehmen verbunden. Als Folge davon bildete sich eine Reihe von Netzen wirtschaftlicher Macht, von denen die bedeutendsten ihr Zentrum in New York hatten, während weitere provinzielle Gruppen, die damit verbunden waren, in Pittsburgh, Cleveland, Chicago und Boston gefunden werden konnten.

J. P. Morgan stand in enger Beziehung zu einer Gruppe von Banken und Versicherungsgesellschaften, darunter der First National Bank of New York, der Guaranty Trust Company, dem Bankers Trust, der New York Trust Company und der Metropolitan Life Insurance Company. Der ganze Nexus beherrschte ein Netzwerk von Unternehmen, zu denen wenigstens ein Sechstel der zweihundert größten nicht finanzmäßig ausgerichteten Unternehmen in der amerikanischen Wirtschaft gehörten. Darunter befanden sich zwölf Betriebe für öffentliche Dienstleistungen, mindestens fünf Eisenbahnsysteme, dreizehn Industrieunternehmen und wenigstens fünf der fünfzig größten Banken des Landes. Der kombinierte Besitz dieser Unternehmen belief sich

---

10 Gemeint sind damit Dienstleistungen wie Gas, Strom und Wasser, die in den USA von privaten Firmen übernommen wurden. Für das entsprechende englische Wort «utilities» wurde mangels eines entsprechenden deutschen Ausdrucks die Übersetzung «öffentliche Dienstleistungen» gewählt.

auf über 30 Milliarden Dollar. Dazu gehörten American Telephone and Telegraph Company, International Telephone and Telegraph, Consolidated Gas of New York, die Gruppen öffentlicher Dienstleistungsbetriebe, die als Electric Bond and Share und als United Corporation Group bekannt waren (dazu gehörten Commonwealth and Southern, Public Service of New Jersey und Columbia Gas and Electric), das New-York-Central-Eisenbahnsystem, das Van-Sweringen-Eisenbahnsystem (Alleghenies) mit neun Linien (inklusive Chesapeake und Ohio; Erie; Missouri Pacific; die Nickel Plate; Pere Marquette), die Santa Fe, das nördliche System fünf großer Linien (Great Northern; Northern Pacific; Burlington und andere), die Southern Railway, die General Electric Company, United States Steel, Phelps Dodge, Montgomery Ward, National Biscuit, Kennecott Copper, American Radiator and Standard Sanitary, Continental Oil, Reading Coal and Iron, Baldwin Locomotive und andere.

Die Rockefellergruppe war eigentlich eine monopolkapitalistische Organisation, deren Investitionen rein aus ihren eigenen Profiten kamen, fungierte aber auch als finanzkapitalistische Einheit in enger Zusammenarbeit mit Morgan. Sie war mit der größten Bank des Landes, der Chase National, verbunden und war als industrielle Macht in den verschiedenen Standard-Oil-Firmen bei der Atlantic Refining Company involviert, kontrollierte aber über die Hälfte des Vermögens der Ölindustrie sowie 2⅓ Milliarden Dollar an Vermögenswerten bei der Chase National Bank.

Kuhn, Loeb hatte seine Hauptinteressen bei den Eisenbahnen, von denen es die Pennsylvania, die Union Pacific, die Southern Pacific, die Milwaukee, die Chicago Northwestern, die Katy (Missouri-Kansas-Texas-Eisenbahngesellschaft) und die Delaware and Hudson kontrollierte. Es beherrschte auch die Bank of Manhattan und die Western Union Telegraph Company mit einem Gesamtvermögen von fast 11 Milliarden Dollar.

Die Mellongruppe, die ihr Zentrum in Pittsburgh hatte, dominierte Gulf Oil, Koppers, Alcoa, Westinghouse Electric, Union Trust Company, die Mellon National Bank, Jones and Laughlin Steel, American Rolling Mill, Crucible Steel und andere Firmen mit Gesamtvermögenswerten von etwa 3,3 Mrd. Dollar.

Man hat errechnet, dass den 200 größten nicht finanzmäßig ausgerichteten Unternehmen in den Vereinigten Staaten plus den fünfzig größten Banken Mitte der dreißiger Jahre 34% der Vermögenswerte aller industriellen Unternehmungen, 48% der Vermögenswerte aller Handelsbanken, 75% der Vermögenswerte aller öffentlichen Dienstleistungsbetriebe und 95% der Vermögenswerte aller Eisenbahnen gehörten. Die Gesamtvermögenswerte aller vier Arten beliefen sich auf fast 100 Mrd. Dollar, die unter den vier fast gleichmäßig verteilt waren. Die vier hier erwähnten wirtschaftlichen Machtblöcke (Morgan, Rockefeller, Kuhn Loeb and Company und Mellon) plus DuPont und noch drei mit diesen verbündete lokale Gruppen in Boston, Cleveland und Chicago beherrschten gemeinsam die folgenden Prozentsätze der 250 hier berücksichtigten Unternehmen: bei den Industriefirmen 58% der Gesamtvermögenswerte, bei den Eisenbahnen 82% und bei den öffentlichen Dienstleistungen 58%. Der Gesamtwert des Vermögens, das von den acht Machtgruppen kontrolliert wurde, betrug etwa 61.205 Millionen Dollar aus einem Gesamtvermögen von 198.351 Dollar dieser 250 größten Unternehmen Ende 1935.

Die wirtschaftliche Macht, die diese Zahl bedeutet, kann man sich kaum vorstellen und sie wurde noch verstärkt durch die aktive Rolle, die diese finanziellen Titanen in der Politik spielten. Morgan und Rockefeller gemeinsam beherrschten häufig die Republikanische Partei auf nationaler Ebene und Morgan hatte teilweise auch beträchtlichen Einfluss auf die Demokratische Partei auf nationaler Ebene (drei der Morganpartner waren normalerweise Demokraten). Diese beiden waren auch auf der Ebene von Einzelstaaten mächtig, besonders Morgan in New York und Rockefeller in Ohio. Mellon war eine Macht in Pennsylvania und DuPont war natürlich eine politische Macht in Delaware.

In den zwanziger Jahren bildete dieses System wirtschaftlicher und politischer Macht eine Hierarchie, an deren Spitze die Morganinteressen standen, und spielte eine führende Rolle sowohl im Wirtschafts- als auch im politischen Leben. Morgan, der auf der internationalen Ebene mit seinen auswärtigen Verbündeten, besonders in England, operierte, beeinflusste die geschichtlichen Ereignisse in einem Ausmaß, das im Einzelnen nicht zu klären ist, aber sicherlich gewaltig war. Nichtsdestotrotz machten die sich allmählich abspielenden Entwicklungen des Geschäftslebens, die wir erwähnt haben, Investmentbanker wie Morgan obsolet und die finanzpolitische Deflation, die sie verlangten, war der Auslöser für den wirtschaftlichen Zusammenbruch, der ihre Herrschaft in einem allgemeinen sozialen Desaster bis 1940 untergehen ließ.

In den Vereinigten Staaten schleppte sich die Verabschiedung des Finanzkapitalismus weit länger dahin als in den meisten anderen Ländern und er wurde nicht von einem deutlich etablierten System des Monopolkapitalismus gefolgt. Diese Verwischung der Stadien war durch eine Reihe von Ereignissen verursacht, von denen drei hier erwähnt werden sollten: 1) der fortdauernde persönliche Einfluss vieler Finanziers und Banker, auch nachdem ihre Macht geschwunden war; 2) die dezentralisierten Umstände der Vereinigten Staaten, besonders das föderale politische System; 3) die lange zurückreichende politische und legale Tradition eines Antimonopolismus, die mindestens bis zum Sherman Act von 1890 zurückreichte. Als Folge erreichten die Vereinigten Staaten keine wirklich monopolistisch organisierte Wirtschaft und waren auch unfähig, ein volles Programm unorthodoxer finanzieller Politik durchzuführen, das eine umfassende Nutzung der Ressourcen ermöglicht hätte. Die Arbeitslosigkeit, die 1933 13 Millionen betragen hatte, stand 1940 immer noch bei 10 Millionen. Andererseits unternahmen die Vereinigten Staaten langfristige Schritte in Richtung auf einen Ausgleich von Interessensgruppen, indem die organisierte Arbeiterschaft und die Farmerverbände gestärkt wurden und dafür Einfluss und Privilegien der Finanzwelt und der Schwerindustrie scharf beschnitten wurden.

Unter den verschiedenen Gruppen in der amerikanischen Wirtschaft waren die Finanzmänner am engsten mit der Schwerindustrie verbunden. Das lag an der großen Nachfrage dieser Letzteren nach Kapital für ihre großen Ausrüstungsgüter. Die deflationären Politiken der Bankiers waren für die Schwerindustrie hauptsächlich deshalb akzeptabel, weil die Arbeitermassen in der Schwerindustrie in den Vereinigten Staaten, besonders in der Stahlindustrie und der Automobilherstellung, nicht gewerkschaftlich organisiert waren und weil die langsam sinkenden Preise für die schwerindustriellen Produkte dennoch profitabel bleiben konnten, wenn die Kosten durch eine Reduzierung der Arbeitskosten in großem Stil durch die Installierung neuer Ausrüstungsgüter gesenkt werden konnten. Ein Großteil dieser neuen Ausrüstung, die zu Fließbandtechniken wie dem *ununterbrochen laufenden Stahlwalzwerk* führte, wurde von den Bankern finanziert. Solange die Arbeiterschaft nicht organisiert war, konnten die Arbeitgeber ihre Arbeitermassen ohne vorherige Ankündigung auf der Basis von Tagesentscheidungen umgruppieren, Einstellungen stoppen oder kündigen. Sie konnten so die Arbeitskosten senken, um den Preisverfall, der durch die Deflationspolitik der Banker hervorgerufen wurde, auszugleichen. Die Tatsache, dass Lohnkürzungen oder Massenentlassungen in Industrien mit hoher Beschäftigtenzahl zugleich das Kaufkraftvolumen in der Gesamtwirtschaft verringerten und sich damit zum Nachteil anderer Gruppen, die Konsumgüter herstellten, auswirkte, wurde von den Herstellern schwerindustrieller Produkte ignoriert. Auf diese Art hatten Bauern, Leichtindustrie, Grundstücksmakler, Handelsfirmen und andere Segmente der Gesellschaft das Nachsehen bei der deflationären Politik der Banker und durch die Beschäftigungspolitik der Schwerindustrie, die eng mit den Bankern verbündet war. Als diese Politik in der Depression der Jahre 1929–1933 untragbar wurde, verließen diese anderen Interessensgruppen, die traditionell republikanisch gewesen waren (oder sich zumindest, wie die Farmer im Westen, geweigert hatten, demokratisch zu wählen und sich für aussichtslose dritte Parteien engagiert hatten), die Republikanische Partei, die weiterhin der Hochfinanz und der Schwerindustrie dienstbar blieb.

Der Wechsel der Bauernverbände, Leichtindustrie, Handelsinteressen (insbesondere Warenhäuser), Grundstücksmakler, Freiberufler und der Massen ungelernter Arbeiter zur Demokratischen Partei 1932 führte zur Wahl Franklin D. Roosevelts und zum New Deal. Die neue Regierung versuchte, die Macht der beiden widerstrebenden und ausbeuterischen Gruppen (Banker und Schwerindustrie) zu beschränken und dafür die Gruppen, die sie gewählt hatten, zu belohnen und ihnen zu helfen. Die Farmer bekamen Subventionen; ein Programm von Regierungsausgaben schuf Arbeitsplätze für die Arbeiterschaft und damit Kaufkraft und ermutigte die gewerkschaftliche Organisierung; Grundstücksverkäufer, Freiberufler und Handelsinteressen fanden ihre Hilfe durch einen Nachfragezuwachs, der durch die erhöhte Kaufkraft von Farmern und Arbeitern zustande kam.

Die Vorkehrungen des New Deal gegen Finanz und Schwerindustrie zielten hauptsächlich darauf, diese beiden daran zu hindern, jemals wieder ihre Vorgehensweisen der Zeit von 1920 bis 1933 zu wiederholen. Das SEC-Gesetz suchte die Ausgabe von Wertpapieren und die Vorgänge an der Börse zum

Schutze der Investoren zu regulieren. Die Eisenbahngesetzgebung hatte den Zweck, die finanzielle Ausbeutung und den vorgeplanten Bankrott von Eisenbahnen durch Finanzinteressen (wie es William Rockefeller in Chicago, Milwaukee oder St. Paul gemacht hatte oder Morgan in New York, New Haven und Hartford) zu verringern. Das Bankengesetz von 1933 trennte das Investmentbanking vom Bankgeschäft mit Einlagen. Der großangelegten Manipulation der Arbeiterschaft durch die Schwerindustrie wurde durch den National Labor Relations Act von 1933 Einhalt geboten, der das Recht der Arbeiter auf kollektive Verhandlungsformen zu schützen unternahm. Zur gleichen Zeit fand mit dem Segen der neuen Administration ein Vorstoß von Arbeiterverbänden zur gewerkschaftlichen Organisation der Arbeitermassen, die in der Schwerindustrie beschäftigt waren, statt. Das sollte es der Letzteren unmöglich machen, in irgendeiner zukünftigen Zeit abnehmender Nachfrage wieder eine Politik der Massenentlassungen oder der scharfen und plötzlichen Lohnkürzungen zu verfolgen. Zu diesem Zweck wurde ein Komitee für industrielle Organisation (Committee for Industrial Organization) unter der Führerschaft des einen Führers einer Massengewerkschaft im Land, John L. Lewis von den United Mine Workers, gegründet. Es wurde eine Kampagne gestartet, um die Arbeiter in der Stahl-, Automobil-, Elektro- und in anderen Industrien, die bislang keine Gewerkschaften hatten, zu organisieren.

All das diente dazu, höher organisierte und selbstbewusstere Interessensgruppen im amerikanischen Leben zu schaffen, insbesondere unter den Farmern und der Arbeiterschaft. Es bedeutete aber keinen Sieg für die unorthodoxe Finanzpolitik, die der eigentliche Schlüssel zum Monopolkapitalismus wie auch zur Lenkung einer pluralistischen Ökonomie ist. Der Grund dafür lag darin, dass der New Deal aufgrund des Einflusses von Präsident Roosevelt in seinen Ideen über das Wesen des Geldes grundlegend orthodox blieb. Roosevelt war bereit, ein Haushaltsdefizit zuzulassen und in einer Depression Ausgaben in unorthodoxer Weise zu machen, weil er die Idee begriffen hatte, dass die Nachfrageschwäche, die zu unverkäuflichen Waren und zur Arbeitslosigkeit führte, auf einem Kaufkraftmangel beruhte. Er hatte aber keine Ahnung von den Ursachen der Depression und hatte ziemlich konventionelle Vorstellungen vom Wesen des Geldes. Als Folge behandelte seine Regierung mehr die Symptome als die Ursachen der Depression und machte zwar auf unorthodoxe Weise Ausgaben zur Bekämpfung dieser Symptome, tat das aber mit Geld, das von den Banken in alter Manier geliehen wurde. Der New Deal erlaubte es den Bankern, Geld zu schöpfen, lieh es von den Banken und gab es aus. Das bedeutete, dass der New Deal die Schulden des Staates bei den Banken nach oben trieb und Geld nur in einer so beschränkten Weise verteilte, dass keine großangelegte Wiederausschöpfung brachliegender Ressourcen möglich war.

Seine Orthodoxie in Geldangelegenheiten war einer der bedeutsamsten Züge des New Deal. Seine ganzen zwölf Jahre im Weißen Haus hatte Roosevelt die gesetzmäßige Macht, Geld in Form von Greenbacks, die von der Regierung ohne Rücksprache mit den Banken gedruckt wurden, auszugeben.

Diese Befugnis hat er niemals genutzt. Als Folge dieser Orthodoxie wurden die Krisensymptome in Form brachliegender Ressourcen erst überwunden, als es der Kriegsnotfall 1942 ermöglichte, die Staatsschulden durch unbegrenztes Leihen bei Privatpersonen und Banken unbegrenzt zu erhöhen. Aber das ganze Vorgehen zeigte eine Unfähigkeit, das Wesen des Geldes und die Funktion des Geldsystems zu begreifen, von der beträchtliche Spuren in der Nachkriegswelt zurückblieben.

Ein Grund, warum der New Deal eine orthodoxe Theorie über die Natur des Geldes beibehielt, obwohl er in seinem Gebrauch unorthodoxe Pfade beschritt, war die Unfähigkeit von Roosevelts Regierung, die Natur der wirtschaftlichen Krise zu verstehen. Diese Unfähigkeit kann man etwa an Roosevelts Theorie der «Ankurbelung» sehen. Er glaubte – ebenso wie sein Finanzminister – tatsächlich, dass die Wirtschaft nicht an grundlegenden Strukturmängeln leide, sondern dass sie nur vorübergehend blockiert sei und wieder von selbst zum Laufen komme, wenn sie nur neu gestartet würde. Das Einzige, was man der New-Deal-Theorie gemäß brauchte, um einen Neustart auszuführen, war ein bescheidener Betrag von Geldern, die von der Regierung zeitweise ausgegeben wurden. Das würde Kaufkraft (Nachfrage) nach Konsumgütern schaffen, was dann wiederum das Vertrauen der Investoren erhöhen würde, die dann große, ungenutzte Mengen von Ersparnissen investieren würden. Das würde dann zusätzliche Kaufkraft und Nachfrage kreieren und das Wirtschaftssystem würde dann aus eigener Kraft abheben. Die Beschränkung der Macht von Hochfinanz und Schwerindustrie würde dann jede Wiederholung der Katastrophe von 1929 verhindern.

Die Unangemessenheit dieser Theorie der Krise zeigte sich 1937, als der New Deal nach vier Jahren der Ankurbelungsmaßnahmen und einer siegreichen Wahl 1936 sein Programm der Regierungsausgaben beendete. Anstatt abzuheben, brach die Wirtschaft in der steilsten Rezession aller Zeiten zusammen. Der New Deal nahm seine Behandlung der Symptome wieder auf – diesmal aber ohne Hoffnung, dass das Ausgabenprogramm jemals beendet werden könnte. Es war eine hoffnungslose Situation, da der Regierung das Wissen fehlte, wie sie das System reformieren oder der immer zunehmenden Aufnahme von Bankkrediten und den sich dadurch erhöhenden Staatsschulden entkommen könnte. Außerdem fehlte ihr der Mut, ein so großzügiges Ausgabenprogramm durchzuführen, wie notwendig gewesen wäre, um einen vollen Einsatz der Ressourcen zu ermöglichen. Die Regierung wurde aus dieser Sackgasse dadurch gerettet, dass der Krieg ein Aufrüstungsprogramm notwendig machte. Seit 1947 haben der Kalte Krieg und das Weltraumprogramm diese Situation weiterbestehen lassen, so dass auch heute noch das wirtschaftliche Wachstum nicht die Folge eines vernünftig organisierten Wirtschaftssystems ist, sondern eines Programms von Regierungsausgaben. Jede scharfe Verminderung dieser Ausgaben würde eine akute Krise entstehen lassen.

Die wirtschaftlichen Faktoren

Analytisch gesehen gibt es eine Reihe bedeutender elementarer Umstände in der wirtschaftlichen Situation des 20. Jahrhunderts. Diese Elemente traten nicht zur gleichen Zeit und auch nicht gleichzeitig in unterschiedlichen Ländern auf. Die Reihenfolge, in der die Elemente insgesamt auftauchten, ist in etwa folgende:

1. wachsender Lebensstandard,
2. Industrialismus,
3. Wachstum der Größe der Unternehmen,
4. Streuung der Eigentümerschaft der Unternehmen,
5. Trennung von Kontrollmacht und Eigentümerschaft,
6. Konzentration der Kontrollmacht,
7. Rückgang des Wettbewerbs,
8. wachsende Ungleichheit in der Einkommensverteilung,
9. Rückgang der Expansionsrate, was zu Krisen führt.

1. Dass der allgemeine oder durchschnittliche Lebensstandard in modernen Zeiten gestiegen ist, ist offensichtlich und liegt in einem Trend, der, mit Unterbrechungen, schon seit tausend Jahren besteht. Ein solcher Fortschritt ist natürlich willkommen, bringt aber offensichtlich gewisse Begleitfaktoren mit sich, die angenommen und verstanden werden müssen. Ein wachsender Lebensstandard beinhaltet außer in den frühesten Stadien kein Wachstum des Konsums bei den Grundbedürfnissen, sondern führt stattdessen zu einem Wachstum beim Luxuskonsum bis zu dem Punkt, wo dann die Grundbedürfnisse mit Luxusprodukten befriedigt werden. Wenn das Durchschnittseinkommen steigt, werden die Menschen ab einem gewissen Niveau nicht immer noch mehr Schwarzbrot, Kartoffeln und Kohl essen oder mehr Kleider tragen. Stattdessen werden sie Schwarzbrot durch Weizenbrot ersetzen und ihrem Speiseplan Fleisch hinzufügen und werden grobe Kleidung durch feinere Gewänder ersetzen; bei der Nahrung werden sie von der Betonung ihres Energiewerts zur höheren Wertschätzung ihrer Verträglichkeit und Gesundheit übergehen.

Dieser Prozess kann unbestimmt weitergehen. Einige Forscher haben die Waren ausgehend von diesem Gesichtspunkt in drei Kategorien geteilt: a) Grundbedürfnisse, b) industrielle Waren und c) Luxusgüter und Dienstleistungen. Zu den Ersteren gehören Nahrung und Kleidung; zu den zweiten Eisenbahnen, Automobile und Radioapparate; zu den dritten Filme, Bücher, Freizeitvergnügungen, Jachten, Musik, Philosophie usw. Es ist klar, dass die Trennlinien zwischen den drei Kategorien nicht scharf gezogen werden können, und die Stellung der einzelnen Dinge wird von Gesellschaft zu Gesellschaft und sogar von Person zu Person verschieden sein.

Wenn der Lebensstandard steigt, wird dem ersten oder zweiten Warentypus ein immer geringerer Teil der Beachtung und der Ressourcen zugewendet und dafür ein immer größerer dem zweiten oder dritten Warentypus. Das hat sehr bedeutende wirtschaftliche Folgen. Es bedeutet, dass Luxuswaren relativ mehr Bedeutung gewinnen als Waren zur Deckung der Grundbedürfnisse. Es bedeutet, dass sich das Interesse ständig von Waren mit einer relativ unelastischen Nachfrage zu Waren mit relativ elastischer (das heißt expansionsfähiger) Nachfrage verschiebt. Es gibt Ausnahmen von dieser Regel. Zum Beispiel ist die Nachfrage nach Wohnungen offensichtlich ein Grundbedürfnis, ist aber auch ziemlich elastisch und könnte das so lange bleiben, bis die meisten Menschen in Palästen wohnen. Aufs Ganze gesehen ist aber die Nachfrage bei den Grundbedürfnissen weniger elastisch als diejenige bei Luxusgütern.

Ein wachsender Lebensstandard bringt auch ein Wachstum bei den Ersparnissen (beziehungsweise eine Akkumulation von Überschuss) mit sich, die gegenüber der Einkommenssteigerung massiv überproportional ist. Es ist eine ziemlich allgemeine Regel sowohl für Gesellschaften als auch für Individuen, dass die Ersparnisse stärker steigen als die Einkommen, wenn die Letzteren steigen; das alleine schon aufgrund der Tatsache, dass ein Mensch mit einer ausreichenden Versorgung an Grundgütern sich Zeit nehmen wird, um sich zu entscheiden, für welche Luxusgüter er seinen Einkommenszuwachs aufwenden möchte.

Schließlich bringt die Verschiebung von primärer zu sekundärer Produktion normalerweise einen gewaltigen Anstieg der Kapitalinvestitionen mit sich, während eine Verschiebung vom sekundären zum tertiären Sektor kein vergleichbar großes Wachstum bei den Kapitalinvestitionen nach sich ziehen muss. Freizeitbeschäftigungen, Vergnügungen, Musik, Philosophie, Bildung und persönliche Dienstleistungen werden kaum Kapitalinvestitionen von gleichem Umfang erfordern wie der Bau von Eisenbahnlinien und die Errichtung von Stahlfabriken, Automobilfabriken und Stromkraftwerken.

Die Folge davon ist, dass eine Gesellschaft, deren steigender Lebensstandard zu einer Verschiebung des Produktinteresses von der sekundären zur tertiären Produktion geführt hat, mit der Notwendigkeit konfrontiert sein wird, sich an eine Situation zu gewöhnen, in der Luxusgüter wichtiger sind als Grundbedürfnisse, Waren mit elastischer Nachfrage wichtiger sind als solche mit unelastischer und wo die Ersparnisse steigen, während das Investitionsbedürfnis zurückgeht.

2. Die Industrialisierung ist ein offensichtlicher Bestandteil der modernen Wirtschaftsentwicklung. Wie der Ausdruck hier gebraucht wird, hat er eine sehr spezifische Bedeutung, nämlich: die Anwendung unbelebter Kraftquellen auf die Produktion. Über lange Zeiten hinweg geschah das Produzieren mithilfe der Nutzung lebender Energiequellen wie von menschlichen Körpern, Sklaven oder Nutztieren, während nur relativ wenig Energie von nichtlebenden Quellen wie Wind oder fließendem Wasser kam. Die industrielle Revolution begann, als die in der Kohle gespeicherte Energie, die durch eine nichtlebende Maschine, den Dampfmotor, befreit wurde, zu einem wichtigen Bestandteil des Produktionsprozesses wurde. Sie entwickelte sich dann über

Verbesserungen bei der Ausnutzung der Wind- und Wasserenergie hin zur Anwendung von Öl in Verbrennungsmotoren und schließlich zur nuklearen Energiegewinnung.

Der wesentliche Aspekt des Industrialismus ist das gewaltige Wachstum im Verbrauch an Energie pro Kopf der Bevölkerung. Für die meisten europäischen Länder ist es unmöglich, die richtigen Zahlen zu finden, aber in den Vereinigten Staaten war der Energieverbrauch pro Kopf folgendermaßen:

Jahr	Energieverbrauch pro Kopf (gemessen in BTU = British Thermal Units)	Index
1830	6 Millionen BTU	1
1890	80 Millionen BTU	13
1930	245 Millionen BTU	40

Als Folge dieses Anstiegs im Pro-Kopf-Energieverbrauch stieg der industrielle Ausstoß pro Arbeitsstunde beträchtlich (in den Vereinigten Staaten um 96% von 1899 bis 1929). Es war dieser Anstieg des Ausstoßes pro Arbeitsstunde, der das Wachstum des Lebensstandards und die höheren Investitionen, die mit dem Prozess der Industrialisierung verbunden sind, möglich machte.

Die industrielle Revolution erreichte nicht alle Teile Europas und noch nicht einmal alle Regionen eines einzelnen Landes zu gleicher Zeit. Im Allgemeinen begann sie in England im späten 18. Jahrhundert (um 1776) und verbreitete sich langsam ostwärts und südwärts durch Europa. Sie erreichte 1830 Frankreich, nach 1850 Deutschland und nach 1890 Russland und Italien. Die Ostwanderung des Industrialismus hatte mehrere bemerkenswerte Folgen, darunter auch den Glauben der neu hinzugekommenen Länder, dass sie im Vergleich mit England wegen eines Startvorteils des Letzteren im Nachteil seien. Das stimmte nicht. Nimmt man einen strikt zeitbezogenen Gesichtspunkt ein, so hatten diese neueren Länder gegenüber England sogar einen Vorteil, weil ihre neueren industriellen Einrichtungen weniger veraltet waren und weniger von organisierten Interessen beherrscht wurden. Wenn England wirkliche Vorteile hatte, so kamen sie in Wirklichkeit von den besseren natürlichen Ressourcen, von einem größeren Angebot an Kapital und vom Ausbildungsstand seiner Arbeitskräfte.

3. Das Wachstum der Unternehmensgrößen war eine natürliche Folge des Industrialisierungsprozesses. Dieser Prozess erforderte beträchtliche Auslagen für festes Kapital, und zwar besonders bei den Unternehmensfeldern, die am engsten mit den frühen Stadien des Industrialismus verbunden sind, wie Eisenbahnen, Eisengießereien und Textilfabriken. Diese großen Auslagen erforderten eine neue juristische Struktur für die Unternehmen. Diese Struktur waren die Aktiengesellschaft und die Gesellschaft mit beschränkter Haftung.

In einer solchen Gesellschaft konnten große Kapitalinstallationen errichtet und betrieben werden, indem die Eigentümerschaft unter einer großen Personenzahl mit jeweils nur kleinen Anteilen aufgeteilt wurde.

Diesen Anstieg in der Größe der Einheiten gab es überall, besonders aber in den USA, Großbritannien und Deutschland. Die Statistiken dazu sind unvollständig und mit Fallgruben durchsetzt, zeigen aber im Allgemeinen, dass die Anzahl der Aktiengesellschaften zwar angestiegen und die Durchschnittsgröße aller Gesellschaften gefallen ist, dass aber die absolute Größe der größten Gesellschaften im 20. Jahrhundert sehr schnell gewachsen ist und dass auch der Anteil der größten Gesellschaften am Gesamtkapital und an der gesamten Produktion gestiegen ist. Als Folge davon wurde die Herstellung bestimmter Produkte, besonders bei Chemikalien, Metallen, Kunstfasern, elektrischen Ausrüstungen usw., in den meisten Ländern von wenigen großen Firmen beherrscht.

In den Vereinigten Staaten, wo dieser Prozess am sorgfältigsten erforscht wurde, hat man herausgefunden, dass sich von 1909 bis 1930 die Anzahl der Gesellschaften mit Umsätzen von über 1 Milliarde Dollar von 1 auf 15 vergrößerte und der Anteil aller Besitzungen der 200 größten Gesellschaften am Gesamtbesitz aller Gesellschaften sich von 32 auf 49% vergrößert hat. 1939 erreichte diese Zahl 57%. Das bedeutete, dass die größten 200 Gesellschaften schneller wuchsen als andere Unternehmen (5,4% im Jahr verglichen mit 2,0%) und schneller als der Nationalreichtum insgesamt. Als Folge davon hielten diese 200 größten Firmen 49,2% allen Besitzes von Aktiengesellschaften (oder 81 Mrd. Dollar von 165 Mrd. Dollar); sie besaßen 38% alles Unternehmensbesitzes (oder 81 Mrd. Dollar von 212. Mrd. Dollar); und sie besaßen 22% allen Reichtums im Land (oder 81 von 367 Mrd. Dollar). Tatsächlich hatte 1931 eine einzelne Aktiengesellschaft (American Telephone und Telegraph, ATT) mehr Besitz, als der nationale Gesamtreichtum in 21 Staaten betrug. Es gibt keine Vergleichszahlen für europäische Länder, aber es gibt keinen Zweifel, dass im gleichen Zeitraum in den meisten von ihnen auch ein ähnlicher Wachstumsprozess stattfand.

4. Die Streuung der Eigentümerschaft der Unternehmen war ein natürliches Resultat des Größenwachstums der Unternehmen und wurde durch die Form der Aktiengesellschaften ermöglicht. Als die Aktiengesellschaften größer und größer wurden, wurde es für einen Einzelnen oder eine kleine Gruppe immer unmöglicher, irgendeinen bedeutenden Anteil an der Gesamtmenge der Aktien zu halten. In den meisten Ländern nahm die Anzahl der Anteilsbesitzer schneller zu als die Ausgabe von Unternehmensanteilen. In den Vereinigten Staaten stieg die Anzahl der Ersteren von 1900 bis 1928 siebenmal so schnell wie die Anzahl der Letzteren. Das bedeutete eine größere Streuung, als es sie in anderen Ländern gab, aber auch anderswo gab es eine beträchtliche Streuung des Unternehmensbesitzes. Das stand genau im Gegensatz zu den Voraussagen von Karl Marx, nach denen es immer weniger Eigentümer in der Industrie geben und diese immer reicher werden würden.

5. Über die Trennung der Eigentümerschaft von der Kontrolle über die Unternehmen wurde bereits gesprochen. Das war ein unausweichliches Gegenstück zur Heraufkunft der Aktiengesellschaften; tatsächlich war die Form der Aktiengesellschaft genau für diesen Zweck geschaffen worden – um das Kapital von vielen für ein Unternehmen, das von wenigen kontrolliert wurde, aufzubringen. Wie wir gesehen haben, wurde dieses unausweichliche Gegenstück durch die Vorgehensweisen des Finanzkapitalismus auf eine nicht erwartete Spitze getrieben.

6. Die Konzentration der Kontrolle war auf lange Sicht ebenfalls unausweichlich, wurde aber ebenfalls durch besondere Vorkehrungen bis zu einem erstaunlichen Grad getrieben. Die Folge war, dass in den hoch industrialisierten Ländern die Wirtschaftssysteme von einer Handvoll industrieller Konglomerate beherrscht wurden. Die französische Wirtschaft wurde von drei Machtzentren beherrscht (Rothschild, Mirabaud und Schneider); die deutsche Wirtschaft wurden von zweien beherrscht (IG Farben und Vereinigte Stahlwerke); die Vereinigten Staaten wurden von zwei beherrscht (Morgan und Rockefeller). In anderen Ländern wie Italien und Großbritannien herrschte eine etwas größere Zahl. In keinem Land war die Macht dieser großen Konglomerate absolut und exklusiv und sie waren auch in keinem Land fähig, die Situation so weit zu kontrollieren, dass sie ihren eigenen Niedergang unter dem Einfluss weltwirtschaftlicher und weltpolitischer Faktoren hätten verhindern können, aber ihre Möglichkeiten zur Beherrschung ihrer jeweiligen Sphären ist doch unbestreitbar. In Frankreich konnten Rothschild und Schneider den Anschlag Hitlers nicht überstehen; in Deutschland gelang es Thyssen nicht, den Angriffen von Flick und Göring zu trotzen. In den Vereinigten Staaten war Morgan nicht fähig, den Übergang vom Finanz- zum Monopolkapitalismus zu verhindern, und machte mit recht würdevoller Geste der aufsteigenden Macht eines DuPont Platz. Ähnlich machten in Großbritannien die Herren des Finanzkapitalismus den Herren der chemischen Produkte und Pflanzenöle Platz, sobald die unausweichliche Schrift an der Wand sich in überzeugender Weise kundgetan hatte. Aber alle diese Machtumschichtungen innerhalb der individuellen Wirtschaftssysteme zeigen nur, dass Individuen oder Gruppen ihre Stellung im komplexen Fluss des modernen Lebens nicht auf Dauer halten können, sie sprechen aber nicht für eine Dezentralisierung der Kontrollmacht. Ganz im Gegenteil schreitet die Konzentration der Kontrollmacht immer weiter fort, während einzelne Gruppen einander ablösen.

7. Eine Abschwächung des Wettbewerbs ist eine natürliche Folge der zunehmenden Konzentration der Kontrolle. Diese Abschwächung des Wettbewerbs bezieht sich selbstverständlich auf den Wettbewerb der Preise im Markt, was der Mechanismus war, durch den das Wirtschaftssystem im 19. Jahrhundert funktionierte. Über die Tatsache dieser Abschwächung stimmen alle Erforscher der modernen Wirtschaft überein. Sie ist einer der am meisten diskutierten Aspekte des modernen Wirtschaftssystems. Ihre Ursachen liegen nicht

Die wirtschaftlichen Faktoren

nur im Verhalten der Geschäftsleute, sondern auch in dem von Gewerkschaften, Regierungen, privaten Sozialversicherungsorganisationen und sogar im herdentierartigen Verhalten der Konsumenten selbst.

8. Die zunehmende Ungleichheit in der Verteilung der Einkommen ist das umstrittenste und am wenigsten gesicherte Charakteristikum des Systems. Das verfügbare statistische Material ist in allen europäischen Ländern so ungenügend, dass dieser Zug nicht wirklich schlüssig bewiesen werden kann. Eine ausgedehnte Studie des Themas, die das verfügbare Material in Europa und den USA verwertet und dabei das sehr viel bessere amerikanische Material einer sorgfältigen Analyse unterzieht, wird zu den folgenden provisorischen Schlussfolgerungen kommen. Sieht man einmal von allen Regierungseingriffen ab, so muss einem scheinen, dass die Ungleichmäßigkeit in der Verteilung des Nationaleinkommens zugenommen hat.

In den Vereinigten Staaten zum Beispiel entfielen laut dem National Industrial Conference Board auf das reichste Fünftel der Bevölkerung 1910 46,2% des Nationaleinkommens, 1929 51,3% und 1937 48,5%. In den gleichen drei Jahren fiel der Anteil des ärmsten Fünftels der Bevölkerung von 8,3% auf 5,4% und schließlich 3,6%. Der Quotient aus dem Anteil des reichsten Fünftels geteilt durch den Anteil des ärmsten Fünftels stieg also in diesen drei Jahren von 5,6 auf 9,3 und 13,5. Wenn wir anstatt von Fünfteln die Quotienten der Anteile jeweils des reichsten und des ärmsten Zehntels nehmen, so war der Quotient 1910 10; 1929 betrug er 21,7; und 1937 stand er bei 34,4. Das bedeutet, dass in den Vereinigten Staaten die Reichen sowohl relativ als auch wahrscheinlich absolut reicher wurden, während die Armen sowohl relativ als auch absolut ärmer wurden. Das Letztere liegt daran, dass der Anstieg des wirklichen Nationaleinkommens in der Zeit von 1910 bis 1937 nicht groß genug war, um die Verringerung des prozentualen Anteils der Ärmsten (am Nationalreichtum) beziehungsweise den Anstieg der Zahl derartiger Personen kompensieren zu können.

Als Folge einer solchen wachsenden Ungleichheit in der Verteilung des Nationaleinkommens werden relativ zueinander die Ersparnisse tendenziell steigen und die Kaufkraft der Konsumenten zurückgehen. Das liegt darin, dass es besonders die reicheren Mitglieder eines Wirtschaftsraums sind, die sparen. Deshalb werden die Ersparnisse jenseits jeder Relation zunehmen, wenn die Einkommen steigen. Die Einkommen der ärmeren Klasse dagegen werden hauptsächlich für Konsum aufgewendet. Wenn es also richtig ist, dass es eine zunehmende Ungleichheit bei der Verteilung des Nationaleinkommens gibt, wird das zugleich die Tendenz nach sich ziehen, dass relativ zueinander die Ersparnisse eher steigen und die Kaufkraft eher fallen wird. Wenn das so ist, so werden die Sparer zunehmend zurückhaltender, ihre Ersparnisse in neue Kapitalgüter zu investieren, weil der bestehende Rückgang der Kaufkraft es schon zunehmend schwieriger macht, die Produkte der bestehenden Kapitalausrüstungen abzusetzen und es sehr unwahrscheinlich werden lässt, dass die Produkte irgendeines neuen Kapitalstocks leichter verkauft werden könnten.

Wir haben die Situation unter der Annahme beschrieben, dass die Regierung die Verteilung des Nationaleinkommens, wie sie durch die wirtschaftlichen Faktoren gestaltet wird, nicht ändert. Wenn die Regierung aber eingreift, um diese Art der Verteilung durcheinanderzubringen, so wird sie die bestehenden Einkommensunterschiede entweder vergrößern oder verringern. Wenn das Regierungshandeln diese Unterschiede vergrößert, dann wird das oben benannte Problem der Diskrepanz zwischen Ersparnissen einerseits und Kaufkraft andererseits nur noch verschärft werden. Wenn die Regierung dagegen diese Ungleichheit in der Verteilung des Nationaleinkommens verringern möchte, indem sie zum Beispiel Steuergesetze einführt, um die Ersparnisse der Reichen zu verringern und die Kaufkraft der Armen zu erhöhen, so wird das gleiche Problem unzureichender Investitionen entstehen. Ein solches Steuerprogramm würde eine progressive Einkommenssteuer beinhalten müssen und würde wegen der Konzentration der Ersparnisse in den obersten Einkommensgruppen eine so scharfe Progression enthalten müssen, dass die Steuern der Reichsten dem Niveau einer Konfiskation nahekommen würden. Das würde dann aber, wie die Konservativen sagen, «die Anreize zerstören». Dass das wirklich so ist, steht außer Zweifel. Denn eine Person, die ein Einkommen hat, das groß genug ist, um ihre Konsumwünsche zu befriedigen, wird kaum irgendeinen Anreiz verspüren, zu investieren, wenn ihr jeder Dollar Profit aus einer solchen Investition bis auf ein paar Cent seines Werts mittels Steuern von der Regierung abgenommen wird.

Derart führt das Problem einer zunehmenden Ungleichheit in der Verteilung des Nationaleinkommens zu einem einzigen immer gleichen Resultat (relative Verringerung der Investitionen im Verhältnis zu den Ersparnissen), egal, ob die Situation alleine den wirtschaftlichen Faktoren überlassen wird oder ob die Regierung Schritte unternimmt, die Ungleichheit einzuebnen. Der Unterschied besteht nur darin, dass im einen Fall die Verringerung der Investitionen einem Mangel an Kaufkraft auf Seiten der Konsumenten zugeschrieben werden kann, während sie im anderen Fall einer «Zerstörung der Anreize» durch die Regierung zugeschrieben werden muss. So kann man sehen, dass die Kontroverse, die in Europa und Amerika ab 1932 zwischen Progressiven und Konservativen um die Gründe der Zurückhaltung bei Investitionen getobt hat, eine künstliche war. Die Progressiven, die darauf beharrten, dass der Investitionsmangel durch einen Mangel an Kaufkraft auf Seiten der Konsumenten verursacht wurde, hatten recht. Aber die Konservativen, die darauf bestanden, dass der Investitionsmangel durch einen Mangel an Vertrauen verursacht war, hatten ebenfalls recht. Beide schauten jeweils auf einander gegenüberliegende Seiten von etwas, das ein einziger kontinuierlicher Kreislauf ist.

Dieser Kreislauf verläuft ungefähr folgendermaßen: a) Kaufkraft schafft Nachfrage nach Gütern; b) Nachfrage nach Gütern schafft Vertrauen bei Investoren; c) Vertrauen führt zu Neuinvestitionen und d) Neuinvestitionen schaffen Kaufkraft, die dann zu Nachfrage wird usw. Diesen Kreislauf irgendwo aufzuschneiden und dann zu behaupten, dass er genau da beginnt, verfälscht die Realitäten. In den dreißiger Jahren richteten die Progressiven ihre Aufmerksamkeit auf das Stadium a), während sich die Konservativen auf c) konzentrierten. Die Progressiven, die die Kaufkraft durch eine Umverteilung des Nationaleinkommens erhöhen wollten, haben zwar unzweifelhaft die Kaufkraft unter a) erhöht, verloren aber gleichzeitig Kaufkraft unter c), indem sie das Vertrauen der möglichen Investoren zerstörten. Dieser Rückgang des Vertrauens war besonders in Ländern wie Frankreich und den Vereinigten Staaten bemerkbar, die noch tief im Stadium des Finanzkapitalismus steckten.

Es scheint, als ob die wirtschaftlichen Faktoren für sich die Einkommen in Richtung einer steigenden Ungleichheit trieben. Es gab aber kein Land, wo diesen wirtschaftlichen Faktoren gestattet wurde, die Sache alleine zu regeln. In allen Ländern beeinflusste die Regierung die Einkommensverteilung merklich. Allerdings war dieser Einfluss normalerweise nicht das Resultat einer bewussten Absicht, die Verteilung des Nationaleinkommens zu ändern.

In Italien herrschten die rein wirtschaftlichen Faktoren relativ unbeeinträchtigt bis nach der Schaffung des korporativen Staats 1934. Das Handeln der Regierung wirkte darauf hin, die normale wirtschaftliche Tendenz hin zu einer zunehmenden Ungleichheit in der Verteilung des Nationaleinkommens zu verstärken. Diese Tendenz hatte sich seit einem frühen Zeitpunkt bis nach dem Ende des Krieges 1918 relativ frei ausbreiten können. Starke Bemühungen linker Einflüsse in der Zeit von 1918 bis 1922 führten zu Regierungseingriffen, welche diese Tendenz umkehrten. Die Reaktion darauf war eine Konterrevolution, die im Oktober 1922 Mussolini an die Macht brachte. Die neue Regierung schaffte die Regierungseingriffe wieder ab, welche der normalen Tendenz der wirtschaftlichen Faktoren entgegengewirkt hatten. Der Trend hin zu einer größeren Ungleichheit in der Verteilung des Nationaleinkommens begann daraufhin wieder zu wirken. Dieser Trend wurde nach der Schaffung der Diktatur 1925, nach der Stabilisierung der Lira 1927 und nach der Errichtung des korporativen Staats 1934 noch deutlicher.

In Deutschland waren die Veränderungen in der Verteilung des Nationaleinkommens ähnlich wie in Italien. Zusätzlich kompliziert allerdings wurde die Situation noch durch die Bemühungen um die Schaffung eines Wohlfahrtsstaats (was auf Bismarck zurückging) und durch die Hyperinflation. Im Allgemeinen herrschte bis 1918 die Tendenz zu einer zunehmenden Einkommensungleichheit, wenn die Entwicklung auch etwas langsamer als in Italien verlief. Die Inflation kreierte eine komplexe neue Situation. Sie vernichtete die Arbeitslosigkeit der Unterschichten und vernichtete zugleich die Ersparnisse der Mittelschicht. Der Reichtum der reichsten Mitglieder der Gesellschaft erhöhte sich, die Armut der ärmsten Klassen verringerte sich und wahrscheinlich wurde der allgemeine Trend zur Einkommensungleichheit etwas zurückgedrängt. Dieser Rückgang wurde durch den Wohlfahrtsstaat der Jahre 1924–1929 noch größer. Nach 1929 änderte sich das Bild aber wieder wegen der großen Zunahme der Armut in den untersten Schichten erneut. Nach 1934 setzte die Annahme eines Programms unorthodoxer Finanzierungsmethoden und einer Politik der Begünstigungen für den Monopolkapitalismus den normalen Trend hin zu einer zunehmenden Ungleichheit in der Einkommensverteilung wieder in Kraft. Das entsprach den Wünschen der Regierung Hitlers, aber die volle Wirkung dieser Politik auf die Einkommensverteilung wurde erst nach der Erreichung der Vollbeschäftigung 1937 sichtbar.

Bis 1938 erhöhte Hitlers Politik, die eigentlich darauf abgestellt war, die Schichten mit hohem Einkommen zu begünstigen, den Lebensstandard der niedrigeren Einkommensgruppen sogar noch stärker (indem er diese Leute aus der Arbeitslosigkeit mit verschwindend tiefem Einkommen in Lohnstellen in der Industrie brachte), so dass die Ungleichheit in der Verteilung der Einkommen in der kurzen Periode von 1934 bis 1937 wahrscheinlich eher etwas reduziert wurde. Das war den Schichten mit hohem Einkommen nicht unrecht, weil dadurch die Bedrohung durch eine Revolution von Seiten der unzufriedenen Massen abgewendet wurde und weil es offensichtlich langfristige Vorteile brachte. Diese langfristigen Vorteile wurden sichtbar, als 1937 die volle Auslastung von Kapital und Arbeit erreicht war. Die Weiterführung der Aufrüstungspolitik nach 1937 erhöhte die Einkommen der Schichten mit höherem Einkommen, während sie die Einkommen der Schichten mit niedrigerem Einkommen verringerte. Dadurch wurde seit 1937 die normale wirtschaftliche Tendenz zu einer zunehmenden Akzentuierung der Einkommensunterschiede wieder in Kraft gesetzt. Das ist natürlich einer der wesentlichen Züge einer faschistischen Regierung, den es nicht nur in Deutschland seit 1937, sondern auch in Italien seit 1927 und in Spanien seit 1938 gab.

In Frankreich und in Großbritannien wurde der Trend zu einer zunehmenden Ungleichheit bei der Einkommensverteilung in den letzten Jahrzehnten umgekehrt, obwohl es in Großbritannien vor 1945 und in Frankreich vor 1936 keine bewusste Bemühung gab, das zu erreichen.

In Frankreich nahm die Ungleichheit bis 1913 zu, ging dann besonders wegen der zunehmenden Macht der Gewerkschaften und wegen Regierungseingriffen wieder zurück. Die Inflation und die daraus resultierende Abwertung fügten den Einkommen der besitzenden Klasen einen empfindlichen Schlag zu, so dass die Verbreitung der Ungleichheit zurückging; aber das ganze Niveau des Lebensstandards ging zurück, die Ersparnisse sanken und die Investitionen gingen sogar noch stärker zurück als diese beiden. Dieser Prozess verstärkte sich noch, nachdem etwa 1931 die Wirtschaftskrise auch Frankreich erreichte, und noch mehr, nachdem die Volksfront 1936 ihr Wohlfahrtsprogramm angenommen hatte. Dieser Rückgang des wirtschaftlichen Gesamtniveaus vollzog sich bis auf einen kurzen Aufschwung 1938 ganz kontinuierlich, wobei die Ungleichheit in der Einkommensverteilung 1940–1942 wahrscheinlich anstieg.

In Großbritannien stieg die Ungleichheit bis zum Ersten Weltkrieg wegen des Einflusses der Gewerkschaften nur schwach an, stabilisierte sich dann weitgehend und stieg wegen der ernsthaften Bemühungen in Großbritannien, die Kriegskosten durch Besteuerung aufzubringen, nur noch sehr schwach an. Der Rückgang des Einkommens der oberen Schichten infolge von Besteuerung wurde durch den Rückgang des Einkommens der unteren Schichten infolge Arbeitslosigkeit mehr als wettgemacht. Dieser statische Zustand in der Ungleichheit in der Verteilung des Nationaleinkommens blieb so bis etwa nach 1931. Nach diesem Zeitpunkt wird die Situation verwirrend. Der Aufschwung und die rasante Entwicklung neuer wirtschaftlicher Betätigungsfelder, kombiniert mit den Besonderheiten der britischen Steuerwesens, haben wohl die Ungleichheit verringert, wenn auch bis 1943 lange nicht in dem Maße, wie man es nach einem ersten Blick auf das Problem erwartet hätte. Seit 1943 und besonders seit 1946 haben die Steuergesetzgebung und das soziale Wohlfahrtsprogramm der Regierung die Ungleichheit in der Einkommensverteilung drastisch reduziert und haben ebenso die Investitionen und sogar die Ersparnisse durch Private stark zurückgehen lassen.

Es scheint, dass im 20. Jahrhundert als Resultat von Regierungseingriffen die Ungleichheit in der Verteilung des Nationaleinkommens, die seit Generationen gestiegen war, in ihrem Wachstum erst verlangsamt und dann umgekehrt wurde. Der Umkehrpunkt lag in verschiedenen Ländern an verschiedenen Zeitpunkten, am frühesten wahrscheinlich in Dänemark und Frankreich, später in Deutschland und Italien und am spätesten in Großbritannien und Spanien. In Frankreich und Großbritannien wurde die Umkehrung durch Regierungseingriffe herbeigeführt, die aber so zögerlich waren, dass sie es nicht schafften, das Absacken der privatwirtschaftlichen Tätigkeit durch einen Aufschwung staatlicher Wirtschaftstätigkeit entscheidend zu korrigieren. In Deutschland, Italien und Spanien fiel die Regierung in die Hände der besitzenden Klassen und der Wunsch der Menschen dieser Länder nach einer gleichmäßigeren Einkommensverteilung wurde enttäuscht. In allen drei Entwicklungstypen gab es nach 1950 einen Niedergang des wirklichen wirtschaftlichen Fortschritts.

9. Eine abnehmende wirtschaftliche Expansion ist das letzte wichtige Charakteristikum des Wirtschaftssystems in Europa in diesem Jahrhundert bis 1950. Dieser Rückgang war eine fast unvermeidbare Folge der anderen Charakteristiken, die bereits besprochen wurden. Er variierte von Land zu Land, wobei die Länder Osteuropas im Allgemeinen weniger davon betroffen waren als die im Westen. Das lag aber hauptsächlich daran, dass ihre vorherige Expansionsrate so viel niedriger gewesen war.

Die Ursachen dieses Rückgangs liegen grundsätzlich in einer relativen Zunahme der Macht der organisierten Interessensgruppen zur Verteidigung des Status quo innerhalb der Wirtschaftsräume gegenüber der Macht der fortschrittlichen und unternehmerisch gesinnten Mitglieder in ihrem Bemühen, diesen Status quo zu ändern. Das zeigte sich am Markt (dem zentralen Funktionsinstrument des Wirtschaftssystems) als die Folge einer relativen Zunahme der Ersparnisse gegenüber den Investitionen. Die Ersparnisse sind aus mehreren Gründen nicht zurückgegangen oder sogar gewachsen. Zum Ersten gab es im westlichen Europa seit der protestantischen Reformation bis in die dreißiger Jahre hinein eine Tradition, die dem Sparen ein hohes soziales Prestige zusprach. Zum Zweiten waren fest institutionalisierte Sparorganisationen wie Versicherungsgesellschaften entstanden und hatten sich fest etabliert. Zum Dritten trug der wachsende Lebensstandard zu einem noch schnelleren Wachstum der Ersparnisse bei. Viertens erhöhte das wachsende Auseinanderklaffen der Einkommen die Ersparnisse. Und fünftens führte das Wachstum der Unternehmensgrößen und die Trennung von Eigentümerschaft und Kontrolle zu einem Anstieg bei den Ersparnissen der Unternehmen (Profite, die nicht verteilt werden).

Und andererseits hielt die Neigung zu Investitionen nicht mit dem Wachstum der Ersparnisse Schritt oder ging sogar zurück. Auch hierfür gibt es zahlreiche Gründe. Zunächst einmal verringert die Verschiebung der Produktion vom sekundären in den tertiären Sektor die Nachfrage nach Investitionen im Bereich der schweren Kapitalgüter. Zum Zweiten können die sinkenden Raten des Bevölkerungszuwachses und die geographische Expansion die Nachfrage nach Investitionen negativ beeinflussen. Drittens führen auch die steigenden Einkommensunterschiede, ob ihnen nun durch Regierungshandeln entgegengewirkt wird oder nicht, tendenziell zum Rückgang der Nachfrage nach Investitionskapital. Viertens hat der Rückgang an Wettbewerb dazu beigetragen, die Investitionsmenge zu verringern, indem es dadurch für diejenigen, die das bestehende Kapital kontrollieren, möglich wurde, seinen Wert stabil zu erhalten, indem neue Kapitalinvestitionen, durch die das alte an Wert verloren hätte, verhindert wurden. Dieser letzte Punkt verlangt vielleicht noch eine zusätzliche Erklärung.

In der Vergangenheit schufen Investitionen nicht nur Kapital, sondern zerstörten auch Kapital, das heißt, sie ließen bisheriges Kapital wertlos werden, indem es veraltete. Zum Beispiel haben die Investitionen in die Neuerrichtung von Schiffswerften zum Bau von Dampfschiffen mit Schiffsrümpfen aus Eisen nicht nur neues Kapital kreiert, sondern gleichzeitig auch den Wert der bis dahin bestehenden Werften zum Bau von hölzernen Segelschiffen vernichtet. In der Vergangenheit erfolgten neue Investitionen nur in einem von zwei folgenden Fällen: a) wenn ein alter Investor der Überzeugung war, dass eine neue Investition ausreichenden Profit abwerfen würde, um sowohl sich selbst als auch die alte, dadurch obsolet werdende Investition abzubezahlen, oder b) wenn der neue Investor vom alten völlig unabhängig war, so dass der Letztere kein Mittel hatte, die Zerstörung seiner existierenden Kapitalwerte durch den neuen Investor zu verhindern. Beide dieser Alternativen tendierten im 20. Jahrhundert (bis 1950) dazu, weniger wahrscheinlich zu werden, die Erstere wegen des Rückgangs der Kaufkraft der Konsumenten, die zweite wegen des Rückgangs an Wettbewerb.

Es ist nicht schwer, zu verstehen, wie der relative Rückgang der Investitionen im Verhältnis zu den Ersparnissen zu einer Wirtschaftskrise führt. In einem modernen Wirtschaftsraum bildet die Gesamtsumme aller Güter und Dienstleistungen, die im Markt erscheinen, zugleich das Einkommen aller Mitglieder dieses Raums und die addierten Kosten der in Frage stehenden Güter und Dienstleistungen. Die Gelder, die der Unternehmer für Löhne, Renten, Gehälter, Rohstoffe, Zinsen, Anwaltsgebühren usw. aufbringen muss, sind für ihn Kosten, für diejenigen, die sie erhalten, aber Einkommen. Seine eigenen Profite kommen dabei ebenfalls ins Bild, denn sie bilden sein Einkommen und außerdem die Kosten, die nötig sind, um ihn zu überzeugen, den jeweiligen Reichtum herzustellen. Die Güter werden zu einem Preis verkauft, der gleich ist der Summe aller Kosten (inklusive Profite). In einem Wirtschaftsraum als Ganzem gesehen, sind die zusammenaddierten Kosten, die zusammenaddierten Einkommen und die zusammenaddierten Preise jeweils gleich hoch, weil es sich nur um verschiedene, sich gegenüberstehende Seiten einer identischen Ausgabenrechnung handelt.

Die Kaufkraft innerhalb eines Wirtschaftsraums ist gleich Einkommen minus Ersparnisse. Gibt es Ersparnisse, so wird die verfügbare Kaufkraft geringer sein als die zusammenaddierten Preise der zum Verkauf angebotenen Güter, und zwar um genau so viel weniger, als die Höhe der Ersparnisse ist. Das heißt, solange Ersparnisse zurückgehalten werden, können nicht alle angebotenen Güter und Dienstleistungen verkauft werden. Damit alle Güter verkauft werden können, müssen die Ersparnisse auf dem Markt in Form von Kaufkraft wieder auftauchen. Der normale Weg, über den das geschieht, ist durch Investitionen. Wenn Ersparnisse investiert werden, so werden sie in den Wirtschaftsraum hinein verausgabt und tauchen wieder als Kaufkraft auf. Weil das Kapitalgut, das durch die Investition geschaffen wurde, im Wirtschaftsraum nicht zum Verkauf steht, erscheinen die Ausgaben, die zu seiner Herstellung aufgewendet wurden, vollständig in Form von Kaufkraft. So wird das Ungleichgewicht zwischen Kaufkraft und Preisen, das durch das Sparen geschaffen wurde, durch die Investition wieder vollständig ausgeglichen und alle Güter können zu den verlangten Preisen abgesetzt werden. Aber immer, wenn die Summe der Investitionen unter denen der Ersparnisse liegt, ist das Angebot an Kaufkraft um genau so viel, wie dieser Überschuss ausmacht, zu gering, um die angebotenen Güter zu kaufen. Diese Spanne, um welche die Kaufkraft wegen eines Überschusses an Ersparnissen zu gering ist, könnte man die «deflationäre Lücke» nennen. Diese «deflationäre Lücke» bildet den Schlüssel zur Wirtschaftskrise des 20. Jahrhunderts und ist eine der drei Kernursachen der ganzen Tragödie des Jahrhunderts.

Die Folgen der Wirtschaftskrise

Die deflationäre Lücke, welche dadurch hervorgerufen wird, dass die Investitionen nicht die Höhe der Ersparnisse erreichen, kann entweder geschlossen werden, indem man das Angebot an Gütern auf die Höhe der verfügbaren Kaufkraft zurückschraubt, oder indem man das Angebot an Kaufkraft bis auf die Höhe steigert, wo sie die zur Verfügung stehenden Waren absorbieren kann. Die erste Lösung wird zu einer stabilen Wirtschaft auf niedrigem

Niveau führen, die zweite zu einer stabilen Wirtschaft auf einem hohen Niveau. Sich selbst überlassen würde das Wirtschaftssystem unter den modernen Bedingungen das erstere Prozedere wählen. Das würde etwa folgendermaßen vor sich gehen: Das Bestehen der deflationären Lücke (das heißt die verfügbare Kaufkraft ist geringer als die zusammenaddierten Preise der verfügbaren Güter und Dienstleistungen) führt zu fallenden Preisen, einem Absinken der wirtschaftlichen Aktivität und zu einem Anstieg der Arbeitslosigkeit. All das wird zu einem Rückgang des Nationaleinkommens führen, was dann wiederum ein noch stärkeres Absinken bei den Ersparnissen nach sich ziehen würde. Dieses Absinken geht so lange weiter, bis die Ersparnisse die Höhe der Investitionen erreicht haben. An diesem Punkt hört ihr Sinken auf und die Wirtschaft stabilisiert sich auf einem niedrigen Niveau.

Tatsächlich hat sich dieser Prozess während der großen Depression 1929 – 1934 nirgendwo genau so abgespielt, weil die Ungleichheit in der Einkommensverteilung so groß war, dass ein beträchtlicher Teil der Bevölkerung schon bei einem Nulleinkommen und einem Zustand der absoluten Not angekommen gewesen wäre, bevor die Ersparnisse des reicheren Segments der Bevölkerung auf die Höhe der Investitionen abgesunken wären. Als die Depression sich verschärfte, sank außerdem die Höhe der Investitionen noch schneller als die Höhe der Ersparnisse. Es gibt kaum einen Zweifel, dass unter solchen Bedingungen die Bevölkerungsmehrheit zu einer Revolution getrieben worden wäre, bevor die «automatischen wirtschaftlichen Faktoren» die Wirtschaft stabilisiert hätten, und außerdem wäre die Stabilisierung auf einem so niedrigen Niveau erfolgt, dass ein beträchtlicher Teil der Bevölkerung sich in einem Zustand unterhalb der Befriedigung der Lebensminimalbedürfnisse wieder gefunden hätte. Deshalb unternahmen in allen Industrieländern die Regierungen irgendwelche Schritte, um die Krise einzudämmen, bevor ihre Bürger in die absolute Verzweiflung getrieben wurden.

Es gab viele verschiedene Methoden, um mit der Krise fertig zu werden und die deflationäre Lücke zu schließen. Alle sind aber auf zwei grundsätzliche Typen zurückzuführen: a) diejenigen, welche Waren vernichten, und b) diejenigen, welche Waren herstellen, die nicht auf dem Markt auftauchen.

Die Vernichtung von Waren wird die deflationäre Lücke schließen, indem sie das Angebot an Gütern bis auf das vorhandene Angebot an Kaufkraft herabdrückt. Man ist sich normalerweise nicht darüber im Klaren, dass das auch einer der normalen Wege ist, wie die Lücke in einem gewöhnlichen Konjunkturzyklus wieder geschlossen wird. In einem solchen Zyklus werden Waren einfach insofern zerstört, als nicht so viele hergestellt werden, wie hergestellt werden könnten. Die Unfähigkeit, das Wirtschaftssystem auf dem Stand des Güterausstoßes von 1929 in den Jahren 1930 – 1934 auch wirklich zu nutzen, bedeutete einen Verlust an Waren im Wert von 100 Milliarden Dollar in den USA, Großbritannien und Deutschland alleine. Dieser Verlust war gleichwertig mit der Vernichtung dieser Waren. Die Zerstörung von Waren infolge einer Unmöglichkeit, die Ernte einzubringen, ist ja unter modernen Bedingungen ein wohlbekanntes Phänomen, besonders bei Früchten, Beeren und Gemüse. Wenn ein Farmer seinen Ertrag an Orangen, Pfirsichen oder Erdbeeren nicht aberntet, weil der Verkaufspreis zu gering ist, um die Erntekosten zu decken, so vernichtet er diese Waren. Eine unmittelbare Zerstörung von Waren, die tatsächlich bereits produziert waren, ist kein normales Phänomen und tauchte als Methode zur Bekämpfung der Depression in den Jahren 1930–1934 zum ersten Mal auf. In dieser Zeit wurden Lagerbestände an Kaffee, Zucker und Bananen vernichtet, Mais eingepflügt und Jungvieh umgebracht, um das Angebot an den Märkten zu reduzieren. Die Zerstörung von Waren durch einen Krieg ist ein anderes Beispiel dieser Methode zur Überwindung deflationärer Bedingungen in einem Wirtschaftssystem.

Die zweite Methode zur Schließung der deflationären Lücke ist die Produktion von Waren, die nicht auf dem Markt auftauchen. Sie erreicht ihren Zweck durch die Schaffung zusätzlicher Kaufkraft, da die Produktionskosten dieser Waren im Markt als Kaufkraft wirksam werden, während die Waren selbst, wenn sie nicht zum Verkauf angeboten werden, keine Kaufkraft abschöpfen. Neuinvestitionen waren die gewöhnliche Art der Anwendung dieser Methode in einem normalen Konjunkturzyklus, sind aber nicht die normale Art, die Lücke unter den Bedingungen einer modernen Depression wieder zu schließen. Wir haben schon über die wachsende Zurückhaltung bei Investitionen gesprochen und über die Unwahrscheinlichkeit, dass die für den Wohlstand notwendige Kaufkraft durch einen beständigen Strom privater Investitionen geschaffen wird. Wenn das so ist, so müssen die Mittel für die Herstellung von Gütern, die nicht auf dem Markt verkauft werden, aus einem Programm öffentlicher Ausgaben kommen.

Jedes öffentliche Ausgabenprogramm trifft sofort auf die Probleme von Inflation und Verschuldung. Das sind die gleichen zwei Probleme, die in einem früheren Kapitel behandelt wurden, als es um die Arten ging, wie Regierungen den Ersten Weltkrieg finanziert haben. Die Methoden der Finanzierung in einer Depression sind genau die gleichen wie die in einem Krieg mit der Ausnahme allerdings, dass die Mischung verschiedener Finanzierungsmethoden anders sein wird, weil die Ziele andere sind. Bei der Kriegsfinanzierung sucht man nach einer Methode, wie man ein Maximum an Produktionsausstoß mit einem Minimum an Inflation und Staatsschulden verbinden kann. Bei einer Depression, bei der ein Hauptziel in der Schließung der deflationären Lücke besteht, wird es darum gehen, ein Maximum an Produktionsausstoß mit einem sinnvollen Maß an Inflation und einem Minimum an Staatsschulden zu verbinden. Das heißt, dass der Gebrauch der Gelddruckmaschinen in einer Depression eher berechtigt ist als in einem Krieg. Außerdem wird der Verkauf von Schuldverschreibungen an Private in Kriegszeiten sehr wohl auf die Schichten mit niedrigerem Einkommen gezielt sein können, um den Konsum zu verringern und dadurch mehr Kapazitäten für die Kriegsproduktion zu schaffen, während in einer Depression (wo der Unterkonsum das Hauptproblem darstellt) solche Schuldverschreibungen zur Finanzierung öffentlicher Ausgaben nur auf die Ersparnisse der höheren Einkommensschichten gezielt werden dürften.

Diese Ideen über den Einsatz von Regierungsausgaben bei der Bekämpfung einer Depression sind formell in die «Theorie der kompensatorischen Wirtschaft» zusammengefasst worden. Diese Theorie vertritt, dass Regierungsausgaben und Fiskalpolitik genau gegenläufig zum Konjunkturzyklus organisiert werden sollten. Geringere Steuern und höhere Ausgaben sollten eine Deflationsperiode und höhere Steuern und geringere Ausgaben eine Boomperiode begleiten, wobei die Defizite der Fiskalpolitik während eines Abschwungs im Nationalbudget durch die Überschüsse bei einem Aufschwung ausgeglichen werden sollten.

Diese kompensatorische Wirtschaft wurde in Europa nur in Schweden mit einigem Erfolg praktiziert. In einer Demokratie entzieht sie den gewählten Repräsentanten der Menschen die Kontrolle über Steuern und Ausgaben und überträgt diese kostbare «Macht über den Geldbeutel» dem automatischen Prozess der Konjunkturzyklen, interpretiert von bürokratischen (nicht gewählten) Experten. Außerdem sind alle diese Programme mit Defizitfinanzierung in einem Land mit einem privaten Bankensystem in Gefahr. In einem solchen System liegt die Geld- oder Kreditschöpfung normalerweise in privaten Händen und wird missbilligt, wenn sie von Seiten der Regierung geschieht. Das Argument, nach dem die Kreierung von Geldern durch die Regierung schlecht, die Kreierung von Geldern durch die Banken aber heilsam sei, muss in einem System, das auf traditionellem Laissez-faire beruht und in dem die hauptsächlichen Kommunikationskanäle (wie Zeitungen und Radio) in Privatbesitz oder sogar in demjenigen der Banker sind, sehr überzeugend klingen.

Öffentliche Ausgaben als Gegenmittel gegen Depressionen können je nachdem, wofür Ausgaben aufgewendet werden, im Charakter sehr stark variieren. Ausgaben, welche die Vernichtung von Gütern oder die Begrenzung des Ausstoßes zum Ziel haben, wie im Landwirtschaftsprogramm des frühen New Deal können in einem demokratischen Land mit Meinungsfreiheit nicht leicht gerechtfertigt werden, weil sie offensichtlich zu einem Rückgang des Nationaleinkommens und des Lebensstandards führen. Ausgaben für nichtproduktive Denkmalbauten sind etwas leichter zu rechtfertigen, bieten aber keine langfristige Lösung. Ausgaben für Investitionen in Ausrüstungsgegenstände (zum Beispiel die Tennessee Valley Authority) bilden offensichtlich die beste Lösung, weil sie zu einem Anstieg des Nationalreichtums und des Lebensstandards beitragen und langfristig gedacht sind, bilden aber eine dauerhafte Abweichung vom System eines privaten Kapitalismus und können in einem Land mit kapitalistischer Ideologie und einem privaten Bankensystem sehr leicht angegriffen werden. Ausgaben für Rüstungsgüter und für die Verteidigung bilden die letzte Methode zur Bekämpfung einer Depression und zugleich diejenige, die im 20. Jahrhundert am weitesten verbreitet war.

Ein Programm öffentlicher Ausgaben für Rüstung ist deshalb eine Methode zur Füllung der deflationären Lücke und zur Überwindung einer Depression, weil es dem Markt Kaufkraft hinzufügt, ohne sie später wieder daraus abzuziehen (weil die einmal produzierten Rüstungsgüter nicht zum Verkauf stehen). Wirtschaftlich gesehen unterscheidet sich diese Methode der Krisenbekämpfung kaum von derjenigen, die als Vernichtung von Waren gekennzeichnet wurde. In beiden Fällen werden die wirtschaftlichen Ressourcen von aufbauenden Produktionsvorgängen oder aus einem Brachzustand in eine Produktion von zur Zerstörung bestimmten Waren umgelenkt. Die Attraktivität dieser Methode des Umgangs mit einer Depression beruht in keiner Weise auf wirtschaftlichen Gründen, weil es aus diesen Gründen heraus dafür keine Rechtfertigung gibt. Ihre Attraktivität muss auf andere, besonders politische, Gründe zurückgeführt werden.

Unter diesen Gründen können wir die folgenden aufführen: ein Aufrüstungsprogramm hilft der Schwerindustrie ganz unmittelbar und direkt. Die Schwerindustrie ist jener Teil der Wirtschaft, auf den eine Krise am frühesten und stärksten durchschlägt, der am leichtesten neue Arbeitskräfte absorbiert (und dadurch die Arbeitslosigkeit reduziert) und der in den meisten Ländern politisch sehr einflussreich ist. Außerdem kann ein solches Programm der Öffentlichkeit aus Gründen der nationalen Sicherheit relativ leicht vermittelt werden, besonders, wenn andere Länder ihre Wirtschaftskrisen in derselben Weise kurieren.

Die Verwendung von Rüstung als einer Methode zur Bekämpfung einer Depression muss gar nicht bewusst erfolgen. Das Land, das eine solche Politik übernimmt, mag ganz ehrlich glauben, dass es von aggressiven Absichten bedroht wird und dass ein Aufrüstungsprogramm aus Gründen des politischen Selbstschutzes notwendig ist. Es ist selten, dass ein Land bewusst ein Aggressionsprogramm verfolgt. In den meisten Kriegen sind beide Seiten davon überzeugt, dass ihre Handlungen eigentlich defensiver Natur sind. Es ist fast genau so selten, dass ein Land bewusst eine Aufrüstungspolitik als Lösung für eine Wirtschaftskrise beschließt. Im Unbewussten haben aber die Gefahren, die von einem Nachbarn drohen, und die Vorteile einer Aufrüstung im Angesicht einer solchen Bedrohung mehr Überzeugungskraft in einem Land, dessen Wirtschaftssystem unausgelastet ist, als in einem, das sich in einer Boomphase befindet. Wenn außerdem ein Land ein Rüstungsprogramm aus Furcht vor der Rüstung eines anderen Landes auflegt und wenn diese Letztere die Frucht eines Programms zur Füllung einer deflationären Lücke ist, so hat ja auch die Aufrüstung des Ersteren damit ursprünglich eine wirtschaftliche Ursache.

Wie gesagt ist Faschismus die Entscheidung für eine autoritäre Regierungsform durch die eingesessenen Interessensgruppen einer Gesellschaft, um ihre Position aufrechterhalten und die Reform der Gesellschaft verhindern zu können. Im europäischen 20. Jahrhundert versuchten die organisierten Interessen normalerweise die Reform des Wirtschaftssystems zu blockieren (eine Reform, deren Notwendigkeit durch die sich lange hinziehende Krise offensichtlich wurde), indem sie ein wirtschaftliches Programm vertraten, dessen Hauptelement die Bemühung war, die deflationäre Lücke durch Aufrüstung zu füllen.

Die pluralistische Wirtschaft und die Weltblöcke

Die wirtschaftlichen Katastrophen der zwei Weltkriege, eine Weltwirtschaftskrise und die Nachkriegsschwankungen hatten bis 1960 sehr deutlich gezeigt, dass eine neue wirtschaftliche Struktur der Gesellschaft sowohl notwendig als auch erreichbar war. Das Wettbewerbssystem des Laissez-faire hatte durch seine Unfähigkeit, die Güter zu verteilen, die es herstellte, sich selbst und damit fast auch die Zivilisation zerstört. Das System des Monopolkapitalismus hatte zu diesem Desaster beigetragen. Sein Vorgehen in den faschistischen Ländern, das darin bestand, seine Profite und Privilegien durch eine autoritäre Regierung und schließlich durch Krieg schützen zu lassen, war deshalb nicht erfolgreich, weil das System nicht fähig war, einen Konservatismus im wirtschaftlichen und sozialen Leben mit jener Innovativität und Freiheit im militärischen und im intellektuellen Leben, die nötig waren, um die Kriege, die man auslöste, auch zu gewinnen, zu verbinden. Außerdem zeigte auch der Kommunismus, der zwar im Krieg auf der Gewinnerseite stand, nichtsdestotrotz, dass er genau so unfähig wie irgendein anders autoritäres System darin war, Innovationen, Flexibilität und Freiheit hervorzubringen; er konnte ausgedehnte industrielle Fortschritte nur hervorbringen, indem er die Methoden freierer Völker kopierte, und konnte den Lebensstandard nicht signifikant heben, weil er den Mangel an Freiheit und Kraftentfaltung im politischen Leben und bei der Mobilisierung der wirtschaftlichen Ressourcen nicht mit einer erhöhten Produktion von Nahrungsmitteln und mit spiritueller und intellektueller Freiheit verbinden konnte, was die Hauptwünsche seiner Völker waren.

Der fast gleichzeitige Fehlschlag von Laissez-faire, wirtschaftlichem Faschismus und Kommunismus, das zunehmende Verlangen nach einem wachsenden Lebensstandard und nach spiritueller Freiheit zu erfüllen hat das 20. Jahrhundert in seiner Mitte gezwungen, nach einer neuen wirtschaftlichen Organisationsweise zu suchen. Dieser Bedarf wurde noch durch den Auftritt neuer Völker, neuer Nationen und neuer Stämme auf der Weltbühne intensiviert, die mit ihrem Verlangen nach diesen gleichen Gütern ihr zunehmendes Verständnis der Probleme und ihren Entschluss, etwas zu tun, zeigten. Wie sich diese neue Gruppe unterentwickelter Völker umschaut, trifft sie auf die konkurrierenden Ansprüche der beiden großen Supermächte, der Vereinigten Staaten und der Sowjetunion. Die Ersteren boten die Güter, welche die neuen Völker wollten (wachsenden Lebensstandard und Freiheit), während die Letztere Methoden anzubieten schien, zu diesen Gütern zu gelangen (durch staatliche Akkumulation von Kapital, durch Regierungssteuerung der Verwendung der Wirtschaftsressourcen und durch zentralisierte Methoden einer umfassenden sozialen Planung), welche die Güter selbst unterdrücken könnten. Das Nettoresultat all dessen ist eine Konvergenz aller drei Systeme zu einem gemeinsamen, wenn auch noch entfernten, zukünftigen System.

Die endgültige Struktur des neuen Systems wirtschaftlichen und sozialen Lebens ist noch nicht klar, aber wir könnten sie als «pluralistische Wirtschaft» kennzeichnen und ihre soziale Struktur als eine beschreiben, die Prestige, Vergünstigungen und Macht an eine Gruppe von Manager-Experten vergibt, deren Beitrag zum System aus ihrem Know-how und ihrer Expertise stammt. Diese Manager und Experten bilden natürlich in jeder Gesellschaft eine Minderheit. Sie werden aus der Gesellschaft als Ganzer rekrutiert, werden auf «Trial and Error»-Basis durch eine dem Talent offene Karrierelaufbahn ausgewählt und erfordern Versammlungs-, Diskussions- und Entscheidungsfreiheit, um die Innovationen hervorbringen zu können, die über den zukünftigen Erfolg oder sogar das Überleben ihres Systems entscheiden. In dieser Weise haben die pluralistische Wirtschaft und die Managergesellschaft seit den frühen vierziger Jahren das Wachstum einer neuen Art wirtschaftlicher Organisation erzwungen, die sich von den vier Typen von vor 1939 (amerikanisches Laissez-faire, stalinistischer Kommunismus, autoritärer Faschismus und unterentwickelte Gebiete) grundlegend unterscheiden wird.

Es gibt fünf Hauptcharakteristiken des neuen pluralistischen Managersystems:

1. Das zentrale Problem der Entscheidungsfindung im neuen System wird mit der Allokation von Ressourcen zwischen drei Ansprüchen zu tun haben: a) Konsumgüter für einen wachsenden Lebensstandard; b) Investitionen in Kapitalgüter als Ausrüstungen für die Herstellung von Konsumgütern; c) dem öffentlichen Sektor, der sich mit Verteidigung, öffentlicher Sicherheit, Erziehung, dem Sozialsystem befasst und mit allen zentral verwalteten Aktivitäten hinsichtlich der Jungen, der Alten und sozialer Leistungen insgesamt.

2. Der Prozess der Entscheidungsfindung zwischen diesen drei Ansprüchen wird die Form eines komplexen multilateralen Kampfs mehrerer Interessensgruppen annehmen. Diese Gruppen unterscheiden sich von einer Gesellschaft oder Region zu einer anderen und sind überall im Fluss begriffen. Im Allgemeinen sind aber die hauptsächlich beteiligten Gruppen oder Blöcke diese: a) das Militär, b) die Arbeiterschaft, c) die Bauern, d) die Schwerindustrie, e) die Leichtindustrie, f) Gruppen im Transport- und Kommunikationsgewerbe, g) Finanz-, Fiskal- und Bankenkreise, h) Handels-, Makler und Baugewerbeinteressen, i) Wissenschaftler, Ausbilder und intellektuelle Gruppen, j) Partei- und Regierungsangestellte und k) die Konsumenten allgemein.

3. Der Entscheidungsprozess vollzieht sich über die langsamen und fast unwahrnehmbaren Verschiebungen der verschiedenen Blöcke, einer nach dem anderen, der von Unterstützung über eine neutrale Haltung hin zur Ablehnung der existierenden Aufteilung der Ressourcen unter den drei Sektoren durch die zentrale Managerelite. Wenn es zum Beispiel eine übermä-

ßige Allokation von Ressourcen für Verteidigungs- oder Regierungsausgaben gibt, so werden die Bauernverbände, die Konsumenten, der Handel, die Intellektuellen und andere mit der Zeit immer unzufriedener mit der Situation werden und schrittweise ihre Pressionen immer mehr darauf richten, die Allokation von Ressourcen für die Verteidigung zu reduzieren und dafür die für den Konsumsektor oder diejenige für Kapitalinvestitionen zu steigern. Solche Verschiebungen sind komplex, schleichend, reversibel und kontinuierlich.

4. Die Ausarbeitung der Ressourcenumleitung für die konkreteren Ziele der diversen Interessensblöcke in der Gesellschaft wird zunehmend von rationalistischen und wissenschaftlichen Methoden beherrscht werden, welche sich analytisch und quantitativ ausdrücken. Das heißt, dass emotionelle und intuitive Kräfte zwar weiterhin eine beträchtliche Rolle bei den Verschiebungen der Interessensblöcke, welche die Allokation der Ressourcen innerhalb der drei Sektoren dominieren, spielen werden, dass aber innerhalb eines jeden Sektors eher rationale als emotionale Methoden auf einer eher quantitativen als qualitativen Basis die Verwendung der Ressourcen für die spezifischeren Zwecke bestimmen werden. Das verlangt eine beträchtliche Diskussionsfreiheit bezüglich dieser Verwendung, und zwar sogar in kommunistischen Staaten oder unterentwickelten Gebieten, wo autoritäre oder hochgeheime Methoden in Bezug auf die Allokation zwischen den Sektoren vorherrschen. Es wird im Allgemeinen eine sehr beträchtliche Veränderung der Formen und Ziele der Freiheit in allen Gesellschaften der Welt geben – mit einer schrittweisen Verringerung vieler persönlicher Freiheiten aus der Vergangenheit und einem schrittweisen Zuwachs an anderen grundlegenden Freiheiten, besonders auf intellektuellem Feld, welche für die technischen Innovationen, die Konfrontation der Ideen und die Freisetzung von persönlicher Energie sorgen werden, die alle nötig für den Erfolg, oder sogar für das Überleben, des modernen Staatensystems sind.

5. Die Spezifika in der Vorgehensweise dieses neuen Systems werden unausweichlich von Region zu Region und sogar von Staat zu Staat unterschiedliche sein. Im westlichen Staatenblock werden die Verschiebungen in der öffentlichen Meinung sehr weitgehend durch Verschiebungen in der Parteienlandschaft gespiegelt. Innerhalb des kommunistischen Blocks werden sich diese Verschiebungen wie schon in der Vergangenheit innerhalb einer kleineren Gruppe von Insidern und unmittelbarer im persönlichen Bereich abspielen. Änderungen in den Zielvorstellungen und der Richtung der Politik werden der Öffentlichkeit durch personelle Veränderungen in den Staatsbürokratien sichtbar werden. Und in den unterentwickelten Ländern, wo der Besitz der Macht häufig mit der Unterstützung durch die Armee im Zusammenhang steht, wird sich der Prozess in Veränderungen in Politik und Orientierung der existierenden Elite zeigen. Diese wird aber ihre Macht auch bei der veränderten Politik behalten.

Ganz allgemein gesehen, hat die Periode seit 1947 gezeigt, dass die Unterschiede zwischen jeweils zwei der drei Blöcke geringer werden; die drei Methoden, Veränderungen in der Politik zu erreichen (die wir oben erwähnt haben), werden der Substanz und den Tatsachen nach immer ähnlicher, wie unterschiedlich sie auch vom Rechtsstandpunkt aus bleiben mögen. Außerdem hat in den Jahren seit 1947 die Solidarität sowohl im Westen als auch in den kommunistischen Staaten nachgelassen, während Blickweise, Politik und Interessen der neutralen und unterentwickelten Völker in der Zwischenzone zwischen den zwei großen Machtblöcken zunehmend einheitlicher werden.

Die Vorgehensweise dieses sich neu formierenden pluralistisch gefärbten Managersystems könnte man «Planung» nennen, wenn man das Wort so versteht, dass es sowohl öffentlich als auch privat gemeint sein kann und dass es nicht irgendwo zentralisiert sein muss, sondern dass es dabei um die grundsätzliche Methode einer wissenschaftlichen und rationalen Verwendung von Ressourcen sowohl in Raum und Zeit zur Erreichung bewusst angestrebter zukünftiger Ziele geht.

In diesem Prozess haben Westeuropa und Japan die größten Erfolge erzielt. Das Letztere, das im Wesentlichen davon befreit wurde, Ressourcen für die Verteidigung einzusetzen, hat diese für Investitionen und auch in gewissem Maße für einen wachsenden Lebensstandard freigesetzt und hat Wachstumsraten seines Bruttosozialprodukts von 7 bis 9% pro Jahr erreicht. Dadurch wurde Japan zum einzigen nichtwestlichen Land, dass es schaffte, ein höheres Niveau der Industrialisierung zu erreichen und substantielle Verbesserungen im individuellen Lebensstandard zu erzielen. Diese Verbesserungen wurden von 1945 bis 1962 noch durch die Betonung des Wiederaufbaus und der Investitionen zurückgehalten, haben aber in den letzten Jahren langsam, aber stetig zugunsten von Vorteilen für die Konsumenten, inklusive solcher schwer greifbarer Dinge wie verbesserter Bildungs- und Sportmöglichkeiten, Freizeitangebote und Vergnügungsmöglichkeiten, durchgeschlagen.

Westeuropa durchlief Erfahrungen, die den japanischen ähnlich waren, mit dem Unterschied allerdings, dass die Hauptbetonung einem erhöhten Lebensstandard galt (unter dem Begriff «Wohlfahrt») und dass im Vergleich zu Japan die Verteidigungsausgaben wichtiger waren und die Investitionen geringer. Als Folge davon hat sich Westeuropa, besonders Westdeutschland, Italien, Frankreich, Skandinavien und Großbritannien, zum ersten Mal dem sehr hohen Konsumstandard der Vereinigten Staaten angenähert. In diesem Prozess haben diese Länder die Verteidigungsfähigkeit ihrer Armeen um ihrer Wohlstandsziele willen etwas verfallen lassen, haben sich aber auf die amerikanische Militärmacht als Abschreckung jeder sowjetischen Aggression verlassen.

Westeuropa hat in diesem Prozess als Konsequenz dreier Grundkräfte jährliche Wachstumsraten von 4 bis 8% des Bruttosozialprodukts erzielt. Diese Grundkräfte waren: 1) der geschickte (und vielleicht auch vom Glück begünstigte) Einsatz finanzieller und fiskalischer Instrumente, die sowohl Investitionen als auch Konsumwilligkeit begünstigt haben; 2) die wirtschaftliche und technische Hilfe der Vereinigten Staaten, die mit dem Marshallplan 1947 anlief und sich mit Militärhilfe der amerikanischen Regierung und der Investition von Ersparnissen aus der gesamten westlichen Welt fortsetzte; und 3) die zunehmende Integration der europäischen Wirtschaft im gemeinsamen Markt, die den Einsatz von Techniken der Massenproduktion für einen stark erweiterten Markt ermöglicht hat.

Von einem rein wirtschaftlichen Standpunkt her gesehen, waren die Errungenschaften der Vereinigten Staaten und des sowjetischen Blocks im gleichen Prozess weit weniger spektakulär. In den Vereinigten Staaten hat der Lebensstandard ungeahnte Höhen des Überflusses erreicht, aber die Last des Supermachtstatus hat den Wohlstand durch die Ansprüche an Verteidigungs- und sonstige Regierungsausgaben, an Prestige und an andere Rivalitätsfelder mit der Sowjetunion und durch den Wunsch, einen Beitrag zum Wachstum der unterentwickelten Länder zu leisten, beeinträchtigt. Als Folge davon betrugen die Wachstumsraten des Bruttosozialprodukts 2 bis 5% im Jahr und die Last des Regierungssektors inklusive Verteidigung und steigender Ansprüche an Wohlfahrtsausgaben wie Bildung, Gesundheit und Schaffung gleicher Lebenschancen haben das Wachstum des Konsumsektors beeinträchtigt.

Der Sowjetblock ist abgesehen von der Sowjetunion als dem bestimmenden Mitglied des Blocks in seinem Wirtschaftswachstum ambivalent gewesen. Die Bedürfnisse des Verteidigungssektors und andere Erscheinungen des Kalten Kriegs, wie der Wettlauf im Weltraum, haben mit dem andauernden Fehlschlag der kommunistischen Agrarpolitik und der intrinsischen Ineffizienz des kommunistischen Systems als Ganzem zusammengewirkt, um dem Steigen des Lebensstandards enge Schranken zu setzen. Es ist natürlich so, dass der Lebensstandard der Sowjetunion selbst der höchste in der Geschichte Russlands ist, er steht dabei aber trotzdem nur bei einem Bruchteil desjenigen in den Vereinigten Staaten. Im gesamten kommunistischen Block war das Bild düsterer. Die nichtrussischen Länder des Blocks wurden von der Sowjetunion ausgebeutet, als Kolonialgebiete behandelt (das heißt, beruhend auf politischen Beziehungen, als Ressourcen von Arbeitskräften, Rohstoffen und Nahrungsmitteln) und haben selbst kaum ein BSP-Wachstum erzielt, das über das Bevölkerungswachstum hinausgegangen wäre. In den stärker westlich geprägten Ländern wie Ostdeutschland, Ungarn und Polen hat sich das in einem absoluten Rückgang des Lebensstandards gezeigt. Der scharfe Kontrast zwischen diesem Rückgang und dem gleichzeitig zu beobachtenden Boom in Westdeutschland hat die Unzufriedenheit in den europäischen Satellitenstaaten um ein vieles erhöht.

Die Position der unterentwickelten Länder war im Allgemeinen zwiespältig. Insgesamt wirkte eine Reihe von Faktoren darauf hin, jedes größere Wachstum des Lebensstandards zu verhindern: Mangel an Know-how und ausgebildeten Arbeitskräften, Mangel an Kapital, die Verschwendung von Ressourcen durch kleine privilegierte Eliten, ein absoluter Mangel an Ressourcen in manchen Gebieten, das schnelle Wachstum der Bevölkerungszahl fast überall und hoffnungslos fortschrittsfeindliche soziale Strukturen und Ideologien. Der Lebensstandard ist in Indonesien, dem Nahen Osten und Lateinamerika sogar zurückgegangen und lag in Indien, Südostasien und Afrika mit seinem Wachstum nur gerade über dem Bevölkerungswachstum. Nur Japan war von diesem Gesichtspunkt her wirklich erfolgreich, während die Frustration der diesbezüglichen Wünsche in China und Lateinamerika beide aus ihren früheren Verbindungen mit dem Sowjetblock und dem westlichen Block heraus und in Richtung der ambivalenteren politischen Position der nicht blockgebundenen Nationen geführt hat. Tatsächlich hat in diesem Prozess Chinas Feindschaft gegenüber sowohl der Sowjetunion als auch den Vereinigten Staaten es in eine neue Position jenseits aller Bündnisarten von vor 1962 gebracht, während die wachsende Unzufriedenheit in Lateinamerika diesen Kontinent in vieler Hinsicht der Position der Länder des Nahen Ostens angenähert hat.

Die Appeasementpolitik

Einführung

Die Struktur kollektiver Sicherheit, welche die siegreichen Mächte nach 1919 so wenig vollkommen erbaut hatten, wurde in den acht Jahren nach 1931 unter den Attacken Japans, Italiens und Deutschlands vollständig zerstört. Diese Attacken zielten nicht wirklich auf das kollektive Sicherheitssystem oder auch auf die Friedensvereinbarungen, von denen es ein Teil war. Immerhin hatten zwei Aggressoren 1919 zu den Siegern gehört. Darüber hinaus wurden diese Attacken zwar durch die Weltwirtschaftskrise hervorgerufen, gingen aber weit über den Charakter bloßer Reaktionen auf die wirtschaftliche Misere hinaus.

Aus dem allerweitesten Blickwinkel gesehen attackierten die Aggressoren der Jahre 1931–1941 die gesamte Lebensform des 19. Jahrhunderts und einige der grundlegendsten Attribute der westlichen Zivilisation insgesamt. Ihre Revolte richtete sich gegen Demokratie, gegen das parlamentarische System, gegen das Laisser-faire und die liberale Weltsicht, gegen den Nationalismus (obwohl im Namen dieses Nationalismus), gegen den Humanismus, gegen die Wissenschaften und gegen jegliche Achtung der menschlichen Würde und menschlicher Anständigkeit. Es war ein Versuch, Menschen zu brutalisieren und in eine Masse von Atomen ohne Denken zu verwandeln, deren Reaktionen dann durch Methoden der Massenkommunikation kontrolliert werden konnten. Diese sollte dann die Profite und die Macht einer Allianz aus Militaristen, Schwerindustriellen, Großgrundbesitzern und psychopathischen politischen Organisatoren, die aus dem Bodensatz der Gesellschaft gekommen waren, vermehren. Diese letzteren Männer waren ganz unberührt von den Traditionen der westlichen Zivilisation und überhaupt unbehindert von irgendeiner sozialen Einbettung. Dass die Gesellschaft, die sie unter ihre Kontrolle brachten, sie überhaupt hervorgebracht hatte und dass sie Militaristen und Industriellen erlaubte, diesen Bodensatz als Instrument zu verwenden, um Kontrollmacht über den Staat zu erlangen, wirft tiefe Fragen über die Natur dieser Gesellschaft und über ihren wirklichen Bezug zu den Prinzipien, denen sie Lippenbekenntnisse erwies, auf.

Die Geschwindigkeit sozialen Wandels im 19. Jahrhundert, die Beschleunigung der Transport- und Kommunikationswege und die Zusammenpferchung formloser Menschenmassen in den großen Städten hatten die meisten älteren sozialen Beziehungen des Durchschnittsmenschen zerstört. Ohne fortdauernden emotionalen Bezug zu Nachbarschaft, Gemeinde, Beruf oder sogar Familie war er isoliert und frustriert worden. Die Formen, die die Gesellschaft seiner Vorfahren zum Ausleben geselliger, emotionaler und intellektueller Bedürfnisse vorgesehen hatte, waren durch die Rasanz des sozialen Wandels zerstört worden und die Aufgabe, neue Formen zu finden, um diesen Bedürfnissen Ausdrucksmöglichkeiten zu verschaffen, lag jenseits der Fähigkeiten des Durchschnittsmenschen. So blieb er ohne Ausdruck seiner innersten Antriebe zurück und wurde willig, jedem Scharlatan nachzufolgen, der ihm einen Lebenszweck vorzeichnete, eine emotionale Stimulierung verschaffte oder einen Platz in der Gruppe.

Die Methoden der Massenpropaganda mithilfe von Presse und Radio sorgten für die Instrumente, mit denen diese Individuen erreicht und mobilisiert werden konnten; die Entschlossenheit der Militaristen, Großgrundbesitzer und Industriellen, ihre eigene Macht und ihre eigenen Interessen auch auf Kosten der Zerstörung der Gesellschaft insgesamt zu erweitern, lieferte das Motiv; die Weltwirtschaftskrise sorgte für die Gelegenheit. Das Material (frustrierte, in der Masse verlorene Menschen), die Methoden (Massenmedien), das Instrument (die psychopathische Politorganisation) und die Gelegenheit (die Depression) standen alle 1931 zur Verfügung. Trotzdem hätten diese Männer niemals an die Macht oder in Reichweite der vollständigen Zerstörung der westlichen Zivilisation kommen können, wenn diese Zivilisation nicht darin versagt hätte, ihre eigenen Traditionen zu schützen, und wenn die Sieger von 1919 nicht darin versagt hätten, sich selbst zu beschützen.

Das 19. Jahrhundert war so erfolgreich in der Organisierung von Techniken gewesen, dass es darüber fast jegliche Vision von Zielen verloren hatte. Kontrolle über die Natur durch den Fortschritt der Wissenschaften, Ausbreitung der Alphabetisierung durch die allgemeine Erziehung, Anstieg der Produktion durch das Wachstum der Industrie, die beständige Beschleunigung der Transport- und Kommunikationsmittel, der außerordentliche Anstieg des Lebensstandards – das alles hatte die Handlungsmöglichkeiten des Menschen erweitert, ohne in irgendeiner Weise seine Ideen darüber zu klären, *was* getan werden sollte. Man verlor die Ziele vollständig aus den Augen oder sie wurden auf die primitivste Ebene von «mehr Macht» und «mehr Reichtum» zurückverlagert. Aber der ständige Erwerb von Macht oder Reichtum ließ die «höhere» Natur des Menschen unbefriedigt – wie eine Droge, nach der das Bedürfnis mit dem Verbrauch steigt, ohne den Konsumierenden jemals befriedigen zu können. Die Vergangenheit der westlichen Zivilisation war das Resultat einer Verschmelzung klassischer, semitischer, christlicher und mittelalterlicher Beiträge gewesen. Daraus war ein System von Werten und Lebensformen entstanden, das im 19. Jahrhundert nur wenig Respekt erhielt, trotz der Tatsache, dass die gesamte Grundlage des 19. Jahrhunderts (seine Wissenschaft, sein Humanismus, sein Liberalismus, sein Glaube an menschliche Würde und menschliche Freiheit) aus diesem älteren System von Werten und Lebensformen bestand. Renaissance und Reformation hatten den mittelalterlichen Anteil dieses Systems verworfen; das 18. Jahrhundert hatte den Wert sozialer Traditionen und sozialer Disziplin verworfen, das 19. Jahrhundert wies den klassischen und den christlichen Anteil dieser Tradition zurück und gab der hierarchischen Konzeption menschlicher Bedürfnisse den letzten Stoß. Das 20. Jahrhundert erntete, was diese früheren gesät hatten. Nachdem ihre Traditionen abgeschafft waren und nur ihre Techniken überlebten, erreichte die westliche Zivilisation in der Mitte des 20. Jahrhunderts den Punkt, wo das «Kann sie überleben?» zur Hauptfrage wurde.

Vor diesem Hintergrund hoben sich nach 1931 die aggressiven Mächte, die die westliche Zivilisation in Frage stellten, und die befriedigten Mächte, die weder den Willen noch das Bedürfnis zu ihrer Verteidigung hatten, ab. Die Schwäche Japans und Italiens in Bezug auf industrielle Entwicklung oder natürliche Ressourcen machte ihre Herausforderung nur durch die Willensschwäche ihrer Opfer überhaupt möglich. Es ist auch ziemlich klar, dass weder Japan noch Italien ohne die parallel laufende Aggression Deutschlands erfolgreiche Aggressionen verübt haben könnten. Was nicht ganz so klar, aber ebenso wahr ist, ist, dass auch Deutschland ohne das stillschweigende Einverständnis und in einigen Fällen sogar die aktive Ermutigung der «befriedigten» Mächte, insbesondere Großbritanniens, keine Aggression verübt haben könnte. Die deutschen Dokumente, die seit 1944 erbeutet wurden, machen das aber ganz eindeutig.

Die Attacke Italiens (1934-1936)

Die faschistische Regierung Benito Mussolinis benutzte von ihrer Machtergreifung 1922 an eine streitsüchtige und bombastische Sprache und betonte ihre Entschlossenheit, den Ruhm des Römischen Reiches wiederherzustellen, das Mittelmeer zu beherrschen und durch Erhöhung der einheimischen Nahrungsmittelproduktion strategische Autarkie zu erreichen. Ihre Handlungen waren aber sehr viel bescheidener und gingen nicht darüber hinaus, den jugoslawischen Einfluss im Mittelmeer zu begrenzen und einen bescheidenen Anstieg der einheimischen Weizenproduktion übermäßig publizistisch zu feiern. Im Allgemeinen ähnelte Italiens Lage derjenigen Japans. Begrenzte natürliche Ressourcen (besonders ein fast vollständiges Fehlen von Kohle oder Ölvorräten) und eine rapide fallende Sterberate verbanden sich dazu, einen zunehmenden Bevölkerungsdruck zu erzeugen. Dieses Problem wurde besonders nach 1918 wie in Japan noch intensiviert durch Beschränkungen für die Emigration von Italienern oder den Fluss italienischer Güter ins Ausland.

Die wichtigen Daten in der modernen italienischen Geschichte sind 1922, 1925, 1927 und vor allem 1934. 1922 kamen die Faschisten in einem parlamentarischen System an die Macht; 1925 wurde dieses parlamentarische System durch eine politische Diktatur ersetzt, die eher Obertöne des lateinamerikanischen 19. Jahrhunderts als einen totalitären Charakter Marke 20. Jahrhundert hatte, insofern das Wirtschaftssystem dasjenige eines orthodoxen Finanzkapitalismus blieb; 1927 führte eine orthodoxe und restriktive Stabilisierung der Lira im internationalen Goldstandard zu so krisenhaften wirtschaftlichen Entwicklungen, dass Mussolini eine sehr viel aktivere Außenpolitik zu betreiben begann und darauf ausging, mit den drei besiegten Mächten Mitteleuropas (Österreich, Ungarn, Bulgarien) eine wirtschaftliche und politische Entente zu schaffen; 1934 ersetzte Italien die orthodox gesteuerte Wirtschaft durch eine totalitäre, neben der eine betrügerische korporative Fassade aufrechterhalten wurde, und verlegte seine dynamische Außenpolitik gleichzeitig von Mitteleuropa nach Afrika und dem Mittelmeerraum.

Die italienische Politik zur Errichtung eines politischen und wirtschaftlichen Blocks in Mitteleuropa in der Zeit von 1927 bis 1934 war sowohl gegen Deutschland als auch gegen die Kleine Entente gerichtet. Das war eine unmögliche Kombination, weil die Teilung Europas in revisionistische und antirevisionistische Mächte Italien keinen Platz ließ, eine Verbindung zu schaffen, die sich zwischen diese Konfliktlinie schob. Indem Mussolini eine Politik gegen die Kleine Entente und an der Seite Ungarns betrieb, war er antifranzösisch und damit unvermeidlicherweise prodeutsch, etwas, was Mussolini aber nicht war und niemals sein wollte. Es dauerte allerdings sieben Jahre, bis er die logische Unmöglichkeit seiner Position begriff.

In diesen sieben Jahren – 1927–1934 – war Ungarn mehr als Deutschland die aktivste revisionistische Macht in Europa. Indem er mit Ungarn, mit den reaktionären Elementen in Österreich und Bulgarien und mit dissidenten Kroaten aus Jugoslawien zusammenging, versuchte Mussolini die Kleine Entente (besonders Jugoslawien) zu schwächen, um in aufgewühlten Wassern faschistische Fischzüge unternehmen zu können. Wegen der Enttäuschung Italiens über die Verweigerung von Kolonialgewinnen in Versailles 1919 und wegen der Weigerung des Völkerbundes, Tommaso Tittonis Forderung von 1920 nach einer Neuverteilung der Weltressourcen in Übereinstimmung mit den Bedürfnissen der Bevölkerung stattzugeben, bestand Mussolini darauf, dass Italien keine befriedigte Macht sei. Es ist zwar wahr, dass Italiens Probleme bezüglich Bevölkerung und Rohstoffen akut waren, aber die Schritte, die Mussolini unternahm, konnten keinerlei Hoffnung auf Abhilfe schaffen.

Italiens Donaupolitik erreichte ihren Höhepunkt in einem Freundschaftsvertrag mit Österreich von 1930 und in einer Reihe politischer und wirtschaftlicher Abkommen mit Österreich und Ungarn 1934, die als die «Protokolle von Rom» bekannt wurden. Die österreichische Regierung unter Engelbert Dollfuß zerstörte die demokratischen Institutionen Österreichs, vernichtete alle sozialistischen Organisationen und alle Organisationen der Arbeiterschaft und führte im Februar bis April 1934 auf Veranlassung Mussolinis einen diktatorischen, korporatistischen Einparteienstaat ein. Hitler wollte das mit einem Putsch der Nazis in Österreich 1934 zu seinem Vorteil nutzen, ließ Dollfuß im Juli 1934 ermorden, wurde aber durch eine schnelle Mobilisierung italienischer Truppen am Brenner und eine scharfe Warnung Mussolinis daran gehindert, in das Land einzumarschieren. Dieses bedeutende Ereignis zeigte, dass Italien die einzige größere Macht war, die für Österreichs Unabhängigkeit kämpfen wollte, und dass Mussolinis siebenjährige Arbeit für die revisionistische Sache ein Fehler gewesen war. Es war allerdings ein Fehler, aus dem der Duce keine Lehren zog. Stattdessen billigte er einen Attentatsplan revisionistischer Extremisten, zu denen die bulgarische IMRO, kroatische

Separatisten und ungarische Extremisten gehörten. Das führte im Oktober 1934 zur Ermordung des zentralistischen serbischen Königs von Jugoslawien, Alexander, und von Jean Louis Barthou, dem Außenminister Frankreichs.

Bei Hitlers Amtsübernahme in Deutschland im Januar 1933 befand sich die französische Außenpolitik in einem Zustand der Lähmung. Das lag an der britischen Opposition gegen jegliche Unterstützung kollektiver Sicherheitsmechanismen oder auch dagegen, die Deutschen mit Gewalt dazu zu zwingen, ihre Vertragsverpflichtungen einzuhalten. Als Folge davon wurde eine Anregung Polens vom April 1933, gemeinsam in Deutschland mit Waffengewalt zu intervenieren, um Hitler aus dem Amt zu entfernen, von Frankreich zurückgewiesen. Polen schloss danach sofort einen Nichtangriffspakt mit Deutschland ab und erweiterte einen schon bestehenden Nichtangriffspakt mit der Sowjetunion (Januar bis Mai 1934). Das war der Beginn einer Schaukelpolitik zwischen diesen beiden Großmächten, die Polen seine vierte Teilung, die dann 1939 kam, reif werden ließ.

Nachdem im Februar 1934 eine neue konservative Koalitionsregierung mit Jean Louis Barthou als Außenminister an die Macht gekommen war, begann Frankreich eine aktivere Politik gegenüber Hitler. Diese Politik versuchte, Deutschland einzukreisen, indem es die Sowjetunion und Italien zu Mitgliedern einer erneuerten Verbindung von Frankreich, Polen, der Kleinen Entente, Griechenland und der Türkei machte. Schon im Februar 1934 wurde ein Balkanpakt zwischen Rumänien, Jugoslawien, Griechenland und der Türkei abgeschlossen; die französischen Beziehungen zur Kleinen Entente wurden als Folge von Besuchen Barthous in den verschiedenen Hauptstädten intensiviert. Russland wurde im September 1934 in den Völkerbund aufgenommen; ein französisch-italienischen Abkommen wurde im Januar 1935 unterzeichnet; im April 1935 wurde in der Konferenz von Stresa von Frankreich, Italien und Großbritannien eine gemeinsame Front gegen eine deutsche Wiederbewaffnung (die im März angekündigt worden war) eingenommen und das deutsche Handeln wurde in derselben Woche im Völkerbund verurteilt; im Mai 1935 wurden ein französisch-sowjetisches und ein tschechisch-sowjetisches Bündnis abgeschlossen, wobei das Letztere für Russland erst dann bindend sein sollte, nachdem das früher abgeschlossene französisch-tschechische Bündnis in Kraft getreten wäre. Während diese vereinte Front gegen Deutschland aufgebaut wurde und noch bevor Italien darin aufgenommen wurde, wurden Barthou und König Alexander in Marseille umgebracht, wie wir schon angedeutet haben (Oktober 1934). Das konnte das Projekt nicht stoppen, weil Pierre Laval den Platz Barthous einnahm und die Pläne seines Vorgängers ausführte, wenn auch viel weniger effektiv als dieser. Dementsprechend war es Pierre Laval, der im Januar 1935 Italien und im Mai 1935 die Sowjetunion in dieses Gewebe mit aufnahm.

Laval war überzeugt, dass Italien nur dann der antideutschen Front beitreten würde, wenn seine lange bestehenden Beschwerden gemildert und sein unbefriedigter Ehrgeiz in Afrika erfüllt werden konnte. Dementsprechend gab Laval Mussolini 7% des Aktienkapitals der Djibouti-Addis-Abeba-Eisenbahnlinie (die von Französisch-Somaliland am Roten Meer bis zur Hauptstadt Äthiopiens lief), einen Streifen Wüste an der libyschen Grenze von 114.000 Quadratmeilen, in dem nur einige hundert Menschen lebten (laut Mussolini zweiundsechzig), einen schmalen Streifen Territorium zwischen Französisch-Somaliland und dem italienischen Eritrea, ein Abkommen über den Bürgerstatus und die Erziehung italienischer Immigranten in Französisch-Tunesien und «das Recht, in ganz Äthiopien, Konzessionen zu fordern».

Dieser letzte Punkt war wichtig, weil Laval zwar darauf bestand, dass er kein Abkommen eingegangen sei, das die Unabhängigkeit oder territoriale Integrität Äthiopiens in Gefahr brachte, aber genauso deutlich machte, dass ihm die Unterstützung Italiens gegen Deutschland wichtiger war als die Integrität Äthiopiens. Frankreich war Jahre lang der einzige Freund Äthiopiens gewesen. Es hatte 1906 eine Dreiparteienvereinbarung zwischen Großbritannien, Italien und Frankreich zustande gebracht, die jede Änderung im Status Äthiopiens ohne die Zustimmung der drei Parteien verbot, und es hatte Äthiopien gegen britische Einwände 1923 in den Völkerbund gebracht. Italien andererseits war 1896 nur durch die entscheidende Niederlage, die seinen Invasionstruppen von den Äthiopiern selbst beigebracht wurde, davon abgehalten worden, Äthiopien zu erobern. 1925 hatten Italien und Großbritannien ein Abkommen geschlossen, das Äthiopien in wirtschaftliche Interessensphären aufteilte, das aber aufgrund eines französischen Einspruchs im Völkerbund annulliert wurde. Lavals Aufgabe der traditionellen Unterstützung Frankreichs für die Unabhängigkeit Äthiopiens war deshalb von großer Bedeutung und stellte bei den drei beteiligten Regierungen (Italien, Großbritannien, Frankreich) Übereinstimmung über dieses Thema her.

Diese Sichtweise wurde allerdings von der öffentlichen Meinung in den drei Ländern nicht geteilt. In Frankreich war die Meinung zu gespalten, um darüber kategorische Aussagen treffen zu können, aber es ist wahrscheinlich, dass eine Mehrheit für die Ausweitung von Maßnahmen kollektiver Sicherheit auf Äthiopien war, während eine überwältigende Mehrheit jedenfalls davon überzeugt war, dass Deutschland das vorrangige Objekt dieser internationalen Handlungsinstrumente sein sollte. In Italien war wahrscheinlich eine Mehrheit sowohl gegen Mussolinis Krieg in Äthiopien als auch gegen die Wirtschaftssanktionen, die der Völkerbund erließ, um ihn zu beenden.

In England war eine überwältigende Mehrheit für den Völkerbund und für Sanktionen gegen Italien. Das zeigte die sogenannte Friedensumfrage 1935 auf der Grundlage einer privat durchgeführten Probeabstimmung der englischen Wählerschaft. Dabei unterstützten von 11.5 Millionen Befragten 11 Millionen die Mitgliedschaft im Völkerbund, über 10 Millionen befürworteten Wirtschaftssanktionen und mehr als 6,7 Millionen befürworteten militärische Sanktionen gegen Aggressoren (während nur 2,3 Millionen dagegen waren). Diese Sichtweise fand Widerstand beim pazifistischen linken Flügel der Labourpartei und bei der imperialistischen Rechten der Konservativen. Auch die britische Regierung selbst stand ihr ablehnend gegenüber. Sir John Simon (der Außenminister), Sir Bolton Eyres-Monsell (der Erste Lord der

Admiralität) und Stanley Baldwin (der Führer der Partei und Premierminister) verurteilten die Friedensumfrage und ihre Tendenz zu kollektiven Sicherheitsvorkehrungen, während die Abstimmung durchgeführt wurde, beeilten sich allerdings dann, ihre Unterstützung kundzutun, sobald die Ergebnisse bekannt wurden. Baldwin hatte im November 1934 erklärt, dass ein «System kollektiver Friedenswahrung» «völlig unpraktikabel» sei. Als die Resultate im Juli 1935 bekanntgegeben wurden, versicherte er den Organisatoren der Abstimmung, dass «die Außenpolitik der Regierung im Völkerbund ihre Basis sieht». Auf dieser Grundlage entstand eines der erstaunlichsten Beispiele zweigleisiger britischer Politik in der gesamten Appeasementperiode. Während die Regierung öffentlich Maßnahmen kollektiver Sicherheit und Sanktionen gegen die italienische Aggression befürwortete, handelte sie im Privaten die Zerstörung des Völkerbundes und die Überlassung Äthiopiens an Italien aus. Sie war mit dieser Geheimpolitik vollständig erfolgreich.

Der italienische Angriff auf Äthiopien begann mit einem Einfall in äthiopisches Territorium bei Wal Wat im Dezember 1934 und wurde im Oktober 1935 zu einer vollen Invasion. Dass Italien nicht wirklich Furcht vor militärischen Sanktionen Großbritanniens hatte, wurde deutlich, als es einen Hauptteil seiner militärischen Kräfte, seiner Transportmittel und Flottenstärke ins Rote Meer verlegte, vom Mutterland getrennt durch den britisch beherrschten Suezkanal und die massierte britische Flotte in Alexandria. Die Durchfahrt der Schiffe zum Transport von Munition und Truppen durch den Suezkanal hatte Großbritannien die aggressiven Absichten Italiens logischerweise schon in einem frühen Stadium verraten. Die Position der britischen Regierung bezüglich Äthiopiens fand sich eindeutig niedergelegt in einem Geheimbericht eines interministeriellen Komitees unter Sir John Maffey. Der Bericht, der dem Außenminister am 18. Juni 1935 vorgelegt wurde, kam zum Schluss, dass die italienische Kontrolle über Äthiopien für Großbritannien «eine gleichgültige Angelegenheit» sei. Dieser Bericht wurde heimlich und in mysteriöser Weise den Italienern zugespielt und von diesen später undiplomatisch veröffentlicht. Es kann keinen Zweifel geben, dass er den Standpunkt der britischen Regierung wiedergab und dass dieser Standpunkt von der französischen Regierung geteilt wurde.

Unglücklicherweise verlangte die öffentliche Meinung in beiden Ländern und in den meisten Teilen der Welt kollektive Sanktionen gegen den Aggressor. Um diesem Verlangen nachzukommen, verfolgten beide Regierungen eine öffentliche Politik von nicht durchgesetzten oder nur teilweise durchgesetzten Sanktionen, die in einem großen Widerspruch zu ihren wirklichen Absichten stand. Als Folge gingen sowohl Äthiopien als auch Italien verloren, das Erstere durch die wirkliche, das Letztere durch die öffentlich verkündete Politik. In diesem Prozess fügten sie dem Völkerbund, dem System kollektiver Sicherheit und der politischen Stabilität Mitteleuropas tödliche Wunden zu.

Indem er auf der Welle öffentlicher Unterstützung für die kollektive Sicherheit ritt, ging Samuel Hoare (jetzt Außenminister) im September 1935 zur Versammlung des Völkerbunds und hielt dort eine durchschlagende Rede zur Unterstützung des Völkerbundes, kollektiver Sicherheit und von Sanktionen gegen Italien. Am Tag davor waren er und Anthony Eden im Geheimen mit Pierre Laval übereingekommen, nur teilweise Wirtschaftssanktionen zu verhängen, während alle Handlungen, «die zu einem Krieg führen könnten», wie eine Blockade oder Schließung des Suezkanals, vermieden werden sollten. Eine Reihe von Regierungen inklusive Belgien, die Tschechoslowakei, Frankreich und Großbritannien, hatten alle Munitionsexporte nach Äthiopien bereits im Mai und Juni 1935 beendet, obwohl am 17. März Äthiopien den Völkerbund um Hilfe ersucht hatte, während der italienische Angriff erst am 2. Oktober 1935 kam. Das Nettoergebnis war, dass Äthiopien ohne Verteidigung einem Aggressor gegenüberstand, der durch unvollständige und verspätete Wirtschaftssanktionen verärgert, aber nicht wirklich beeinträchtigt wurde. Äthiopiens Bitte um neutrale Beobachter am 19. Juni wurde niemals anerkannt und seine Bitte vom 3. Juli um Unterstützung durch die Vereinigten Staaten nach dem Kellogg-Briand-Pakt wurde sofort zurückgewiesen, aber Eden fand immerhin Zeit, Mussolini einen Teil Äthiopiens als Bestandteil eines Handels, mit dem man eine offene italienische Aggression umgehen wollte, anzubieten (24. Juni). Der Duce war allerdings entschlossen, eine offene Aggression zu begehen, da das die einzige Methode war, jenes Partikel römischen Ruhmes zu erlangen, nach dem ihn verlangte.

Hoares Rede zur Unterstützung kollektiver Sicherheit im September in Genf wurde von der britischen Öffentlichkeit mit so viel Begeisterung aufgenommen, dass Baldwin entschied, eine allgemeine Wahl mit diesem Thema als Hintergrund abzuhalten. Dementsprechend stellte sich die nationale Regierung am 14. November 1935 zur Wahl mit dem lauten Gelöbnis, kollektives Handeln und kollektive Sicherheitsvorkehrungen zu unterstützten «und keine isolierten Handlungen zu unternehmen». Sie erlangte einen überwältigenden Sieg. Ihre Stimmenmehrheit von 431 (von 615) Sitzen hielt sie bis zur nächsten allgemeinen Wahl zehn Jahre später (im Juli 1945) an der Macht.

Artikel 16 der Völkerbundskonvention verpflichtete die Unterzeichner, *alle* Handels- und Finanzbeziehungen zu einem Aggressor abzubrechen. Frankreich und Großbritannien taten sich aber zusammen, um ihre Wirtschaftssanktionen halbherzig und ineffektiv sein zu lassen. Die Sanktionen, die am 18. November 1935 auferlegt und von zweiundfünfzig Nationen angenommen wurden, beinhalteten ein Embargo auf Waffen und Munition sowie auf Anleihen und Kredite und in bestimmten Schlüsselwaren. Außerdem verpflichteten sie zu einem Boykott aller italienischen Güter. Das Embargo umfasste nicht Eisenerz, Kohle oder Ölprodukte, obwohl von den Letzteren Italien im Oktober 1935 nur einen Zweimonatsvorrat besaß und ein Embargo die italienische Aggression schnell und vollständig gestoppt haben würde. Die Verhängung von Ölsanktionen wurde immer wieder verschoben, bis die Eroberung Äthiopiens im Frühling 1936 vollendet war. Das geschah trotz der Tatsache, dass bereits am 12. Dezember 1935 zehn Staaten, die drei Viertel des italienischen Ölbedarfs abgedeckt hatten, sich freiwillig bereit erklärten, ein

Embargo zu unterstützen. Die Weigerung zur Anwendung dieser Sanktion erfolgte aufgrund der gemeinsamen französisch-britischen Begründung, dass Ölsanktionen so effektiv seien, dass Italien zum Abbruch seines Äthiopienfeldzuges gezwungen wäre und daraufhin in Verzweiflung einen Krieg mit Großbritannien und Frankreich beginnen würde. Das wenigstens war die verblüffende Logik, die die britische Regierung später ins Feld führte.

Anstelle zusätzlicher oder effektiver Sanktionen handelten Samuel Hoare und Pierre Laval eine geheime Abmachung aus, die Italien direkt ein Sechstel von Äthiopien überlassen hätte und die ein weiteres Drittel als eine «nur Italien vorbehaltene Zone wirtschaftlicher Expansion und Durchdringung» weggeben wollte. Als dieser Handel durch einen französischen Journalisten am 10. Dezember 1935 öffentlich bekannt gemacht wurde, gab es einen Protestaufschrei von den Befürwortern kollektiver Sicherheit. Das geschah besonders in England mit der Begründung, dass dadurch das erst einen Monat zuvor gegebene Regierungsversprechen verletzt würde. Um seine Regierung zu retten, musste Baldwin Hoare opfern, der am 19. Dezember zurücktrat, aber schon am 5. Juni 1936, nachdem Äthiopien anständig begraben worden war, wieder ins Kabinett zurückkehrte. Laval überlebte in Frankreich die erste Attacke im Parlament, verlor aber sein Amt im Januar 1936; sein Nachfolger im Quai d'Orsay war Pierre Flandin, der dieselbe Politik verfolgte.

Äthiopien wurde am 2. Mai 1936 von Italien erobert und eine Woche später annektiert. Die Sanktionen wurden von den verschiedenen kooperierenden Staaten und vom Völkerbund selbst in den zwei darauffolgenden Monaten aufgehoben, zu einem Zeitpunkt, als sie gerade anfingen, Wirkung zu zeigen.

Die Konsequenzen des äthiopischen Fiaskos waren von sehr großer Bedeutung. Mussolinis Stellung in Italien stärkte sich beträchtlich durch seinen offensichtlichen Erfolg, sich im Angesicht einer wirtschaftlichen Blockade von zweiundfünfzig Staaten ein Reich zu erwerben. Die Konservative Partei in England hatte sich für ein Jahrzehnt im Amt eingegraben, eine Zeit, während deren sie ihre Appeasementpolitik verfolgte und anschließend den Krieg führte, der daraus entstand. Die Vereinigten Staaten verabschiedeten in Panik einen «Neutralitätsakt», der Aggression ermutigte, indem er bestimmte, dass bei Ausbruch eines Krieges beiden Seiten der Nachschub amerikanischer Waffen gesperrt würde, also sowohl dem Aggressor, der sich in der Friedenszeit bewaffnet hatte, als auch dem noch unbewaffneten Opfer. Vor allem zerstörte die äthiopische Krise die französischen Versuche zur Einkreisung Deutschlands. Großbritannien stand diesen Bemühungen von Beginn an ablehnend gegenüber und besaß die Fähigkeit, sie zu blockieren. Es hatte dabei die Hilfe einer Reihe weiterer Faktoren, für die Großbritannien nicht hauptsächlich die Verantwortung trug. Dieser Punkt ist interessant genug, um detaillierte Aufmerksamkeit zu verdienen.

Einkreisungen und Gegeneinkreisungen (1935-1939)

Die Einkreisung Deutschlands und die Einkreisung Frankreichs

Lavals Vereinbarung vom Januar 1935 mit Mussolini war mit der Absicht geschlossen worden, Italien gegen Deutschland an die Seite Frankreichs zu bringen. Dieses Ziel schien im Lichte von Mussolinis Veto gegen Hitlers Putsch in Österreich im Juli 1934 durchaus möglich. Es wäre auch erreicht worden, wenn Äthiopien von Italien ohne Eingreifen des Völkerbundes hätte erobert werden können. Afrika sollte, so argumentierte Mussolini, aus dem Aktionsraum des Völkerbundes ausgeschlossen werden, wie es 1919 mit Amerika (durch den Monroe-Doktrin-Zusatz zur Völkerbundsatzung) und 1931 mit Asien (durch die Unfähigkeit, gegen Japan zu handeln) geschehen war. Das hätte den Völkerbund im Sinne Mussolinis zu einer rein europäischen Organisation werden lassen.

Diese Idee wurde in Frankreich, wo die hauptsächliche, wenn nicht einzige Rolle des Völkerbundes darin gesehen wurde, Sicherheit gegenüber Deutschland zu verschaffen, mit Sympathie betrachtet. Diese Ansicht war aber für Großbritannien völlig inakzeptabel. Es wollte keine rein europäische politische Organisation und konnte wegen seiner imperialen Verpflichtungen und seiner Bevorzugung einer atlantischen Organisation (inklusive der Dominions und der Vereinigten Staaten) keiner beitreten. Deshalb beharrte Großbritannien auf Sanktionen gegen Italien. Aber die Regierung wollte niemals den Erfolg des Systems kollektiver Sicherheit. Als Folge verband sich das französische Verlangen nach überhaupt keinen Sanktionen mit dem britischen Verlangen nach ineffektiven Sanktionen zu ineffektiven Sanktionen. Weil es überhaupt Sanktionen waren, verlor Frankreich die italienische Unterstützung gegen Deutschland; weil sie ineffektiv waren, verlor Frankreich aber außerdem auch das Völkerbundssystem kollektiver Sicherheit gegen Deutschland. Damit hatte Frankreich weder das Brot noch den Kuchen. Und noch schlimmer war, dass die italienische Intervention in Afrika die italienische politische Macht aus Mitteleuropa entfernte und damit die Hauptmacht, die sich dem deutschen Eindringen nach Österreich zu widersetzen bereit war. Noch schädlicher als das aber war es, dass das Durcheinander der äthiopischen Krise Hitler Gelegenheit gab, die Wiederaufrüstung Deutschlands zu verkünden, im März 1935 wieder eine deutsche Luftwaffe einzuführen und am 7. März 1936 das Rheinland zu remilitarisieren.

Die militärische Wiederinbesitznahme des Rheinlands gegen die Bestimmungen des Versailler Vertrags und des Locarnopaktes war das wichtigste Resultat der äthiopischen Krise und das bedeutendste Ereignis der gesamten Appeasementperiode. Sie verminderte die Sicherheit Frankreichs beträchtlich und verminderte die Sicherheit von Frankreichs Alliierten im Osten Deutschlands noch beträchtlicher, weil Frankreichs Möglichkeiten, dem östlichen Europa zu Hilfe zu kommen, stark vermindert waren, wenn diese Zone wieder militärisch gesichert war. Die Remilitarisierung des Rheinlands war die entscheidende Voraussetzung für jede Bewegung Deutschlands nach Osten Richtung Österreich, Tschechoslowakei, Polen oder Sowjetunion. Dass diese Wendung nach Osten das Hauptziel von Hitlers Politik war, hatte er klar und deutlich sein ganzes politisches Leben über verkündet.

Die deutsche Widerbewaffnung war so langsam vorangegangen, dass Deutschland 1936 nur fünfundzwanzig «Papier»divisionen hatte. Die deutschen Generäle hatten schriftliche Befehle gefordert und erhalten, sich zurückzuziehen, wenn Frankreich irgendeinen Schritt in Richtung Invasion des Rheinlandes machte. Es gab keinen solchen Schritt, obwohl Deutschland weniger als 30.000 Mann in dem Gebiet hatte. Dieses Fehlen war eine Folge der Verbindung zweier Faktoren: 1) der Höhe der Ausgaben für eine französische Mobilmachung, die eine Abwertung des Franc nötig gemacht hätte zu einer Zeit, als Frankreich verzweifelt dafür arbeitete, den Wert des Franc aufrecht zu erhalten; und 2) des Widerstands Großbritanniens, das Frankreich keine militärische Aktion und auch nicht die Verhängung von Sanktionen (noch nicht einmal wirtschaftlichen) gegen Deutschland gestatten wollte und ihm auch nicht erlauben wollte, Italien (gegen das wirtschaftliche Sanktionen noch immer in Kraft waren) gegen Deutschland ins Feld zu führen, wie es der Locarnopakt vorgesehen hätte. In einer heftigen Szene am 12. März mit Flandin verwarf Neville Chamberlain Sanktionen und weigerte sich, Flandins Argument zu akzeptieren, dass «Deutschland ohne Krieg zurückweichen würde, wenn Frankreich und England eine feste Front aufrechterhalten». Chamberlains Weigerung, den Locarnopakt anzuwenden, als der Fall eintrat, war nicht einfach seine persönliche Politik oder etwas Neues. Es war seit Jahren die Politik der Konservativen Partei gewesen. Schon am 13. Juli 1934 hatte Sir Austen Chamberlain öffentlich erklärt, dass Großbritannien keine Truppen stellen würde, um die Rheinlandbestimmungen aufrecht zu erhalten, und dass es im Völkerbund sein Veto benutzen würde, um andere Locarnopaktmächte davon abzuhalten.

Die Remilitarisierung des Rheinlandes entfernte auch Belgien aus der antideutschen Einkreisung. Von der Rückkehr deutscher Truppen an seine Grenze und dem Ausbleiben der britisch-italienischen Locarnogarantie alarmiert, widerrief Belgien im Oktober 1936 sein Bündnis mit Frankreich und nahm eine Politik strikter Neutralität an. Das machte es für Frankreich unmöglich, sein Festungssystem, die Maginot-Linie, die an der französisch-deutschen Grenze entlang gebaut worden war, auf die belgisch-deutsche Grenze auszuweiten. Da Frankreich davon überzeugt war, dass Belgien in jedem zukünftigen Krieg mit Deutschland an seiner Seite stehen würde, wurde die Linie darüber hinaus auch nicht an der französisch-belgischen Grenze weitergeführt. Über diese unbefestigte Grenzlinie hinweg kam dann 1940 der deutsche Angriff auf Frankreich.

So wurden Barthous Bemühungen um die Einkreisung Deutschlands in der Zeit von 1934 bis 1936 weitgehend, wenn auch nicht vollständig, durch vier Ereignisse zerstört: 1) den Verlust Polens im Januar 1934; 2) den Verlust Italiens im Januar 1936; 3) die deutsche Wiederaufrüstung und die militärische Besetzung des Rheinlandes im März 1936 und 4) den Verlust Belgiens im Oktober 1936. Die Hauptbestandteile des Barthou-Systems, die noch übrig geblieben waren, waren das französische und das sowjetische Bündnis mit der Tschechoslowakei und dasjenige der beiden miteinander. Um diese Bündnisse zu zerstören, suchten Großbritannien und Deutschland auf parallelen Wegen danach, Frankreich und die Sowjetunion einzukreisen, um Frankreich von der Erfüllung seiner Bündnisse mit der Tschechoslowakei und der Sowjetunion abzubringen. Um diese Bündnisse erfüllen zu können, waren für Frankreich zwei Dinge unabdingbar: 1) dass Großbritannien vom ersten Moment einer französischen Aktion gegen Deutschland militärisch kooperierte und 2) dass Frankreichs militärische Sicherheit an seinen nichtdeutschen Grenzen sichergestellt war. Beide diese Unabdingbarkeiten wurden von Großbritannien in der Zeit von 1935 bis 1936 zerstört und als Folge davon, dass sich Frankreich jetzt selbst eingekreist sah, verriet es sein Bündnis mit der Tschechoslowakei, als im September 1938 der Bündnisfall kam.

Die Einkreisung Frankreichs hatte sechs Komponenten. Die erste war die britische Weigerung von 1919 bis 1939, Frankreich irgendeine Unterstützungszusage gegen Deutschland für den Fall des Inkrafttretens der französischen Bündnisse mit Osteuropa zu geben beziehungsweise irgendwelche militärischen Verpflichtungen zur Unterstützung dieser Bündnisse einzugehen. Im Gegenteil hatte Großbritannien sogar immer Frankreich seinen Widerstand gegen diese Bündnisse klargemacht. Handlungen in Erfüllung dieser Bündnisse wurden nicht durch irgendwelche Unterstützungsversprechungen gedeckt, die Großbritannien Frankreich gemacht hatte für den Fall eines deutschen Angriffs nach Westen oder durch irgendwelche militärischen Gespräche, die aus einer französisch-britischen Abwehrbemühung gegen einen solchen Angriff entstehen konnten. Diese Unterscheidung bildete den Grund für den Locarnopakt und erklärt die Weigerung Großbritanniens bis zum Sommer 1938, militärische Gespräche mit Frankreich zu führen. Die britische Haltung gegenüber Osteuropa wurde bei vielen Gelegenheiten ganz klar ausgesprochen. Beispielweise verurteilte der Außenminister Sir John Simon am 13. Juli 1934 Barthous Bemühungen um ein «Ostlocarno» und verlangte Rüstungsgleichberechtigung für Deutschland.

Die anderen fünf Komponenten der Umzingelung Frankreichs waren: 1) das englisch-deutsche Marineabkommen vom Juni 1935; 2) die Entfremdung Italiens durch die Sanktionen; 3) die Remilitarisierung des Rheinlands durch Deutschland mit britischem Stillschweigen und Zustimmung; 4) die Neutralität Belgiens und 5) die Entfremdung Spaniens. Wir haben bereits über alle diese Punkte geredet bis auf den letzten und haben die entscheidende Rolle gezeigt, die Großbritannien bei allen bis auf die Neutralisierung Belgiens gespielt hat. Zusammengenommen veränderten sie die militärische Position Frankreichs so grundlegend, dass man 1938 kaum mehr von ihm erwarten konnte, seine Bündnisverpflichtungen gegenüber der Tschechoslowakei und der Sowjetunion zu erfüllen. Das war genau das, was die britische Regierung wollte, wie aus kürzlich veröffentlichten geheimen Regierungspapieren deutlich wird.

Im Mai 1935 hätte Frankreich gegen Deutschland mit all seinen Kräften losschlagen können, denn das Rheinland war damals noch ungesichert und es gab keinen Grund, sich über die Grenzen nach Italien, Spanien oder Belgien oder über die Atlantikküste Sorgen zu machen. Ende 1938 und noch mehr 1939 war das Rheinland durch die neue deutsche Festungskette Siegfriedlinie gesichert, Teile der französischen Armee mussten an den unfreundlichen Grenzen nach Italien und Spanien und entlang der neutralen Grenze zu Belgien zurückgelassen werden und die Atlantikküste konnte ohne britische Kooperation nicht mehr gegenüber der neuen deutschen Flotte verteidigt werden. Diese Notwendigkeit für britische Kooperation auf den Meeren erwuchs aus zwei Tatsachen: a) dem englisch-deutschen Marineabkommen vom Juni 1935, das es Deutschland gestattete, seine Marine bis zu einer Höhe von 35% der britischen Marine aufzubauen, während Frankreich in der wichtigsten Kategorie der Schiffe auf 33% der britischen Kapazität beschränkt war; und b) der italienischen Besetzung der Balearen und von Teilen Spaniens nach dem Beginn des Spanischen Bürgerkriegs im Juli 1936 ließ es notwendig werden, einen großen Teil der französischen Flotte im Mittelmeer zu stationieren, um die Transportroute für Nahrungsmittel und Soldaten von Nordafrika nach Frankreich offen zu halten. Die Einzelheiten des Spanischen Bürgerkriegs werden wir im nächsten Kapitel[11] behandeln, aber hier ist es wichtig, sich klarzumachen, dass die Umschichtung der Kontrolle Spaniens von profranzösisch zu antifranzösisch ein Faktor von entscheidender Bedeutung für die Tschechoslowakei und die Sowjetunion war, um sich darüber klar zu werden, ob die Bündnisverpflichtungen Frankreichs gegenüber diesen beiden im Falle des deutschen Angriffs erfüllt werden würden.

Parallel zur Einkreisung Frankreichs gab es die Einkreisung der Sowjetunion und in geringerem Ausmaß die der Tschechoslowakei. Die Einkreisung der Sowjetunion war unter dem Namen Anti-Komintern-Pakt bekannt. Das war eine Verbindung Deutschlands und Japans gegen den Kommunismus und die Dritte Internationale. Sie wurde im November 1936 unterzeichnet und Italien trat ihr ein Jahr später bei. Manchukuo und Ungarn traten im Februar 1939 bei, während Spanien einen Monat später dazukam.

Der letzte Gegenkreis war der gegen die Tschechoslowakei. Ungarn an der südlichen Grenze der Tschechoslowakei und Deutschland an seiner nordwestlichen waren beide gegen die Tschechoslowakei als eine «künstliche» Schöpfung des Versailler Vertrags. Die deutsche Annexion Österreichs im März 1938 schloss die Lücke in der antitschechischen Einkreisung im Westen, während die aggressiven Pläne Polens nach 1932 die Einkreisung vervollständigten, bis auf die unbedeutende rumänische Grenze im äußersten Osten. Die Tschechen offerierten Polen bei drei Gelegenheiten 1932–1933 einen Vertrag und sogar ein militärisches Bündnis, wurden aber ignoriert. Stattdessen eröffnete das polnisch-deutsche Abkommen vom Januar 1934 eine Verleumdungskampagne gegen die Tschechoslowakei durch Polen, die parallel mit der ähn-

---

11 In diese Ausgabe nicht aufgenommen.

lich gearteten deutschen Kampagne bis zur polnischen Invasion der Tschechoslowakei im Oktober 1938 weiterging.

Von diesen drei Gegenkreisen gegen Barthous Bemühungen zur Einkreisung Deutschlands war die Einkreisung Frankreichs der bei weitem wichtigste, der die beiden anderen erst möglich machte. Bei dieser Einkreisung Frankreichs war der bedeutendste Umstand, ohne den sie niemals möglich gewesen wäre, die Ermutigung dieser Einkreisung durch Großbritannien. Deshalb müssen wir etwas über die Motive Großbritanniens und die französische Reaktion darauf sagen.

Träger und Motive der britischen Appeasementpolitik

Jede Analyse der britischen Motive 1938–1939 ist unvermeidlich schwierig, weil verschiedene Menschen verschiedene Motive hatten, weil die Motive sich im Laufe der Zeit änderten, weil die Motive der Regierung eindeutig nicht die gleichen waren wie die des Volks und weil in keinem Land Geheimhaltung und Anonymität so weit getrieben beziehungsweise so weit gewahrt wurden wie in Großbritannien. Im Allgemeinen werden die Motive vager und weniger geheim, je weiter wir uns von den innersten Regierungszirkeln nach außen wenden. Wir können vier Blickweisen wie die Schalen einer Zwiebel voneinander unterscheiden: 1) die Antibolschewisten im Zentrum, 2) die Unterstützer einer «Drei-Blöcke-Welt» nahe beim Zentrum, 3) die Anhänger eines Appeasements und 4) die «Frieden-um-jeden-Preis»-Fraktion in einer peripherischen Position. Die «Antibolschewisten» waren ebenfalls antifranzösisch und waren von 1919 bis 1926 von großer Bedeutung. Danach gingen sie auf die Stellung einer Gruppe verrückter Außenseiter zurück, gewannen aber erneut nach 1934 an Zahl und Einfluss, bis sie 1939 die wirkliche Politik der Regierung beherrschten. In der früheren Zeit waren die entscheidenden Figuren dieser Gruppe Lord Curzon, Lord d'Abernon und General Smuts. Sie taten alles ihnen Mögliche, um die Reparationsregelungen zunichte zu machen, die deutsche Wiederaufrüstung zu erlauben und um das niederzureißen, was sie «französischen Militarismus» nannten.

Dieser Blickwinkel wurde durch die zweite Gruppe unterstützt, die damals als Round-Table-Gruppe bekannt war und später nicht ganz zutreffend nach dem Landsitz von Lord und Lady Astor Cliveden Set genannt wurde. Zu ihr gehörten Lord Milner, Leopold Amery und Edward Grigg (Lord Altrincham) ebenso wie Lord Lothian, Smuts, Lord Astor, Lord Brand (Schwager von Lady Astor und geschäftsführender Direktor der internationalen Bank Lazard Brothers), Lionel Curtis, Geoffrey Dawson (Herausgeber der *Times*) und ihre Freunde. Diese Gruppe hatte großen Einfluss, weil sie den Rhodes Trust kontrollierte, den Beit Trust, *The Times* aus London, *The Observer*, das einflussreiche und vollständig anonyme vierteljährliche Magazin, das als *The Round Table* bekannt war (gegründet 1910 mit Geld, das von Sir Abe Bailey und dem Rhodes Trust stammte, und mit Lothian als Herausgeber). Sie beherrschte das Royal Institute of International Affairs, genannt «Chatham House» (dessen finanzielle Hauptunterstützer Sir Abe Bailey und die Astors waren, während der eigentliche Gründer Lionel Curtis war), den Carnegie United Kingdom Trust und All Souls College, Oxford. Diese Round-Table-Gruppe bildete den Kern der Vertreter einer Drei-Blöcke-Welt. Sie unterschieden sich von den Antibolschewisten wie d´Abernon darin, dass sie die Sowjetunion zwischen einem deutsch beherrschten Europa und einem Block der englisch sprechenden Völker eher in Schach halten als zerstören wollten, wie es die Antibolschewisten taten. Die Beziehungen zwischen den beiden Gruppen waren sehr eng und freundschaftlich und manche Leute wie Smuts gehörten sogar beiden an.

Die Antibolschewisten, zu denen d´Abernon, Smuts, Sir John Simon und H.A.L. Fisher (Warden von All Souls College) gehörten, waren bereit, alles zu tun, um Frankreich herabzudrücken und Deutschland aufzubauen. Man kann ihre Sichtweise an vielen Orten finden und am alleremphatischsten in einem Brief vom 11. August 1920 von d´Abernon an Sir Maurice (später Lord) Hankey, einen Protegé Lord Eshers, der in der Zwischenkriegszeit als Kabinettssekretär und als Sekretär von fast jeder internationalen Konferenz über die Reparationen von Genua (1922) bis Lausanne (1932) großen Einfluss hatte. D´Abernon trat darin für ein geheimes Bündnis Großbritanniens «mit den militärischen Führern Deutschlands zur Kooperation gegen die Sowjetunion» ein. Als Botschafter Großbritanniens in Berlin von 1920 bis 1926 verfolgte d´Abernon diese Politik und blockierte (laut dem Mitglied der Kommission Brigadier J.H. Morgan) alle Bemühungen der Entwaffnungskommission, Deutschland zu entwaffnen oder auch nur Inspektionen durchzuführen.

Die Sichtweise dieser Gruppe wurde auch von General Smuts in einer Rede am 23. Oktober 1923 (nach einem Lunch mit H.A.L. Fisher) vorgetragen. Von diesen beiden Gruppen kamen der Dawes-Plan und der Locarnopakt. Laut Stresemann war es Smuts gewesen, der die Locarnopolitik zuerst vorgeschlagen hatte, und es war d´Abernon, der zu ihrem wichtigsten Unterstützer wurde. H.A.L Fisher und John Simon im Unterhaus sowie Lothian, Dawson und ihre Freunde in *The Round Table* und *The Times* präparierten die britische Regierungsklasse bereits 1923 sowohl für den Dawes-Plan als auch für Locarno (*The Round Table* im März 1923; die Reden von Fisher und Simon im Unterhaus am 19. Februar 1923, Fishers Rede am 6. März, Simons Rede am 13. März im Unterhaus, *The Round Table* im Juni 1923; und Smuts' Rede am 23. Oktober 1923).

Die gemäßigtere Round-Table-Gruppe, zu der Lionel Curtis, Leopold Amery (der Schatten von Lord Milner), Lord Lothian, Lord Brand und Lord Astor gehörten, trachtete danach, den Völkerbund zu schwächen und alle Möglichkeiten kollektiver Sicherheit zu zerstören, und zwar einerseits, um Deutschland gegenüber Frankreich und der Sowjetunion stark zu machen, aber vor allem, um Großbritannien von Europa zu befreien, um dann einen «Atlantischen Block» aus Großbritannien, den Britischen Dominions und den Vereinten Staaten aufzubauen. Sie präparierte die Szene für diese «Union» mithilfe einer Reihe von Einrichtungen: der Rhodes-Stipendienorganisation (deren Vorsitzender von 1905 bis 1925 Lord Milner und deren Sekretär von 1925 bis 1940

Lord Lothian war), durch die Round-Table-Gruppen (die in den Vereinigten Staaten, Indien und den britischen Dominions 1910–1917 entstanden waren), durch die Chatham-House-Organisation, die königliche Institute für internationale Angelegenheiten in allen Dominions und einen Rat für auswärtige Beziehungen (Council on Foreign Relations) in New York gründete, ebenso wie durch inoffizielle Konferenzen über Commonwealthbeziehungen, die unregelmäßig abgehalten wurden, und durch die Institute für pazifische Beziehungen (Institutes of Pacific Relations), die in mehreren Ländern als autonome Zweigorganisationen der Institute für internationale Angelegenheiten gegründet wurden. Diese einflussreiche Gruppe versuchte den Völkerbund von einem Instrument kollektiver Sicherheit zu einem internationalen Konferenzzentrum für «nichtpolitische» Fragen, wie Drogenkontrolle oder internationale Postdienste, umzufunktionieren. Sie wollte Deutschland als einen Puffer gegen die Sowjetunion und als Gegengewicht zu Frankreich wiederaufbauen und wollte einen atlantischen Block aus Großbritannien, den Dominions, den Vereinigten Staaten und, wenn möglich, auch Skandinavien errichten.

Ein Ausfluss dieser Gruppe war das Projekt, das «Vereinigung jetzt» («Union Now») und später «Vereinigung jetzt mit Großbritannien» hieß und das in den Vereinigten Staaten 1938–1945 für Lord Lothian und den Rhodes Trust von Clarence Streit propagiert wurde. Schließlich kam der innere Zirkel dieser Gruppe zu seiner Idee einer «Drei-Blöcke-Welt». Man glaubte, dass dieses System Deutschland (nach der Einverleibung Europas) zwingen könnte, Frieden zu halten, weil es zwischen dem Atlantischen Block und der Sowjetunion eingezwängt wäre, während die Sowjetunion zum Frieden gezwungen werden könnte, weil sie zwischen Japan und Deutschland eingezwängt wäre. Dieser Plan konnte nur dann gelingen, wenn man es schaffte, Deutschland und die Sowjetunion miteinander in Kontakt zu bringen, indem Österreich, die Tschechoslowakei und der polnische Korridor Deutschland zum Opfer gebracht wurden. Das wurde von Frühjahr 1937 bis Ende 1939 (oder sogar Anfang 1940) das Ziel sowohl der Antibolschewiken als auch der Drei-Blöcke-Leute. Sie kamen 1939–1940 miteinander in Konflikt, wobei die Drei-Blöcke-Leute wie Amery, Lord Halifax und Lord Lothian zunehmend antideutsch wurden, während der antibolschewistische Klüngel um Chamberlain, Horace Wilson und John Simon eine Politik betrieb, die einen erklärten, aber nicht geführten Krieg gegen Deutschland mit einem nicht erklärten, aber geführten Krieg gegen die Sowjetunion zu verbinden versuchte. Die Spaltung zwischen den beiden Gruppen wurde für die Öffentlichkeit sichtbar und führte zum Sturz Chamberlains, als Amery über den Saal des Unterhauses hinweg Chamberlain am 10. Mai 1940 zurief: «In Gottes Namen, gehen Sie!»

Außerhalb dieser Gruppen und sehr viel zahlreicher (aber auch sehr viel weiter entfernt von den wirklichen Instrumenten der Regierung) waren die Appeaser und die «Frieden-um-jeden-Preis»-Leute. Diese beiden wurden von den zwei inneren Gruppen dazu benutzt, öffentliche Unterstützung für ihre eigentlich ganz andere Politik zu mobilisieren. Von den beiden waren die Appeaser sehr viel wichtiger als die «Frieden-um-jeden-Preis»-Leute. Die

Appeaser schluckten die beständige Propaganda (die zum großen Teil von Chatham House, der *Times*, den Round-Table-Gruppen oder den Rhodes-Zirkeln ausging), dass die Deutschen 1919 getäuscht und gewalttätig misshandelt worden waren. Zum Beispiel war es der Druck von sieben Menschen, zu denen General Smuts und H.A.L. Fisher wie auch Lord Milner selbst gehörten, der Lloyd George am 2. Juni 1919 seine verspätete Forderung erheben ließ, dass die deutschen Reparationen reduziert und die Besetzung des Rheinlands von fünfzehn auf zwei Jahre herabgesetzt werden sollte. Das Memorandum, aus dem Lloyd George diese Forderungen ablas, stammte offensichtlich von Philipp Kerr (Lord Lothian), während die Notizen des Rates der Vier, aus deren Bericht diese Forderung überliefert ist, von Sir Maurice Hankey (als Sekretär des Obersten Rates, eine Stelle, die er durch Lord Esher erhalten hatte) geführt wurden. Es war Kerr (Lothian), der das britische Mitglied des Fünferkomitees war, das die Antworten auf die deutschen Proteste vom Mai 1919 entwarf. General Smuts weigerte sich noch am 23. Juni 1919, den Vertrag zu unterzeichnen, weil er zu hart sei.

Als Folge dieser und einer Breitseite ähnlicher Angriffe, die Jahr um Jahr weitergingen, nahm die britische öffentliche Meinung ein Schuldbewusstsein bezüglich des Versailler Vertrages an und war 1930 nicht mehr bereit, irgendwelche Schritte zu unternehmen, um seine Erfüllung zu erzwingen. Um diese Empfindung herum, die der britischen Idee von einem sportlichen Verhalten der Fairness gegenüber einem geschlagenen Gegner so viel verdankte, war die Appeasementbewegung aufgebaut. Diese Bewegung basierte auf zwei grundlegenden Annahmen: a) dass Großbritanniens Verhalten gegenüber Deutschland 1919 wiedergutgemacht werden müsste und b) dass Deutschland friedfertig werden würde, wenn seine wichtigsten Forderungen wie Rüstungsgleichberechtigung, Remilitarisierung des Rheinlandes und vielleicht noch Zusammenschluss mit Österreich erfüllt würden. Die Problematik dieser Argumentation lag darin, dass es sehr schwer sein musste, Deutschland davon abzuhalten, weiter zu gehen (beispielsweise dahin, sich das Sudentenland einzuverleiben und den polnischen Korridor), wenn es einmal so weit gekommen war. Als das im März 1938 geschehen war, gingen dementsprechend viele Appeaser zu der antibolschewistischen oder der «Drei-Blöcke»-Sichtweise über und manche gingen sogar ins «Frieden-um-jeden-Preis»-Lager. Es ist gut möglich, dass Chamberlain, Sir John Simon und Sir Samuel Hoare auf diesem Weg von den Appeasern zum Antibolschewismus übergingen. Jedenfalls waren 1939 nur noch sehr wenige einflussreiche Leute in dem Sinne in der Appeasementgruppe, dass sie daran glaubten, dass Deutschland jemals zufriedengestellt wäre. Als das einmal klar war, schien es vielen die einzige Lösung, Deutschland in Kontakt oder sogar in einen Zusammenstoß mit der Sowjetunion zu bringen.

Die «Frieden-um-jeden-Preis»-Leute waren in Großbritannien nur wenige und ihnen fehlte Einfluss – während in Frankreich das Gegenteil der Fall war, wie wir sehen werden. Aber in der Zeit von August 1935 bis März 1939 und besonders im September 1938 benutzte die Regierung die Ängste dieser

Gruppe, indem sie beständig die bewaffnete Macht Deutschlands übertrieb und die eigene verkleinerte. Zu diesem Zweck verbreitete sie kalkulierte Indiskretionen (wie die Verlautbarung im September 1938, dass es in London keine wirklichen Luftabwehrkräfte gebe), durch ein beständiges Spiel mit der Gefahr eines überwältigenden Luftangriffs ohne vorherige Warnung, indem sie demonstrative, aber weitgehend nutzlose Gräben gegen Luftangriffe in den Straßen und Parks von London ausheben ließ und indem sie tägliche Warnungen ausgab, dass jedermann sofort mit einer Gasmaske ausgestattet sein müsste (obwohl die Gefahr eines Gasangriffs praktisch Null war).

Auf dieser Art versetzte die Regierung London zum ersten Mal seit 1804 oder sogar 1678 in Panik. Mithilfe dieser Panik brachte Chamberlain das britische Volk dazu, die Zerstörung der Tschechoslowakei zu akzeptieren. Er wickelte das in ein Stück Papier ein, das er «Friede für unsere Zeit» nannte und das er von Hitler erlangt hatte, um es, wie er diesem ruchlosen Diktator anvertraute «der britischen öffentlichen Meinung» vorlegen zu können. Als diese Panik einmal vorbei war, wurde es für Chamberlain unmöglich, die britische Öffentlichkeit dazu zu bringen, seinem Programm zu folgen, obwohl er selbst niemals, auch nicht 1940, schwankend wurde. Er arbeitete mithilfe der Appeaser und der «Frieden-um-jeden-Preis»-Gruppe das ganze Jahr 1939 über, aber die Anzahl ihrer Anhänger schwand rapide. Da er nicht offen um Unterstützung für entweder das antibolschewistische oder das «Drei-Blöcke»-Programm nachsuchen konnte, musste er den gefährlichen Kurs steuern, Widerstand vorzutäuschen (um die britische Öffentlichkeit zufriedenzustellen), während er in Wirklichkeit Hitler jede mögliche Konzession machte, die Deutschland eine gemeinsame Grenze mit der Sowjetunion verschaffen würde. Er verwendete alle Druckmittel, um Polen zu Verhandlungen zu zwingen und Deutschland davon abzuhalten, Gewalt zu gebrauchen. Er wollte Zeit gewinnen, um Polen in Stücke zu reißen und um die Notwendigkeit zu vermeiden, seine Vortäuschung von Widerstand gegen Deutschland durch irgendwelche Handlungen beweisen zu müssen. Diese Politik ging in der Zeit vom August 1939 bis zum April 1940 komplett in die Irre.

Chamberlains Motive waren keine schlechten; er wollte den Frieden, damit er die «begrenzten Ressourcen» Großbritanniens für das Sozialsystem verwenden konnte; aber er war engstirnig und ignorant gegenüber den Realitäten der Machtverhältnisse. Er war überzeugt, dass man die internationale Politik ebenso wie das Geschäftsleben mit Geheimabmachungen führen könnte, und er kannte beim Ausführen seiner Ziele kaum Skrupel, besonders nicht, wenn es darum ging, nichtenglische Menschen zu opfern, die in seinen Augen nicht zählten.

In der Zwischenzeit waren sowohl Volk als auch Regierung in Frankreich viel demoralisierter als in England. Die Politik der Rechten, die sogar im Angesicht britischen Missfallens militärische Gewalt gegen Deutschland angewandt hätte, endete 1924. Als Barthou, der 1924 eine der wichtigsten Figuren gewesen war, sie 1934 wiederzubeleben versuchte, war das etwas Neues und er musste nebenher den britischen Bemühungen, seine Einkreisungspolitik gegenüber Deutschland in einen Viermächtepakt umzuwandeln (von Großbritannien, Frankreich, Italien und Deutschland), beständig wenigstens rhetorische Unterstützung zollen. Dieser Viermächtepakt war das ultimative Ziel der antibolschewistischen Gruppe in England. Es war eigentlich ein Versuch, eine vereinigte europäische Front gegen die Sowjetunion zustande zu bringen, und wäre, in den Augen dieser Gruppe, ein Eckstein gewesen, um die Einkreisung Frankreichs (die die britische Antwort auf Barthous Einkreisung Deutschlands war) und den Anti-Komintern-Pakt (der die deutsche Antwort auf dasselbe Projekt war) in einem System zu vereinigen.

Der Viermächtepakt trug seine Früchte auf der Münchner Konferenz vom September 1938, als diese vier Mächte die Tschechoslowakei zerschlugen, ohne deren Verbündeten, die Sowjetunion, zu konsultieren. Aber die Verachtung der Diktatoren für Großbritannien und Frankreich als dekadente Demokratien hatte zu dieser Zeit schon solche Höhen erreicht, dass die Diktatoren nicht mehr länger auch nur jenes Minimum an Respekt aufbrachten, ohne das der Viermächtepakt nicht funktionieren konnte. Als Folge dessen wies Hitler 1939 alle verzweifelten Versuche Chamberlains zur Wiederaufrichtung des Viermächtepakts ebenso verächtlich zurück wie seine genauso verzweifelten und noch geheimeren Bemühungen, Hitlers Aufmerksamkeit zu erregen, indem er ihm Kolonien in Afrika und wirtschaftliche Unterstützung in Osteuropa anbot.

Als Folge des Fehlschlags der Politik der französischen Rechten gegen Deutschland 1924 und des Fehlschlags der «Erfüllungspolitik» der französischen Linken 1929–1930 stand Frankreich danach ohne politische Strategie da. Die französische Armee war überzeugt davon, dass die Sicherheit Frankreichs auf der Unterstützung durch Armee und Flotte der Briten schon vor Beginn der Kampfhandlungen beruhte (um eine deutsche Besetzung der reichsten Regionen Frankreichs zu verhindern, wie es 1914–1918 geschehen war), war niedergeschlagen durch das zunehmende Ungleich- und Übergewicht der deutschen über die französische Bevölkerungszahl und war tief durchsetzt von Pazifismus und Kriegsmüdigkeit. Das führte dazu, dass sie unter dem Einfluss Pétains eine rein defensive Strategie ausarbeitete und Defensivtaktiken ausbildete, um das zu unterstützen.

Trotz der Agitation Charles de Gaulles (der damals Oberst war) und seines parlamentarischen Sprechers Paul Reynaud für den Aufbau einer motorisierten Einheit als einer Offensivwaffe, baute Frankreich einen großen, rein defensiven Befestigungswall von Montmédy bis an die Schweizer Grenze und richtete die Ausbildung einer großen Anzahl seiner taktischen Einheiten auf rein defensive Aufgaben hinter dieser Befestigungslinie aus. Viele sahen, dass die Defensivtaktik dieser Maginot-Linie nicht mit Frankreichs Verpflichtungen gegenüber seinen Verbündeten in Osteuropa übereinstimmte, aber verschiedene Einflüsse paralysierten die Bemühungen, Frankreichs strategische Pläne und seine politischen Verpflichtungen in einen stimmigen Zusammenhang zu bringen: dazu gehörten die innenpolitischen

Parteikämpfe, der britische Druck, der auf eine rein westeuropäische Politik hinzielte, und die allgemeine intellektuelle Konfusion und Erschöpfung aufgrund der Krise.

Es war die rein defensive Natur dieser strategischen Planungen in Verbindung mit Chamberlains Veto gegen Sanktionen, die Flandin davon abhielten, zur Zeit der Remilitarisierung des Rheinlands im März 1936 gegen Deutschland vorzugehen. 1938 und 1939 hatten sich die von diesen Einflüssen ausgehende Demoralisierung und Panik so weit in der französischen Gesellschaft ausgebreitet, dass es als einziges noch für Frankreich mögliches Verhalten erschien, im Westen in einer rein defensiven Politik mit Großbritannien zusammenzuarbeiten und sich hinter die Maginot-Linie zu verschanzen, während man Hitler freie Hand im Osten ließ. Die Schritte, die Frankreich schließlich zu diesem Schicksal führten, sind deutlich: sie werden bezeichnet durch das englisch-deutsche Flottenabkommen vom Juni 1935; die äthiopische Krise vom September 1935; die Remilitarisierung des Rheinlands im März 1936; die Neutralisierung Belgiens 1936; den Spanischen Bürgerkrieg 1936– 1939; die Zerstörung Österreichs im März 1938 und die Krise um die Tschechoslowakei, die schließlich im September 1938 nach München führte. In diesen Schritten müssen wir unsere Erzählung fortsetzen.

Austria infelix (1933–1938)

Die innere Entwicklung Österreichs (1919–1936)

Das Österreich, das nach dem Vertrag von Saint-Germain übrig blieb, war wirtschaftlich so schwach, dass es nur durch die finanzielle Hilfe des Völkerbunds und der westlichen demokratischen Länder überhaupt am Leben gehalten wurde. Sein Bevölkerungsgebiet war so weit verkleinert worden, dass wenig mehr übrig blieb als die Großstadt Wien, umgeben von einem großen, aber inadäquaten Vorstadtgebiet. In einem Land, dessen Bevölkerungszahl von 52 auf 6,6 Mio. reduziert worden war, war die Stadt mit einer Bevölkerung von zwei Millionen, die vormals das Zentrum eines großen Reichs gewesen war, jetzt eine schwere Last auf einem Gebiet von der Größe eines kleinen Fürstentums. Darüber hinaus trennte der wirtschaftliche Nationalismus der Habsburger-Nachfolgestaaten wie der Tschechoslowakei dieses Gebiet von der unteren Donau und dem Balkan ab, von wo vor dem Krieg seine Nahrungsmittelversorgung gekommen war.

Und, was noch erschwerend hinzukam, die Stadt und das sie umgebende Land waren sich in ihrer Sicht auf jedes politische, soziale und ideologische Thema entgegengesetzt. Die Stadt war sozialistisch, demokratisch, antiklerikal wenn nicht sogar antireligiös, pazifistisch und fortschrittlich in der Bedeutung des Wortes «Fortschritt» im Sinne des 19. Jahrhunderts; das Land dagegen war katholisch, wenn nicht sogar klerikal, ignorant, intolerant, kriegsfreudig und rückwärtsgewandt.

Jeder der geographischen Bereiche hatte seine eigene Partei, die Christlichsozialen herrschten im Land und die Sozialdemokraten in der Stadt. Die Gewichte zwischen ihnen waren so gleichmäßig verteilt, dass in keiner der Wahlen zwischen 1919 und 1930 die Stimmen, die für eine der beiden Parteien abgegeben wurden, unter 35% der Gesamtstimmen fielen oder über 49% stiegen. Das bedeutete, dass die entscheidende Macht im Parlament unbedeutenden Parteien wie den Großdeutschen oder dem Landbund zufiel. Da diese kleineren Gruppen seit 1920 ihr Schicksal mit den Christlichsozialen verbanden, wurde die Divergenz zwischen Stadt und Land ausgeweitet in eine zwischen der Regierung der Hauptstadt (beherrscht von den Sozialdemokraten) und derjenigen des Bundes (beherrscht von den Christlichsozialen).

Die Sozialdemokraten waren zwar radikal und marxistisch in ihren Reden, aber sehr demokratisch und gemäßigt in ihren Taten. Als sie von 1918 bis 1920 das gesamte Land beherrschten, gelang es ihnen, den Friedensvertrag abzuschließen, die Bedrohung durch den Bolschewismus aus Ungarn im Osten und aus Bayern im Norden zu eliminieren, eine funktionierende demokratische Verfassung in Kraft zu setzen, die den einzelnen Bundesländern (früher Kronländer) eine beträchtliche Autonomie zugestand und dem Land einen guten Schub in Richtung eines typischen 20.-Jahrhundert-Wohlfahrtsstaates zu geben. Man kann ihren Erfolg daran ermessen, dass es den Kommunisten nach 1919 niemals gelang, Fuß zu fassen oder einen Abgeordneten ins Parlament zu bringen. Andererseits schafften es die Sozialdemokraten nicht, ihren Wunsch nach der Vereinigung mit Deutschland (die *Anschluss* genannt wurde) mit der Abhängigkeit von der finanziellen Hilfe der Ententemächte, die dem feindlich gegenüberstanden, zu versöhnen.

Eine Vereinbarung zwischen den Großdeutschen und den Christlichsozialen, den Anschluss zurückzustellen und sich dafür darauf zu konzentrieren, Finanzhilfen von der siegreichen Entente zu erlangen, machte es im Juni 1921 möglich, das Koalitionskabinett Michael Mayrs zu stürzen und durch eine Allianz von Großdeutschen und Christlichsozialen unter dem Großdeutschen Johann Schober zu ersetzen. Im Mai 1922 wurde diese Allianz umgedreht, als der Führer der Christlichsozialen, Monsignore Ignaz Seipel, ein katholischer Priester, Kanzler wurde. Seipel dominierte die österreichische Bundesregierung bis zu seinem Tod im August 1932 und seine Politik wurde von seinen Schülern Dollfuß und Schuschnigg fortgesetzt. Seipel schaffte es, den finanziellen Wiederaufbau bis zu einem gewissen Grad zu bewerkstelligen, indem er den Siegermächten von 1918 internationale Anleihen abpresste. Er erreichte das trotz Österreichs geringer Kreditfähigkeit, indem er betonte, dass er unfähig wäre, den Anschluss zu verhindern, wenn Österreich in ein Stadium des finanziellen Zusammenbruchs eintreten würde.

In der Zwischenzeit begannen die Sozialdemokraten, die die Stadt und das Bundesland Wien kontrollierten, ein erstaunliches soziales Wohlfahrtsprogramm zu verwirklichen. Das alte System indirekter Steuern in der Monarchie wurde durch ein System direkter Steuern abgelöst, das die Gutsituierten stark belastete. Durch eine ehrliche und effiziente Verwaltung und einen ausgeglichenen Haushalt wurden die Lebensumstände der Armen stark verbessert. Das war besonders bemerkenswert im Bereich der Wohnumstände. Diese waren vor 1914 miserabel gewesen. Ein Zensus von 1917 zeigte, dass damals 73% aller Appartements nur ein Zimmer hatten (wobei über 90% der Arbeiterwohnungen zu dieser Kategorie gehörten) und von diesen wiederum 92% keine Waschgelegenheit hatten, 95% kein fließendes Wasser und 77% keine Elektrizität und kein Gas; viele hatten keinen Luftaustausch mit außen. Obwohl dieser eine Raum durchschnittlich kleiner als 4 auf 5 Meter war, hatten 17% noch einen Untermieter, mit dem sie meistens das Bett teilten. Als Folge des Wohnungsmangels waren Krankheiten (besonders Tuberkulose) und Kriminalität weit verbreitet und die Grundstückspreise stiegen um über 2.500% in den 15 Jahren von 1885 bis 1900. Diese wirtschaftlichen Umstände waren von einem extrem undemokratischen politischen System aufrechterhalten worden, in dem nur 83.000 Menschen aufgrund ihres Vermögens Stimmrecht besaßen und die 5.500 Reichsten ein Drittel aller Sitze im Stadtrat besetzen konnten.

Auf diese Situation trafen die Sozialdemokraten 1918. Bis 1933 bauten sie fast 60.000 Wohngelegenheiten, davon die meisten in großen Wohnanlagen. Diese Wohnungen waren mit Holzböden, Fenstern nach außen, Gas, Elektrizität und Waschgelegenheiten ausgestattet. Bei diesen großen Wohnanlagen wurde mehr als die Hälfte des Grundstücks unbebaut gelassen und diente als Fläche für Parks, Spielplätze, zentrale Wäschereien, Kindergärten, Bibliotheken, Kliniken, Postämter und andere Dienstleistungen. Eines der größten dieser Gebäude, der Karl-Marx-Hof, hatte nur 18% seines Grundstücks überbaut, hatte aber trotzdem 1.400 Wohnungen mit 5.000 Bewohnern. Die Wohnungen wurden so geschickt gebaut, dass die durchschnittlichen Baukosten nur etwa 1.650 Dollar pro Wohnung betrugen; da auf die Miete nur die laufenden Kosten, nicht aber die Baukosten angerechnet wurden, betrug die durchschnittliche Miete weniger als 2 Dollar pro Monat. Auf diese Weise mussten die Armen Wiens nur einen geringen Teil ihres Einkommens für Wohnung ausgeben. Es waren weniger als 3%, verglichen mit 25% in Berlin und etwa 20% in Wien vor dem Krieg. Zusätzlich wurden alle Arten freier oder billiger medizinischer Versorgung, zahnmedizinische Versorgung, Erziehung, Bibliotheken, Vergnügungen, Sportstätten, Schulverpflegung und Mutterschaftspflege von der Stadt zur Verfügung gestellt.

Während das in Wien vor sich ging, versank die Bundesregierung aus Christlichsozialen und Großdeutschen tiefer im Sumpf der Korruption. Die Verteilung öffentlicher Gelder an solche Banken und Industriefirmen, die Unterstützern von Seipel gehörten, wurde trotz der Versuche der Regierung, die Fakten zu verschleiern, durch parlamentarische Untersuchungen offengelegt. Als die Regierung sich mit einer Untersuchung der Finanzen der Stadt Wien rächen wollte, musste sie notgedrungen berichten, dass die in tadelloser Ordnung waren. All das führte dazu, dass das Ansehen der Sozialdemokraten trotz ihrer materialistischen und antireligiösen Ausrichtung in ganz Österreich zunahm. Das kann man daran sehen, dass die sozialdemokratischen Wahlergebnisse ständig besser wurden. Der Stimmenanteil vergrößerte sich von 35% der gesamten Stimmen 1920 auf 39,6% 1923 bis auf 42% 1927. Zur gleichen Zeit fiel die Zahl der Sitze der Christlichsozialen im Parlament von 85 (1920) auf 82 1923, auf 73 im Jahr 1927 und auf 66 1930.

1927 formierte Monsignore Seipel eine «Einheitsliste» aller antisozialistischen Gruppen, die er erreichen konnte, konnte aber damit den Trend nicht aufhalten. Die Wahl gab seiner Partei noch 73 Stimmen, die den 71 der Sozialdemokraten gegenüberstanden. Zusätzlich hatten die Großdeutschen 12 Sitze und der Landbund 9. In dieser Situation verschrieb sich Seipel einem sehr gefährlichen Projekt. Er versuchte, die österreichische Verfassung in Richtung einer Präsidialdiktatur zu verändern, und sah darin den ersten Schritt zu einer Restauration der Habsburger innerhalb eines korporativen faschistischen Staats. Weil eine solche Verfassungsänderung eine Zweidrittelmehrheit in einem Parlament erforderte, in dem 43% der Sitze von der sozialdemokratischen Opposition gehalten wurden, trachtete Monsignore Seipel danach, diese Opposition zu brechen, indem er den Aufbau einer bewaffneten reaktionären Miliz, der Heimwehr, förderte. Dieses Projekt schlug 1929 endgültig fehl, als Seipels Verfassungsänderungen im Parlament weitgehend zurückgewiesen wurden. Als Folge davon wurde es notwendig, zu illegalen Methoden Zuflucht zu nehmen, was dann Seipels Nachfolger Engelbert Dollfuß 1932–1934 tat.

Die Heimwehr tauchte erstmals 1918–1919 als Banden bewaffneter Bauern und Soldaten auf, die an den Rändern des österreichischen Territoriums Widerstand gegen den Einfall von Italienern, Südslawen und Bolschewiken leisteten. Nachdem diese Gefahr vorbei war, setzte sie ihre Existenz als eine lose Organisation bewaffneter reaktionärer Gruppen fort, die von den gleichen Gruppen in der deutschen Armee finanziert wurden, die zur gleichen Zeit (1919–1924) auch die Nazis in Bayern finanzierten. Später wurden diese Banden von Industriellen und Bankiers als Waffe gegen die Gewerkschaften weiterfinanziert und nach 1927 von Mussolini als Teil seiner revisionistischen Pläne im Donauraum. Zunächst waren diese Heimwehreinheiten ziemlich selbständig und hatten in den verschiedenen Provinzen jeweils ihre eigenen Führer. Nach 1927 bewegten sie sich stärker aufeinander zu, obwohl die Rivalität zwischen den verschiedenen Führern hart blieb. Diese Anführer waren Mitglieder der Christlichsozialen oder der Großdeutschen Partei und hatten manchmal auch Sympathien für die Habsburger. Die Anführer waren Anton Rintelen und Walter Pfrimer in der Steiermark, Richard Steidle in Tirol, Prinz Ernst Rüdiger von Starhemberg in Oberösterreich und Emil Fey in Wien. Als die Bewegung sich schließlich vereinheitlichte, wurde ihr «Generalstabschef» Waldemar Pabst, ein Massenmörder, der auf der Flucht vor der deutschen Justiz war und der in Deutschland in eine Reihe politischer Morde verwickelt war, die in den Jahren 1919–1923 von den Nationalisten angeordnet worden waren.

Diese Organisationen führten ganz offen ihre militärische Ausbildung durch, machten wöchentlich Provokationsmärsche durch die städtischen Industriezonen, erklärten offen ihre Entschlossenheit zur Zerstörung der Demokratie, der Gewerkschaften und der Sozialisten und zur Änderung der Verfassung durch Gewalt und attackierten und töteten ihre Kritiker.

Seipels Bemühungen zur Änderung der Verfassung mittels Druck durch die Heimwehren auf die Sozialdemokraten schlug 1929 fehl, obwohl er es immerhin schaffte, die Machtbefugnisse des christlichdemokratischen Präsidenten Wilhelm Miklas etwas auszuweiten. Zur gleichen Zeit wies Seipel ein Angebot der Sozialdemokraten zurück, sowohl die Heimwehr als auch die sozialdemokratische Milizorganisation, den *Schutzbund*, zu entwaffnen und aufzulösen.

Seipels Taktik entfremdete ihm die Unterstützung der Großdeutschen und der bäuerlichen Liga, so dass seine Partei danach keine Mehrheit mehr im Parlament hatte. Die Regierung trat im September 1930 zurück. Indem er sich die neuen Verfassungsänderungen zunutze machte, die im Jahr zuvor verabschiedet worden waren, bildete Seipel ein «Präsidialkabinett», eine Minderheitenregierung von Christlichsozialen und Heimwehr. Zum ersten Mal erhielt damit diese letztere Gruppe Sitze im Kabinett und darunter gleich die bedrohlichsten, weil Starhemberg Innenminister (und damit die Polizei kontrollierte) und Franz Hüber, ein anderer Heimwehr-Anführer, Justizminister wurde. Das geschah, obwohl die Heimwehr unmittelbar zuvor in ihrer Organisation einen Eid eingeführt hatte, der ihre Mitglieder verpflichtete, die parlamentarische Demokratie zugunsten eines Ein-Parteien-«Führerstaates» zurückzuweisen. Von diesem Zeitpunkt an wurde die Verfassung ständig von den Christlichsozialen verletzt.

Neue Wahlen wurden auf den November 1930 angesetzt. Starhemberg versprach Pfrimer, einen Putsch zur Verhinderung der Wahlen durchzuführen, und verkündete öffentlich: «Jetzt sind wir hier und wir werden nicht wieder zurückweichen, ganz egal, wie das Ergebnis der Wahlen sein wird.» Kanzler Karl Vaugoin andererseits war überzeugt davon, dass seine Seite die Wahlen gewinnen würde, und legte dementsprechend sein Veto gegen den Putsch ein. Justizminister Hüber konfiszierte während des Wahlkampfs die Unterlagen der Großdeutschen, des Landbundes und von dissidenten Christlichsozialen ebenso wie die der Sozialdemokraten, mit der Begründung, dass es sich um «Bolschewisten» handle. In dieser Verwirrung einander überschneidender Zielsetzungen fand die letzte Wahl in Österreich vor dem Krieg statt. Die Christlichsozialen verloren 7 Sitze, während die Sozialdemokraten 1 hinzugewannen. Die Ersteren hatten jetzt 66, die Letzteren 72, die Heimwehr 8 und der Block aus Großdeutschen und Landbund 19. Die Minderheitenregierung Seipel trat ordnungsgemäß zurück und wurde von einer gemäßigteren christlichsozialen Regierung unter Otto Ender mit der Unterstützung der Großdeutschen und des Landbundes abgelöst.

Im Juni 1931 versuchte Seipel zwar erneut, eine Regierung zu bilden, konnte aber keine ausreichende Unterstützung dafür finden, und die schwache Koalition von gemäßigten Christlichsozialen und Großdeutschen blieb trotz einer von Pfrimer geführten Revolte der Heimwehr im September 1931 im Amt. Pfrimer und seine Gefolgsleute kamen wegen Verrats vor Gericht, wurden aber freigesprochen. Es gab keinen Versuch, sie zu entwaffnen. Bald wurde offenbar, dass die Christlichsoziale Koalition aufgrund eigener Sympathien wie auch aufgrund der Angst vor der Gewalttätigkeit der Heimwehr einen Angriff auf die Sozialdemokraten und die Gewerkschaften unternahm. Diese Attacken intensivierten sich noch nach dem Mai 1932, als ein neues Kabinett mit Dollfuß als Kanzler und Kurt Schuschnigg als Justizminister ins Amt kam. Dieses Kabinett hatte nur eine Mehrheit von einer Stimme im Parlament (83 : 82) und war vollständig von den acht Heimwehrvertretern, die seine Mehrheit garantierten, abhängig. Es wollte keine Neuwahlen veranstalten, weil die Christlichsozialen wussten, dass sie darin überstimmt würden. Da sie aber entschlossen waren, weiter zu regieren, regierten sie eben gegen das Gesetz und gegen die Verfassung.

Obwohl die Nazis in Österreich mit jedem Tag stärker und gewalttätiger wurden, verbrachte die Koalition aus Christlichsozialen und Heimwehr ihre Zeit damit, die Sozialdemokraten zu vernichten. Die Heimwehrmiliz griff die Sozialisten in den Industriebezirken der Städte an. Ihre Einheiten fielen zu diesem Zweck mit der Eisenbahn aus ländlichen Gebieten in die Städte ein und anschließend ergriff die christlichsoziale Regierung wegen dieser «Unruhen» Unterdrückungsmaßnahmen gegen die Sozialdemokraten. Nach einem solchen Vorfall ernannte Dollfuß im Oktober 1932 den Heimwehrführer Ernst Fey zum Staatssekretär (später Minister) für öffentliche Sicherheit mit dem Kommando über sämtliche Polizeieinheiten in Österreich. Damit hatte die Heimwehr mit 8 Sitzen im Parlament 3 Sitze im Kabinett. Fey untersagte sofort sämtliche öffentlichen Versammlungen mit Ausnahme jener der Heimwehr. Von diesem Zeitpunkt an überfiel und zerstörte die Polizei systematisch Besitztümer der Sozialdemokraten und der Gewerkschaften – «auf der Suche nach Waffen», wie es hieß. Am 4. März 1933 wurde die Dollfuß-Regierung im Parlament mit einer Stimme, 81 : 80, besiegt. Sie annullierte daraufhin eine Stimme aus formalen Gründen und benutzte die darauffolgenden Unruhen als Vorwand dafür, weitere Zusammenkünfte des Parlaments mit Gewalt zu verhindern.

Dollfuß regierte mithilfe von Verordnungen, wobei er sich auf ein Gesetz des Habsburgerreiches von 1917 stützte. Dieses Gesetz gestattete es der Regierung, während des Krieges wirtschaftliche Notverordnungen zu erlassen, wenn diese vom Parlament nachfolgend innerhalb einer bestimmten Zeitperiode gebilligt wurden. Das Habsburgerreich und der Krieg waren allerdings beide vorbei und die Verordnungen von Dollfuß beschäftigten sich auch nicht mit wirtschaftlichen Angelegenheiten und wurden auch nicht vom Parlament innerhalb der vorgesehenen Zeitspanne gebilligt; trotzdem nutzte die Regierung diese Herrschaftsmethode über Jahre hinweg. Bereits die ersten Verordnungen untersagten alle Versammlungen, führten die Pressezensur ein, setzten die lokalen Wahlen aus, bestimmten die Errichtung von Konzentrationslagern, erschütterten die Finanzen der Stadt Wien durch willkürliche Eingriffe in die Steuereintreibung und die Ausgaben, schwächten den Obersten Gerichtshof, um ihn daran zu hindern, über die Regierung Recht zu sprechen, und führten die Todesstrafe wieder ein. Diese Verordnungen wurden im Allgemeinen nur gegen die Sozialdemokraten durchgesetzt, nicht aber gegen die Nazis oder die Heimwehr, die inzwischen beide das Land ins Chaos stürzten. Als der sozialistische Bürgermeister Wiens die Heimwehreinheit der Stadt auflösen wollte, wurde er sofort von Dollfuß zurechtgewiesen.

Im Mai weigerte sich der Parteitag der Christlichsozialen, Dollfuß zum Parteivorsitzenden zu wählen. Daraufhin verkündete der unmittelbar, dass das Parlament niemals wieder in seine Rechte eingesetzt würde und dass schrittweise alle politischen Parteien in einer einzigen neuen Partei, der «Vaterländischen Front», aufgehen sollten. Seit diesem Zeitpunkt arbeiteten Dollfuß und sein Nachfolger Schuschnigg Schritt für Schritt daran, eine persönliche Diktatur aufzubauen. Das war nicht leicht, insofern diese Bemühungen auf die Opposition der Sozialdemokraten (die auf einer Wiederherstellung der Verfassung bestanden), der Großdeutschen und ihrer Nazi-Nachfolger (die den Anschluss an Hitlers Deutschland anstrebten) und auf die der Heimwehr (die von Italien unterstützt wurde und einen faschistischen Staat anstrebte, der das Donaubecken beherrschen sollte) trafen.

Während Dollfuß weiterhin die Arbeiter bekämpfte, begannen die Nazis, ihn und die Heimwehr anzugreifen. Die Nazibewegung in Österreich unterstand direkten Befehlen aus Deutschland und wurde auch von dort finanziert. Sie befasste sich mit frontalen Angriffen, Paraden, Bombenattentaten und Mordanschlägen gegen die Anhänger der Regierung. Im Mai 1933 verstümmelte Hitler Österreich finanziell, indem er eine Steuer von 1.000 Mark auf alle Besuche deutscher Touristen in Österreich erhob. Am 19. Juni erklärte Dollfuß die Nazis für außerhalb des Gesetzes stehend, inhaftierte ihre Führer und deportierte Hitlers «Generalinspektor für Österreich». Die Nazipartei ging in den Untergrund, setzte aber ihre Ausschreitungen fort und verübte Hunderte von Bombenanschlägen und Tausende Akte von Vandalismus. Im Juni 1933 versuchte sie, Steidle und Rintelen zu ermorden, und im Oktober gelang es ihr, Dollfuß zu verwunden.

Im Angesicht dieser Brutalitäten der Nazis fuhr Dollfuß mit seiner methodischen Vernichtung der Sozialdemokraten fort. Seit 1930 und wahrscheinlich sogar seit 1927 hatte Mussolini Ungarn und die Heimwehr in Österreich mit Waffen versorgt. Die Sozialdemokraten und mit ihnen die Tschechoslowakei und Frankreich opponierten dagegen. Im Januar 1933 brachte die sozialistische Eisenbahnergewerkschaft an die Öffentlichkeit, dass ein Zug mit 50.000 Gewehren und 200 Maschinengewehren von Mussolini aus auf dem Weg nach Ungarn und zur Heimwehr war. In der daraus resultierenden Kontroverse wies Dollfuß eine anglo-französische Protestnote gegen diese Verletzung der Friedensverträge zurück. Sie hatte verlangt, die Waffen entweder nach Italien zurückzuschicken oder zu zerstören. Stattdessen schloss Dollfuß mit Mussolini ein Abkommen für Hilfeleistung gegen die

Nazis mithilfe der Heimwehr und zur Vernichtung der österreichischen Sozialdemokraten. Im März 1933 verbot Dollfuß das Republikanische Verteidigungskorps, die Miliz der Sozialdemokratischen Partei, nahm die Heimwehr in sein Kabinett mit auf und löste das Parlament auf.

Weil die fortgesetzte Agitation der Nazis eine stärkere Unterstützung für Dollfuß von Seiten Mussolinis und der Heimwehr notwendig machte, begann die Regierung mit Schritten zur vollständigen Abschaffung der sozialistischen Bewegung. Ende Januar 1934 wurden Befehle an die Heimwehr ausgegeben, die daraufhin Gewerkschaftshauptquartiere, sozialdemokratische Gebäude und die Rathäuser verschiedener Provinzstädte zu besetzen begann. Am 10. Februar verhaftete Fey die meisten Anführer der sozialdemokratischen Milizen. Am folgenden Tag sagte er in einer Rede zur Heimwehr: «Kanzler Dollfuß ist unser Mann; morgen werden wir an die Arbeit gehen und wir werden unsere Aufgabe vollständig erledigen.»

In den Provinzen hatte es bereits Blutvergießen gegeben, als am 12. Februar Fey die Arbeiter in Wien in ihren Gewerkschaftszentren, ihren sozialdemokratischen Hauptquartieren und ihren Wohnanlagen angreifen ließ. Daraufhin brachen auf ganzer Linie Kämpfe aus. Die Regierung hatte eine überwältigende Übermacht. Sie verfügte ebenso über die reguläre Armee wie über die Heimwehr und die Polizei und ließ Feldartillerie heranschaffen, um die großen Wohnanlagen zu beschießen. Am 15. Februar waren die Kämpfe zu Ende, die Sozialistische Partei und ihre Gewerkschaften wurden verboten und ihre Zeitungen für illegal erklärt. Hunderte waren tot, Tausende kamen in Konzentrationslager und Gefängnisse, viele Tausende mehr kamen in wirtschaftliche Not, die gewählte Regierung Wiens wurde durch einen «Bundeskommissar» ersetzt, alle Wohlfahrts-, Sport- und Erziehungseinrichtungen der Arbeiter wurden zerschlagen und die werthaltigen Besitztümer dieser Organisationen wurden genehmeren Organisationen wie der Heimwehr und den katholischen Gruppen übergeben. Binnen kurzem wurden die Mieten in den sozialdemokratischen Appartement-Wohnanlagen erhöht, wurden die Bewohner gezwungen, für Dienstleistungen zu bezahlen, die bis dahin frei gewesen waren (inklusive der Müllentsorgung), wurden die Arbeiter auf die eine oder andere Weise gezwungen, der Vaterländischen Front beizutreten, und wurden die sozialdemokratischen Arbeiter gezwungen, sich ihre Arbeitsverhältnisse über die Anstellungsbörsen der katholischen Gewerkschaften zu suchen.

Am 24. April 1934 wurde unter dem wirtschaftlichen Notstandsrecht von 1917 eine neue Verfassung in Kraft gesetzt. Sie machte Österreich von einer «demokratischen Republik» zu einem «christlichen, deutschen, korporativen Bundesstaat». Diese Verfassung war sowohl betrügerisch als auch illegal und Dollfuß' Anstrengungen sie legaler, wenn nicht sogar weniger betrügerisch zu machen, hatten das entgegengesetzte Ergebnis. Dollfuß hatte im Juni 1933 ein Konkordat mit dem Vatikan unterzeichnet. Da der Heilige Stuhl diese Vereinbarung durch das Parlament bestätigt sehen wollte, entschied sich Dollfuß dazu, mehrere Fliegen mit einer Klappe zu schlagen. Er berief einen Stamm des alten Parlaments, um dieses Dokument zu verabschieden und um gleichzeitig die unterbrochene Sitzung vom 4. März 1933 ordnungsgemäß zu beenden und die 471 Dekrete, die er seitdem erlassen hatte, zu bestätigen. Zu diesen Dekreten gehörte die neue Verfassung von 1934. Da die Regierung behauptete, dass die alte Verfassung niemals außer Kraft gesetzt gewesen oder verletzt worden sei, musste die neue entweder durch Volksabstimmung oder durch eine Zweidrittelmehrheit im Parlament (wobei mindestens die Hälfte der Mitglieder anwesend sein musste) angenommen werden. Das geschah am 30. April 1934, als die verschiedenen Akte durch den übrig gebliebenen Rest des alten Parlaments angenommen wurden. Weil die Sozialdemokraten an der Teilnahme gehindert wurden und die Großdeutschen ihre Teilnahme verweigerten, waren nur 76 von insgesamt 165 Abgeordneten anwesend und auch von diesen stimmten noch einige gegen die vorgeschlagenen Akte.

Die neue Verfassung hatte keinerlei Bedeutung, weil die Regierung weiterhin durch Verordnungen regierte und die Verfassung verletzte, wie es ihr gefiel. Zum Beispiel beraubte eine Verordnung vom 19. Juni 1934 die Gerichte ihrer in der Verfassung verankerten Gewalt, die Verfassungsmäßigkeit aller Regierungsakte vor dem 1. Juli 1934 zu beurteilen.

Der korporative Aspekt der neuen Verfassung war ein vollständiger Betrug. In vielen Bereichen wurden überhaupt keine Korporationen errichtet; und wo sie gegründet wurden, wurden die Mitglieder ernannt, anstatt gewählt, wie es im Gesetz vorgesehen war; und im Übrigen taten sie sowieso nichts. Stattdessen wurde das gesamte finanzielle und industrielle System mit den kleinbürgerlichen Bürokraten der Vaterländischen Front aufgefüllt. Wegen Missmanagements und wegen der Weltwirtschaftskrise brachen die österreichischen Banken 1931–1933 zusammen und leiteten dabei eine weltweite Bankenkrise ein. Die österreichische Regierung übernahm diese Banken und ersetzte schrittweise ihr Personal, besonders das jüdische, durch Parteichargen. Weil die Banken etwa 90% der Industrie des Landes kontrollierten, waren diese Parteileute dadurch in einer Position, ihre Freunde innerhalb des ganzen Wirtschaftssystems zu platzieren. 1934 war die Situation so weit fortgeschritten, dass fast nichts mehr im Geschäftsleben ohne «Freunde» in der Regierung gemacht werden konnte, dass aber mit solchen «Freunden» praktisch alles möglich war. Eine solche «Freundschaft» wurde am besten durch Bestechung gepflegt, was dazu führte, dass regelmäßige Zahlungen von der Geschäftswelt an politische Figuren gingen. Im Frühjahr 1936 gab das einen Skandal, als öffentlich bekannt wurde, dass die Phoenix-Versicherungsgesellschaft (deren Präsident inzwischen Vaugoin, der ehemalige Kanzler und Vorsitzende der Christlichsozialen, geworden war) 250 Millionen durch Geschenke und korrupte «Anleihen» verloren hatte. Die Regierung musste das zugeben und veröffentlichte eine Liste von politischen Gruppen und einzelnen Politikern, die zusammen weniger als 3 Millionen Schilling erhalten hatten. Das ließ den größten Teil der Verluste weiterhin unerklärt und so blieb es bis zum Schluss. Gegen siebenundzwanzig Personen wurden Untersuchungen eingeleitet, aber die Regierung Schuschnigg brachte keine davon bis zu einem Prozess.

Die Korruption verbreitete sich über die gesamte Regierung, bis schließlich ein Punkt erreicht war, wo, in Starhembergs Worten, «niemand mehr wusste, wem er trauen konnte, und wo es immer berechtigt war, die allerungewöhnlichsten Verdachtsideen zu hegen». Die Ausschreitungen der Nazis nahmen im Mai und Juni 1934 weiter bis zu einem Punkt zu, an dem durchschnittlich fünfzehn Bombenattentate pro Tag verübt wurden. Am 12. Juli führte die Regierung durch Verordnung die Todesstrafe für solche Bombenattentate ein. Bei dem ersten derartigen Urteilsspruch drohten die Nazis mit einem *Putsch*. Das erste Urteil nach dieser Verordnung wurde am 24. Juli gegen einen zweiundzwanzigjährigen *Sozialdemokraten* nach einem Schnellverfahren gefällt. Am selben Tag erfuhren die Polizei und die Vaterländische Front durch Spitzel, dass die Nazis am nächsten Tage zuschlagen wollten. Fey erhielt alle nötigen diesbezüglichen Informationen. Trotzdem verbrachten er und Dollfuß den Abend damit, über einen möglichen Putsch der Sozialisten zu debattieren. Die Kabinettssitzung vom 25. Juli wurde wegen der Warnungen verlegt, aber es gab keine Bemühungen, die Minister zu schützen. Etwa um 1 Uhr nachmittags fuhren 154 Nazis in 8 Lastwagen in den Kanzlersitz ein, ohne dass auch nur ein Schuss abgefeuert wurde. Sie ermordeten sofort Dollfuß und verschanzten sich in dem Gebäude. Eine weitere Gruppe Nazis besetzte den Wiener Radiosender und verkündete die Errichtung einer neuen Regierung mit Rintelen als Kanzler. Es gab auch vereinzelte Naziaufstände in den Provinzen, bei denen Dutzende getötet wurden. Die «Österreichische Legion» der Nazis in Deutschland und die deutsche Regierung wagten allerdings kein Eingreifen, weil Mussolini eine scharfe Warnung herausgegeben hatte, dass er in Österreich einmarschieren würde, falls das passierte.

Nach sechs Stunden Verhandlungen, bei denen Fey und der deutsche Botschafter als Zwischenträger fungierten, wurden die belagerten Männer im Kanzlersitz freigelassen, um nach Deutschland ausgewiesen zu werden. Als man aber Dollfuß tot fand, wurden dreizehn exekutiert und eine große Zahl ins Gefängnis geworfen; alle Organisationen der Nazis wurden verboten und ihre Aktivitäten ausgesetzt. Gleichzeitig wurden auch alle, die versucht hatten, die Regierung zu warnen oder das Geschehen zu verhindern, verhaftet und einige davon ermordet (inklusive des Polizeispitzels, welcher die spezifischen Details am Tag vor dem Verbrechen übermittelt hatte).

Schuschnigg und die Heimwehr teilten nach Dollfuß' Tod die Regierung unter sich auf. Jeder erhielt vier Sitze im Kabinett. Schuschnigg wurde Kanzler der Regierung und stellvertretender Führer der Vaterländischen Front, während Starhemberg Führer der Vaterländischen Front und Vizekanzler wurde.

Von Juli 1934 an versuchte Schuschnigg, sich Starhembergs zu entledigen und eine rein persönliche Diktatur zu schaffen, in der es nur eine Partei, eine Gewerkschaft und eine politische Linie geben sollte. Er wollte die Nazis zufrieden stellen, ohne ihnen irgendwelche entscheidenden Machtpositionen zu überlassen. Die Sozialdemokraten sollten zerschlagen bleiben und von Mussolini wollte er so viel Unterstützung wie nur möglich erhalten.

Wir erwähnten, dass Dollfuß und Schuschnigg 1932 drei Gegner gegenüberstanden: die Sozialdemokraten, die Nazis und die Heimwehr. Sie versuchten die drei in dieser Reihenfolge zu vernichten, indem sie gegen jeden jeweils die Macht der noch nicht vernichteten zum Einsatz brachten plus diejenige der Christlichsozialen. Mit dem Fortgang der Dinge versuchten sie auch die Macht der Christlichsozialen zu brechen, indem sie alle Gruppen in eine einzige amorphe, politisch bedeutungslose Partei hineintrieben, die Vaterländische Front. Der Zweck dieser Partei war es, diesen beiden Führern eine persönliche Unterstützungsfront zu verschaffen. Sie beruhte auf keinerlei wirklichen politischen Grundsätzen und war – völlig undemokratisch – daran gebunden, die Entscheidungen ihres «Führers» zu akklamieren. Personen wurden ohne Ansehen ihrer politischen Orientierung durch politischen, wirtschaftlichen und sozialen Druck gezwungen, ihr beizutreten. Das galt ebenfalls für Nazis, Katholiken, Kommunisten und Sozialisten. Die Folge war, dass alle politische Moral im Lande zerstört wurde, die Integrität im öffentlichen Leben verschwand und dass viele unter dem politisch aktiven Teil der Bevölkerung zu den zwei extremistischen Untergrundbewegungen getrieben wurden, den Nazis und den Kommunisten, wobei sehr viel mehr zu den Ersteren gingen als zu den Letzteren. Sogar die Sozialisten mussten jetzt eine mehr revolutionäre Haltung einnehmen, um nicht ihre empörten Anhänger an die Kommunisten zu verlieren. Weil alles in den Untergrund verbannt wurde, während die Oberfläche belanglosen Slogans, krassen materialistischen Vorteilen und frommen Bekundungen der Rechtschaffenheit überlassen blieb, wusste niemand mehr, was die wirklichen Gedanken eines anderen waren und wem man vertrauen konnte.

Der Verlust der Unterstützung Italiens für die Heimwehr und für ein unabhängiges Österreich nach dem Äthiopienkrieg ermöglichten es Schuschnigg, Starhemberg und seine Miliz loszuwerden, und ließ es notwendig werden, sich mit den Nazis zu verständigen. Fey verlor seinen Sitz in der Regierung im Oktober 1935. Österreich, Italien und Ungarn unterzeichneten am 23. März 1936 eine politische Ergänzung zu den römischen Protokollen; sie sah vor, dass keiner der Unterzeichner ein Abkommen mit einem Nichtunterzeichner zur Änderung der politischen Situation im Donaubecken eingehen würde, ohne zuvor die anderen Unterzeichnerstaaten zu konsultieren. Im April kopierte Österreich Deutschland und entfremdete sich dabei Frankreich und die Kleine Entente noch weiter, indem es den allgemeinen Militärdienst einführte. Im selben Monat befahl Schuschnigg die Entwaffnung der katholischen Miliz. Im Mai 1936 wurden drei Heimwehrführer, unter ihnen Starhemberg, aus dem Kabinett entfernt und Starhemberg wurde auch als Vorsitzender der Vaterländischen Front abgesetzt. Eine Woche später befahl eine Serie von Erlassen die Entwaffnung der Heimwehr und die Schaffung einer bewaffneten Miliz der Vaterländischen Front als der einzigen bewaffneten Miliz im Lande. Außerdem wurde bestimmt, dass der Führer der Vaterländischen Front und der Kanzler in Zukunft immer die gleiche Person sein müssten, dass der Kanzler das Recht zur Ernennung (und zur Bestätigung dieser

Ernennung) der Führer aller lokalen politischen Einheiten haben sollte, dass alle Aufmärsche und Versammlungen bis zum 30. September verboten sein sollten und dass die Vaterländische Front eine «autoritäre Stiftung» sei, eine juristische Person und «das einzige Instrument zur politischen Willensbildung im Staate».

Nachdem Schuschnigg seine Position in Österreich derart «gestärkt» hatte, unterzeichnete er, der von Mussolini unter Druck gesetzt wurde, sich mit Hitler zu verständigen, am 11. Juli 1936 ein Abkommen mit dem deutschen Botschafter Franz von Papen. Im veröffentlichten Teil dieses Abkommens anerkannte Deutschland die Unabhängigkeit und Souveränität Österreichs; jedes Land versprach, sich nicht in die inneren Angelegenheiten des anderen einzumischen; Österreich erkannte an, dass es ein deutscher Staat war; und es wurden weitere Abkommen zur Auflösung der gegenwärtigen Spannungen in Aussicht gestellt. In gleichzeitig abgeschlossenen Geheimverträgen versprach Österreich eine Amnestie für politische Gefangene und versprach, Nazis in Positionen von «politischer Verantwortung» zu übernehmen und ihnen dieselben politischen Rechte wie den übrigen Österreichern zu gewähren. Ebenso sollten Deutsche in Österreich die gleichen Rechte zur Verwendung ihre nationalen Symbole und Musiken erhalten wie die Angehörigen dritter Staaten. Beide Staaten widerriefen alle finanziellen oder anderweitigen Restriktionen für Touristen. Wechselseitige Verbote der Zeitungen des jeweils anderen Landes wurden aufgehoben, so dass fünf namentlich aufgeführte deutsche Zeitungen in Österreich und fünf namentlich aufgeführte österreichische Zeitungen in Deutschland verkauft werden konnten. Andere Teile des Abkommens versprachen wechselseitige Konzessionen in wirtschaftlichen und kulturellen Angelegenheiten.

Die österreichisch-deutschen Beziehungen der nächsten achtzehn Monate wurden von diesem Vertrag bestimmt. Deutschland, vertreten durch Papen, versuchte seine Bestimmungen Schritt für Schritt auszuweiten, während Schuschnigg versuchte, Deutschland auf seine Anerkennung von Österreichs Souveränität und sein Versprechen, sich nicht in die österreichische Innenpolitik einzumischen, festzulegen. Am Ende dieses Zeitraums beharrte Deutschland dann darauf, dass die österreichischen Nazis Deutsche seien und dass deshalb ihre Wünsche und Aktivitäten kein österreichisches, sondern ein deutschen inneres Problem seien.

Die Diplomatie des Anschlusses

Die geheimen Dokumente, die seit 1945 veröffentlicht wurden, zeigen ziemlich klar, dass Deutschland keinen sorgfältig ausgearbeiteten Plan zur Annexion Österreichs hatte und auch die Gewalttaten der Nazis in Österreich nicht unterstützte. Stattdessen versuchte man, die österreichischen Nazis auf Propagandaarbeit festzulegen, um Sitze im Kabinett zu erhalten und eine schrittweise Ausdehnung des Nazieinflusses zu erlangen. Zur gleichen Zeit behielt man sich militärische Maßnahmen für den Fall vor, dass sie nötig sein sollten. Natürlich war es so, dass wilde Männer auf den niedrigeren Stufen der Nazihierarchie alle Arten von Gewalt in Österreich unterstützten, aber das galt nicht für die wirklichen Führer. Diese wies von Papen an, von 1936 an wenigstens zwei Jahre für Frieden zu sorgen, und sie setzten die wilden Männer der österreichischen Nazis, die sich dagegen stellten, von ihren Führungspositionen ab. Derart wurde der gewalttätige Tavs-Plan der österreichischen Nazis durch den Keppler-Plan ersetzt, der eine schrittweise friedliche Durchdringung durch von Papen und den österreichischen Politiker Artur von Seyß-Inquart vorsah.

Die Invasion Österreichs schon am 12. März 1938 und die darauf unmittelbar folgende Annektierung waren selbst für die Naziführer in Deutschland erfreuliche Überraschungen und wurden durch mehrere unerwartet günstige Umstände ermöglicht. Dementsprechend erfolgte die Entscheidung zum Einmarsch erst am 10. März 1938 und wurde selbst da noch von Bedingungen abhängig gemacht, während die Entscheidung zur Annektierung erst am 12. März am Morgen von Hitler persönlich getroffen wurde und sowohl Ribbentrop als auch Göring am 12. März um 10.30 Uhr noch nichts davon wussten. Die Umstände, welche diese unerwartete Beschleunigung in die deutschen Pläne brachten, beruhten auf zwei Tatsachen: 1) der internationalen Situation und 2) den Ereignissen in Österreich. Wir werden beide nacheinander besprechen.

Was an der Oberfläche sichtbare Ereignisse angeht, so war 1937 das erste ruhige Jahr seit 1933 gewesen. Aber die Erbeutung und Veröffentlichung verschiedener Geheimdokumente zeigen klar, dass 1937 ein kritischer Wendepunkt war, weil in diesem Jahr sowohl die deutsche als auch die britische Regierung geheime Entscheidungen trafen, welche das Schicksal Österreichs und der Tschechoslowakei besiegelten und die Geschichte der folgenden drei Jahre bestimmten.

Die Entscheidung der deutschen Regierung (das heißt Hitlers) war es gewesen, sich für einen offenen militärischen Angriff gegen die Tschechoslowakei und Österreich vorzubereiten und das vor 1943 bis 1945 auszuführen, möglicherweise schon 1938. Diese Entscheidung wurde von Hitler in einem Geheimtreffen von sieben Personen am 5. November 1937 verkündet. Zu den Anwesenden gehörten neben Hitler und seinem Assistenten, Oberst Hoßbach, der Kriegsminister (Werner von Blomberg), die Oberbefehlshaber des Heeres (Werner von Fritsch), der Marine (Erich Raeder) und der Luftwaffe (Hermann Göring) und der Außenminister (Konstantin von Neurath). Aus einigen Bemerkungen Hitlers geht hervor, dass er damals schon gewisse Informationen über die geheimen Entscheidungen besaß, die Chamberlain auf der britischen Seite getroffen hatte; beispielsweise sagte er ganz direkt, dass Großbritannien die kolonialen Ambitionen Deutschlands befriedigen wollte, indem es ihm nichtbritische Gebiete wie Portugiesisch-Angola gäbe, etwas, wovon wir heute wissen, dass es Chamberlain tatsächlich im Sinn hatte. Hitler versicherte seinen Zuhörern weiterhin, «dass mit hoher Wahrscheinlichkeit England, voraussichtlich aber auch Frankreich die Tschechen bereits im Stillen abgeschrieben und sich damit abgefunden hätten, dass diese Frage eines Tages durch Deutschland bereinigt würde ... Ein Vorgehen Frankreichs ohne die britische Unterstützung und in der Voraussicht, dass seine Offensive an seinen Westbefestigungen sich festlaufe, sei wenig wahrscheinlich. Ohne die Hilfe Englands sei auch nicht mit einem Durchmarsch Frankreichs durch Belgien und Holland zu rechnen ...»

Hitler glaubte, dass der Krieg in Spanien ausgeweitet werden könnte, wenn er die deutsche Unterstützung für Franco reduzierte, und dass die französischen Afrikatruppen daran gehindert werden könnten, das Mittelmeer für einen Einsatz in Europa zu überqueren, wenn man Italien ermutigte, in Spanien zu verbleiben, besonders auf den Balearen. Im Allgemeinen würden dann Frankreich und Großbritannien mit Italien so stark im Mittelmeer beschäftigt sein, dass sie sich nicht mit Deutschland wegen Österreich und der Tschechoslowakei anlegen würden. Tatsächlich fühlte sich Hitler so sicher, dass es 1938 einen englisch-französischen Krieg gegen Italien geben werde, dass er darauf vertraute, dass Deutschland in diesem Jahr Österreich und die Tschechoslowakei erobern könnte.

Diese Ideen waren für Blomberg, Fritsch und Neurath völlig inakzeptabel. Sie wandten ein, dass die deutsche Wiederbewaffnung noch so weit zurück war, dass es noch keine einzige bewegliche motorisierte Division gab, dass es keinen Grund dafür gab, 1938 einen englisch-französisch-italienischen Krieg zu erwarten, dass Italien in einem solchen Krieg höchstens zwanzig französische Divisionen beschäftigen könnte und dadurch mehr als genug für einen Angriff auf Deutschland übrig blieben und dass ein solcher Angriff sehr gefährlich sei, weil Deutschlands Verteidigungen an der Westfront «unbedeutend» seien. Hitler wischte diese Bedenken beiseite. Er «äußerte (...) in Wiederholung seiner bisherigen Ausführungen, dass er von der Nichtbeteiligung Englands überzeugt sei und daher an eine kriegerische Aktion Frankreichs gegen Deutschland nicht glaube».

Wegen ihrer Opposition bei dieser Konferenz im November 1937 ersetzte Hitler Blomberg, Fritsch und Neurath in einer Nacht-und-Nebel-Aktion am 4. Februar 1938 durch leichter lenkbare Untergebene. Hitler selbst ernannte sich zum Kriegsminister und Oberbefehlshaber, während General Wilhelm Keitel Generalstabschef für alle bewaffneten Kräfte des Reichs wurde. Neurath wurde im Außenministerium durch den fanatischen Ribbentrop ersetzt. Der sehr fähige Dirksen wurde als Botschafter nach London versetzt, aber seine Fähigkeiten wurden verschleudert, da Ribbentrop seinen Berichten und wohlbegründeten Warnungen keine Beachtung schenkte.

In der Zwischenzeit hatte die britische Regierung, besonders die kleine Gruppe, welche die Außenpolitik kontrollierte, eine Sieben-Punkt-Entscheidung bezüglich ihrer Haltung zu Deutschland getroffen:

1. Hitlerdeutschland war das Bollwerk in vorderster Linie gegen eine Ausbreitung des Bolschewismus in Europa.
2. Ein Viermächtepakt zwischen Großbritannien, Frankreich, Italien und Deutschland zum Ausschluss jeglichen russischen Einflusses in Europa war das Ziel; dementsprechend hatte Großbritannien keine Absicht zur Schwä-

chung der Achse Berlin–Rom, sondern betrachtete sie ebenso wie die anglofranzösische Entente als Fundamente eines stabilen Europas.
3. Großbritannien hatte keine Einwände gegen einen deutschen Erwerb von Österreich, der Tschechoslowakei und Danzig.
4. Deutschland sollte keine militärische Gewalt zur Erreichung seiner Ziele in Europa anwenden, da dies einen Krieg auslösen würde, in den Großbritannien aufgrund des Drucks der öffentlichen Meinung und des französischen Bündnissystems würde eingreifen müssen; mit etwas Geduld würde Deutschland seine Ziele ohne Gewaltanwendung erreichen können.
5. Großbritannien strebte mit Deutschland eine Vereinbarung an, welche Zahl und Verwendung von Bomberflugzeugen begrenzen sollte.
6. Großbritannien war bereit, Deutschland Kolonialgebiete in Südzentralafrika, inklusive Belgisch-Kongo und Portugiesisch-Angola, zu überlassen, wenn Deutschland seinen Wunsch nach der Wiedergewinnung von Tanganjika, das ihm 1919 genommen worden war, aufgeben würde und wenn Deutschland ein internationales Abkommen unterzeichnen würde, laut dem diese Gebiete mit angemessener Berücksichtigung der Rechte der eingeborenen Völker, auf der Basis einer Handelspolitik der offenen Tür und unter einem internationalen Überwachungsmechanismus nach Art eines Mandats regiert werden sollten.
7. Großbritannien würde Druck auf die Tschechoslowakei und Polen ausüben, mit Deutschland zu verhandeln und Deutschlands Wünschen entgegen zu kommen.

Diesen sieben Punkten sollten wir noch einen achten hinzufügen: Großbritannien sollte aufrüsten, um seine Stellung in einer «Welt der drei Blöcke» aufrecht zu erhalten und um Deutschland davon abzuschrecken, bei der Schaffung seines Blocks in Europa militärische Gewalt anzuwenden. Dieser Punkt wurde von Chamberlain, der die Luftwaffe aufbaute, die Großbritannien 1940 rettete, ebenso unterstützt wie von der Round-Table-Gruppe, geführt von Lord Lothian, Edward Grigg und Leopold Amery, die eine Kampagne zur Einführung der Wehrpflicht starteten.

Die ersten sieben Punkte wurden Deutschland von 1937 an durch verschiedene Sprecher mitgeteilt. Sie können auch in vielen in letzter Zeit publizierten Dokumenten gefunden werden, inklusive der erbeuteten Archive des deutschen Außenministeriums, der Dokumente des britischen Außenamtes, und in verschiedenen Auszügen aus Tagebüchern und anderen privaten Papieren, besonders in Auszügen aus Neville Chamberlains Tagebuch und seinen Briefen an seine Schwester. Neben zahlreichen weiteren Gelegenheiten wurden diese Punkte bei folgenden Anlässen berührt: a) in einer Unterredung zwischen Lord Halifax und Hitler in Berchtesgaden am 17. November 1938; b) in einem Brief von Neville Chamberlain an seine Schwester am 26. November 1937; c) in einer Unterredung zwischen Hitler, Ribbentrop und dem britischen Botschafter (Sir Nevile Henderson) in Berlin am 3. März 1938; d) in einer Reihe von Unterredungen in London am 10.–11. März 1938, an denen Lord Halifax, Ribbentrop,

Sir Thomas Inskip (der britische Verteidigungsminister), Erich Kordt (Ribbentrops Assistent) und Sir Horace Wilson (Chamberlains persönlicher Beauftragter) teilnahmen; und e) in einer Konferenz Neville Chamberlains mit verschiedenen nordamerikanischen Journalisten, die am 10. Mai 1938 in Lady Astors Haus stattfand. Zusätzlich wurden einzelne Brocken dieser sieben Punkte in Dutzenden von Unterredungen und Dokumenten, die jetzt zugänglich sind, erwähnt oder besprochen.

Man sollte einige bedeutende Elemente dieser Punkte herausstellen. Zum Ersten war es so, dass trotz aller kontinuierlichen britischen Versuche über mehr als zwei Jahre hinweg, Hitler den Kongo und Angola ablehnte und auf der Rückgabe der deutschen Kolonien bestand, die 1919 verloren gegangen waren. 1939 weigerte sich Deutschland, dauerhaft über dieses Thema Verhandlungen zu führen, und weigerte sich schließlich sogar, die britischen Versuche, es zu diskutieren, anzuerkennen. Zum Zweiten zogen die Briten während dieser ganzen Diskussionen eine scharfe Linie zwischen Deutschlands Zielen und Deutschlands Methoden. Sie hatten keine Einwände gegen die deutschen Ziele in Europa, bestanden aber darauf, dass in Erreichung dieser Ziele keine militärische Gewalt angewandt werden dürfe, weil sonst Krieg drohe. Diese Unterscheidung wurde von den deutschen Berufsdiplomaten und den Berufsmilitärs, die durchaus gewillt waren, Deutschlands Ziele friedlich zu verfolgen, nicht aber von den Führern der Nazipartei akzeptiert, besonders nicht von Hitler, Ribbentrop und Himmler, die zu ungeduldig waren und die sich selbst und der Welt beweisen wollten, dass Deutschland mächtig genug war, sich zu nehmen, was es wollte, ohne irgendjemandes Genehmigung abzuwarten.

Diese wilden Männer wurden in ihrer Haltung durch ihren Glauben bestärkt, dass Frankreich und Großbritannien zu «dekadent» seien, um irgendeinen festen Stand einzunehmen, und durch ihre Unfähigkeit, die Rolle der öffentlichen Meinung in England zu verstehen. Davon überzeugt, dass die in England regierende Gruppe Deutschland Österreich, die Tschechoslowakei und Danzig geben wollte, konnten sie nicht verstehen, warum es so eine Betonung der friedlichen Methoden gab, und sie konnten nicht sehen, wie die britische öffentliche Meinung der Regierung allein der Methoden wegen einen Krieg aufzwingen konnte, wenn doch die britische Regierung klar machte, dass das Letzte, was sie wollte, ein Krieg war. Dieser Irrtum rührte daher, dass diese Nazis keine Ahnung davon hatten, wie eine demokratische Regierung arbeitet, dass sie keinen Respekt für die öffentliche Meinung oder eine freie Presse hatten und in ihrem Irrtum durch die Schwäche des britischen Botschafters in Berlin (Henderson) ebenso ermutigt wurden wie durch Ribbentrops Verbindungen mit dem «Cliveden Set» in England während seiner Zeit als Botschafter 1936–1938.

Zum Dritten konnte die britische Regierung diese «sieben Punkte» nicht öffentlich aussprechen, weil sie für die öffentliche Meinung Großbritanniens nicht annehmbar waren. Dementsprechend mussten die sieben Punkte geheim bleiben, sieht man einmal von einigen Versuchsballons ab, die über *The*

Times, in Reden im Unterhaus oder in Chatham House, in Artikeln im *Round Table* und durch kalkulierte Indiskretionen gestartet wurden, um den Boden zu bereiten. Um das britische Volk dazu zu überreden, diese Punkte zu akzeptieren, wenn sie einer nach dem andern Wirklichkeit würden, verbreitete die britische Regierung die Mär, dass Deutschland bis an die Zähne bewaffnet sei und dass der Widerstand gegen Deutschland nur unbedeutend sei.

Diese Propaganda erschien zuerst in den Auslassungen der Round-Table-Gruppe, deren Führer, Lord Lothian, Hitler im Januar 1935 besucht hatte und dieses Sieben-Punkte-Programm in *The Times*, *The Round Table*, in Chatham House und All Souls und zusammen mit Lord Halifax nach vorne brachte. In der Dezemberausgabe von 1937 des *Round Table*, wo auch die meisten der sieben Punkte, die Halifax kurz davor mit Hitler besprochen hatte, erwähnt wurden, wurde ein Krieg zur Verhinderung der deutschen Ambitionen in Europa aus den Gründen zurückgewiesen, dass sein «Ausgang unsicher» sei und dass «in seinem Gefolge unwünschbare innenpolitische Katastrophen auftreten» würden. Die Aufrechnung des militärischen Kräftegleichgewichts in einem Krieg vollzog der Artikel so, dass er Deutschland ein Übergewicht gab, indem Russland und die Tschechoslowakei ganz ausgelassen wurden, die französische Armee nur mit zwei Dritteln der deutschen berechnet wurde und die britische mit weniger als drei Divisionen. Im Frühling 1938 wurde diese völlig falsche Sicht der Situation von der Regierung selbst propagiert.

Über Jahre hinweg vor dem Juni 1938 hatte die britische Regierung darauf beharrt, dass die britische Aufrüstung in einer befriedigenden Weise voranschreite. Churchill und andere stellten das in Frage und kamen mit Zahlen über die deutsche Wiederbewaffnung, die zeigen sollten, dass die britischen Fortschritte in dieser Richtung unzulänglich seien. Diese Zahlen (die nicht stimmten) wurden von der Regierung verneint, die umgekehrt ihr eigenes Aufrüstungsprogramm verteidigte. Noch im März 1938 sagte Chamberlain, dass die britische Rüstung eine Gestalt habe, um Britannien «in den Augen der Welt (...) zu einer geradezu furchterregenden Macht» zu machen. Aber als das Jahr fortschritt, begann die Regierung eine ziemlich andere Haltung einzunehmen. Um die öffentliche Meinung zu überreden, dass man unausweichlich vor Deutschland zurückweichen müsse, taten die Regierung und ihre Anhänger jetzt so, als ob die britische Rüstung im Vergleich zu der Deutschlands ganz unzureichend wäre.

Wir wissen inzwischen dank der erbeuteten Akten des deutschen Kriegsministeriums, dass das weit übertrieben war. Von 1936 bis Kriegsausbruch 1939 stieg die deutsche Flugzeugproduktion nicht, sondern pendelte auf einem Stand von 425 Flugzeugen aller Typen (inklusive ziviler) pro Monat. Die Herstellung von Panzern war gering und sogar noch 1939 geringer als diejenige Großbritanniens. In den ersten neun Monaten 1939 produzierte Deutschland nur 50 Panzer pro Monat; in den letzten vier Monaten 1939, im Krieg, produzierte Deutschland 247 «Panzer und Sturmgeschütze», während es in Großbritannien in der gleichen Zeit 314 Panzer waren. Zur Zeit der Münchenkrise 1938 hatte Deutschland 35 Infanterie- und 4 motorisierte Divisionen, von denen keine voll besetzt oder ausgerüstet war. Zur gleichen Zeit konnte die Tschechoslowakei zumindest 33 Divisionen mobilmachen. Darüber hinaus war die tschechoslowakische Armee besser ausgebildet, hatte die weit bessere Ausrüstung, eine bessere Moral und die besseren Befestigungsanlagen. Zu der Zeit waren die deutschen Panzer bis auf eine Handvoll 18-Tonner (Mark III), die mit 37-mm-Geschützen ausgerüstet waren, alle kleiner als 10 t und bewaffnet mit Maschinengewehren. Die Tschechen hatten Hunderte von 38-t-Panzer, die mit 75-mm-Kanonen bestückt waren. Als Deutschland im März 1939 die Tschechoslowakei überrannte, erbeutete es 469 dieser überlegenen Panzer, dazu 1.500 Flugzeuge, 43.000 Maschinengewehre und über 1 Million Gewehre. Das war in jeder Beziehung nur unwesentlich weniger, als Deutschland selbst zur Zeit von München gehabt hatte. Damals wären Deutschlands 39 Divisionen mit möglicher Unterstützung aus Polen und Ungarn 34 tschechoslowakische Divisionen, unterstützt von Frankreich, Großbritannien und Russland, gegenübergestanden, wenn das die britische Regierung nur gewollt hätte.

Bevor wir dieses Thema wieder verlassen, sollte man vielleicht noch erwähnen, dass Deutschland 1939 einen Mark-IV-Panzer von 23 t mit einer 75-mm-Kanone in Bau brachte, aber von Mark III und Mark IV zusammen vor dem Ausbruch des Kriegs im September 1939 nur 300 Stück herstellte. Dazu hatte es im selben Zeitraum noch 2.700 der minderwertigen Mark-I- und Mark-II-Panzer hergestellt, von denen etwa 25% pro Woche wegen technischer Defekte ausfielen. Zu diesem Zeitpunkt (September 1939) besaß Deutschland eine Luftwaffe von 1.000 Bombern und 1.050 Jagdflugzeugen. Im Vergleich dazu hatte das britische Luftbewaffnungsprogramm vom März 1934, das Jagdflugzeuge bevorzugte, eine Luftwaffe in der ersten Linie mit 900 Flugzeugen vorgesehen. Dieses Programm wurde auf Drängen Chamberlains ausgeweitet und im Mai 1938 wurde ein neues Programm vorgelegt, das eine Frontlinie mit 2.370 Flugzeugen vorsah. Das wurde 1939 erneut ausgeweitet. Unter diesem Programm produzierte Großbritannien fast 3.000 militärische Flugzeuge 1938 und etwa 8.000 1939, verglichen mit 3.550 «Kampfflugzeugen» Deutschlands 1938 und 4.773 im Jahr 1939. Darüber hinaus war auch die Qualität der britischen Flugzeuge denjenigen Deutschlands überlegen. Es war dieser Vorsprung, der es Großbritannien ermöglichte, Deutschland in der Luftschlacht um England im September 1940 zu besiegen.

Aus diesen Tatsachen wird klar, dass Großbritannien 1938 nicht vor einer überlegenen Machtentfaltung zurückwich, wie damals und ebenso seitdem von vielen Schriftstellern behauptet wurde, inklusive Winston Churchill, dessen Kriegserinnerungen geschrieben wurden zwei Jahre nachdem die Archive der Reichswehr erbeutet worden waren. Wir haben Indizien, dass die Regierung Chamberlain diese Tatsachen kannte, aber beständig einen gegenteiligen Eindruck zu erwecken versuchte und dass Lord Halifax darin bis zu einem Punkt ging, wo die britischen Militärattachés in Prag und Paris dagegen protestierten.

Die Regierung Chamberlain machte Deutschland sowohl privat als auch öffentlich klar, dass sie Deutschlands Projekten nichts entgegensetzen würde. Wie es Dirksen am 8. Juni 1938 an Ribbentrop schrieb: «Alles, was man kriegen kann, ohne einen Schuss abzufeuern, wird mit der Zustimmung der Engländer rechnen können.» Dementsprechend war klar, dass Großbritannien der Annektierung Österreichs keine Opposition entgegensetzen würde, auch wenn man von dort weiterhin energisch vor jeder Anwendung militärischer Gewalt warnte. Im Februar 1938 verkündeten Sir John Simon und Chamberlain im Unterhaus, dass man weder vom Völkerbund noch von Großbritannien eine Unterstützung für die Unabhängigkeit Österreichs erwarten könne; am 12. Februar sagte Hitler zu Schuschnigg, dass Lord Halifax «allem, was er [Hitler] mit Bezug auf Österreich und die Sudetendeutschen unternehme» zustimmte. Am 3. März 1938 sagte Neville Chamberlain Hitler, dass Grenzveränderungen in Europa dann akzeptabel seien, wenn sie ohne «das freie Spiel der militärischen Kräfte» erreicht würden, und dass er persönlich «sich oft für den Anschluss ausgesprochen» habe. Auf dem Höhepunkt der Krise, am 7. März, schließlich weigerte sich Chamberlain im Unterhaus, die Unabhängigkeit Österreichs oder einer anderen der kleinen Nationen zu garantieren. Diese Erklärung geschah zum Entzücken der Anhänger der Regierung. Am folgenden Tag schickte das Außenministerium eine Botschaft an seine Vertretungen in Europa, in der es seine Unfähigkeit, Österreich «Schutz zu garantieren», verlautbarte. Das ließ es für Hitler so deutlich werden, dass Großbritannien nichts machen würde, dass sein Befehl zum Einrücken in Österreich von keinem gleichzeitigen Befehl für Schutzvorkehrungen an Deutschlands anderen Grenzen begleitet wurde (11. März 1938). Tatsächlich war Hitler Italiens wegen unruhiger als Frankreichs und Großbritanniens wegen, obwohl doch Mussolini im September 1937 eingewilligt hatte, im Austausch für Deutschlands Unterstützung seiner Ambitionen im Mittelmeer Deutschlands Ambitionen auf Österreich zu unterstützen.

Obwohl die internationale Bühne aufgebaut war, wären die Annektierung und Invasion doch noch nicht im März erfolgt, wenn nicht bestimmte Ereignisse in Österreich selbst hinzugekommen wären, insbesondere Schuschniggs Entschlossenheit, die Ausführung des Keppler-Planes, der eine Durchdringung der österreichischen Regierung mit Nazis vorsah, zu verhindern. Sobald er eine Konzession zugestand, nahm er eine andere wieder zurück, wodurch die Position der Nazis zu einem schlechten Witz wurde. Schließlich überredete Papen Schuschnigg zu einem Besuch bei Hitler in Berchtesgaden am 12. Februar 1938. Dort wurde der österreichische Kanzler von einem erregten Hitler zurechtgewiesen und dazu gezwungen, ein neues Abkommen zu unterzeichnen, das der Erfüllung des Keppler-Plans dienen sollte. Obwohl Schuschnigg kein Ultimatum gestellt wurde, wurde ihm doch klargemacht, dass man zu militärischen Methoden übergehen würde, falls friedliche nicht ausreichen würden. Schuschnigg versprach 1) Seyß-Inquart, einen Nazi, zum Sicherheitsminister mit einer unbegrenzten Autorität über die österreichische Polizei, zu ernennen; 2) alle Nazis, die im Gefängnis saßen, inklusive der

Rebellen vom Juli 1934, aus dem Gefängnis zu entlassen und in ihre früheren Stellungen wieder einzusetzen; 3) 100 Armeeoffiziere mit Deutschland auszutauschen; 4) Nazis in Österreich zu erlauben, ihrem Glauben Ausdruck zu verleihen und der Vaterländischen Front mit denselben Rechten wie andere beizutreten, während die Nazipartei illegal bleiben sollte. Im Austausch dafür bekräftigte Hitler die Vereinbarung vom 11. Juli 1936.

Bei seiner Rückkehr nach Österreich führte Schuschnigg diese Konzessionen stückweise ohne irgendeine öffentliche Erklärung aus, war aber weiterhin entschlossen, Widerstand zu leisten. Am 2. März begann er mit den lange geächteten sozialistischen Gruppen zu verhandeln und am 9. März kündigte er plötzlich eine Volksabstimmung für den 13. März an. Die Volksabstimmung war, wie beabsichtigt, gänzlich unfair. Es gab nur eine Frage für den Wähler: «Sind Sie für ein freies und deutsches, unabhängiges und soziales, für ein christliches und einiges Österreich, für Frieden und Arbeit und die Gleichberechtigung aller, die sich zu Volk und Vaterland bekennen?» Es gab keine Wählerlisten; nur Stimmzettel für *Ja* wurden von der Regierung zur Verfügung gestellt; jeder, der mit *Nein* stimmen wollte, musste seinen eigenen Stimmzettel mitbringen, der von der gleichen Größe sein musste wie die *Ja*-Zettel und auf dem nichts geschrieben sein durfte als ein *Nein*.

Die Nazis waren außer sich. Durch Seyß-Inquart schickte Hitler ein Ultimatum, dass die Abstimmung verschoben werden und durch eine ersetzt werden müsste, in der der gegenteilige Gesichtspunkt (Vereinigung mit Deutschland) ebenfalls ausgedrückt werden konnte. Als der Tag (11. März) vorbeiging, wurden die deutschen Forderungen erhöht. Am Nachmittag, als die deutsche Armee sich der Grenze näherte, kam die Forderung, dass Schuschnigg zurücktreten und Seyß-Inquart Kanzler werden sollte. Wenn vor 19.30 Uhr eine zustimmende Antwort eintreffen würde, so würde der Einmarsch gestoppt werden. Schuschnigg trat zurück, aber Präsident Miklas ernannte Seyß-Inquart erst um 23.00 Uhr zum Kanzler. Zu der Zeit hatten deutsche Truppen schon die Grenze überschritten und ihr Vormarsch konnte nicht mehr gestoppt werden. An die Österreicher war der Befehl ausgegeben worden, keinen Widerstand zu leisten, und die Deutschen wurden im Allgemeinen freundlich empfangen. Göring erbat ein Telegramm von Seyß-Inquart, in dem dieser um deutsche Truppen zur Wiederherstellung der Ordnung bitten sollte, um damit den Einmarsch zu rechtfertigen. Er bekam keines, also schrieb er sich selbst eines.

Das Fehlen von Widerstand, die Bewillkommnung durch die Österreicher und die Untätigkeit Italiens und der Westmächte ermutigte Deutschland, seine Ambitionen zu vergrößern. Die meiste Zeit des 12. März über wurde noch von einem baldigen Rückzug nach der Etablierung einer Regierung Seyß-Inquart gesprochen. Doch der begeisterte Empfang für Hitler in Linz am selben Tag, das Interesse an österreichischen Produkten wie Holz, das zusätzliche Menschenmaterial von Österreichs halber Million Arbeitsloser, die Gelegenheit, die Juden auszurauben, und das vollständige Fehlen irgendeiner Opposition brachten Hitler zum Entschluss, Österreich zu annektieren. Das geschah am 13. März. Eine Volksabstimmung zur Bestätigung dieser Handlung wurde für den 10. April angesetzt. In der Zwischenzeit wurden diejenigen, welche gegen die Nazis gearbeitet hatten, ermordet oder versklavt, die Juden wurden ausgeplündert und missbraucht und den Nazigangstern, die Österreich seit Jahren in Unruhe gehalten hatten, wurden die extravagantesten Ehren bereitet. Das Plebiszit vom 10. April, das unter großem Druck der Nazis stattfand, brachte ein Ergebnis von über 99% der Deutschen für den Anschluss.

Die Krise um die Tschechoslowakei (1937–1938)

Die Tschechoslowakei war das wohlhabendste, demokratischste, mächtigste und am besten regierte der Länder, die sich aus den Ruinen des Habsburgerreiches erhoben hatten. Es wurde 1919 mit der Form einer Kaulquappe aus der Taufe gehoben und bestand aus vier Hauptteilen. Diese waren, von West nach Ost, Böhmen, Mähren, die Slowakei und Ruthenien. Es hatte 15 Millionen Einwohner, von denen 3,4 Millionen Deutsche waren, 6 Millionen Tschechen, 3 Millionen Slowaken, 750.000 Ungarn, 100.000 Polen und 500.000 Ruthenen. Im Allgemeinen erfreuten sich diese Menschen umso höherer Bildung, Kultur, Wohlstands und allgemeiner Fortschrittlichkeit, je weiter man von Osten nach Westen kam, wobei Deutsche und Tschechen weiter oben standen, Slowaken und Ruthenen weiter unten.

Die große Zahl von Minderheiten und besonders die große Anzahl Deutscher im Land erwuchs aus der Notwendigkeit, dem Land verteidigbare und lebensfähige Grenzen zu geben. Im Nordwesten verlief die strategische Grenze ganz klar entlang des Sudetengebirges, und um diese Grenze zu erhalten, war es unumgänglich, der Tschechoslowakei die große Anzahl Deutscher, die an der Südseite dieser Berge lebten, einzuverleiben. Diese Deutschen selbst standen dieser Grenzziehung feindselig gegenüber, obwohl sie selbst niemals zu Deutschland gehört hatten. Sie betrachteten aber alle Slawen als minderwertig und sahen ihre eigene wirtschaftliche Machtstellung gefährdet. Das Sudetengebiet war die am weitesten industrialisierte Region des alten Habsburgerreiches gewesen und sah durch die neuen territorialen Aufteilungen jetzt seinen Zugang zu den Märkten behindert. Darüber hinaus zielten die Agrarreformen der neuen Republik zwar nicht speziell auf die Deutschen, gingen aber doch am meisten zu ihren Lasten, weil sie eine Oberschicht gebildet hatten. Diese wirtschaftliche Unzufriedenheit verstärkte sich nach dem Ausbruch der Weltwirtschaftskrise 1929 und besonders nachdem Hitler bewiesen hatte, dass seine Politik Deutschland zu Wohlstand verhelfen konnte. Andererseits waren die Minderheiten in der Tschechoslowakei die bestgestellten in ganz Europa und ihre Beschwerden waren genau deshalb so hörbar, weil sie innerhalb eines liberal-demokratischen Staatswesens agierten, das ihnen Freiheit gab, sich zu artikulieren.

Nur ein Teil der Deutschen des Sudetenlands waren Nazis. Die aber waren lautstark und gut organisiert und wurden finanziell von Berlin unterstützt. Ihre Zahl stieg ständig und nahm besonders nach dem österreichischen Anschluss zu. Die Nazipartei wurde in der Tschechoslowakei 1934 verboten, änderte aber unter Konrad Henlein einfach nur ihren Namen in Sudetendeutsche Partei. Bei 600.000 Mitgliedern bekam sie bei den Wahlen vom Mai 1935 1,2 Millionen Stimmen und 44 Sitze im Parlament – nur einer weniger als die stärkste Partei. Sobald Edward Benes 1935 Thomas Masaryk als Präsident der Tschechoslowakei nachfolgte, unternahm er Schritte zur Versöhnung der Sudetendeutschen, indem er ihnen zum Beispiel eine Anzahl Sitze in der Verwaltung anbot, die proportional zu ihrer Bevölkerungszahl stehen sollte. Das war für die Deutschen aber nicht akzeptabel, weil sie damit nur ein Fünftel der Sitze in ihrer eigenen Region, wo sie 90% der Bevölkerung stellten, erhalten hätten und ebenso ein Fünftel in der Slowakei, an der sie in keiner Weise interessiert waren.

1937 machte der Premierminister Milan Hodza das Angebot, alle in der nationalen Verwaltung tätigen Deutschen in das Sudetengebiet zu bringen und weitere auszubilden, bis die ganze Verwaltung in dieser Region rein deutsch sei. Für Konrad Henlein war aber keiner dieser Vorschläge annehmbar, weil er in Wirklichkeit keine Konzessionen innerhalb der Tschechoslowakei wollte, wie großzügig diese auch immer ausgefallen wären; was er wirklich wollte, war die Zerschlagung des tschechoslowakischen Staats. Da er das nicht öffentlich zugeben konnte – während es in seinen Briefen an Hitler 1937 zum Ausdruck kam –, musste er damit fortfahren, zu verhandeln und seine Forderungen höher zu schrauben, wenn die Regierung ihm größere Konzessionen machen wollte. Diese Konzessionen waren für den Staat eine Gefahr, weil der Befestigungsgürtel gegen Deutschland entlang des Gebirges verlief und somit unmittelbar durch das Sudetenland. Jede Konzession gegenüber den Sudetendeutschen schwächte so die Verteidigungsfähigkeit des Landes gegen einen Angriff. Diese zwei Tatsachen ließen alle Anstrengungen, mit Henlein zu einem Kompromiss zu kommen, von Beginn an als aussichtslos erscheinen und ließen den britischen Druck auf die tschechische Regierung, zusätzliche Konzessionen zu gewähren, als übler denn aussichtslos erscheinen. Es ist bemerkenswert, dass es vor dem 12. September 1938 weder von Seiten Henleins noch von Seiten Deutschlands eine öffentliche Forderung nach Abtrennung des Sudetenlandes von der Tschechoslowakei gab, während einflussreiche Leute in der britischen Regierung das schon Monate vor diesem Datum sowohl privat als auch öffentlich befürworteten.

Die tschechische Stärke beruhte auf einer Armee von etwa dreiunddreißig Divisionen, welche der Qualität nach die beste Europas war, auf dem ausgezeichneten Befestigungssystem und auf den Bündnissen mit Frankreich, der Sowjetunion und der Kleinen Entente. Durch die Annektierung Österreichs war Böhmen auf drei Seiten von deutschem Territorium umgeben, aber vom militärischen Gesichtspunkt aus war die tschechische Position immer noch stark. Die gerade Linie von Berlin nach Wien führt durch Prag, aber die deutsche Armee konnte nicht einfach durch die schwach befestigte Südgrenze zu Österreich nach Böhmen einfallen, weil sie sich damit der Gefahr eines tschechischen Gegenangriffs aus dem starken Befestigungsgürtel heraus nach Bayern aussetzte.

Innerhalb von nur zwei Wochen nach Hitlers Annektierung Österreichs begann Großbritannien sich zu rühren. Es wurde entschieden, dahingehend Druck auf die Tschechen auszuüben, dass diese den Deutschen Konzessionen machen sollten; Frankreich und schließlich auch Deutschland sollten ermutigt werden, dasselbe zu tun; man bestand darauf, dass Deutschland für die Herbeiführung einer Entscheidung keine Gewalt einsetzen dürfte, sondern die Geduld aufbringen sollte, das gewünschte Resultat durch Verhandlungen zu erreichen: Russland, obwohl mit der Tschechoslowakei verbündet, sollte vollständig von den Verhandlungen ausgeschlossen bleiben. All das wurde mit den Argumenten gerechtfertigt, dass die Tschechoslowakei in einem Krieg mit Deutschland überrollt werden würde, dass Russland ohnehin ohne militärischen Wert sei und seine Bündnisverpflichtung mit den Tschechen sowieso nicht erfüllen würde und dass Deutschland sich mit dem Sudetenland und dem polnischen Korridor begnügen würde. Alle diese Annahmen waren äußerst zweifelhaft, aber sie wurden sowohl öffentlich als auch privat unverdrossen ausgebreitet und haben vielleicht zeitweise sogar diejenigen, die sie vorbrachten, überzeugt.

Zu der Gruppe, welche diese Version der Situation verbreitete, gehörten Chamberlain, Lord Halifax, John Simon, Samuel Hoare, Horace Wilson, der Cliveden Set, der britische Botschafter in Berlin (Sir Nevile Henderson) und der britische Geschäftsträger in Prag (Basil Newton). Um ihre Zielsetzungen attraktiver erscheinen zu lassen, betonten sie die Großartigkeit von «Autonomie» und «Selbstbestimmung» und den Beitrag zum europäischen Frieden, den es bedeuten würde, wenn Deutschland zufriedengestellt wäre und die Tschechoslowakei «neutralisiert würde wie die Schweiz» und «garantiert wie Belgien». Mit «Neutralisierung» war gemeint, dass die Tschechoslowakei ihre Bündnisse mit der Sowjetunion und Frankreich widerrufen solle. Mit «Garantie» war gemeint, dass die Resttschechoslowakei, die nach einer Abtretung des Sudetenlandes an Deutschland übrig bleiben würde, in ihrer Existenz von Frankreich und Deutschland, ausdrücklich aber nicht von Großbritannien, garantiert werden sollte.

Wie die Existenz der Tschechoslowakei durch Frankreich gegen Deutschland hätte garantiert werden sollen, wenn das Land doch, gemäß britischer Auffassung, 1938, als seine Verteidigungslinien noch intakt waren und von Frankreich, der Sowjetunion und Großbritannien hätte unterstützt werden können, angeblich nicht verteidigt werden konnte, ist nur eine von mehreren britischen unlogischen Auffassungen, die während dieser Krise verbreitet wurden. Nichtsdestotrotz gelang es Großbritannien, für diese Pläne Unterstützung zu gewinnen, und zwar besonders in Frankreich, wo sie der Außenminister Georges Bonnet und der Ministerpräsident Edouard Daladier widerwillig akzeptierten.

In Frankreich grassierte die Kriegsfurcht. Darüber hinaus spielte in Frankreich noch mehr als in Großbritannien die Angst vor dem Bolschewismus eine große Rolle, und zwar besonders in einflussreichen Zirkeln der Rechten. Die Aufgabe des Bündnisses mit der Sowjetunion, die Installation eines Viermächtepakts und die Ausschaltung der Tschechoslowakei als «einer Speerspitze des Bolschewismus in Mitteleuropa» besaßen für diese konservativen Zirkel, welche die Volksfrontregierung unter Léon Blum als «Speerspitze des Bolschewismus» in Frankreich selbst ansahen, einen beträchtlichen Reiz. Dieser Gruppe wie auch einer weniger lautstarken in Großbritannien wäre sogar ein Sieg über Hitler in einem Krieg um die Rettung der Tschechoslowakei als Niederlage für ihre Ziele erschienen. Das war nicht so sehr deshalb so, weil ihnen die Demokratie missfallen und sie die autoritäre Reaktion bewundert hätten (was zwar stimmte), als deshalb, weil sie überzeugt waren, dass eine Niederlage Hitlers ganz Mittel- und vielleicht sogar Westeuropa dem Bolschewismus und dem Chaos ausgeliefert hätte. Der Slogan dieser Leute, «besser Hitler als Blum», wurde im Laufe des Jahres 1938 immer hörbarer und obwohl in Großbritannien nichts dergleichen zu hören war, war doch die dem Slogan zugrunde liegende Idee auch in diesem Land nicht fremd. In diesem Dilemma erschienen die «Drei-Blöcke-Welt» des Cliveden Sets oder sogar der deutsch-sowjetische Krieg der Antibolschewisten als einzige Lösungen. Weil beide Lösungen die Eliminierung der Tschechoslowakei aus dem europäischen Mächtesystem beinhalteten, wurde die Tschechoslowakei mit den Instrumenten deutscher Aggression, französischer Entscheidungsunfähigkeit und Kriegsmüdigkeit und britischen Appeasements in der Öffentlichkeit und mit gnadenlosem Druck hinter den Kulissen ausgeschaltet.

Es gibt keinen Grund, die endlosen Verhandlungen zwischen Henlein und der tschechischen Regierung zu verfolgen, Verhandlungen, bei denen Großbritannien seit dem März 1938 bis zu ihrem Ende eine aktive Rolle spielte. Plan nach Plan mit Vorschlägen zu Minderheitenrechten, wirtschaftlichen Zugeständnissen, kultureller und administrativer Autonomie und sogar mit Vorschlägen zu politischem Föderalismus wurde von den Tschechen Großbritannien und Deutschland vorgelegt und schließlich von Henlein als unzureichend beiseite gewischt. Extrem waren des Letzteren «Karlsbader Forderungen», formuliert nach Henleins Konferenz mit Hitler am 24. April. Sie begannen mit einer Einleitung, welche die Tschechen und den tschechoslowakischen Staat schmähte und wo darauf bestanden wurde, dass das Land seine Außenpolitik aufgeben und aufhören müsse, ein Hindernis für den deutschen «Drang nach Osten» abzugeben. Dann wurden acht Forderungen aufgestellt. Dazu gehörten 1) vollständige Gleichheit zwischen Tschechen und Deutschen, 2) Anerkennung der Deutschen als Korporation mit einer juristischen Persönlichkeit, 3) Demarkierung des deutschen Gebiets, 4) volle Selbständigkeit in diesen Gebieten, 5) rechtlicher Schutz für die Bürger außerhalb dieser Gebiete, 6) Reparationen für Schäden, die den Sudeten durch die Tschechen seit 1918 zugefügt worden waren, 7) deutsche Amtsträger in deutschen Gebieten und 8) die volle Freiheit dafür, die deutsche Nationalität und deutsche politische Philosophie nach außen zu tragen. Darunter war kein Hinweis auf eine Veränderung der Grenzen, aber als die tschechische Regierung unter dem starken Druck Großbritanniens und nach langen Verhandlungswochen schließlich diese Punkte von der Substanz her zugestand, brach Henlein die Verhandlungen ab und floh nach Deutschland (7.–12. September 1938).

Schon am 17. März 1938, fünf Tage nach dem Anschluss, verlangte die sowjetische Regierung Beratungen zur Einleitung kollektiver Maßnahmen zur Beendigung der Aggression und zur Abwehr der zunehmenden Gefahr eines neuen weltweiten Schlachtens. Das wurde von Lord Halifax umgehend zurückgewiesen. Stattdessen verkündete Chamberlain am 24. März im Unterhaus, dass Großbritannien der Tschechoslowakei im Falle eines Angriffs gegen diese nicht zur Hilfe kommen würde und ebenso wenig Frankreich unterstützen würde, wenn dieses seinerseits eingreifen würde. Als das sowjetische Verlangen im September 1938 noch einmal wiederholt wurde, wurde es einfach ignoriert.

Der französische Ministerpräsident und der französische Außenminister gingen Ende April nach London und suchten Großbritanniens Zustimmung zu drei Punkten: 1) zu Flottengesprächen, in denen Frankreichs Fähigkeit, seine afrikanische Truppen im Falle einer Krise nach Frankreich zu bringen, sichergestellt werden sollte; 2) zu wirtschaftlicher Unterstützung für die Kleine Entente, um sie von deutschem wirtschaftlichem Druck zu befreien; und 3) ein Versprechen, dass die Tschechoslowakei eine englisch-französische Garantie erhalten sollte, falls sie nach englisch-französischem Druck zwar zu weitgehenden Konzessionen gegenüber den Sudetendeutschen bereit wäre, Deutschland sich aber weigern würde, diese Konzessionen anzunehmen, und sich mit ihnen zufrieden zu geben und weiterhin auf die Zerstörung des tschechischen Staates hinarbeiten würde. Die ersten beiden Punkte wurden zurückgestellt, der dritte wurde zurückgewiesen. Außerdem wurde den Franzosen klargemacht, dass im Falle eines britisch-französischen Krieges gegen Deutschland sich der britische Beitrag zu diesem gemeinsamen Unternehmen auf die Luftwaffe beschränken würde, weil das der einzige Weg war, auf dem Großbritannien selbst angegriffen werden konnte. Höchstens könnte es irgendwann einmal möglich sein, zwei Divisionen nach Frankreich überzusetzen. Als die Franzosen eine Versicherung wollten, dass diese beiden Divisionen motorisiert seien, wurde ihnen wiederholt, dass diese Einheiten nicht versprochen, sondern nur als eine zukünftige Möglichkeit in den Raum gestellt würden und dass man keineswegs sicher zusagen könne, dass sie motorisiert sein würden. Die Heftigkeit dieser englisch-französischen Diskussionen kann aus den Protokollen, welche die englische Regierung 1949 veröffentlichte, nicht abgelesen werden. Am Tage nachdem sie beendet waren, schrieb Chamberlain an seine Schwester: «Zum Glück zeigen die Dokumente nicht, wie nahe wir wegen der Tschechoslowakei einem Bruch [mit den Franzosen] waren.»

Es ist ganz klar, dass Chamberlain entschlossen war, das Sudetenland abzuschreiben und nicht in einen Krieg mit Deutschland einzutreten, solange ihn nicht die öffentliche Meinung in England dazu zwang. Tatsächlich glaubte er, dass Deutschland der Tschechoslowakei seinen Willen auch allein mithilfe wirtschaftlicher Druckmittel aufzwingen könnte, auch wenn er nicht so weit ging wie Sir Nevile Henderson und Lord Halifax, zu sagen, dass diese Methode «innerhalb kurzer Zeit» Erfolg haben könnte. «Wenn Deutschland diesen Pfad einschlüge», so Chamberlain, «so würde kein Casus Belli im Sinne des französisch-tschechoslowakischen Bündnisvertrags entstehen und Deutschland würde alles erreichen können, was es wollte, ohne einen einzigen Soldaten zu verschieben.» Wenn Deutschland sich entschließen würde, die Tschechoslowakei zu zerstören, so sehe er nicht, wie das verhindert werden könnte. Aber er «glaube nicht, dass Deutschland die Tschechoslowakei zerstören will». Dementsprechend würde es englisch-französischer Druck, um die Tschechen zu Verhandlungen zu zwingen, möglich machen, «einen Teil der Tschechoslowakei und insbesondere die Existenz des tschechoslowakischen Staates zu retten». Jedenfalls war er entschlossen, wegen dieser Angelegenheit nicht in einen Krieg einzutreten, denn nichts könne die Deutschen daran hindern, einen sofortigen Sieg über die Tschechen zu erringen, und selbst wenn die Deutschen dann anschließend nach einem langen Krieg besiegt würden, gäbe es doch keine Garantie dafür, dass man die Tschechoslowakei in ihrer jetzigen Form wiedererstehen lassen könnte.

Chamberlains Sichtweise (die während der ganzen Krise die entscheidende war) wurde in positiverer Form einer Gruppe nordamerikanischer Journalisten bei einem Lunch in Lady Astors Haus am 10. Mai 1938 präsentiert: er wollte einen Viermächtepakt, den Ausschluss Russlands aus Europa und Grenzberichtigungen in der Tschechoslowakei zugunsten Deutschlands. Weil er diese Dinge nicht unmittelbar erlangen konnte, hielt er seinen sehr starken Druck auf die Tschechoslowakei aufrecht, den Sudetendeutschen Konzessionen zu machen. Unter französischem Druck fragte er auch Deutschland, was seine Position bezüglich der Problematik sei, erhielt aber bis September keine Antwort mit der Begründung, dass diese Frage von den Sudetendeutschen und den Tschechen intern geregelt werden müsse.

In der Zwischenzeit veränderte die deutsche Besetzung Österreichs die strategische Lage Deutschlands, so dass es für Hitler nötig wurde, seinen allgemeinen Befehl für die Armee bezüglich Operationsplänen gegen Frankreich, die Tschechoslowakei und Österreich zu verändern. Diese (alten) Befehle waren am 24. Juni 1937 ausgegeben worden. Die neue Direktive, die Keitel am 20. Mai 1938 entwarf und Hitler zur Unterzeichnung vorlegte, begann so: «Es liegt nicht in meiner Absicht, die Tschechoslowakei ohne Herausforderung schon in nächster Zeit durch eine militärische Aktion zu zerschlagen, es sei denn, dass eine unabwendbare Entwicklung der politischen Verhältnisse *innerhalb* der Tschechoslowakei dazu zwingt oder die politischen Ereignisse in Europa eine besonders günstige und vielleicht nie wiederkehrende Gelegenheit dazu schaffen.»

Dieser Entwurf wurde in der Gänze von Hitler umgeschrieben und am 30. Mai 1938 unterzeichnet. Der Anfangssatz lautete in der neuen Version: «Es ist mein unabänderlicher Entschluss, die Tschechoslowakei in absehbarer Zeit durch eine militärische Aktion zu zerschlagen.» Danach wurde gesagt, dass im Falle eines Kriegs mit der Tschechoslowakei, ob mit oder ohne französische Intervention, alle Kräfte gegen die Tschechen konzentriert werden sollten, um in den ersten drei Tagen einen beeindruckenden Sieg zu erringen. Der strategische Plan, der nach diesem Befehl entworfen wurde, sah vor, dass erst nach einem «entscheidenden» Schlag gegen die Tschechoslowakei Kräfte an die französische Grenze verlegt werden sollten. Es gab keine Vorkehrungen für einen Krieg gegen die Sowjetunion (außer einiger Flottenmanöver in der Ostsee) und selbst aus Ostpreußen sollten alle regulären Truppen abgezogen werden, um die Niederlage der Tschechen zu beschleunigen. Der Tag X wurde auf den 1. Oktober festgelegt, wobei die Aufstellung der Truppen am 28. September beginnen sollte.

Diese Befehle waren so unrealistisch, dass die militärischen Führer Deutschlands entsetzt waren. Sie erkannten, dass die Wirklichkeit so verschieden von dem Bild war, das sich Hitler von ihr machte, dass Deutschland in jedem Krieg, der wegen der Tschechoslowakei entstehen konnte, ziemlich rasch besiegt würde. Alle ihre Bemühungen, Hitler die Wirklichkeit zu Bewusstsein zu bringen, waren gänzlich erfolglos und so wurden sie, als die Krise sich entfaltete, zunehmend verzweifelt, bis sie Ende August in einem Zustand der Panik waren. Dieses Gefühl wurde im ganzen Außenministerium mit Ausnahme von Ribbentrop selbst geteilt. Hitler saß isoliert in seinem Haus in den Bergen, lebte in einer Traumwelt und war von sehr unzugänglichem Temperament. Er wurde durch Ribbentrop, Himmler und Hess von Kontakten zur Außenwelt abgeschottet und diese sagten ihm, dass Russland, Frankreich und Großbritannien nicht kämpfen würden und dass die Tschechen bluffeten. Bis heute ist es mysteriös, warum sich Ribbentrop so sicher war, dass Großbritannien nicht kämpfen würde. Er hatte recht damit.

Die deutschen Generäle versuchten, Hitler sein Projekt auszureden. Als sie erkannten, dass sie keinerlei Einfluss auf ihn besaßen, überredeten sie verschiedene wichtige Personen, die ihn besuchten, ihn in dieser Sache anzusprechen. So gelang es ihnen, Admiral Miklós Horthy, den Thronverweser Ungarns, dazu zu bringen, seinen Einfluss auf den Führer während seines Besuchs vom 21. bis 26. August 1938 zu versuchen. Hitler unterbrach ihn und rief: «Unfug! Hören Sie auf!» Die Generäle und verschiedene wichtige zivile Führungspersonen bildeten daraufhin eine Verschwörergruppe, deren Führer General Ludwig Beck (Chef des Generalstabs) war. Zu ihr gehörten alle bedeutenden Generäle inklusive General Ernst Witzleben (Gouverneur von Berlin) und General Georg Thomas (Chef des Nachschubs). Zu den zivilen Führern der Verschwörung gehörten Baron Ernst von Weizsäcker (Staatssekretär im Außenministerium), Erich Kordt (Bürochef Ribbentrops) und Ulrich von Hassell (Botschafter in Rom 1932–1938). Ihr Plan entfaltete sich in drei Phasen: 1) jede Anstrengung zu unternehmen, um Hitler die Wahrheit sehen zu lassen; 2) die Briten über ihre Bemühungen ins Licht zu setzen und sie beschwören, beim Thema Tschechoslowakei fest zu bleiben, und der deutschen Regierung klarzumachen, dass Großbritannien kämpfen würde, falls Hitler gegen die Tschechoslowakei in den Krieg ziehen würde; 3) Hitler zu ermorden, falls er nichtsdestotrotz den Befehl zum Angriff auf die Tschechoslowakei geben würde. Obwohl Weizsäcker, Kordt, die Generäle und andere in den ersten zwei Septemberwochen Botschaft nach Botschaft nach Großbritannien schickten, verweigerte die britische Regierung jede Zusammenarbeit. Deshalb wurde dann der Entschluss gefasst, Hitler umzubringen, sobald er den Angriffsbefehl gegen die Tschechoslowakei gegeben hätte. Dieses Projekt wurde am 28. September 1938 gegen Mittag fallen gelassen, als in Berlin die Neuigkeit bekannt wurde, dass Chamberlain nach München kommen würde, um nachzugeben. Der Angriffsbefehl Hitlers hätte um 2 Uhr nachmittags am gleichen Tage erfolgen sollen.

In der Zwischenzeit verhandelten die Tschechen mit Konrad Henlein, um zu versuchen, irgendeinen Kompromiss zu erlangen, der weniger radikal sein sollte als seine Karlsbader Forderungen. Großbritannien und Frankreich übten Druck auf die Tschechen aus. Seit dem 31. Mai versuchte Lord Halifax die Franzosen dazu zu zwingen, den Tschechen damit zu drohen, dass das Bündnis mit ihnen aufgekündigt oder zumindest abgeschwächt würde, falls sie den Sudetendeutschen keine Konzessionen machen würden. Diese Drohung wurde schließlich am 21. September 1938 ausgesprochen.

Der Druck auf die Tschechen wurde von einer britischen Delegation unter Lord Runciman, die Anfang August eintraf, weiter erhöht. Diese Delegation wurde der Öffentlichkeit gegenüber so dargestellt, als ob sie auf Verlangen der tschechischen Regierung zwischen Henlein und der Regierung vermitteln sollte. Tatsächlich wurde sie der tschechischen Regierung aufgezwungen und ihre Hauptfunktion bestand darin, den Druck auf diese Regierung zu erhöhen, um von ihr Konzessionen zu erlangen. Es wurde öffentlich bekannt gegeben, dass die Mitglieder dieser Delegation als Privatpersonen reisten und dass die britische Regierung durch ihr Handeln in nichts gebunden sei. Unter diesem Druck wichen die Tschechen Schritt um Schritt zurück und erkannten schließlich am 6. September, wie schon erwähnt, die Karlsbader Forderungen in ihrer Substanz an. Da die Führer der Sudetendeutschen keine Lösung wollten, die nicht die Zerstörung der Tschechoslowakei beinhaltete, inszenierten sie Straßenkrawalle und brachen die Verhandlungen ab. Die offizielle britische Untersuchung kam zu dem Schluss, dass der in Frage stehende Krawall zur Gänze auf das Konto der sudetendeutschen Führer (die einen Polizisten angegriffen hatten) ging.

In der Zwischenzeit hatten die Briten einen eigenen Plan ausgearbeitet. Dieser sah, wie bereits erwähnt, vor: 1) Abtrennung des Sudetenlandes von der Tschechoslowakei, sei es mittels einer Volksabstimmung, sei es durch eine einfache Teilung; 2) Neutralisierung der Resttschechoslowakei durch Revision ihrer Verträge mit Russland und Frankreich und 3) Garantie dieser Rumpftschechoslowakei (aber nicht durch Großbritannien). Dieser Plan wurde dem tschechischen Botschafter in London von Lord Halifax am 25. Mai vorgetragen und wurde im Detail von einem Untergebenen von Lord Halifax, William (später Lord) Strang während einer Besuchsreise nach Prag und Berlin in der nachfolgenden Woche ausgearbeitet. Es war dieser Plan, den Lord Runciman aufnahm und in seinem Bericht vom 21. September 1938 als seine eigene Empfehlung präsentierte.

Es ist bemerkenswert, dass Lord Runciman am 2. September eine persönliche Botschaft Henleins an Hitler übermittelte, in der dieser sagte, dass bis zum 15. September ein Abkommen geschlossen werden würde. Was man vielleicht überraschend finden könnte, ist, dass Lord Runciman sich überhaupt nicht um die Karlsbader Forderungen und die weitgehenden Konzessionen zu ihrer Erfüllung, welche die tschechische Regierung in den Verhandlungen gemacht hatte, kümmerte. Stattdessen empfahl er dem britischen Kabinett am 16. September und in seinem schriftlichen Bericht fünf Tage später die gleiche Mischung aus Teilung, Volksabstimmung, Neutralisierung und Garantie, die das britische Außenministerium schon seit Wochen im Sinn hatte. Es war genau dieser Plan, der schließlich am 30. September von der Viermächtekonferenz in München angenommen und den Tschechen auferlegt wurde.

Auch der französischen Regierung und der Weltöffentlichkeit musste dieser Plan aufgezwungen werden und insbesondere der öffentlichen Meinung in England. Das geschah mithilfe der langsam ansteigenden Kriegshysterie, die am 28. September das Niveau einer vollständigen Panik erreichte. Der zunehmende Schrecken, der (angeblich) von der schonungslosen deutschen Mobilmachung ausging, wurde Tag um Tag weiter aufgebaut und ausgemalt, während gleichzeitig Großbritannien und Frankreich den Tschechen befahlen, nicht mobilzumachen, um «Deutschland nicht zu provozieren». Beharrlich wurde verbreitet, dass Russland wertlos sei und nicht kämpfen würde, dass Großbritannien nicht in einen Krieg ziehen würde, um die Sudetendeutschen davon abzuhalten, ihr Selbstbestimmungsrecht auszuüben, dass Deutschland die Tschechen in ein paar Tagen überrollen und Prag, Paris und London aus der Luft schon am ersten Tage ausradieren könnte, dass diese Luftangriffe von Gasangriffen auf die Zivilbevölkerung aus der Luft begleitet sein würden und dass, selbst wenn Deutschland nach Jahren des Kriegs besiegt werden könnte, die Tschechoslowakei doch niemals mehr wiederhergestellt werden würde, weil sie eine künstliche Monstrosität wäre, eine Verirrung des Jahres 1919.

Wir wissen jetzt, dass alle diese Behauptungen und Gerüchte nicht wahr waren; und die dokumentarischen Beweise legen nahe, dass auch die britische Regierung zu jener Zeit wusste, dass sie nicht wahr waren. Deutschland hatte 22 nicht voll ausgebildete Divisionen an der tschechischen Grenze, während die Tschechen 17 Divisionen in vorderster Frontlinie und noch 11 weitere Divisionen hatten, die alle von jedem Gesichtspunkt her, außer dem der Luftunterstützung, überlegen waren. Dazu hatten sie ausgezeichnete Befestigungsanlagen und eine höhere Moral. Diese Tatsachen waren der britischen Regierung bekannt. Am 3. September schrieb der britische Militärattaché in Prag nach London, dass «es in der tschechischen

Armee keine Unzulänglichkeiten gibt, soweit ich das wahrnehmen konnte, die so wären, dass man daraus die Vorstellung ableiten müsste, dass sie sich nicht gut schlagen würde [selbst wenn sie alleine kämpfen müsste]. (...) Aus meiner Sicht gibt es von daher keinen materiellen Grund, warum sie nicht eigenständig lang anhaltenden Widerstand leisten könnten. Alles hängt von ihrer Kampfmoral ab.»

Die Tatsache, dass die Deutschen mit nur 22 Divisionen angreifen würden, wurde London von dem Militärattaché am 21. September gemeldet. Dass Russland wenigstens 97 Divisionen und über 5.000 Flugzeuge hatte, hatte der Moskauer Attaché berichtet, der allerdings von beidem eine sehr geringe Meinung hatte. Bekannt war auch, dass Russland 36 seiner modernsten Kampfflugzeuge an die Tschechoslowakei verkauft hatte. Dass Russland kämpfen würde, wenn Frankreich kämpfte, wurde damals verneint. Inzwischen ist aber klar, dass Russland jedem versichert hatte, dass es seine Bündnisverpflichtungen erfüllen würde. 1950 machte Präsident Benes bekannt, dass Russland jeden nur möglichen Druck auf ihn ausgeübt habe, dass er den deutschen Forderungen im September 1938 Widerstand leisten sollte. Ein ähnlicher Druck wurde auf Frankreich ausgeübt, was damals auch nach London berichtet wurde.

In der dritten Septemberwoche hatte die Tschechoslowakei 1 Million Mann und 34 Divisionen unter Waffen. Die Deutschen erhöhten ihren Mobilmachungsstand im September auf 31 und schließlich auf 36 Divisionen, aber das waren insgesamt wahrscheinlich geringere Kräfte als die der Tschechen, weil viele der 19 Divisionen auf vorderster Frontlinie nur mit Zweidrittelstärke operierten, während das andere Drittel genommen worden war, um als Kern der Reservedivisionen zu dienen. Von den 19 Frontliniendivisionen waren 3 gepanzert und 4 motorisiert. Nur 5 Divisionen wurden an der Grenze zu Frankreich zurückgelassen, um die Tschechoslowakei so schnell als möglich besiegen zu können. In Frankreich, das nicht vollständig mobilmachte, war die Maginot-Linie in voller Kriegsstärke bemannt und waren außerdem noch weitere 20 Infanteriedivisionen mobilisiert. Darüber hinaus verfügte Frankreich über 10 motorisierte Divisionen. Bei der Luftwaffe hatten die Deutschen einen kleinen Vorteil, was die durchschnittliche Qualität anging, waren aber weit zurück, was die Zahl der Flugzeuge betraf. Deutschland hatte 1.500 Flugzeuge, die Tschechoslowakei weniger als 1.000; Frankreich und England hatten zusammen mehr als 1.000; Russland besaß nach Berichten 5.000. Und dazu hatte Russland noch etwa 100 Divisionen. Diese konnten zwar nicht gegen Deutschland vorgehen, weil Polen und Rumänien ihnen nicht gestatten würden, ihr Territorium zu durchqueren, wären aber eine Drohung gewesen, um Polen zur Neutralität zu überreden und um Rumänien dazu zu bringen, die Tschechoslowakei zu unterstützen und dadurch die Kleine Entente intakt zu halten und Ungarn zur Neutralität zu zwingen. Wenn Polen und Ungarn beide neutral geblieben wären, wäre Deutschland isoliert gewesen. Die Neutralität Polens und Rumäniens hätte außerdem die russische Luftwaffe nicht daran gehindert, der Tschechoslowakei zu Hilfe zu kommen. Im schlimmsten Falle hätte Russland (nach vorherigem Durchmarsch durch die baltischen Staaten und von der Ostsee aus) Ostpreußen, das fast vollständig von regulären deutschen Armeeeinheiten entblößt war, überrennen können. Es ist ziemlich klar, dass Italien Deutschland nicht zu Hilfe gekommen wäre.

Die Dokumente zeigen, dass die Regierung Chamberlain diese Fakten kannte, aber einen gegenteiligen Eindruck zu vermitteln versuchte. Besonders Lord Halifax korrumpierte diese Tatsachen. Obwohl alle Berichte dafür sprachen, dass die Moral der tschechischen Armee hoch war, benutzte er einen isolierten Satz eines schlecht geschriebenen Berichtes des britischen Militärattachés in Berlin, um daraus abzuleiten, dass die Moral der tschechischen Armee schlecht sei und das Land überrollt werden würde. Obwohl der französische Oberbefehlshaber General Maurice Gamelin einen sehr ermutigenden Bericht über die tschechische Armee vorgelegt hatte und in diesem Sinne von Chamberlain in einer Kabinettssitzung am 26. September zitiert worden war, zitierte ihn Halifax am Tage danach mit der Aussage, dass der tschechische Widerstand nur von sehr kurzer Dauer sein würde. Der Militärattaché in Prag protestierte gegen diese Aussage über die tschechische Moral und wies darauf hin, dass sie ursprünglich in Bezug auf die Grenzpolizei, die nicht zum Militär gehörte, gemacht worden sei. Der Militärattaché in Paris stellte Halifax' Aussage über Gamelins Sichtweise in Frage und zitierte entgegenstehende Äußerungen von Gamelins engsten Mitarbeitern in der französischen Armee. In den Zeitungen verbreitete sich die Unwahrheit, dass Gamelin Defätist sei. Sie ist auch heute noch weit verbreitet.

Gerade als die Krise im September ihren Siedepunkt erreichte, berichtete der britische Botschafter in Paris nach London, dass Oberst Charles A. Lindbergh aus Deutschland zurückgekehrt sei mit einem Bericht, nach dem Deutschland 8.000 Flugzeuge besäße und 1.500 monatlich herstellen könnte. Wir wissen heute, dass Deutschland damals etwa 1.500 Flugzeuge besaß und monatlich 280 herstellen konnte. Es hatte alle Pläne zur Bombardierung Londons selbst im Kriegsfall aufgegeben, weil es zu wenig Flugzeuge hatte und das Ziel zu weit entfernt lag. Lindbergh wiederholte seine schmerzliche Geschichte während der Krise täglich in Paris und in London. Die britische Regierung begann, die Bevölkerung Londons mit Gasmasken auszustatten; der Premierminister und der König riefen die Menschen dazu auf, Gräben in den Parks und Plätzen auszuheben; man begann, Schüler aus der Stadt zu evakuieren; am 24. September wurde den Tschechen die Mobilmachung gestattet; und drei Tage später wurde verkündet, dass die britische Flotte ihre Kriegsstellungen eingenommen habe. Insgesamt wurden alle Berichte oder Gerüchte hochgespielt, welche Panik und Defätismus verstärken konnten, und alles, was dazu hätte beitragen können, eine starke und geeinte Widerstandsfront gegen Deutschland aufzubauen, wurde heruntergespielt. Mitte September war Bonnet gebrochen und Daladier schwankte, während sich das englische Volk in völliger Verwirrung befand. Am 27. September hatten sich Daladier und das britische Volk zurückgezogen.

In der Zwischenzeit hatte Chamberlain ohne Konsultation seines Kabinetts Hitler am 13. September über Telegraph um ein Gespräch gebeten. Sie trafen sich am 15. September in Berchtesgaden. Chamberlain versuchte sofort die Diskussionen bezüglich einer englisch-deutschen Gesamtvereinbarung wieder aufzugreifen, die Halifax im November 1937 begonnen hatte, die aber nach Nevile Hendersons Konferenz mit Hitler am 3. März abgebrochen worden waren. Hitler unterbrach das und sagte, dass er sofort die Selbstbestimmung für die Sudetendeutschen brauche und dass der tschechisch-sowjetische Vertrag aufgelöst werden müsste. Wenn diese Forderungen nicht erfüllt würden, würde es sofort Krieg geben. Chamberlain bat darum, nach London zurückzukehren, um mit den Franzosen und Lord Runciman zusammenzutreffen.

Die anglo-französische Konferenz von 18. September 1938 sah das letzte Aufflackern französischen Widerstands gegen die britischen Pläne, hauptsächlich durch Daladier. Chamberlain machte Benes für die missliche Lage der Tschechoslowakei verantwortlich, während Lord Halifax alle die verfehlten Argumente über die Unmöglichkeit eines Widerstands und die Unwahrscheinlichkeit einer Wiederherstellung der Tschechoslowakei in den gegenwärtigen Grenzen selbst nach einem kostspieligen Sieg wiederholte. Chamberlain verbannte alle Lösungsmöglichkeiten außer derjenigen der Teilung aus der Diskussion. Für ihn war das Problem, «Mittel zu finden, wie man verhindern könnte, dass Frankreich als Folge seiner Verpflichtungen in einen Krieg hineingezwungen würde, und zu gleicher Zeit die Tschechoslowakei zu erhalten und so viel von dem Land zu retten, wie menschenmöglich war». Daladier versuchte schwach, die Diskussion auf das wirkliche Problem zu lenken, die deutsche Aggression. Schließlich akzeptierte er die britische Lösung, die darin bestand, dass alle Gebiete der Tschechoslowakei mit mehr als 50% deutscher Bevölkerung abgespalten werden sollten und der Rest eine Garantie erhalten sollte.

Während er bei der Hauptfrage nachgab, versuchte Daladier doch, einige Konzessionen zu erhalten: 1) dass die Tschechen konsultiert werden sollten; 2) dass die Rumpftschechoslowakei neben anderen auch von Großbritannien garantiert werden sollte; 3) dass dieser Rumpf Wirtschaftshilfe erhalten sollte. Dieser letzte Punkt wurde zurückgewiesen; der zweite wurde unter der Voraussetzung akzeptiert, dass die Tschechoslowakei ihr Bündnissystem aufgeben und im Allgemeinen «in Fragen von Krieg und Frieden» den britischen Wünschen folgen sollte; der erste wurde akzeptiert.

Die Art, wie Chamberlain sich zu einer «Konsultation mit den Tschechen» verstand, bevor ihnen die Teilung ihres Landes diktiert wurde, zeigt auf interessante Weise, wie Chamberlains Verstand arbeitete. Briten, Franzosen und Tschechen waren alle gegen eine Volksabstimmung bei diesem Konflikt, obwohl die Entente das vorgeschlagen hatte, um Druck auf die Tschechen auszuüben. Chamberlain sagte: «Die Idee einer territorialen Abtrennung würde von der britischen Öffentlichkeit dann besser aufgenommen werden, wenn sie als Resultat der Wünsche der tschechischen Regierung erscheinen könnte und wenn klar wäre, dass ihr vorher die Alternative ‹Abtrennung oder Volksabstimmung› vorgelegt wurde und sie das Erstere vorgezogen hatte. Das würde die Idee zum Verstummen bringen, dass wir tschechoslowakisches Territorium verteilen würden.» Es schien ihm besonders wichtig, zu zeigen, dass die tschechoslowakische Regierung eine Abtrennung deshalb vorzog, weil sie dem Gedanken einer Volksabstimmung so feindlich gegenüberstand, dass sie lieber kämpfen, als eine Volksabstimmung akzeptieren würde.

Die englisch-französische Entscheidung wurde der tschechischen Regierung am 19. September um 2 Uhr morgens zur sofortigen Annahme vorgelegt. Ihre Bedingungen sickerten in Paris am gleichen Tag in die Presse durch. Die Tschechoslowaken wiesen die englisch-französische Lösung unter nachdrücklichen Protesten zurück und appellierten an die im deutsch-tschechischen Schiedsgerichtsvertrag von 1926 vorgesehenen Maßnahmen. Die Tschechen brachten vor, dass sie nicht konsultiert worden seien, dass ihrer Verfassung nach das Parlament zur Beratung zugezogen werden müsste, dass eine Teilung nicht zum Frieden beitragen würde, weil dann überall die Minderheiten sich wieder bemerkbar machen würden, und dass das Gleichgewicht der Mächte in Europa zerstört werden würde. Benes weigerte sich, zu glauben, dass die neuen Garantien für eine dann geschwächte Tschechoslowakei wirksamer sein könnten als jene bisherigen, die sich nun als nicht ausreichend erwiesen. London und Paris verwarfen die tschechische Weigerung. Der Druck auf die Tschechen wurde erhöht. Die Franzosen drohten damit, das französisch-tschechische Bündnis aufzulösen und das ganze Land den Deutschen auszuliefern, falls die englisch-französische Lösung nicht akzeptiert würde. Die Briten fügten hinzu, dass das Sudetenland auch nach einem erfolgreichen Krieg gegen Deutschland nicht an die Tschechoslowakei zurückgehen würde. Der britische Geschäftsträger in Prag drohte damit, alle britischen Staatsbürger aus dem Land abzuberufen, falls er keine sofortige Annahme der Bedingungen erhielte. Die tschechoslowakische Regierung akzeptierte schließlich am 21. September um 17.00 Uhr. Lord Halifax ordnete sofort an, dass die tschechische Polizei sich aus den sudetendeutschen Gebieten zurückziehen sollte, und gab seinem Wunsch Ausdruck, dass die deutschen Truppen sofort einrücken sollten.

Am nächsten Tag, dem 22. September, trug Chamberlain die tschechische Annahme des Vorschlags zu Hitler nach Godesberg am Rhein. Er fand den Führer, der alle paar Minuten Berichte über Gräuel von Tschechen gegen die Sudetendeutschen erhielt, vor Wut schäumend vor. Hitler forderte jetzt Selbstbestimmung ebenso für die Ungarn, Polen und Slowaken in der Tschechoslowakei wie für die Sudetendeutschen. Er bestand darauf, die Sudetengebiete sofort ausgeliefert zu bekommen. Wenn die Tschechen anschließend noch seine Grenzziehung anfechten würden, würde er eine Volksabstimmung abhalten und ihnen zeigen, wie falsch sie lägen. Eine internationale Kommission könnte diese Wahl überwachen. Jedenfalls musste er die deutschen Gebiete vor dem 1. Oktober übergeben bekommen, weil die deutschen Truppen an diesem Tage dort einrücken würden, sei es mit oder ohne Krieg. Auf

Die Krise um die Tschechoslowakei (1937–1938)

Chamberlains Verlangen hin legte er seine Forderungen in einem Memorandum nieder, das eigentlich ein Ultimatum war. Dieses Ultimatum wurde sofort nach Prag übermittelt, um dort den Tschechen durch den britischen Militärattaché überreicht zu werden.

In London wies das Kabinett die Godesberger Forderungen zurück und beschloss, Frankreich zu unterstützen, falls es als Folge davon zum Krieg kommen sollte. Auch das französische Kabinett wies die Forderungen zurück. Das Gleiche tat ein neues tschechisches Kabinett unter dem General Jan Syrovy. Die Sowjetunion erkannte ausdrücklich ihre Verpflichtungen gegenüber der Tschechoslowakei an und versprach sogar, den Tschechen auch ohne vorheriges Eingreifen Frankreichs zu Hilfe zu kommen, falls nur der Fall dem Völkerbund vorgelegt würde. (Das sollte verhindern, dass Großbritannien und Frankreich Russland der Aggression wegen irgendwelcher Maßnahmen, die es für die Unterstützung der Tschechoslowakei traf, bezichtigen würden.) Am gleichen Tag (dem 23. September) warnte Russland Polen, dass es den Nichtangriffspakt annullieren würde, falls Polen die Tschechoslowakei angreifen würde.

Scheinbar war jetzt eine vereinte Front gegen Hitlers Aggression entstanden – aber nur scheinbar. Herr Chamberlain begann bereits damit, die Einigkeit und Entschlossenheit dieser Front zu unterhöhlen, und erhielt dafür jetzt beträchtliche Unterstützung von Bonnet aus Paris. Das erreichte am 27. September seinen Höhepunkt, als er in einer Radioansprache sagte: «Wie schrecklich, fantastisch und unfassbar ist es doch, dass wir hier wegen eines Streits in einem weit entfernten Land und zwischen Völkern, von denen wir nichts wissen, Gräben ausheben und Gasmasken anprobieren (...) eines Streits, der im Grundsatz bereits geregelt ist ...» Am selben Tag schickte er Benes ein Telegramm, dass die Tschechoslowakei von der deutschen Armee überrannt werden würde und nichts sie retten könnte, falls er nicht bis 14.00 Uhr am nächsten Tag (dem 28. September) die deutschen Forderungen annehmen würde. Dem folgte auf dem Fuße eine weitere Botschaft, dass in diesem Falle die Tschechoslowakei niemals in ihren damaligen Grenzen wiederhergestellt werden würde, wie auch immer der Krieg ausgehen würde. Schließlich sandte er eine weitere Botschaft an Hitler. Darin schlug er eine Viermächtekonferenz vor und garantierte, dass Frankreich und Großbritannien die Tschechoslowakei zwingen würden, jedes zu treffende Abkommen zu erfüllen, wenn nur Hitler darauf verzichten würde, einen Krieg auszulösen.

Am Mittwoch, dem 28. September, um 15.00 Uhr trat Chamberlain zum ersten Mal während der Krise vors Parlament, um es darüber zu informieren, was geschehen war. Ganz London befand sich in Panik. Die ehrenwerten Abgeordneten saßen zusammengefaltet auf ihren Bänken und warteten darauf, dass Görings Bomben durch das Dach fallen würden. Als Chamberlain mit seiner langen Rede zu Ende kam, wurde ihm eine Botschaft überbracht. Er verkündete, dass es die Einladung zu einer Viermächtekonferenz in München am Donnerstag war. Es gab einen Aufruhr der Freude und Erleichterung, als Chamberlain in Eile das Gebäude verließ, ohne die Sitzung formell zu beenden.

In München verteilten Hitler, Chamberlain, Mussolini und Daladier die Tschechoslowakei, ohne irgendjemanden und am wenigsten von allen die Tschechen zu konsultieren. Die Konferenz dauerte vom 29. September 12.30 Uhr bis 2.30 Uhr morgens am nächsten Tag. Danach wurde die Vereinbarung der vier Mächte dem tschechischen Botschafter in Berlin ausgehändigt, die für über zehn Stunden vor der Türe gewartet hatten. Die Vereinbarung traf in Prag nur achtzehn Stunden bevor die deutsche Besetzung beginnen sollte, ein.

Die Münchner Vereinbarung sah vor, dass bestimmte genau markierte Gebiete der Tschechoslowakei in vier Phasen vom 1. bis zum 7. Oktober von der deutschen Armee besetzt werden würden. Ein fünftes Gebiet, das von einer internationalen Kommission bestimmt werden sollte, würde zum 10. Oktober besetzt werden. Es sollte aus diesen Gebieten kein Eigentum zurückgezogen werden. Die internationale Kommission würde bis Ende November Volksabstimmungen abhalten, und die markierten Gebiete würden in der Zwischenzeit von einer internationalen Militäreinheit besetzt sein. Es war die gleiche internationale Kommission, welche die Besetzung überwachen und die endgültigen Grenzen festlegen würde. Sechs Monate lang würde die betroffene Bevölkerung das Recht haben, sich für oder gegen das Verbleiben in den Gebieten zu entscheiden, die unter der Überwachung einer deutschtschechoslowakischen Kommission transferiert werden sollten. Die Rumpftschechoslowakei sollte durch Frankreich und Großbritannien eine Existenzgarantie erhalten. Deutschland und Italien würden dieser Garantie beitreten, sobald die Probleme der polnischen und ungarischen Minderheit in dem Staat gelöst wären. Wenn eine solche Lösung nicht innerhalb von drei Monaten zustande kam, würden die vier Mächte erneut zusammentreten, um das Problem zu besprechen.

Die Münchner Vereinbarung wurde in jedem einzelnen Punkt von Deutschland verletzt, so dass die deutsche Armee schließlich einfach fröhlich jene Gebiete besetzte, die sie wollte. Als Konsequenz davon war die tschechische Wirtschaft zerstört und jede wichtige Eisenbahnlinie oder Hauptstraße war unterbrochen oder unpassierbar. Das geschah unter der internationalen Kommission, der der deutsche Staatssekretär Weizsäcker und die diplomatischen Geschäftsträger Frankreichs, Großbritanniens, Italiens und Tschechiens in Berlin angehörten. Unter dem Diktat des deutschen Generalstabs akzeptierte diese Gruppe mit 4 : 1 Stimmen jede deutsche Forderung und sagte die Volksabstimmungen ab. Außerdem wurde die Garantie für die Rumpftschechoslowakei niemals abgegeben, obwohl Polen am 2. Oktober Gebiete in Besitz nahm, deren Mehrheit nicht polnisch war, und Ungarn am 2. November die südliche Slowakei erhielt. Der endgültige Grenzverlauf mit Deutschland wurde den Tschechen von den Deutschen allein diktiert, nachdem sich die anderen drei Mitglieder der Kommission inzwischen zurückgezogen hatten.

Benes trat als Präsident der Tschechoslowakei unter der Drohung eines deutschen Ultimatums vom 5. Oktober zurück und wurde durch Emil Hácha ersetzt. Der Slowakei und Ruthenien wurden sofort völlige Autonomie zugestanden. Das Bündnis mit der Sowjetunion wurde aufgelöst und die Kommunistische Partei verboten. Die Anti-Nazi-Flüchtlinge aus dem Sudetenland wurden von der Prager Regierung interniert und den Deutschen zur Vernichtung übergeben. All das zeigte sehr deutlich das hauptsächliche Resultat der Münchner Konferenz: Deutschland war dadurch zur Vormacht in Mitteleuropa geworden und die Möglichkeit, dieser Macht entweder durch eine gemeinsame Politik der Westmächte mit der Sowjetunion und Italien oder durch Unterstützung eines offen antideutschen Widerstandsherds in Zentraleuropa einen Riegel vorzuschieben, war jetzt vorbei. Da das genau das war, was Chamberlain und seine Freunde gewollt hatten, hätten sie eigentlich zufrieden gestellt sein können.

Das Jahr der Betrogenen: 1939

Von München 1938 bis zur endgültigen Besetzung der Tschechoslowakei im März 1939

Die Appeasementpläne Chamberlains und die Aggressionspläne Hitlers endeten nicht mit München. Innerhalb von drei Wochen nach Abschluss der Vereinbarung (am 21. Oktober 1938) befahl Hitler seinen Generälen, Pläne zur Zerstörung der Resttschechoslowakei und zur Annexion des Memelgebiets von Litauen auszuarbeiten. Einen Monat später fügte er dieser Liste noch Danzig hinzu, wobei er allerdings seinem Wunsch Ausdruck gab, das durch revolutionsartige Ereignisse und ohne einen Krieg gegen Polen zu erreichen. Dieses Zurückweichen vor einem Krieg mit Polen war nicht auf irgendeine Friedensliebe zurückzuführen, sondern auf die Tatsache, dass er sich noch nicht entschieden hatte, ob er Frankreich oder Polen als Erstes angreifen wollte. Anfangs neigte er einem Angriff nach Westen zu und entschied erst am 1. April 1939, sich erst Polen zuzuwenden. Die Pläne zum Angriff auf Frankreich und die Niederlande gelangten bald nach London und Paris und trugen dort einiges dazu bei, ein Mehr an Kriegsbereitschaft aufzubauen.

Zusätzlich heizten italienische Forderungen nach territorialen Konzessionen Frankreichs im November 1938 dort den Kampfgeist an, der im September auf seinen Tiefpunkt gefallen war. Mussolini wollte seinen Teil an der Beute des Appeasements einkassieren, hatte aber nicht die Machtmittel, mehr zu erreichen, als nur sich unangenehm zu machen. Seine Gefolgsleute veranstalteten am 30. November 1938 eine große Demonstration in der italienischen Kammer der Korporationen, wo laute Forderungen nach der Abtretung Nizzas, Korsikas und von Tunis von Frankreich erhoben wurden. Im Dezember wurde das alte Laval-Mussolini-Abkommen vom Januar 1935 als nicht mehr angemessen verurteilt und die italienische Presse führte eine scharfe antifranzösische Kampagne. Diese Unruhe wurde durch Chamberlain noch vergrößert, als er am 12. Dezember im Unterhaus in zugespitzter Weise verkündete, dass Großbritannien keine Verpflichtung zum Beistand für Frankreich oder seine Besitzungen hätte, falls diese von Italien angegriffen würden.

Bonnet versuchte sofort, den Schaden wieder zu reparieren, indem er Chamberlain darum bat, darauf hinzuweisen, dass sich Italien in einer englisch-italienischen Vereinbarung («Ciano-Perth») vom April 1938 zur Aufrechterhaltung des Status quo im Mittelmeer verpflichtet hatte. Chamberlain weigerte sich. Bonnet wies gegenüber London sofort darauf hin, dass Frankreich sich am 4.12.1936 verpflichtet hatte, Großbritannien im Falle eines feindlichen Angriffs Beistand zu leisten, und dass es dieses Versprechen immer noch für gültig erachte. Trotzdem konnte sich Chamberlain erst am 6. Februar dazu durchringen, im Unterhaus zu verkünden, dass «jede Bedrohung der vitalen Interessen Frankreichs aus welcher Richtung auch immer, die sofortige Kooperation dieses Landes hervorrufen wird». Damals wurden gerade Hitlers Pläne zum «beinahe sofortigen» Angriff auf Holland und Frankreich im Westen bekannt.

Die italienischen Forderungen an Frankreich hatten zwei wichtige Resultate. Der Kampfgeist des französischen Volkes wurde durch die Bedrohung von Seiten einer so zweitrangigen Macht wie Italien wieder wachgerufen und Bonnet wurde zu einem neuen Appeasement Deutschlands getrieben. Am 6. Dezember kam Ribbentrop nach Paris, unterzeichnete einen Freundschafts- und Neutralitätsvertrag und eröffnete eine Reihe von Wirtschaftsgesprächen. Bei dieser Gelegenheit erhielt der deutsche Außenminister von Bonnet den Eindruck, dass Frankreich Deutschland in Osteuropa freie Hand lassen würde. Französische Ängste, dass Großbritannien versuchen könnte, Mussolini durch Konzessionen für Italien auf Kosten Frankreichs von Deutschland loszueisen, endeten erst im Februar 1939. Sie erreichten ihren Höhepunkt im Januar, als Chamberlain und Halifax Rom einen formellen Besuch abstatteten, um den italienischen König als Kaiser von Äthiopien anzuerkennen. Das war zwischen den beiden Mächten im Ciano-Perth-Abkommen im April 1938 so abgesprochen worden und wurde im November in Kraft gesetzt, obwohl die ursprünglich von Großbritannien gestellte Bedingung, der Rückzug italienischer Truppen aus Spanien, nicht erfüllt worden war.

Bevor Hitler irgendwelche weiteren Aggressionen ausführen konnte, musste er erst den Kadaver der Tschechoslowakei ausweiden. Er und Ribbentrop waren verärgert, dass sie im September um ihren Krieg betrogen worden waren, und beschlossen sofort, den Rest der Tschechoslowakei von der Landkarte zu fegen und auf einen Krieg loszusteuern. Hitler sagte, er hoffe, das nächste Mal werde kein «Dreckschwein» mehr eine Konferenz vorschlagen.

Die Befehle, einen Plan für eine Invasion der Rumpftschechoslowakei zu erstellen, wurden wie gesagt am 21. Oktober ausgegeben. Keitels Pläne, die am 17. Dezember präsentiert wurden, sahen vor, dass die Aufgabe ohne zusätzliche Mobilmachungen von der Armee in Friedensstärke erledigt werden sollte. Jede Möglichkeit eines Widerstands durch Großbritannien oder Frankreich wurde wirkungsvoll ausgeschlossen durch Lord Halifax' Beharren darauf, dass die Garantie der Tschechoslowakei so gefasst werden sollte, dass sie für alle vier (oder wenigstens drei) der Münchner Mächte gemeinsam gelten sollte und von Großbritannien nicht akzeptiert worden wäre, wenn sie jeden der Unterzeichner einzeln verpflichtet hätte. Das ließ jede Garantie bedeutungslos werden und sogar dieses unappetitliche Projekt wurde durch eine deutsche Note an Lord Halifax vom 3. März 1939 noch auf unbestimmt verschoben.

Zu diesem letzten Zeitpunkt war Hitler bereit, den übrig gebliebenen Rumpf der Tschechoslowakei anzugreifen. Ungarn wurde eingeladen, diesem Vorgehen beizutreten, und akzeptierte begierig am 13. März. In der Zwischenzeit war das in Aussicht genommene Opfer zu einem Nest voller Intrigen geworden. Die Sudetennazis waren überall und versuchten, Unruhe zu stiften. Polen und Ungarn arbeiteten daran, sich eine gemeinsame Grenze zu verschaffen, indem die Slowakei als Protektorat an Polen und Ruthenien als Provinz an Ungarn gehen sollte. Sie wollten so Deutschlands Marsch nach Osten blockieren und zugleich den russischen Einfluss aus Zentraleuropa heraushalten. In den beiden autonomen Provinzen Slowakei und Ruthenien und in einem sehr viel geringeren Grade auch in Böhmen-Mähren gab es Unruhen, da verschiedene reaktionäre und halb-faschistische Gruppen sich um die Macht und das Wohlwollen Deutschlands stritten.

Der Grad politischer Reife in der Slowakei mag daraus beurteilt werden, dass die Mitglieder von Monsignore Tisos Kabinett persönlich Bomben von den Nazis in Empfang nahmen, um damit Unruhen in ihrer eigenen Provinz auszulösen. Ihre Bemühungen, sich vollständig von Prag zu trennen, wurden durch die finanzielle Insolvenz der Slowakei behindert. Als sie Prag am 9. März 1939 um finanzielle Unterstützung baten, setzte Präsident Hácha den slowakischen Premier und drei seiner Minister ab. Seyß-Inquart, der von mehreren deutschen Generälen begleitet wurde, zwang das slowakische Kabinett zu einer Unabhängigkeitserklärung gegenüber Prag. Tiso, der am 13. März nach Berlin zu Hitler bestellt worden war, wurde «überredet» dieser Handlung zuzustimmen. Die Erklärung wurde vom slowakischen Volk mit tiefer Apathie aufgenommen, während das deutsche Radio Geschichten über Aufstände und Unruhen verbreitete und verschiedene Nazigangs sowohl in der Slowakei als auch in Böhmen sich bemühten, die Tatsachen diesen Beschreibungen anzupassen.

Am 14. März wurde Hácha, der Präsident Tschechoslowakiens, gezwungen, nach Berlin zu gehen. Obwohl bereits sechsundsechzig Jahre alt und nicht bei bester Gesundheit, wurde Hácha einer dreistündigen brutalen Standpauke Hitlers ausgesetzt, während deren Verlauf er durch eine Spritze von Hitlers Leibarzt von einem Ohnmachtsanfall zurückgeholt werden musste. Er wurde gezwungen, Dokumente zu unterzeichnen, welche die Tschechoslowakei an Hitler auslieferten, und befahlen, dass jeder Widerstand gegen die einmarschierenden deutschen Truppen aufhören sollte. Ruthenien hatte bereits seine Unabhängigkeit erklärt (14. März). Innerhalb einer Woche wurden Böhmen-Mähren und die Slowakei zu deutschen Protektoraten erklärt und das Erstere wurde in das deutsche Wirtschaftssystem integriert. Ruthenien wurde nach einem Tag Unabhängigkeit von Ungarn annektiert.

Europa hatte sich noch nicht vom Schock des 15. März erholt, als Deutschland am 22. März das Memelgebiet von Litauen annektierte und Italien sich seinen Brosamen Genugtuung auflas, indem es am 7. April Albanien besetzte.

Gewöhnlich sagt man, dass die Ereignisse des März 1939 Hitlers wahre Natur und seine wahren Ambitionen offenbart und damit das Ende des Appeasements bedeutet hätten. Das ist so, wie es vorgebracht wird, nicht wahr. Sie mögen dem einfachen Mann die Augen dafür geöffnet haben, dass die Appeasementpolitik lediglich eine Art langsamen Selbstmords war und den Appetit von Aggressoren niemals stillen konnte, die in Wirklichkeit unersättlich waren. Sie zeigten auch, dass es Hitler nicht wirklich um Selbstbestimmung ging oder darum, alle Deutschen «heim ins Reich» zu bringen. Die Annexion von Territorien, in denen Millionen Slawen lebten, machte klar, dass Hitlers wirkliche Ziele Macht und Reichtum und schließlich die Beherrschung der Welt waren. Seit dem März wurde es deshalb unmöglich, der Öffentlichkeit, und besonders der britischen Öffentlichkeit, die Appeasementpolitik weiterhin zu verkaufen. Diese britische Öffentlichkeit war standhaft und vernünftig genug, um zu wissen, wann es genug war.

Aber die britische Öffentlichkeit und die britische Regierung waren nicht dasselbe. Es wäre unwahr, zu behaupten, dass die Letztere Hitlers wahre Ziele im März 1939 verstanden hätte und sich daraufhin entschloss, ihm Widerstand entgegenzusetzen. Vor allem kann man das überhaupt nicht von Chamberlain sagen, der mehr und mehr die Außenpolitik als seine persönliche Angelegenheit behandelte. Hitlers wahre Ziele waren den meisten Regierungsmitgliedern schon vor der Münchner Konferenz klar gewesen und wurden es für den Rest durch diese Konferenz, besonders durch die Art, wie das deutsche Oberkommando Hunderte von Dörfern in der Tschechoslowakei mit einer mehrheitlich tschechischen Bevölkerung und nur geringfügigen deutschen Minderheiten zwischen dem 1. und 10. Oktober 1938 aus strategischen und wirtschaftlichen Gründen in Besitz nahm. Der wichtigste Wendepunkt für die Mitglieder des Kabinetts war aber der Januar 1939, als britische Diplomaten und Agenten in Europa damit begannen, London mit Gerüchten über einen bevorstehenden (deutschen) Angriff auf die Niederlande und Frankreich zu bombardieren. Das war der Zeitpunkt, als die Appeasementpolitik im engeren Sinne starb. Für die Regierung hatte die Besetzung der Tschechoslowakei im März außer dem Schock, den sie für die britische Öffentlichkeit darstellte, nur geringe Bedeutung. Die Regierung hatte die Rumpftschechoslowakei damals bereits vollständig abgeschrieben. Das geht aus ihren unmittelbaren Äußerungen ebenso hervor wie aus ihrer Weigerung, diesen Rumpf zu garantieren, und aus dem Mangel an Aufmerksamkeit, den sie dem Thema auch dann widmete, als die Besetzungsabsicht bekannt wurde (was nach dem 11. März der Fall war). Beispielsweise schrieb Lord Halifax Roosevelt am 24. Januar einen langen Brief mit einer Analyse der internationalen Lage; der Brief ist, was Hitlers Sichtweise und Pläne angeht, völlig realistisch, aber die Tschechoslowakei wurde darin ebenso wenig erwähnt wie das Appeasement.

Nichtsdestotrotz wurden Deutschland weiterhin Konzessionen gemacht. Jetzt allerdings gab es parallel dazu auch wirkliche Bemühungen, für den Tag, an dem die Politik der Konzessionen zusammenbrechen würde, eine starke Front gegen Hitler aufzubauen. Außerdem änderte sich die Politik der Konzessionen nach dem 17. März, weil sie jetzt geheim sein musste. Weil die öffentliche Meinung nicht mehr länger bereit war, irgendetwas zu akzeptieren, was einem Appeasement Hitlers ähnelte, musste sie geheim bleiben, fortgeführt wurde sie aber aus verschiedenen Gründen dennoch. Zunächst einmal kam die britische Aufrüstung nur langsam voran und Zugeständnisse dienten dazu, Zeit zu gewinnen. Zum Zweiten verlangten die Pläne der Antibolschewisten und der «Drei-Welt-Blöcke»-Anhänger nach weiteren Zugeständnissen. Und zum Dritten verfolgte Chamberlain weiterhin seine Politik einer Sieben-Punkte-Vereinbarung mit Hitler, in der Hoffnung eine solche Vereinbarung überraschend dem britischen Publikum als Vorspiel für Wahlen, die er im Winter 1939/40 abhalten lassen wollte, präsentieren zu können. Von diesen drei Gründen war der erste, bei dem es um Zeitgewinn für die eigene Rüstung ging, der am wenigsten wichtige, aber auch derjenige, der am meisten als Erklärung benutzt wurde, wenn solche geheimen Zugeständnisse der Öffentlichkeit doch bekannt wurden. Dass er am wenigsten wichtig war, zeigt die Natur dieser Zugeständnisse. Sie dienten oft eher der Stärkung Deutschlands als dem Zeitgewinn für Großbritannien.

Die Vorstellungen der Antibolschewisten und der Anhänger einer «Drei-Blöcke-Welt» konnten nicht öffentlich formuliert werden. In Berlin waren sie aber bekannt genug, um glauben zu machen, dass Großbritannien niemals um Polens willen in einen Krieg eintreten würde. Zum Beispiel tadelte Weizsäcker, der deutsche Staatssekretär im Außenministerium, Nevile Henderson im Juni 1939, weil er seine oft geäußerte Haltung, dass «England die Oberherrschaft zur See behalten will, während der europäische Kontinent Deutschland überlassen werden kann», aufgegeben habe. Allerdings hatten diese beiden Gruppen, die auch noch 1939 und sogar noch 1940 aktiv waren, doch nicht die vollständige Ausradierung der Tschechoslowakei oder Polens ins Auge gefasst. Sie hatten erwartet, dass Hitler das Sudetenland, Danzig und vielleicht den polnischen Korridor annektieren würde und dass er dann zwischen dem «ozeanischen Block» und der Sowjetunion stabilisiert würde, wobei er mit der Letzteren über die baltischen Staaten hinweg in Tuchfühlung wäre. Man erwartete, dass eine Rumpftschechoslowakei und ein Rumpfpolen zwischen Deutschland und Russland ebenso überleben könnten, wie etwa Holland und die Schweiz zwischen dem ozeanischen Block und Deutschland überleben sollten. Außerdem wollten die Anhänger der «Drei-Blöcke-Welt» niemals, dass Hitler sich nach Süden Richtung Adria oder Ägäis bewegen sollte. Obwohl sie sich bezüglich Rumäniens und des Schwarzen Meeres nicht einig waren, waren sie so doch entschlossen, die Türkei und Griechenland gegen Deutschland und Italien zu unterstützen.

Als Folge dieser verborgen wirkenden und miteinander in Konflikt stehenden Kräfte ist die Geschichte der internationalen Beziehungen von September 1938 bis September 1939 oder sogar noch später weder einfach noch in sich konsistent. Im Allgemeinen war der Schlüssel zu allem die Position Großbritanniens, denn die Ziele der anderen beteiligten Länder waren relativ einfach. Als Folge der dualistischen oder, wie das der Biograph von Lord Halifax nennt, «dyarchischen» Politik Großbritanniens gab es nicht nur zwei Politiken, sondern auch zwei Gruppen, welche diese jeweils ausführten. Das Außenministerium unter Lord Halifax suchte der öffentlichen Forderung nach einem Ende der Appeasementpolitik und dem Aufbau einer geeinten Front gegen Deutschland Genüge zu tun. Chamberlain mithilfe seiner eigenen persönlichen Gruppe, zu der Sir Horace Wilson, Sir John Simon und Sir Samuel Hoare gehörten, wollte Hitler heimlich Zugeständnisse machen und steuerte eine englisch-deutsche Gesamtregelung auf der Basis der sieben Punkte an. Die eine Politik wurde öffentlich betrieben, die andere im Geheimen. Da das Außenministerium von beiden wusste, versuchte es, seine Friedensfront so aufzubauen, dass sie eindrucksvoll genug für die Zufriedenstellung der öffentlichen Meinung in Großbritannien und dafür sein sollte, Hitler dazu zu bringen, seine Ziele durch Verhandlungen und nicht mit militärischer Gewalt zu verfolgen. Dann würde die öffentliche Meinung die britische Regierung nicht dazu zwingen, um ihres eigenen Machterhalts willen einen Krieg zu erklären, den sie eigentlich nicht wollte. Dieser komplexe Plan brach zusammen, weil Hitler entschlossen war, alleine schon um der persönlichen Gefühlssensation der Machtausübung willen Krieg zu führen. Dagegen führte die Bemühung darum, eine «Friedensfront» aufzubauen, die so haltlos sein sollte, dass man sie wieder beiseite setzen könnte, sobald Hitler seine Ziele durch Verhandlungen erreicht oder eine Gesamtregelung mit Chamberlain abgeschlossen hätte, dazu, dass eine «Friedensfront» geschaffen wurde, die so schwach war, dass sie weder den Frieden durch die Androhung von Gewalt aufrechterhalten noch den Krieg gewinnen konnte. Vor allem trieben diese komplexen Manöver die Sowjetunion in die Arme Hitlers.

Dieser komplizierte Plan beinhaltete, dass die britische Regierung gegen die Ereignisse des 15. März nur ganz schwächlich protestierte. Diese Proteste richteten sich weniger gegen die Tat an sich als gegen das Risiko, durch die Tat die öffentliche Meinung zu erregen. Am 15. März erklärte Chamberlain dem Parlament, dass er die Besetzung der Tschechoslowakei akzeptierte, und weigerte sich, Hitler eine böse Absicht zu unterstellen. Aber als ihm zwei Tage später die Wut und Empörung der britischen Öffentlichkeit gezeigt hatten, dass er die Wählerschaft falsch eingeschätzt hatte, verurteilte er am 17. März in seinem Wahlkreis in Birmingham die Besetzung. Trotzdem geschah nichts, außer dass Henderson «zu Konsultationen» aus Berlin zurückberufen und ein Berlinbesuch des Präsidenten der Handelskammer, der für den 17. bis 20. März geplant gewesen war, abgesagt wurde. Die Besetzung wurde für illegal erklärt, de facto aber sofort anerkannt. Es wurden außerdem Bemühungen unternommen, sie auch rechtlich anzuerkennen, indem in Prag ein britisches Generalkonsulat errichtet wurde, das als zu Deutschland gehörig deklariert war. Außerdem wurden Deutschland 6 Mio. Pfund tschechischer Goldreserven in London ausgehändigt. Die fadenscheinige und unwahre Entschuldigung dafür war, dass die britische Regierung keine Weisungsmacht über die Bank von England habe (Mai 1939).

Der deutsche Erwerb des tschechischen Goldes in London war nur die erste Episode eines ausgedehnten und weitgehend geheimen Planes für wirtschaftliche Zugeständnisse an Deutschland. Für Chamberlain und seine Freunde bildete die tschechoslowakische Krise vom März 1939 nur eine lästige Unterbrechung ihrer Bemühungen, mit Deutschland zu einer umfassenden Vereinbarung im Sinne der bereits erwähnten sieben Punkte zu kommen. Diese Bemühungen waren seit dem 3. März 1938 durch die tschechoslowakische Krise dieses Jahres unterbrochen gewesen, blieben aber fortwährend der Hauptbestandteil von Chamberlains Plänen. Als sich die beiden Führer am 15. September in Berchtesgaden persönlich trafen, versuchte er, diese Projekte mit Hitler zu besprechen. Hitler unterbrach damals und brachte das Gespräch sofort auf die Krise. Auch nachdem am 30. September das Münchner Abkommen unterzeichnet worden war, versuchte Chamberlain den Führer wieder zu einer Diskussion über eine Gesamtvereinbarung zu bringen, Hitler wich aber wieder aus. So ging es ein ganzes Jahr weiter: Chamberlain und seine Freunde machten Vorschläge für Zugeständnisse, Hitler wich dem entweder aus oder ignorierte es. Nach dem September 1938 aber gab es gewisse Veränderungen: Chamberlains Projekt sollte jetzt auch noch wirtschaftliche Zugeständnisse umfassen und die Bemühungen zu seiner Verwirklichung wurden besonders nach dem März 1939 immer geheimer.

Nach September 1938 wurde das Sieben-Punkte-Programm um einen achten Punkt erweitert: wirtschaftliche Unterstützung für Deutschland, besonders für die Ausbeutung Osteuropas. Die Situation der deutschen Wirtschaft war Ende 1938 kritisch. Das lag am Tempo der Aufrüstung, an den Kosten und der Unterbrechung, die durch die Mobilmachung 1938 entstanden waren, und an dem großen Devisenmangel, der den Import dringend benötigter Waren erschwerte. Göring trug diese Fakten in seiner Funktion als Kommissar des wirtschaftlichen Vierjahresplans auf einer Geheimkonferenz am 14. Oktober 1938 vor. Er sagte etwa Folgendes:

Er stehe vor ungeahnten Schwierigkeiten. Die Kassen seien leer, die fabrikatorischen Kapazitäten für Jahre hinaus mit Aufträgen vollgepfropft. Trotz dieser Schwierigkeiten werde er die Lage unter allen Umständen ändern. Denkschriften nützten ihm nichts, er wünsche nur positive Vorschläge. Er werde die Wirtschaft, wenn es nötig sei, mit brutalen Mitteln umdrehen, um diese Ziele zu erreichen. Es sei jetzt der Moment da, wo die Privatwirtschaft zeigen könne, ob sie noch eine Daseinsberechtigung habe. Wenn sie versage, ginge er rücksichtslos zur Staatswirtschaft über. Er werde von seiner – ihm vom Führer erteilten – Generalvollmacht barbarischen Gebrauch machen.

Alle Wünsche und Pläne von Staat, Partei und anderen Stellen, die nicht ganz in dieser Linie lägen, seien rücksichtslos zurückzustellen. Auch weltanschauliche Fragen könnten jetzt nicht gelöst werden, dazu sei später Zeit. Er warne dringend, Arbeitern Versprechungen zu machen, die von ihm nicht gehalten werden könnten. Die Wünsche der Arbeitsfront träten voll in den Hintergrund. Die Wirtschaft müsse voll umgestellt werden. Es sei sofort eine Untersuchung aller Produktionsstellen einzuleiten, ob sie auf die Rüstung und den Export umgestellt werden könnten oder stillzulegen seien. Dabei stehe die Frage der Maschinenindustrie an erster Stelle. (...) Es bleibt nun zu überlegen, wer diese Aufgabe durchführen soll – der Staat oder die Selbstverwaltungswirtschaft. [12]

Die Regierungen der Entente wussten um diese deutschen Probleme. Anstatt sie aber zu vergrößern, versuchten sie, ihnen abzuhelfen. Als Deutschland im Oktober und November 1938 die Länder Südosteuropas mit wirtschaftlichen und politischen Härtemaßnahmen überzog, verteidigte Chamberlain Deutschlands Recht dazu im Unterhaus. Diese Länder erhielten keine Wirtschaftsunterstützung, die sie widerstandsfähiger hätte machen können. Nur die Türkei erhielt eine Anleihe. Ganz im Gegenteil begann die britische Regierung durch die Federation of British Industries ein komplexes System industrieller Kooperation mit Deutschland auszuhandeln. Dabei sollten Kartelle die Weltmärkte untereinander aufteilen und in über fünfzig industriellen Bereichen sollten Preisabsprachen erfolgen. Auf britische Bitte hin wurde im Januar 1939 ein Abkommen über Kohle unterzeichnet und am 16. März 1939 wurde eine Generalvereinbarung zwischen dem britischen Unternehmerverband (*Federation of British Industries*) und der Reichsgruppe Industrie unterzeichnet.

In seiner Rede am 30. Januar 1939 sagte Hitler: «Wir müssen entweder exportieren oder sterben.» Zwei Wochen später schickte die britische Regierung Frank Ashton-Gwatkin nach Berlin, um «wenn möglich, herauszufinden, welche Wege der wirtschaftlichen Erholung und des Wiederaufbaus noch offen stehen und dementsprechend beschritten werden könnten und welche geschlossen sind». Am 5. März berichtete er, dass Deutschlands kritische wirtschaftliche Situation eine Folge seiner Politik von 1938 sei und dass es sich jetzt 1939 der Wirtschaft zuwenden müsse. Das, glaubte er, «macht es zwar nicht unumgänglich, aber doch logisch, zu einer Beschränkung des Rüstungswettlaufs zu kommen; es bedeutet zweitens, dass Deutschland sich für wirtschaftliche Hilfe oder Zusammenarbeit an das Vereinigte Königreich wenden muss». Er erstellte eine Liste der von den Deutschen gewünschten Zugeständnisse und schloss: «Wir sollten die Möglichkeiten einer friedlicheren Entwicklung nicht ignorieren; und wir sollten Hitler nicht in eine Position versetzen, wo er sagen kann, dass wieder ein Angebot zur Zusammenarbeit mit England von

---

12 Diese Rede ist in der Er-Form in einer Protokollmitschrift erhalten. Quigley hat sie in seinem Buch englisch in die Ich-Form rücktransferiert. Hier wird das deutsche Originalprotokoll zitiert.

diesem beiseite gewischt wurde.» Dementsprechend gingen die Diskussionen voran und die britische Regierung kündete an, dass der Präsident der Handelskammer, Oliver Stanley, am 17. März nach Berlin gehen würde.

Der britische Militärattaché in Berlin protestierte so heftig, wie er nur wagte, in einem Brief vom 17. Februar gegen dieses wirtschaftliche Appeasement. Er schrieb: «Wir können Geschwindigkeit und Umfang des allgemeinen Rüstungswettlaufs nur herabsetzen, wenn wir Deutschland dazu zwingen, sein Tempo zu reduzieren. Deutschland ist jetzt offensichtlich in sehr schwierigen wirtschaftlichen Gefilden. Wir haben bis jetzt die wirtschaftliche Schraube noch nicht angezogen – Deutschland hat das selbst getan – und es wäre sicher nicht klug, sie zu lockern, bevor Deutschland das selbst zu tun versuchen wird. Vom militärischen Gesichtspunkt aus sind alle Konzessionen unsererseits gegenüber dem gegenwärtigen deutschen Regime zu bedauern. Die deutsche Opposition und unsere Verbündeten in einem zukünftigen Krieg – insbesondere Amerika – kommen mehr und mehr zur Überzeugung, dass wir zu schwach sind und uns der Wille oder die Macht dazu fehlen, um Deutschland Widerstand zu leisten.»

Als die böhmische Krise am 15. März 1939 ausbrach, kündete Chamberlain an, dass Oliver Stanleys für das Wochenende angekündigter Besuch in Berlin verschoben würde, aber dass die Wirtschaftsgespräche über die britischen und die deutschen Industrievereinbarungen fortgesetzt würden. Die Öffentlichkeit beruhigte sich so wenig, dass am 28. März bekannt gegeben wurde, dass die Verhandlungen wegen der aufgewühlten öffentlichen Meinung abgebrochen würden. Schon am 2. April aber, nur fünf Tage später, wurde der deutsche Handelsattaché in London geheim davon unterrichtet, dass die Briten bereit seien, die Verhandlungen wieder aufzunehmen. Erstaunlich ist dabei, dass die unilaterale britische Garantie an Polen am 31. März gegeben wurde, genau auf halbem Wege zwischen dem öffentlichen Abbruch und der geheimen Wiederaufnahme der Wirtschaftsverhandlungen. Vielleicht sollte man auch erwähnen, dass auch Frankreich zu dieser Zeit mit Deutschland über einen Handelsvertrag zum Export von Rohstoffen nach Deutschland verhandelte. Ein vorläufiges Abkommen darüber war während Ribbentrops Pariser Besuch Anfang Dezember 1938 geschlossen worden. Obwohl die Aktenlage dafür noch nicht vollständig ist, wissen wir doch, dass für dieses französisch-deutsche Abkommen am 11. März der endgültige Entwurf vorlag.

Trotz all dieses Entgegenkommens dürstete Hitler nach Krieg. Nach jeder Konzession, die ihm gemacht wurde, ließ er eine neue Bombe platzen, die dann die britische Öffentlichkeit von neuem beunruhigte. Im November 1938 gab es in Deutschland mehrere Tage andauernde Grausamkeiten gegen Juden. Dabei wurde ihr Eigentum zerstört, ihre Gotteshäuser wurden niedergerissen und Menschen tätlich angegriffen. Das endete, indem den Juden Deutschlands eine Kollektivstrafe von einer Milliarde Reichsmark auferlegt wurde. Dem folgte eine Reihe von Wirtschaftsgesetzen, welche die Juden aus dem Wirtschaftsleben Deutschlands entfernten.

Die Empörung der Öffentlichkeit über diese Vorgänge war immer noch hoch, als die Deutschen im Dezember 1938 ankündigten, dass sie ihre U-Boot-Flotte von 45 auf 100% der britischen vergrößern würden. Das Erstere war im Vertrag von 1935 vorgesehen gewesen. Außerdem änderten sie die Bewaffnung zweier gerade im Bau befindlicher Kreuzer von 6-Zoll- auf 8-Zoll-Kanonen. Alles Bemühen Großbritanniens, Deutschland davon abzubringen oder wenigstens die Ankündigung so zu formulieren, dass die Öffentlichkeit beruhigt würde, wurde von Deutschland brüsk zurückgewiesen. Schließlich folgte im März die endgültige Zerstörung der Tschechoslowakei. Und zur gleichen Zeit begann der Druck auf Polen.

Die polnische Frage

Deutschland eröffnete seine Verhandlungen mit Polen relativ freundlich am 24. Oktober 1938. Es forderte Danzig und einen einkilometerbreiten Streifen durch den polnischen Korridor, um darauf eine Autobahn und eine vierspurige Zugstrecke unter deutscher Souveränität zu betreiben. Die wirtschaftlichen Rechte und die Hafeninteressen Polens in Danzig sollten garantiert werden und der «Korridor durch den Korridor» sollte durch Überbrückung oder Untertunnelung von den polnischen Verkehrswegen getrennt werden. Deutschland wollte außerdem, dass Polen einem antirussischen Block beitreten solle. Wenn diesen drei Forderungen nachgegeben würde, wäre Deutschland seinerseits zu gewissen Zugeständnissen an Polen bereit: zur Garantie der bestehenden polnischen Grenzen, zur Verlängerung des Nichtangriffspaktes von 1934 auf fünfundzwanzig Jahre, zur Garantie der slowakischen Unabhängigkeit und dazu, dass bezüglich Rutheniens nach den Wünschen Polens verfahren werden solle. Diese Vorschläge wurden grundsätzlich von Polen zurückgewiesen. Sie wurden von Deutschland mit nachdrücklicherer Betonung am 21. März wiederholt. Zur gleichen Zeit übten die Deutschen Druck auf Rumänien zum Abschluss eines Handelsvertrags aus. Der wurde am 23. März unterzeichnet.

Am 17. März erreichte London ein falscher Bericht über ein deutsches Ultimatum an Rumänien. Lord Halifax verlor den Kopf und schickte ohne vorherige Prüfung seiner Information Telegramme nach Griechenland, in die Türkei, nach Polen, Bulgarien und in die Sowjetunion, um zu fragen, was jedes dieser Länder im Falle einer deutschen Aggression gegen Rumänien zu tun bereit wäre. Vier fragten zurück, was denn London zu tun bereit wäre, nur Moskau schlug eine sofortige Konferenz unter Beteiligung Frankreichs, Großbritanniens, Polens, Rumäniens und der Sowjetunion in Bukarest vor, die zur Bildung einer geeinten Front gegen die Aggression dienen sollte (18. März 1939). Das wurde von Lord Halifax zurückgewiesen, der nur ein Abkommen für gegenseitige Konsultationen unter diesen Staaten im Falle einer Krise wollte. Als ob sie das nicht sowieso tun würden. Polen zögerte, irgendein Abkommen zu unterzeichnen, das Russland mit einbeziehen würde. Als aber die Nachricht von Hitlers Forderungen gegen Polen London erreichte, verkündete London überraschend eine unilaterale Garantie für dieses (31.

März). Diese Garantie wurde nach Italiens Angriff auf Albanien (13. April) auch auf Griechenland und Rumänien ausgedehnt.

Der genaue Wortlaut von Chamberlains Garantie für Polen ist von größter Wichtigkeit. Er lautete: «Im Augenblick finden gewisse Beratungen mit anderen Regierungen statt. Um in der Zwischenzeit, bevor diese Konsultationen beendet sind, die Position der Regierung Ihrer Majestät ganz klar zu machen, möchte ich jetzt das Unterhaus informieren, dass während dieser Zeit die Regierung Ihrer Majestät sich verpflichtet fühlt, der polnischen Regierung ihre sofortige volle Unterstützung mit allen erreichbaren Machtmitteln zuzusichern für den Fall jeglicher Handlung, die eine eindeutige Bedrohung der polnischen Unabhängigkeit darstellt und die von der polnischen Regierung entsprechend so eingeschätzt wird, dass es notwendig ist, ihr mit ihren nationalen Streitkräften Widerstand zu leisten.»

Das war eine außergewöhnliche Versicherung. Die britische Regierung hatte seit 1918 entschlossen jedes bilaterale Abkommen abgelehnt, das eine Garantie für irgendeinen Staat in Westeuropa beinhaltet hätte. Und jetzt gab sie eine *unilaterale* Erklärung ab, von der sie keinerlei eigenen Vorteil hatte, sondern in der sie einem Staat in *Osteuropa* eine Garantie aussprach. Außerdem überließ sie noch diesem Staat die Verantwortung dafür, wann diese Garantie wirksam werden würde, was ziemlich präzedenzlos war. Ein kleiner Gedanke wird zeigen, dass alle diese seltsamen Züge die Garantie in Wirklichkeit unwirksam machten, und das Nettoresultat davon war, dass die Lage genauso blieb wie zuvor mit der einzigen Änderung, dass auf diese Art eine scharfe Warnung an Deutschland gegeben worden war, diplomatisch und nicht militärisch vorzugehen. Wenn Deutschland Polen militärisch angreifen würde, so würde die öffentliche Meinung Großbritannien zu einem Kriegseintritt zwingen, und zwar ganz unabhängig davon, ob nun eine Garantie bestand oder nicht.

Die Tatsache, dass Chamberlains Garantie zeitbegrenzt und unilateral war, gab den Briten die Möglichkeit, sie, wann immer es ihnen notwendig schien, zurückzunehmen. Die Tatsache, dass sie die polnische Unabhängigkeit und nicht die territoriale Integrität garantierte, beließ Deutschland die Möglichkeit, Danzig oder den Korridor durch Verhandlungen zu erwerben. Die Tatsache, dass ihre Wirksamkeit von dem Wunsch der polnischen Regierung abhängig gemacht wurde, machte es Großbritannien und der britischen Öffentlichkeit unmöglich, sich gegen irgendwelche Veränderungen zu stellen, die Polen eventuell mit Hitler aushandeln würde. Die deutsche Regierung war sich über die meisten dieser Punkte im Klaren. Sie wurden am 1. April in der *Times* aufgezeigt und von Chamberlain akzeptiert.

Die Garantie wurde auch von Bonnet akzeptiert, der schon im November erklärt hatte, dass er sowohl das französisch-polnische, als auch das französisch-sowjetische Bündnis auflösen wolle.

Wenn es der Hauptzweck der unilateralen Garantie für Polen war, Deutschland Furcht einzujagen, so hatte sie genau den entgegengesetzten Effekt. Als er davon hörte, traf Hitler seine Entscheidung, Polen am 1. September 1939 anzugreifen. Die dementsprechenden Befehle wurden der deutschen Armee am 3. April ausgehändigt und die Ausarbeitungen für den Plan Weiß, wie er genannt wurde, waren am 11. April fertig. In einer öffentlichen Rede im Reichstag am 28. April kündigte Hitler das englisch-deutsche Flottenabkommen von 1935 und den deutsch-polnischen Nichtangriffspakt von 1934. Außerdem gab er die Polen angebotenen und von diesem zurückgewiesenen Bedingungen bekannt. Als Folge davon wurden die Verhandlungen zwischen den beiden Mächten abgebrochen und niemals wirklich wieder aufgenommen. Stattdessen wurde die Krise durch Provokationen von beiden Seiten aufgeheizt.

Am 22. Mai wurde ein deutsch-italienischer Bündnisvertrag unterzeichnet, der von Mussolini so genannte «Stahlpakt». Wiederum war hier der Wortlaut wichtig. Das war ganz klar ein Angriffspakt, weil die Parteien nicht, wie üblich, versprachen, einander gegen einen «unprovozierten Angriff» beizustehen, sondern für jeden Fall. Bei der Unterzeichnung wurde Deutschland ohne Umschweife informiert, dass Italien nicht vor 1943 bereit sei, Krieg zu führen, und dass der kommende Krieg ein «Abnutzungskrieg» sein würde. Am darauffolgenden Tag, dem 23. Mai, hielt Hitler eine Geheimkonferenz mit seinen Generälen ab. Im Fortgang einer längeren Rede sagte er:

«Danzig ist nicht das Objekt, um das es geht. Es handelt sich für uns um die Erweiterung unseres Lebensraumes im Osten und Sicherstellung der Ernährung sowie die Lösung des Baltikumproblems. Lebensmittelversorgung ist nur von dort möglich, wo geringe Besiedlung herrscht. Neben der Fruchtbarkeit wird die deutsche, gründliche Bewirtschaftung die Überschüsse gewaltig steigern. In Europa ist keine andere Möglichkeit zu sehen. Kolonien: Warnung vor Schenkung kolonialen Besitzes. Es ist keine Lösung des Ernährungsproblems. Blockade!

Zwingt uns das Schicksal zur Auseinandersetzung mit dem Westen, ist es gut, einen größeren Ostraum zu besitzen. Im Kriege werden wir noch weniger wie im Frieden mit Rekordernten rechnen können. Die Bevölkerung nichtdeutscher Gebiete tut keinen Waffendienst und steht zur Arbeitsleistung zur Verfügung. Das Problem Polen ist von der Auseinandersetzung mit dem Westen nicht zu trennen. (...) Polen sieht in einem deutschen Sieg über den Westen eine Gefahr und wird uns den Sieg zu nehmen versuchen. Es entfällt also die Frage, Polen zu schonen, und bleibt der Entschluss: *bei erster passender Gelegenheit Polen anzugreifen*. An eine Wiederholung der Tschechei ist nicht zu glauben. Es wird zum Kampf kommen. Aufgabe ist es, Polen zu isolieren. Das Gelingen der Isolierung ist entscheidend. Daher muss sich der Führer endgültigen Befehl zum Losschlagen vorbehalten. Es darf nicht zu einer gleichzeitigen Auseinandersetzung mit dem Westen [Frankreich und England] kommen. (...) Ein Bündnis Frankreich–England–Russland (...) würde mich veranlassen, mit einigen vernichtenden Schlägen England und Frankreich anzugreifen.

---

13 Diese Rede ist ebenfalls in der Er-Form in einem Protokoll des Wehrmachtsadjutanten Schmundt überliefert. Quigley hatte sie englisch ebenfalls in die Ich-Form rücktransferiert. Hier wird das deutsche Originalprotokoll zitiert.

Der Führer zweifelt an der Möglichkeit einer friedlichen Auseinandersetzung mit England. Es ist notwendig, sich auf die Auseinandersetzung vorzubereiten. England sieht in unserer Entwicklung die Fundierung einer Hegemonie, die England entkräften würde. England ist daher unser Feind und die Auseinandersetzung mit England geht auf Leben und Tod.»[13]

Trotz dieses Unverständnisses und Hasses von Seiten Hitlers und selbst im vollen Wissen, dass er tatsächlich jede Absicht hatte, Polen anzugreifen, unternahm Großbritannien doch keinen echten Versuch, eine Friedensfront aufzubauen. Stattdessen versuchte es damit fortzufahren, Hitler Zugeständnisse zu machen. Obwohl die unilaterale Garantie für Polen am 6. April in eine wechselseitige umgewandelt wurde, garantierte Polen doch die britische «Unabhängigkeit» mit genau den gleichen Bedingungen, wie Großbritannien diejenige Polens am 31. März garantiert hatte. Eine britisch-polnische Allianz dagegen wurde erst am 25. August unterzeichnet, demselben Tag, an dem Hitler den Befehl gab, Polen am 26. August anzugreifen. Und was noch schlechter war: es gab keine militärischen Vereinbarungen darüber, wie Großbritannien und Polen im Falle eines Krieges miteinander zusammenarbeiten würden. Eine britische Militärmission kam zwar am 19. Juli nach Warschau, tat aber nichts. Außerdem kam die Wirtschaftshilfe zur Unterstützung der polnischen Aufrüstung erst spät, ungenügend und in unzureichender Form. Im Mai war die Rede von einer britischen Anleihe für Polen in Höhe von 100 Millionen Pfund; am 1. August schließlich erhielt Polen einen Kredit über 8.163.300 Dollar. Gleichzeitig summten in London die Gerüchte über eine Geheimanleihe Großbritanniens für Deutschland in Höhe von 1 Milliarde Pfund.

Wie ein solches Handeln in Deutschland aufgefasst wurde, kann man der Mitschrift einer geheimen Konferenz entnehmen, die zwischen Hitler und seinen Generälen am 22. August abgehalten wurde. Der Führer sagte: «Charakteristisch für England ist Folgendes: Polen wollte Anleihe von England für seine Aufrüstung. England gab aber nur Kredite, um sicher zu stellen, dass Polen in England kauft, obwohl England gar nicht liefern kann. Das spricht dafür, dass England Polen nicht wirklich unterstützen will.»

Noch überraschender ist vielleicht die Tatsache, dass Frankreich, das seit 1921 mit Polen verbündet war, nach 1925 keine Militärgespräche mehr mit ihm geführt hatte. Eine Ausnahme davon war nur, dass Polen im August 1936 (im Abkommen von Rambouillet) eine Anleihe über 2 Milliarden Franc für die Aufrüstung erhielt und dass der polnische Kriegsminister am 19. Mai 1939 ein Abkommen in Paris unterzeichnete, durch das Frankreich Polen Unterstützung für den Fall eines Kriegs versprach: volle Unterstützung durch die Luftwaffe vom ersten Kriegstag an, lokale Scharmützel seit dem dritten Kriegstag und eine umfassende Offensive am sechzehnten Tag. Am 23. August informierte General Gamelin seine Regierung, dass er Polen im Falle eines Krieges militärisch nicht vor Frühjahr 1940 unterstützen könne und dass eine umfassende Offensive Frankreichs erst 1941–1942 möglich sein würde. Polen wurden von diesen Änderungen nicht informiert und scheint noch am 1. September mit dem Glauben in den Krieg eingetreten zu sein, dass es im Westen im Laufe des September eine umfassende Offensive gegen Deutschland geben würde.

Die mangelnde Unterstützung Polens durch bindende politische, wirtschaftliche und militärische Verpflichtungen vor dem 23. August war wohl insofern gewollt, als man hoffte, Polen dadurch zu Verhandlungen mit Hitler zwingen zu können. Wenn das stimmt, so waren diese Überlegungen doch ein völliger Fehlschlag. Polen fühlte sich durch die britische Garantie so gestärkt, dass es nicht nur Konzessionen verweigerte, sondern auch die Wiederaufnahme der Verhandlungen durch immer neue Hinderungsgründe bis zum letzten Tag des Friedens hinausschob. Das war Hitler und Ribbentrop nicht unangenehm. Als der italienische Außenminister Graf Ciano, der von den Deutschen völlig im Dunkeln gelassen worden war, am 11. August Berlin besuchte, fragte er seinen Gastgeber: «Was verlangen Sie? Den Korridor oder Danzig? (...) ‹Jetzt nicht mehr.› Und er fixierte mich mit seinen kalten Augen. ‹Wir wollen den Krieg.›» Ciano war schockiert und verbrachte zwei Tage damit, auf Ribbentrop und Hitler einzureden, dass ein Krieg noch auf mehrere Jahre hinaus keine Option sei, hatte aber keinen Erfolg.

Im Lichte dieser Tatsachen waren die britischen Bemühungen um eine Regelung mit Hitler und das Widerstreben gegen ein Bündnis mit Russland ganz unrealistisch. Nichtsdestotrotz fuhr die britische Regierung damit fort, die Polen zur Wiederaufnahme der Verhandlungen mit Hitler aufzufordern, und bestätigte der deutschen Regierung weiterhin die Berechtigung ihrer Forderungen bezüglich Danzigs und des Korridors, wies nur darauf hin, dass diese Forderungen mit friedlichen Mitteln verfolgt werden müssten, während militärische Gewalt unweigerlich mit militärischer Gewalt beantwortet würde. Wenn die Deutschen andererseits sich mit dem Instrument friedlicher Verhandlungen abfinden würden, so gäbe es dann die Möglichkeit eines Abrüstungsabkommens, kolonialer Erwerbungen und wirtschaftlicher Zugeständnisse innerhalb einer Gesamtvereinbarung mit England.

Die gleiche Sichtweise hatte Lord Halifax am 29. Juni im Chatham House ganz klar herausgestellt. Der Schlüssel zum Ganzen war «keine militärische Gewalt, sondern Verhandlungen» und die Chance, die ausstehenden Fragen zu regeln: «... das Problem von Kolonien, die Frage der Rohstoffe, Handelshemmnisse, *Lebensraum*, Rüstungsbegrenzungen» und Weiteres. Diese Betonung der Methoden als entscheidend wurde die ganze Zeit über beibehalten. Sie wurde begleitet von einer Vernachlässigung der Fragen des Mächtegleichgewichts, des Rechtes kleiner Nationen oder der Gefahr einer deutschen Hegemonie über Europa. Außerdem betonten die Briten weiterhin, dass das Thema der Kontroverse Danzig sei, während alle anderen schon wussten, dass Danzig nur ein – fast unmöglich zu verteidigendes – Detail war. In Wirklichkeit ging es um Deutschlands Plan zur Zerstörung Polens als einem weiteren Schritt auf dem Wege zur vollständigen Beherrschung Europas.

Danzig war keine Frage, deretwegen man einen Weltkrieg hätte führen können, sondern eine, bei der Verhandlungen durchaus geboten schienen. Wahrscheinlich war das der Grund, warum die Briten es zum Hauptthema machten. Aber weil es nicht das wirkliche Hauptthema war, weigerte sich Polen, zu verhandeln, weil es fürchtete, dass Verhandlungen schließlich zu einem weiteren München führen würden, bei dem alle Mächte gemeinsam eine Aufteilung Polens beschließen würden. Danzig war ein schlechtes Thema für einen Krieg, weil es eine Freie Stadt unter der Oberhoheit des Völkerbunds war. Und während es als Zollgebiet und wirtschaftlich unter polnischer Kontrolle stand, war doch die politische Kontrolle bereits an die lokale Nazipartei unter Führung eines deutschen *Gauleiters* übergegangen. Bei einer entsprechenden Erlaubnis Hitlers hätte die Stadt in einer Volksabstimmung sofort für einen Beitritt zu Deutschland gestimmt.

Die beiderseitigen Verhandlungen mit der Sowjetunion 1939
Inmitten all dieser Verwirrungen eröffneten die Briten Verhandlungen, die Russland dazu bringen sollten, der «Friedensfront» beizutreten. Obwohl die sowjetischen Dokumente dazu wahrscheinlich niemals veröffentlicht werden können, ist der Verlauf dieser Verhandlungen doch recht deutlich. Beide Seiten misstrauten einander tief und es ist ziemlich zweifelhaft, ob eine von beiden einen Vertrag zu irgendwelchen Bedingungen eingegangen wäre, die der anderen akzeptabel hätten sein können. Chamberlain war tiefgehend antibolschewistisch und die Russen, die seine Politik bezüglich Äthiopien, Spanien und der Tschechoslowakei gesehen hatten, waren nicht überzeugt davon, dass er sich endlich dazu entschlossen hatte, sich gegen Hitler zu stellen. Das war auch wirklich nicht der Fall. Wir müssen hier ein paar Bemerkungen über diesen letzten Punkt einschalten.

Wir haben schon erwähnt, dass die Wirtschaftsverhandlungen zwischen Britannien und Deutschland zwar am 28. März öffentlich abgebrochen, im Geheimen aber fünf Tage später wieder aufgenommen wurden. Wir wissen nicht, was daraus wurde, aber etwa um den 20. Juli herum wurde Harald Wohlthat, dem Reichskommissar für den Vierjahresplan, der sich aus Anlass einer internationalen Walfangkonferenz in London aufhielt, von R. S. Hudson, dem Sekretär der Abteilung für den Außenhandel, ein erstaunlicher Vorschlag gemacht. Obwohl Wohlthat keine Vollmachten hatte, hörte er sich die Vorschläge Hudsons und später von Chamberlains persönlichem Repräsentanten Sir Horace Wilson an, verweigerte aber ein vorgeschlagenes Treffen mit Chamberlain. Wilson offerierte 1. einen Nichtangriffspakt mit Deutschland, 2. eine Abgrenzung der gegenseitigen Einflusssphären, 3. koloniale Zugeständnisse in Afrika in den bereits besprochenen Grenzen, 4. einen Wirtschaftsvertrag und 5. eine Abrüstungsvereinbarung. Ein Satz aus Dirksens Bericht über diese Angelegenheit ist bedeutsam. Er lautet: «Sir Horace Wilson hat Herrn Wohlthat ausdrücklich gesagt, dass der Abschluss eines Non-Aggression-Vertrages es England ermöglichen würde, von seinen Verpflichtungen gegenüber Polen loszukommen.» Chamberlain hatte schon am 3. Mai öffentlich erklärt, dass er einen Nichtangriffspakt mit Deutschland wollte – nur fünf Tage nachdem Hitler den Nichtangriffspakt mit Polen aufgekündigt hatte.

Dirksens Bericht vom 21. Juli fuhr dann fort: «Sir Horace Wilson hat dann noch gesagt, dass es englischerseits wohl beabsichtigt sei, in diesem Herbst zu Neuwahlen zu schreiten; rein innenpolitisch taktisch gesehen sei es der Regierung gleichgültig, ob sie diese Wahlen unter der Devise ‹Bereitschaft für einen kommenden Krieg› oder unter der Devise ‹Eine dauerhafte Verständigung mit Deutschland in Sicht und erreichbar!› abhalten würde. Für beide Parolen würde sie ihre Wählerschaft mobilmachen und sich die Herrschaft für fünf weitere Jahre sichern können. An sich sei ihr selbstverständlich die friedliche Devise lieber.»

Nachrichten über diese Verhandlungen wurden offenbar von den Franzosen, die sie stören wollten, an die Öffentlichkeit lanciert. Die Gerüchte besagten allerdings, dass die Gespräche mit Chamberlains Bemühen zusammenhingen, Deutschland eine Anleihe von 1 Milliarde Pfund zu gewähren. Die veröffentlichten Dokumente bestätigen das nicht. Der resultierende Aufschrei jedoch ließ es schwierig werden, die Verhandlungen fortzusetzen, zumal Hitler und Ribbentrop gar kein Interesse daran hatten. Aber Chamberlain ließ Lord Runciman sich weiterhin darauf vorbereiten, Chefunterhändler der umfassenden Vereinbarung zu werden, welche er im Auge hatte. Am 29. Juli hatte der deutsche Geschäftsträger in London, Kordt, ein langes Gespräch mit Charles Roden Buxton, von dem er dachte, dass er im Auftrag Chamberlains spreche. Es bewegte sich entlang derselben Inhalte. Die Angebote wurden auch bei einem hochgeheimen Gespräch zwischen Dirksen und Wilson im Hause des Letzteren am 3. August wiederholt. Wilson wollte einen Viermächtepakt, freie Hand für Deutschland in Osteuropa, eine Vereinbarung über Kolonien, einen Wirtschaftsvertrag usw. Dirksens Bericht über dieses Gespräch liest sich dann folgendermaßen:

«Im Anschluss an die Rekapitulation der Unterhaltung Wohlthat–Sir Horace Wilson führte dieser eingehend aus, dass die Anknüpfung vertraulicher Besprechungen mit der deutschen Regierung für Chamberlain mit großem Risiko verbunden sei. Wenn etwas davon bekannt würde, so würde es einen Riesenskandal geben und Chamberlain wahrscheinlich zum Rücktritt gezwungen werden.» Dirksen sah nicht, wie unter derartigen Bedingungen irgendein bindendes Abkommen zustande kommen könnte, «zum Beispiel käme eine erneute Reise von Herrn Wohlthat nach London wegen der Indiskretion von Hudson nicht mehr in Frage». Zu diesem Punkt schlug Wilson vor, dass «die Abgesandten sich in der Schweiz oder anderswo träfen». Wilson führte aus, dass Großbritannien eine Nichtinterventionspolitik in Bezug auf Großdeutschland einschlagen würde, wenn es einen Nichtangriffspakt mit Deutschland bekäme. Der würde zum Beispiel die Danziger Frage mit umfassen.

Es ist klar, dass diese Verhandlungen nicht einfach nur die persönliche Politik Chamberlains waren, sondern dass auch das Außenministerium damit vertraut war. Am 9. August beispielsweise wiederholte Halifax das meiste aus dem politischen Teil dieser Verhandlungen. Nach München, sagte er, habe er fünfzig Jahre des Friedens mit Deutschland vor sich gesehen. Der avisierte Zustand war: «Deutschland die führende Macht auf dem Kontinent und Vorrechte in Südosteuropa genießend, besonders in der Handelspolitik; Großbritannien nur am Rande am Handel mit dieser Region beteiligt; in Westeuropa Großbritannien und Frankreich durch die wechselseitigen Befestigungssysteme sicher vor bewaffneten Auseinandersetzungen mit Deutschland und fähig, ihren Besitz mit rein defensiven Mitteln zu wahren und zu vermehren; Freundschaft mit Amerika; Freundschaft mit Portugal; Spanien zur Zeit ein unbestimmbarer Faktor, der wenigstens in den nächsten Jahren sich an keiner Kombination von Mächten beteiligen könnte; Russland ein fernes, weites, kaum überschaubares Territorium; und Großbritannien darauf hin orientiert, seine mittelmeerischen Verkehrswege zu den Dominions und in den Fernen Osten sicherzustellen.» Das war reinster «Drei-Blöcke-Welt»-Diskurs, wie direkt aus All Souls College oder Cliveden entsprungen.

Es war fast unmöglich, solche Verhandlungen oder Vorschläge zu Verhandlungen geheim zu halten. Es gibt keinen Zweifel, dass die Gerüchte darüber im Juli 1939 zu den Russen drangen, ihr altes Misstrauen gegen Großbritannien wieder wachriefen und sie zu der Entscheidung brachten, jeder Vereinbarung mit Großbritannien auszuweichen und stattdessen den Nichtangriffspakt zu unterzeichnen, den Hitler anbot. Der Ausbruch öffentlicher Empörung über Russland wegen dieses Pakts, den es damals in Großbritannien und Amerika gab, scheint von heute her gesehen völlig unangemessen, wenn man bedenkt, dass die britische Regierung zur selben Zeit dasselbe wollte und dass Frankreich bereits am 6. Dezember 1938 ein Abkommen mit Deutschland unterzeichnet hatte, das von Russland als Nichtangriffspakt angesehen wurde. Sir Nevile Henderson, der unzweifelhaft extremer als manche seiner Mitarbeiter war, ging sogar so weit, am 28. August 1939 ein regelrechtes Bündnis zwischen Großbritannien und Deutschland gutzuheißen. Ein solches Bündnis konnte selbstredend nur gegen Russland gerichtet sein. Der relevante Teil seines Berichts an Lord Halifax lautet folgendermaßen:

«Am Ende fragte mich Herr Ribbentrop, ob ich garantieren könne, dass der Premierminister bei einer Politik der Freundschaft zu Deutschland auch das Land hinter sich haben würde. Ich sagte, dass es daran gar keinen Zweifel gebe, vorausgesetzt, Deutschland würde mit ihm zusammenarbeiten. Herr Hitler fragte, ob England auch ein Bündnis mit Deutschland akzeptieren würde. Ich sagte, rein persönlich würde ich so etwas nicht ausschließen, vorausgesetzt, die Entwicklung der Ereignisse würde es rechtfertigen.»

Die Theorie, dass Russland von diesen britischen Fühlern zu Deutschland im Juli 1939 Kenntnis erhielt wird, durch die Terminumstände bestätigt. Die Hindernisse und Verzögerungen auf dem Weg zu einem britisch-russischen Vertrag gingen von Mitte April bis zur zweiten Juliwoche von Großbritannien aus, aber von der zweiten Juliwoche an bis zum Abbruch am 21. August kamen sie von Russland. Das wird auch durch weitere Indizien unterstützt. So wurden die Gespräche über ein Handelsabkommen zwischen Deutschland und Russland, die am 30. Januar 1939 abgebrochen worden waren, am 23. Juli wieder aufgenommen und der Vertrag wurde schließlich am 19. August unterzeichnet.

Die Verhandlungen für ein englisch-russisches Abkommen wurden von Großbritannien am 15. April eröffnet und hatten wohl den doppelten Zweck, ein öffentliches Verlangen in Großbritannien zufrieden zu stellen und Hitler davor zu warnen, gegen Polen militärische Mittel einzusetzen. Der erste britische Vorschlag darin war es, dass die Sowjetunion Rumänien und Polen unilaterale Garantien geben sollte – entsprechend derjenigen, die Großbritannien seinerseits gegeben hatte. Die Russen sahen darin wahrscheinlich eine Falle, um sie in einen Krieg mit Deutschland zu verwickeln, während Großbritannien abseits stehen oder sogar Deutschland Hilfe leisten würde. Dass so etwas nicht völlig jenseits der Realität war, kann man aus der Tatsache ersehen, dass Großbritannien im März 1940 ein Expeditionskorps für einen Angriff auf Russland vorbereitete, als es sich formell im Krieg mit Deutschland befand, diesen tatsächlich aber nicht führte.

Die Russen wiesen den britischen Vorschlag im April 1939 nicht zurück. Sie waren willens, Polen und Rumänien Garantien zu geben, aber nur, wenn die Garantie auf alle Staaten an der russischen Westgrenze ausgedehnt würde, inklusive Finnland, Estland, Lettland, Litauen, Polen und Rumänien, und wenn sie von einem Pakt zur gegenseitigen Unterstützung Großbritanniens, Frankreichs und Russlands begleitet würde und von einer Militärkonvention, bei der jeder Staat erklären sollte, was er im Falle, dass der Pakt wirksam würde, tun würde. Dieses Angebot war viel gewichtiger, als den Briten zu gefallen schien. Es bedeutete, dass Russland den Verlust aller Territorien, die es seit 1917 an diese sechs Staaten verloren hatte, anerkannte.

Anstatt das Angebot anzunehmen, verlegten sich die Briten auf Haarspaltereien. Sie weigerten sich, die baltischen Staaten zu garantieren, weil diese das selbst gar nicht verlangen würden. Dabei hatten sie Polen am 31. März eine Garantie gegeben, ohne dass Jószef Beck sein Verlangen danach ausgesprochen hatte, und hatten gerade die Sowjetunion um Garantien für Polen und Rumänien gebeten, obwohl keines von beiden Ländern eine sowjetische Garantie wollte. Als die Russen insistierten, konterten die Briten, indem sie insistierten, dass auch Griechenland, die Türkei, Holland, Belgien und die Schweiz Existenzgarantien erhalten müssten. Anstatt des Bündnisses, das Russland wollte, um nicht alleine gegen Deutschland kämpfen zu müssen, machte Großbritannien den Vorschlag, dass die russische Garantie erst dann wirksam werden sollte, wenn Großbritannien und Frankreich in Aktion treten würden, um ihre eigenen Garantieverpflichtungen zu erfüllen.

Frankreich und Russland drängten beide Großbritannien dazu, eine Dreierallianz zu bilden. Churchill und Lloyd George drängten in die gleiche Richtung, aber Chamberlain schlug im Unterhaus zurück, er weigere sich, «irgendwelchen gegeneinander stehenden Blöcken entweder beizutreten oder an ihrem Zustandekommen mitzuhelfen». Er weigerte sich auch, ein Kabinettsmitglied zu Verhandlungen nach Moskau zu schicken, und wies auch Edens Angebot, dorthin zu gehen, zurück. Stattdessen entsandte er mit William (später Lord) Strang einen Beamten zweiten Ranges des Außenministeriums und auch erst am 14. Juni. Darüber hinaus zögerten die Briten die

Gespräche zur großen Irritation der sowjetischen Führer hinaus, obwohl sie rhetorisch immer auf größtmögliche Geschwindigkeit drängten.

Um ihren Unmut zu zeigen, ersetzte die Sowjetunion am 3. Mai Litwinow als Außenminister durch Molotow. Das hätte eine Warnung sein sollen. Litwinow kannte den Westen und war für die Demokratien, für das System kollektiver Sicherheit und für die Westmächte. Als Jude war er gegen Hitler. Molotow war dazu in jeder Hinsicht ein Gegensatz und konnte auch nicht dadurch von der britischen Ernsthaftigkeit überzeugt werden, dass er Strang und nicht Halifax oder Eden als Verhandlungspartner erhielt. Bei der Fortführung der Gespräche bestand Molotow immer auf drei Kernpunkten: 1) gegenseitige Hilfe innerhalb eines Dreierbündnisses, 2) Garantien für alle Grenzstaaten, 3) spezifische Verpflichtungen, was die Art und Größe der Hilfsleistungen innerhalb einer Militärkonvention anging.

Am 19. Mai wies Chamberlain jedes «Bündnis zwischen uns und einem anderen Land» zurück. Er verwies mit Genugtuung auf «jene großartige, männliche Nation an der Grenze Deutschlands, die diesem Abkommen [vom 6. April] nach verpflichtet ist, uns alle Unterstützung und Hilfe zu leisten, deren sie fähig ist». Damit meinte er Polen! Er schien nicht zu verstehen, dass Polen viel schwächer war als die Tschechoslowakei, die er 1938 zertrümmert hatte. Er hätte es besser wissen sollen, denn die Franzosen wussten es ganz offensichtlich besser. Polen war tatsächlich gegen jedes Bündnis der Westmächte mit der Sowjetunion und weigerte sich, von der Letzteren sowohl eine Existenzgarantie als auch militärische Unterstützung im Falle eines deutschen Angriffs anzunehmen. Polen fürchtete, dass die sowjetischen Truppen jene Gebiete, die Polen 1920 von Russland genommen hatte, nie wieder verlassen würden, wenn sie sich einmal erneut dort festgesetzt hätten. Als Russland im Mai vorschlug, dass das polnisch-rumänische Bündnis von 1926, das allein gegen Russland gerichtet war, nun auch gegen Deutschland ausgeweitet werden sollte, wies Polen das zurück, obwohl Rumänien dazu bereit war.

Im selben Monat erklärte Rumänien sich bereit, russischen Truppen den Durchzug durch sein Territorium zu gestatten im Falle, dass das notwendig sein sollte, um den Krieg gegen Deutschland zu führen. Dabei war Rumäniens Stellung in Bezug auf früher russisches Territorium noch sensibler, denn Russland hatte die rumänische Annexion von Bessarabien niemals anerkannt. Am 6. Juni wiesen Lettland, Estland und Finnland das Angebot einer Garantie durch Russland brüsk zurück. Am nächsten Tag unterzeichneten Estland und Lettland beide Nichtangriffspakte mit Deutschland und wahrscheinlich auch geheime militärische Abmachungen, da General Franz Halder, der deutsche Generalstabschef, sofort in diese Länder reiste, um ihre Befestigungsanlagen, die von Deutschland gebaut wurden, zu besichtigen.

Strang kam erst am 14. Juni, fast zwei Monate nachdem Großbritannien die Gespräche eröffnet hatte, nach Moskau. Im Juli führte das russische Bestehen auf einer Militärkonvention als integralem Bestandteil eines jeden Vertrags zu neuen Schwierigkeiten. Großbritannien sperrte sich zuerst dagegen, gleichzeitig mit den politischen Gesprächen auch Gespräche über militärische

Fragen zu führen, stimmte dem aber schließlich widerwillig doch zu. Allerdings nahmen die Teilnehmer der Militärmission ein sehr langsames Schiff, das extra zu diesem Anlass gechartert worden war (Geschwindigkeit dreizehn Knoten) und erreichten Moskau erst am 11. August. Es waren wiederum zweitrangige Verhandlungsführer: ein Admiral, der niemals zum Admiralitätsstab gehört hatte, ein reiner General der Kampftruppen und ein Luftwaffenmarschall, der ein erstklassiger Flieger, aber kein Stratege war. Für die Verhandlungen mit diesen benannte die Sowjetunion den Oberbefehlshaber der russischen Armee, den Oberbefehlshaber der russischen Marine und den russischen Generalstabschef. Laut Gerüchten, die in London kursierten, wollte keine der beiden Seiten ein Abkommen und war die Militärmission in Wirklichkeit nach Moskau geschickt worden, um die russische Verteidigung auszukundschaften. Von diesem Zeitpunkt an kamen die Stolpersteine für ein Abkommen eindeutig von russischer Seite. Allerdings gibt es auch keinen Grund zu glauben, dass Chamberlain, der weiterhin seine geheimen Avancen gegenüber Deutschland machte, überhaupt ein Abkommen mit Russland wollte. Aber vielleicht wollten es immerhin seine Unterhändler in Moskau; jedenfalls wollten es die Franzosen.

Vom 10. August an forderten die Russen konkrete Antworten und erhöhten mit jeder Antwort ihre eigenen Forderungen. Sie wollten eine exakt spezifizierte militärische Verpflichtung darüber, welche Kräfte gegen Deutschland im Westen eingesetzt würden, so dass dieses nicht frei wäre, seine eigenen Kräfte ungeteilt nach Osten einzusetzen; sie wollten Garantien dafür, ob die betroffenen Staaten akzeptieren würden oder nicht; sie wollten ausdrückliche Genehmigungen, den Krieg durch Fremdterritorium zwischen Deutschland und Russland, wie etwa Polen, hindurch führen zu können. Diese Forderungen wurden am 19. August von Polen kompromisslos zurückgewiesen. Am selben Tag unterzeichnete Russland einen Handelsvertrag mit Deutschland. Zwei Tage später wies Frankreich seine Unterhändler an, die von Russland angebotenen Verträge, inklusive des Durchmarschrechts durch Polen, zu unterzeichnen, aber die Sowjetunion weigerte sich, diese Unterschrift anzuerkennen, solange nicht auch Polen zugestimmt hätte.

Am gleichen Tag wurde angekündigt, dass Ribbentrop nach Moskau kommen würde, um einen Nichtangriffspakt zu unterzeichnen. Er kam mit einem Gefolge von zweiunddreißig Personen am 23. August mit einer Condor und unterzeichnete spät in der Nacht mit Molotow den Vertrag. Der veröffentlichte Teil des Abkommens bestimmte, dass keiner der Unterzeichner sich an einem militärischen Angriff gegen den anderen beteiligen oder einer Drittpartei als Aggressor Unterstützung gewähren sollte. Das geheime Protokoll, das hinzugefügt wurde, legte Interessensphären in Osteuropa fest. Die Grenze dieser jeweiligen Sphären folgte der Nordgrenze Litauens und den Flüssen Narew, Weichsel und San in Polen. Deutschland gewährte Russland freie Hand in Bessarabien.

Dieses Abkommen wurde in den Ententeländern mit Überraschung und Unglauben aufgenommen. Eigentlich gab es keinen Grund, warum das so hätte sein sollen, da diese Länder doch bei mehreren Gelegenheiten von Verantwortungsträgern, auch von Deutschen wie Kordt und Weizsäcker, gewarnt worden waren, dass es eine solche Möglichkeit gebe. Es wurde auch behauptet, dass die Verhandlungen, die zu dem Abkommen führten, schon monatelang bestanden hätten und dass die englisch-sowjetischen Gespräche dementsprechend nur ein Täuschungsmanöver gewesen seien. Tatsächlich scheinen die Dokumente zu zeigen, dass die ersten vorsichtigen Fühler im Mai 1939 ausgestreckt wurden und damals sofort vom französischen Botschafter in Berlin, Robert Coulondre, nach Paris gemeldet wurden. Diese Fühlungnahme wurde von beiden Seiten mit größtem Misstrauen aufgenommen und wurde auf Hitlers Befehl am 29. Juni vollständig wieder abgebrochen. Die Gespräche wurden von den Deutschen aus am 3. Juli wieder aufgenommen. Erst am 15. August gab Molotow seiner Überzeugung Ausdruck, dass die Deutschen es ernst meinten. Von da an gingen die Verhandlungen sehr rasch voran.

Während es nicht wahr ist, dass der deutsch-sowjetische Nichtangriffspakt den Krieg unvermeidlich werden ließ, ermöglichte er es doch Hitler, seinen Krieg leichteren Herzens zu beginnen. Am 25. August gab er den Angriffsbefehl für den 26. August, nahm ihn aber nach ein paar Stunden wieder zurück, als die Nachricht kam, dass die Briten am selben Tag ein Bündnis mit Polen geschlossen hatten. Damit begann eine Woche eines völligen Chaos in Europa, in der Dutzende Menschen in Europa herumrannten, um einen Krieg zu verhindern oder seinen Ausgangspunkt günstiger für die eigene Seite zu gestalten. Die Briten flehten die Deutschen und die Polen an, miteinander zu verhandeln; die Italiener versuchten, eine Viermächtekonferenz zu organisieren; verschiedene Außenseiter lancierten privat oder öffentlich Friedensappelle; geheime Emissäre flogen zwischen London und Berlin hin und her.

All das war umsonst, weil Hitler sich für Krieg entschieden hatte. Ein Großteil seiner Aufmerksamkeit in den letzten Tagen galt der Fabrikation von Anlässen, die seinen beschlossenen Angriff rechtfertigen sollten. Politische Gefangene aus den Konzentrationslagern wurden in deutsche Uniformen gesteckt und als «Beweis» für eine polnische Aggression an der polnischen Grenze umgebracht. Ein betrügerisches Ultimatum mit sechzehn oberflächlich vernünftigen Forderungen gegenüber Polen wurde von Ribbentrop aufgestellt und dem britischen Botschafter vorgewiesen, als sein Zeitlimit bereits abgelaufen war. Es wurde den Polen gar nicht vorgelegt – vielleicht deshalb, weil diese so viel Angst vor einem zweiten München hatten, dass sie kaum wagten, mit irgendjemandem zu sprechen. Tatsächlich hatte der polnische Botschafter in Berlin von Beck den Befehl erhalten, kein Dokument von den Deutschen überhaupt nur anzunehmen.

Der deutsche Einmarsch in Polen am 1. September 1939 um 4.45 Uhr beendete ebenso wenig die Friedensverhandlungen wie der vollständige Zusammenbruch des polnischen Widerstands am 16.–17. September. Weil diese Bemühungen nutzlos waren, muss man nicht viele Worte darüber verlieren, außer dass Frankreich und Großbritannien den Krieg erst erklärten, nachdem mehr als zwei Tage vorbei gegangen waren. Während dieser Zeit gab es kein Ultimatum an Deutschland, das nur gebeten wurde, seine Truppen aus Polen zurückzuziehen und Verhandlungen aufzunehmen. Während Polen unter den Schlägen des ersten Blitzkriegs wankte, begann die britische Öffentlichkeit zu murren und im Parlament wurden sogar die Anhänger der Regierung unruhig. Schließlich legte Henderson am 3. September um 9.00 Uhr Hitlers Dolmetscher Schmidt ein Ultimatum vor, das um 11.00 Uhr ablief. In ähnlicher Weise trat auch Frankreich am 3. September um 18.00 Uhr in den Krieg ein.

McCarthy, der Mythos der kommunistischen Verschwörung und die Realität des Wall-Street-Einflusses in der Epoche der Weltkriege

In dem Kapitel, aus dem der folgende längere Ausschnitt stammt, beschäftigt sich Quigley mit der Kommunistenfurcht und Kommunistenjagd, die in Amerika nach dem 2. Weltkrieg besonders seit 1948 bis etwa Mitte der fünfziger Jahre herrschten. Treibendes und gefürchtetstes Instrument dieser Entlarvung wirklicher oder (weit mehr) vermeintlicher Kommunisten und Spione war ein Ausschuss des amerikanischen Repräsentantenhauses, das «House Committee on Unamerican Activities» (HUAC). Die prägendste Figur dieser Episode der amerikanischen Geschichte war aber der republikanische Senator Joseph McCarthy. Zum wichtigsten Ausgangspunkt dieser Aktivitäten wurde 1949 die chinesische Revolution, die Übernahme der Macht im festländischen China durch die Kommunisten um Mao Tse-Tung. In Amerika bildete sich als eine Partei mit beträchtlicher Resonanz die «China-Lobby», die diese Machtübernahme als Folge von kommunistischen Sympathien oder Aktivitäten amerikanischer Außenpolitiker, Militärs und Chinaexperten sehen wollte. (D. Hg.)

McCarthy und der McCarthyismus

Die Enthüllung kommunistischer Einflüsse in den Vereinigten Staaten hatte unzweifelhaft ihren Wert, aber die Kosten in Form der Zerstörung des Rufs Unschuldiger und in Hinsicht auf die totale Verwirrung des amerikanischen Volks waren sehr hoch und weitgehend unnötig. Mit der Zeit erlitten manche Regierungsbehörden wie das Bureau of Standards, die Armee und vor allem das Außenministerium schweren Schaden. Die Moral der Mitarbeiter schwand, Arbeiten wurden unterbrochen und blieben liegen und fähige Personen weigerten sich, unter diesen Umständen für die Regierung zu arbeiten, und waren deshalb schwerer zu finden.

Ein Großteil dieses Schadens entstand durch die Aktivitäten von Joseph McCarthy, dem republikanischen Senator aus Wisconsin, der beweisen wollte, dass das Außenministerium und die Armee in breitem Maße mit Kommunisten durchsetzt waren, und durch die Bemühungen der Neoisolationisten und der «China-Lobby», die beweisen wollten, dass die maoistische Eroberung Chinas ganz auf das Konto verräterischer Handlungen von Kommunisten und kommunistischen Mitläufern im Außenministerium und dem Weißen Haus ging.

McCarthy war kein Konservativer und noch weniger ein Reaktionär. Er war ein Bruchstück von Elementarkräften, eine Rückkehr zum ursprünglichen Chaos. Er war der Feind aller Ordnung und aller Autorität, jemand ohne Respekt oder auch nur Verständnis für Prinzipien, Gesetze, Vorschriften oder Regeln. Dieserart hatte er keine Verbindung zu Standards der Rationalität oder der Allgemeinheit. Ideen, Logik, Unterscheidung von Kategorien lagen völlig außerhalb seiner Welt. Es ist beispielsweise völlig klar, dass er keine Vorstellung davon hatte, was ein Kommunist ist, und noch weniger, was Kommunismus ist, aber das war für ihn egal. Das war einfach eine Formel, die er für seinen Kampf um die eigene Macht benutzte. Die meisten der Begriffe, die auf ihn angewandt wurden wie «roh», «brutal», «ignorant», «sadistisch», «lügnerisch», «aufdringlich» stimmen zwar, aber nicht in dem Sinn, in dem seine Feinde sie verwendeten, weil diese Leute annahmen, dass diese Kennzeichnungen und Charakterisierungen in seiner Welt eine gleiche Bedeutung hätten wie in der ihren. Das hatten sie aber nicht. Sein ganzes Verhalten war Schauspielerei. Was er tat, tat er, um die Erlebnisse zu finden, nach denen er begehrte, das heißt das Gefühl der Macht, der Einschüchterung, des Zerstörens von Regeln und das Baden in Aufmerksamkeit und Bewunderung für dieses Tun. Sein Verhalten war das eines Enfant terrible, aber in einem kolossalen Maßstab, als völlige Zurückweisung von allem, woher er in den ersten zwanzig Jahren seines Lebens gekommen war. Er suchte nach Ruhm und Applaus, indem er einer bewundernden Welt von Klassenkameraden zeigte, was er für ein harter Kerl war, jemand, der alle Regeln außer Kraft setzte, sogar die Regeln des Anstands und des gewöhnlichen zivilisierten Verhaltens. Aber wie der böse Junge vom Schulhof hatte er keinen Begriff von Zeit oder irgendetwas Feststehendem, und sobald er einmal seine Rolle gefunden hatte, war es notwendig, sie jeden Tag in Szene zu setzen. Sein Hunger nach Macht als Hunger nach Beifall und Publizität betrat die öffentliche Bühne gleichzeitig mit dem Beginn des Fernsehens und er war der Erste, der verstand, was man erreichen konnte, wenn man mit diesem neuen Instrument zu Millionen in Verbindung trat.

Sein Verlangen nach Macht war unersättlich, weil es wie Hunger ein tägliches Bedürfnis war. Es zielte nicht auf die Macht einer Autorität und eine geregelte Disziplin, sondern auf die persönliche Macht eines Sadisten. Seine zerstörerischen Instinkte arbeiteten gegen alles Anerkannte, gegen die Reichen, die Gebildeten, die Wohlerzogenen, die Verfahrensregeln des Senats, das amerikanische Parteiensystem, die Regeln des Fair Play. Derart hatte er keinen Begriff von Wahrheit oder der Unterscheidung zwischen ihr und der Unwahrheit, ebenso wie er keinen Begriff von gestern, heute und morgen als voneinander unterschiedenen Entitäten hatte. Er sagte einfach das, was im Moment sein Verlangen danach, im Zentrum der Aufmerksamkeit zu stehen und bewundernde, verängstigte, geschockte oder erstaunte Menschen um sich zu sammeln, befriedigen konnte. Es war ihm sogar egal, ob ihre Reaktion Bewunderung, Angst, Geschocktheit oder Erstaunen war, und es war ihm egal, ob diese Personen am nächsten Tag oder sogar im nächsten Moment noch die gleiche oder schon eine andere Reaktion hatten. Er war wie ein Schauspieler in einem Drama, in dem er den Text fortlaufend weiterimprovisierte, voller Falschheiten und Ungereimtheiten. Und er war ehrlich überrascht und verletzt, wenn ein Mensch, den er über Stunden hinweg bei einer Anhörung misshandelt und beleidigt hatte, nicht im Moment, in dem die Sitzung vorbei war, mit ihm in eine Bar oder sogar zu einem Essen mitging. Er wusste, dass es eine Rolle war, und erwartete von anderen auch, dass sie es wussten. Es war keine Heuchelei dabei, kein Zynismus, keine Unwahrhaftigkeit, was ihn anging, weil er davon überzeugt war, dass so die Welt sei. Jeder, so war er überzeugt, hatte seine Masche und das war eben die seine. Er wollte, dass die Menschen das erkannten und verstanden.

Für den außenstehenden Beobachter, der seine totale Amoralität nicht teilte, war das selbstverständlich alles unwahr, ad hoc erfunden, jederzeit nach Lust und Laune abgeändert, alles durch Dokumente untermauert, die er aus seiner überfüllten Aktentasche zog und mit denen er viel zu schnell herumwedelte, als dass irgendjemand sie hätte lesen können. Meistens hatten diese Dokumente nicht das Geringste mit dem zu tun, wovon er sprach; meistens hatte er sie noch nicht einmal selber gelesen; sie waren nur Requisiten für die Vorstellung. Er erwartete ebenso wenig von seinem Publikum, dass es die Dokumente für relevant hielt, wie ein Theaterpublikum das Essen, das auf der Bühne serviert wird, den Whiskey, der getrunken wird, oder die Dokumente, die *in dem Schauspiel* vorgelesen werden, für relevant hält im Verhältnis zu dem, was der Schauspieler sagt.

Wie ein Schauspieler, dem man Unstimmigkeiten oder Lügen vorwirft, weil das, was er im einen Stück sagt, mit dem, was er in einem anderen sagt, nicht vereinbar ist, war McCarthy über solche Vorwürfe verwirrt, verletzt oder amüsiert. Bei ihm wurde jeden Tag, sogar jede Stunde ein anderes Stück gespielt. Als Folge davon war für das Publikum nichts davon mit irgendetwas anderem vereinbar. Er nannte mehrere verschiedene Geburtsdaten und nach 1945 niemals das richtige (14. November 1908). Jedes Mal, wenn er von seinen Kriegserinnerungen sprach, war die Geschichte eine andere und mit jeder Version wurde er ein größerer, lässigerer Held. 1952 schließlich, als seine Macht in Washington auf ihrem Höhepunkt war und als ein Großteil der Regierung fürchtete, seinen Zorn (oder auch nur seine Aufmerksamkeit) auf sich zu lenken, schüchterte er die Luftwaffe so weit ein, dass sie ihm das Distinguished Flying Cross (das für fünfundzwanzig Kampfeinsätze vergeben wurde) verlieh, obwohl er ein auf dem Boden stationierter Nachrichtenoffizier gewesen war, der gelegentlich in einem Flugzeug mitflog.

Weil Gesetze und Verordnungen für McCarthy nicht existierten, waren seine wirtschaftlichen und finanziellen Angelegenheiten ebenso wie sein Leben ein Chaos von Gesetzeswidrigkeiten. Von 1935 bis 1942 betrug sein Bruttoeinkommen weniger als 25.000 Dollar, trotzdem platzierte er im gleichen Zeitraum mehr als doppelt so viel Geld an der Börse. Als er 1939 zum Richter gewählt wurde, wurde eine seiner frühesten Entscheidungen vom Staat an den Obersten Gerichtshof zurückverwiesen, wo man feststellte, dass McCarthy jene Teile der Akten vernichtet hatte, in denen er die Ablehnung der Klagen des Staates gerechtfertigt hatte. Kurz nachdem er als neuer Senator 1947 in Washington ankam, hörte er von Pepsi-Colas Problemen wegen der Rationierung von Zucker, akzeptierte eine 10.000- Dollar-Anleihe ohne Sicherheiten vom Lobbyisten Pepsi-Colas und begann am nächsten Tag mit einem

Angriff auf die Rationierung von Zucker. Als dieser Angriff Erfolg hatte, gab ihm der gleiche Lobbyist eine Überweisung über 20.000 Dollar, die McCarthy dazu benutzte, sein überzogenes Bankkonto in Wisconsin auszugleichen. Ein Jahr später war er das aktivste Mitglied eines Kongressausschusses beider Kammern zum Wohnrecht. Er entleerte die Taft-Ellender-Waggoner-Wohnrechtsvorlage ihrer Elemente staatlichen Wohnungsbaus im Austausch für Tausende Dollar an Spenden von der Lobby der privaten Hausbesitzer. Eine dieser Spenden waren 10.000 Dollar von der Lustron Corporation als Ausgleich dafür, dass er seinen Namen als Autor auf eine ihrer Publicity-Veröffentlichungen setzte. Und so ging es weiter. Die meisten seiner schmutzigen Gewinne wurden bei Wetten für Pferderennen, beim Glücksspiel oder bei Parties für seine Freunde wieder ausgegeben. Als das Unterkomitee des Senats für Privilegien und Wahlausgaben Ende 1951 eines seiner Bankkonten zu Gesicht bekam, fand es darauf unerklärte Einlagen von fast 173.000 Dollar und andere von fast 97.000 Dollar, die über den Verwaltungsassistenten in seinem Büro geschleust worden waren.

Bis Anfang 1950 bedeutete der Kommunismus McCarthy wenig. Er war gegen den bisherigen Amtsinhaber La Follette 1946 mithilfe kommunistisch kontrollierter Stimmen der Gewerkschaften von Milwaukee gewählt worden. Als Senator beteiligte er sich an einem gemeinsam von Nazis und Kommunisten inszenierten Plot zur Schädigung der amerikanischen Armee, indem die Verurteilungen deutscher SS-Truppen für Grausamkeiten an amerikanischen Kriegsgefangenen während der Ardennenoffensive zurückgenommen wurden. Aber im Januar 1950 war McCarthy auf der Suche nach einem Thema für seinen Wahlkampf für die Wiederwahl 1952. Bei einem Dinner im Colony-Restaurant in Washington (7. Januar 1950) mit drei Menschen, von denen zwei Bekannte von mir waren, fragte er, welches Thema er benutzen sollte. Nach mehreren Vorschlägen blieb er beim Kommunismus hängen: «Das ist es», sagte er. «Die Regierung steckt voller Kommunisten. Wir können auf sie einschlagen.»

Um ein Publikum für dieses Eindreschen zu erhalten, bat er um Buchungen für Reden zu Lincolns Geburtstag vom republikanischen Wahlkampfkomitee für den Senat und erhielt Nominierungen für Wheeling, West Virginia, Salt Lake City und Reno. Ohne irgendein tieferes Konzept für das, was er tat, und ohne über das Thema geforscht zu haben oder Kenntnisse zu besitzen, wedelte McCarthy am 9. Februar 1950 in Wheeling mit einem Blatt Papier (der Kopie eines vier Jahre alten Briefs von Byrnes an das Mitglied des Repräsentantenhauses Adolph Sabath) und sagte: «Während ich keine Zeit habe, die Namen aller Männer im Außenministerium aufzulisten, die als Mitglieder der Kommunistischen Partei und Mitglieder eines Spionagerings genannt wurden, halte ich doch in meiner Hand eine Liste mit 205 Namen, die dem Außenminister als Mitglieder der Kommunistischen Partei bekannt waren und die trotzdem immer noch im Außenministerium arbeiten und seine Politik gestalten.» In Wirklichkeit nannte der Brief keine Namen und hatte nichts mit Spionage oder Kommunisten zu tun, sondern berichtete, dass 3.000 Angestellte von abgeschafften Behörden der Kriegszeit, die auf den Haushalt des Außenministeriums umgeschichtet wurden, durchleuchtet worden waren und dass 284 davon als nicht wünschenswert klassifiziert worden waren (wovon 79 bereits aus dem Dienst ausgeschieden waren, 26 deshalb, weil sie Ausländer waren). Jedes Mal, wenn McCarthy die Anklage wiederholte, wechselten die Zahlen und die Kategorien; beispielsweise erzählte er in der darauffolgenden Nacht seinem Publikum in Salt Lake City: «Letzte Nacht (...) erwähnte ich, dass ich die Namen von 57 Mitgliedern der Kommunistischen Partei mit Mitgliedskarten besaß.»

Aus dem Staub der Kontroverse, die durch diese Anklagen aufgewühlt wurde, erhob sich McCarthy der Ankläger, den jeder Amerikaner kannte und der von Millionen gepriesen oder verdammt wurde. Er liebte es. Am 20. Februar verkündete er in einer zusammenhanglosen Rede von über sechs Stunden im Senat, dass er «Trumans eisernen Vorhang der Geheimhaltung» durchdrungen habe und dass er 81 Fälle vorlegen würde, die durch Nummern ohne Namen identifiziert wurden. Was in den nächsten sechs Stunden folgte, war ein Irrenhaus. Fall nach Fall wurde vorgestellt, alles voll mit Widersprüchen und Belanglosigkeiten. Es gab 81 Nummern, aber nur 66 Fälle, Fälle wurden einfach ausgelassen, manche wurden unter anderen Ziffern wiederholt, viele davon waren niemals im Außenministerium oder bei der Regierung angestellt gewesen und einer, «im Wesentlichen ein Fall der Moral», wurde freigesprochen, weil er «Antikommunist» war, während ein anderer, Fall 72, «ein hochgestellter Typ war, ein amerikanischer Demokrat (...) der gegen Kommunismus war». Es war nach Aussage des republikanischen Führers im Senat, Taft, eine «vollkommen haltlose Vorstellung». Nichtsdestotrotz entschieden sich Taft und seine Kollegen, die Anklagen aufzunehmen und zu unterstützen, weil sie die Regierung beschädigen würden. Dementsprechend riet Taft McCarthy: «Wenn ein Fall nicht funktioniert, dann probier einen neuen.» Die Öffentlichkeit, die nur über die Anklagen informiert war, die zynischen Details aber nicht kannte, las aus den Zeitungsüberschriften, dass das Außenministerium voller kommunistischer Spione sei. Sogar heute ist immer noch nicht vielen Leuten bewusst, dass McCarthy in fünf Jahren der Anklagen keinen einzigen Kommunisten im Außenministerium enttarnte, obwohl es dort zweifellos welche gegeben haben muss.

McCarthy wiederholte diese Vorstellung ein paar Wochen später vor einem Unterausschuss des Senats, dessen Vorsitz Senator Millard Tydings aus Maryland hatte. Vom 7. März bis Anfang Juli nahm dieser Unterausschuss des Senatsausschusses für Außenpolitik 1.500 Druckseiten Zeugenaussagen auf und mehr als 1.000 Seiten Dokumente. Es wurde schnell deutlich, dass McCarthys Zeugenaussage vollständig auf Material beruhte, das die Ausschüsse des Repräsentantenhauses in der vorangegangenen Kongressperiode zusammengetragen hatten. Er nannte die Namen zu den 66 Fällen (die er als 81 Fälle bezeichnete), die er in seiner Senatsrede erwähnt hatte, und 35 neue Namen. Nur in wenigen Fällen gab es überhaupt irgendwelche Indizien. Wenn er nach Beweisen gefragt wurde, antwortete er Senator Tydings ausweichend, dass das *sein* Job sei: die Beweise lägen im Außenministerium und es sei die Aufgabe des Ausschusses, sie zu erlangen. Nachdem die in Frage stehenden Akten vom Ausschuss eingetrieben worden waren und man darin keine Beweise fand, die McCarthys Anklagen unterstützen konnten, nannte McCarthy sie «gefälschte Akten» und bestand darauf, dass sie «vergewaltigt und durchwühlt» worden seien und dass die FBI-Berichte, die darin enthalten gewesen seien, entfernt worden seien. J. Edgar Hoover wurde vorgeladen, ließ die Akten untersuchen und berichtete, dass «die Akten des Außenministeriums intakt sind».

McCarthy ignorierte diesen Rückschlag. Neue Beschuldigungen folgten. Schließlich kündigte er an, dass es seinen gesamten Ruf an einen Fall hängen wollte. Mehr als eine Woche quälte er die Welt und den Ausschuss damit, dass er den Namen zurückhielt: «der russische Top-Spion» in den Vereinigten Staaten, «Alger Hiss' Leiter im Spionagering des Außenministeriums», «der Hauptarchitekt unserer Fernostpolitik». Schließlich kam der Name: Professor Owen Lattimore von der John-Hopkins-Universität, der größte Experte der englischsprechenden Welt für die Mongolei. Das einzige Problem dabei war, dass Lattimore kein Kommunist und kein Spion war und nicht zum Außenministerium gehörte.

Der Bericht des Tydings-Unterausschusses, der im Juli veröffentlicht wurde, verurteilte McCarthy wegen «Schwindels und Betrugs» des Senats: «Anfangs ohne irgendwelches Material, stürzte sich Senator McCarthy kopfüber nach vorne und versuchte verzweifelt, irgendeine neue Information zu Tage zu bringen.» McCarthy hätte erledigt sein sollen. Das war er aber nicht. Aus einem einfachen Grund: in der Politik ist die Wahrheit nicht von gleicher Wichtigkeit wie die Macht und McCarthy demonstrierte bald, dass er Macht hatte – die Macht, einer entflammten und in die Irre geführten Öffentlichkeit. In der Wahl vom November 1950 erlitten mehrere der Mitglieder des Senats, die sich am deutlichsten gegen McCarthy geäußert hatten, einschließlich einiger der einflussreichsten Mitglieder dieser erlesenen Körperschaft, eine Niederlage – wenn nicht durch McCarthy, so doch durch den McCarthyismus. Tydings wurde in Maryland 1950 geschlagen und Scott Lucas, der demokratische Mehrheitsführer im Senat, der McCarthy während seiner Vorstellung am 20. Februar angegangen war, ging mit ihm unter. William Benton, Senator aus Connecticut, der 1951 eine Resolution zum Ausschluss McCarthys aus dem Senat eingebracht hatte und dessen Beschuldigungen durch die Untersuchungen des Senats über McCarthys Privatfinanzen voll bestätigt wurden, wurde 1952 geschlagen. Mit ihm wurde auch Lucas' Nachfolger als Führer der Demokraten, Senator McFarland aus Arizona, geschlagen. Von 1950 bis 1954 wurden die meisten seiner Mitsenatoren und viele Mitglieder der Exekutive durch McCarthys Macht über das Wahlvolk terrorisiert. Wo immer es ging, vermieden sie es, sich in Opposition zu ihm zu setzen. In dieser Zeit verletzte er mehr Gesetze und Verordnungen als irgendein früherer Senator in der Geschichte. Tausende von geheimen Anhängern in der Regierung schickten ihm Informationen und Desinformationen zu, als geheim klassifizierte Dokumente, Verleumdungsbriefe, anonyme Zettel. Die Administration Eisenhower überlegte einmal, McCarthy selbst der Spionage anzuklagen, hatte aber nicht den Mut dazu. Ein Großteil dieses Materials wurde von McCarthy in Fernsehsendungen, die im ganzen Land ausgestrahlt wurden, vorgelesen. Als ihn ein Reporter einmal fragte: «Ist das nicht ein der Geheimhaltung unterliegendes Dokument?», antwortete McCarthy: «Das *war* es. Ich habe es gerade freigegeben.»

Man kann in Zweifel ziehen, ob McCarthys Macht, seine Feinde zu besiegen, so groß war, wie diese dachten, aber er förderte diese Gedanken. Auf jeden Fall besiegte er Tydings.

Senator Tydings kam von einer alten wohlhabenden Familie aus Maryland und hatte ein brillantes Zeugnis als Soldat im Ersten Weltkrieg. Er war für Franklin Roosevelt zu konservativ, weshalb dieser versuchte, ihn in der Vorwahlkampfkampagne von 1938 wegzu«säubern», womit er aber scheiterte. McCarthy ging anders vor. Er verwendete die großen Geldsummen, die er von wirklichen Antikommunisten aus dem ganzen Land bekam, heuerte eine Gruppe zwielichtiger Charaktere an, die von einem früheren FBI-Agenten (der während der Durchsetzung des Mann-Gesetzes über «weiße Sklaven» wegen Unmoral gefeuert worden war) geführt wurden, und schickte sie, wohlausgerüstet mit Geldern, nach Maryland, um gegen Tydings als «Prokommunisten» eine Kampagne durchzuführen. Die Wahlgesetze des Staates wurden in großem Stil verletzt, einschließlich Überschussausgaben, Fälschung, Verwendung von Wahlkämpfern, die von außerhalb des Staates bezahlt wurden, und zahlreiche andere Verletzungen. Der Gnadenstoß wurde Tydings mit einem gefälschten Foto zugefügt, das Tydings und den Kommunistenführer Earl Browder beim gemütlichen Zusammensein zeigte. Das war eine Fabrikation von McCarthys Mannschaft, die in großer Auflage zirkulierte. Nachdem Tydings besiegt war, wurden mehrere Mitglieder der Mannschaft seines siegreichen Opponenten, einschließlich seines Wahlkampfmanagers, wegen Verletzung der Wahlgesetze vor Gericht gestellt und zu Gefängnis oder Geldstrafen verurteilt. Aber das konnte das Ergebnis der Wahl nicht mehr ändern und nur wenige andere Senatoren wollten einen gleichen Ausgang riskieren, wenn sie McCarthy im Senat Widerstand leisteten.

Die Republikaner waren genauso verängstigt wie die Demokraten, und das mit guten Gründen, denn Parteigrenzen bedeuteten McCarthy genauso wenig wie alle anderen Arten von Unterscheidungen. Er fuhr mit seinen Beschuldigungen auch 1953–1954 fort, als seine eigene Partei beide Häuser des Kongresses kontrollierte und Eisenhower im Weißen Haus saß. Die Hauptänderung bestand darin, dass er jetzt aufhörte, von «zwanzig Jahren Verrat» im Weißen Haus zu reden, und dafür von «einundzwanzig Jahren Verrat» im Weißen Haus sprach. Der neue Präsident versuchte diese Angriffe abzulenken und gegenüber McCarthy einzulenken, wie er während seiner Wahlkampagne gegenüber ihm eingelenkt hatte. Die Administration brüstete sich bald damit, dass 1.456 Beschäftigte der Bundesbehörden in den ersten vier Monaten des «Eisenhower-Sicherheitsprogramms» «ausgesondert» worden seien. Am Ende seines ersten Jahres steigerte der Präsident diese Zahl auf 2.200. Die

Demokraten brauchten einige Wochen, bis sie bemerkten, dass sich diese Zahlen nicht auf Leute bezogen, die als subversiv oder sogar als Sicherheitsrisiko eingeschätzt wurden, sondern auf jeden, der die Anstellung bei der Regierung verließ. Am Ende ihres ersten Jahres übernahm die neue Administration McCarthys Weigerung, sich von Kategorien herumstoßen zu lassen, vollständig. Vizepräsident Nixon sagte: «Wir werfen die Kommunisten und kommunistische Mitläufer und die Sicherheitsrisiken aus der Regierung (...) zu Tausenden.» Es wurde bald klar, dass niemand als Kommunist hinausgeworfen worden war und dass die «Sicherheitsrisiken» alle Arten von Menschen einschlossen, etwa solche, die zu freizügig auf Washingtons endlosen Cocktailparties Wissen einsaugten. Ein wahrhaftiger Kommunist im Außenministerium wäre eine Trophäe unter dieser buntscheckigen Truppe gewesen, aber es wurde nie einer angezeigt.

«Wer hat China verloren?»

Eine Zeitlang versuchte die neue Administration, McCarthy zu übertrumpfen, und zwar hauptsächlich, indem sie in Ausschussanhörungen demonstrierte, dass China aufgrund der sorgfältigen Planungen und Intrigen von Kommunisten im Außenministerium an die Kommunisten «verloren» gegangen sei. Die Hauptbemühungen in dieser Richtung unternahm eine wohlorganisierte und gut finanzierte «China-Lobby», in deren Zentrum die Aktivitäten von Alfred Kohlberg, einem reichen Exporthändler, der Geschäftsbeziehungen nach China gehabt hatte, standen. Diese Gruppe brachte zusammen mit ihren Verbündeten wie McCarthy ein Gutteil an Beweismaterial bei, dass Kommunisten in verschiedene akademische, journalistische und Forschungszirkel, die mit dem Fernen Osten befasst waren, eingedrungen waren. Aber sie schafften es nicht, ihre Behauptung zu beweisen, dass eine Verschwörung dieser Kommunisten und Mitläufer, die durch das Außenministerium arbeiteten, China an Mao abgetreten hätte. Mao siegte in China wegen der Inkompetenz und Korruption des Regimes von Chiang Kai-shek und er siegte trotz der Hilfe, welche die Vereinigten Staaten Chiang zukommen ließen oder hätten zukommen lassen können. Das Regime Chiangs hätte sich ohne drastische Reformen (und ohne eine amerikanische militärische Intervention gegen Mao, die kaum jemand wollte) niemals gegen Mao halten können, wie hoch auch immer die amerikanische Hilfe gewesen wäre. Die Version der China-Lobby beruhte auf zwei Behauptungen: 1) dass es Kommunisten in wichtigen Positionen in der Nähe jener Institutionen gebe, die halfen, die amerikanische akademische und öffentliche Meinung über den Fernen Osten zu formen, und 2) dass es häufige Absprachen zwischen Kommunisten und Leuten, von denen bekannt war, dass sie die amerikanische Meinung und Politik in China formten, gebe. Dieses ganze Thema ist zu komplex, als dass es hier angemessen besprochen werden könnte, aber man muss wenigstens die Grundzüge der Situation darstellen.

Es steckt ein gut Teil Wahrheit in der Behauptung der China-Lobby, dass die amerikanischen Chinaexperten zu einer einzigen miteinander verflochtenen Gruppe gehörten, deren allgemeiner Konsens einen linken Charakter hatte. Es ist ebenso wahr, dass diese Gruppe Gelder, akademische Empfehlungen und Forschungs- oder Veröffentlichungsmöglichkeiten kontrollierte und damit Personen finanziell oder beruflich schaden konnte, die ihren Konsensus nicht akzeptierten. Es ist ebenfalls wahr, dass diese etablierte Gruppe durch ihren Einfluss auf die Buchbesprechungen in *The New York Times*, der *Herald Tribune*, dem *Saturday Review*, einigen Zeitschriften inklusive der liberalen Wochenzeitungen und in den professionellen Zeitschriften die Karriere eines jeden Fachmannes entweder behindern oder fördern konnte. Es ist auch wahr, dass so etwas mit Bezug auf den Fernen Osten durch das Institut für pazifische Angelegenheiten (Institute for Pacific Relations) geschah, dass diese Organisation von Kommunisten und kommunistischen Sympathisanten infiltriert war und dass ein Großteil des Einflusses dieser Gruppe von ihrem Zugang zu und ihrer Kontrolle über Gelder kam, die von finanziellen Stiftungen für akademische Projekte zur Verfügung gestellt wurden. All diese Dinge waren wahr, aber sie wären auch in vielen anderen Feldern akademischer Forschung und akademischer Verwaltung in den Vereinigten Staaten wahr gewesen, wie etwa den Studien über den Nahen Osten, der Anthropologie, Pädagogik oder den politischen Wissenschaften. Sie waren nur deshalb in Bezug auf den Fernen Osten besser sichtbar, weil in der Forschung über diese Region nur wenige Menschen beschäftigt waren und die Themen von so großer Bedeutung waren.

Die Vorwürfe der China-Lobby auf der anderen Seite, wie sie Neoisolationisten in den fünfziger und die radikale Rechte in den sechziger Jahren aufgenommen und weitergetragen haben, dass China wegen dieser Gruppe «verloren» gegangen sei oder dass die Mitglieder dieser Gruppe illoyal gegenüber den Vereinigten Staaten oder in Spionageaktivitäten verwickelt oder Teilnehmer einer bewussten Intrige gewesen seien oder auch, dass die ganze Gruppe von sowjetischen Agenten oder sogar von Kommunisten kontrolliert worden sei – all diese Vorwürfe sind nicht wahr. Aber das ganze Thema ist von größerer Bedeutung, wenn man das 20. Jahrhundert verstehen will.

Zunächst einmal war die Zahl der «Experten» für den Fernen Osten schon aufgrund der Sprachbarrieren begrenzt. Die meisten, wie Pearl Buck, Professor Fairbank von Harvard oder die Professoren Latourette und Rowe aus Yale sowie viele andere, waren Kinder oder Verwandte von Menschen, deren Interesse an China aus der Missionsarbeit kam. Das gab ihnen einen doppelten Charakter: sie lernten die Sprache und sie hatten die Empfindung einer spirituellen Mission für China. Wenn wir hinzufügen, dass sie bis nach 1950 nur eine kleine Zahl waren, dass sie wegen der kommerziellen Bedeutung des Fernen Ostens Zugang zu relativ bedeutenden Mengen an Geldern für Forschung, Reisen und Publikationen bezüglich des Fernen Ostens hatten, dann versteht man, dass sie fast unvermeidlich eine kleine Gruppe von Menschen bildeten, die einander persönlich kannten, untereinander einen ziemlich festen Konsens über Fernostfragen ausgebildet hatten (der auf Gesprächen und dem gegenseitigen Lesen der Bücher der jeweils anderen beruhte) und allgemein gewisse Charakteristika einer Clique hatten.

Lattimore beispielsweise tendierte dazu, jedermanns Experte für die Mongolei zu werden, weil er Mongolisch konnte und niemand sonst. Er wurde kaum jemals bezüglich der Mongolei oder Nordwestchinas in Frage gestellt und wurde unvermeidlicherweise ziemlich überheblich oder sogar eigenbrötlerisch, was dieses Thema anging. Außerdem ließen sich viele dieser Experten und gerade diejenigen, die vom Fernostestablishment im Institut für pazifische Beziehungen bevorzugt wurden, von der kommunistischen Ideologie gefangen nehmen. Unter ihrem Einfluss propagierten sie als Experten irrtümliche Ideen und versuchten, die Politik in unsinnige Richtungen zu beeinflussen. Beispielsweise versuchten sie von 1943 bis 1950 als Meinung durchzusetzen, dass die chinesischen Kommunisten nur einfache Agrarreformer seien, etwa wie die Dritt-Partei-Gruppen des amerikanischen mittleren Westens; oder dass Japan bösartig sei, vollständig zerschlagen werden müsste, dass seine Monarchie aufgelöst werden müsse und (später) dass die amerikanische Politik in Japan unter General MacArthur ein Fehlschlag sei; sie akzeptierten sogar gelegentlich die stalinistische Doktrin, dass kommunistische Regime «friedensliebend» und «demokratisch» seien, während die kapitalistischen «kriegerisch und aggressiv» seien. Beispielsweise veröffentlichte noch 1951 die John Day Company (Präsident Richard J. Walsh) eine Anklage von MacArthurs Politik in Japan von Robert Textor. Das Buch hieß *Failure in Japan*, hatte ein Vorwort von Lattimore und versuchte zu zeigen, dass unsere Besatzungspolitik zu einem «Fehlschlag für die demokratischen Werte in Japan und zu einer Situation strategischer Schwäche für den Westen» führen würde. Diese kindische Verleumdung wurde vom IPR propagiert, das 2.300 Postkarten versandte, um das Buch zu bewerben.

Wall Street und die Linke

Hinter dieser unglücklichen Situation liegt ein anderes, tiefer gehendes Beziehungsgeflecht, das die Angelegenheiten sehr viel tiefer beeinflusst als nur in Bezug auf die Fernostpolitik. Es involviert die Umlenkung steuerfreier Vermögen internationaler Finanziers in Stiftungen, die für pädagogische, wissenschaftliche oder «andere Zwecke von öffentlichem Belang» verwendet werden. Vor sechzig Jahren und weiter zurück wurde das öffentliche Leben im Westen vom Einfluss der Wall Street beherrscht. Dieser Begriff hat nichts zu tun mit dem, wofür er im Kommunismus steht, nämlich Monopolindustrialismus, sondern er bezieht sich ganz im Gegenteil auf den internationalen Finanzkapitalismus, der tief verwickelt ist in Dinge wie den Goldstandard, Währungskursschwankungen, die Ausgabe festverzinslicher Anleihen, und – in geringerem Maße – in die Ausgabe von Industrieaktien an der Börse. Diese Gruppe, die in den Vereinigten Staaten von den achtziger Jahren des 19. Jahrhunderts bis in die dreißiger Jahre vollständig von J.P. Morgan and Company dominiert wurde, war kosmopolitisch, anglophil, internationalistisch, Ivy League, Ostküste, anglikanische Hochkirche und mit Neigung zur europäischen Kultur. Ihre Verbindung zu den Ivy League Colleges beruhte darauf, dass die große finanzielle Ausstattung dieser Institutionen eine ständige Beratung mit den Finanziers der Wall Street (oder ihren kleineren Ablegern in State Street Boston und anderswo) nötig machte, und zeigte sich darin, dass diese Vermögen eher in Anleihen als in Immobilien oder Aktien investiert waren. Als Folge dieser Einflüsse waren noch in den späten dreißiger Jahren J.P. Morgan und seine Trabanten die bedeutsamsten Figuren in der Leitung von Harvard, Columbia, und – in einem geringeren Ausmaß – Yale, während die Whitneys in Yale bedeutsam waren und die Prudential Insurance Company (durch Edward D. Duffield) Princeton dominierte.

Die Namen dieser Leuchten der Wall Street schmücken auch heute noch die Ivy-League-Campus, mit Harkness Colleges und einem Payne-Whitney-Gymnasium in Yale, einem Payne-Wohnheim in Princeton, einem Dillon Field House und einer Lamont Library in Harvard. Die höchsten Angestellten dieser Universitäten waren den Finanzmächten gegenüber verpflichtet und schuldeten ihnen meistens ihre Stellung. Morgan selbst machte Nicholas Murray Butler zum Präsidenten von Columbia; sein wichtigster Vertreter in Boston, Thomas Nelson Perkins von der First National Bank aus dieser Stadt, gab Conant den Schub, der ihn aus seinem chemischen Labor nach University Hall in Harvard bugsierte; Duffield von Prudential wurde unvorbereitet davon getroffen, als der Präsident von Princeton 1932 von einem Auto getötet wurde, und machte sich selbst zum Präsidenten für ein Jahr, bevor er 1933 Harold Dodds für den Posten auswählte. In Yale schaffte es Thomas Lamont, der Teilhaber und Lenker der Morgan-Firma, Charles Seymour 1937 in den Präsidentensessel der Universität zu hieven.

Der bedeutsame Einfluss der Wall Street (damit gemeint war Morgan) sowohl in der Ivy League als auch in Washington in der Periode von sechzig oder mehr Jahren ab 1880 erklärt auch das ständige Zusammenspiel und den Austausch zwischen der Ivy League und der Bundesregierung, ein Austausch, der ohne Zweifel das allergrößte Ressentiment in weniger bevorzugten Kreisen erregte, Kreisen, die mehr als genug hatten von dem Akzent, den Tweed-Stoffen und der anglikanisch hochkirchlichen Anglophilie dieser Leute. Der arme Dean Acheson musste trotz (oder vielleicht sogar wegen) seiner beachtlichen intellektuellen und charakterlichen Qualitäten den vollen Stoß dieses Ressentiments von McCarthy und seinen Verbündeten 1948–1954 ertragen. Dasselbe Gefühl hatte auch für Pseudo-Ivy-League-Figuren wie Alger Hiss nichts übrig.

Wegen ihrer beherrschenden Position in der Wall Street schaffte es die Morgan-Gruppe auch, andere Mächte der Wall Street zu beherrschen, so etwa Carnegie, Whitney, Vanderbilt, Brown-Harriman oder Dillon, Read. Enge Bündnisse wurden mit Rockefeller, Mellon und den Duke-Interessen geschlossen, weit weniger enge auch mit großen industriellen Mächten wie DuPont und Ford. Trotz des großen Einflusses dieses Wall-Street-Amalgams, eines Einflusses, groß genug, um den Titel «amerikanisches Establishment» zu verdienen, schaffte es diese Gruppe nicht, die Bundesregierung zu kontrollieren, und musste sich als Konsequenz mit einer ganzen Reihe von Regierungsentscheidungen abfinden, die wenig nach ihrem Geschmack waren. Die wichtigsten davon bezogen sich aufs Steuerrecht, angefangen mit der Einführung der progressiven Einkommenssteuer 1913 und kulminierend, mehr als alles andere, in der Erbschaftssteuer. Diese Steuergesetze trieben die großen Privatvermögen, die von der Wall Street beherrscht wurden, in steuerfreie Stiftungen, die dann ein wesentliches Bindeglied im Establishment-Netzwerk zwischen Wall Street, Ivy League und Bundesregierung wurden. Dean Rusk, der 1961 Außenminister wurde und früher Präsident der Rockefeller Foundation und Rhodes-Stipendiat in Oxford (1931–1933) war, ist ebenso ein Mitglied dieser Verbindungen wie Alger Hiss, Jerome Greene, die Dulles-Brüder, James T. Shotwell, John W. Davis, Elihu Root oder Philipp Jessup.

Vor mehr als fünfzig Jahren entschied sich das Morgan-Unternehmen dafür, linke politische Bewegungen in den Vereinigten Staaten zu unterwandern. Das war relativ leicht, da diese Gruppen nach finanziellen Mitteln hungerten und gierig danach waren, die Menschen zu erreichen. Wall Street verschaffte ihnen beides. Der Zweck bestand nicht darin, sie zu zerstören, zu beherrschen oder zu übernehmen, sondern war eigentlich ein dreifacher: 1) auf dem Laufenden zu bleiben über das Denken linker oder liberaler Gruppen; 2) ihnen ein Sprachrohr zur Verfügung zu stellen, damit sie «Dampf ablassen» könnten; und 3) sich für den Fall, dass sie jemals «radikal» werden sollten, eine Art Veto über ihre Veröffentlichungen und schließlich auch über ihre Aktionen zu verschaffen. An dieser Entscheidung war eigentlich nichts Neues, da auch andere Finanziers darüber geredet hatten und es früher auch schon versucht hatten. Was jedoch diesem Mal eine so entscheidende Bedeutung gab, war die Verbindung der Adoption (dieser Politik) durch den führenden Finanzier der Wall Street zu einer Zeit, als die Steuerpolitik alle Finanziers dahin trieb, steuerbefreite Refugien für ihre Vermögen zu suchen, und zu einer Zeit, als sich der ultimative Linksradikalismus unter dem Banner der Dritten Internationale zu formieren begann.

Das beste Beispiel dieses Bündnisses zwischen der Wall Street und linken Publikationen war die *New Republic*, eine Zeitschrift, die 1914 mithilfe von Payne-Whitney-Mitteln von Willard Straight gegründet worden war. Straight, der ein Mitarbeiter von Sir Robert Hart gewesen war (dem Direktor des chinesischen Reichszolldienstes und führenden Kopf des europäischen imperialistischen Eindringens in China) und von 1901 bis 1912 im Fernen Osten geblieben war, wurde danach ein Morgan-Partner und der führende Experte des Unternehmens für den Fernen Osten. Er heiratete Dorothy Payne Whitney, deren Namen die Familienverbindung von zwei der damals größten Vermögen Amerikas anzeigen. Sie war die Tochter von William C. Whitney, dem New Yorker Millionär, dessen Vermögen über öffentliche Dienstleistungen zustande gekommen war, und die Schwester und Miterbin von Oliver Payne vom Standard Oil Trust. Einer ihrer Brüder heiratete Gertrude Vanderbilt, während der andere, Payne Whitney, die Tochter des Außenministers John Hay heiratete, der die amerikanische Politik der offenen Tür in Bezug auf China verkündete. In der kommenden Generation gehörten drei Vettern, John Hay («Jock») Whitney, Cornelius Vanderbilt («Sonny») Whitney und Michael Whitney («Mike») Straight, zu einer Reihe von politischen Unternehmungen propagandistischer Natur und alle drei dienten in verschiedenen Positionen in den späten New-Deal- und den Truman-Regierungen. Dort hielten sie enge Verbindung zu anderen «Wall-Street-Liberalen» wie Nelson Rockefeller.

The New Republic war 1914 von Willard und Dorothy Straight mit ihrem eigenen Geld gegründet worden und wurde bis zum 23. März 1953 von ihren Zuwendungen getragen. Der ursprüngliche Zweck der Gründung war es gewesen, der fortschrittlichen Linken ein Sprachrohr zu verschaffen und sie unauffällig in eine anglophile Richtung zu lenken. Diese letzte Aufgabe wurde einem jungen Mann anvertraut, der erst vier Jahre zuvor in Harvard abgeschlossen hatte, aber bereits ein Mitglied der geheimnisvollen Round-Table-Gruppe war, die seit ihrer formellen Gründung 1909 eine wesentliche Rolle in der Lenkung der englischen Außenpolitik gespielt hat. Dieser junge Rekrut, Walter Lippmann, ist seit 1914 und bis heute der authentische Sprecher im amerikanischen Journalismus für die Establishments auf beiden Seiten des Atlantiks in internationalen Angelegenheiten. Seine zweiwöchentlichen Kommentare, die in Hunderten amerikanischer Zeitungen erscheinen, haben das Copyright des *New York Herald Tribune*, der jetzt J. H. Whitney gehört. Es waren diese Verbindungen, als Glied zwischen der Wall Street und den Round-Table-Gruppen, die Lippmann 1918, immer noch in seinen Zwanzigern, die Gelegenheit verschafften, zum offiziellen Interpreten von Wilsons Vierzehn Punkten bei der britischen Regierung bestellt zu werden.

Willard Straight war wie viele Vertreter Morgans bei der Pariser Friedenskonferenz, starb aber an Lungenentzündung, bevor sie anfing. Sechs Jahre später, 1925, heiratete seine Witwe wieder und wurde Lady Elmhirst of Dartington Hall. Sie nahm ihre drei kleinen Kinder mit von Amerika nach England, wo sie als Engländer erzogen wurden. Sie gab ihre amerikanische Staatbürgerschaft 1935 auf. Kurz darauf kandidierte ihr jüngerer Sohn Mike ohne Erfolg für das Parlament als Kandidat der Labourpartei im Wahlkreis der Cambridge University, was zur rechtlichen Voraussetzung hatte, dass er britischer Staatsbürger war. Das war kein Hindernis, als er 1938, mit zweiundzwanzig Jahren und nach dreizehn Jahren in England, in die Vereinigten Staaten zurückkehrte, wo er sofort zum Berater des Außenministeriums für internationale Wirtschaftsfragen ernannt wurde. Offenbar in Vorbereitung für die Rückkehr ihres Sohnes in die Vereinigten Staaten hatte 1937 Lady Elmhirst, die Alleineigentümerin der *New Republic*, ihre Eigentümerschaft an Westrim Ltd. abgegeben, eine Scheinfirma, die zu diesem Zweck in Montreal, Kanada, gegründet worden war, und errichtete in New York mit einer Spende von 1,5 Millionen Dollar die William-C.-Whitney-Stiftung, deren Präsident Mike wurde. Diese finanzierte die Familieninteressen in moderner Kunst und am Theater, inklusive die Tourneen seiner Schwester Beatrix als Shakespeare-Schauspielerin.

Mike Straight diente von 1943 bis 1945 in der Air Force, aber darunter litt seine Karriere bei der *New Republic* in keiner Weise. Er wurde im Mai 1941 Korrespondent in Washington, Herausgeber im Juni 1943 und Verleger im Dezember 1946 (als er Henry Wallace zum Herausgeber machte). Während dieser Wendungen veränderte er die Kontrolle der *New Republic* vollständig, ebenso wie die der Schwesterzeitschrift *Asia*. Er entließ anerkannte Liberale (wie Robert Morss Lovett, Malcolm Cowley und George Soule), zentralisierte die Kontrolle und nahm sie in die eigene Hand. Die Kontrolle durch das Geld der Whitneys hatte zwar natürlich immer existiert, aber sie war in den fünfundzwanzig Jahren nach dem Tode von Willard Straight kaum ausgeübt worden.

Der erste Herausgeber der *New Republic*, der bekannte «Liberale» Herbert Croly, war sich dieser Situation voll bewusst. Nach zehn Jahren in dieser Stellung erklärte er die Beziehung in der «offiziellen» Biographie von Willard Straight, die er für eine Bezahlung von 25.000 Dollar verfasste. «Natürlich könnten sie (die Straights) immer ihre finanzielle Unterstützung entziehen, wenn sie mit der Linie der Zeitschrift nicht mehr einverstanden wären; in diesem Fall würde sie als Folge ihres Rückzugs zugrunde gehen.» Crolys Biographie von Straight, die 1924 erschien, macht ganz deutlich, dass Straight in keiner Weise ein Liberaler oder Progressiver war, sondern ein ganz typischer internationaler Banker und dass die *New Republic* einfach nur ein Medium war, um bestimmte Pläne dieser internationalen Banker zu unterstützen, insbesondere, um den Isolationismus und die antibritischen Gefühle, die in der amerikanischen Linken so verbreitet waren, abzuschleifen, während man ihr gleichzeitig ein Vehikel zur Verfügung stellte für den Ausdruck ihrer modernen Ansichten in Bezug auf Literatur, Kunst, Musik, Sozialreformen und sogar Innenpolitik. 1916, als die Herausgeberschaft eine zweite Präsidentschaft Wilsons unterstützen wollte, okkupierte Willard Straight zwei Seiten in der Zeitschrift, um seine eigene Unterstützung für Hughes zu dokumentieren. Die wichtigste Zielsetzung und der wichtigste Erfolg der *New Republic* waren jedoch sowohl 1914–1918 als auch 1938–1940 der Interventionismus in Europa und die Unterstützung von Großbritannien.

Die Rolle von Mike Straight in dieser Situation 1938–1948 ist eindeutig. Er übernahm diese Familienmitgift, schaffte das Herausgebergremium ab und verfolgte weiter die Ziele seines Vaters in enger Zusammenarbeit mit Gewerkschaften und linken Gruppen in der amerikanischen Politik. Bei diesen Bemühungen stand er in enger Verbindung mit seinen ererbten Wall-Street-Beziehungen, insbesondere mit seinen Whitney-Vettern und bestimmten Vertretern der Familie wie Bruce Bliven, Milton C. Rose und Richard J. Walsh. Diese dirigierten eine Reihe von Unternehmungen, die Medienpublikationen, Unternehmen und Stiftungen umfassten und aus dem Rechtsanwaltsbüro von Baldwin, Todd und Lefferts in 120 Broadway, New York City, geleitet wurden. In diesem Geflecht gab es die *New Republic*, *Asia*, *Theatre Arts*, das Museum of Modern Arts und andere, die alle von einer Handvoll von Stiftungen unterstützt wurden, darunter die William C. Whitney Foundation, die Gertrude Vanderbilt Whitney Foundation, die J.H. Whitney Foundation und andere. Diese Unternehmungen erhielten 1947 einen interessanten Zusatz, als Straight eine neue Zeitschrift gründete, die *United Nations World*, die sich der Unterstützung der UNO widmen sollte. Ihre nominellen Eigentümer waren *The New Republic* selbst, Nelson Rockefeller, J.H. Whitney, Max Ascoli (ein antifaschistischer Italiener, der in amerikanischen Reichtum eingeheiratet hatte und diesen dazu benutzte eine eigene Zeitschrift zu unterstützen, *The Reporter*) und Beatrice S. Dolivet. Die letztere Dame, die Schwester von Mike Straight, machte ihren Ehemann, Louis Dolivet, zum «internationalen Herausgeber» der neuen Zeitschrift.

Ein wichtiges Element in diesem Geflecht war die Zeitschrift *Asia*, die von Vertretern Morgans 1898 als Zeitschrift der American Asiatic Society gegründet worden war. Sie war zeit seines Lebens eng verbunden mit Willard Straight und gehörte ihm seit Januar 1917 ganz. In den dreißiger Jahren wurde sie für die Whitneys geleitet von Richard J. Walsh und seiner Frau, die die Welt unter dem Namen Pearl Buck kannte. Walsh, der als Herausgeber von *Asia* fungierte, war außerdem für einige Jahre Präsident der Holdinggesellschaft von *The New Republic* und Präsident der John Day Publishing Company. 1942, nachdem Nelson Rockefeller und Jock Whitney in die Regierung eingetreten waren, um sich um die amerikanische Propaganda in Lateinamerika im «Office of the Coordinator of Inter-American Affairs» zu kümmern, änderte *Asia* seinen Namen in *Asia and the Americas*. 1947, als Mike Straight eine Kampagne begann, um die Vereinten Nationen zu «verkaufen», wurde es vollständig umorganisiert zur *United Nations World*.

Mike Straight war tief antikommunistisch eingestellt, hatte aber vielerlei Verbindungen zu Kommunisten, manchmal als Kollaborateur, häufig als Widersacher. Seine Opposition kam am deutlichsten zum Ausdruck in seiner Rolle als Mitgründer des American Veterans Committee (AVC) und seiner politischen Nachfolgeorganisation, den Americans for Democratic Action (ADA). Seine Kollaboration mag man aus Straights überragender Rolle in Henry Wallaces Präsidentschaftskampagne 1948 mit einer dritten Partei ersehen.

Die Natur des Beziehungsgeflechts zwischen Straight und den Kommunisten in der Angelegenheit, Wallace in das Abenteuer seiner 48er Kampagne zu stürzen, kann man sehr leicht missverstehen. Die antikommunistische Rechte hatte eine ganze einfache Erklärung dafür: Wallace und Straight waren beide Kommunisten und kämpften dafür, Wallace zum Präsidenten zu machen. Aber nichts könnte weiter von der Wahrheit entfernt sein. Alle drei – Straight, Wallace und die Kommunisten – fanden sich nur deshalb in diesem Unternehmen zusammen, um Truman eine Niederlage beizubringen. Straight war der Hauptmotor beim Start der Kampagne 1947 und war es hauptsächlich, der einige Kommunisten in die Kampagne mit einbrachte. Als er aber alle an Bord des Wallace-Zuges versammelt hatte, sprang er selber ab und überließ sowohl Wallace als auch die Kommunisten ohne Führung oder Hoffnung dem glitschigen, abschüssigen Weg ins Vergessen. Das war eine brillante Meisterarbeit.

Die Kommunisten wollten 1948 eine dritte Partei, weil das der einzige Weg schien, Truman zu besiegen und den Marshallpan zu zerstören. Sie hassten den Präsidenten wegen seiner Truman-Doktrin und seinem allgemeinen Widerstand gegen die Sowjetunion, aber vor allem, weil er den wirtschaftlichen Nachkriegszusammenbruch verhindert hatte und ebenso den amerikanischen Rückfall in Isolationismus, die beide die Kommunisten nicht nur erwartet, sondern geradezu benötigt hatten. Es war jedem klar, dass ein Zwei-Parteien-Wahlkampf 1948 die Stimmen der Rechten den Republikanern und die Stimmen der Linken den Demokraten geben würde, wobei der Sieg davon abhinge, wo in der Mitte die Scheidelinie gezogen würde. In einer solchen Situation hätten weder Straight noch die Kommunisten den Ausgang in irgendeiner Weise beeinflussen können. Aber eine dritte Partei auf der Linken, die Gewerkschafts- und andere linke Stimmen von Truman wegnehmen würde, hätte die Demokraten in den größeren Staaten genügend reduzieren können, um diese Staaten und damit die Wahl insgesamt an die Republikaner fallen zu lassen. Warum Straight das in den entscheidenden Monaten von September 1946 bis April 1948 wollte, ist unklar, aber er änderte ganz eindeutig seine Meinung im Frühjahr 1948 und überließ den armen, naiven Henry Wallace den Kommunisten. Eine mögliche Erklärung für dieses Vorgehen wird später erfolgen.

Klar ist, dass Mike Straight im Herbst 1946, als der frühere Vizepräsident mit Truman brach und das Kabinett verlassen musste, sehr viel mit Wallace umging. Entscheidend für diesen Bruch war eine Rede von Wallace, die sehr kritisch mit der amerikanischen Russlandpolitik umging und die er am 12. September 1946 vor einem wild parteiischen prosowjetischen Publikum im Madison Square Garden gab. Zu der Zeit sagte Truman Reportern zwar noch, dass er die Rede vorher genehmigt habe (Wallace behauptet das noch immer), aber innerhalb von ein paar Tagen zwang Außenminister Byrnes den Präsidenten, sich zwischen ihm und Wallace zu entscheiden, und Wallace wurde aus dem Kabinett entlassen.

Aus der Regierung entfernt und ohne Plattform, von der aus er die Öffentlichkeit erreichen konnte, schien Wallaces politische Zukunft im Frühherbst 1946 düster. Straight verschaffte ihm eine Plattform, indem er ihm seinen eigenen Herausgebersessel bei *The New Republic* überließ (das wurde am 12. Oktober 1946 angekündigt). In den darauffolgenden fünfzehn Monaten war die Wallace-Kampagne eine Straight-Kampagne. Der Letztere sorgte für Redenschreiber, Forschungsassistenten, Redaktionsjournalisten, Büroraum, Geld und für *The New Republic* selbst. Technisch gesehen war Wallace Herausgeber, aber das Personal der Zeitschrift und die Ausgaben erhöhten sich ständig in Richtungen, die wenig mit der Zeitschrift und sehr viel mit Wallaces Präsidentschaftskampagne zu tun hatten, obwohl diese Zielrichtung der Öffentlichkeit erst ein Jahr später, im Dezember 1947, bekannt gemacht wurde.

In der Zwischenzeit kamen seit dem Frühling 1947 die Kommunisten dazu. Es wäre vielleicht nicht ganz wahr zu sagen, dass Straight sie «dazuholte», aber ich glaube, es ist fair, zu sagen, er ließ sie «dazukommen». Einer der ersten, die kamen, war beispielsweise Lew Frank Jr., der von Straight dazugeholt wurde, wobei dieser später behauptete, er habe nicht gewusst, dass Frank Kommunist war. Tatsächlich gab es keinen Beweis, dass Frank Mitglied der Kommunistischen Partei war, aber Straight wusste sehr genau, wo Frank politisch stand, weil sich beide in entgegengesetzten Lagern in dem erbitterten Kampf zwischen Kommunisten und Antikommunisten um die Kontrolle des AVC engagiert hatten. Bei diesem Kampf war Frank ein Mitglied der kommunistischen Fraktion im nationalen Planungskomitee des AVC gewesen (wie Straight David A. Shannon 1956 erzählte) und war die ganze Zeit über jedem Haken gefolgt, den die Parteilinie vorgegeben hatte. Diese Parteilinie wurde zur Grundstruktur von Wallaces Reden, weil Frank achtzehn Monate lang von Anfang 1947 bis Oktober 1948 sein wichtigster Redenschreiber war. Und noch mehr, Frank begleitete Wallace auf seinen endlosen Reisen während dieser Zeit. Im Herbst 1947 machten alle drei, Wallace, Frank und Straight, eine Reise in die Mittelmeerregion und hatten gemeinsam am 4. November 1947 eine Audienz beim Papst. Bei seiner Rückkehr von der Reise war Wallace vollständig verändert; er war jetzt entschlossen, mit einer dritten Partei gegen Truman anzutreten. Die Ankündigung wurde in *The New Republic* im Dezember öffentlich gemacht.

Straight arbeitete weiterhin für «Wallace for President» und *The New Republic* blieb das Zentrum der Kampagne für fast vier weitere Monate, aber etwas hatte sich geändert. Während er noch für Wallaces Präsidentschaftskandidatur arbeitete und die Kommunisten in das Projekt einließ, machte Straight gleichzeitig zwei andere Dinge: offen und verzweifelt arbeitete er dafür, die neue, dritte Partei davon abzuhalten, auf irgendeiner anderen Ebene als der der Präsidentschaftswahlen zu kandidieren; wo immer er konnte, blockierte er kommunistische Versuche, Kandidaten der dritten Partei in Konkurrenz zu den Demokraten für Ämterwahlen in den Einzelstaaten oder im Kongress aufzustellen. Sehr viel weniger öffentlich arbeitete er mit seinen antikommunistischen Freunden in den Arbeiterorganisationen, Veteranenverbänden und liberalen Gruppen daran, die Unterstützung der Kandidatur von Wallace zu verhindern. Als Folge davon wurden die Kommunisten zerstört und aus derartigen Organisationen vertrieben, besonders aus dem CIO-PAC (dem großen politischen Bündnis von Arbeiterschaft und progressiven Gruppen). Wie David Shannon in *The Decline of American Communism* (1959) schrieb: «Die

Unterstützung der Kommunisten für Wallace erschütterte die ‹Mitte-Links›-Koalition im CIO; für die kommunistischen Gewerkschaften war die Wallace-Bewegung der Anfang vom Ende. Die Koalition begann sich fast unmittelbar nach Wallaces Ankündigung aufzulösen.» Das bedeutet, dass Wallaces Kampagne gegen Truman vollständig die noch verbliebenen Reste der Volksfrontbewegung der dreißiger Jahre zerstörte, die Kommunisten aus den Gewerkschaften und allen progressiven politischen Gruppen vertrieb und die kommunistischen Gewerkschaften aus der Arbeiterbewegung des Landes ausschloss. Das beendete den Kommunismus als bedeutende politische Gruppierung in den Vereinigten Staaten. Dieses Ende lag im Dezember 1948, lange bevor McCarthy oder J. Edgar Hoover oder das HUAC ihre Arbeit leisteten. Die Männer, die dieses Resultat erreichten, waren Wallace und Straight, obwohl immer noch nicht ganz klar ist, ob sie kapierten, was sie taten.

Im Winter 1947/48 erkannte Lew Frank, dass er nicht fähig war, die komplexen Themen in den vielen Reden von Wallace selber zu bearbeiten. Also trat er einer «kommunistischen Forschungsgruppe» bei, die sich im Manhattaner Haus des reichen «Roten von der Wall Street», Frederick Vanderbilt Field, traf. Die Hauptmitglieder der Gruppe, die wahrscheinlich alle Kommunisten waren, waren Victor Perlo und David Ramsay. Dieses Paar verfertigte für Wallace einen Angriff auf den Marshallpan und einen alternativen kommunistischen Plan für den Wiederaufbau Europas, der am 12. Januar 1948 in *The New Republic* publiziert wurde und von Wallace am 24. Februar bei den Anhörungen des Komitees für auswärtige Angelegenheiten des Repräsentantenhauses zum Marshallpan vorgestellt wurde, von Straight aber in der Folge zurückgewiesen wurde. In den drei Monaten, die auf den Artikel Perlos folgten, widmete sich Straight der Aufgabe, den Ast, auf dem Wallace jetzt mit den Kommunisten saß, abzusägen. Alle, die mehr für die Kampagne als für die Zeitschrift arbeiteten, wurden von der Gehaltsliste der *New Republic* gestrichen und das Büro in der Neunundvierzigsten Straße Ost widmete sich wieder der Publikation einer «liberalen» Wochenzeitung. Aus Protest gegen diesen Kurswechsel trat der geschäftsführende Herausgeber, Edd Johnson, zurück.

Wenn Mike Straight geplant hatte, was er mit den Kommunisten 1946 bis 1948 machte, nämlich, sie aus den progressiven Bewegungen und Gewerkschaften auszuschalten, so hat er damit den kunstvollsten politischen Coup der amerikanischen Politik im 20. Jahrhundert gelandet. Es ist aber nicht klar, ob er das geplant oder beabsichtigt hat. Aber als äußerst fähiger und informierter Mann muss er sich etwas dabei gedacht haben, als er 1947 ein Unternehmen begann, von dem er wusste, dass es 1948 zu Trumans Niederlage führen konnte. Die Indizien sind nicht ganz schlüssig, aber es gibt Hinweise, dass ein anderes, eher persönliches Motiv wenigstens teilweise mit ursächlich dafür gewesen sein mag, Wallace als Bedrohung von Trumans politischer Zukunft aufzubauen. Das betrifft die Familieninteressen der Whitneys an Überseefluglinien.

Die Whitney-Familie war tiefgehend in der zivilen Luftfahrt involviert. Sonny Whitney war von der Gründung 1928 bis zu seinem Übertritt zum

Militär 1941 Mitgründer und Vorstandsvorsitzender von Pan American World Airlines. Mikes Bruder, Air Commodore Whitney Willard Straight, C.B.E., war auf der britischen Seite sogar noch tiefer involviert. Der große Bruder Whitney (geboren 1912) war seit dem Alter von zweiundzwanzig in der zivilen Luftfahrt in England und war 1946–1949 nicht nur Direktor der Midland Bank, eines der größten Finanzinstitute der Welt, sondern auch Direktor von Rolls-Royce und BOAC sowie Vorstandsvorsitzender von BEA (British European Airways). In den Jahren nach dem Ende des Krieges fand ein sehr heftiger Kampf zwischen Luftfahrtkreisen und der amerikanischen Regierung um die Zukunft der amerikanischen transozeanischen Luftfahrt statt. Vor dem Krieg war das ein Monopol von PanAm gewesen; jetzt, am Ende des Krieges, tobte der Kampf darum, wie der CAB (Civil Aeronautics Board) dieses Monopol verteilen würde und welche Verfügungen über die gewaltigen Investitionen der Air Force in Basen in Übersee getroffen würden. Offenbar war das Weiße Haus bei diesen Fragen zunächst nicht kooperationsbereit, aber gegen Ende 1947 wurde C. V. Whitney durch eine Interimsernennung des Präsidenten zum stellvertretenden Minister der neuen Abteilung für Luftwaffe und wurde achtzehn Monate später, nach Trumans Amtseinführung, stellvertretender Handelsminister für Luftfahrt. Das war das bedeutendste Amt in den Bundesbehörden, das sich mit ziviler Luftfahrt befasste. Die Verbindung, die es vielleicht zwischen diesen Ernennungen und Mike Straights ursprünglicher Unterstützung und seinem späterem Fallenlassen von Wallace gegeben haben mag, wurde niemals aufgedeckt.

Die Verbindungen zwischen der Wall Street und der Linken, für die Mike Straight ein typisches Beispiel darstellt, sind tatsächlich Überreste der Verbindungen zwischen der Morgan Bank und der Linken. Für Morgan waren alle politischen Parteien einfach Organisationen, die man benutzen konnte, und das Unternehmen achtete immer darauf, ein Bein in allen politischen Lagern zu haben. Morgan selbst, Dwight Morrow und weitere Partner waren den Republikanern verbunden; Russell C. Leffingwell war den Demokraten verbunden; Grayson Murphy war der extremen Rechten verbunden; und Thomas W. Lamont war mit der Linken verbunden. Ebenso wie die Interessen Morgans an Bibliotheken, Museen und an der Kunst wie seine Unfähigkeit, zwischen der Loyalität für die Vereinigten Staaten und derjenigen für England zu unterscheiden, und wie seine Anerkennung der Notwendigkeit, sich für die Armen einzusetzen, ging auch der Mehr-Parteien-Blick des Unternehmens auf die heimische politische Szene bereits auf den ursprünglichen Gründer des Unternehmens zurück, George Peabody (1795–1869). Derselben zukunftsweisenden Figur kann man auch die Verwendung von steuerfreien Stiftungen zur Inszenierung dieser Aktivitäten zuschreiben, was man in vielen Teilen Amerikas bis heute an der Verwendung von Peabody-Stiftungen zur Unterstützung von Peabody-Bibliotheken und Peabody-Museen beobachten kann. Unglücklicherweise haben wir hier keinen Raum für diese gewaltige unerzählte Geschichte, aber man muss daran denken, dass das, was hier erzählt wird, zu einem sehr viel größeren Zusammenhang gehört.

Uns interessieren in diesem Moment die Verbindungen zwischen der Wall Street und der Linken, insbesondere den Kommunisten. Das wichtigste Verbindungsglied war hier die Familie von Thomas W. Lamont. Die Familie zeigt viele Parallelen zur Straight-Familie. Ebenso wie Straight einige Jahre später war Tom Lamont durch Henry P. Davison, der seit 1909 Morgan-Partner war, zu Morgan gekommen. Lamont wurde 1910 Partner, Straight 1913. Beide hatten Frauen, die linke Aktivitäten unter ihre Fittiche nahmen, und zwei Söhne, von denen jeweils der ältere konventioneller Banker wurde und der jüngere zu einem Sympathisanten und Sponsor der linken Szene. Tatsächlich spricht alles dafür, dass Tom Lamont einfach als Nachfolger von Straight Morgans Apostel bei der Linken war, ein Wechsel, der durch des Letzteren frühzeitigen Tod 1918 notwendig gemacht wurde. Beide waren finanzielle Unterstützer liberaler Publikationen, in Lamonts Fall der *Saturday Review of Literature*, die er während der zwanziger und dreißiger Jahre unterstützte, und der *New York Post*, die er von 1918 bis 1924 besaß.

Die Hauptindizien aber können in den Akten des Komitees für unamerikanische Aktivitäten (HUAC, House Un-American Activities Committee) gefunden werden, die zeigen, dass Tom Lamont, seine Frau Flora und sein Sohn Corliss als Sponsoren und finanzielle Schutzengel von fast einem Dutzend linker Organisationen auftraten, inklusive der Kommunistischen Partei selbst. Von diesen müssen wir nur zwei erwähnen. Eine davon war eine kommunistisch gesteuerte Tarnorganisation, die Trade Union Services Incorporated in New York City, die 1947 fünfzehn Gewerkschaftszeitungen für verschiedene CIO-Gewerkschaften herausgab. Zu ihren Leitern gehörten Corliss Lamont und Frederick Vanderbilt Field (ein weiteres Bindeglied zwischen Wall Street und den Kommunisten). Der Letztere gehörte auch zu den Herausgebern der offiziellen kommunistischen Tageszeitung von New York, des *Daily Worker*, wie auch des zugehörigen Magazins, *The New Masses*, und war das wichtigste Verbindungsglied zwischen den Kommunisten und dem Institute of Pacific Relations von 1928 bis 1947. Corliss Lamont war das hellste Licht in einer anderen kommunistischen Organisation, die 1920 als Freunde der Sowjetunion ins Leben trat, aber 1943 umorganisiert wurde zum Nationalen Rat der amerikanisch-sowjetischen Freundschaft (National Council of American-Soviet Friendship) mit Lamont als Vorstandsvorsitzendem und treibender Kraft.

Während dieser ganzen Periode von mehr als zwei Jahrzehnten war Corliss Lamont mit der vollen Unterstützung seiner Eltern eine der Hauptfiguren in Kreisen von Fellow-travellers und einer der Hauptsprecher für den sowjetischen Standpunkt sowohl in diesen Organisationen als auch in Verbindungen, die ihm zuwuchsen als Sohn des mächtigsten Mannes der Wall Street oder als Professor für Philosophie in Columbia. Seine Beziehung zu seinen Eltern mag man aus einer Reihe von Episoden aus dieser Zeit ersehen.

Im Januar 1946 wurde Corliss Lamont vor das HUAC geladen, um über den Nationalen Rat der amerikanisch-sowjetischen Freundschaft Zeugnis abzulegen. Er verweigerte die Aussage, wurde unter Strafandrohung vorgeladen, weigerte sich wieder, wurde der Missachtung des Kongresses angeklagt und wurde damit am 26. Juni 1946 vor das Repräsentantenhaus geladen. Inmitten dieser Kontroverse stifteten Corliss Lamont und seine Mutter, Mrs. Thomas Lamont, ihre wertvolle Spinoza-Kollektion der Columbia-Universität. Die unfreundliche Publizität ging weiter, trotzdem blieb Corliss Lamont Miterbe des Vermögens seines Vaters von Dutzenden von Millionen Dollar, als Thomas Lamont am 6. Januar 1948 sein Testament umschrieb.

1951 unternahm es das Unterkomitee für innere Sicherheit des Senatsjustizkomitees, das sogenannte McCarran-Komitee, zu beweisen, dass China aufgrund der bewussten Handlungen einer Gruppe akademischer Experten über den Fernen Osten und von kommunistischen Fellow-travellers, deren Arbeit in dieser Hinsicht vom Institute for Pacific Relations (IPR) kontrolliert und koordiniert wurde, an die Kommunisten verloren gegangen war. Der Einfluss von Kommunisten im IPR ist weit bekannt, weniger bekannt aber seine Patronage durch die Wall Street.

Das IPR war eine private Vereinigung von zehn unabhängigen nationalen Vereinigungen, die sich mit den Angelegenheiten im Pazifik beschäftigten. Die Hauptquartiere sowohl des IPR als auch der amerikanischen Vereinigung des IPR waren beide in New York und waren in engen Wechselbeziehungen miteinander verbunden. Beide hatten im Vierteljahrhundert zwischen 1925 und 1950 ein Budget von etwa 2,5 Mill. Dollar, von dem bei beiden etwa die Hälfte von der Carnegie Foundation und der Rockefeller Foundation kamen (die wiederum wechselseitig verbundene Gruppen waren und von einer Allianz von Morgan- und Rockefeller-Interessen an der Wall Street kontrolliert wurden). Der Großteil des Restes, insbesondere was die amerikanische Vereinigung anging, kam von Firmen, die eng mit diesen beiden Wall-Street-Interessen zusammenhingen, etwa Standard Oil, International Telephone and Telegraph, International General Electric, die National City Bank und die Chase National Bank. In jedem Fall kamen etwa 10% des Einkommens durch den Verkauf von Veröffentlichungen und ein Teil kam natürlich auch von gewöhnlichen Mitgliedern, die 15 Dollar im Jahr zahlten und dafür die Zeitschriften des IPR und der amerikanischen Vereinigung erhielten, *Pacific Affairs* und *Far Eastern Survey*.

Die finanziellen Engpässe, die jedes Jahr auftraten, wurden von finanziellen Schutzengeln bereinigt, die fast alle enge Beziehungen zur Wall Street hatten. Die hauptsächlichen identifizierbaren Beiträge waren hier ungefähr 60.000 Dollar über achtzehn Jahre hinweg von Frederick Vanderbilt Field, 14.700 Dollar über vierzehn Jahre hinweg von Thomas W. Lamont, 800 Dollar von Corliss Lamont (erst ab 1947) und 18.000 Dollar von einem Mitglied von Lee, Higginson in Boston, das wahrscheinlich Jerome D. Greene war. Außerdem wurden jedes Jahr große Summen Geld an Privatmänner für Forschungs- oder Reiseauslagen gespendet. Dieses Geld kam aus ähnlichen Quellen, insbesondere von den großen finanziellen Stiftungen.

Die meisten dieser finanziellen Zuwendungen oder Stipendienpreise für eine wissenschaftliche Arbeit zum Fernen Osten verlangten die Zustimmung oder eine Empfehlung von Mitgliedern des IPR. Eine ähnliche Unterstützung verlangte darüber hinaus der Zugang zu Publikationsmöglichkeiten oder eine Empfehlung für eine akademische Position in der Handvoll großer amerikanischer Universitäten, die sich mit dem Fernen Osten beschäftigten. Und schließlich kann es wenig Zweifel daran geben, dass Beraterpositionen für Fernostangelegenheiten im Außenministerium oder bei anderen Regierungsorganisationen im Wesentlichen auf Personen beschränkt blieben, denen das IPR zugestimmt hatte. Die Leute, die publizierten, die Geld hatten, Jobs bekamen, um Beratung gefragt wurden und zwischendurch für Regierungsmissionen ernannt wurden, waren diejenigen, welche die Linie des IPR tolerierten. Die Tatsache, dass alle diese Kommunikationslinien über die Ivy-League-Universitäten oder ihre verstreuten Entsprechungen westlich der Appalachen – wie Chicago, Stanford oder California – liefen, ging unzweifelhaft auf Morgans Einfluss bei der Verwaltung der großen akademischen Vermögensausstattungen zurück.

Es kann wenig Zweifel daran bestehen, dass die aktiveren akademischen Mitglieder des IPR, die Professoren und Publizisten, die Mitglieder seines Vorstands wurden (etwa Owen Lattimore, Joseph P. Chamberlain und Philipp C. Jessup von Columbia, William W. Lockwood von Princeton, John K. Fairbank von Harvard und andere), und die Verwaltungsangestellten (die mit der Zeit den größten Einfluss auf seine Politik ausübten) eine IPR-Parteilinie entwickelten. Es ist darüber hinaus klar, dass diese IPR-Linie viele Gemeinsamkeiten mit der Parteilinie des Kremls für den Fernen Osten und mit der Politik des US-Außenministeriums im selben Bereich hatte. Die Wechselbeziehungen zwischen diesen, beziehungsweise der Einfluss von einer auf eine jeweilig andere, ist hoch umstritten. Sicher waren einige Kommunisten dabei, sogar Parteimitglieder (wie Frederick Vanderbilt Field), aber es ist sehr viel weniger klar, dass es irgendeine Illoyalität gegenüber den Vereinigten Staaten gegeben hätte. Darüber hinaus gab es viele Intrigen, um sowohl denen zu helfen, die mit der IPR-Linie in Übereinstimmung waren, als auch um die Regierungspolitik der Vereinigten Staaten in dieser Richtung zu beeinflussen, aber es gibt keinen mir bekannten Hinweis darauf, dass es irgendeinen Plan oder eine Verschwörung gegeben hätte, die amerikanische Politik in eine Richtung zu dirigieren, die entweder die Sowjetunion oder den internationalen Kommunismus begünstigt hätte. Bemühungen der radikalen Rechten, Unterstützung für ihre Vorstellungen zu diesen letzten Punkten zu finden, schädigten ganz zweifellos den Ruf vieler Menschen bedeutend, dauerhaft und unfairerweise.

Was hier wirklich geschehen ist, ist immer noch nicht ganz klar und ist, soweit es bekannt ist, zu kompliziert, um es hier ganz herausarbeiten zu können. Es ist aber klar, dass viele Personen die zwischen 1900 und 1920 geboren und 1928 bis 1940 erwachsen wurden in Krieg, Krise und Unsicherheit Erfahrungen machten, die dazu führten, dass sie mehr oder weniger unbewusst bestimmte Aspekte der kommunistischen Ideologie übernahmen (wie die wirtschaftliche Interpretation der Geschichte, die Rolle eines manichäischen

Klassenkampfes in den Ereignissen oder die Ausbeutungsinterpretation der Rolle des Kapitals im produktiven System und der besitzenden Gruppen innerhalb jeder Gesellschaft). Viele dieser Ideen waren selbst vom Standpunkt ihrer eigenen Erfahrungen aus Unsinn, aber sie waren leichte Interpretationsführer für Menschen, die zwar Spezialisten in bestimmten Gebieten waren, denen es aber an einer umfassenden Perspektive für die Gesellschaft als Ganze und an menschlicher Erfahrung insgesamt fehlte. Darüber hinaus fühlten viele dieser Menschen eine unbewusste Verpflichtung, den Underdogs zu helfen. Diese barmherzige Haltung gegenüber den Heruntergekommenen hatte ihre Wurzeln in unserem westlich christlichen Erbe, besonders im Humanitarismus des 19. Jahrhunderts, und in der älteren christlichen Idee, dass alle Menschen erlöst werden können und dass alle sich des Vertrauens würdig erweisen werden, wenn man ihnen Vertrauen schenkt. Diese Haltung herrschte beispielsweise bei jenem allgegenwärtigen Strippenzieher Lionel Curtis vor, der der führende Kopf und Gründervater des IPR und vieler ähnlicher Organisationen war. Als Kinder von Missionaren hatten viele der Organisatoren und Mitglieder des IPR diesen Geist ebenso aus ihrem Familienhintergrund mitbekommen wie ihre Kenntnisse der fernöstlichen Sprachen, die sie zu Experten machten.

Man muss bekennen, dass das IPR viele Merkmale einer Organisation von Fellow-travellers oder einer, die von Kommunisten «übernommen» worden war, hatte. Aber das heißt nicht, dass die Version der radikalen Rechten oder die der berufsmäßigen Exkommunisten über diese Vorgänge angemessen wäre. Beispielsweise sagten Elizabeth Bentley und vor allem Louis Budenz vor dem McCarran-Komitee über das IPR aus. Der Letztere identifizierte nach seinem persönlichen Wissen fast jede Person, die mit der Organisation verbunden war, als Kommunisten oder als «unter kommunistischer Disziplin» stehend. Im berühmtesten Fall, dem Owen Lattimores, wurde Budenz' emphatisches Zeugnis, dass Lattimore Kommunist war und dass seine Befehle von kleinen kommunistischen Zellen, bestehend aus Earl Browder, Budenz, F.V. Field und anderen, ausgegeben worden waren, nicht nur durch die dem widersprechenden Aussagen von Browder und Field, sondern auch durch nachfolgende Indizien von verlässlicheren Zeugen und von Budenz selbst vollständig zurückgewiesen. Die Befragungen ließen klar werden, dass Budenz weder Lattimore noch seine Arbeit noch seine Bücher kannte (noch nicht einmal dasjenige, das er als Beweis für Lattimores Befolgung der Parteilinie zitiert hatte). Außerdem bezeugte Budenz, dass die Delegation von Vizepräsident Henry Wallace, begleitet von Lattimore und John Carter Vincent (einem Experten des State Department für den Fernen Osten, der des Kommunismus angeklagt wurde), die 1944 China besucht hatte, prokommunistische Empfehlungen ausgesprochen hatte. Man konnte zeigen, dass das das genaue Gegenteil der Wahrheit war und ein Wahn, der Budenz' lebhafter Phantasie entsprungen war. Budenz bezeugte, dass die Ablösung von General Stilwell (der gegen Chiang und relativ wohlwollend gegenüber Mao war) durch General Wedemeyer die Folge des Einflusses von Lattimore und Vincent auf Wallace war. Joseph

Alsop, der bei all den in Frage stehenden Diskussionen zugegen war und die Empfehlungen aufgesetzt hatte, bezeugte später, dass er selbst der Autor aller «prokommunistischen» Passagen, die Budenz Lattimore zuschrieb, gewesen war und dass er selbst den Chiang relativ freundlichen General Wedemeyer als Nachfolger von Stilwell vorgeschlagen hatte, um damit General Chennault, den Wallace für die Position vorschlug, zu verhindern.

Die Version der radikalen Rechten von diesen Ereignissen, wie sie John T. Flynn, Freda Utley und andere geschrieben haben, war noch weiter von der Wahrheit entfernt als die Versionen von Budenz oder Bentley. Trotzdem hatte sie einen gewaltigen Einfluss auf die Meinung in Amerika und auf die amerikanischen Beziehungen zu anderen Ländern in den Jahren 1947–1955. Dieses Märchen der radikalen Rechten, das heute ein weitverbreiteter Volksmythos vieler Gruppen in Amerika ist, zeichnete die jüngste Geschichte der Vereinigten Staaten sowohl was die inneren Reformen als auch was die Außenpolitik angeht, als eine wohlorganisierte Intrige von extrem links stehenden Elementen. Sie hätten vom Weißen Haus aus operiert und alle Hauptstraßen des publizistischen Lebens in den Vereinigten Staaten kontrolliert, um den American Way of Life mit seinen Grundlagen von freiem Unternehmertum, Laissez-faire und Isolationismus zu zerstören und an dessen Stelle die fremdartigen Ideologien des russischen Sozialismus und des britischen Kosmopolitismus (oder Internationalismus) zu setzen. Wenn wir diesem Mythos glauben, dann bediente sich diese Intrige solcher publizistischer Mittel wie der *New York Times*, dem *Christian Science Monitor* und der *Washington Post*, von *Atlantic Monthly* und *Harper´s Magazine*. Sein Kern waren – diesem Mythos gemäß – die wildäugigen und wuschelköpfigen Theoretiker des sozialistischen Harvard und der London School of Economics. Diese Intrige soll entschlossen gewesen sein, die Vereinigten Staaten zuerst an der Seite Englands (Roosevelts erste Liebe) und dann der Sowjetunion (seine zweite Liebe) in den Zweiten Weltkrieg zu verwickeln, um jedes bessere Element amerikanischen Lebens zu zerstören. Als Teil dieses bewusst geplanten Schemas hätte man Japan dazu eingeladen, Pearl Harbour anzugreifen, und hätte man Chiang Kai Shek zerstört und währenddessen Amerikas wirkliche Stärke durch übermäßige Ausgaben und unausgeglichene Haushalte untergraben.

Die Round-Table-Gruppen

Dieser Mythos enthält wie alle Legenden einen tatsächlichen Wahrheitskern. Es gibt seit über einer Generation ein internationales anglophiles Netzwerk, das bis zu einem gewissen Grad in der Art operiert, wie es die extreme Rechte von den Kommunisten glaubt. Tatsächlich hat dieses Netzwerk, das wir als die Round-Table-Gruppen bezeichnen können, keine Hemmungen, mit Kom-

Die Round-Table-Gruppen 517

munisten oder irgendwelchen anderen Gruppen zu kooperieren, und tut das häufig. Ich weiß von den Aktivitäten dieses Netzwerkes, weil ich sie seit zwanzig Jahren verfolgt habe, und mir wurde in den frühen sechziger Jahren für zwei Jahre gestattet, seine Papiere und Geheimberichte zu studieren. Ich habe keine Abneigung gegen es oder gegen die meisten seiner Ziele und bin ihm und vielen seiner Werkzeuge die meiste Zeit meines Lebens nahe gestanden. Ich habe sowohl in der Vergangenheit als auch zuletzt gegen manche seiner Politiken opponiert (insbesondere gegen seinen Glauben, dass England eher eine atlantische als eine europäische Macht sei und mit den Vereinigten Staaten verbunden oder sogar vereinigt sein müsste und sich dagegen von Europa isolieren sollte), aber im Allgemeinen ist meine Hauptabweichung von seiner Linie die, dass es gerne unbekannt bleiben möchte, während ich glaube, dass seine Rolle in der Geschichte groß genug ist, um bekannt sein zu sollen.

Die Round-Table-Gruppen sind schon mehrere Male in diesem Buch erwähnt worden, insbesondere in Verbindung mit der Bildung des British Commonwealth [in Kapitel III] und in der Diskussion über die Appeasementpolitik [in Kapitel X als «Cliveden Set»]. Mit dem Risiko einer gewissen Wiederholung soll die Geschichte hier zusammengefasst werden, weil der amerikanische Zweig dieser Organisation (der manchmal als «Eastern Establishment» – Ostküstenestablishment – bezeichnet wird) eine sehr bedeutende Rolle in der Geschichte der Vereinigten Staaten in der letzten Generation gespielt hat.

Die Round-Table-Gruppen waren halb geheime Diskussions- und Lobbygruppen, die von Lionel Curtis, Philipp H. Kerr (Lord Lothian) und (Sir) William S. Marris von 1908 bis 1911 organisiert wurden. Dies geschah im Auftrag von Lord Milner, dem dominierenden Treuhänder des Rhodes Trust in den zwei Jahrzehnten von 1905 bis 1925. Der ursprüngliche Zweck dieser Gruppen war es, die englischsprechende Welt anhand von Vorgaben, die von Cecil Rhodes (1853–1902) und William T. Stead (1849–1912) stammten, in einer Föderation zu vereinigen. Das Geld für die Organisationsarbeit kam ursprünglich vom Rhodes Trust. 1915 gab es Round-Table-Gruppen in sieben Ländern, einschließlich England, Südafrika, Kanada, Australien, Neuseeland, Indien und einer recht lose organisierten Gruppe in den Vereinigten Staaten (George Louis Beer, Walter Lippmann, Frank Aydelotte, Whitney Shepardson, Thomas W. Lamont, Jerome D. Greene, Erwin D. Canham vom *Christian Science Monitor* und andere). Die Anschauungen der verschiedenen Gruppen wurden durch häufige Besuche und Diskussionen und außerdem durch eine gut informierte, rein anonyme Vierteljahreszeitschrift, *The Round Table*, deren erste Ausgabe, geschrieben hauptsächlich von Philip Kerr, im November 1910 erschien, in Einklang versetzt und gehalten.

Die Führer dieser Gruppe waren: bis zu seinem Tod 1925 Milner, gefolgt von Curtis (1872–1955), Robert H. (Lord) Brand (dem Schwager von Lady Astor) bis zu seinem Tode 1963 und seitdem von Adam D. Marris, dem Sohn von Sir William und dem Nachfolger Brands als geschäftsführender Direktor der Bank Lazard Frères. Die ursprüngliche Absicht war es gewesen, eine kollegiale Führung zu üben, aber Milner war zu geheimnistuerisch und überlegen, um seine Rolle zu teilen. Das machte er nur in der Zeit von 1913 bis 1919, als er mit einigen seiner engsten Freunde regelmäßige Treffen veranstaltete, um ihre Aktivitäten als eine Pressure group im Kampf mit dem wilhelminischen Deutschland zu vereinen. Das nannten sie die «Ginger Group». Nach Milners Tod 1925 wurde die Führung hauptsächlich gemeinsam von den Überlebenden von Milners «Kindergarten» ausgeübt, das heißt der Gruppe junger Männer aus Oxford, die er als Beamte der Zivilverwaltung in seiner Rekonstruktion Südafrikas 1901–1910 einsetzte. Brand war der letzte Überlebende des «Kindergartens»; seit seinem Tod wurden die stark reduzierten Aktivitäten der Organisation hauptsächlich von dem Herausgeberkomitee von *The Round Table* unter der Leitung von Adam Marris aus gesteuert.

Das Geld für die weitgespannten Aktivitäten dieser Organisation kam ursprünglich von den Verbündeten und Gefolgsleuten von Cecil Rhodes, hauptsächlich aus dem Rhodes Trust selbst, und von reichen Verbündeten wie den Beit-Gebrüdern, von Sir Abe Bailey und, nach 1915, von den Astors. Ab 1925 kamen bedeutende Beiträge von reichen Individuen und von Stiftungen und Unternehmen in Verbindung mit der internationalen Brüderschaft der Banker, insbesondere vom Carnegie United Kingdom Trust und von anderen Organisationen in Verbindung mit J.P. Morgan, den Rockefeller- und Whitney-Familien sowie den Trabanten von Lazard Frères und von Morgan, Grenfell and Company.

Das zentrale Rückgrat dieser Organisation wuchs entlang der bereits existierenden finanziellen Zusammenarbeit, die von der Morgan Bank in New York zu einer Gruppe internationaler Finanziers in London, die von Lazard Frères angeführt wurden, verlief. Milner selbst hatte 1901 ein hervorragendes Angebot abgelehnt, das ihm bis zu 100.000 Dollar im Jahr verschafft hätte, nämlich, einer von drei Morgan-Partnern in London zu werden, in Nachfolge des jüngeren J.P. Morgan, der von London nach New York umzog, um die Nachfolge seines Vaters anzutreten (schließlich ging die freie Stelle an E.C. Grenfell, so dass die Londoner Filiale von Morgan unter dem Namen Morgan, Grenfell and Company bekannt wurde). Stattdessen wurde Milner Direktor einer Reihe von öffentlichen Banken, hauptsächlich der London Joint Stock Bank, dem Unternehmensvorläufer der Midland Bank. Er wurde zu einer der größten politischen und finanziellen Mächte in England und platzierte seine Schüler strategisch über ganz England hinweg auf bedeutende Posten, so wie die Herausgeberschaft der *Times*, die Herausgeberschaft des *Observer*, den Posten des geschäftsführenden Direktors von Lazard Frères, verschiedene Stellungen in der Verwaltung und sogar im Kabinett. Weiterungen gab es in der Politik, der Hochfinanz, den Universitäten von Oxford und London, in Zeitschriften, dem öffentlichen Dienst und in steuerbefreiten Stiftungen.

Am Ende des Ersten Weltkrieges wurde deutlich, dass die Organisation des Systems stark ausgeweitet werden müsste. Erneut wurde diese Aufgabe Lionel Curtis anvertraut, der in England und allen Dominions eine Frontorganisation für die jeweils existierenden Round-Table-Gruppen aufbaute. Diese Frontorganisation unter dem Namen Royal Institute of International Affairs hatte als Kern in jedem Land die bereits existierende halb sichtbare Round-Table-Gruppe. In New York lief sie unter dem Namen Council on Foreign Relations und war eine Fassade für J.P. Morgan and Company in Zusammenarbeit mit der sehr kleinen amerikanischen Round-Table-Gruppe. Die amerikanischen Organisatoren wurden beherrscht von der großen Zahl von «Experten» Morgans, einschließlich Lamont und Beer, die an der Pariser Friedenskonferenz teilgenommen hatten und dort enge Freundschaft mit der ähnlichen Gruppe englischer «Experten» geschlossen hatten, die von der Milner-Gruppe rekrutiert worden waren. Tatsächlich wurden die ursprünglichen Pläne für das Royal Institute of International Affairs und für den Council on Foreign Relations in Paris ausgearbeitet. Der Beirat des RIIA (das, durch Curtis´ Energie, nach Chatham House kam, am St. James´s Square gegenüber den Astors und bald unter dem Namen seines Hauptquartiers bekannt wurde) und der Vorstand des Council on Foreign Relations haben seitdem immer die Zeichen ihres Ursprungs behalten. Bis 1960 wurde der Beirat von Chatham House von der schwindenden Zahl von Milners alten Anhängern beherrscht, während die bezahlten Angestellten hauptsächlich Leute von Lionel Curtis waren. *The Round Table* wurde über Jahre hinweg (bis 1961) von der Hintertür des Chatham-House-Grundstücks, in Ormond Yard, herausgegeben und sein Telefon lief über die Vermittlungsstelle von Chatham House.

Der New Yorker Zweig wurde von den Teilhabern der Morgan Bank beherrscht. Zum Beispiel hatte der Council on Foreign Relations 1928 John W. Davis als Präsidenten, Paul Cravath als Vizepräsidenten und einen Beirat von dreizehn anderen, einschließlich Owen D. Young, Russell C. Leffingwell, Norman Davis, Allen Dulles, George W. Wickersham, Frank L. Polk, Whitney Shepardson, Isaiah Bowman, Stephen P. Duggan und Otto Kahn. Seine ganze Geschichte über ist der Council verbunden geblieben mit den amerikanischen Round-Tablern wie Beer, Lippmann, Shepardson und Jerome Greene.

Die akademischen Figuren im Umkreis waren die, die auch mit Morgan verbunden waren, so James T. Shotwell, Charles Seymour, Joseph P. Chamberlain, Philipp Jessup, Isaiah Bowman und in jüngerer Epoche Philip Moseley, Grayson L. Kirk und Henry M. Wriston. Die Kontakte der Wall Street zu ihnen entstanden ursprünglich über Morgans Einfluss auf die Verwaltung der großen Vermögensausstattungen der akademischen Institutionen. Im Fall der größten dieser Vermögensausstattungen, der von Harvard, wurde der Einfluss gewöhnlicherweise auf dem Umweg über «State Street», Boston, ausgeübt und – über die meiste Zeit des 20. Jahrhunderts hinweg – durch den Bostoner Banker Thomas Nelson Perkins.

Eng verbunden mit diesem Einfluss von Morgan war eine kleine Gruppe von Anwaltskanzleien an der Wall Street, deren wichtigste Personen Elihu Root, John W. Davis, Paul D. Cravath, Russell Leffingwell, die Brüder Dulles und in jüngerer Zeit Arthur H. Dean, Philip D. Reed und John J. McCloy waren. Andere Vertreter Morgans außerhalb der Rechtsanwaltskreise umfasste Männer wie Owen D. Young und Norman H. Davis.

Auf dieser Basis, die ursprünglich finanziell war und auf George Peabody zurückgeht, erwuchs im 20. Jahrhundert eine Machtstruktur zwischen London und New York, die das Universitätsleben, die Presse und die Praxis der Außenpolitik tief durchdrang. In England war das Zentrum die Round-Table-Gruppe, während es in den Vereinigten Staaten bei J.P. Morgan and Company lag beziehungsweise bei seinen lokalen Filialen in Boston, Philadelphia und Cleveland. Einige eher zufällige Beispiele für die Funktionsweise dieser Gruppe sind ziemlich erhellend, gerade weil sie zufällig sind. Zum Beispiel errichtete sie in Princeton eine veritable Kopie des Hauptquartiers der Round-Table-Gruppe in Oxford, von All Souls College. Diese Kopie, die Institute for Advanced Study genannt wurde und vielleicht am bekanntesten ist als Refugium für Einstein, Oppenheimer, John von Neumann und George F. Kennan, wurde von Abraham Flexner von der Carnegie Foundation und von Rockefellers General Education Board gegründet, nachdem er in der Zeit, als er in Oxford die Rhodes-Memorial-Vorlesungen hielt, die Segnungen von All Souls erfahren hatte. Die Pläne stammten im Wesentlichen von Tom Jones, einem der aktivsten Intriganten und Stiftungsverwalter der Round Tabler.

Der amerikanische Zweig dieses «englischen Establishments» übte einen großen Teil seines Einflusses über fünf amerikanische Tageszeitungen aus (*The New York Times, New York Herald Tribune, Christian Science Monitor, The Washington Post* und den bedauernswerten *Boston Evening Transcript*). Tatsächlich war der Herausgeber des *Christian Science Monitor* der amerikanische Hauptkorrespondent (anonym) für *The Round Table* und Lord Lothian, der ursprüngliche Herausgeber des *Round Table* und spätere Sekretär des Rhodes Trust (1925–1939) und Botschafter in Washington, war ein häufiger Beiträger für den *Monitor*. Man könnte erwähnen, dass die Existenz dieser angloamerikanischen Achse über die Wall Street ziemlich deutlich wird, sobald man einmal darauf hingewiesen hat. Sie spiegelt sich auch in der Tatsache, dass solche Leuchten der Wall Street wie John W. Davis, Lewis Douglas, Jock Whitney und Douglas Dillon zu amerikanischen Botschaftern in London ernannt wurden.

Dieses doppelte internationale Netzwerk, in dem die Round-Table-Gruppen die halbgeheimen oder geheimen Kerne der Institutes of International Affairs bildeten, wurde 1925 zu einem dritten Netzwerk ausgeweitet, das von denselben Menschen aus denselben Motiven organisiert wurde. Wieder war der Kopf hinter dem Ganzen Lionel Curtis und die früheren Round-Table-Gruppen und Institutes for International Affairs wurden als Kerne des neuen Netzwerks verwendet. Allerdings wurde dieses neue Netzwerk für pazifische Angelegenheiten (Pacific relations) auf zehn Länder ausgeweitet, während die Round-Table-Gruppen nur in sieben existierten. In den neu Hinzugekommenen, letztendlich China, Japan, Frankreich, den Niederlanden und Sowjetrussland, wurden Beiräte für pazifische Angelegenheiten ganz neu aufgestellt. In Kanada, Australien und Neuseeland wurden Beiräte für pazifische

Angelegenheiten aufgesetzt in gegenseitigem Austausch und beherrscht von den Institutes of International Affairs. In England diente Chatham House als Zentrum für beide Netze, während es sich in den USA um zwei parallele (nicht hierarchisch geordnete) Schöpfungen der Wall-Street-Verbindungen der Morgan Bank handelte. Die Finanzierung kam von denselben internationalen Banken und ihren abhängigen Handels- und Industriefirmen. In England wurde Chatham House für beide Netzwerke von den Zuwendungen von Sir Abe Bailey, der Astor-Familie und zusätzlichen Quellen, die hauptsächlich wegen der Überzeugungskraft von Lionel Curtis zu sprudeln begannen, finanziert. Die finanziellen Schwierigkeiten der IPR-Beiräte in den britischen Dominions während der Depression von 1929 bis 1935 legten die wahren Verhältnisse offen. Um Geld zu sparen, nahmen die lokalen Institutes of International Affairs die lokalen Pacific Councils in sich auf. Beide waren ja in gewisser Weise teure und nutzlose Frontorganisationen der jeweiligen lokalen Round-Table-Gruppen.

Die Hauptziele dieser komplizierten, halb geheimen Organisation waren weitgehend löblich: es ging darum, die internationalen Aktivitäten und Ansichten der englischsprachigen Welt in einen Standpunkt zu vereinen (der dann im Wesentlichen – das ist schon wahr – derjenige der Londoner Gruppe wäre); für die Bewahrung des Friedens zu arbeiten; rückständigen, kolonialen und unterentwickelten Gebieten dabei zu helfen, sich in Richtung Stabilität, Recht und Ordnung und Wohlstand anhand von Linien, die jenen ähnlich waren, die in Oxford und der University of London (besonders der School of Economics und den Schools of African and Oriental Studies) gelehrt wurden, zu entwickeln.

Diese Organisationen und ihre finanziellen Unterstützer waren in keiner Weise Reaktionäre oder Faschisten, als die sie die kommunistische Propaganda gerne hingestellt hat. Eher das Gegenteil. Sie waren höfliche, kultivierte Herren von einer etwas begrenzten sozialen Lebenserfahrung, die sich sehr um Meinungsfreiheit für Minderheiten und die Gleichheit aller vor dem Gesetz kümmerten, die beständig in Begriffen angloamerikanischer Solidarität dachten, in solchen von politischer Teilung und Föderierung und die davon überzeugt waren, dass sie es mit Anstand schaffen könnten, die Buren von Südafrika, die Iren, die Araber und die Hindus zu zivilisieren. Sie waren für die Teilungen von Irland, Palästina und Indien ebenso hauptsächlich verantwortlich wie für die Föderierung von Südafrika, Zentralafrika und Westindien. Ihr Wunsch danach, Widerstand durch Zusammenarbeit zu überwinden, gelang bei Smuts, aber nicht bei Hertzog, gelang mit Gandhi, aber nicht mit Menon, gelang mit Stresemann, aber nicht mit Hitler und hat wohl wenig Aussicht auf Erfolg bei irgendeinem sowjetischen Führer. Wenn ihre Fehlschläge jetzt größer scheinen als ihre Erfolge, dann sollte das nicht dazu führen, dass man die hohen Motive vergisst, mit denen beide unternommen wurden.

Es war diese Gruppe von Menschen, deren Reichtum und Einfluss bei weitem ihre Erfahrung und ihr Verständnis übertraf, die den Rahmen des Einflusses zur Verfügung stellten, den die Sympathisanten des Kommunismus und die Fellow-travellers in den Vereinigten Staaten in den dreißiger Jahren übernahmen. Man muss verstehen, dass die Macht, die die energievollen Linksradikalen ausübten, niemals ihre eigene Macht oder diejenige der Kommunisten war, sondern dass sie letztlich die Macht der internationalen Finanzzirkel war und dass es ziemlich leicht war, die Sympathisanten der Roten loszuwerden, sobald einmal der Ärger und das Misstrauen des amerikanischen Volkes geweckt war, wie das um 1950 der Fall war. Bevor es soweit war, verirrte sich ein Komitee des Kongresses, das die Fäden verfolgte, die von beglaubigten Kommunisten wie Whittaker Chambers über Alger Hiss und die Carnegie Endowment bis zu ihrer Quelle bei Thomas Lamont und der Morgan Bank verliefen, tief im ganzen komplizierten Netzwerk der steuerbefreiten Stiftungen. Der 83. Kongress setzte im Juli 1953 ein Spezialkomitee für die Untersuchung der steuerfreien Stiftungen ein, mit dem Abgeordneten des Repräsentantenhauses B. Carroll Reece aus Tennessee als Vorsitzendem. Es wurde schnell klar, dass Menschen von überwältigendem Reichtum unglücklich darüber wären, wenn die Untersuchungen zu weit gingen, und dass die «angesehensten» Zeitungen im Land, die eng mit diesen reichen Menschen verbunden waren, so wenig über irgendwelche Enthüllungen begeistert wären, dass man auf diese Publikmachung zugunsten von Wählerstimmen und Wahlkampffinanzierung lieber verzichtete. Ein interessanter Bericht, der auf die Verflechtungen der steuerfreien Stiftungen zu linken Gruppen einging, wurde 1954 ohne große Publizität veröffentlicht. Vier Jahre später schrieb der Hauptberater des Reece-Komitees, René A. Wormser, ein geschocktes, aber nicht schockierendes Buch über das Thema mit dem Titel *Foundations: Their Power and Influence*.

Eines der interessantesten Mitglieder dieser angloamerikanischen Machtstruktur war Jerome D. Greene (1874–1959). Geboren in Japan als Sohn von Missionaren, machte Greene 1899 seinen Abschluss an der Harvard Law School und wurde Sekretär des Präsidenten beziehungsweise der Gesellschaft von Harvard von 1901 bis 1910. Das verschaffte ihm Kontakte zur Wall Street, die ihn schließlich zum Generaldirektor des Rockefeller-Institutes (1910–1912) machten, zum Assistenten von John D. Rockefeller in philanthropischen Arbeiten für zwei Jahre, dann zum Treuhänder des Rockefeller Institute, der Rockefeller Foundation und des Rockefeller General Education Board bis 1939. Fünfzehn Jahre lang (1917–1932) gehörte er zur Bostoner Investmentbank Lee, Higginson and Company, die meiste Zeit über als Generaldirektor, und ebenso zu ihrer Zweigstelle in London. Als Exekutivsekretär der amerikanischen Abteilung des Alliierten Rates für Schiffstransporte (Allied Maritime Transport Council), der 1918 in London eingerichtet wurde, lebte er in Toynbee Hall, einer Sozialeinrichtung, die 1884 von Alfred Milner und seinen Freunden gegründet worden war. Das brachte ihn in Kontakt mit der Round-Table-Gruppe in England, ein Kontakt, der 1919 noch gestärkt wurde, als er als Sekretär zur Kommission für Reparationen bei der Pariser Friedenskonferenz ging. Dementsprechend wurde er bei seiner Rückkehr in die Vereinigten Staaten eine der frühen Figuren bei der Gründung des Council on Foreign Relations, der als New Yorker Zweig von Lionel Curtis´ Institute of International Affairs fungierte.

Als Investmentbanker erinnert man sich an Greene vor allem wegen seiner Verkäufe von vielen Millionen Dollar betrügerischer Anleihen des schwedischen Zündholzkönigs Ivar Kreuger. Dass Greene diese aber der amerikanischen Öffentlichkeit in gutem Glauben offerierte, wird dadurch deutlich, dass er darin auch einen bedeutenden Teil seines eigenen Vermögens investierte. Das führte dazu, dass Greene nach Kreugers Selbstmord in Paris im April 1932 nur noch wenig Geld und keinen Job mehr hatte. Er schrieb Lionel Curtis, bat ihn um Hilfe und erhielt für zwei Jahre eine Professur für internationale Beziehungen in Aberystwyth, Wales. Die Round-Table-Gruppe bestimmte über diese Professur seit ihrer Einrichtung durch David Davies 1919, trotz der Tatsache, dass Davis, der 1932 zum Peer (Mitglied des Oberhauses) erhoben wurde, mit dem Round Table wegen dessen Unterminierung des Völkerbundes und der kollektiven europäischen Sicherheitsvorkehrungen gebrochen hatte.

Bei seiner Rückkehr nach Amerika 1934 kehrte Greene auch zurück auf seinen Posten als Sekretär der Gesellschaft von Harvard und wurde für den Rest seines Lebens das Symbol eines Bostoner Yankees. Er war Treuhänder und Verwalter des Boston Symphony Orchestra, des Gardner-Museums in Fenway Court, des New England Conservatory for Music, der American Academy in Rom, des Brooking Institute, der Rockefeller Foundation und – nur bis 1939 – des General Education Board. Er war auch Direktor der Dreihundertjahrfeierlichkeiten von Harvard von 1934 bis 1937.

Greene ist von viel größerer Bedeutung, wenn man die wirklichen Einflusslinien im Institute of Pacific Relations verstehen will, als irgendein Kommunist oder Fellow-traveller. Er verfasste 1926 die Satzung des IPR, war über Jahre hinweg der wichtigste Vermittler für die Gelder und den entsprechenden Einfluss der Wall Street in der Organisation, war Schatzmeister des American Council für drei Jahre und Vorsitzender für drei weitere und schließlich Vorsitzender des internationalen Beirats für vier Jahre.

Jerome Greene ist ein Symbol für sehr viel mehr als den Einfluss der Wall Street im IPR. Er ist auch ein Symbol für die Beziehung zwischen den Finanzzirkeln Londons und der amerikanischen Ostküste, die eine der gewichtigsten Einflusslinien im Amerika und in der Weltgeschichte des 20. Jahrhunderts darstellt. Die beiden Enden dieser Achse englischsprechender Völker sind manchmal scherzhaft als englisches und amerikanisches Establishment bezeichnet worden. Es gibt ein beträchtliches Moment an Wahrheit hinter diesem Scherz, eine Wahrheit, die eine sehr wirkliche Machtstruktur widerspiegelt. Es ist diese Machtstruktur, welche die radikale Rechte in den USA seit Jahren angegriffen hat, im Glauben, sie würde Kommunisten angreifen. Das ist besonders wahr, wenn sich diese Angriffe, wie so häufig, gegen den «Harvard-Sozialismus» oder «linke Zeitungen» wie die *New York Times* oder die *Washington Post* richten oder gegen Stiftungen und die von ihnen abhängigen Einrichtungen wie etwa das Institute of International Education.
(...)

Carroll Quigley (1910–1977)

Anhang

Anhang

Quigleys Credo

1. *Manche Dinge sind wichtig*, aber die meisten Dinge sind nur notwendig.

2. *Notwendige Dinge sind nur dann wichtig*, wenn man sie nicht hat, und werden im Allgemeinen ignoriert, wenn sie im Überfluss vorhanden sind. Dazu gehören Sauerstoff, Nahrung, etwas zu trinken, Unterkunft und alle physischen Grundbedürfnisse.

3. *Wichtige Dinge sind immer wichtig*, unabhängig davon, ob man sie hat oder nicht hat und ob man sich ihrer Wichtigkeit bewusst ist oder nicht.

4. *Menschen, die notwendige Dinge für wichtig erachten, sind unglücklich* und unzufrieden, und zwar selbst dann, wenn sie genug davon haben und nicht verstehen, dass die wichtigen Dinge existieren.

5. *Wichtige Dinge sind diejenigen, die für sich selbst Zwecke oder Ziele sein können*, die es wert sind, dass man nach ihnen strebt und sie besitzt. Da die notwendigen Dinge keine Ziele an sich sind, sollten sie auch niemals zu solchen gemacht werden. Sie dürfen nur Mittel zu wichtigen Zwecken sein. So sollten materieller Reichtum, Macht, Popularität und Prestige niemals Eigenzweck sein, sondern nur Mittel zum Zweck. Denn so notwendig sie auch sein mögen, sind sie doch niemals um ihrer selbst willen und als Eigenzweck wichtig.

6. *Das einzige wirklich bedeutende Ding ist die Wahrheit* – das heißt die Gesamtheit der Wirklichkeit, inklusive ihrer Strukturen und ihres Sinns. Der Sinn irgendeines Teils der Struktur der Wirklichkeit ergibt sich aus seiner Stellung in der gesamten. Der Grund, warum materielle Dinge zwar notwendig, aber nicht wichtig sind, besteht darin, dass sie in der Gesamtstruktur eine untergeordnete Stellung einnehmen.

7. *Von diesem Gesichtspunkt aus kann es auf jeder Stufe der Wirklichkeit wichtige Dinge geben*. Beispielsweise sind physische Gesundheit, Bewegungsfähigkeit und körperliche Selbstbeherrschung wichtig auf der physischen Ebene, aber nicht so wichtig wie Dinge auf höheren Ebenen, auch wenn sie als Mittel für höhere Ebenen notwendig sind oder eigene Zwecke auf ihrer eigenen Ebene sein können.

8. *Auf den höheren Ebenen* liegen solche Dinge wie Gefühle und geistige Aufmerksamkeit.

9. *Die wichtigen Dinge sind diejenigen, die sich mit der Verwirklichung der Möglichkeiten des Individuums beschäftigen*, weil eine solche Verwirklichung das Individuum näher an die totale Struktur der Realität heran bringt – das heißt näher an die Wahrheit.

10. *Jedes Individuum ist so unzulänglich*, dass es nur einiges weniges tun kann, um seine Möglichkeiten zu verwirklichen. Zu diesem wenigen gehört sein Wille – das heißt, das Verlangen danach, das zu tun, und die Entschlossenheit, es dann wirklich zu tun.

11. *Wegen der Unzulänglichkeit des Individuums* – das heißt seinem Grundbedürfnis nach anderen Personen und seiner Unfähigkeit, seine Anstrengungen zu orientieren, solange es nicht sein Verhältnis zur gesamten übrigen Realität erkennt, kann das Individuum nichts erreichen, wenn es Dinge für sich haben will, weil es das zum Zentrum des Universums macht (was es nicht ist) und, indem es sich selbst zum Ziel seiner Handlungen macht, alle anderen Personen zu Mitteln oder Instrumenten macht. Beides ist ethisch schlecht und letzten Endes selbstzerstörerisch. Deshalb erlangt die Selbstsucht nichts von dem, dessen der Mensch bedarf.

12. *Das hauptsächliche unmittelbare Ziel eines jeden Menschen muss darin bestehen, andern dabei zu helfen, ihre Möglichkeiten zu verwirklichen.* Das meinte Kant, als er sagte, andere Menschen sollten niemals als Mittel, sondern nur als Zweck für sich selbst behandelt werden. Es ist für die menschliche Erfahrung grundlegend, dass die Dinge, die eine Person unmittelbar für sich selbst erstrebt, niemals erlangt werden. Sie werden immer nur indirekt erlangt, als Nebenprodukt einer Bemühung, sie für andere zu erlangen. So wird der Mensch, der nach Sicherheit strebt, sich niemals sicher fühlen, ganz egal, wie viel Macht er anhäufen mag; der Mensch, der nach Geld trachtet als einem Heilmittel für seine Gefühle der Unzulänglichkeit, wird sich niemals reich fühlen; und der Mensch, der danach ausgeht, Liebe, Vergnügen oder Vergessen zu suchen, wird diese Dinge niemals für sich selbst finden. Aber der Mensch, der Wichtiges für andere erstrebt, fühlt sich oft reich, sicher, geliebt oder befriedigt.

13. *Das Grundbedürfnis nach anderen findet sich auf allen Ebenen, der physischen, der emotionalen und der intellektuellen.* Tatsächlich beinhaltet jede Beziehung alle drei Ebenen. Das Verlangen danach, anderen zu helfen, diese Dinge zu erfahren und als Folge solcher Erfahrungen zu wachsen, nennt man Liebe. Diese Art Liebe ist die wahre bewegende Kraft im Universum und ist ihrer innersten Natur nach eine Manifestation der Liebe Gottes. Während Gott reiner Geist ist und des Menschen letztes Ziel im Geist liegt, kann das doch nicht unmittelbar erlangt werden, sondern man nähert sich ihm nur Schritt für Schritt und nicht alleine, sondern in Gemeinschaft mit anderen und somit mithilfe der Liebe. So ist es die Liebe zu anderen und letztlich die Liebe zu Gott, welche die Stufen formt, über die der Mensch seinen Geist entwickelt und sich dem reinen Geist nähert, welcher Gott ist.

Anmerkung:
Dieser Text wurde im *Georgetown Magazine*, Spring/Summer 1993, S. 18 mit einer Vorbemerkung des Universitätsarchivisten Jon Reynolds veröffentlicht. Die Vorbemerkung lautete: «Rev. Dan Gatti S.J. entdeckte unter seinen Akten das folgende Credo des verstorbenen Professor Quigley. Gatti gab es weiter und bestimmte es zur Beifügung zu Quigleys Nachlasspapieren im Archiv der Universität. Es ist vom Autor unterzeichnet und mit 1964 datiert.»

Gesamtinhaltsverzeichnis von *Tragedy and Hope*
mit dem Nachweis der für diese Ausgabe übersetzten Kapitel

Nachfolgend das Inhaltsverzeichnis von *Tragedy and Hope* nach der amerikanischen Ausgabe in deutscher Übersetzung (vom Hg.). Es soll dem Leser einen Eindruck davon vermitteln, wie sich die übersetzten Kapitel innerhalb der Anlage des Gesamtwerkes einordnen. **Fett** gekennzeichnet sind jene Kapitel, die in die Auswahlausgabe mit aufgenommen wurden.

Im Folgenden sind die Kapitelüberschriften möglichst wörtlich aus dem Englischen übersetzt. Im Inhaltsverzeichnis dieser Ausgabe wurden an wenigen Stellen andere Formulierungen gewählt.

In der Gliederung hat diese Auswahl einige wenige Umstellungen und Neugruppierungen vorgenommen. Dem aufmerksamen Leser sollte es aber möglich sein, zu verstehen, welche der hier fett gedruckten Kapitel welchen in der vorliegenden Ausgabe entsprechen.

Carroll Quigley:
Katastrophe und Hoffnung. Eine Geschichte der Welt in unserer Zeit.

    Vorwort
    I. Einleitung: Die westliche Zivilisation und ihre Stellung in der Welt
       Die kulturellen Entwicklungsgesetze von Zivilisationen
       Kulturelle Diffusion in der westlichen Zivilisation
       Europas Wendung ins 20. Jahrhundert

    II. Die westliche Zivilisation bis 1914
       Das Muster des Wandels
       Europäische wirtschaftliche Entwicklungen
       Der Handelskapitalismus
          Der Industriekapitalismus 1770–1850
          Der Finanzkapitalismus 1850–1931
             Einheimische Finanzpraktiken
             Internationale Finanzpraktiken
          Die Situation bis 1914
       Die USA bis 1917

    III. Das Russische Reich bis 1917

    IV. Die Pufferzone
       Der Nahe Osten bis 1914
       Die Krise des britischen Weltreichs: Afrika, Irland und Indien bis 1926
          Einleitung
          Ägypten und der Sudan bis 1922
          Mittelostafrika bis 1910
          Südafrika 1895–1933

Die Schaffung des Commonwealth 1910-1926
Ostafrika 1910-1931
Indien bis 1926
Irland bis 1939
Der Ferne Osten bis zum Ersten Weltkrieg
Der Zusammenbruch Chinas bis 1920
Der Wiederaufstieg Japans bis 1918

V. Der Erste Weltkrieg
Das Anwachsen der internationalen Spannungen 1871-1914
Einleitung
Die Entstehung des Dreibundes 1871-1890
Die Entstehung der Dreierentente 1890-1907
Bemühungen, den Graben zwischen den beiden Koalitionen zu überbrücken
Die internationalen Krisen 1905-1914
Militärische Geschichte 1914-1918
Diplomatische Geschichte 1914-1918
Die Heimatfront 1914-1918

VI. **Das Versailler System und die Rückkehr zur «Normalität»**
Die Friedensregelungen 1919-1923
Sicherheit 1919-1935
Abrüstung 1919-1935
Die Reparationen 1919-1932

VII. **Finanzen, Handelspolitik und Wirtschaftsleben 1897-1947**
Reflation und Inflation 1897-1925
Die Periode der Stabilisierung 1922-1930
Die Periode der Deflation 1927-1936
    Der Crash von 1929
    Die Krise von 1931
    Die Krise in den USA 1933
    Die Weltwirtschaftskonferenz 1933
    Die Krise im Goldblock 1934-1936
Reflation und Inflation 1933-1947
    Die Periode der Inflation 1938-1945

VIII. Der internationale Sozialismus und die sowjetische Herausforderung
Die Bewegung des internationalen Sozialismus
Die bolschewistische Revolution bis 1924
Der Stalinismus 1924-1939

IX. **Deutschland vom Kaiser bis Hitler 1913-1945**
Einleitung
Die Weimarer Republik
Das Naziregime
    Die Machtübernahme 1933-1934
    Die Herrscher und die Beherrschten 1934-1945

X. Großbritannien: Der Hintergrund zum Appeasement 1900–1939
Der Hintergrund der sozialen Verhältnisse und der Verfassung
Die politische Geschichte bis 1939

XI. Wirtschaftliche Organisationsformen im Wandel
Einleitung
Großbritannien
Deutschland
Frankreich
Die USA
Die wirtschaftlichen Faktoren
Die Folgen der Wirtschaftskrise
Die pluralistische Wirtschaft und die Weltblöcke

XII. Die Appeasementpolitik 1931–1936
Einleitung
Die Attacke Japans 1931–1941
Die Attacke Italiens 1934–1936
Einkreisungen und Gegeneinkreisungen 1935–1939
Die Tragödie Spaniens 1931–1939

XIII. Das Auseinanderbrechen Europas
Austria infelix (1933–1938)
Die Krise um die Tschechoslowakei (1937–1938)
Das Jahr der Täuschungen (1939)

XIV. Der Zweite Weltkrieg: Die Flutwelle der Aggression (1939–1941)
Einleitung
Die Schlacht um Polen (September 1939)
Der Sitzkrieg (September 1939 bis Mai 1940)
    Die deutsche Mobilisierung und die Wirtschaftsblockade der Alliierten
    Das sowjetische Grenzland (September 1939 bis April 1940)
    Der deutsche Angriff auf Dänemark und Norwegen im April 1940
Die Niederlage Frankreichs (Mai bis Juni 1940) und das Regime von Vichy
Die Luftschlacht um Großbritannien (Juli bis Oktober 1940)
Der Mittelmeerraum und Osteuropa (Juni 1940 bis Juni 1941)
Die amerikanische Neutralität und die Hilfe für Großbritannien
Der Angriff der Nazis auf die Sowjetunion (1941 bis 1942)

XV. Der Zweite Weltkrieg: Das Abebben der Aggression (1941–1945)
Die aufgehende Sonne im Pazifik bis 1942
Gezeitenwechsel (1942–1943): Midway, El Alamein, das französische Afrika und Stalingrad
Deutschland wird niedergerungen (1943–1945)
Japan wird niedergerungen (1943–1945)

XVI. Das Neue Zeitalter
Einleitung
Der Rationalismus und die Wissenschaft
Das Muster des 20. Jahrhunderts

XVII. Die atomare Rivalität und der Kalte Krieg: Das amerikanische
Atomwaffenmonopol 1945–1950
Die Faktoren
Ursprünge des Kalten Krieges (1945–1949)
Die Krise in China (1945–1950)
Amerikanische Verwirrtheiten (1945–1950) – (teilweise)

XVIII. Die nukleare Rivalität und der Kalte Krieg: Der Wettlauf um die
Wasserstoffbombe (1950–1957)
«Joe I» und die amerikanische Diskussion um die Kernwaffen (1949–1954)
Der Koreakrieg und seine Nachwirkungen (1950–1954)
Die Mannschaft Eisenhowers (1952–1956)
Der Aufstieg Chruschtschows (1953–1958)
Der Kalte Krieg in Ost- und Südasien (1950–1957)
Der Ferne Osten
Südostasien
Südasien
Der Nahe Osten

XIX. Die neue Epoche (1957–1964)
Die Entstehung eines nuklearen Gleichgewichts
Die Veränderung im Gleichgewicht der Mächte
Das Abflauen des Kalten Kriegs (1957–1963)
Die Auflösung der Superblöcke
Lateinamerika: ein Wettlauf zwischen Katastrophe und Reform
Der Ferne Osten
Das japanische Wunder
Das kommunistische China
Das Ende des Kolonialismus

XX. Katastrophe und Hoffnung: die Perspektive auf die Zukunft
Der Lauf der Zeiten
Die Vereinigten Staaten und die Krise der Mittelklasse
Europäische Zweideutigkeiten
Schluss

Personenregister

A
Abdul Hamid II. 118f., 121
Abdullah, König von Transjordanien 152
Abernon, Lord d' 182, 428f.
Acheson, Dean 503
Adams, W.G.S. 100
Aehrenthal, Lexa von 129, 131
Allen, Gary 20
Allenby, General 143
Alsop, Joseph 516
Altrincham, Grigg, Lord 100, 428
Amann, Max 285
Amery, Leopold 100, 103, 428–430, 448
Annunzio, Gabriele d' 177
Anson, Sir William 312
Aquin, Thomas von 16
Arco-Valley, Graf 273
Ashton-Gwatkin, Frank 476
Asquith, Herbert Henry 93, 325f., 332, 334–337
Asquith, Mrs. 325f.
Astor, Lady 81, 428
Astor, Waldorf, Lord 98, 100, 429
Atatürk, Mustafa Kemal 172, 337
Aydelotte, Frank 517

B
Baden, Prinz Max von 157
Bagehot, Walter 312, 326
Bailey, Sir Abe 96–98, 428, 518, 521
Baldwin, Stanley Lord 314, 316, 324, 336f., 345, 385, 421ff., 507
Balfour, Arthur James 95, 103, 120, 150, 165f., 325f., 332f.
Balfour, Gerald 325
Barbarossa 258
Baring, Bankiersfamilie 64, 352
Barth, Emil 272
Barthou, Jean Louis 186, 419, 425f., 428, 432f.
Battenberg, Alexander von 117
Beatrix = Schwester von Mike Straight 506
Bechstein, Carl 285
Beck, General Ludwig 460, 489
Beck, József 486
Beer, George Louis 517, 519
Beit, Alfred 95f.
Belgien, König Leopold II. von 94
Benes, Edward 455, 463, 465ff.
Bentley, Elizabeth 515f.
Benton, William 498
Berriedale Keith, Arthur 312

Berthelot, Philippe 171
Bethlen, Graf Stephen 171
Birchenough, Henry (später Sir Henry) 95
Bismarck, Otto von 90, 116, 123ff., 135, 260, 265, 397
Blomberg, Werner Eduard Fritz von, Feldmarschall und General 292, 299, 446f.
Blum, Léon 249, 457
Bodelschwingh, Friedrich von 290
Bonnet, Georges 456, 464, 467, 470, 479, 476
Bordon, Sir Robert, Premierminister Kanadas 103
Borsig, August 285
Bowman, Isaiah 519
Brand, Robert H. Lord 428f., 517
Braun, Otto 286
Brett, Reginald Baliol siehe Lord Esher
Briand 186f., 196, 417
Brockdorff-Rantzau, Ulrich Graf 168
Browder, Earl 499, 515
Brown, Professor William Adams 245
Brüning, Heinrich 279f.
Bryan, William Jennings 83, 152
Buck, Pearl 501, 507
Budenz, Louis 515f.
Burke, Edmund 100
Burns, Walter 60
Bush, George W. 21
Butler, Nicholas Murray 503
Buxton, Charles Roden 484
Byrnes, James Francis 496, 508

C
Campbell-Bannerman, Henry 332
Canham, Erwin D. 517
Carroll, John 18
Cassell, Sir Ernest 127
Cavendish-Familie 322
Cecil-Familie 322, 325
Chamberlain, Joseph (brit. Kolonialminister) 93, 128, 333
Chamberlain, Joseph P. 514, 519
Chamberlain, Arthur Neville (brit. Premierminister) 90, 316, 336, 344, 425, 430ff., 446, 448ff., 456, 458ff., 465–479, 483–488
Chamberlain, Sir Austen (brit. Außenminister) 314, 425
Chambers, Whittaker 522
Chennault, General 516
Chiang Kai-shek 500, 516
Churchill, Sir Winston 225, 336f., 339, 356, 450f., 486
Ciano, Galeazzo, Graf von Cortelazzo 470, 482
Clemenceau, Georges Benjamin 165ff.
Clinton, Bill 14, 16
Conant, J.B. 503
Cooper, Duff (Viscount Norwich) 323
Coulondre, Robert 489
Coupland, Sir Reginald 98
Cowley, Malcolm 506
Cox, Percy 149

Personenregister

Cranborne, Viscount 325
Cravath, Paul D. 519
Croly, Herbert 506
Cromer, Lord 352
Curtis, Lionel 97f., 100, 102ff., 428f., 515, 517ff. 523
Curzon, Lord George Nathaniel 93, 172, 176, 185, 325, 428

D

Dafoe, John W. 103
Daladier, Edouard 456, 464f., 468
Darré, Richard 290
Davies, David 523
Davis, John W. 60, 504, 519f.
Davis, Norman H. 519f.
Davison, Henry P. 218, 512
Dawes, Charles G. 195, 197
Dawkins, Clinton 60
Dawson, Geoffrey 103, 428f.
Dean, Arthur H. 519
Delcassé, Théophile 131
Devonshire, Herzog von 333
Dicey, A.V. 100, 312
Dickens, Charles 94
Dillon, Douglas 520
Dirksen, Herbert von 447, 452, 483f.
Disraeli, Benjamin 93
Dittman, Wilhelm 272
Dodds, Harold 503
Dodge, Cleveland 85
Dollfuß, Engelbert 418, 436–444
Douglas, Lewis 520
Drexler, Anton 284f.
Duce = Mussolini 418, 422
Duffield, Edward D. 503
Duggan, Stephen P. 519
Dulles, Allen 519
Dulles, John Foster 21, 23, 30, 179
Dulles-Brüder 504, 519
Duncan, Sir Patrick 97
Duschan, Stephan 112

E

Ebert, Friedrich 269f., 272f., 278, 280
Edward VII. 127
Ehrhardt, Kapitän 274, 276
Einstein, Albert 520
Eisenhower, Dwight «Ike» David 21, 498f.
Eisner, Kurt 272f.
Ender, Otto 438
Epp, Franz von 284, 288f.
Erlanger, Bankiersfamilie 59
Ernst, Karl 292
Esher, Lord 95f., 99f., 127, 333, 429
Esperey, General Louis Félix Marie 145, 171

F

Fairbank, John K., Professor (Harvard) 501, 514
Feder, Gottfried 284, 290
Feetham, Richard 97
Fehrenbach, Konstantin 274
Feisal, Emir und König 151
Fey, Emil 437, 439, 441, 443f.
Field, Frederick Vanderbilt 510, 512ff.
Fisher, H.A.L. 429, 431
Flandin, Pierre 423, 434
Flexner, Abraham 520
Flynn, John T. 516
Foch, General 168f., 174
Ford, Henry 156
Fould, Bankiersfamilie 59, 369
Franco, Francisco 447
Frank, Lew Jr. 509f.
Franz Ferdinand, Erzherzog 133, 137
Fraser, Sir Drummond 70, 217
Frick, Wilhelm 282, 287f., 292
Fritsch, Werner von 446f.
Funk, Walter 301

G

Gamelin, General Maurice 464, 481
Gandhi 521
Garrett, Edmund 95
Gascoyne-Cecil, Robert Arthur Talbot (Lord Salisbury) 325
Gaulle, Charles de 433
Gell, Philipp Lyttelton 95f.
George V. 318
George VI. 314
Gessler, Otto 274
Gilbert, S. Parker 60
Gladstone 70, 93, 217, 322
Glazebrook, Arthur 95, 97
Glazebrook, Michael 96
Göring, Hermann 276, 282, 287, 289, 292, 301, 306, 380, 394, 446, 453, 475
Greaves, H.R.G. 329
Greene, Jerome D. 504, 513, 517, 519, 522f.
Grenfell, Edward 60
Grey, Albert (Lord) 93, 95f.
Grey, Edward 334
Grigg, Edward (Lord Altrincham) 100f., 428, 448
Grillparzer, Franz 259
Groener, General Wilhelm 270

H

Haase, Hugo 272
Hácha, Emil 468, 471
Hailey, Malcolm (Lord) 97
Haldane, Lord 93, 130, 334
Halder, General Franz 487
Halifax, Lord 185, 430, 448–487

Hall, Lady Elmhirst of Dartington 506
Hankey, Sir Maurice, später Lord 99f., 333, 431
Hanna, Mark 82
Harcourt, Sir William 93
Harlech, Lord 100
Hart, Sir Robert 504
Hassell, Ulrich von 460
Haushofer, Karl 19
Hay, John 506
Hearst, William Randolph 84
Heines, Edmund 292
Held, Heinrich 285
Henderson, Sir Nevile 448f., 456, 459, 473f.
Henlein, Konrad 455-461
Herbert, A.P. 320
Hertling, Kanzler 157
Hertzog 521
Hess, Rudolf 276, 290, 460
Hilferding, Rudolf 279
Himmler, Heinrich 449, 460
Hindenburg, Feldmarschall Paul von 157, 277-292
Hindenburg, Oskar von 277
Hiss, Alger 498, 504, 522
Hitler 89, 101, 175, 202, 255-308, 364, 379, 418f., 424f., 433, 440, 446, 454-490, 521
Hoare, Samuel 345, 421ff., 431, 456, 474
Hodza, Milan 455
Hoffmann, Adolph 273
Hogarth, D.G. 150
Hohenzollern-Sigmaringen, Karl von 113
Holden, Sir Edward 56
Holstein, Friedrich von 131
Hoover, Edgar (Direktor FBI) 498, 510
Hoover, Herbert C. (Präsident der Vereinigten Staaten) 195, 201
Horthy, Admiral Miklós 171, 460
Hoßbach, Oberst 446
Hötzendorff, Conrad von 131
House, Colonel 158, 177
Hüber, Franz 438
Hudson, R.S. 483
Hue, Otto 270
Hugenberg, Alfred 270, 276, 278, 283, 286, 289f.
Hurst, Cecil 188
Hussein von Mekka, Sherif 149ff.

I

Ibn-Saud vom Nejd 149, 151f.
Inskip, Sir Thomas 449
Iswolskij, Aleksander 129, 131f.

J

Jennings, W.I. 313
Jessup, Philipp C. 504, 514, 519
Johnson, Edd 510
Jones, Tom 520

K
Kaas, Monsignore 289
Kahn, Otto 519
Kahr, Gustav von 273, 275f., 292
Kant, Immanuel 262, 528
Kapp, Wolfgang 274
Karl der Große 258
Karl V., römischer Kaiser (1519–1555) 258
Károlyi, Michael, Graf 170f.
Keitel, General Wilhelm 447, 459
Kellogg, Frank B. 192
Kennan, George F. 520
Kennedy, John F. 23
Keppler, Wilhelm 301
Kerenski, A. 147
Kerr, Philipp = Lord Lothian 98, 100, 169, 431, 517
Keynes, John Maynard (später Lord) 179
Kirdorf, Emil 285
Kirk, Grayson L. 519
Konstantin, König 144
Kordt, Erich 449, 460f., 484, 489
Kraus, Charles 24
Kreuger, Ivar, «Zündholzkönig» 252f., 367, 523
Krogh, Peter 17
Krupp, Gustav 301
Kun, Béla 171

L
La Follette, Robert Marion 496
Lamont, Corliss 512f.
Lamont, Flora 512
Lamont, Mrs. Thomas (Mutter von Corliss) 513
Lamont, Thomas W. 60, 220, 503, 511ff., 517, 519, 522
Landsberg, Otto 272
Lansdowne, Lord 120, 156
Latourette, Professor (Yale) 501
Lattimore, Owen 498, 502, 514ff.
Laval, Pierre 248, 381, 419ff., 469
Law, Bonar 336f.
Lawrence, T.E., «Lawrence von Arabien» 151
Lazard, Bankiersfamilie 59, 64, 352, 373, 428, 518
Leffingwell, Russell C. 60, 511, 519
Legien, Carl 270
Ley, Robert 290, 306
Liebknecht, Karl 268, 273
Lindbergh, Oberst Charles A. 464
Lippmann, Walter 505, 517, 519
Litwinow, Maxim Maximowitsch 193, 487
Lloyd George 100, 165ff., 174, 334ff., 342, 431, 486
Lockwood, William W. 514
Lodge, Henry Cabot 84
Long, B.K. 97, 103
Long, Walter 325
Lossow, General Otto von 275

Personenregister 539

Lothian = Philipp Kerr, Lord 98ff., 169, 428ff.
Lovat, Lord 98
Lovett, Robert Morss 506
Lucas, Scott 498
Ludendorff 157f., 276, 285
Ludwig XIV. 55, 123, 260
Lugard, Lady 96
Luther, Hans 276
Lüttwitz, Baron Walther von 274
Luxemburg, Rosa 268, 273
Lyttelton, Alfred 325
Lyttelton, Neville 325

M

MacArthur, General 502
MacDonald, Ramsey 318, 336f., 340ff.
Maffey, Sir John 421
Makino 166
Malcolm, (Sir) Dougal 97
Mallet, Bankiersfamilie 59, 369f., 373ff.
Mao Tse-Tung 493, 500, 515
Marchand, Oberst Jean 126
Marris, Adam D. 518
Marris, (Sir) William S. 97, 517
Marx, Karl 47f., 272, 273, 393, 436
Marx, Wilhelm 276f.
Masaryk, Thomas 456
Mayr, Michael 435
McCarthy, Joseph («Joe») 21, 24, 26, 491–523
McCloy, John J. 519
McCormick, Cyrus Hall 85
McFarland, Senator 498
McGuire, Constantine 18f., 23
McKenna, Reginald 217
McKinley 82f.
McMahon, Sir Henry 149, 151
Meissner, Dr. Otto 278
Meston, James (Lord) 97
Metaxa, Joannes 111
Miklas, Wilhelm 438, 453
Milner, Lord Alfred 15, 23, 93, 95–103, 326, 428f. 431, 517ff.
Mirabaud, Bankiersfamilie 59, 369f., 373ff., 394
Molotow, Wjatscheslaw Michailowitsch 487f.
Moltke, Helmuth von 41, 140
Morgan (US-Bankiersfamilie) 21, 23, 59ff., 64, 69ff., 81ff., 197, 199, 218f., 352, 354, 383ff., 394, 429, 503ff., 511f., 519f.
Morgan, Brigadier J.H. 429
Morgan, J.P. 70 81, 503, 518
Morrow, Dwight 60, 84, 511
Moseley, Philip 519
Müller, Hermann 270, 272, 276
Müller, Ludwig 290
Murphy, Grayson 511
Mussolini, Benito 145, 168, 226, 397, 413, 417ff., 437, 440, 443, 445, 452, 468ff., 480

N

Napoleon Bonaparte 55f., 90, 123, 259f., 368, 372, 377
Neumann, John von 520
Neurath, Konstantin von 447
Newton, Basil 456
Nikolaus II., Zar 129
Nixon, Richard 24, 500
Norman, Montagu 70, 216ff., 341, 352, 354, 367
Norwood, Sir Cyril 328
Noske, Gustav 270, 273f.

O

Obrenovich, Milan 111
Oldenburg-Janschau, Elard von 278
Oliver, F. S. 98
Oppenheimer, Robert 520
Orlando 166
Ormsby-Gore, W.G.A. 100

P

Pabst, Waldemar 437
Pacelli, Kardinal (später Papst Pius XII.) 156
Paléologue, Maurice 171
Papen, Franz von 267, 279, 281f., 285ff., 291f., 445f., 452
Parkin, George (später Sir George) 95ff.
Payne, Oliver 506
Peabody, George 61, 219, 511, 520
Perikles 40, 100, 112
Perkins, Thomas Nelson 60, 503, 519
Perlo, Victor 510
Petrovich, Georgi (genannt Karageorgevich) 111
Pfrimer, Walter 437f.
Philipp II. 123
Pichon 166
Pijl, Kees van der 20
Pius XI. 291
Plato 17
Poincaré 136, 174, 186, 196
Polk, Frank L. 519
Preuß, Professor Hugo 273
Professor Skinner siehe Montagu Norman

R

Raeder, Erich 446
Ramsay, David 510
Rathenau, Walter 69
Reece, B. Carroll 522
Reed, Philip D. 519
Rhodes, Cecil 15, 44, 94–103, 428ff., 504, 517f., 520
Ribbentrop, Joachim von 446ff., 452, 460, 470, 477, 482, 484f., 488
Richelieu, Armand-Jean I. du Plessis de 260
Rintelen, Anton 437
Rist, Charles 216
Roberts, William A. 24

Rockerfeller-Familie 81, 84f., 376, 384f., 513, 518, 520, 522
Rockefeller, John D. 522
Rockefeller, Nelson 505, 507
Rockefeller, William 82
Röhm, Ernst 284f., 287, 289, 292
Rolland, Romain 156
Roosevelt, Franklin Delano 20, 23f., 245, 384, 387ff., 472, 499, 516
Roosevelt, Theodore 84ff., 96
Root, Elihu 60, 504, 519
Rosebery, Lord 93, 325f.
Rosenberg, Alfred 291
Rossbach 276
Rothschild, Baron, Edouard de 378
Rothschild, bedeutende Bankiersfamilie 59, 64, 69, 127, 201, 219, 352, 369ff.
Rothschild, Lord 95, 150
Rothschild, Meyer Amschel 59
Rowe, Professor (Yale) 501
Rusk, Dean 504
Ruskin, John 94ff., 99

S

Sabath, Adolph 496
Sachsen-Coburg-Gotha, Prinz Ferdinand von 117
Salisbury, Lord 93, 322, 325, 332
Sanders, Liman von 131
Schacht, Hjalmar 216
Scheidemann, Philipp 272
Schlafly, Phyllis 20
Schleicher, General Kurt von 278ff., 292
Schlieffen, Alfred Graf von 140
Schober, Johann 435
Schröder, Bankiersfamilie 59, 202
Schröder, Kurt von 282
Schuschnigg, Kurt Alois Josef Johann Edler von 435, 439ff., 452f.
Schwarz, Franz X. 302
Seeckt, General Hans von 274f.
Seeley, Sir John B. 95f., 100
Seipel, Monsignore Ignaz 435ff.
Selborne, Lord 93, 325
Seldte, Franz 283
Seligman, Bankiersfamilie 59
Sering, Max 297
Seymour, Charles 139, 503, 519
Seyß-Inquart, Artur von 446, 452f., 471
Shannon, David A. 509
Shaw siehe T.E. Lawrence
Shaw, Miss Flora 96
Shepardson, Whitney 517, 519
Shotwell, James T. 504, 519
Simeon (bulgarischer Zar) 112
Simon, John 345, 420, 426, 429ff., 452, 474
Smuts, General 103, 179, 190, 429, 431
Soule, George 506
Speer, Albert 308

Spellman, Kardinal Francis 24
Speyer, Bankiersfamilie 59
Stamboliski, Aleksandr 170
Stanley, Henry 94
Stanley, Oliver 477
Starhemberg, Prinz Ernst Rüdiger von 437ff., 443f.
Stead, William T. 95ff., 326, 517
Steidle, Richard 437
Stilwell, General 515
Straight, Michael Whitney («Mike») 505ff.
Straight, Mike Straight, Willard 60, 504ff.
Straight, Willard und Dorothy 505
Strang, William (später Lord) 462, 486f.
Strasser, Gregor 282, 285
Stresemann, Gustav 186, 192, 272, 275f., 429, 521
Strong, Benjamin 216, 218
Swinton, (Sir) Ernest 99, 333
Syrovy, General Jan 467

T
Taft, William Howard 85, 496, 496
Tennant, Margot 325f.
Theoderich, römischer Kaiser (489–526) 258
Thomas, General Georg 460
Thyssen, Fritz 281, 285, 306, 394
Tirpitz, Großadmiral Alfred Freiherr von 126, 130
Tittoni, Tommaso 166
Todt, Fritz 308
Torgler, Ernst 287, 298
Toynbee, Arnold 95f.
Truman, Harry S. 497, 506, 508ff.,
Tydings, Millard 497ff.

U
Utley, Freda 516

V
Vale, Taff 326, 333
Vanderbilt Field, Frederick 510, 512ff.
Vanderbilt, Gertrude 506f.
Vaugoin, Karl 438, 442
Venizelos, Eleutherios 144
Vickers, Vincent 218
Victoria, Königin 93, 312
Vincent, John Carter 515
Vögler, Albert 270, 285

W
Wagener, Otto 301
Wallace, Henry 506ff.
Walsh, Edmund A. 12, 18f., 24, 502, 507
Warburg, Bankiersfamilie 59
Wedemeyer, General 515
Weizsäcker, Baron Ernst von 460f., 468, 473, 489

Weygand, General 176
Whitney, Cornelius Vanderbilt («Sonny») 505, 510f.
Whitney, Dorothy Payne 505
Whitney, Familie 85, 384, 503f., 506, 510, 518
Whitney, J.H. 505
Whitney, John Hay («Jock») 505, 507, 520
Whitney, Payne 501, 506
Whitney, William C. 82, 505, 507
Wickersham, George W. 519
Wilhelm II., Kaiser (1888–1918) 118, 125, 258, 260, 265
William, Sir 517
Wilson, Sir Horace 426, 449, 456, 474, 483, 481, 483f., 506
Wilson, Woodrow 85f., 97, 150, 156ff., 163, 165ff., 177, 180, 506
Witzleben, General Ernst 460
Wohlthat, Harald 483f.
Wormser, René A. 522
Wriston, Henry M. 519

Y
Young, Owen D. (Young-Plan) 195, 199ff., 278, 520

Z
Zimmern, Sir Alfred 98, 100